utb 2154

D1729764

Eine Arbeitsgemeinschaft der Verlage

Böhlau Verlag · Wien · Köln · Weimar
Verlag Barbara Budrich · Opladen · Toronto
facultas · Wien
Wilhelm Fink · Paderborn
Narr Francke Attempto Verlag · Tübingen
Haupt Verlag · Bern
Verlag Julius Klinkhardt · Bad Heilbrunn
Mohr Siebeck · Tübingen
Ernst Reinhardt Verlag · München
Ferdinand Schöningh · Paderborn
Eugen Ulmer Verlag · Stuttgart
UVK Verlag · München
Vandenhoeck & Ruprecht · Göttingen
Waxmann · Münster · New York
wbv Publikation · Bielefeld

Frank Fechner

Medienrecht

Lehrbuch des gesamten Medienrechts
unter besonderer Berücksichtigung von Presse,
Rundfunk und Multimedia

20., aktualisierte und ergänzte Auflage

Mohr Siebeck

Frank Fechner, geboren 1958; Dr. iur.; Professor für Öffentliches Recht, insbesondere öffentlich-rechtliches Wirtschaftsrecht und Medienrecht an der TU Ilmenau.

ISBN 978-3-8252-5307-3 (UTB 2154)

Die Deutsche Nationalbibliothek verzeichnet diese Publikation in der Deutschen Nationalbibliographie; detaillierte bibliographische Daten sind im Internet über http://dnb.dnb.de abrufbar.

1.–19. Auflage 2000–2018
20. Auflage 2019

© 2019   Mohr Siebeck Tübingen. www.mohrsiebeck.com

Das Buch wurde von Hubert & Co. in Göttingen auf alterungsbeständiges Werkdruckpapier gedruckt und gebunden.

Vorwort zur 20. Auflage

Das kontinuierliche Interesse am Medienrecht ermöglicht eine Neuauflage dieses Lehrbuchs nach 20 Jahren in der 20. Auflage. Wie haben sich die Medienlandschaft und das Medienrecht in dieser Zeit verändert! Berücksichtigt wurden in dieser Auflage die neue AVMD-Richtlinie, die Urheberrechts-Richtlinie, der geplante Medienstaatsvertrag sowie neue Literatur und Rechtsprechung.

Bewährt hat sich das »Lernpaket zum Medienrecht«, das das Sicherwerden im Medienrecht in optimaler Weise ermöglichen soll. Es besteht neben diesem Lehrbuch aus der Vorschriftensammlung »Medienrecht«, die 2019 in der Reihe »Textbuch Deutsches Recht« nun schon in 15. Auflage erschienen ist. Eine genauere Beschäftigung mit der Rechtsprechung erlauben die »Entscheidungen zum Medienrecht« (3. Aufl. 2018), die Bearbeitung von Klausuren kann auf der Grundlage der »Kurzfälle zum Medienrecht« (2018) und mit den »Fällen und Lösungen zum Medienrecht« eingeübt werden.

Für Unterstützung bei der Materialzusammenstellung und für wichtige inhaltliche Anregungen und Ergänzungen danke ich meiner Assistentin Frau Ass. iur. Cordula Pelz und meinen Assistenten Herrn Ass. iur. Johannes Arnhold und Herrn Ass. iur. Martin Neldner sowie den studentischen Assistentinnen Frau Laura Seubert und Frau Sarah Padeken. Der schreibtechnischen Neugestaltung des Manuskripts hat sich dankenswerter Weise wiederum unermüdlich meine Sekretärin Frau Heike Müller angenommen. Ohne die Unterstützung durch meine Frau Carmen Fechner wäre auch diese Neuauflage nicht möglich geworden.

Ilmenau / Erfurt, im August 2019   Frank G. Fechner

Inhaltsübersicht

Inhaltsverzeichnis

6. Kapitel: Jugendschutz, Datenschutz, Wettbewerbsrecht, Strafrecht

XVII

Literatur zum Medienrecht

Die folgenden Literaturangaben beziehen sich auf umfassendere Darstellungen des Medienrechts. Spezielle Literatur findet sich am Ende der jeweiligen Kapitel.

Lehrbücher

Marian Paschke: Medienrecht, 3. Aufl. 2009

Jens Petersen: Medienrecht, 5. Aufl. 2010

Udo Branahl: Medienrecht. Eine Einführung (Fachwissen für Journalisten), 7. Aufl. 2013

Axel Beater: Medienrecht, 2. Aufl. 2016

Christoph Stollwerck: Presse- und Medienrecht. Eine Einführung für Medienwissenschaftler, Journalisten und Juristen, 2016

Rolf Schwartmann (Hrsg.): Praxishandbuch Medien-, IT- und Urheberrecht, 4. Aufl. 2017

Matthias Prinz / Butz Peters / Volker Perten: Medienrecht: Die zivilrechtlichen Ansprüche, 2. Aufl. 2018 (Erscheinen 2019 angekündigt)

Christian Kirchberg: Öffentliches Medienrecht mit privatrechtlichen Bezügen, 2. Aufl. 2019

Dieter Dörr / Rolf Schwartmann: Medienrecht, 6. Aufl. 2019

Fallbücher

Frank Fechner / Albrecht Rösler / Tankred Schipanski: Fälle und Lösungen zum Medienrecht, 3. Aufl. 2012 (4. Aufl. für 2019 angekündigt)

Christoph Gröpl: Fälle zum Presse- und Rundfunkrecht, 2013

Wandtke, Artur-Axel / Bullinger, Winfried u.a: Fallsammlung zum Urheber- und Medienrecht: Für Studium, Fachanwaltsausbildung und Praxis, 4. Aufl. 2015

Karl-Nikolaus Peifer: Übungen im Medienrecht, 2017

Rechtsprechungssammlung

Frank Fechner: Entscheidungen zum Medienrecht, 3. Aufl. 2018

Textsammlungen

Udo Fink / Rolf Schwartmann / Mark D. Cole: Europäisches und Internationales Medienrecht, 2. Aufl. 2012

Matthias Lausen: Urheber- und Medienrecht, 2017

Wolf-Dieter Ring (Hrsg.): Medienrecht, LBl. Stand: April 2019

Frank Fechner / Johannes C. Mayer (Hrsg.): Medienrecht. Vorschriftensammlung, 15. Aufl. 2019 (Ergänzung zu diesem Lehrbuch)

Kommentare

Marian Paschke / Wolfgang Berlit / Claus Meyer (Hrsg.): Hamburger Kommentar. Gesamtes Medienrecht, 3. Aufl. 2016

Hubertus Gersdorf / Boris P. Paal (Hrsg): Beck'scher Online-Kommentar zum Informations- und Medienrecht, Stand: 1. Mai 2018

Gerald Spindler / Fabian Schuster: Recht der elektronischen Medien, 4. Aufl. 2019

Ergänzende Literatur

Friedrich Kübler: Medien, Menschenrechte und Demokratie. Das Recht der Massenkommunikation, 2008

Peter Schiwy / Walter J. Schütz / Dieter Dörr (Hrsg.): Medienrecht – Lexikon für Praxis und Wissenschaft, 5. Aufl. 2010

Dieter Dörr / Johannes Kreile / Mark D. Cole (Hrsg.): Handbuch Medienrecht – Recht der elektronischen Massenmedien, 2. Aufl. 2010

Ernst Fricke: Recht für Journalisten, 2. Aufl. 2010

Jens Michow / Johannes Ulbricht: Veranstaltungsrecht, 2013

Artur-Axel Wandtke (Hrsg.): Medienrecht / Wettbewerbs- und Werberecht, 3. Aufl. 2014

Frank Fechner / Axel Wössner: Journalistenrecht, 3. Aufl. 2015

Alexandra Rogner: Medienrecht in der Praxis: für Marketing und PR, 2016

Peter Bühler / Patrick Schlaich / Dominik Sinner: Medienrecht (Urheberrecht, Markenrecht, Internetrecht), 2017

Josef Limper: Entertainmentrecht, 2017

Frank Fechner / Cordula Pelz: Kurzfälle zum Medienrecht, 2018

Maren Constanze Luy: Die Beauftragte der Bundesregierung für Kultur und Medien, 2019

Dorothee Bölke / Felix W. Zimmermann: Medienrecht für Journalisten, 2. Aufl. 2019

Christian Kirchberg: Öffentliches Medienrecht mit privatrechtlichen Bezügen, Ein Studienbuch in 12 Lektionen, 2. Aufl. 2019

Zeitschriften

Zeitschrift für Medien- und Kommunikationsrecht (AfP)

Zeitschrift für Urheber- und Medienrecht (ZUM)

Computer und Recht (CR)

MultiMedia und Recht (MMR)

Kommunikation & Recht (K&R)

Gewerblicher Rechtsschutz und Urheberecht (GRUR)

Ausgewählte Internetadressen

Lediglich hingewiesen werden soll auf ausgewählte Internetadressen, über die ausführliche Informationen zum Medienrecht bezogen werden können. Zu empfehlen sind die Internetauftritte der jeweils beteiligten Organisationen (z.B. Landesmedienanstalten, Rundfunkanstalten, Interessenverbände etc.), sowie eine Reihe von Informationsdiensten im Internet, die sich durch Suchmaschinen leicht erschließen lassen.

a) Gesetzestexte

http://www.gesetze-im-internet.de (Bundesjustizministerium)
http://www.bundesgesetzblatt.de
http://www.jurathek.de

b) Urteile

http://www.bverfg.de (Bundesverfassungsgericht)
http://www.bundesgerichtshof.de (Bundesgerichtshof)
http://www.bverwg.de (Bundesverwaltungsgericht)

c) Medienrecht

http://www.jurpc.de
http://www.emr-sb.de (Institut für Europäisches Medienrecht, Saarbrücken)
http://www.uni-muenster.de/Jura.itm/ie.html (Institut für Informations-, Kommunikations- und Medienrecht, Münster)
http://www.mainzer-medieninstitut.de
http://www.urheberrecht.org (Institut für Urheber- und Medienrecht, München)
http://www.die-medienanstalten.de (die medienanstalten – ALM GbR, Berlin)
http://www.kjm-online.de (Kommission für Jugendmedienschutz der Landesmedienanstalten, Berlin)
http://www.kek-online.de (Kommission zur Ermittlung der Konzentration im Medienbereich, Berlin)
http://www.tv-plattform.de (Deutsche TV-Plattform e.V., Frankfurt a.M.)
http://www.tkrecht.de (Deutsches und europäisches Telekommunikations- und Medienrecht, Bonn)

Hinweise zur Benutzung des Buchs

Das vorliegende Lehrbuch ermöglicht einen Überblick über die wichtigsten rechtlichen Aspekte der Medien. Rechtsfragen, die für alle Medien gleichermaßen bedeutungsvoll sind, werden in einem allgemeinen Teil zusammenhängend behandelt. Die bewusst ausführliche Darstellung der Grundrechte soll eine rasche Erfassung des Medienrechts ermöglichen. Diese Grundlage erfährt in den nachfolgenden Kapiteln ihre Vertiefung in die einfachgesetzlichen Bestimmungen hinein. Dieses »Zweistufenmodell« hat sich in der Lehre über viele Jahre bewährt.

Dem Charakter eines Lehrbuchs entsprechend, stehen im Zentrum die anerkannten Gegebenheiten des Rechts, wie sie sich aufgrund der gesetzlichen Vorgaben durch die wissenschaftliche Interpretation und die gerichtliche Ausgestaltung herausgebildet haben. Auf Streitfragen von größerer Bedeutung wird hingewiesen, ebenso auf Möglichkeiten zukünftiger Entwicklung, wobei beides nicht von den anerkannten Leitlinien ablenken soll. Die Literatur ist, auch innerhalb der Kapitel, nach Jahreszahlen geordnet.

Einige Kontrollfragen am Schluss des Buchs sollen dem Leser ermöglichen, zu überprüfen, ob er das Gelesene mit eigenen Worten wiedergeben kann. Die wichtigsten medienrechtlichen Normen finden sich in der Vorschriftensammlung »Medienrecht« in der Reihe »Textbuch Deutsches Recht«, 15. Aufl. 2019. Auf die jeweiligen Gesetze wird durch → T hingewiesen, entsprechend auf Entscheidungen in der Rechtsprechungssammlung »Entscheidungen zum Medienrecht«, 3. Aufl. 2018 durch → E und auf die Fallsammlung »Fälle und Lösungen zum Medienrecht«, 3. Aufl. 2012 durch → F. Verweise innerhalb des Lehrbuchs erfolgen durch → auf Kapitel (kursiv) und Randnummer.

Möge das Buch Studierenden zum Erfolg verhelfen und auch Praktikern von Nutzen sein!

Abkürzungen

Abs.	Absatz
ABl.	Amtsblatt (der Europäischen Union)
AEMR	Allgemeine Erklärung der Menschenrechte
AEUV	Vertrag über die Arbeitsweise der Europäischen Union
a.F.	alte Fassung
AfP	Zeitschrift für Medien- und Kommunikationsrecht
AGB	Allgemeine Geschäftsbedingungen
AGBG	Gesetz zur Regelung des Rechts der Allgemeinen Geschäftsbedingungen (jetzt §§ 305 ff. BGB)
Alt.	Alternative
Art.	Artikel
AVMD-RL	Richtlinie über audiovisuelle Mediendienste
AVR	Archiv des Völkerrechts
AWG	Außenwirtschaftsgesetz
BAG	Bundesarbeitsgericht
BB	Betriebsberater
BBG	Bundesbeamtengesetz
BDSG	Bundesdatenschutzgesetz
BetrVG	Betriebsverfassungsgesetz
BGB	Bürgerliches Gesetzbuch
BGH	Bundesgerichtshof
BGHSt	Entscheidungen des Bundesgerichtshofs in Strafsachen
BGHZ	Entscheidungen des Bundesgerichtshofs in Zivilsachen
BKA	Bundeskriminalamt
BND	Bundesnachrichtendienst
BNetzA	Bundesnetzagentur
BPatG	Bundespatentgericht
BPjM	Bundesprüfstelle für jugendgefährdende Medien
B2B (B-to-B)	Business-to-Business
BVerfG	Bundesverfassungsgericht
bverfg.de	Amtliche Bekanntmachung des Bundesverfassungsgerichts im Internet
BVerfGE	Amtliche Entscheidungssammlung des Bundesverfassungsgerichts (zitiert nach Band und Seite)
BVerfGG	Bundesverfassungsgerichtsgesetz

BVerwG	Bundesverwaltungsgericht
CR	Computer und Recht
DB	Der Betrieb
DENIC eG	Deutsches Network Information Center (eingetragene Genossenschaft)
DLM	Direktorenkonferenz der Landesmedienanstalten
DÖV	Die Öffentliche Verwaltung
DRiG	Deutsches Richtergesetz
DSGVO	Datenschutz-Grundverordnung
DuD	Datenschutz und Datensicherheit
E	Entwurf (eines Gesetzes)
E (→ E)	Verweis auf eine Entscheidung in der Sammlung »Entscheidungen zum Medienrecht«
EBU	European Broadcasting Union (Europäische Rundfunkunion)
EGBGB	Einführungsgesetz zum Bürgerlichen Gesetzbuch
EGMR	Europäischer Gerichtshof für Menschenrechte
EGV	Vertrag zur Gründung der Europäischen Gemeinschaft
EMRK	Europäische Konvention zum Schutze der Menschenrechte und Grundfreiheiten
EuGH	Gerichtshof der Europäischen Union (Europäischer Gerichtshof)
EuGHE	Entscheidungssammlung des Gerichtshofs der Europäischen Union (zitiert nach Jahr und Seite)
EWR	Europäischer Wirtschaftsraum
F (→ F)	Hinweis auf einen Fall im Fallbuch »Fälle und Lösungen zum Medienrecht«
FFA	Filmförderungsanstalt
FFG	Filmförderungsgesetz
FS	Festschrift
FSF	Freiwillige Selbstkontrolle Fernsehen
FSK	Freiwillige Selbstkontrolle der Filmwirtschaft
FSM	Freiwillige Selbstkontrolle Multimedia-Diensteanbieter
GATT	General Agreement on Tariffs and Trade
gem.	gemäß
GewO	Gewerbeordnung
GG	Grundgesetz für die Bundesrepublik Deutschland (= Verfassung Deutschlands)
GmbH & Co. KG	Gesellschaftsrechtliche Form einer Kommanditgesellschaft, bei der die Rolle des persönlich haftenden Gesellschafters eine GmbH (Gesellschaft mit beschränkter Haftung) einnimmt
GMVO	Gemeinschaftsmarkenverordnung
GRUR	Zeitschrift Gewerblicher Rechtsschutz und Urheberrecht
GVG	Gerichtsverfassungsgesetz
GVK	Gremienvorsitzendenkonferenz

GWB	Gesetz gegen Wettbewerbsbeschränkungen (Kartellgesetz)
HdBStR	Handbuch des Staatsrechts der Bundesrepublik Deutschland
h.M.	herrschende Meinung
ICANN	Internet Corporation for Assigned Names and Numbers
IFG	Informationsfreiheitsgesetz
IWG	Informationsweiterverwendungsgesetz
IPBPR	Internationaler Pakt über bürgerliche und politische Rechte
IPR	Internationales Privatrecht
i.S.d.	im Sinne des
i.V.m.	in Verbindung mit
JMStV	Jugendmedienschutz-Staatsvertrag
JuSchG	Jugendschutzgesetz
JZ	Juristenzeitung
KEF	Kommission zur Ermittlung des Finanzbedarfs der Rundfunkanstalten
KEK	Kommission zur Ermittlung der Konzentration im Medienbereich
KJM	Kommission für Jugendmedienschutz
KUG	Kunsturhebergesetz
K&R	Kommunikation & Recht
LBl	Loseblattwerk
LG	Landgericht
LVerf	Landesverfassung
MarkenG	Markengesetz
MMA	Madrider Markenabkommen
MMR	MultiMedia und Recht
NJW	Neue Juristische Wochenschrift
OLG	Oberlandesgericht
PAngV	Preisangabenverordnung
P2P	Peer-to-Peer (von Nutzer zu Nutzer)
RBeitrStV	Rundfunkbeitragsstaatsvertrag
RBÜ	Revidierte Berner Übereinkunft zum Schutz von Werken der Literatur und Kunst
RelKErzG	Gesetz über die religiöse Kindererziehung
RFinStV	Rundfunkfinanzierungsstaatsvertrag
RL	Richtlinie
Rom-Abkommen	Internationales Abkommen über den Schutz der ausübenden Künstler, der Hersteller von Tonträgern und der Sendeunternehmen
RStV	Rundfunkstaatsvertrag
SMS	Short Message Service
SPIO	Spitzenorganisation der Filmwirtschaft
StGB	Strafgesetzbuch
StPO	Strafprozessordnung

StUG	Stasi-Unterlagen-Gesetz
T (→ T)	Verweis auf eine Rechtsgrundlage in der Vorschriften-sammlung »Medienrecht« in der Reihe »Textbuch Deutsches Recht«
TabakerzG	Tabakerzeugnisgesetz
TDG	Teledienstegesetz
TKG	Telekommunikationsgesetz
TKÜV	Telekommunikations-Überwachungsverordnung
TRIPS	Trade Related Aspects of Intellectual Property Rights (Abkommen) Including Trade in Counterfeit Goods
UKlAG	Unterlassungsklagengesetz
UrhG	Urheberrechtsgesetz
UrhWissG	Urheberrechts-Wissensgesellschafts-Gesetz
USK	Unterhaltungssoftware Selbstkontrolle
UStG	Umsatzsteuergesetz
UWG	Gesetz gegen den unlauteren Wettbewerb
VerlG	Verlagsgesetz
VersG	Versammlungsgesetz
VGG	Verwertungsgesellschaftengesetz
VGH	Verwaltungsgerichtshof
vs	versus/gegen
VwGO	Verwaltungsgerichtsordnung
VwVfG	Verwaltungsverfahrensgesetz
WARC	World Administrative Radio Conference (Funkverwaltungskonferenz)
WCT	WIPO Copyright Treaty
WIPO	World Intellecutal Property Organization
WPPT	WIPO Performances and Phonogram Treaty
WTO	World Trade Organization
ZAK	Kommission für Zulassung und Aufsicht
ZPO	Zivilprozessordnung
ZRP	Zeitschrift für Rechtspolitik
ZUM	Zeitschrift für Urheber- und Medienrecht

Einleitung

Medien spielten in der Geschichte der Menschheit seit jeher eine zentrale Rolle. Der Austausch von Informationen über Distanz gehört zu den Urbedürfnissen des Menschen. Bereits die großen Staaten der Frühzeit waren zur Abwehr äußerer und innerer Gefahren sowie für die Erfüllung verwaltungsmäßiger Aufgaben auf ein funktionierendes Nachrichtensystem angewiesen. Nicht zu übersehen ist von Anbeginn die Bedeutung der Medien als Mittel der Meinungsbeeinflussung zur Erlangung und Bewahrung von Macht. Charakteristisch für die rechtlichen Strukturen der Medien ist daher in geschichtlicher Hinsicht ihr Verhältnis zum Staat. Medien sind bis heute ein verlockendes Instrument für Politiker, um ihre Herrschaft zu festigen. Diktatorische Staaten sind durch eine Ausschaltung der freien Medienlandschaft gekennzeichnet. Eine funktionierende Demokratie beweist sich demgegenüber durch einen freien Meinungsmarkt in den Medien.

Immer wieder hat sich das Gesicht der Medien gewandelt, wobei die Einführung des Buchdrucks mit beweglichen Lettern durch Gutenberg Mitte des 15. Jahrhunderts ein frühes markantes Ereignis war. Raschere Schritte hat die Entwicklung seit der Entstehung von Rundfunk und Fernsehen durchlaufen. Die größte Revolution haben die Computermedien eingeleitet. Technische Erfindungen wie die Digitalisierung von Information und schnellere Formen der Datenübermittlung haben die Medien in alle Bereiche des Lebens eindringen lassen, so dass nicht nur vom Computer- und Informationszeitalter, sondern von einer Epoche der Medien gesprochen werden kann. »Soziale Netzwerke«, ermöglichen nicht nur den Austausch von Informationen, sondern können in kürzester Zeit Stimmungen verbreiten und damit basisdemokratischen politischen Einfluss ausüben, aber auch Hass und Unfrieden verbreiten. Ebenso wie die früher festen Unterscheidungen zwischen den Medienformen ins Wanken geraten sind, ist es die Unterscheidung zwischen den Journalisten und Medienrezipienten, da fast jeder Mediennutzer auch Content generiert. Wie immer beginnt die Rechtsentwicklung nicht an einem »Punkt Null«, sondern basiert auf den für die »klassischen Medien« gewachsenen Strukturen. Zahlreiche Vorschriften des Multimediarechts sind aus dem herkömmlichen Presse- und Rundfunkrecht übernommen.

Schwieriger als die Frage der begrifflichen Strukturen ist die nach dem richtigen rechtlichen Regelungsrahmen zu beantworten. Ob ein Staat freiheitlich und rechtsstaatlich ist, lässt sich meist leicht am Freiheitsgrad seiner Medien ablesen und manche Diktatur wurde durch die Medien, nicht zuletzt durch soziale Netzwerke gestürzt. So sehr mithin die Freiheit des Internets zu begrüßen ist, stellt sich doch bei näherem Hinsehen Unbehagen ein, was Einzelbereiche betrifft. Beispielsweise lässt sich der Schutz von Urhebern und Jugendlichen sowie der Schutz von Persönlichkeitsrechten und der Datenschutz heute nicht mehr effektiv gewährleisten. Nationale Maßnahmen sind zwangsläufig im Hinblick auf die – an und für sich erfreuliche Internationalisierung – zum Scheitern verurteilt. Eine alle Staaten umfassende völkerrechtliche Medienordnung liegt in weiter Ferne.

An diesen Beispielen wird deutlich, dass nicht nur die Medien selbst ungeahnte Auswirkungen auf die moderne Gesellschaft haben, sondern dass die gesellschaftliche Entwicklung immer stärker von den Medien und damit auch vom Medienrecht beeinflusst wird, indem das Medienrecht die Medien selbst formt und sich auf ihre Inhalte auswirkt. Nicht ohne Grund werden die Medien oftmals als »vierte Gewalt« im Staat umschrieben, was staatsrechtlich unzutreffend ist, jedoch der faktischen Bedeutung der Medien entspricht. Diese Macht der Medien zeigt sich, wenn aus der Angst vor der »Macht der Bilder« oder dem »medialen Pranger« politische Fehlentscheidungen getroffen werden.

Falsch wäre es, das Recht einseitig als Gängelungsinstrument gegen die Medien zu verdammen. Vielmehr entfaltet das Recht zu allererst einen Raum, in dem sich die Medien, von staatlichem Einfluss geschützt, frei entfalten können. War es früher nahezu ausschließlich Aufgabe des Medienrechts, eine inhaltliche Einflussnahme des Staates auf die Medien auszuschließen, so besteht sie zunehmend darin, die Dominanz politischer und gesellschaftlicher Gruppierungen in den Medien zu verhindern. Nicht zu übersehen ist eine Glaubwürdigkeitskrise der Medien. Diese resultiert aus dem Gefühl von Teilen der Bevölkerung, die Medien würden sich zu Handlangern der Politik machen, anstatt ihrer Wachhundfunktion gerecht zu werden. »Fake News«, »Hate Speech« und »Lügenpresse« sind Schlagworte, die von verschiedenen politischen Seiten gegen die ihnen jeweils unliebsamen Medienäußerungen vorgeworfen werden. Nicht eben förderlich sind in diesem Zusammenhang Fälle wie der des Journalisten Claas Relotius, der über Jahre in Reportagen Tatsachen verfälscht oder erfunden

2

hat und mit zahlreichen Journalistenpreisen ausgezeichnet wurde. Nicht unbeachtlich sind schließlich Vorwürfe, »Gatekeeper« wie auch Nutzer sozialer Netzwerke selbst würden durch die Auswahl der Information medial in »Echokammern« und »Filterblasen« leben. Eine spannende medienrechtliche Frage ist die, ob und wie der Staat solche Auswüchse verhindern kann und muss oder ob nicht gerade damit die Unabhängigkeit der Medien und die freie Meinungsäußerung beeinträchtigt würden. Die angedeuteten Streitigkeiten dürfen jedenfalls die Bedeutung der Medien im Rechtsstaat und in der Demokratie nicht in Vergessenheit geraten lassen. Dem Medienrecht kommt die Aufgabe zu, auch künftig eine freie und pluralistische Meinungsbildung zu ermöglichen.

Allgemeiner Teil des Medienrechts

1. Kapitel: Inhalt und Bedeutung der Medien

I. Begriffe

1 Umfang und Inhalt des Medienrechts können nicht mit Eindeutigkeit juristisch umschrieben werden. Tatsächlich ist das »Medienrecht« kein einheitliches Rechtsgebiet. Es hat sich aus unterschiedlichen Bereichen heraus entwickelt und Eigenständigkeit gewonnen. Unter dem Begriff »Medienrecht« lassen sich diejenigen Rechtssätze zusammenfassen, die für die Medien relevant sind. Sie ergeben sich aus einer Vielzahl unterschiedlicher Gesetze. Einschlägig sind u.a. das Grundgesetz, die Presse- und Rundfunkgesetze, das Bürgerliche Gesetzbuch, das Strafgesetzbuch, das Urheberrechtsgesetz und das Telemediengesetz. Hinzu kommen zahlreiche Verordnungen und Richtlinien der EU, sowie Vorgaben, die sich aus der Rechtsprechung der Gerichte heraus entwickelt haben. Der Umfang des Medienrechts ist nicht verbindlich festgelegt, so dass sich in der Literatur unterschiedliche Umschreibungen finden, z.B. wird das Telekommunikationsrecht zum Teil als eigenständige Materie neben dem Medienrecht gesehen zum Teil, so wie hier, diesem zugeordnet.

2 In einem allgemeinen Sinn sind Medien zunächst einmal Vermittler. Sie vermitteln zwischen Menschen Informationen, Nachrichten oder Meinungen. Diese Vermittlerfunktion ergibt sich bereits aus der sprachlichen Herleitung des Begriffs. Etymologisch stellt das Wort Medium eine substantivierte Ableitung des lateinischen Adjektivs »medius« dar, das so viel heißt wie »in der Mitte befindlich, mittlerer«. Das seit dem 17. Jh. verwendete Fremdwort wurde seit jeher im Sinne von »Vermittlung, Vermittlungsstoff, vermittelndes Element« verstanden. Im Vordergrund des Begriffs der Medien steht heute die Vermittlung von geistigen, optischen und akustischen Inhalten mit Hilfe technischer Einrichtungen.

Die Medien werden herkömmlicherweise unterteilt in die Massenme- **3** dien und die Medien, die der Individualkommunikation dienen. Beides sind Formen der Kommunikation zwischen Menschen über eine räumliche Distanz. Während sich die Individualkommunikation zwischen zwei oder mehreren bestimmten Personen abspielt, richten sich die Massenkommunikationsmittel an die Allgemeinheit.

Die klassischen Medien Presse, Rundfunk und Film sind durch eine **4** Medienlandschaft abgelöst worden, in der die Multimediaangebote dominieren. Dieses Zusammenwachsen der unterschiedlichen Medienformen wird mit dem Stichwort »**Konvergenz der Medien**« umschrieben.

Innerhalb der Medien ergibt sich in der Übersicht folgende Einteilung: **5**

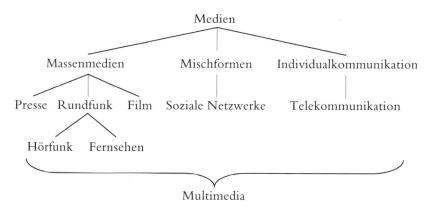

II. Rechtsgrundlagen

1. Presserecht

Die rechtlichen Vorgaben für die Presse werden unter dem Begriff Presse- **6** recht zusammengefasst. Das Presserecht umschließt die Gesamtheit der die Rechtsverhältnisse der Presse regelnden Vorschriften. Das ist zum einen die verfassungsrechtliche Garantie der Pressefreiheit in Art. 5 Abs. 1 GG, zum anderen sind es die von den Bundesländern erlassenen **Pressegesetze** (ein Musterpressegesetz mit den einzelnen landesrechtlichen Sonderregeln findet sich bei → T 19). Weitere presserelevante Normen ergeben sich aus den allgemeinen Gesetzen wie dem BGB oder dem StGB.

2. Rundfunkrecht

7 Das Rundfunkrecht ist in starkem Maße verfassungsrechtlich geprägt und zwar durch das Grundrecht der Rundfunkfreiheit. Die einfachgesetzliche Ausgestaltung unterfällt der **Zuständigkeit der Länder**. Der Bund hat lediglich die ausschließliche Gesetzgebungszuständigkeit über das Postwesen und die Telekommunikation (Art. 73 Abs. 1 Nr. 7 GG). Er kann mithin nur die Sendetechnik regeln. Zudem kann er sich bezüglich des Auslandsrundfunks auf die ausschließliche Zuständigkeit für auswärtige Angelegenheiten gem. Art. 73 Abs. 1 Nr. 1 GG berufen. Im Übrigen haben die Bundesländer **Rundfunkgesetze** erlassen. Für viele Fragen haben sich die Bundesländer zusammengeschlossen und sich staatsvertraglich geeinigt. Staatsverträge gibt es zwischen zwei oder mehreren Bundesländern oder zwischen allen Bundesländern. Für die einheitliche Regelung allgemeiner Vorgaben des Rundfunks wurde der – öfters novellierte – **Rundfunkstaatsvertrag** (→ T 21) geschlossen. Er ist die zentrale Regelung des Rundfunkrechts. Durch Staatsverträge sind ferner der Finanzausgleich zwischen den Rundfunkanstalten und der Rundfunkbeitrag geregelt. Schließlich gibt es Vereinbarungen der Rundfunkanstalten untereinander (z.B. über die Arbeitsgemeinschaft der öffentlichrechtlichen Rundfunkanstalten der Bundesrepublik Deutschland, ARD) sowie Landesgesetze für die Privatsender.

3. Multimediarecht

8 Der Multimediabereich ist – hinsichtlich des technischen Vorgangs der Übermittlung von Daten – im Telekommunikationsgesetz (TKG → T 29) geregelt. Vorschriften für die Telemedien finden sich primär im Telemediengesetz des Bundes (TMG → T 30). Soweit es um rundfunkähnliche, die Meinungsbildung beeinflussende Inhalte von Telemedien geht, finden sich zusätzliche Vorschriften im Rundfunkstaatsvertrag (§§ 54 ff. RStV → T 21).

III. Bedeutung der Medien

9 Den Medien kommt erhebliche gesellschaftliche und wirtschaftliche Bedeutung zu. Aus rechtlicher Sicht steht ihre Funktion in der modernen Demokratie an vorderster Stelle. Aus dieser Funktion heraus erklären sich die grundlegenden Strukturen des gesamten Medienrechts.

1. Pluralistische Meinungsbildung und Kontrolle in der Demokratie

In der Massendemokratie sind die Medien der entscheidende Faktor für   **10**
die **politische Willensbildung** der Bevölkerung. Diese kann nur durch
freie Berichterstattung gewährleistet werden. In der indirekten Demokratie bedarf es intermediärer Kräfte, die zwischen dem Volk und dem Parlament und umgekehrt zwischen den Debatten im Parlament und der Bevölkerung vermitteln. Zu diesen Kräften gehören neben den politischen
Parteien in erster Linie die Medien. Darüber hinaus kommt den Medien
eine wichtige Aufgabe bei der **Kontrolle der staatlichen Machtaus-**
übung zu (»**Wachhundfunktion**« **der Medien**). Unzulässige Machen-
schaften von Politikern aufzudecken ist eine der vornehmsten Aufgaben
der Medien. Dieser Aufgabe können die Medien nur aufgrund einer
staatsunabhängigen Stellung und Finanzierung wirksam nachkommen.
Aus diesen Gründen ist die **Sicherung freier Medien** die wichtigste Aufgabe des Medienrechts im freiheitlichen Staatswesen. Die verfassungsrechtlichen Medienfreiheiten bilden Grundlage und Ausgangspunkt allen
Medienrechts. Die übrigen Funktionen der Massenmedien haben nicht
dieselbe Wirkung auf die rechtliche Ausgestaltung der Medien wie deren
politische Aufgabe in der Demokratie. Sie seien hier nur der Vollständig-
keit halber kurz erwähnt.

2. Wirtschaftsfaktor

Medien haben eine nicht zu unterschätzende Bedeutung als Wirtschafts-   **11**
faktor. Medienprodukte stellen wirtschaftliche Werte dar, die entweder als
Waren oder als Dienstleistungen angeboten werden.

Aus dem zunehmenden Angebot an Medien ergibt sich eine verschärfte   **12**
Wettbewerbssituation zwischen den Medien. Darauf ist von Seiten des
Wettbewerbsrechts zu achten. Einerseits darf der Wettbewerb zwischen
den Medien nicht zu unlauteren Praktiken um die Gunst der Rezipienten
führen. Auf der anderen Seite ist eine Konkurrenzsituation zwischen den
Medien zu fördern, um die Pluralität der Meinungen in den Medien sicherzustellen.

Teil des Wettbewerbsrechts ist die Frage, in welchem Umfang Wer-   **13**
bung betrieben werden darf. Einerseits ist Werbung inzwischen für das
Überleben nahezu aller Medienangebote unabdingbar. Auf der anderen
Seite darf Werbung weder inhaltlich noch umfangmäßig bestimmte Grenzen überschreiten. Das gilt sowohl in zeitlicher Hinsicht als auch bezüglich des Inhalts, etwa im Hinblick auf die Unerfahrenheit von Jugendlichen.

3. Kulturträger

14 Eine besonders wichtige Funktion der Massenmedien ist die Verbreitung von Kultur in der gesamten Bevölkerung. Damit nehmen die Medien eine wichtige sozialstaatliche Funktion wahr. Auf diese Weise wird der Bevölkerung nicht nur Kunst nähergebracht und erläutert, sondern auch der Weg zu künstlerischen Veranstaltungen (Konzerte, Theater, Oper etc.) eröffnet, die sonst aus finanziellen, zeitlichen, technischen oder anderen Gründen nicht oder seltener besucht würden. Die zunehmende Barrierefreiheit der Medien, die sie auch für behinderte Menschen nutzbar macht, ist dabei von großer Bedeutung.

4. Bildungs- und Erziehungsfunktion

15 Innerhalb der Funktion der Medien als Kulturträger kommt ihnen Bedeutung bei der Bildung der Bevölkerung zu. Der Bildungsaspekt bezieht sich auf die Erwachsenenbildung wie auch auf die **Erziehung der Kinder**. In dem Maße, wie der Einfluss elterlicher und schulischer Erziehung abnimmt, haben die Medien die Chance, Ersatzfunktionen wahrzunehmen. Teilweise wird diese Chance genutzt von der Vorschulerziehung bis hin zu ansprechend aufgemachten Lehrsendungen für Jugendliche. Teilweise wird die Chance aus wirtschaftlichen Gründen missachtet. Hier liegt ein wichtiges Betätigungsfeld der öffentlichrechtlichen Rundfunkanstalten, auf dem sie ihre Vorzugsstellung zu bewähren haben. Insgesamt ist allerdings die Gefahr der Entfremdung zwischen Eltern und Kindern durch Medienangebote nicht zu übersehen.

16 Die verschiedentlich geäußerte Behauptung, Medien dürften und könnten nicht erziehen, ist unzutreffend. Jede Darstellung stellt per se eine Wertung dar. Da das Lernen des Menschen weithin auf Nachahmung beruht, ist die Frage, wie ein Geschehen dargestellt und bewertet wird, von nicht unerheblichem Einfluss auf Nutzer, die in der Entwicklung begriffen sind. Die Frage, ob angesichts eines Unfalls über das damit verbundene menschliche Leid berichtet wird oder lediglich sensationslüstern Wunden und Tränen in Großaufnahme gezeigt werden, kann sehr wohl die Einstellung der Zuschauer prägen, wenn sie sich selbst einer solchen Situation gegenübersehen. Ähnliches gilt, wenn Konfliktbewältigung mittels Gewalt propagiert wird. Ein triviales Beispiel ist die Beachtung oder Nichtbeachtung von Hygienemaßnahmen in Kochsendungen. Eine Versuchsreihe des Bundesinstituts für Risikobewertung zeigte, dass selbst erwachsene Hobbyköche, die zuvor ein Kochvideo gesehen hatten, in dem der Koch die empfehlenswerten Hygienemaßnahmen sichtbar präsentiert hatte, von diesen Maßnahmen häufiger Gebrauch machten als die

Probanden, die ein Video mit Hygienemängeln gesehen hatten. Die ethische Verantwortung der Medien nimmt in dem Maße zu, in dem sich Eltern und Lehrer, als »Erzieher« zurückziehen.

5. Informationsfunktion

Über die genannten Bereiche der Vermittlung besonders wichtiger Inhalte **17** hinaus kommt den Medien eine allgemeine Informationsfunktion zu. Die Medien haben die Aufgabe, die Menschen über aktuell interessierende Fragen, Ereignisse und Veranstaltungen zu informieren. Das gerade auch außerhalb von Politik und »hoher Kultur«. Sportereignisse, Modetrends und Events aller Art sind von den Medien der Allgemeinheit zugänglich zu machen. Damit schaffen die Medien informationelle **Grundlagen für den kommunikativen Austausch** im zwischenmenschlichen Bereich. Bei der Übermittlung von Informationen können gruppen- und einheitsfördernde Gefühle erzeugt werden. Diese können friedensstiftend wirken, aber auch neue Konfliktpotentiale schaffen oder bestehende verstärken. Maßgeblich ist die mehr tendenziöse oder stärker objektive Darstellung eines Themas oder Ereignisses.

Über die reine Information hinaus können Medien auch auf Gesund- **18** heitsgefahren aufmerksam machen (unzulässig behandelte Nahrungsmittel, Giftstoffe in Kleidern usw.) oder Sturm- oder Gewitterwarnungen ausgeben oder vor bestimmten Straftaten warnen, beispielsweise vor neu aufkommenden Formen des Betrugs. Den Medien kommt damit eine **Aufklärungs- und Warnfunktion** zu.

Aus den Manipulationsmöglichkeiten durch die Medien ergibt sich eine **19** große Verantwortung der Massenmedien. Diese Verantwortung kann rechtlich nur in sehr unzulänglicher Weise bestimmt werden. Der Regelung zugänglich sind lediglich die äußeren Grenzen. Hierzu zählt insbesondere der Schutz der Menschenwürde, der Jugendschutz, das Verbot der Volksverhetzung, des Aufstachelns zum Angriffskrieg und der öffentlichen Aufforderung zu Straftaten. Im Übrigen sind Sorgfaltspflichten von Medienproduzenten und Journalisten zwar verschiedentlich normiert, indessen durch die Allgemeinheit nicht einklagbar. Ohnehin nicht zu verhindern ist eine unterschwellige Beeinflussung der Rezipienten, etwa hinsichtlich des zwischenmenschlichen Verhaltens, der Gewaltbereitschaft und des Kaufverhaltens.

An den genannten Beispielen zeigt sich, dass dem Medienrecht eine **20** wichtige, eine unabdingbare Funktion zur Regelung der Medien zukommt. Zugleich aber zeigt sich auch die Begrenztheit des Medienrechts. Ohne die Ergänzung durch die Eigenverantwortlichkeit jedes in den Medien Tätigen bleibt das Medienrecht ein unvollkommenes Instrumentarium.

6. Unterhaltungsfunktion

21 Die zweckfreie Unterhaltung zählt in der Praxis zu den Hauptaufgaben der Massenmedien. Wenn auch nicht vergessen werden darf, dass Unterhaltung als Mittel der Propaganda zur Ablenkung und Beruhigung der Bevölkerung eingesetzt werden kann – wie dies in der nationalsozialistischen Diktatur der Fall war – so ist doch gerade in der hektischen Industriegesellschaft der Wunsch nach entspannender Unterhaltung als Teil des Freiheitsgebrauchs des Menschen von der Rechtsordnung anzuerkennen. Problematisch ist es, wenn Unterhaltungssendungen als Information getarnt werden, wenn beispielsweise gespielte Szenen nicht ausreichend als solche gekennzeichnet sind und von Zuschauern als Dokumentationen missverstanden werden (»**skripted reality**«). Angesichts der Nachfrage nach Unterhaltung ist Sorge zu tragen, dass Unterhaltung nicht zum einzigen Medieninhalt avanciert.

IV. Medienrecht und Medienpolitik

22 Medienrecht und Medienpolitik sind zweierlei. Medienpolitische Auseinandersetzungen werden häufig mit medienrechtlichen Mitteln geführt. Vor einer solchen Begriffsvermischung gilt es zu warnen. Demgegenüber wäre es ein Missverständnis, sämtliche medienpolitische Entscheidungen durch das Medienrecht determiniert zu sehen. Tatsächlich lässt die Verfassung dem Mediengesetzgeber einen weiten Spielraum. Die folgende Darstellung zeigt den verfassungsrechtlichen Rahmen auf und stellt die gegenwärtig gültigen Entscheidungen des Gesetzgebers dar. Was medienpolitisch wünschbar wäre, lässt sich auf der Grundlage der Verfassung diskutieren und steht auf einem anderen Blatt.

V. Bedeutung und Grenzen des Medienrechts

23 Aufgabe des Medienrechts ist es, bestimmte Strukturen, Grundfunktionen, Rechte und Pflichten der Medien bzw. der Medienschaffenden festzulegen. Im Gegensatz zu Selbstverpflichtungserklärungen der Medienschaffenden selbst (Codices wie z.B. der Pressekodex) und ähnlicher

rechtlich unverbindlicher Vorgaben, sind die Rechtsvorgaben notfalls **mit staatlichem Zwang durchsetzbar.**

Nicht verkannt werden darf, dass eine rechtliche Ausgestaltung der **24** Medien in alle Einzelheiten hinein nicht nur unmöglich ist, sondern auch schnell an die rechtliche Grenze unzulässiger Beeinflussung von Medieninhalten stoßen würde.

Das Medienrecht befindet sich in einer Bewährungsprobe. Wurde die **25** politische Instrumentalisierung der Medien schon immer versucht, hat sie durch neue technische Möglichkeiten aber auch gesellschaftliche Veränderungen in kurzer Zeit neue Dimensionen angenommen. Dies hat zu einem Glaubwürdigkeitsverlust der Medien geführt. Stichworte wie »Fake news« und gar »Lügenpresse« machen dies offenkundig. Das Medienrecht manövriert zwischen der Skylla staatlicher Instrumentalisierung der Medien und der Charybdis staatlichen Kontrollverlusts im Hinblick auf schutzbedürftige Interessen der Bürger.

> Die wichtigste Funktion der Medien ist aus verfassungsrechtlicher Sicht die Stärkung der Demokratie. Die Medien haben im Staat die Funktion, eine unabhängige politische Willensbildung der Bevölkerung zu ermöglichen und sicherzustellen. Darüber hinaus haben sie die staatliche Machtausübung zu kontrollieren und Missstände aufzudecken (»Wachhundfunktion«). Um dieser Aufgabe nachkommen zu können, müssen die Medien von staatlichem Einfluss freigehalten werden und müssen pluralistisch strukturiert sein.

2. Kapitel: Allgemeine Verfassungsprinzipien

1 Die Grundstrukturen des Medienrechts lassen sich zu einem großen Teil aus den allgemeinen Verfassungsprinzipien ableiten. Zu denken ist an die Auswirkungen des Demokratieprinzips, des Bundesstaatsprinzips, des Rechtsstaats-, Sozialstaats- und des Kulturstaatsprinzips sowie des Prinzips der Europäischen Integration. Sie sind in einem weiteren Kapitel durch die grundrechtlichen Vorgaben zu ergänzen.

I. Demokratieprinzip

2 Das für das Medienrecht prägendste Staatsprinzip ist das Demokratieprinzip. Die vom Grundgesetz vorgesehene Form der Demokratie ist die repräsentative Demokratie. Dem Repräsentationsgedanken zufolge wird die Staatsgewalt nicht vom Volk unmittelbar ausgeübt, sondern durch »besondere Organe«, die vom Volk durch Wahlen bestimmt werden (Art. 20 Abs. 2 GG). Damit eine solche mittelbare Demokratie funktionieren kann, bedarf es einer Vermittlung zwischen dem Volk auf der einen Seite, dem Parlament und der Regierung auf der anderen Seite. Der Austausch von Informationen, aber auch von Tendenzen und Stimmungen, muss in zwei Richtungen erfolgen. In erster Linie ist das Bedürfnis der Bevölkerung anzuerkennen, sich auch außerhalb von Wahlen gegenüber ihren Repräsentanten zu äußern. Die demokratische Willensbildung hat sich stets vom Volk zu den Staatsorganen zu vollziehen und nicht umgekehrt. Zum anderen ist jede Politik auf die Vermittlung ihrer Ziele gegenüber der Wählerschaft angewiesen. Die Aufgabe der Vermittlung kommt nach der Konzeption des Grundgesetzes gem. Art. 21 GG den Parteien zu. In diesem Zusammenhang werden die Medien vom Grundgesetz nicht erwähnt. Faktisch haben sie einen kaum zu überschätzenden Einfluss. Eine unabhängige Willensbildung der Bevölkerung ist unabdingbare Voraussetzung für eine funktionierende Demokratie. Nur wer die Möglichkeit hat, sich aus unabhängigen und vielfältigen Meinungsquellen zu informieren,

kann sinnvoll an der politischen Willensbildung durch Wahlen teilneh-
men. Hieraus ergeben sich zwei Grundprinzipien des Medienrechts: Die
Medien müssen rechtlich so ausgestaltet sein, dass sie **von staatlichem
Einfluss unabhängig** sind. Der Staat hat sich in Bezug auf die Medien
neutral zu verhalten; er hat desungeachtet dafür Sorge zu tragen, dass die
Pluralität der Meinungen in den Medien erhalten bleibt. Das zeigt sich
in allen Bereichen der Medien (zum Beispiel bezüglich des »Instituts freie
Presse« → *8* Rdnr. 69; der Pluralität der Repräsentanten in den Rund-
funkräten und in den Anstaltsversammlungen der Landesmedienanstalten,
→ *10* Rdnr. 195 sowie bei der Rundfunkfinanzierung → *10* Rdnr. 78 ff.).

Eine mit dem Demokratieprinzip in Zusammenhang stehende verfas-   **3**
sungsrechtliche Vorgabe für die Medien ist der verfassungsrechtlichen
Stellung des Parlaments zu entnehmen. Dem Parlament kommt als dem
einzigen direktdemokratisch legitimierten Organ eine zentrale Funktion
zu. Hieraus ergibt sich der Grundsatz, dass **wesentliche Entscheidungen**
vom Bundestag bzw. von den Landtagen selbst zu entscheiden sind und
nicht auf die Verwaltung delegiert werden dürfen. Das sind insbesondere
solche Entscheidungen, die in Grundrechte des Bürgers, hier: die Medienfreiheiten eingreifen (**Wesentlichkeitstheorie**).

Inhaltlich ergibt sich aus der starken verfassungsrechtlichen Stellung des   **4**
Parlaments bzw. der Parlamente, dass der Gesetzgeber grundsätzlich frei
ist in der Ausgestaltung einer Medienordnung. Solange der Gesetzgeber
sich an die verfassungsrechtlichen Vorgaben hält, dürfen diese vom Bundesverfassungsgericht (BVerfG) nicht beanstandet werden, dem Gesetzgeber kommt eine Einschätzungsprärogative zu, in die von Seiten des Gerichts nicht eingegriffen werden darf. Diese Freiheit wurde dem Gesetzgeber vor allem bei der Festlegung der Rundfunkordnung ausdrücklich zugestanden.

II. Bundesstaatsprinzip

Das Bundesstaatsprinzip (Art. 20 Abs. 1 GG) ist der Hauptgrund für die   **5**
Zersplitterung des Medienrechts in den verschiedensten Gesetzen. Die
Gesetzgebungskompetenzen zur Regelung der Medien sind zwischen
dem Bund und den Ländern aufgeteilt. Die Aufteilung der Gesetzgebungskompetenzen zwischen dem Bund und den Ländern erschwert ge-
setzgeberisches Tätigwerden im Medienbereich. Zwar finden sich die Gesetzgebungskompetenzen in den Kompetenzkatalogen des Grundgesetzes
einzeln aufgezählt, desungeachtet verbleiben oftmals Unklarheiten hinsichtlich der Abgrenzung der Kompetenzbereiche. Bestimmte Medien

werden zwischen Bund und Ländern aufgeteilt, wie der Multimediabereich im Telemediengesetz und im Rundfunkstaatsvertrag. Die Kompetenzaufteilung zwischen dem Bund und den Ländern trägt nicht nur den landesspezifischen Besonderheiten Rechnung, sondern hat – im Sinne einer vertikalen Gewaltenteilung – machtbalancierende und damit **freiheitssichernde Funktion**.

III. Rechtsstaatsprinzip

6 In engem Zusammenhang mit den Funktionen des Parlaments steht die Gewaltenteilung. Die **Gewaltenteilung** wird traditionell dem Rechtsstaatsprinzip zugeordnet (das nicht ausdrücklich in Art. 20 Abs. 1 GG aufgeführt ist, indessen dem Grundgesetz als selbstverständlich zugrunde liegt und in Art. 28 Abs. 1 GG Erwähnung gefunden hat). Das Prinzip der Gewaltenteilung (vgl. Art. 20 Abs. 2 Satz 2 GG) verlangt zwar keine strenge Abgrenzung zwischen den Gewalten, fordert aber sehr wohl, dass der Kernbereich einer jeden Gewalt unangetastet bleibt. Vor diesem Hintergrund verwundert die Rolle des BVerfG in Bezug auf die Medien. Das BVerfG ist der dritten Gewalt, der Jurisdiktion zuzurechnen, nicht der Legislative. Desungeachtet ist die Rundfunkordnung in weitem Umfang durch das BVerfG ausgeformt worden. Der Grund hierfür liegt am Zögern des an sich zuständigen Gesetzgebers, der seinerseits untätig blieb und somit rasch zu entscheidende Fragen gerichtlicher Klärung überließ.

7 Die elementarste materielle Komponente des Rechtsstaatsprinzips ist die Gewährleistung persönlicher Grundrechte. Aufgabe der Grundrechte ist es, dem Bürger Freiheitsräume gegenüber staatlichen Eingriffen zu garantieren. Insoweit lassen sich die Mediengrundrechte des Art. 5 Abs. 1 GG als Ausdruck des Rechtsstaatsprinzips verstehen. Darüber hinaus sind grundlegende Prinzipien wie das vom Normsetzer einzuhaltende **Bestimmtheitsprinzip** und der **Verhältnismäßigkeitsgrundsatz** zu beachten.

IV. Sozialstaatsprinzip

8 Ein viertes zu erwähnendes Staatsprinzip ist das Sozialstaatsprinzip (Art. 20 Abs. 1 GG). Mögen sich aus diesem Prinzip auch nur in Ausnahmefällen durchsetzbare Ansprüche des einzelnen Bürgers ableiten lassen, bietet doch das Medienrecht ein eindrucksvolles Beispiel, wie das Sozialstaatsprinzip vom Gesetzgeber zu beachten ist und beachtet worden ist. Die Mitteilungen der Medien stellen für große Teile der Bevölkerung die wesentliche, z.T. die einzige Informationsquelle dar. Aus diesem Grund hat das BVerfG das Gebot der **Grundversorgung** aus der Rundfunkfreiheit abgeleitet (→ *10* Rdnr. 44).

Damit die so gestalteten Programme von allen Rezipienten empfangen werden **9** können, ist das Sozialstaatsprinzip auch bei der Erhebung des Rundfunkbeitrags zu beachten. Der Rundfunkbeitragsstaatsvertrag sieht aus diesem Grund Befreiungsmöglichkeiten u.a. aus sozialen Gründen vor.

Über den Bereich der Grundversorgung hinaus hat das Sozialstaatsprinzip **10** Auswirkungen, soweit es um die **Verfügbarkeit von Information** für alle Teile der Bevölkerung geht. In besonderem Maße bezieht sich das auf wichtige Ereignisse, die für die Gesellschaft von Bedeutung sind, beispielsweise für beliebte Sportveranstaltungen wie die Olympischen Spiele und die Endspiele der Fußballweltmeisterschaften. Alle diese Ereignisse von gesellschaftlicher Relevanz, über die am Arbeitsplatz und auf der Straße gesprochen wird, sollen nicht dem Pay-TV und damit den zahlungskräftigen Zuschauern überlassen werden.

Diesem sozialstaatlichen Anliegen wurde sowohl in der EU-Richtlinie **11** über audiovisuelle Medien als auch im Rundfunkstaatsvertrag Rechnung getragen, denen zufolge Ereignisse von erheblicher gesellschaftlicher Bedeutung auch im Free-TV zugänglich sein müssen.

V. Kulturstaatsprinzip

Das Kulturstaatsprinzip ist nicht ausdrücklich im Grundgesetz aufgeführt. **12** Der Grund hierfür liegt in der kompetenziellen Zuständigkeit der Bundesländer für die Kultur. Daher findet sich der Schutz der Kultur häufig in den Landesverfassungen. Dem Grundgesetz liegt das Kulturstaatsprinzip als selbstverständlich zugrunde und findet in verschiedenen Normen der Verfassung seinen Niederschlag, wenn es in der Literatur auch nicht unumstritten ist. Die Annahme eines Kulturstaatsprinzips hat zur Konsequenz, dass der Staat Rahmenbedingungen zu schaffen hat, in denen sich kulturelle, insbesondere künstlerische Aktivitäten entfalten können. Eine parteiische Stellungnahme zwischen konkurrierenden kulturellen Tendenzen ist dem Staat hingegen grundsätzlich verwehrt.

VI. Völkerrechtsfreundlichkeit und Europäische Integration

13 Das Grundgesetz ist durch seine Offenheit gegenüber dem Völkerrecht (Art. 24, 25 GG) wie auch im Hinblick auf die Europäische Integration (Art. 23 GG) geprägt. Im Völkerrecht sind früh für die Medien wichtige Bereiche staatenübergreifend geregelt worden, wie das Beispiel des Urheberrechts belegt. Letztlich wird die Legitimation der »Deutschen Welle« aus der Völkerrechtsfreundlichkeit der Verfassung abgeleitet, setzt doch eine internationale Zusammenarbeit die Kenntnis der deutschen Kultur und Gesellschaft im Ausland voraus.

14 Von stärkerem und unmittelbarerem Gewicht ist der Einfluss des **Europarechts** auf die Medienordnung. Die Bedeutung des Europarechts ergibt sich aus seiner Vorrangstellung gegenüber dem nationalen Recht. Liegen auch nicht alle Teile des Medienrechts im Regelungsbereich der Union, verbleibt vielmehr vor allem die Kultur in erster Linie der Regelung durch die Mitgliedstaaten (Art. 167 AEUV), so zeigen die aufgrund anderer Ermächtigungsgrundlagen ergangenen Rechtsvorschriften, wie stark europarechtliche Vorgaben die Details in den einzelnen Rechtsordnungen der Mitgliedstaaten bestimmen können. Anschauliche Beispiele sind die Richtlinie über audiovisuelle Mediendienste, die Datenschutz-Grundverordnung und die Urheberrechtsrichtlinie.

3. Kapitel: Mediengrundrechte

In diesem Kapitel werden die wichtigsten Grundrechte behandelt, auf die **1** sich diejenigen berufen können, die Medien herstellen oder verbreiten, um sich gegen staatliche Eingriffe oder gegenläufige private Interessen zu wehren. Die Grundrechte sind Grundlage und Ausgangspunkt des Medienrechts, da sie als Verfassungsrecht den einfachgesetzlichen Regelungen vorgehen. Zudem ermöglichen sie eine erste Grobeinordnung medienrechtlicher Fälle. Im nachfolgenden Kapitel werden dann die Rechte von Medienberichten Betroffener gegen die Medien dargestellt.

I. Kommunikationsgrundrechte

1. Begriff der Kommunikationsgrundrechte

Unter dem Begriff »Kommunikationsgrundrechte« werden verschiedene **2** Grundrechte zusammengefasst, die für die Medien von zentraler Bedeutung sind. Es handelt sich dabei um:

1. Meinungsfreiheit: Recht, seine Meinung frei zu äußern und zu verbreiten
2. Informationsfreiheit: Recht, sich aus allgemein zugänglichen Quellen zu unterrichten
3. Freiheit der Massenmedien: Presse-, Rundfunk- und Filmfreiheit (»Medienfreiheit«)

Der Begriff Kommunikationsgrundrechte bezieht sich auf den gesamten **3** Schutzbereich des Art. 5 Abs. 1 GG: Meinungs- und Informationsfreiheit sowie die Presse-, Rundfunk- und Filmfreiheit sind Kommunikationsgrundrechte. Die Medienfreiheiten umfassen den spezifischen Bereich der Massenmedien, zu denen Presse-, Rundfunk- und Filmfreiheit gehören.

2. Weitere Grundrechte

4 Für die Medien können über die genannten »Kommunikationsgrundrechte« des Art. 5 Abs. 1 GG hinaus weitere Grundrechte von Einfluss auf das Medienrecht sein. Diesen Grundrechten – wie der Kunst- und der Berufsfreiheit – kommt ebenfalls die Funktion zu, den Medien größere Freiräume gegen staatliche Eingriffe zu verschaffen. Allerdings können Grundrechte auch gegenüber den Medien einschränkende Wirkung entfalten. Das ist dann der Fall, wenn von den Medien Betroffene sich den Medien gegenüber auf Grundrechte berufen können (→ 4 Rdnr. 6 ff.).

5   Bevor auf die Grundrechte im Einzelnen eingegangen wird, ist es erforderlich, einen kurzen Überblick über den Umgang mit Grundrechten zu geben.

II. Für das Verständnis der Mediengrundrechte wichtige allgemeine Grundrechtslehren

1. Aufbau des Grundrechtssystems

6 Grundrechte sind in erster Linie Schutzrechte des Bürgers gegen staatliche Eingriffe. Sie sind dem früheren Obrigkeitsstaat mühevoll abgetrotzt worden. Die Grundrechte binden gem. Art. 1 Abs. 3 GG alle Staatsfunktionen als unmittelbar geltendes Recht. Innerhalb der Grundrechte nimmt die Menschenwürde des Art. 1 Abs. 1 GG den obersten Rang ein. Der Staat besteht um des Menschen willen und es ist nicht umgekehrt wie in Zeiten der Diktatur. Die der Menschenwürde nachgeordneten Grundrechte lassen sich in einer grundlegenden Unterscheidung in Freiheitsgrundrechte und in Gleichheitsgrundrechte unterteilen. Die speziellen Freiheitsgrundrechte (zu denen die Presse-, Rundfunk- und Filmfreiheit gehören) und die speziellen Gleichheitsgrundrechte werden ergänzt durch jeweils eine umfassende Auffangnorm, das allgemeine Freiheitsgrundrecht des Art. 2 Abs. 1 GG (in der ursprünglich vorgesehenen Formulierung: »Jeder kann tun und lassen was er will«) und das allgemeine Gleichheitsgrundrecht des

Art. 3 Abs. 1 GG (»Alle Menschen sind vor dem Gesetz gleich«). Hieraus ergibt sich folgendes Schema, das man sich einprägen sollte:

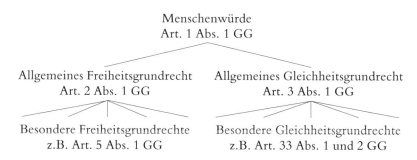

In medienrechtlichen Fällen sind die Freiheitsgrundrechte von vorrangiger **7** Bedeutung, da sie den Medienschaffenden die für sie notwendige Freiheitssphäre einräumen oder Betroffenen gegenüber den Medien Schutz gewähren. Das heißt nicht, dass nicht auch die Gleichheitsgrundrechte zur Anwendung kommen könnten. Ein Beispiel ist die Frage der Gleichbehandlung eines Presseorgans bei staatlicher Informationsvergabe gegenüber einem Konkurrenzblatt.

2. Nutzung des Grundrechtsschemas

Das dargestellte Grundrechtsschema bietet eine wichtige Orientierung bei der **8** Lösung grundrechtlicher Fälle. Erstens dient es der Auffindung der relevanten Grundrechtsnormen. Wie auch sonst hat immer die spezielle Norm vor der allgemeinen Norm Vorrang. D.h. ein spezielles Freiheitsgrundrecht ist immer vor dem allgemeinen Freiheitsgrundrecht, ein spezielles Gleichheitsgrundrecht immer vor dem allgemeinen Gleichheitsgrundrecht zu prüfen und beide vor der Heranziehung der Menschenwürde. Zweitens erleichtert das Schema die Auslegung einer grundrechtlichen Norm. Macht man sich klar, dass das spezielle Freiheitsgrundrecht lediglich eine Ausformung des allgemeinen Freiheitsgrundrechts ist und letztlich der Menschenwürde, so ergeben sich daraus handfeste Argumente für die Auslegung.

3. Grundrechtsfähigkeit

Die Frage, wer **Träger von Grundrechten** sein kann, ist unter dem **9** Stichwort der Grundrechtsfähigkeit zu behandeln. Die Grundrechtsfähigkeit ist vom jeweiligen Grundrecht abhängig. So stehen Grundrechte entweder nur den Staatsbürgern zu (»Deutschengrundrechte«) oder aber allen Menschen (»Jedermann-Grundrechte« oder »Menschenrechte« – in einem staatsrechtlichen, nicht zwingend zugleich völkerrechtlichen Sinn). Die

Mediengrundrechte gehören zu den Menschenrechten, d.h. jeder kann und darf sich auf sie berufen.

10   Da Grundrechte in erster Linie **Abwehrrechte des Bürgers gegen den Staat** sind, können sich Organe des Staates nicht gegen andere Teile des Staates auf Grundrechte berufen.

Ein Minister, der vom Bundeskanzler angegriffen wird, er habe seine Ressortkompetenz überschritten, will sich vor der Presse gegenüber den Angriffen verteidigen. Untersagt ihm der Bundeskanzler dies, so kann sich der Minister jedenfalls nicht auf das Grundrecht der Meinungsfreiheit berufen. Wenn ihm dieses Recht auch als Privatperson zustehen mag, so kann er sich als Teil der Regierung nicht auf die Meinungsfreiheit berufen oder diese gar vor dem BVerfG durchzusetzen versuchen. Das BVerfG (NVwZ 2014, S. 1156) prüft bei einer Rede des Bundespräsidenten, bei der er Angehörige einer bestimmten Partei als »Spinner« bezeichnet, denn auch nur den Umfang seiner Amtsbefugnisse.

11   Ein besonderes Problem in diesem Zusammenhang ist die **Grundrechtsfähigkeit juristischer Personen**. Juristische Personen können unter den Maßgaben des Art. 19 Abs. 3 GG Grundrechtsträger sein. Voraussetzung ist, dass das Grundrecht, auf das sich die juristische Person berufen möchte, seinem Wesen nach auf juristische Personen anwendbar ist.

12   Unproblematisch ist das beispielsweise für die Pressefreiheit, die auch ein Zeitungsverlag für sich beanspruchen kann. Dieses Ergebnis ist – hinsichtlich der Rundfunkfreiheit – nicht ohne weiteres auf Rundfunkanstalten übertragbar. Da Grundrechte grundsätzlich Abwehrrechte des Bürgers gegen den Staat sind, nicht jedoch ein staatliches Organ gegen einen anderen Teil des Staates schützen sollen, muss bei der Grundrechtsfähigkeit unterschieden werden, ob es sich um eine juristische Person des Privatrechts handelt (dann sind Grundrechte anwendbar) oder um eine juristische Person des öffentlichen Rechts (dann kann sich die juristische Person grundsätzlich nicht auf Grundrechte berufen). Nur ganz ausnahmsweise können auch juristische Personen des öffentlichen Rechts Grundrechte für sich geltend machen. Das ist jedoch nur dann der Fall, wenn und soweit ihnen gerade die Aufgabe zukommt, ein bestimmtes Grundrecht zu verwirklichen. Das ist bei den öffentlichrechtlichen Rundfunkanstalten bezüglich der Rundfunkfreiheit anzunehmen, da diese gerade die unabhängige Meinungsbildung durch den Rundfunk garantieren soll. Daraus ergibt sich zugleich, dass Rundfunkanstalten keine anderen Grundrechte außer der Rundfunkfreiheit für sich beanspruchen können, beispielsweise nicht das Eigentumsgrundrecht des Art. 14 GG zum Schutz ihrer Grundstücke oder gar zur Wahrung sonstiger Besitzstände (BVerfGE 78, S. 101 »Eigentumsrecht von Rundfunkanstalten« → E 62).

13   Im Zusammenhang mit der Grundrechtsträgerschaft juristischer Personen ist daran zu erinnern, dass die Rechtsfähigkeit einer Personenvereinigung keine Voraussetzung ihrer Grundrechtsträgerschaft ist. Grundrechtsfähig können vielmehr auch nichtrechtsfähige Personenvereinigungen sein, insbesondere politische Parteien und Gewerkschaften. Der Status dieser Vereinigungen erklärt sich historisch, sollten doch die politisch sensiblen Vereinigungen nicht unter staatliche Kontrolle gezwungen werden.

Gibt eine Gewerkschaft ein Mitteilungsblatt für ihre Mitglieder heraus, so **14** kann sich die Gewerkschaft – und nicht nur der einzelne an der Konzeption der Zeitschrift beteiligte Journalist – auf die Pressefreiheit berufen.

4. Grundrechtsmündigkeit

Der Begriff der Grundrechtsmündigkeit umschreibt die **Fähigkeit** natür- **15** licher oder juristischer Personen, **Grundrechte selbständig** wahrnehmen und im eigenen Namen **durchsetzen zu können**. Die Grundrechtsmündigkeit steht nicht generell fest, sondern ergibt sich aus dem jeweiligen Grundrecht. Dafür sind weder die Volljährigkeit noch Konkretisierungen des einfachen Rechts maßgeblich. Die Grundrechtsfähigkeit ist aus der Verfassung selbst abzuleiten. Hinsichtlich des Alters ist vor allem die **Einsichtsfähigkeit** desjenigen entscheidend, der sich auf das jeweilige Grundrecht beruft.

Die Grundrechte der Meinungs- und Pressefreiheit wird man nicht ausschließlich **16** Volljährigen zugestehen können. Vielmehr können sich auch **Minderjährige** ab einem gewissen Alter auf die Pressefreiheit berufen, vor allem Schüler hinsichtlich der von ihnen herausgegebenen **Schülerzeitung**. Eine jahrgenaue Grenze lässt sich kaum festlegen. Einen Anhaltspunkt kann die Religionsmündigkeit bieten. Das Gesetz über die religiöse Kindererziehung geht für die Wahrnehmung der zugehörigen Rechte von einem Alter von 14 Jahren aus ($\S$ 5 Satz 2 RelKErzG). Diese einfachgesetzliche Bestimmung wird als Auslegungshilfe auch für die Interpretation der Glaubensfreiheit des Art. 4 GG herangezogen. Es spricht einiges dafür, bei der Pressefreiheit entsprechend zu argumentieren.

In diesem Zusammenhang lässt sich verdeutlichen, wie ein Fall durch eine **17** kleine Abänderung des Sachverhalts einer gänzlich anderen Lösung zuzuführen ist: Geht es um die Veröffentlichung einer **Schulzeitung**, so kommen Grundrechte im Gegensatz zum eben geschilderten Fall nicht zur Anwendung. Im Gegensatz zur Schülerzeitung, die von den Schülern eigenverantwortlich herausgegeben wird, ist eine Schulzeitung eine Veröffentlichung der Schule, wenn auch regelmäßig für denselben Leserkreis, nämlich die Schüler. Als Teil des Staates kann sich die Schule nicht auf Grundrechte, mithin auch nicht auf die Pressefreiheit berufen, weshalb sich ihr Rektor beispielsweise nicht gegen eine der Veröffentlichung vorausgehende ministerielle Vorlagepflicht wehren könnte.

5. Grundrechtsverpflichtete

Durch die Grundrechte wird **jeder Träger öffentlicher Gewalt** ver- **18** pflichtet (vgl. Art. 1 Abs. 3 und Art. 20 Abs. 3 GG), d.h. alle staatlichen Funktionsträger sind Grundrechtsadressaten. Das gilt auch dann, wenn die

21

öffentliche Hand in Formen des Privatrechts handelt. Vermieden werden soll eine Entledigung der grundrechtlichen Bindungen staatlicher oder kommunaler Stellen durch eine »Flucht ins Privatrecht«.

19 Eine Gemeinde ist beispielsweise auch dann zu gleichheitskonformer Auskunftserteilung an Journalisten über den Chlorgasunfall im Hallenbad verpflichtet, wenn das städtische Bad in privatrechtlicher Rechtsform geführt wird (➔ F 9).

6. »Sonderstatusverhältnisse«

20 Grundrechte finden in allen Verhältnissen zwischen einem Bürger und staatlichen Stellen Anwendung. Das gilt auch dann, wenn dieses Verhältnis durch ein besonderes Näheverhältnis des Bürgers zum Staat gekennzeichnet ist, wie in der Schule, im Wehrdienstverhältnis, beim Strafvollzug und beim Beamtenverhältnis. Früher wurde von »besonderen Gewaltverhältnissen« gesprochen, in denen Grundrechte aufgrund der Einordnung des Bürgers in einen bestimmten Verwaltungsbereich nicht zur Anwendung gelangen könnten. Seit der »Strafgefangenen-Entscheidung« des Bundesverfassungsgerichts (BVerfGE 33, S. 1 ff.) ist diese Ansicht nicht mehr vertretbar. Die Grundrechte sind auch in solchen »Sonderstatusverhältnissen« anwendbar. Sie unterliegen jedoch stärkeren Einschränkungen, die sich aus der Notwendigkeit ergeben, die Funktionsfähigkeit der jeweiligen Institution zu gewährleisten.

21 Großzügig hat das Bundesverwaltungsgericht die Meinungsäußerungsfreiheit von Soldaten interpretiert. Ein Soldat darf demzufolge verteidigungspolitische Fragen kritisch in der Presse behandeln und sich dabei auch in Widerspruch zur Meinung seiner Vorgesetzten setzen. Dabei kann er sich auch auf die Zugehörigkeit zur Bundeswehr berufen. Desungeachtet unterliegt seine Meinungsfreiheit stärkeren Schranken als die der anderen Staatsbürger (BVerwGE 76, S. 267, 272; BVerwGE 83, S. 90, 97).

7. Grundrechtswirkung zwischen Privatrechtssubjekten

22 Sind Hoheitsträger somit ohne weiteres Grundrechtsadressaten, so bedarf näherer Untersuchung, inwieweit auch Privatrechtssubjekte Grundrechte zu beachten haben. Eine unmittelbare »Drittwirkung« von Grundrechten zwischen Privaten ist vom Bundesverfassungsgericht (BVerfG) verneint worden, obwohl z.B. das Verhältnis eines Arbeitnehmers gegenüber seinem Arbeitgeber dem des Bürgers gegenüber dem Staat vergleichbar ist. Das BVerfG hat nur eine **mittelbare Drittwirkung** der Grundrechte im Privatrecht anerkannt. Da auch die Zivilgerichte gem. Art. 1 Abs. 3 GG an die Grundrechte gebunden sind, haben sie die Ausstrahlungswirkung der in den Grundrechten enthaltenen Wertentscheidungen auch bei der Entscheidung zivilrechtlicher Fälle zu beachten. Das Zivilrecht ist »im Lichte der Grundrechte auszulegen«. Die Grundrechte sind vor allem bei der Auslegung zivilrechtlicher Generalklauseln und Blankettbegriffe heranzuziehen. Die Generalklauseln erweisen sich damit als »Einbruchstellen der Grundrechte in das Zivilrecht«. Verstößt ein Zivilgericht gegen seine Pflicht zur Beachtung von Grundrechten, so kann gegen das hierauf ergehende (letztinstanzliche) Urteil Verfassungsbeschwerde erhoben werden (sog. **Urteilsverfassungsbeschwerde**).

Grundrechtswirkungen

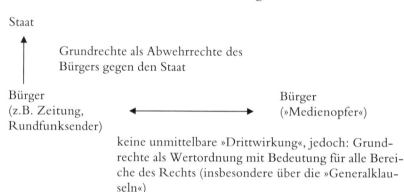

Staat

Grundrechte als Abwehrrechte des Bürgers gegen den Staat

Bürger
(z.B. Zeitung,
Rundfunksender)

Bürger
(»Medienopfer«)

keine unmittelbare »Drittwirkung«, jedoch: Grundrechte als Wertordnung mit Bedeutung für alle Bereiche des Rechts (insbesondere über die »Generalklauseln«)

Die Grundrechte sind von so grundlegender Bedeutung, dass das BVerfG **23** sie als **Wertordnung** gedeutet hat, die aufgrund des Prinzips der **Einheit der Rechtsordnung** in allen Bereichen des Rechts und somit auch im Zivilrecht zu beachten ist (BVerfGE 7, S. 198, 205). Im Laufe der Zeit hat diese Rechtsprechung eine immer stärkere Ausformung erfahren. Erweitert wurde sie vor allem durch die **Lehre von den grundrechtlichen Schutzpflichten**. Diesem Ansatz zufolge ist der Staat verpflichtet, sich in aktiver Weise »schützend und fördernd« vor die Grundrechte zu stellen. D.h. der Staat soll den Bürger vor Eingriffen durch private Dritte bewahren und notfalls Maßnahmen zu dessen effektivem Grundrechtsschutz treffen (BVerfGE 39, S. 1 ff. »Schwangerschaftsabbruch«). Soweit dies der Fall ist, greifen staatliche Warnungen nicht in Grundrechte der Betroffenen (Religionsfreiheit, Berufsfreiheit etc.) ein.

Ein Beispiel ist die Entscheidung des BVerfG zur Warnung der Bundesregierung **24** vor »Jugendreligionen« und »Jugendsekten«. – Das BVerfG sah die Warnung der Bundesregierung ungeachtet der Religionsfreiheit der betroffenen Sekten als legitim an. Dies auch ohne eine gesetzliche Ermächtigungsgrundlage aufgrund der Pflicht des Staates, das Leben und die körperliche Unversehrtheit seiner Bürger zu schützen, sowie aufgrund der staatlichen Verantwortung für die verfassungsrechtlich hervorgehobenen Belange des Jugendschutzes (BVerfG NJW 1989, S. 3269 »Jugendsekten« zu BVerwGE 82, S. 76 ff.). Diese Rechtsprechung wurde fortgeführt in der Osho-Entscheidung (BVerfGE 105, S. 252 ff. → E 88) und auch auf andere Gebiete übertragen, etwa die Auflistung von mit Frostschutzmitteln verpanschten Weinen (BVerfGE 105, S. 279 ff. »Glykol« → E 87).

8. Grundrechtskonkurrenzen

25 Für die Lösung von Grundrechtsfällen ist obiges Schaubild (→ *3* Rdnr. 6) in zweifacher Weise zu ergänzen. Für die Frage der Konkurrenzen zwischen Grundrechten auf ein und derselben Ebene gilt der Vorrang des spezielleren vor dem allgemeinen Grundrecht. Allerdings gibt es auch Sachverhaltskonstellationen, in denen mehrere Grundrechte nebeneinander zur Anwendung kommen können und sich dann in ihrer Wirkung gegenseitig verstärken.

Zeichnet ein Karikaturist für eine Tageszeitung Glossen zum politischen Geschehen, so kann er sich gegenüber staatlichen Eingriffen – insbesondere auf Betreiben der betroffenen Politiker – zum einen auf die Pressefreiheit berufen, zum anderen aber auch auf das stärkere, da geschlossene Grundrecht der Kunstfreiheit.

26 Greift kein spezielles Freiheitsgrundrecht, weil kein Schutzbereich eines solchen Grundrechts eröffnet ist, so ist das allgemeine Freiheitsgrundrecht des Art. 2 Abs. 1 GG als Auffanggrundrecht zu prüfen. Die hier normierte »allgemeine Handlungsfreiheit« ist umfassend zu verstehen und verbietet alle Eingriffe der Staatsgewalt, die nicht rechtsstaatlich sind. Damit kann gegen jedes Gesetz vorgegangen werden, das in die Freiheit des Bürgers eingreift, letztlich im Wege der Verfassungsbeschwerde (vergl. BVerfGE 9, S. 83, 88; 19, S. 2016, 215).

Die Berufsfreiheit des Art. 12 Abs. 1 GG beispielsweise gilt ihrem Wortlaut nach nur für Deutsche. Ein Ausländer, der einen Computerservice anbieten will, kann sich lediglich auf Art. 2 Abs. 1 GG berufen. Diese Norm kann leichter durch den Gesetzgeber eingeschränkt werden. Der betroffene Grundrechtsträger muss daher stärkere Beschränkungen seiner Freiheit von Seiten des Gesetzgebers hinnehmen, immer vorausgesetzt, das beschränkende Gesetz wurde unter Beachtung der übrigen verfassungsrechtlichen Anforderungen erlassen.

> Merke: Das Auffanggrundrecht des Art. 2 Abs. 1 GG darf dann nicht mehr geprüft werden, wenn der Schutzbereich eines speziellen Freiheitsgrundrechts zu bejahen ist.

9. Aufbaufragen

Eine weitere Ergänzung des Schaubilds (→ *3* Rdnr. 6) ist für den Fallauf- **27**
bau erforderlich. Für die **Freiheitsgrundrechte** gilt eine Dreischrittprüfung: Zu fragen ist erstens, ob ein grundrechtlich geschütztes Gut des
Bürgers betroffen ist, d.h. ob der Schutzbereich einer Grundrechtsnorm
eröffnet ist, ob sich zweitens diese Betroffenheit aus einem Eingriff eines
Hoheitsträgers ergibt. Schließlich muss drittens geprüft werden, ob dieser
Eingriff des Staates in den Schutzbereich eines Grundrechts verfassungsrechtlich gerechtfertigt ist oder nicht.

> Prüfungsreihenfolge bei Freiheitsgrundrechten:
> 1. Schutzbereich
> 2. Eingriff
> 3. Verfassungsrechtliche Rechtfertigung

Zu 1.: Der Schutzbereich ist der Tatbestand eines Grundrechts. Unter- **28**
schieden wird zwischen dem sachlichen und dem persönlichen Schutzbereich. Beim **persönlichen Schutzbereich** wird geprüft, ob das Grundrecht auf die betreffende Person anwendbar ist. (Im Rahmen einer Verfassungsbeschwerde ist diese Frage schon bei der Zulässigkeit unter dem
Stichwort der Grundrechtsfähigkeit zu untersuchen). Abzulehnen ist die
Eröffnung des persönlichen Schutzbereichs, wenn ein Ausländer eines
Nicht-EU-Staates sich auf ein »Deutschengrundrecht« beruft oder wenn
eine juristische Person sich auf ein Grundrecht beruft, das seinem Wesen
nach nicht auf eine juristische Person anwendbar ist. Zur Bestimmung des
sachlichen Schutzbereichs eines Grundrechts ist häufig eine Auslegung
der Norm erforderlich.

Zu 2.: Ein Grundrechtseingriff liegt vor, wenn dem Einzelnen ein Ver- **29**
halten, das in den Schutzbereich eines Grundrechts fällt, durch den Staat
verunmöglicht oder doch erschwert wird. Dies lässt sich meist schnell ab-
prüfen.

Zu 3.: Ein Grundrechtseingriff ist verfassungsrechtlich zulässig und **30**
damit verfassungsgemäß, wenn er durch eine Grundrechtsschranke gerechtfertigt ist. Bei den Grundrechten des Art. 5 Abs. 1 GG kann sich die
verfassungsrechtliche Rechtfertigung aus einem »allgemeinen Gesetz«
i.S.d. Art. 5 Abs. 2 GG ergeben. Erforderlich ist zudem, dass es sich um
einen Eingriff handelt, der mit dem Verhältnismäßigkeitsprinzip vereinbar
ist und insbesondere für den betroffenen Grundrechtsträger keine unzumutbare Härte bedeutet.

31   Werden Grundrechte als **Wertungsmaßstab zwischen Privatrechtssubjekten** geprüft, so kann das übliche Prüfungsschema für Freiheitsgrundrechte, das nach der verfassungsrechtlichen Rechtfertigung staatlicher Eingriffe in einen grundrechtlichen Schutzbereich fragt, nicht zur Anwendung gelangen. Hier gilt es, im Rahmen des üblichen zivilrechtlichen Anspruchsaufbaus bei den einschlägigen Generalklauseln die auf beiden Seiten von ihrem Schutzbereich her eröffneten **Grundrechte gegeneinander abzuwägen.** Bei einer Abwägung von Grundrechtspositionen sollen möglichst beide konfligierenden Grundrechte zu einer optimalen Anwendung gelangen und es soll nach Möglichkeit nicht eines zu Gunsten des anderen vollkommen zurückgedrängt werden (Prinzip der »praktischen Konkordanz« nach Konrad Hesse).

Prüfung von Grundrechten im Drittwirkungsverhältnis

1. Anspruchsnorm im einfachen Recht?
   (z.B. § 22 KUG; auch »nicht medienrechtliche« Normen
   wie § 823 BGB)

2. Anwendbarkeit der Grundrechte?
   (Begründung der mittelbaren Drittwirkung
   Anwendbarkeit der Grundrechte über Generalklausel oder
   als Rechtfertigungsgrund;
   z.B. »widerrechtlich« § 823 Abs. 1 BGB i.V.m. § 193 StGB oder
   § 242 BGB »Treu und Glauben« im Vertragsrecht)

3. Herausarbeiten der kollidierenden Grundrechtspositionen:

   Schutzbereich   Schutzbereich
   Grundrecht 1   Grundrecht 2
   z.B. Pressefreiheit   z.B. Persönlichkeitsrecht

4. Abwägung der konfligierenden Grundrechte (»praktische Konkordanz«):

   Argumente für   Argumente für
   Grundrecht 1   Grundrecht 2

5. Ergebnis

32   Achtung: Auch bei einem medienrechtlichen Fall im Drittwirkungsverhältnis ist das klassische Schema der Dreischrittprüfung wieder zu wählen, sobald ein Urteil ergangen ist, durch das sich eine der Parteien in ihren

Grundrechten verletzt fühlt, weil das Gericht sie nicht oder nicht ausreichend berücksichtigt hat. Dies ist die Konstellation der **Urteilsverfassungsbeschwerde**, mit der sich der Bürger gegen den staatlichen Akt der Jurisdiktion zur Wehr setzt.

Im Streitfall des Anbringens einer Parabolantenne in der Mietwohnung ist zu prüfen, ob der Vermieter die erforderliche Zustimmung verweigern darf. Zivilrechtliche Streitigkeiten über die Anbringung von Antennen an Mietwohnungen sind unter Beachtung der Informationsfreiheit des Mieters aus Art. 5 Abs. 1 Satz 1, 2. Var. GG zu lösen. Erforderlich ist eine Abwägung zwischen der Informationsfreiheit und dem Recht des Eigentümers aus Art. 14 GG. Für das Anbringen einer Parabolantenne ist zwar die Zustimmung des Vermieters erforderlich, allerdings darf diese nicht missbräuchlich verweigert werden. Es widerspräche dem Grundsatz von Treu und Glauben (§ 242 BGB), wenn der Vermieter dem Mieter ohne triftigen Grund Einrichtungen versagen dürfte, die dem Mieter das Leben in der Mietwohnung erheblich angenehmer machen, während der Vermieter dadurch nur unerheblich beeinträchtigt und die Mietsache nicht verschlechtert wird (→ 3 Rdnr. 84, 89). **33**

Der Schutz von Leib und Leben hat allemal Vorrang vor dem Informationsinteresse der Allgemeinheit. Ein Journalist, der einen Unglücksfall bemerkt und statt ihm zumutbare Rettungsmaßnahmen zu ergreifen, diesen filmt, kann sich gegen eine strafgerichtliche Verurteilung wegen unterlassener Hilfeleistung gem. § 323c StGB nicht auf die Medienfreiheit berufen.

10. Grundrechtsschranken

a) Grundrechte mit Gesetzesvorbehalt

Beschränkungen von Grundrechten werden entweder vom Gesetzgeber vorgenommen, soweit ihm dies von der Verfassung übertragen wurde oder sie ergeben sich aus der Verfassung selbst. Grundrechte mit Gesetzesvorbehalt ermächtigen den Gesetzgeber ausdrücklich, das jeweilige Grundrecht durch Gesetz einzuschränken. In einigen Fällen wird dem Gesetzgeber vorgeschrieben, unter welchen Voraussetzungen er eine Einschränkung vorsehen darf. In diesen Fällen spricht man von einem qualifizierten Gesetzesvorbehalt. Um einen »qualifizierten Gesetzesvorbehalt« handelt es sich bei Art. 5 Abs. 2 GG, da nicht jedes Gesetz, sondern lediglich ein »allgemeines Gesetz«, das nicht bestimmte Meinungen unterdrückt, staatliche Eingriffe in die Kommunikations- und Medienfreiheit rechtfertigen kann. Beim allgemeinen Gesetzesvorbehalt werden dem Gesetzgeber von der Verfassung keine ausdrücklichen Vorgaben bezüglich Art und Umfang der Einschränkung gemacht. Das bedeutet nicht, dass der Gesetzgeber im Falle eines allgemeinen Gesetzesvorbehalts in beliebiger Weise legifizieren dürfte. Der Gesetzgeber könnte sonst den Grundrechtsschutz immer wei- **34** ter aushöhlen. Die Grundrechte stünden dann nur noch auf dem Papier. Die dem Gesetzgeber bei der Einschränkung von Grundrechten gezogenen Schranken werden auch »Schranken-Schranken« genannt.

b) Schranken-Schranken

35 Den Gesetzgeber bei Grundrechtseingriffen einschränkende Verfassungsprinzipien (»**Schranken-Schranken**«) sind vor allem:
  – **Verbot von Einzelfallgesetzen** (Art. 19 Abs. 1 Satz 1 GG); wichtig: Diese Norm bezieht sich nur auf Gesetze, die Grundrechte einschränken.

36   – **Zitiergebot** (Art. 19 Abs. 1 Satz 2 GG); die Pflicht des Gesetzgebers, das von ihm eingeschränkte Grundrecht zu nennen, hat zum einen die Funktion, ihn zum sorgsamen Umgang mit den Grundrechten anzuhalten und zum anderen eine Überprüfung durch die Allgemeinheit zu gewährleisten.

37   – **Wesensgehaltsgarantie** (Art. 19 Abs. 2 GG); diese besagt, dass ein Grundrecht nicht in seinem Kernbereich angetastet werden darf. Umstritten ist dabei, ob in jedem einzelnen Fall etwas vom Grundrecht übrig bleiben muss (Theorie vom absoluten Wesensgehalt) oder ob zwar im Einzelfall eine Abwägung zum vollständigen Zurücktreten eines Grundrechts führen darf, wenn es nur nicht als solches entwertet wird (Theorie vom relativen Wesensgehalt). So überzeugend die Theorie vom absoluten Wesensgehalt zunächst erscheint, lässt sie sich doch in der Praxis nicht durchhalten.

38   – **Wechselwirkungslehre:** Die Wechselwirkungslehre ist vom BVerfG entwickelt worden. Sie besagt, dass das ein Grundrecht einschränkende Gesetz seinerseits im Lichte des betreffenden Grundrechts auszulegen und in seiner das Grundrecht beschränkenden Wirkung selbst wieder einzuschränken ist (BVerfGE 7, S. 198, 208 f. »Lüth« ➜ *3* Rdnr. 67 ff.). Bei genauerer Betrachtung zeigt sich, dass die Wechselwirkungslehre über die zitierte Umschreibung hinaus nicht nur für die Auslegung Bedeutung hat, sondern auch den Gesetzgeber beim Erlass von Normen beschränkt. Der Gesetzgeber selbst hat sich der »wertsetzenden Bedeutung des Grundrechts« bewusst zu sein.

c) Geschlossene Grundrechte

39 Zu nennen ist schließlich die Gruppe von Grundrechten, die überhaupt keinen Gesetzesvorbehalt kennen, d.h. für die der Verfassungsgeber keine ausdrückliche Einschränkungsmöglichkeit vorgesehen hat. Diese Grundrechte werden auch als »**geschlossene Grundrechte**« bezeichnet. Beispiele sind die Freiheiten der Kunst, der Wissenschaft und der Religionsausübung. Wie ohne weiteres einleuchtend ist, können auch die vorbehaltlos gewährleisteten Grundrechte nicht schrankenlos sein.

Die Schranken, die den Eingriff in ein geschlossenes Grundrecht rechtfertigen können, müssen allerdings eine besondere Qualität aufweisen. Es kann sich nur um Schranken handeln, die sich aus der Verfassung selbst ergeben. Das sind die **Grundrechte Dritter** und andere **mit Verfassungsrang ausgestattete Rechtswerte**. Zwar kann und soll der Gesetzgeber auch für solche Abwägungsfälle aus Gründen der Rechtssicherheit Rechtsnormen schaffen. Indessen ist ein Gesetz, das ein geschlossenes Grundrecht einschränkt, ohne sich auf ein Grundrecht oder ein Verfassungsprinzip berufen zu können, verfassungswidrig. **40**

Wird behauptet, das Verbot eines Romans und die damit verbundene Einschränkung der Kunstfreiheit sei verfassungsmäßig, da der Roman jugendgefährdenden Inhalt habe und der Jugendschutz im Jugendschutzgesetz normiert sei, so ist diese Aussage falsch. Um den Jugendschutz gegenüber der Kunstfreiheit ins Feld führen zu können, reicht es nicht aus, sich auf das einfache Gesetz zu berufen. Vielmehr muss der Jugendschutz verfassungsrechtlich abgeleitet werden und zwar als eigenständiges Verfassungsprinzip. Das hat das BVerfG in einem einschlägigen Fall auch getan. Es entwickelt den Jugendschutz als Verfassungsprinzip sehr sorgfältig aus dem in Art. 6 Abs. 2 GG grundrechtlich geschützten elterlichen Erziehungsrecht, sowie aus der Menschenwürde des Jugendlichen und dessen Recht auf freie Entfaltung der Persönlichkeit in Art. 1 Abs. 1 bzw. Art. 2 Abs. 1 GG (BVerfGE 83, S. 130, 139 f., 142 »Mutzenbacher« → E 73; vgl. BGH NJW 1990, S. 3026, 3028, näher → 3 Rdnr. 132). **41**

11. Verhältnismäßigkeit

Jeder Grundrechtseingriff ist daraufhin zu prüfen, ob er dem Grundsatz der Verhältnismäßigkeit entspricht. Kein Eingriff darf – auch wenn er im Übrigen gerechtfertigt wäre – intensiver als nötig und zumutbar sein. Hierfür muss der Gesetzgeber von zutreffenden tatsächlichen Gegebenheiten ausgehen und darf seine Ziele nicht im Widerspruch zu Grundentscheidungen der Verfassung setzen. Zudem muss er die Mittel-Zweck-Relation wahren: Das Mittel muss dazu in der Lage sein, den erwünschten Zweck zu erreichen (**Geeignetheit**). Es darf dem Gesetzgeber kein milderes, weniger stark einschränkendes Mittel zur Verfügung stehen (**Erforderlichkeit**). Schließlich müssen Mittel und Zweck in einem ausgewogenen Verhältnis zueinander stehen. Das ist der Fall, wenn die Nachteile des Mittels nicht größer sind als ihr Nutzen, d.h. wenn sie dem Bürger zumutbar sind (**Verhältnismäßigkeit im engeren Sinn**). **42**

12. Prozessuale Durchsetzbarkeit

43 Jede Darstellung der Grundrechte ist unvollständig ohne Erwähnung ihrer prozessualen Durchsetzbarkeit. Grundrechte, die sich nicht gerichtlich realisieren lassen, stehen lediglich auf dem Papier und sind damit wertlos. Die prozessuale Durchsetzbarkeit der Grundrechte ergibt sich aus Art. 19 Abs. 4 GG. Sie sind von allen Stellen des Staates und damit auch von allen Gerichten zu beachten. Mittel zur Durchsetzung der Grundrechte ist – nach Erschöpfung des Rechtswegs – letztlich die Verfassungsbeschwerde gem. Art. 93 Abs. 1 Nr. 4a GG, wobei sich die Zulässigkeitsvoraussetzungen aus den §§ 13 Nr. 8a, 90 ff. BVerfGG ergeben.

44 Die Grundrechte sind aber auch von allen anderen **Gerichten** zu beachten. Sie haben daher nicht nur Wirkung vor den Verwaltungsgerichten im Verwaltungsprozess, sondern auch vor den Zivilgerichten. Ergeht eine Entscheidung in Missachtung eines Grundrechts oder in Verkennung seines Inhalts, so kann – wenn es sich um eine letztinstanzliche Entscheidung handelt – Verfassungsbeschwerde in Gestalt der **Urteilsverfassungsbeschwerde** beim Bundesverfassungsgericht eingelegt werden.

13. Bundes- und Landesgrundrechte

45 Grundrechte sind nicht nur in der Bundesverfassung, dem Grundgesetz normiert, sondern auch in den Landesverfassungen enthalten. Wegen des Vorrangs des Bundesrechts vor dem Landesrecht (Art. 31 GG) darf eine Landesverfassung kein durch das Grundgesetz garantiertes Grundrecht verkürzen. Demgegenüber ist es jedem Landesverfassungsgeber unbenommen, die Grundrechte der Bundesverfassung zu erweitern oder durch zusätzliche Rechte zu ergänzen.

46 Ein für den Medienbereich wichtiges zusätzliches Grundrecht ist das Grundrecht der Internetfreiheit, wie es sich in landesverfassungsrechtlichen Regelungen in Ergänzung der Presse-, Rundfunk- und Filmfreiheit findet (Art. 19 Abs. 2 Satz 1 bdbgLV: »Die Freiheit der Presse, des Rundfunks, des Films und anderer Massenmedien ist gewährleistet.«; Art. 11 Abs. 2 Satz 1 thürLV: »Die Freiheit der Presse, des Rundfunks, des Fernsehens, des Films und der anderen Medien wird gewährleistet.«). Diese Ergänzung stellt nur scheinbar eine Erweiterung des grundgesetzlichen Schutzes dar. Von der Sache her wird nichts Zusätzliches gewährt, da auch die Medienfreiheiten des Grundgesetzes entsprechend weit auszulegen sind. Ebenso ist es nicht erforderlich, neben der Freiheit des Rundfunks auch noch die Freiheit des Fernsehens in die landesverfassungsrechtliche Auflistung aufzunehmen. Dennoch sind solche landesrechtlichen Zufügungen nicht sinnlos, ist doch eine ausdrückliche verfassungsmäßige Klarstellung hilfreich.

Grundrechte sind in erster Linie Abwehrrechte des Bürgers gegen den Staat. **47**
Aufgrund der Einheit der Rechtsordnung sind sie auch zwischen den Bürgern,
d.h. im Verhältnis der Bürger zu den Medien zu beachten (»mittelbare Drittwirkung«). Im Verhältnis Bürger-Staat ist zu prüfen: 1. Schutzbereich, 2. Eingriff, 3. Verfassungsrechtliche Rechtfertigung. In Fällen der mittelbaren
Drittwirkung ist zwischen den widerstreitenden Grundrechten abzuwägen.

Zu unterscheiden sind Grundrechte mit Gesetzesvorbehalt und geschlossene
Grundrechte. Die Einschränkung von Grundrechten mit Gesetzesvorbehalt
durch den Gesetzgeber unterliegt strengen Grenzen (»Schranken-
Schranken«). Geschlossene Grundrechte können nur zum Schutz eines anderen Grundrechts oder eines Rechtsguts von Verfassungsrang eingeschränkt
werden.

Alle Grundrechtseingriffe müssen sich am Grundsatz der Verhältnismäßigkeit
messen lassen.

III. Meinungsfreiheit

1. Schutzbereich der Meinungsfreiheit

Die Meinungsfreiheit des Art. 5 Abs. 1 Satz 1, Var. 1 GG ist ein Individu- **48**
algrundrecht, das die freie Entfaltung der Persönlichkeit des Einzelnen
ermöglicht und ist darüber hinaus ein politisches Grundrecht, das die geistige Auseinandersetzung zwischen Menschen sicherstellt. Es handelt sich
um ein **Menschenrecht**, nicht lediglich um ein Bürgerrecht. Es entspricht Art. 11 Abs. 1 der Charta der Grundrechte der EU und Art. 10
Abs. 1 EMRK, die in der Praxis in zunehmendem Maße als ergänzende
oder unterstützende Normen herangezogen werden.

Jeder, unabhängig von Staatsangehörigkeit, Beruf usw. ist Inhaber des **49**
Rechts auf freie Meinungsäußerung. Verboten sind alle Vorschriften, die
eine Äußerung oder Verbreitung von Meinungen zu beeinflussen oder zu
behindern versuchen. Die Äußerung einer Meinung darf daher nicht von
bestimmten Voraussetzungen abhängig gemacht werden.

Ein Gesetz, das die Beteiligung an Chat-Foren im Internet von einer dem Staat
gegenüber abzugebenden Verpflichtung abhängig machen würde, keine jugendgefährdenden oder strafbaren Äußerungen zu tun, wäre aus diesem Grund verfassungswidrig.

Die Meinungsfreiheit umfasst die Freiheit der Meinungsbildung und der **50**
Meinungsäußerung. Der Begriff ist weit zu verstehen. **Wert** oder Unwert
einer Äußerung sind **unmaßgeblich**, auch gleichgültige oder banale Äu-

ßerungen sind geschützt, nicht jedoch bewusst unwahre Tatsachenbehauptungen (vgl. BVerfGE 94, S. 1 ff. »Sterbehilfe« → E 31; BVerfGE 90, S. 241 ff. »Auschwitzlüge« → E 33; BVerfGE 85, S. 1 ff. »Bayer-Aktionäre« → E 35).

51 Von einigen Autoren wird ein Element eigener Stellungnahme im Rahmen einer geistigen Auseinandersetzung für erforderlich gehalten. Dieser Ansicht zufolge sind nur **Werturteile**, d.h. stellungnehmende Äußerungen, nicht jedoch reine Tatsachenbehauptungen von Art. 5 Abs. 1 GG erfasst. Da die Abgrenzung zwischen Wertung und Tatsachenbehauptung in vielen Fällen nicht möglich ist, erscheint eine weitgezogene Auslegung der Meinungsfreiheit erforderlich. Je nach Präsentation und Form einer Tatsachenmitteilung kann in ihr auch ein Werturteil liegen. Sollen nicht wichtige Teile menschlicher Meinungswiedergabe – wie unreflektierte Spontanäußerungen – aus dem Schutzbereich fallen, so müssen **Tatsachenbehauptungen** zumindest regelmäßig mit einbezogen werden. Das BVerfG geht von einem schwächeren Schutz von Tatsachenbehauptungen durch die Meinungsfreiheit aus, weshalb eine Äußerung nicht vorschnell als Tatsachenbehauptung eingeordnet werden darf (BVerfG AfP 2016, S. 433, Bezeichnung eines Polizisten als »Spanner«).

52 Dem Wortlaut des Art. 5 Abs. 1 Satz 1 GG zufolge hat jeder das Recht, seine Meinung »in Wort, Schrift und Bild« frei zu äußern und zu verbreiten. »Bild« ist jedes Zeichen, das aus Sicht ihres Erzeugers als Meinungsäußerung verstanden werden soll. Das kann etwa auch eine Skizze oder eine Fotografie sein. Da Art. 5 Abs. 1 GG als Grundrecht weit auszulegen ist, wird jede Form der Meinungsäußerung von Art. 5 Abs. 1 Satz 1 GG erfasst, auch wenn sie sich nicht in herkömmlicher Weise in »Wort, Schrift oder Bild« äußert. So kann auch das Anbringen eines Stickers auf dem eigenen PKW eine Meinungsäußerung sein. Zu denken ist zudem an Einträge auf anonymen Bewertungsplattformen.

53 Die Meinungsäußerungsfreiheit besteht unabhängig davon, ob die Äußerung rational oder emotional, begründet oder grundlos ist und ob sie von anderen für nützlich oder schädlich, wertvoll oder wertlos gehalten wird. Der Schutz bezieht sich nicht nur auf den Inhalt der Äußerung, sondern auch auf ihre Form, so dass auch polemische oder verletzende Formulierungen dem Schutzbereich des Grundrechts unterfallen. In einem strafgerichtlichen Verfahren hat das Gericht bei einer mehrdeutigen Äußerung von derjenigen Deutungsvariante auszugehen, die nicht zu einer Verurteilung des Äußernden führt. Vereinfacht wird dies mit dem Satz umschrieben: »**Im Zweifel für die freie Rede**« (vgl. BVerfGE 93, S. 266 »Soldaten sind Mörder« → E 35). Dieser Grundsatz gilt allerdings **nicht** gegenüber **Unterlassungsbegehren**, da es dem Äußernden zumutbar ist, sich künftig eindeutig auszudrücken. Bei Unterlassungsklagen ist mithin die Deutung zu wählen, die eine Persönlichkeitsbeeinträchtigung beinhaltet (BVerfGE 114, S. 339 »Stolpe-Rechtsprechung« → E 39).

Für die Medien von Bedeutung ist vor allem, dass auch die **Wirtschaftswerbung** Teil der Meinungsäußerungsfreiheit ist. Umgekehrt fällt auch Firmenkritik unter die Meinungsfreiheit, beispielsweise kritische Äußerungen über Sauberkeit oder Qualität eines Restaurants. Zulässig ist zudem die Drohung in einer privatrechtlichen Auseinandersetzung, die Presse zu informieren, wenn der angedrohte Pressebericht nicht rechtswidrig wäre (BGH NJW 2005, S. 2766, 2769 ff.). **54**

Die sog. **Schockwerbung** ist vom BVerfG ebenfalls der Meinungsäußerungsfreiheit unterstellt worden. Der Bundesgerichtshof hatte Anzeigen in der damaligen Terminologie als sittenwidrig beurteilt, die mit der Darstellung schweren Leids von Menschen oder Tieren (Kinderarbeit, ölverschmutzte Ente etc.) Gefühle des Mitleids zu erwecken suchten, da sie dieses Gefühl ohne sachliche Veranlassung zu Wettbewerbszwecken ausgenutzt hätten. Demgegenüber argumentierte das BVerfG, selbst wenn ein derartiges Wettbewerbsverhalten von weiten Teilen der Bevölkerung abgelehnt würde, so heiße das nicht ohne weiteres, dass damit hinreichend gewichtige Belange Dritter oder der Allgemeinheit verletzt würden. In der Konfrontation des Betrachters mit unangenehmen oder mitleiderregenden Bildern liege keine Belästigung, die eine grundrechtsbeschränkende Wirkung rechtfertigen könne. Ein vom Elend der Welt unbeschwertes Gemüt des Bürgers sei kein Belang, zu dessen Schutz der Staat Grundrechtspositionen einschränken dürfe. **Anders** könne es zu beurteilen sein, wenn **ekelerregende, furchteinflößende oder jugendgefährdende Bilder** gezeigt würden (Benetton-Anzeigen, BVerfGE 102, S. 347). Auf die negative Informationsfreiheit ging das Gericht in diesem Zusammenhang nicht ein. Das BVerfG hatte sich lediglich mit der Frage der Grundrechtsverletzung befasst, jedoch noch keine Entscheidung in der Sache getroffen. Der BGH bestätigte desungeachtet seine Auffassung von der Sittenwidrigkeit und damit Wettbewerbswidrigkeit dieser Schockwerbung (hinsichtlich eines Aidskranken), da diese Werbung nicht in erster Linie der Solidarität wegen, sondern mit dem Ziel der Gewinnerzielung gezeigt worden sei (BGH GRUR 2002, S. 360 ff.). Doch auch diese zweite Entscheidung wurde vom BVerfG aufgehoben. Auch eine Anzeige, die als befremdlich empfunden oder für ungehörig gehalten werde, verstoße nicht allein deshalb gegen die Menschenwürde (BVerfGE 107, S. 275 ff. »Benetton II« → E 30; s.a. BVerfG GRUR 2002, S. 455 ff.). **55**

Satire wird vielfach über die stärkere Kunstfreiheit geschützt sein. Zusätzlich und soweit dies nicht der Fall ist, unterfällt sie der Meinungsfreiheit. So war es bei der Abbildung eines Ministers, der nach kurzer Amtszeit von seinen Ämtern zurückgetreten war, der als Werbetext eines Autovermieters beigegeben war: »S verleast auch Autos für Mitarbeiter in der Probezeit«. Die politische Auseinandersetzung, die dieser Anzeige zugrunde lag, untersteht dem BGH zufolge der Meinungsfreiheit (BGH NJW 2007, S. 689 ff. »Satirische Werbung mit Politikerfoto / Lafontaine« → E 11). **56**

57   Trotz der weiten Auslegung der Meinungsfreiheit lassen sich grundsätzlich keine Ansprüche von Bürgern auf staatliche Leistung zur Verwirklichung der Meinungsfreiheit ableiten. Ein Anspruch auf Meinungskundgabe in einer öffentlichrechtlichen Rundfunkanstalt lässt sich ebenso wenig aus der Meinungsfreiheit begründen wie ein Anspruch auf Einrichtung eines »offenen Kanals« (→ *10* Rdnr. 200).

58   Ebenso wie die Freiheit, seine Meinung zu äußern, von der Meinungsfreiheit umfasst wird, ist die umgekehrte Variante geschützt, eine bestimmte Meinung nicht äußern zu müssen. Die Freiheit, eine bestimmte Meinung oder überhaupt eine Meinung nicht äußern zu müssen, wird als **negative Meinungsfreiheit** bezeichnet. Beispielsweise bedeutet das die Freiheit, zu Vorwürfen der Presse nicht Stellung nehmen zu müssen. Innerhalb einer Redaktion ist die negative Meinungsfreiheit stark eingeschränkt.

59   Fall: Können sich Produzenten und Händler von Tabakerzeugnissen auf ihre – negative – Meinungsfreiheit berufen, wenn sie in Medien im Kino im Zusammenhang mit ihrer Werbung staatliche Warnungen vor den Gesundheitsgefahren des Rauchens verbreiten müssen?

60   In diesem Fall ist die Meinungsfreiheit nicht berührt. Die Meinungsfreiheit kann für Wirtschaftswerbung nur dann in Anspruch genommen werden, wenn die Werbung einen wertenden, meinungsbildenden Inhalt hat, oder wenn sie Angaben enthält, die der Meinungsbildung dienen. Soweit staatliche Warnungen verbreitet werden müssen, ist nicht die Meinungsfreiheit der Hersteller und Händler berührt, denn die Warnhinweise sind deutlich erkennbar Äußerung einer fremden Meinung, nicht die der Tabakhersteller und Produzenten. Das BVerfG hatte lediglich eine Verletzung der Berufsfreiheit zu prüfen. Letztere wurde angesichts der Rechtfertigung des Eingriffs durch Gründe des Allgemeinwohls und der Beachtung des Grundsatzes der Verhältnismäßigkeit für verfassungsmäßig angesehen (BVerfGE 95, S. 173 ff. »Warnhinweise auf Tabakerzeugnissen« → E 86).

2. Schranken der Meinungsfreiheit

a) Allgemeine Gesetze

61   Einschränkungen des Grundrechts sind über Art. 5 Abs. 2 GG durch den Gesetzgeber möglich. Art. 5 Abs. 2 GG enthält einen sog. qualifizierten Gesetzesvorbehalt. Nur »**allgemeine Gesetze**« dürfen das Grundrecht der Meinungsfreiheit einschränken. Ein Gesetz ist nur dann ein »allgemeines«, wenn es **nicht** lediglich **zu dem Zweck erlassen** wurde, **eine bestimmte Meinung zu unterdrücken oder** einer solchen **zum Durchbruch zu verhelfen**. Eine Meinung darf nur bei Gelegenheit der Verfolgung von Rechtsgütern beeinträchtigt werden, die gegenüber der Meinungsfreiheit vorrangig sind.

Beispiele für Gesetze, die diesem Kriterium nicht entsprechen, sind meist histori- **62** scher Natur, so das Gesetz gegen die Verbreitung der Lehre des Darwinismus, das im US-Bundesstaat Arkansas noch 1928 erlassen wurde und Bismarcks Gesetz gegen die gemeingefährlichen Bestrebungen der Sozialdemokratie von 1878. Kein »allgemeines« Gesetz war aber auch die Genehmigungspflicht für die Veröffentlichung von ausländischen Stellenangeboten (BVerfGE 21, S. 271, 280).

Unter den Begriff der allgemeinen Gesetze fallen eine Reihe zulässiger **63** gesetzlicher Beschränkungen der Meinungsfreiheit. Diese ergeben sich vor allem aus dem Recht der persönlichen Ehre, dem Schutz der Jugend und anderen kollidierenden Rechtsgütern. Da es sich insoweit um die Einschränkung von Grundrechten handelt, dürfen die Gesetze das Grundrecht nicht in unverhältnismäßiger Weise einschränken. Dies ist auch bei der Auslegung der einschränkenden Gesetze zu beachten. Nach der vom BVerfG entwickelten sog. **Wechselwirkungslehre** setzen allgemeine Gesetze zwar dem Wortlaut nach dem Grundrecht der Meinungsfreiheit Schranken, sie sind indessen ihrerseits im Lichte des betreffenden Grundrechts (in Erkenntnis der wertsetzenden Bedeutung des Grundrechts) auszulegen und in ihrer das Grundrecht beschränkenden Wirkung selbst wieder einzuschränken (BVerfGE 7, S. 198, 208 f. »Lüth« → E 28; 3 Rdnr. 38).

Ein Beispiel ist die enge Interpretation von Normen, die politische Äu- **64** ßerungen von Beamten und Richtern beschränken, wie §§ 60 BBG, 39 DRiG. Bei allen Beamten begründet das beamtenrechtliche Treueverhältnis gem. Art. 33 Abs. 4 und 5 GG eine Pflicht zur Mäßigung und Zurückhaltung bei politischer Betätigung. Je näher der Bezug der politischen Äußerung zum Dienst ist, desto mehr Zurückhaltung ist erforderlich. Die richterliche Unabhängigkeit wäre gefährdet, wenn in den Augen der Rechtsuchenden und der Bevölkerung auch nur der Anschein entstünde, der Richter könne die Anhänger einer politischen Richtung möglicherweise bevorzugen und die anderer Auffassung benachteiligen, anstatt nach sachlichen Kriterien zu urteilen. In keinem Fall darf er das Ansehen seines Amts dazu einsetzen, um seiner politischen Meinung mehr Gewicht zu verleihen (vgl. → F 7).

Die Rechtsprechung des BVerfG trägt der Bedeutung der Meinungsfreiheit im politischen Meinungskampf insbesondere bei der strafrechtlichen Bewertung von **Kollektivbeleidigungen** Rechnung. In Fortführung der Entscheidung »Soldaten sind Mörder« werden kollektive Beleidigungen von Polizeibeamten u.a. für zulässig angesehen. Eine Äußerung kann nur dann eine strafbare Beleidigung sein, wenn sie sich an eine hinreichend überschaubare und abgegrenzte Personengruppe richtet, d.h. personalisierend adressiert ist. Das ist noch nicht anzunehmen, wenn sich der Träger eines T-Shirts mit einer Polizisten abschätzig klassifizierenden Parole in ein Fußballstadion begibt, in dem auch Polizisten anwesend sind, vielmehr muss er sich bewusst in die Nähe von Polizisten bewegen, um sie mit seiner Parole zu konfrontieren (BVerfG NJW 2016, S. 2643, BVerfG NJW 2017, S. 1092 »ACAB«).

65 Strafrechtliche Normen, die bestimmte Meinungsäußerungen mit Strafe belegen (z.b. verbietet § 130 Abs. 4 StGB die Störung des öffentlichen Friedens durch Billigung der nationalsozialistischen Gewalt- und Willkürherrschaft), sind wegen des Vorrangs des Schutzes der freiheitlich demokratischen Grundordnung und wegen des Gedankens der Völkerverständigung verfassungsgemäß, selbst wenn es sich streng genommen nicht um »allgemeine Gesetze« handelt (BVerfG K&R 2010, S. 648 »Wunsiedel-Beschluss«). Wenn schon ein geschlossenes Grundrecht durch Verfassungsprinzipien eingeschränkt werden kann, so gilt dies erst recht für ein Grundrecht mit Gesetzesvorbehalt.

66 Das BVerfG hat weiterhin § 353d StGB als allgemeines Gesetz angesehen, durch den die öffentliche Mitteilung von Anklageschriften u.a. amtlichen Schriftstücken eines Strafverfahrens vor der öffentlichen Verhandlung unter Strafe gestellt wird (BVerfGE 71, S. 206, 214 f.). Das Gleiche gilt bezüglich § 353b StGB, der die Verletzung von Dienstgeheimnissen und besonderen Geheimhaltungspflichten unter Strafe stellt. Bevor ein Angestellter des öffentlichen Dienstes ein verfassungswidriges Verhalten seiner Behörde über die Medien der Öffentlichkeit mitteilt, muss er zunächst die in der institutionellen Ordnung des demokratischen Staates liegenden Abhilfemöglichkeiten ausschöpfen (BVerfGE 28, S. 191 ff. »Pätsch« → E 38). Ein »allgemeines Gesetz« ist auch das Werbeverbot für jugendgefährdende Medieninhalte im Jugendschutz (BVerfGE 11, S. 234 ff. »Jugendgefährdende Schriften« → E 37).

b) »Lüth-Entscheidung«

67 Konstituierend für die Meinungsfreiheit war die »Lüth-Entscheidung« des BVerfG aus dem Jahr 1958 (BVerfGE 7, S. 198 ff. → E 28). Dieser Entscheidung lag folgender Sachverhalt zugrunde: Der Hamburger Senatsdirektor Lüth hatte vor dem Hamburger Presseclub und in einem offenen Brief Theaterbesitzer und Filmverleiher dazu angehalten, den Film »Unsterbliche Geliebte« nicht in ihr Programm aufzunehmen und weiterhin das deutsche Publikum aufgefordert, den Film nicht zu besuchen. Er begründete seinen Boykottaufruf damit, dass der Regisseur, Veit Harlan, in der nationalsozialistischen Zeit u.a. mit dem Film »Jud Süß« hervorgetreten war. Herr Lüth wurde im Zivilrechtsweg dazu verurteilt, entsprechende Äußerungen zu unterlassen. Gegen diese Verurteilung erhob Herr Lüth Verfassungsbeschwerde vor dem BVerfG.

68 Dem BVerfG stellte sich in diesem Fall zunächst die Frage, ob die Grundrechte auch im Verhältnis der Bürger untereinander Anwendung finden können. (Ohne nähere Prüfung ging das BVerfG davon aus, dass Herr Lüth, indem er als Vorsitzender des Presseclubs auftrat, sich als Privatperson geäußert hatte und nicht in amtlicher Funktion, könnten doch andernfalls die Grundrechte nicht zur Anwendung kommen.) Ihrer Grundidee nach sind die Grundrechte Abwehrrechte des

Bürgers gegen den Staat. Das BVerfG verneinte zwar eine direkte Wirkung zwischen den Bürgern (»Drittwirkung«), bejahte aber eine **mittelbare Drittwirkung**. Über Art. 1 Abs. 3 GG ist auch die Rechtsprechung an die Grundrechte gebunden. Die Zivilgerichte haben daher die Ausstrahlungswirkung der in den Grundrechten enthaltenen **Wertentscheidungen** auch im Zivilrecht zu beachten. Das gilt insbesondere im Hinblick auf **Generalklauseln und Blankettbegriffe**. Lässt ein zivilrechtliches Urteil den Einfluss des Verfassungsrechts auf das Zivilrecht außer Acht, so kann dagegen das BVerfG im Wege der Verfassungsbeschwerde angerufen werden. Das Verfassungsgericht hat dann zwar nicht die Richtigkeit des Urteils insgesamt zu untersuchen (das BVerfG ist **keine »Superrevisionsinstanz«**), es hat jedoch zu prüfen, ob das zivilgerichtliche Urteil Grundrechte des Beschwerdeführers verletzt. Das BVerfG hatte hierfür die Meinungsfreiheit gegen andere entgegenstehende Rechtsgüter abzuwägen. Dabei räumte es der Meinungsfreiheit einen besonderen Stellenwert in der Verfassung ein. Das Grundrecht der Meinungsfreiheit sei schlechthin konstituierend, weil es erst die ständige geistige Auseinandersetzung, den Kampf der Meinungen, ermögliche. Es sei in gewissem Sinn die Grundlage jeder Freiheit überhaupt. Daher dürfe die Meinungsfreiheit auch nicht ohne Weiteres der Relativierung durch einfaches Gesetz überlassen werden (BVerfGE 7, S. 198, 208).

69 Die Meinungsfreiheit kann zwar durch einfachgesetzliche Vorschriften eingeschränkt werden, wie die Ehre oder andere wesentliche Güter der menschlichen Persönlichkeit. Entgegenstehende Rechtsgüter müssen umso eher zurücktreten, je weniger es sich um eine Äußerung im wirtschaftlichen Verkehr und in Verfolgung eigennütziger Ziele handelt, sondern um einen Beitrag zum Meinungskampf in einer die Öffentlichkeit wesentlich berührenden Frage. In solchen Fällen spricht eine **Vermutung für die Zulässigkeit der freien Rede**. Eine Entscheidung kann nur aus einer Gesamtschau unter Beachtung aller wesentlichen Umstände getroffen werden.

70 Im Falle »Lüth« hatte sich der Beschwerdeführer keiner sittenwidrigen Mittel und Ziele bedient. Vielmehr kann derjenige, der sich durch die öffentliche Äußerung eines anderen verletzt fühlt, ebenfalls vor der Öffentlichkeit erwidern und von seiner Meinungsfreiheit Gebrauch machen. Auch in den für seine Meinungsäußerung gewählten Formen ging der Beschwerdeführer in dem zu beurteilenden Fall nicht über das nach den Umständen Zulässige hinaus. Da das Urteil des Zivilgerichts die grundrechtlichen Maßstäbe nicht in der richtigen Weise beachtet hatte und das Grundrecht des Beschwerdeführers aus Art. 5 Abs. 1 Satz 1 GG verletzt war, wurde es aufgehoben.

71 Die »Lüth-Entscheidung« stellte in verschiedener Beziehung grundrechtsdogmatisch wichtige Weichen. Zum Ersten räumte das BVerfG den Grundrechten im Rahmen der verfassungsrechtlichen Wertordnung Einfluss auf das Zivilrecht ein (»Wertordnungsrechtsprechung« des BVerfG). Damit begann der Siegeszug der Grundrechte in allen Gebieten des Rechts. Zweitens betonte es die Bedeutung der Meinungsfreiheit in der

Demokratie und schließlich wandte es drittens die Wechselwirkungslehre zum Schutz der Meinungsfreiheit an.

72 An der Wertordnungsrechtsprechung des BVerfG ist verschiedentlich Kritik geübt worden mit dem Hinweis auf die Gefahr willkürlicher Verabsolutierung einzelner Grundrechte. Die Berufung auf eine grundrechtliche »Wertordnung« darf nicht an die Stelle notwendiger Abwägungsvorgänge gesetzt werden, sondern bildet deren Grundlagen.

c) »Blinkfüer-Entscheidung«

73 In einer weiteren für das Medienrecht bedeutsamen Entscheidung (»Blinkfüer« BVerfGE 25, S. 256 ff. → E 29) sah das BVerfG im Jahr 1969 die Voraussetzungen der Meinungsäußerungsfreiheit nicht gegeben.

74 Eine hauptsächlich in Hamburg verbreitete Wochenzeitung (»Blinkfüer«) enthielt auch eine Rundfunkbeilage, in der damalige DDR-Programme aufgeführt waren. Hiergegen wendete sich ein Verlag (Axel Springer), indem er an sämtliche Zeitungs- und Zeitschriftenhändler in Hamburg ein Rundschreiben sandte, in dem vor der »ostzonalen Propaganda« gewarnt wurde. Der Verlag drohte damit, seine Geschäftsbeziehungen zu Händlern, die weiterhin diese Zeitschriften führten, abzubrechen. Die Wochenzeitung erhob daraufhin Klage vor den Zivilgerichten und verlangte Verurteilung zu Schadensersatz. Gegen das letztinstanzliche zivilgerichtliche Urteil wurde wiederum Urteilsverfassungsbeschwerde erhoben, die das BVerfG zur grundrechtlichen Prüfung des Falles veranlasste.

75 Das BVerfG betonte zunächst, dass auch ein **Boykottaufruf** von der Meinungsäußerungsfreiheit erfasst sein kann. Insbesondere ist er dann durch Art. 5 Abs. 1 Satz 1 GG geschützt, wenn er als Mittel des geistigen Meinungskampfs in einer die Öffentlichkeit wesentlich berührenden Frage eingesetzt wird, wenn ihm also keine private Auseinandersetzung, sondern die Sorge um politische, wirtschaftliche oder kulturelle Belange der Allgemeinheit zugrunde liegt. Die Aufforderung zu einem Boykott kann selbst dann im Schutzbereich des Art. 5 Abs. 1 GG liegen, wenn der Verrufer zum Boykottierten in einem beruflichen, gewerblichen oder sonstigen geschäftlichen **Konkurrenzverhältnis** steht, weil diese Situation eine geistige Auseinandersetzung an sich noch nicht ausschließt. Auch die wirtschaftliche Ungleichheit der Positionen allein macht die Aufforderung zum Boykott nicht unzulässig, weil es nach der Verfassung auch dem wirtschaftlich Stärkeren nicht verwehrt ist, einen geistigen Meinungskampf zu führen. Jedoch müssen die Mittel, deren sich der Verrufer zur Durchsetzung der Boykottaufforderung bedient, verfassungsrechtlich zu billigen sein.

76 Ein Boykottaufruf wird durch das Grundrecht der freien Meinungsäußerung dann **nicht geschützt**, wenn er nicht nur auf geistige Argumente gestützt wird, sich also auf die Überzeugungskraft an Darlegungen, Erklärungen und Erwägungen beschränkt, sondern darüber hinaus sich solcher Mittel bedient, die den Angesprochenen die Möglichkeit nehmen, ihre Entscheidung in voller innerer Freiheit und ohne wirtschaftlichen Druck zu treffen. Ein **wirtschaftlicher Druck** liegt jedoch dann vor, wenn durch die Androhung oder Ankündigung schwerer

Nachteile und Ausnutzung sozialer oder wirtschaftlicher Abhängigkeit dem Boykottaufruf besonderer Nachdruck verliehen werden soll. Die Ausübung wirtschaftlichen Drucks widerspricht dem Sinn und dem Wesen der freien Meinungsäußerung, die den geistigen Kampf der Meinungen gewährleisten soll. Zulässig wäre es hingegen gewesen, die Leser direkt anzusprechen und zum Boykott aufzufordern (vgl. BVerfGE 62, S. 230 ff. »Boykottaufruf / Denkzettel-Aktion« → E 48).

3. Schmähkritik

Nicht der Meinungsfreiheit unterstellt wird die Schmähkritik. Von einer   **77**
Schmähkritik muss gesprochen werden, wenn es nicht mehr um eine sachliche Auseinandersetzung geht, sondern lediglich die Person des anderen in den Augen der Öffentlichkeit herabgewürdigt werden soll. Das gilt insbesondere bei der Verwendung von Schimpfworten, die keinen Bezug zu Tatsachen aufweisen (Schmähkritik daher z.B. bei der Bezeichnung als »unfähiger Chaot«, nicht aber der Vorwurf »Bilderfälscher«). Bei der Schmähkritik hat die Meinungsfreiheit gegenüber dem Persönlichkeitsrecht des Betroffenen zurückzustehen (bzgl. der Abgrenzung und zur postmortalen Schmähkritik s. BVerfGE 82, S. 272 »Zwangsdemokrat« → E 34). Folgt man der Auffassung des BVerfG und nimmt die Schmähkritik vom Schutzbereich der Meinungsfreiheit aus, so muss die Einordnung als Schmähkritik mit ganz besonderer Sorgfalt vorgenommen werden. Die Strafbarkeit einer Äußerung als Beleidigung reicht hierfür nicht aus, vielmehr muss sie außerhalb jeder Sachauseinandersetzung stehen (BVerfG NJW 2016, S. 2870 ff.).

4. Beschränkungen der Meinungsfreiheit durch Dritte

Beschränkungen der Meinungsfreiheit können sich außer durch staatliche   **78**
Eingriffe auch von Seiten Dritter ergeben. Ein Beispielsfall ist das Arbeitsrecht, in dem die Rücksichtnahmepflicht gegenüber dem Arbeitgeber zu einer Verkürzung der Meinungsfreiheit führen kann, wenn es beispielsweise um das Erscheinungsbild des Betriebs in den Medien geht. Bei staatlichen Entscheidungen über die Grenzen zulässiger Äußerungen muss das Grundrecht der Meinungsfreiheit von der handelnden staatlichen Stelle berücksichtigt werden, z.B. bei der Entscheidung eines Arbeitsgerichts über eine Kündigung wegen der Äußerung eines Mitarbeiters in der Öffentlichkeit. Verfassungsrechtlich bedenklich ist das Netzwerkdurchsetzungsgesetz (NetzDG → 12 Rdnr. 206 ff.), das zwar nicht direkte staatliche Eingriffe in die Meinungsfreiheit vorsieht, wohl aber Netzwerkbetreiber zu meinungsrelevanten Maßnahmen verpflichtet, bei Androhung ho

her Bußgelder und ohne dem möglicher Weise von fehlerhafter Löschung Betroffenen rechtliche Handhaben zur Verfügung zu stellen.

79   Faktische Verkürzungen der Meinungsfreiheit, die sich nicht aus dem Recht eines Dritten, sondern lediglich aus außerrechtlichen Normen wie gesellschaftlichen Zwängen, der »political correctness« u.ä. ergeben und zu einem Ansehensverlust des Äußernden bis hin zu seiner gesellschaftlichen Ächtung führen, lassen sich kaum durch staatliche Regelungen erfassen. Allerdings wird diskutiert, ob sich nicht aufgrund einer staatlichen Schutzpflicht im Hinblick auf die Gewährleistung der Meinungsfreiheit Leistungsansprüche auf staatlichen Schutz ergeben können. In vielen Fällen trifft Meinungsfreiheit auf Meinungsfreiheit, weshalb der Staat sich mit Eingriffen zurückzuhalten hat. Unterhalb der Schwelle zu persönlichkeitsrechtsverletzenden Äußerungen, insbes. zur Schmähkritik, bleibt es somit regelmäßig beim freien Spiel der widerstreitenden Kräfte. Bedenklich ist es, wenn die Medien selbst als Hemmnis eines freien und toleranten Spiels der Meinungen empfunden werden. Wenn vom »Mainstream« abweichende Äußerungen medial geächtet werden, führt das in der Bevölkerung zum Eindruck, man könne sich im öffentlichen Raum zu bestimmten »Tabuthemen« nicht mehr frei äußern. Ebenso wie die Medien die Grundlage der Meinungsfreiheit sind, haben sie offenbar auch die Macht, diese zu ersticken.

IV. Informationsfreiheit

1. Schutzbereich

80   Die Meinungsfreiheit findet eine wesentliche Ergänzung in der Informationsfreiheit. Die Informationsfreiheit ist das Grundrecht des Einzelnen, sein Wissen zu erweitern. Dieses Freiheitsgrundrecht nimmt ebenfalls eine zentrale Funktion im demokratischen Staatswesen ein. Wer nicht umfassend informiert ist, kann auch keine eigene Meinung bilden und sich nicht eigenverantwortlich am Prozess der politischen Willensbildung beteiligen. Geschützt ist in erster Linie die Informationsbeschaffung des Einzelnen, das Recht, auf alle allgemein zugänglichen Informationsquellen zugreifen zu dürfen. Im Medienbereich ist es das Recht der Rezipienten, sich aus den Medien ungehindert Informationen beschaffen zu können. Darüber hinaus ist aber auch der Prozess der demokratischen Willensbildung insoweit geschützt, als die Bevölkerung für ihre Willensbildung auf unabhängige bzw. plurale Meinungen angewiesen ist. In diesem Grundrecht findet das Informationsinteresse der Allgemeinheit seinen Niederschlag, das in Fällen der Grundrechtsabwägung zwischen den Medienfreiheiten und kollidierenden Grundrechten mit in die Waagschale der Medien zu legen ist. Der Informationsfreiheit wurde nicht ohne Grund nach den Erfahrungen der nationalsozialistischen Zeit – in der das Abhören ausländischer Rundfunksender die Todesstrafe nach sich ziehen konnte – ausdrücklich in die Verfassung aufgenommen.

Die Informationsfreiheit ist in Art. 5 Abs. 1 Satz 1, Var. 2 GG normiert. Sie stellt ein selbständiges Grundrecht neben der Meinungs- und der Medienfreiheit dar. Um Informationen vermitteln zu können, sind auch die Medien auf die Beschaffung von Informationen angewiesen. Dieses Recht der Medien ist aber im Regelfall durch die einschlägigen Spezialgrundrechte geschützt, vor allem durch die Presse- und die Rundfunkfreiheit. **81**

2. Allgemein zugängliche Quellen

Die Informationsfreiheit garantiert jedem das **Recht, sich aus allgemein zugänglichen Quellen ungehindert zu unterrichten**. Geschützt ist nicht nur aktives Handeln zur Informationsbeschaffung, sondern ebenso die schlichte Entgegennahme von Information. Es soll eine möglichst umfassende Unterrichtung des Einzelnen gewährleistet werden. **82**

Geschützt ist nur die Möglichkeit, sich aus »allgemein zugänglichen Quellen« zu informieren. Allgemein zugänglich ist eine Informationsquelle in der Regel dann, wenn sie technisch **geeignet und bestimmt** ist, der Allgemeinheit, d.h. einem **individuell nicht bestimmbaren Personenkreis** Informationen zu vermitteln (BVerfGE 27, S. 71, 82 f.). Darunter fallen vor allem die Massenmedien: Presse, Rundfunk und Film. Vom Begriff ebenfalls umfasst sind auch die Angebote im Internet. Darüber hinaus sind Flugblätter, Handzettel, Wirtschaftswerbung usw. als Informationsquellen anzusehen. Der Begriff der Informationsquelle ist weit auszulegen. Der Inhalt der Information ist unerheblich, Tatsachen und Meinungen sind ihm gleichermaßen zuzurechnen. So unterfallen etwa auch ausländische Presseorgane und Sender den allgemein zugänglichen Quellen. Allgemein zugängliche Quelle ist auch die öffentliche Gerichtsverhandlung. Vom Schutzbereich umfasst sind schließlich Schadensereignisse wie Feuersbrünste, Hochwasserkatastrophen oder Verkehrsunfälle. Ihr Zugang kann jedoch leichter durch die Schranken des Art. 5 Abs. 2 GG eingeschränkt werden. **83**

Das Anbringen einer Parabolantenne, die den Empfang über Satellit ausgestrahlter Rundfunkprogramme ermöglicht, unterfällt daher der Informationsfreiheit (BVerfGE 90, S. 27, 31 ff.). Das heißt nicht, dass kommunale oder staatliche Antennen- **84** verbote grundsätzlich verfassungswidrig wären. Allgemeine Gesetze i.S.d. Art. 5 Abs. 2 GG sind die Vorschriften des Denkmalschutzes.

85 Der Staat darf den Zugang zu solchen Informationsquellen nicht erschweren – etwa durch eine erhebliche zeitliche Verzögerung – oder ganz unmöglich machen.

Fall: Der politisch interessierte Student S schreibt immer wieder Stellungnahmen zum Tagesgeschehen, die er in seinem Blog verbreitet. S hat gerüchtweise erfahren, dass Politiker P, über den er sich schon mehrfach kritisch geäußert hat, in seiner Doktorarbeit nationalsozialistische Thesen vertreten hat. Um sich selbst ein Bild zu verschaffen, will er das Buch in der örtlichen Universitätsbibliothek entleihen. Auf seinen Ausleihantrag hin teilt ihm die Bibliotheksverwaltung mit, das Buch stehe nur noch für wissenschaftliche Untersuchungen zur Verfügung und dürfe daher nur an Personen herausgegeben werden, die nachweislich an einem themenbezogenen Forschungsvorhaben arbeiten. S ist erbost und fragt, ob er sich diese Antwort gefallen lassen müsse.
S kann sich auf die Informationsfreiheit des Art. 5 Abs. 1 Satz 1 Var. 2 GG berufen, wenn es sich bei der Universitätsbibliothek um eine »allgemein zugängliche Quelle« handelt. Wenn auch in erster Linie die Massenkommunikationsmittel als solche Quellen anzusehen sind, so kann doch auch eine öffentlichrechtlich organisierte Bibliothek von ihrer technischen Eignung und Zweckbestimmung her unter diesen Begriff fallen. Fraglich ist allerdings, ob sie der Allgemeinheit zugänglich ist, ist doch der Zugang beschränkt und beispielsweise vom Vorliegen einer Leihkarte abhängig. Trotz des auf die Leihkarteninhaber beschränkten Kreises von Berechtigten muss eine Universitätsbibliothek als allgemein zugängliche Quelle angesehen werden, denn der Benutzerkreis kann sich jederzeit erweitern. In solchen Fällen darf nicht der Staat oder ein staatliches Organ durch rechtliche Regeln über die Zugänglichkeit zur Informationsquelle entscheiden. Ein Eingriff in die Informationsfreiheit ist im Fall eines veröffentlichten Buchs verfassungsrechtlich nicht gerechtfertigt. Ein bereits veröffentlichtes Buch kann in aller Regel nicht später durch Berufung auf Persönlichkeitsrechte des Autors durch den Staat unzugänglich gemacht werden.

86 **Keine allgemein zugängliche Quelle** ist demgegenüber der Polizeifunk. Informationen dürfen auch nicht unter Berufung auf die Informationsfreiheit durch strafbare Handlungen beschafft werden. Die Informationsfreiheit privilegiert nicht jede der Nachrichtensammlung und -verbreitung dienende Handlung.

3. Negative Informationsfreiheit

87 Die **negative Informationsfreiheit** kann als Gegenrecht gegen eine zu intensive Konfrontation des Medienrezipienten mit Werbung angeführt werden. In der Praxis hat dieser Ansatz indessen bisher keine Früchte getragen. Desungeachtet sind bestimmte Formen der Werbung verfassungsrechtlich nicht unbedenklich, soweit derjenige, der einen Medieninhalt zur Kenntnis nehmen möchte, dies faktisch nicht kann, ohne die Werbeinhalte sehen oder hören zu müssen.

4. Informationsfreiheit im Drittwirkungsverhältnis

Aus der Informationsfreiheit können sich auch Auswirkungen auf den **88** **Privatrechtsverkehr** ergeben.

Die Informationsfreiheit ist beispielsweise im Verhältnis von Mieter und Vermie- **89** ter zu beachten, soweit es um die Anbringung einer **Parabolantenne** geht. Allgemein zugänglich sind auch alle ausländischen Rundfunkprogramme, deren Empfang in Deutschland möglich ist. Die Einrichtung einer Parabolantenne, die den Empfang von über Satellit ausgestrahlten Rundfunkprogrammen ermöglicht, ist daher ebenfalls von Art. 5 Abs. 1 Satz 1 Var. 2 GG geschützt. Der Vermieter hat regelmäßig die Möglichkeit, die Anbringung einer Parabolantenne durch die Bereitstellung eines Kabelanschlusses abzuwenden. Eine solche Ausnahme gilt allerdings nicht für ausländische Mieter, deren Heimatprogramme nicht in das Kabelnetz eingespeist werden (BVerfGE 90, S. 27, 31 ff. → E 39). Ein Anspruch auf Nutzung der kostengünstigsten Informationsquelle ergibt sich aus der Informationsfreiheit nicht. Demgegenüber kann die Informationsfreiheit nicht die Pflichten aus einem Arbeitsvertrag überspielen. Einen Anspruch auf Nutzung des Internets am Arbeitsplatz zu privaten Zwecken gibt es nicht, so dass eine fristlose Kündigung wegen privater Internetnutzung zulässig sein kann (BAG CR 2007, S. 38 ff.).

5. Kein Informationsanspruch gegenüber dem Staat

Die Informationsfreiheit gibt als solche **kein Recht auf Information** **90** **durch den Staat**. Vor allem trifft staatliche Stellen keine Pflicht, Informationsquellen einzurichten. Werden Informationen an die Medien gegeben, so muss dies in gleichheitskonformer Weise geschehen. Es dürfen nicht bestimmte Medienorgane früher oder ausführlicher informiert werden als andere.

Dementsprechend hat der einzelne Rundfunkteilnehmer keinen Anspruch auf **91** Ausstrahlung eines bestimmten Programms. Dem BVerfG zufolge verstößt der grundsätzliche gesetzliche Ausschluss von Ton- und Fernsehaufnahmen im Gericht, der sich aus § 169 Abs. 1 Satz 1 GVG ableiten lässt, nicht gegen die Informationsfreiheit. Weder aus der Informations- noch aus der Rundfunkfreiheit folgt nach Auffassung des Gerichts ein Recht auf die Eröffnung einer Informationsquelle. Die Informationsfreiheit gewährleistet nur das Recht, sich ungehindert aus einer schon für die Allgemeinheit zugänglichen Quelle zu unterrichten. Die Vorschriften des GVG über die Öffentlichkeit und die Sitzungspolizei fallen demnach unter den Begriff des allgemeinen Gesetzes nach Art. 5 Abs. 2 GG (BVerfGE 103, S. 44, → *10* Rdnr. 37 → E 40).

6. Informationsfreiheitsgesetz

92 Eine wichtige einfachgesetzliche Ergänzung der Informationsfreiheit ist das Informationsfreiheitsgesetz des Bundes (IFG). Das IFG kann von Journalisten bei der Recherche als Anspruchsgrundlage angeführt werden, soweit keine spezielleren Auskunftsansprüche greifen (➜ 8 Rdnr. 87 ff.), beispielsweise, weil der Anspruch gegen eine Bundesbehörde gerichtet werden soll. Zudem bietet das Informationsfreiheitsgesetz einen Anspruch auf Akteneinsicht, was beim Auskunftsanspruch der Pressegesetze nicht der Fall ist. (In den Bundesländern gibt es ähnlich ausgestaltete landesrechtliche Informationsfreiheitsgesetze.)

93 Zweck des Informationsfreiheitsgesetzes ist es, der Bevölkerung Zugang zu Behördeninformationen zu geben. Waren zuvor Ansprüche auf Akteneinsicht von der Betroffenheit des Antragstellers abhängig (z.B. § 29 VwVfG), so setzt der Anspruch aus dem Informationsfreiheitsgesetz eine Betroffenheit des Antragstellers nicht voraus. Damit ist das Gesetz ein wichtiges Instrument der Medien. In Bezug auf Bundesbehörden ist das IFG die einzige Anspruchsgrundlage; soweit ein Landespressegesetz und ein Informationsfreiheitsgesetz miteinander konkurrieren, enthält das Pressegesetz einen spezielleren Auskunftsanspruch, es tritt indessen zurück, soweit es um Akteneinsicht geht.

94 Die Struktur des Informationsfreiheitsgesetzes entspricht im Wesentlichen dem Aufbau des Auskunftsanspruchs in den Landespressegesetzen. Grundsätzlich besteht ein **Anspruch** auf Zugang zu amtlichen Informationen, wobei dieses Recht durch Ausnahmebestimmungen eingeschränkt wird. Antragsteller, kann »jeder« sein, mithin auch Ausländer sowie juristische Personen. Verpflichtete Bundesbehörden sind alle Stellen, die öffentlichrechtliche Verwaltungsaufgaben wahrnehmen, auch wenn diese von einer juristischen Person des Privatrechts ausgeübt werden. Grundsätzlich kann der Antragsteller selbst die Art des Informationszugangs bestimmen. Er kann mithin wählen zwischen Auskunftserteilung und Akteneinsicht oder sonstigen Formen des Zugangs zu amtlichen Informationen. Abweichend vom Begehren des Antragstellers darf lediglich aus wichtigem Grund eine andere Art des Informationszugangs gewährt werden. Als wichtiger Grund gilt insbesondere ein deutlich höherer Verwaltungsaufwand. Was als amtliche Information anzusehen ist, ergibt sich aus der Begriffsbestimmung des § 2 IFG. Amtliche Information ist demgemäß jede amtlichen Zwecken dienende Aufzeichnung, unabhängig von der Art ihrer Speicherung. Entwürfe und Notizen, die nicht Bestandteil eines Vorgangs werden sollen, gehören indessen nicht dazu. Der Begriff der Aufzeichnung ist dabei weit zu verstehen und erfasst jede Art von elektronischen, optischen oder akustischen Speicherungen. In den Bundesländern gibt es Tendenzen, über Einsichts- und Auskunftsrechte hinauszugehen. So ist nach dem Hamburger **Transparenzgesetz** kein Antrag erforderlich, da bestimmte Verwaltungsvorgänge automatisch in ein Register im Internet eingestellt werden.

Das Gesetz sieht einen umfassenden Katalog von **Ausnahmebestim- 95 mungen** vor, bei deren Vorliegen ein Anspruch auf Informationszugang nicht besteht. Dies gilt sowohl zum Schutz von besonderen öffentlichen Belangen (§ 3 IFG), zum Schutz des behördlichen Entscheidungsprozesses, zum Schutz personenbezogener Daten (§ 5 IFG) als auch zum Schutz des geistigen Eigentums und von Betriebs- und Geschäftsgeheimnissen (§ 6 IFG). Der Schutz geistigen Eigentums gem. § 6 IFG bezieht sich nicht nur auf Betriebs- und Geschäftsgeheimnisse, sondern auch auf urheberrechtlich geschützte Werke.

Besonders interessant ist die Frage, inwieweit **Zugang zu personen- 96 bezogenen Daten** gewährt werden muss. Gem. § 5 Abs. 1 IFG ist maßgeblich, ob das Informationsinteresse des Antragstellers das schutzwürdige Interesse des Dritten am Ausschluss des Informationszugangs überwiegt. Soweit Medienvertreter Antragsteller sind und Zugang zu Informationen über Politiker oder sonstige Prominente begehren, ist wiederum im Einzelfall zu klären, ob die Medienfreiheit in Verbindung mit dem Informationsinteresse der Allgemeinheit Vorrang vor dem betroffenen Persönlichkeitsrecht in der Ausprägung des Rechts auf informationelle Selbstbestimmung hat. Insoweit ist an die Abwägung im Rahmen des Persönlichkeitsrechts anzuknüpfen (→ 4 Rdnr. 1 ff.). Es ist nicht auszuschließen, dass auf diese Weise persönliche Informationen über Politiker und Prominente an die Öffentlichkeit gelangen. Die Behörden sind damit zu Sachwaltern des Persönlichkeitsrechts geworden. Eine ablehnende Entscheidung der Behörde ist voll justiziabel, sind doch gem. § 9 Abs. 4 IFG dagegen Widerspruch und Verpflichtungsklage zulässig. Sind die Belange Dritter durch einen Antrag auf Informationszugang berührt, so ist ihnen schriftlich Gelegenheit zur Stellungnahme zu geben, sofern Anhaltspunkte dafür vorliegen, dass ein schutzwürdiges Interesse am Ausschluss des Informationszugangs besteht (§ 8 Abs. 1 IFG). In einem solchen Fall darf Informationszugang erst gewährt werden, wenn die Entscheidung dem Dritten gegenüber bestandskräftig ist oder die sofortige Vollziehung angeordnet worden ist und eine Frist von zwei Wochen verstrichen ist (§ 8 Abs. 2 IFG). Auch der Dritte hat die Möglichkeit, Widerspruch einzulegen und ein verwaltungsgerichtliches Verfahren durchzuführen. Außerhalb des verwaltungsgerichtlichen Verfahrens kann jeder, der sein Recht auf Informationszugang als verletzt ansieht, den Bundesbeauftragten für die Informationsfreiheit anrufen, dessen Aufgabe vom Bundesbeauftragten für den Datenschutz wahrgenommen wird (§ 12 IFG).

97   Für die Informationsverschaffung darf die Behörde zwar Gebühren und Auslagen verlangen, allerdings sind die Gebühren so zu bemessen, dass der Informationszugang wirksam in Anspruch genommen werden kann (§ 10 IFG).

98   Das Informationsfreiheitsgesetz schränkt den Anwendungsbereich der Auskunftsansprüche in den Landespressegesetzen nicht ein, sondern kann den Auskunftsanspruch der Medienangehörigen allenfalls erweitern.

99   Inwieweit Informationen, die z.B. über das Informationsfreiheitsgesetz erlangt wurden, auch genutzt werden dürfen und zwar insbesondere für kommerzielle Zwecke, ergibt sich aus dem **Informationsweiterverwendungsgesetz (IWG)**. Dieses Gesetz verpflichtet öffentliche Stellen, Informationen zur Weiterverwendung zur Verfügung zu stellen (§ 1 Abs. 1 IWG).

> Informationsfreiheitsgesetz
> Anspruch auf Zugang zu Behördeninformationen
> Setzt keine »Betroffenheit« des Antragstellers voraus
> Grundsätzlich: Anspruch auf Zugang zu amtlichen Informationen
> Ausnahmen insbesondere:
> - besondere öffentliche Belange
> - personenbezogene Daten
> - geistiges Eigentum
> - Betriebs- und Geschäftsgeheimnisse
> Ablehnende Entscheidung der Behörde voll justiziabel
>
> Im Gegensatz zum Auskunftsanspruch der Landespressegesetze:
> - Bundesrecht
> - gilt auch gegenüber Bundesbehörden
> - »Zugang zu Informationen« ist mehr als Auskunft
> - Art des Informationszugangs kann grunds. vom Antragsteller gewählt werden
> - Anspruch kann auch von Journalisten geltend gemacht werden

V. Medienfreiheit

1. Grundrecht der Medienfreiheit

100   Die Pressefreiheit, die Rundfunkfreiheit und die Filmfreiheit sind die eigentlich konstituierenden Grundrechte der Medien. Sie sind gemeinsam in Art. 5 Abs. 1 GG geregelt und unterliegen denselben Schranken. Aufgrund ihrer Zusammengehörigkeit werden sie auch mit dem Begriff **Mediengrundrechte** zusammengefasst. Hierin spiegelt sich die technische Entwicklung, entspricht die herkömmliche klare Trennung zwischen Presse, Rundfunk und Film doch immer weniger der Wirklichkeit. Daher kann von einem **einheitlichen Grundrecht der Medienfreiheit** ausgegangen werden, das lediglich hinsichtlich verschiedener Medienangebote unterschiedlich ausgestaltet ist. Die Medienfreiheit ist auch völker- und europarechtlich abgesichert. Die EMRK kennt keine ausdrückliche Medienfreiheit, indes wird die Freiheit der Meinungsäußerung in Art. 10 Abs. 1 EMRK als eine die Medien schützende Vorschrift interpretiert. Art. 11 Abs. 2 der Charta der Grundrechte der Europäischen Union formuliert, das die Freiheit der Medien und ihre Pluralität geachtet werden.

Die Annahme eines einheitlichen Grundrechts der Medienfreiheit erleichtert die **101** Einordnung der unterschiedlichsten medienrechtlichen Betätigungen in den Schutzbereich des Art. 5 Abs. 1 GG. Auf Schrankenebene kann die Bedeutung der verschiedenen Medienangebote berücksichtigt werden, weshalb nach Verbreitung, Reichweite und ähnlichen Kriterien zu differenzieren ist. Innerhalb des einen Mediengrundrechts muss allerdings unterschieden werden zwischen den unterschiedlichen Medienformen. In verschiedenen Entscheidungen des BVerfG findet sich der Begriff »Medienfreiheit«, beim BGH ist er häufiger anzutreffen (BVerfG NJW 2003, S. 1787, 1793 »Aufklärung schwerer Straftaten« → E 47, S. 245; BGH NJW 2014, S. 2276).

Wird von einem einheitlichen Grundrecht der Medienfreiheit ausgegangen, ist **102** dieses lediglich gegenüber Formen der Individualkommunikation abzugrenzen. Während sich die Massenmedien an eine Vielzahl von Personen richten und sich auf die Medienfreiheit (Art. 5 Abs. 1 Satz 2 GG) berufen können, kommen für Formen der Individualkommunikation die Meinungsfreiheit (Art. 5 Abs. 1 Satz 1, 1. Var. GG) auf Seiten des Äußernden und die Informationsfreiheit auf Seiten des Empfängers (Art. 5 Abs. 1 Satz 1, 2. Var. GG) zur Anwendung.

Mediengrundrechte können auch dann auf Multimediaangebote anwendbar sein, wenn diese einfachgesetzlich aus dem Presse- bzw. Rundfunkbereich ausgenommen und den Telemedien zugeordnet werden. Die im Internet tätigen Massenmedien sind auf umfassenden Schutz ihrer journalistischen Arbeit auch im Internet angewiesen. In dieser Hinsicht lässt sich die Medienfreiheit auch als »Internetfreiheit« interpretieren. Die Veranstalter von Telemedien, die typische Presse- oder Rundfunkarbeit leisten, können sich dann auf das Grundrecht der Pressefreiheit bzw. die Rundfunkfreiheit berufen. Soweit nicht Presse- oder Rundfunktätigkeit entfaltet wird, kommt für die Verbreitung von Inhalten allerdings nur die Meinungsfreiheit (bzw. die Kunst- oder die Wissenschaftsfreiheit) zur Anwendung. Der rezipierende Nutzer kann sich lediglich auf die Informationsfreiheit berufen.

Aus systematischen Gründen werden die Mediengrundrechte bei den Kapiteln über die Presse, den Rundfunk und den Film behandelt.

2. Informationsinteresse der Allgemeinheit

104 Die Medienfreiheiten schützen auch das Informationsinteresse der Allgemeinheit. Eine Verankerung dieses Rechts lediglich in der Pressefreiheit erscheint verkürzt, da es genauso gut für andere Medien bedeutungsvoll ist. Eine überzeugende Ableitung findet sich bisher weder in der Literatur noch in der Rechtsprechung. Richtigerweise ist das Informationsinteresse der Allgemeinheit aus der **Informationsfreiheit** abzuleiten. Sind die Medienfreiheiten ganz auf die Rechte und Interessen der Medienschaffenden ausgerichtet, so besteht die Informationsfreiheit im Interesse der Rezipienten. Das Informationsinteresse der Allgemeinheit ist die kollektive Form der Informationsfreiheit.

105 Das Informationsinteresse der Öffentlichkeit darf nicht mit der Informationsfreiheit verwechselt werden und nicht mit dem Informationsrecht der Presse gegenüber Behörden (→ 8 Rdnr. 87 ff.). Das Informationsinteresse der Allgemeinheit verstärkt die Medienfreiheiten, indem es deren primär abwehrrechtlichen Gehalt um eine den Interessen der Rezipienten dienende Funktion erweitert. Es kann daher in konfligierenden Grundrechtskonstellationen dem jeweils einschlägigen Mediengrundrecht verstärkend an die Seite gestellt werden.

106 Häufig findet sich die Konstellation der Pressefreiheit in Verbindung mit dem Interesse der Allgemeinheit an einer Veröffentlichung auf der einen Seite und dem allgemeinen Persönlichkeitsrecht auf der anderen Seite. Dem Interesse der Allgemeinheit kann in diesen Fällen beim Abwägungsvorgang entscheidende Bedeutung zukommen. So erstreckt sich das Interesse der Allgemeinheit nicht auf unwahre Behauptungen, insbesondere erfundene Interviews. In diesen Fällen obsiegt regelmäßig das allgemeine Persönlichkeitsrecht. Demgegenüber wird sich nicht behaupten lassen, eine die Neugier der Öffentlichkeit befriedigende Berichterstattung liege gänzlich außerhalb des Informationsinteresses. Allerdings erscheint es zulässig, wie es die Rechtsprechung regelmäßig tut, die Gewichtung des Informationsinteresses der Allgemeinheit danach zu modifizieren, ob es sich um eine seriöse, auf Darstellung der Wahrheit bemühte Berichterstattung handelt oder um eine Berichterstattung, die lediglich die Sensationslust ansprechende Aspekte herausgreift, ohne sie durch die Fakten zu ergänzen, die zu einer vollumfänglichen Beurteilung der Angelegenheit erforderlich sind und die beispielsweise entlastende Momente unerwähnt lässt.

3. Zensurverbot

Ein hier an allgemeiner Stelle zu behandelnder Aspekt stellt das **Zensurverbot** des Art. 5 Abs. 1 Satz 3 GG dar. Hat die Zensurfreiheit sich auch im Rahmen der Presse entwickelt, so gilt sie doch auch für die anderen Medien. **107**

Beim Zensurverbot handelt es sich nicht um ein eigenständiges Grundrecht. Richtigerweise ist es als eine grundrechtliche Schranken-Schranke zu verstehen, die bestimmte gesetzgeberische Einschränkungen der Medienfreiheiten von vornherein unterbindet. **108**

Das Zensurverbot untersagt lediglich staatliche Maßnahmen, durch die die Herstellung oder Verbreitung eines Geisteswerks von behördlicher Vorprüfung und Genehmigung seines Inhalts abhängig gemacht wird. Es handelte sich dabei um eine Vorzensur. **109**

Eine **Vorzensur** müsste ausgenommen werden, wenn Medienangehörige verpflichtet wären, ihre Beiträge **vor der Veröffentlichung** einer staatlichen Stelle zur vorherigen Genehmigung vorzulegen (vgl. BVerfGE 47, S. 198, 236 f.; BVerfGE 73, S. 118, 166). Ein solches Verfahren ist **verboten**, da seine bloße Existenz, auch wenn es praktisch nicht ausgeübt würde, das Geistesleben beeinträchtigen könnte. Eine Vorlage an einen Zensor würde dazu führen, dass der Hersteller des Schriftstücks, Films usw. seine Darlegungen nicht zuletzt im Hinblick auf den Zensor abfassen würde (»Schere im Kopf«). **110**

Für zulässig wird eine vorausgehende Kontrolle indessen dann gehalten, wenn sie nicht zu einem vollständigen Verbreitungsverbot führen kann, sondern anderen Zwecken dient, wie Vertriebsbeschränkungen zum Schutz der Jugend (BVerfGE 33, S. 52, 74). **111**

Das Verbot der Vorzensur gilt nur gegenüber staatlichen Stellen. Lässt sich ein leitender Redakteur die Artikel oder Sendungen seiner Journalisten vor der Veröffentlichung vorlegen, so liegt in einer solchen Maßnahme keine unzulässige Zensur. Ebenso ist es fehlerhaft, wenn der Begriff der Zensur bei einem Forum oder Gästebuch, in dem bestimmte Beiträge vom Anbieter gelöscht werden, verwendet wird. **112**

Zulässig ist die sog. **Nachzensur**. Nachzensur sind nur nachträgliche Eingriffe des Staates bei der Verbreitung **bereits veröffentlichter Medien**. Solche Eingriffe können aus den Schranken der Medienfreiheiten in Art. 5 Abs. 2 GG **gerechtfertigt** sein, beispielsweise eine Indizierung jugendge- **113** fährdender Schriften oder eine Beschlagnahme von Schriften strafrechtlichen Inhalts (dazu näher BVerfGE 87, S. 209, 232 f.).

Prüfung der Kommunikations-/Medienfreiheiten
(Art. 5 Abs. 1 GG)

Vorüberlegung:
Welches Grundrecht ist betroffen?
– Meinungsfreiheit
– Informationsfreiheit
– Pressefreiheit
– Rundfunkfreiheit
– Filmfreiheit
  (Ist keines dieser Grundrechte betroffen: anderes spezielles Grundrecht oder Art. 2 Abs. 1 GG prüfen)
1. Schutzbereich?
2. Eingriff?
   Wird die Grundrechtsausübung durch den Staat eingeschränkt?
   (Gesetz/Verwaltungsentscheidung/Urteil)
3. Verfassungsrechtliche Rechtfertigung?
   »allgemeines Gesetz« i.S.d. Art. 5 Abs. 2 GG?
   a) Gesetz?
   b) »allgemeines«?
   c) verfassungsmäßig?
      (insbesondere: »Schranken-Schranken« beachtet?:
      Wechselwirkungslehre etc.; hier auch Zensur prüfen)
   d) Anwendung des allgemeinen Gesetzes rechtmäßig/
      verfassungsmäßig?
      (insbes. Verhältnismäßigkeit)
→ Ergebnis

VI. Kunstfreiheit

114 Die Kunstfreiheit des Art. 5 Abs. 3 Satz 1, 1. Var. GG ist für das Medienrecht in zweifacher Weise von Relevanz. Zum einen dient sie allen, die sich in und mit Hilfe von Medien künstlerisch betätigen. Schützt die Kunstfreiheit auch primär das Schaffen des einzelnen Künstlers, so können sich doch zum anderen auch alle diejenigen auf die Kunstfreiheit berufen, die als Mittler zwischen dem Künstler und dem Publikum stehen. Das sind neben den Verlegern sonstige im Medienbereich tätige Personen.

Nicht nur hinsichtlich des Schutzbereichs, auch bezüglich der Schranken stellt sich die Kunstfreiheit als ein besonders starkes Grundrecht heraus. Es handelt sich um ein »**geschlossenes Grundrecht**« ohne Schrankenvorbehalt (➔ *3* Rdnr. 39 ff.), das mithin nur durch ein entgegenstehendes Grundrecht oder ein mit Verfassungsrang ausgestattetes Rechtsgut eingeschränkt werden kann und gegenüber den Medienfreiheiten grundsätzlichen Vorrang beanspruchen kann.

1. Begriff der Kunst

Der **Begriff der »Kunst«** ist nicht von der Rechtsordnung vorgegeben.   **115** Der Versuch, eine klare, juristische Definition zu finden, wurde weitgehend aufgegeben. Eine staatliche Definition der Kunst kommt einer Ausgrenzung von »Nichtkunst« aus dem Kunstbereich gleich. Derartige Ausgrenzungen erinnern immer an den Begriff der »entarteten Kunst«, wie er in der nationalsozialistischen Diktatur verwendet wurde. Das BVerfG hat daher den Kunstbegriff nur vorsichtig zu umschreiben versucht und ist auch dabei immer weiter von eindeutigen Vorgaben abgerückt. Letztlich kann und darf der Staat nicht festlegen, was Kunst ist.

2. Umfang und Schranken der Kunstfreiheit

a) Schutzbereich der Kunstfreiheit – »Mephisto«

Grundlegend für die Interpretation der Kunstfreiheit ist die »Mephisto-Entschei-   **116** dung« (BVerfGE 30, S. 173 ff. ➔ E 70). Dieser Entscheidung lag der Roman von Klaus Mann: »Mephisto – Roman einer Karriere« zugrunde. In dem Roman geht es um den Aufstieg des Schauspielers Hendrik Höfgen, der mit den Nationalsozialisten paktiert, um Karriere zu machen. Als Vorbild der Romanfigur diente der Schauspieler Gustav Gründgens. Gegen die Veröffentlichung des Romans erhob der Adoptivsohn Gustav Gründgens Klage vor dem Zivilgericht mit der Begründung, es werde das Persönlichkeitsbild seines Adoptivvaters verzerrt, und er erhielt Recht. Hiergegen erhob der Verlag Verfassungsbeschwerde.

Das BVerfG führte zum Kunstbegriff aus, es sei der Lebensbereich »Kunst«   **117** durch die vom Wesen der Kunst geprägten, ihr allein eigenen Strukturmerkmale zu bestimmen. Von ihnen habe auch die Auslegung des Kunstbegriffs der Verfassung auszugehen. Das Wesentliche der künstlerischen Betätigung sei die **freie schöpferische Gestaltung, in der Eindrücke, Erfahrungen und Erlebnisse des Künstlers durch das Medium einer bestimmten Formensprache zu unmittelbarer Anschauung gebracht** würden. Alle künstlerische Tätigkeit sei ein Ineinander von bewussten und unbewussten Vorgängen, die rational nicht aufzulösen seien. Am künstlerischen Schaffen wirkten Intuition, Phantasie und Kunstverstand zusammen; es sei nicht primär Mitteilung, sondern Ausdruck und zwar unmittelbarster Ausdruck der individuellen Persönlichkeit des Künstlers. (Diese komplexe Begriffsbestimmung wurde später nicht mehr konsequent aufrechterhalten.)

118 In diesem Zusammenhang traf das BVerfG eine wichtige Unterscheidung: Die Kunstfreiheitsgarantie betreffe in gleicher Weise den »Werkbereich« wie auch den »Wirkbereich« des künstlerischen Schaffens. Beide Bereiche bilden eine unlösbare Einheit. Geschützt ist zum einen die künstlerische Betätigung (**Werkbereich**) und darüber hinaus auch die Darbietung und Verbreitung des Kunstwerks, ist doch auch die Begegnung mit dem Werk ein kunstspezifischer Vorgang. Dieser »**Wirkbereich**«, in dem der Öffentlichkeit Zugang zu dem Kunstwerk verschafft wird, ist das eigentliche Betätigungsfeld der Medien. Er ist der Boden, auf dem die Freiheitsgarantie des Art. 5 Abs. 3 GG vor allem erwachsen ist. Allein schon der Rückblick auf das nationalsozialistische Regime und seine Kunstpolitik zeige, dass die Gewährleistung der individuellen Rechte des Künstlers nicht ausreicht, die Freiheit der Kunst zu sichern. Ohne eine Erstreckung des personalen Geltungsbereichs der Kunstfreiheitsgarantie auf den Wirkbereich des Kunstwerks würde das Grundrecht weitgehend leerlaufen. Soweit es zur Herstellung der Beziehungen zwischen Künstler und Publikum der publizistischen Medien bedarf, sind auch die Personen durch die Kunstfreiheitsgarantie geschützt, die hier eine solche vermittelnde Tätigkeit ausüben. Da ein Werk der erzählenden Kunst ohne die Vervielfältigung, Verbreitung und Veröffentlichung durch den Verleger keine Wirkung in der Öffentlichkeit entfalten kann, der Verleger daher eine unentbehrliche Vermittlerfunktion zwischen Künstler und Publikum ausübt, erstreckt sich die Freiheitsgarantie auch auf seine Tätigkeit. Der Verleger des Romans konnte sich deshalb der zweifelhaften Ansicht des BVerfG zufolge auf das Grundrecht aus Art. 5 Abs. 3 Satz 1 GG berufen.

119 Im Weiteren stellt das BVerfG auf Sinn und Aufgabe des Grundrechts aus Art. 5 Abs. 3 Satz 1 GG ab. Diese ist es vor allem, die auf der Eigengesetzlichkeit der Kunst beruhenden, von ästhetischen Rücksichten bestimmten Prozesse, Verhaltensweisen und Entscheidungen von jeglicher Ingerenz öffentlicher Gewalt freizuhalten. Die Art und Weise, in der der Künstler der Wirklichkeit begegnet und die Vorgänge gestaltet, die er in dieser Begegnung erfährt, darf ihm nicht vorgeschrieben werden, wenn der künstlerische Schaffensprozess sich frei entwickeln soll. Insoweit bedeutet die Kunstfreiheitsgarantie das Verbot, auf Methoden, Inhalte und Tendenzen der künstlerischen Tätigkeit einzuwirken, insbesondere den künstlerischen Gestaltungsraum einzuengen oder allgemein verbindliche Regeln für diesen Schaffensprozess vorzuschreiben.

120 Verschiedenen Versuchen, die Kunstfreiheitsgarantie einzuschränken, erteilte das BVerfG wegen der grundlegenden Bedeutung der Kunstfreiheitsgarantie eine Absage. Dies bezieht sich zunächst auf wertende Einengungen des Kunstbegriffs, aber auch auf eine Anwendung der Schrankenregelung des Art. 5 Abs. 2 GG. Unzulässig ist zudem, Teile eines erzählenden Werks herauszulösen und der Meinungsfreiheit zu unterstellen, die leichter einschränkbar ist als die Kunstfreiheit. Art. 5 Abs. 3 GG ist kein Sonderfall der Meinungsäußerungsfreiheit.

121 Dennoch ist das Grundrecht der Kunstfreiheit **nicht schrankenlos** gewährt. Da die Kunstfreiheit in Art. 5 Abs. 3 GG keinen Vorbehalt für den einfachen Gesetzgeber enthält, darf sie weder durch die allgemeine Rechtsordnung noch durch eine unbestimmte Klausel relativiert werden. Da im Grundrecht selbst dem Gesetzgeber keine Möglichkeit eingeräumt ist, Schranken festzulegen, obliegt es nur der Verfassung, die Grenzen dieses Freiheitsrechts zu bestimmen. Schranken der Kunstfreiheitsgarantie ergeben sich mit anderen Worten nur entweder aus anderen Grundrechten oder aus anderen Werten mit Verfassungsrang.

Im Fall der »Mephisto-Entscheidung« kam als Besonderheit hinzu, dass der **122** Grundrechtsträger bereits verstorben war. Ein Fortwirken des Persönlichkeitsrechts aus Art. 2 Abs. 1 GG nach dem Tode – ein sog. **postmortales Persönlichkeitsrecht** – wurde verneint, weil Träger dieses Grundrechts nur die lebende Person sein könne. Allerdings bejahte das BVerfG einen fortwirkenden Schutz aus der Menschenwürde des Art. 1 Abs. 1 GG. Der aus der Menschenwürde abgeleitete Schutz besteht aber nicht in alle Ewigkeit fort. Das Schutzbedürfnis – und entsprechend die Schutzverpflichtung – schwinden in dem Maß, in dem die Erinnerung an den Verstorbenen verblasst und in dem auch das Interesse an der Nichtverfälschung des Lebensbildes abnimmt (vgl. hierzu jedoch die spätere Rechtsprechung des BGH und des BVerfG → 4 Rdnr. 111 ff.).

Auch in den nachfolgenden Entscheidungen legt sich das BVerfG nicht **123** hinsichtlich eines Kunstbegriffs fest. Als Voraussetzung für die Anwendung der Kunstfreiheit wird jedoch an zwei Kriterien festgehalten: Die freie schöpferische Gestaltung, durch die Eindrücke des Künstlers durch ein Minimum an Formensprache zu unmittelbarer Anschauung gebracht werden (z.B. BVerfGE 67, S. 213, 224 ff. »Anachronistischer Zug« → E 71).

b) Kunstfreiheit und Menschenwürde – »Strauß-Karikatur«

Als **absolute Schranke der Kunstfreiheit** hat das BVerfG die **Men-** **124** **schenwürde** herausgearbeitet. So haben auch Personen, die im öffentlichen Leben stehen, und daher in verstärktem Maße Zielscheibe öffentlicher und auch satirischer Kritik sind, es doch nicht hinzunehmen, durch Karikaturen in ihrer Menschenwürde verletzt zu werden.

Einen solchen Fall nahm das BVerfG an bei der Darstellung des früheren bayeri- **125** schen Ministerpräsidenten Strauß als kopulierendes Schwein. Anders als in den üblichen Darstellungen ging es nicht nur darum, bestimmte Charakterzüge oder die Physiognomie eines Menschen durch die Wahl einer Tiergestalt zu kennzeichnen oder zu überspitzen, beabsichtigt war offenkundig ein Angriff auf die personale Würde des Karikierten. Nicht seine menschlichen Züge, seine personalen Eigenarten, sollten dem Betrachter nahegebracht werden, vielmehr sollte gezeigt werden, dass er ausgesprochen »tierische« Wesenszüge habe und sich entsprechend benehme. Gerade die Darstellung sexuellen Verhaltens sollte den Betroffenen als Person entwerten, ihn seiner Würde als Mensch entkleiden. Derartige Eingriffe in die Menschenwürde können nicht durch die Kunstfreiheit gerechtfertigt sein. Soweit das allgemeine Persönlichkeitsrecht unmittelbarer Ausfluss der Menschenwürde ist, wirkt diese Schranke absolut ohne die Möglichkeit eines Güterausgleichs (BVerfGE 75, S. 369, 379 f. → E 72). Allerdings fragt sich, ob dies gerade bei einem Politiker und im Rahmen einer satirischen Zeichnung so schnell angenommen werden kann, wie dies im Falle der Strauß-Karikaturen vom BVerfG getan wurde.

Unter dieser Schwelle lag jedenfalls das Gemälde einer nackten Politikerin, das als Satire von der Rechtsprechung als ein zulässiger Beitrag zum geistigen Meinungskampf angesehen wurde (OLG Dresden MMR 2010, S. 713 ff.).

c) Kunstfreiheit und allgemeines Persönlichkeitsrecht – »Esra«

126 Bei einer Kollision des geschlossenen Grundrechts der Kunstfreiheit mit dem allgemeinen Persönlichkeitsrecht ist keineswegs in jedem Fall ein Vorrang der Kunstfreiheit anzunehmen, vielmehr ist wiederum im Einzelfall abzuwägen. Immerhin ist ja das Persönlichkeitsrecht unmittelbar in der Menschenwürde verankert, wenn diese auch jeweils nur mehr oder weniger stark involviert ist.

127 Ein klassischer Kollisionsfall, der auch außerhalb der juristischen Literatur immer wieder Anlass zu heftigen Diskussionen bietet, ist die Darstellung realer, insbesondere lebender Personen in Romanen oder Filmen. Viele »Klassiker« der Weltliteratur beruhen auf mehr oder weniger veränderten realen Vorbildern, die auch »**Schlüsselromane**« genannt werden und wieder »entschlüsselt« werden können. Desungeachtet und trotz der hohen Bedeutung der Kunstfreiheit gab es in den letzten Jahren einige Fälle, in denen die Kunstfreiheit hinter dem allgemeinen Persönlichkeitsrecht zurückzutreten hatte.

128 Der bekannteste Fall ist der Roman »**Esra**«, in dem die Liebesbeziehung zwischen der Titelfigur Esra und dem Ich-Erzähler geschildert wird. Gegen die Veröffentlichung des Romans klagte die frühere Freundin des Autors, da sich ihrer Ansicht nach die Schilderung der Romanfigur eng an ihrem eigenen Leben orientierte. In solchen Fällen ist zunächst darauf abzustellen, ob die Darstellung eine Identifizierung der dargestellten Person ermöglicht. Hierfür reicht die Erkennbarkeit der Person in ihrem Bekanntenkreis oder in der näheren persönlichen Umgebung aus. Hinzukommen muss eine schwerwiegende Beeinträchtigung des Persönlichkeitsrechts. Diese kann auch nicht durch die Kunstfreiheit gerechtfertigt werden. Bei der Entscheidung darüber, ob eine Persönlichkeitsrechtsverletzung vorliegt, müssen alle Umstände des Einzelfalls zur Abwägung gebracht werden. Die hierfür erforderliche »kunstspezifische Betrachtung« hat danach zu fragen, ob und inwieweit das »**Abbild**« gegenüber dem »**Urbild**« durch die künstlerische Gestaltung des Stoffs und seine Ein- und Unterordnung in den Gesamtorganismus des Kunstwerks so **verselbstän-**

digt erscheint, dass das Individuelle, Persönlich-Intime zu Gunsten des Allgemeinen, Zeichenhaften des Protagonisten objektiviert ist. Demgemäß ist ein Roman zunächst als Fiktion anzusehen. Je stärker jedoch das »Abbild« und das »Urbild« übereinstimmen, desto schwerer wiegt die Beeinträchtigung des Persönlichkeitsrechts. Je mehr nun die künstlerische Darstellung besonders geschützte Dimensionen des Persönlichkeitsrechts wie Ausdrucksformen der Sexualität berührt, desto stärker muss die Fiktionalisierung sein, um eine Persönlichkeitsrechtsverletzung auszuschließen. Dies war dem Autor im Fall des Romans »Esra« nicht geglückt. Daher war es zulässig, ein Gesamtverbot auszusprechen, da es nicht Aufgabe der Gerichte ist, bestimmte Abänderungen an dem Roman vorzunehmen, um Persönlichkeitsrechtsverletzungen auszuschließen (BVerfGE 119, S. 1 »Esra« → E 74 → F 4; s.a. BVerfG AfP 2008, S. 155 »Fiktionalität von Lehrertypen in einem Roman«; entsprechendes gilt für Filme OLG Hamburg AfP 2009, S. 151 ff. »Contergan«; zum Spezialfall der Straßenfotografie BVerfG GRUR 2018, S. 633).

Wird in einem Kunstwerk eine **schwere und spektakuläre Straftat** 129 verarbeitet, so darf grundsätzlich über die Einzelheiten der Tat und der Person des Täters berichtet werden. Dies gilt auch dann, wenn die Darstellung intime und sexuelle Details aus dem Leben des Straftäters enthält. Zulässig war daher ein »Real-Horrorfilm«, in dem den Zuschauern in emotional stark involvierender Weise die Tat eines Mörders vor Augen geführt wurde, der Teile der Leiche verzehrt hatte (BGH NJW 2009, S. 3576 »Kannibale von Rotenburg« → E 4).

Für die Abwägung zwischen der Kunstfreiheit und dem Recht der per- 130 sönlichen Ehre ist nicht unerheblich, in welcher Weise sich der Karikierte selbst zur Öffentlichkeit verhält. Ein Politiker, der sich bewusst in die Arena öffentlicher Diskussion begibt, muss eher damit rechnen, auch satirischer Kritik ausgesetzt zu werden. Er ist daher weniger schutzwürdig gegenüber Persönlichkeitsrechtsverletzungen als eine von sich aus nie in die Öffentlichkeit getretene Person (vgl. BVerfGE 67, S. 213 ff. »Anachronistischer Zug« und BVerfGE 82, S. 272, 280 ff. »Zwangsdemokrat«). Dies gilt auch für ausländische Politiker, so dass auch Schmähkritik in Gestalt eines Gedichts zulässig sein kann, wenn auf diese Weise Zulässigkeit und Grenzen der Satire in Deutschland veranschaulicht werden sollen, nachdem es über die Grenzen der Satire zum Streit mit dem Politiker gekommen war (»Fall Böhmermann«).

d) Kunstfreiheit und Strafrecht – »Hitler-T-Shirt«

131 Lange Zeit strafrechtlich problematisch war die satirische Verwendung von Kennzeichen verfassungswidriger Organisationen. Beispiele hierfür sind Darstellungen von Hakenkreuzen, die durchgestrichen sind, zerbröckeln oder in einen Papierkorb geworfen werden. Während Strafgerichte derartige Darstellungen gem. § 86a StGB als Verwendung von Kennzeichen verfassungswidriger Organisationen gewertet und demgemäß die Täter strafgerichtlich verurteilt hatten, erklärte das BVerfG die Kunstfreiheit in diesen Fällen für einschlägig und vorrangig (BVerfGE 82, S. 1 »Hitler-T-Shirt« → E 75).

e) Kunstfreiheit und Jugendschutz – »Mutzenbacher«

132 Im Fall »Josefine Mutzenbacher« ging es um einen pornographischen Roman. Das BVerfG ordnete diesen Roman dem Schutzbereich der Kunstfreiheit zu, da das Werk Ergebnis freier schöpferischer Gestaltung war, in der Eindrücke, Erfahrungen und Phantasien des Autors in der literarischen Form des Romans zum Ausdruck gebracht worden waren. Dass der Roman möglicherweise zugleich als Pornographie anzusehen war, nahm ihm nicht die Kunsteigenschaft. Solche Gesichtspunkte könnten allenfalls bei der Abwägung mit konkurrierenden Rechtsgütern eine Rolle spielen. Die Indizierung aus Gründen des Jugendschutzes ist bei einem solchen Roman nicht grundsätzlich ausgeschlossen. Hierbei stellt sich nur die Frage, inwieweit der Jugendschutz zur Einschränkung der Kunstfreiheit herangezogen werden kann, obwohl die Schranken des Art. 5 Abs. 2 GG nicht auf die Freiheiten des Art. 5 Abs. 3 GG anwendbar sind. Das ist nur möglich, weil der Jugendschutz als solcher aus der Verfassung abgeleitet werden kann, was tatsächlich möglich ist. Er wird nicht nur in Art. 5 Abs. 2 GG erwähnt, vielmehr enthält Art. 6 Abs. 2 Satz 1 GG das elterliche Erziehungsrecht, das auch die Befugnis der Eltern umfasst, die Lektüre ihrer Kinder zu bestimmen. Zudem haben Kinder und Jugendliche ein Recht auf Entfaltung ihrer Persönlichkeit innerhalb der sozialen Gemeinschaft, das sich aus Art. 1 Abs. 1 i.V.m. Art. 2 Abs. 1 GG ergibt (BVerfGE 83, S. 130, 138 ff. → E 73).

f) Kunstförderung

133 Nicht in gleicher Weise wie bei Eingriffen in die Kunstfreiheit ist der Staat bei der **Förderung von Kunst** gebunden. Als verfassungsrechtlich zulässig muss eine Auswahl bestimmter Künstler oder Kunstrichtungen bei staatlicher Förderung angesehen werden, wenn der Staat nicht beispielsweise die Preisvergabe vom politischen Wohlverhalten des Preisempfängers abhängig macht. Die Einschaltung nichtstaatlicher Stellen (Juries) beseitigt das Verdikt staatlicher Einmischung in die Kunst. Zu beachten ist aber, dass den nichtstaatlichen Stellen nicht die Letztentscheidungsbefugnis eingeräumt wird, da ansonsten demokratisch nicht legitimierte Instanzen über Gelder entscheiden, die ihnen nicht von den Steuerzahlern anvertraut worden sind. Vorzugswürdig ist daher die Einschaltung von Experten mit beratender Funktion.

VII. Wissenschaftsfreiheit

Ähnlich wie die Kunstfreiheit kann auch die Wissenschaftsfreiheit für **134** zweierlei Personenkreise von Relevanz sein. Auf die Wissenschaftsfreiheit können sich zum einen diejenigen berufen, die ihre wissenschaftlichen Ergebnisse über die Medien bekanntgeben wollen (oder Wissenschaftler, die ein Interesse daran haben, ihre Forschungsergebnisse nicht veröffentlichen zu müssen), wie auch diejenigen Nichtwissenschaftler, die in den Massenmedien über Forschungsarbeiten berichten, insbesondere die Wissenschaftsjournalisten.

Die in Art. 5 Abs. 3 GG einzeln aufgeführten Bereiche Wissenschaft, **135** Forschung und Lehre sind als einheitlicher Begriff der »Wissenschaft« zusammenzufassen. Hinsichtlich des Begriffs »Wissenschaft« hat das BVerfG weniger Mühe mit der Definition als bei der Kunstfreiheit. Die Freiheitsgarantie erstreckt sich auf jede wissenschaftliche Tätigkeit, d.h. auf **alles, was nach Inhalt und Form als ernsthafter und planmäßiger Versuch zur Ermittlung der Wahrheit** anzusehen ist (BVerfGE 35, S. 79, 109 ff. »Hochschulurteil«). Das in Art. 5 Abs. 3 GG enthaltene Freiheitsrecht schützt als Abwehrrecht die wissenschaftliche Betätigung gegenüber staatlichen Eingriffen und steht jedem zu, der wissenschaftlich tätig ist oder tätig werden will. Der Schutzbereich der Wissenschaftsfreiheit ist nicht auf die Universitäten bzw. Hochschulen beschränkt. Erfasst sind Privathochschulen wie auch der einzelne Forscher eines privaten Forschungsinstituts und der »Privatgelehrte«. Lehrer können sich in der Schule allerdings nicht auf die Lehrfreiheit des Art. 5 Abs. 3 GG berufen.

Der Freiraum des Wissenschaftlers ist grundsätzlich ebenso vorbehaltlos **136** gewährleistet wie die Freiheit künstlerischer Betätigung. In ihm herrscht absolute Freiheit vor Eingriffen durch die öffentliche Gewalt. In diesen Freiheitsraum fallen vor allem die auf wissenschaftlicher Eigengesetzlichkeit beruhenden Prozesse, Verhaltensweisen und Entscheidungen beim Auffinden von Kenntnissen, deren Bewertung und Weitergabe.

VIII. Berufsfreiheit

137 Die Berufsfreiheit kann in Fällen von Bedeutung sein, in denen der Gesetzgeber Vorschriften für berufliche Tätigkeiten im Medienbereich erlässt. Darüber hinaus können sich auch diejenigen auf die Berufsfreiheit berufen, die zum Beispiel im Internet einen neuen Beruf ausüben wollen, den es als Berufsbild bisher nicht gegeben hat.

138 Die Berufsfreiheit ist in Art. 12 GG geregelt. **Beruf** ist jede auf Dauer berechnete und nicht nur vorübergehende, der Schaffung und Erhaltung einer Lebensgrundlage dienende Betätigung (BVerwGE 1, S. 54 ff.). Dem Wortlaut der Norm ungeachtet, handelt es sich um ein einheitliches Grundrecht der Berufsfreiheit, das sowohl die Berufswahl (das »Ob« der Berufsfreiheit) als auch die Berufsausübung (das »Wie« der Berufsfreiheit) umfasst.

139 Für den Medienbereich besonders wichtig ist der weite Schutzbereich der Berufsfreiheit, der auch die »**Unternehmerfreiheit**« umfasst. Das ist die Freiheit natürlicher und juristischer Personen zur Gründung und Führung von Unternehmen. Geschützt sind auch Presseunternehmen und Unternehmen zur Herstellung und Verbreitung von Filmen. Vor der Heranziehung des Art. 12 GG ist jedoch immer zu prüfen, ob nicht im jeweiligen Fall Art. 5 Abs. 1 GG Vorrang hat. Die Berufsfreiheit wird daher vor allem dann zur Anwendung kommen, wenn im Medienbereich ein Beruf ausgeübt werden soll, der gerade nicht von den Freiheiten des Art. 5 Abs. 1 GG umfasst ist.

IX. Eigentumsfreiheit

140 Der wichtigste Anwendungsbereich der durch Art. 14 Abs. 1 GG geschützten Eigentumsfreiheit ist der Schutz des **geistigen Eigentums**, mithin insbesondere des Urheberrechts. Der gefestigten Rechtsprechung des BVerfG zufolge sind die vermögenswerten Elemente des Urheberrechts durch Art. 14 GG geschützt (BVerfGE 31, S. 229 ff. »Schulbücher« → E 77; BVerfGE 31, S. 270, 272 »Schulfunksendungen«). Zwar ist es Sache des Gesetzgebers, Inhalt und Schranken des Eigentums zu bestimmen. Allerdings ist der Gesetzgeber hinsichtlich der Ausgestaltung und Schrankenziehung nicht völlig frei, sondern hat die Individualbelange des Werkschöpfers zu beachten und diese mit dem Wohl der Allgemeinheit in einen Ausgleich zu bringen. Er hat daher bei der Festlegung der Befugnisse und Pflichten, die den Inhalt des Rechts ausmachen, den grundlegenden Gehalt der Eigentumsgarantie zu wahren (BVerfGE 31, S. 229, 240). Dies hat der Gesetzgeber auch bei der Festsetzung der Urheberabgabe z.b. für Drucker zu beachten (BVerfG CR 2011, S. 86 ff.).

Das Grundrecht der Eigentumsfreiheit des Art. 14 Abs. 1 GG kann in **141** verschiedenen Fällen die Medien stärkende Wirkung zeigen. Zu denken ist nicht nur an den Schutz von Grundstücken und Herstellungsmaschinen von Medien wie Druckstöcken oder deren Requirierung für staatliche Druckaufträge, sondern auch an Ergebnisse medialer Produktion.

Deutlich wird das am Beispiel der »**Pflichtexemplarentscheidung**« des BVerfG, **142** durch die das Eigentum der Verleger gegenüber unverhältnismäßigem staatlichem Zugriff geschützt wurde. In diesem Fall war das Eigentum der Verleger durch landesrechtliche Regelungen betroffen, die jeden Verleger zur Ablieferung von Pflichtexemplaren neu gedruckter Bücher verpflichteten, um sie in einer zentralen Bibliothek archivieren zu können. Die Ablieferungspflichten wurden in der Entscheidung mit der Sozialpflichtigkeit des Eigentums (Art. 14 Abs. 2 GG) begründet, weshalb sie als entschädigungslos zulässig angesehen wurden.

Dem BVerfG zufolge widerspricht es allerdings dem Eigentumsgrundrecht, **143** wenn der Verleger eines Druckwerks ein Belegstück auch dann unentgeltlich abliefern muss, wenn es sich um ein mit großem finanziellem Aufwand und in kleiner Auflage hergestelltes Werk handelt. Das zur Ablieferung verpflichtende Landesgesetz war insoweit mit Art. 14 Abs. 1 Satz 1 GG unvereinbar, als es dazu ermächtigte, die Ablieferung von Druckwerken ausnahmslos ohne Kostenerstattung anzuordnen. Art. 14 Abs. 2 GG vermöge nicht zu rechtfertigen, dass der Verleger eine solche Belastung im Interesse der Allgemeinheit tragen müsse (BVerfGE 58, S. 137, 149 ff. »Pflichtexemplar« → E 78). Es handelt sich um den seltenen Fall einer ausgleichspflichtigen Inhalts- und Schrankenbestimmung. Umgekehrt ist das aus dem Eigentum abgeleitete **Hausrecht** Grundlage für Abwehransprüche gegen die Medien, etwa des Hauseigentümers gegen die Abbildung seines Hauses, oder bei einem Museum gegen Aufnahmen seiner Exponate (BGH ZUM 2019, S. 335, 338 ff.) sowie des Ereignisveranstalters gegenüber ungenehmigten Foto- und Filmaufnahmen. Auch soweit es sich nicht um urheberrechtlich geschützte Bauwerke handelt, kann der Eigentümer die Veröffentlichung von Aufnahmen verbieten, die auf seinem Grundstück aufgenommen wurden, wenn es ohne seine Erlaubnis betreten wurde. Hingegen ist ein »virtuelles Hausrecht« gegen unliebsame Foreneinträge sowie in sozialen Medien bisher nicht anerkannt.

X. Menschenwürde

Wenn es sich bei der Menschenwürde auch um das oberste Grundrecht **144** handelt, so ist es in der Praxis der Fallprüfung doch erst nach den speziellen Grundrechten zu untersuchen. In der Praxis wirkt sie häufig als Abwehrrecht gegen die Medien. Das allgemeine Persönlichkeitsrecht wurzelt in der Menschenwürde. Soweit dieser Teil des allgemeinen Persönlichkeitsrechts betroffen ist, kommt nach Ansicht des BVerfG eine **Abwägung nicht in Betracht**. Eingriffe in die Menschenwürde sind auch nicht durch die Kunstfreiheit gerechtfertigt (BVerfGE 75, S. 369 ff. »Strauß-Karikatur« ➔ *3* Rdnr. 124 ➔ E 72). Darüber darf nicht vergessen werden, dass die Menschenwürde letztlich auch den Kommunikationsfreiheiten zugrunde liegt und daher bei deren Interpretation zu berücksichtigen ist.

145 Diskutiert wurde die Möglichkeit der Menschenwürdeverletzung im Zusammenhang mit der Schockwerbung. Verneinte das BVerfG im konkreten Fall eine Verletzung der Menschenwürde des auf dem Plakat abgebildeten Aidskranken (➔ 3 Rdnr. 55), so ließ es doch erkennen, dass eine Menschenwürdeverletzung dann vorliegt, wenn die Werbebotschaft den gebotenen Respekt vermissen lässt, indem sie etwa den Betroffenen verspottet, verhöhnt oder erniedrigt oder das dargestellte Leid verharmlost, befürwortet oder in einen lächerlichen oder makaberen Kontext stellt.

146 Relevant wurde die Menschenwürde weiterhin im Zusammenhang mit der Frage nach der Zulässigkeit von Fernsehformaten wie »Big Brother«. In derartigen Sachverhaltskonstellationen kann allenfalls die Menschenwürde herangezogen werden, unter Hinweis auf die ständige Überwachung der Individuen durch Kameras. Grundrechtsdogmatisch **problematisch** ist die Zulässigkeit einer **Einwilligung** der Betroffenen in die Verletzung ihrer Menschenwürde. Frühere Versuche des Bundesverwaltungsgerichts, eine Einwilligung in die Menschenwürdeverletzung für unzulässig zu erklären, sind auf Kritik gestoßen und in späteren Entscheidungen nicht mehr aufgegriffen worden (»Peepshow-Entscheidungen«, BVerwGE 64, S. 274 ff.; E 84, S. 314 ff.). Die Landesmedienanstalten haben ihre ursprünglichen Bedenken nicht weiter verfolgt, nachdem ein wenig überzeugender Kompromiss dahingehend gefunden worden war, während einer Stunde keine Aufnahmen zu machen. Die Frage bleibt weiterhin ungeklärt und sollte nicht als unbedeutend abgetan werden, wie immer weitergehende Mediendarstellungen zeigen, wie die »Bumfights« (»Pennerkämpfe«), im Internet verbreitete Videofilme, in denen Obdachlose gegen Alkohol oder Geld römischen Gladiatoren vergleichbar, sich gegenseitig verprügeln. Die Grenze zulässiger Einwilligung ist jedenfalls auch dann überschritten, wenn sie sich auf den Verlust des eigenen Lebens bezieht. Viel diskutiert wurde schon vor Jahren das Fernsehformat »Das Millionenspiel«, das (fiktiv) die Jagd mit Waffen auf einen Kandidaten inszenierte, der den Geldpreis nur im Überlebensfall erhielt. Die Grenzen von Einwilligungen werden deutlich, wenn Kinder betroffen sind. Werden »schwer erziehbare Kinder« einer Überwachung durch Kameras ausgesetzt, um ihr Verhalten der Allgemeinheit und damit auch Schulkameraden etc. vorzuführen, so kann eine Einwilligung der durch Geld geköderten Eltern diesen massiven Eingriff in die Kindesinteressen nicht rechtfertigen, sofern es sich nicht um gestellte Szenen handelt.

> Die Medien sind insbesondere durch die Medienfreiheit grundrechtlich geschützt. Daneben gibt es eine Reihe flankierender Grundrechte, die ebenfalls

die Freiheit der Medienschaffenden vergrößern. Die Mediengrundrechte sind durch die allgemeinen Gesetze beschränkt.

Für die Lösung von Fällen ist es wichtig, die einschlägigen Grundrechte anzusprechen und eine Entscheidung auf der Grundlage der widerstreitenden Argumente zu treffen. Für den juristischen Erfolg ist nicht so sehr das Ergebnis als die Qualität der Argumentation entscheidend.

Literatur

Zu den Mediengrundrechten

Martin Kutscha / Sarah Thomé: Grundrechtsschutz im Internet? 2013

Sebastian Müller-Franken: Meinungsfreiheit im freiheitlichen Staat, 2013

Sina Katharina Borutta: Der realistische Roman, 2013

Frank Fechner: Art. 5 GG, in: Klaus Stern / Florian Becker (Hrsg.): Grundrechte-Kommentar, 2. Aufl. 2015

ders.: Die Medienfreiheit, in: Festschrift Dittmann, 2015, S. 1 ff.

Christian Hoffmann u.a.: Die digitale Dimension der Grundrechte, 2015

Judith Janna Märten: Die Vielfalt des Persönlichkeitsschutzes. Pressefreiheit und Privatsphärenschutz in der Rechtsprechung des Europäischen Gerichtshofs für Menschenrechte, in Deutschland und im Vereinigten Königreich, 2015

Freya Gräfin Kerssenbrock: Die Legitimation der Medien nach dem Grundgesetz. Zur verfassungsrechtlichen Stellung von Rundfunk und Presse im Zeitalter von Social Media, 2015

Bernd Rüthers: Meinungsfreiheit und Ehrenschutz bei Kollektivurteilen, NJW 2016, S. 3337 ff.

Malte Scholz: Demokratie und Meinungsfreiheit. Ist der Zugang zum Internet eine Gefahr für die Erhaltung der rechtsstaatlichen Demokratie? 2017

Thorsten Kingreen / Ralf Poscher: Grundrechte. Staatsrecht II, 34. Aufl. 2018

Christoph Grabenwarter: Art. 5 GG, in: Theodor Maunz / Günter Dürig (Hrsg.): Grundgesetz-Kommentar, Stand: Januar 2018

Udo Di Fabio: Grundrechtsgeltung in digitalen Systemen, 2018

Zum Informationsfreiheitsgesetz u.a.

Friedrich Schoch: Informationsfreiheitsgesetz, Kommentar, 2. Aufl. 2016

ders.: Das IFG des Bundes in der Rechtsprechunbgspraxis, NVwZ 2017, S. 97 ff.

Stefan Brink / Sven Polenz / Henning Blatt: Informationsfreiheitsgesetz, Kommentar, 2017

Alexander Dix u.a.: Informationsfreiheit und Informationsrecht, Jahrbuch 2018

4. Kapitel: Persönlichkeitsrecht und Rechtsschutz gegenüber Medien

1 Wurden im vorigen Kapitel Grundrechte dargestellt, die vorwiegend von Medienschaffenden zum Schutz ihrer Tätigkeiten angeführt werden, so sollen im Folgenden Rechte von Betroffenen aufgezählt werden, die vom Einzelnen dem Zugriff der Medien entgegengestellt werden können. Wichtigstes Grundrecht ist das Persönlichkeitsrecht mit seinen unterschiedlichen Ausprägungen. Weitere Gegenrechte wie das Urheberrecht und das Datenschutzrecht werden im Anschluss behandelt, ebenso medienbeschränkende Gegenrechte, die nicht als Individualrechte ausgestaltet sind, insbesondere der Jugendschutz.

I. Das Persönlichkeitsrecht als Schutzrecht Betroffener gegen die Medien

2 Die Mediengrundrechte nehmen im Grundgesetz eine zentrale Rolle ein und sind durch die Rechtsprechung des Bundesverfassungsgerichts (BVerfG) im Hinblick auf die Funktion der Medien in der Demokratie zusätzlich gestärkt worden. Nicht zuletzt durch diesen starken verfassungsrechtlichen Schutz haben die Medien in der Gesellschaft eine dominante Rolle eingenommen. Eingriffe der Medien in den privaten Bereich des einzelnen Bürgers werden von der Öffentlichkeit nicht weiter problematisiert, vielmehr meist aus Sensationslust begierig aufgenommen. Die Konkurrenz zwischen den und innerhalb der Medien trägt zu einem rücksichtslosen Umgang mit »Medienopfern« bei. Die Medien haben ein Interesse an packenden »Stories« konkreter menschlicher Schicksale. Nicht selten wird dabei der einzelne Mensch übergangen, der ans Licht der Öffentlichkeit gezerrt wird und dessen Leben durch eine Offenlegung von ihm begangener Fehler oder auch nur seines Privatlebens gestört oder gar zerstört werden kann. Wer durch die Medien bekannt gemacht worden ist, kann sich vielfach nicht mehr frei bewegen, schlimmstenfalls wird er von Freunden wie

Fremden gemieden (Extremfall: »**Rufmord**«). Beachtlich ist das allgemeine Persönlichkeitsrecht nicht zuletzt in Blogs, Foren und sozialen Netzwerken. Es entfaltet auch in scheinbar privatem Rahmen uneingeschränkt seine Wirkung.

Das allgemeine Persönlichkeitsrecht ist die einzige Handhabe von **3** »Medienopfern« gegen die Medien. Daher kommt diesem Recht im Medienbereich eine zentrale Rolle zu und es erweist sich zunehmend als wichtig. Ebenso wenig wie auf der einen Seite Mediengrundrechte und das Informationsinteresse der Allgemeinheit verabsolutiert werden dürfen, darf auf der anderen Seite dem allgemeinen Persönlichkeitsrecht grundsätzlich Vorrang eingeräumt werden. Das allgemeine Persönlichkeitsrecht wird als »Rahmenrecht« interpretiert, dessen Reichweite nicht absolut feststeht, vielmehr im Einzelfall bestimmt werden muss (BGH AfP 2019, S. 236, 237). In diesen Fällen ist die Medienfreiheit und das Informationsinteresse der Allgemeinheit gegen das Persönlichkeitsrecht des Betroffenen abzuwägen.

Für die Abwägung gibt es Anhaltspunkte und Präjudizien. Sie können **4** indessen niemals die Einzelabwägung im Kollisionsfall entbehrlich machen. Wie wichtig die **Einzelfallabwägung** ist, wird auf den ersten Blick ersichtlich, wenn man sich die unterschiedlichen Sachverhalte vor Augen hält. Einleuchtend ist der Unterschied zwischen einem unbekannten Bürger und einem Politiker, der sich für ein hohes Staatsamt zur Wahl gestellt hat. Letzterer muss wissen, dass er sich ins Rampenlicht der Öffentlichkeit begibt, dass er auch während seiner Amtszeit auf seine persönlichen Qualitäten hin geprüft wird und vor allem seine politischen Auffassungen der Kritik stellen muss. In einer Demokratie, für die u.a. die Möglichkeit der Abwahl der Entscheidungsträger charakteristisch ist, ist eine personenneutrale Amtsträgerschaft nicht denkbar.

Ein Politiker muss es sich daher beispielsweise gefallen lassen, dass er und seine **5** politischen Ansichten durch Witzzeichnungen in der Zeitung oder durch Handpuppen im Fernsehen karikiert werden. Die Abwägung zwischen Kunstfreiheit und allgemeinem Persönlichkeitsrecht wird in solchen Fällen regelmäßig zu einem Zurücktreten des Persönlichkeitsrechts führen. Doch auch »Stars« und andere Personen, die einmal Einblick in ihr Privatleben gewährt haben, müssen sich dann auch Berichte über dessen negative Aspekte gefallen lassen (Überspitzt könnte man in Abwandlung eines bekannten Bibelworts sagen: Wer sich in die Medien begibt, kommt darin um.).

II. Das allgemeine Persönlichkeitsrecht in der Verfassung

6 Die von den Zivilgerichten herausgebildeten Persönlichkeitsrechte sind letztlich in der Verfassung verankert und zwar abgeleitet aus der **freien Entfaltung der Persönlichkeit in Verbindung mit der Menschenwürde (Art. 2 Abs. 1 i.V.m. Art. 1 Abs. 1 GG).** Es ist zudem in Art. 8 Abs. 1 EMRK geschützt, der das Recht auf Achtung des Privat- und Familienlebens normiert, das bei der Interpretation des Persönlichkeitsrechts zu berücksichtigen ist. Könnte das allgemeine Persönlichkeitsrecht nicht auf die Verfassung zurückgeführt werden, so wäre es nicht geeignet, geschlossene Grundrechte wie die Kunstfreiheit zu beschränken.

7 Das allgemeine Persönlichkeitsrecht ist wie ein eigenständiges Grundrecht zu behandeln. Es ist im Verhältnis zum Recht auf freie Entfaltung der Persönlichkeit des Art. 2 Abs. 1 GG das speziellere Grundrecht und daher vorrangig. Seine Aufgabe ist es, die engere persönliche Lebenssphäre des Menschen zu gewährleisten, die durch andere, konkretere Freiheitsgarantien nicht ausreichend erfasst ist (BVerfGE 54, S. 148, 153).

8 Schutzgegenstand des verfassungsrechtlichen allgemeinen Persönlichkeitsrechts ist der unmittelbare Freiheitsbereich des Individuums, den es vor staatlichen und privaten Eingriffen zu schützen gilt. Dem BVerfG zufolge soll der Einzelne grundsätzlich selbst entscheiden können, wie er sich Dritten oder der Öffentlichkeit gegenüber darstellen und insbesondere, ob und wie er mit einer eigenen Äußerung hervortreten will (BVerfGE 54, S. 148, 155). Hierin liegt die Schutzfunktion des allgemeinen Persönlichkeitsrechts gegen die Medien begründet. Entsprechend kann sich der Betroffene bei einer unrichtigen, verfälschten oder entstellten Wiedergabe seiner Äußerungen auf das allgemeine Persönlichkeitsrecht berufen.

9 In Kollisionsfällen ist das allgemeine Persönlichkeitsrecht mit den Gegenrechten zur Abwägung zu bringen. Sind die einzelnen Formen besonderer Persönlichkeitsrechte auch von unterschiedlichem Gewicht, so macht das eine Abwägung doch in keinem Fall entbehrlich.

10 Bezüglich der Medien ist auch die Nachwirkung der Menschenwürde nach dem Tod eines Menschen bei ehrverletzenden Äußerungen gegen den Verstorbenen von Interesse. Die Berufung auf die Menschenwürde war für das BVerfG unumgänglich, da das allgemeine Persönlichkeitsrecht seiner Auffassung zufolge mit dem Tod des Menschen erlischt.

11 In der »Mephisto-Entscheidung« (→ 3 Rdnr. 116 ff.) führte das BVerfG aus, dass richtigerweise zur Beurteilung der Schutzwirkungen aus dem Persönlichkeitsbereich des Verstorbenen Art. 1 Abs. 1 GG wertend heranzuziehen ist. Mit dem verfassungsverbürgten Gebot der Unverletzlichkeit der Menschenwürde wäre es unvereinbar, wenn der Mensch, dem Würde kraft seines Personseins zukommt, in diesem allgemeinen Achtungsanspruch auch nach seinem Tod herabgewürdigt oder erniedrigt werden dürfte. Dementsprechend endet die in Art. 1 Abs. 1 GG aller staatlichen Gewalt auferlegte Verpflichtung, dem Einzelnen Schutz gegen Angriffe auf seine Menschenwürde zu gewähren, nicht mit dessen Tod (BVerfGE 30, S. 173, 194 »Mephisto«; vgl. BVerfG NJW 2001, S. 594 ff.).

Obwohl es sich gerade nicht um das »allgemeine Persönlichkeitsrecht« **12** handelt, spricht das BVerfG insoweit von einem **postmortalen Persönlichkeitsrecht** (BVerfG NJW 2001, S. 2957 ff. »Kaisen« → E 23). Mit der Verankerung des allgemeinen Persönlichkeitsrechts in Art. 2 Abs. 1 i.V.m. Art. 1 Abs. 1 GG gerät man auch dann in Schwierigkeiten, wenn es um Ansprüche juristischer Personen gegen die Medien geht, beispielsweise bei der fehlerhaften Mitteilung, ein Produkt sei gesundheitsschädlich. In einem solchen Fall kann die Menschenwürde wesensgemäß nicht zur Anwendung kommen (Art. 19 Abs. 3 GG). Konsequenterweise sieht das BVerfG das allgemeine Persönlichkeitsrecht bei juristischen Personen daher ausschließlich in Art. 2 Abs. 1 GG verankert (BVerfGE 95, S. 220 ff. »DFR«). Angesichts dieser Rechtsprechung könnte der Eindruck entstehen, das allgemeine Persönlichkeitsrecht sei entweder in Art. 1 Abs. 1 oder in Art. 2 Abs. 1 GG oder in beiden gemeinsam verankert. Vorzugswürdig dürfte demgegenüber die Vorstellung eines allgemeinen Persönlichkeitsrechts sein, das aus Art. 2 Abs. 1 und Art. 1 Abs. 1 GG gleichermaßen abzuleiten ist, bei dem jedoch im Einzelfall die beiden Komponenten unterschiedlich stark vertreten sind, wobei eine von beiden im Extremfall auch einmal ganz in den Hintergrund treten kann.

Inhaltlich schützt das verfassungsrechtliche postmortale Persönlich- **13** keitsrecht zum einen den allgemeinen **Achtungsanspruch**, der dem Menschen kraft seines Personseins zusteht, zum anderen den sozialen Geltungswert, den die Person durch ihre eigene **Lebensleistung** erworben hat (BVerfG AfP 2008, S. 161 f.).

Die Rechtsprechung des BVerfG hat eine wesentliche Ergänzung durch **14** die des Bundesgerichtshofs erfahren. Dieser hat Schadensersatz- und Geldentschädigungsansprüche ausdrücklich auch nach dem Tod des Rechtsträgers anerkannt (»Marlene-Dietrich-Entscheidungen«, BGHZ 143, S. 214 ff., fortgeführt in BGH NJW 2000, S. 2201 ff. → 4 Rdnr. 111 ff.).

Die einige Zeit offene Frage, ob das BVerfG diese Rechtsprechung **15** auch verfassungsrechtlich mittragen würde, ist aufgrund der Unterschiedlichkeit von verfassungsrechtlichem und zivilrechtlichem Persönlichkeitsrecht in bejahender Weise geklärt worden. Der Gesetzgeber und die Zivilgerichte können den Schutz der Persönlichkeitsrechte weiter ausbauen als dies verfassungsrechtlich geboten ist. Demzufolge schützt das allgemeine

Persönlichkeitsrecht heutzutage auch **Vermögensinteressen** (BVerfG NJW 2006, S. 3409 ff. »Blauer Engel« ➔ E 25).

16   Angesichts der Verankerung des allgemeinen Persönlichkeitsrechts in Art. 2 Abs. 1 und Art. 1 Abs. 1 GG stellt sich die Frage nach den Schranken dieses Grundrechts. Im Normalfall sind die Schranken des Art. 2 Abs. 1 GG auch auf das allgemeine Persönlichkeitsrecht anwendbar, woraus sich die Möglichkeit und Notwendigkeit einer Abwägung mit den Gegeninteressen, insbesondere der Meinungsäußerungsfreiheit ergibt. Soweit die Menschenwürde direkt verletzt ist (in diesem Zusammenhang wird auch vom »Kernbereich der persönlichen Lebensgestaltung« gesprochen), ist eine Abwägung mit anderen Grundrechten der Rechtsprechung des BVerfG entsprechend nicht möglich. In der Praxis sind solche Fälle extrem selten, d.h. eine Abwägung ist in nahezu allen Fällen unumgänglich.

III. Das allgemeine Persönlichkeitsrecht im Zivilrecht

17   Ist das allgemeine Persönlichkeitsrecht in erster Linie ein Abwehrrecht gegen den Staat, so entfaltet es in Gestalt des zivilrechtlichen allgemeinen Persönlichkeitsrechts Wirkung im Verhältnis zwischen Privatrechtssubjekten. Das zivilrechtliche allgemeine Persönlichkeitsrecht war lange Zeit von der Rechtsprechung abgelehnt worden und wurde erst 1954 vom Bundesgerichtshof anerkannt, nachdem die Menschenwürde zum beherrschenden Verfassungsprinzip geworden war. Der Bundesgerichtshof stellte schon früh heraus, dass das allgemeine Persönlichkeitsrecht sich nicht nur gegen den Staat und seine Organe richtet, sondern auch im Privatrechtsverkehr gegenüber jedermann gilt, da das Bürgerliche Recht dem übergeordneten Verfassungsrecht weichen und sich den vom Grundgesetz getroffenen Wertentscheidungen anpassen muss (BGHZ 24, S. 72, 76 f.). Wegweisend ist insoweit immer noch die »Herrenreiter-Entscheidung« (BGHZ 26, S. 349 ff. ➔ E 1; s.a. BGHZ 13, S. 334, 338 »Leserbrief« als erste Anerkennung eines von jedermann zu beachtenden Persönlichkeitsrechts). Inzwischen hat sich das allgemeine Persönlichkeitsrecht zu einem eigenständigen Bestandteil des Zivilrechts entwickelt.

Die zivilrechtliche Verankerung des allgemeinen Persönlichkeitsrechts macht ein Eingehen auf die Drittwirkungsproblematik in zivilrechtlich ausgestalteten Klausuren entbehrlich (➔ F 1).

IV. Ausprägungen des allgemeinen Persönlichkeitsrechts

Das allgemeine Persönlichkeitsrecht weist verschiedene Untergruppen **18** auf, die von der Rechtsprechung entwickelt worden sind. Soweit sie eine ausdrückliche gesetzliche Normierung erfahren haben, wird von »besonderen Persönlichkeitsrechten« gesprochen (§ 12 BGB, § 22 KUG, §§ 12 ff. UrhG). Soweit eine gesetzliche Ausformung vorliegt, ist diese als lex specialis zunächst zu prüfen, bevor auf das allgemeine Persönlichkeitsrecht zurückgegriffen werden darf. Zu unterscheiden sind dabei im Wesentlichen zwei Kategorien. Zum einen der Schutz des Einzelnen vor einem Eindringen der Medien in sein Privatleben. Umfasst sind ein persönlicher Bereich von Intimität und Privatheit, insbesondere ein Recht auf einen höchstpersönlichen, in räumlicher Hinsicht geschützten Lebensbereich. Eine solche »Abwehrfunktion« entfaltet das allgemeine Persönlichkeitsrecht auch gegenüber ungewollter Präsentation in der Öffentlichkeit und gegen Bild- und Tonaufnahmen. Eine verwandte, indessen doch abgrenzbare Funktion des allgemeinen Persönlichkeitsrechts ist der Schutz des Einzelnen gegen Verfälschungen seiner Medienauftritte. War der »abschirmende« Charakter des allgemeinen Persönlichkeitsrechts schon länger in der Rechtsprechung fest verankert, so ist der »Selbstbestimmungsaspekt« in den letzten Jahren stärker betont worden.

Trotz der Ausprägungen in unterschiedlichen Kategorien treten mehr **19** und mehr die Gemeinsamkeiten des allgemeinen Persönlichkeitsrechts in den Vordergrund, weshalb insbesondere die Kriterien, die im Zusammenhang mit dem »Recht am eigenen Bild« von der Rechtsprechung herausgearbeitet wurden, auch auf andere persönlichkeitsrechtsrelevante Sachverhalte übertragen werden können. Im Zentrum steht die Vorstellung eines für sich selbst verantwortlichen Individuums, das autonom entscheidet, wie es sich in der Öffentlichkeit präsentieren möchte und inwieweit es mit einer Kommerzialisierung seiner Person einverstanden ist. Daher durchzieht das allgemeine Persönlichkeitsrecht der Grundsatz, demzufolge keine Verletzung des allgemeinen Persönlichkeitsrechts vorliegt, wenn der Rechtsinhaber in die Berichterstattung eingewilligt hat. Entsprechend kann sich niemand auf ein Recht zur Privatheit hinsichtlich solcher Tatsachen berufen, die er selbst der Öffentlichkeit preisgegeben hat, denn der verfassungsrechtliche Privatsphärenschutz dient nicht der Kommerzialisierung der Person durch Exklusivverträge. Wenn es selbstverständlich auch Grenzen des allgemeinen Persönlichkeitsrechts im Interesse freier Medienberichterstattung gibt und geben muss, so hat doch eine schärfere Grenzziehung durch die Rechtsprechung dazu geführt, dass in **jedem Einzelfall** eine **Abwägung** der widerstreitenden Interessen zu erfolgen hat. Im Folgenden werden die medienrelevanten Ausprägungen des allgemeinen Persönlichkeitsrechts genannt:

1. Schutz des Kernbereichs privater Lebensgestaltung (Intimes, Privates, Geheimes)

20 Jeder Mensch hat einen elementaren Schutzanspruch für seinen innersten Lebensbereich, zu dem Intimitäten wie Sexualität und Krankheiten ebenso gehören wie ein räumlicher Bereich, der vor Einblicken des Staates abgeschirmt ist, aber auch gegen »Paparazzi«. Die in vielen zivilrechtlich geprägten Büchern präsentierte »**Sphärentheorie**« ist aus verfassungsrechtlicher Sicht irreführend. Soweit zwischen einer Intimsphäre, einer Privat- und einer Geheimsphäre abgestuft wird, ist dies hilfreich, um sich den grundsätzlichen Bedeutungsgehalt eines jeden dieser Bereiche zu verdeutlichen. Kaum haltbar dürfte es allerdings sein, wenn Eingriffe in die Intimsphäre als immer unzulässig, Beeinträchtigungen der Privatsphäre für teilweise und in die Geheimsphäre grundsätzlich zulässig angesehen werden, wie dies die Rechtsprechung praktiziert. Verfassungsrechtlich geboten ist vielmehr eine Abwägung im Einzelfall. Die Liebesbeziehung eines hochrangigen Politikers und Geheimnisträgers zu einer Geheimagentin eines anderen Staates ist von so grundlegender Bedeutung für die Beurteilung seiner Amtsführung durch die Allgemeinheit, dass zumindest eine sachliche Berichterstattung hierüber nicht unzulässig ist. Demgegenüber muss es sich grundsätzlich niemand gefallen lassen, dass scheinbar unbedeutende Daten, die indessen der Allgemeinheit bisher nicht zugänglich waren, wie z.B. sein Geburtsdatum oder Ort und Zeit seines Urlaubs, durch die Medien verbreitet werden. In diesem Zusammenhang ist auch zu sehen, dass es die umgekehrte Vorgabe immer zulässiger bildlicher Wiedergaben sog. »absoluter Personen der Zeitgeschichte«, die keiner Überprüfung im Einzelfall bedurften, nicht mehr gibt. Die nachfolgend aufgeführten Schutzbereiche sind daher lediglich als Anwendungsbeispiele des allgemeinen Persönlichkeitsrechts zu verstehen, denen bei Abwägungsvorgängen grundsätzlich unterschiedliche Wertigkeit zukommt. Sie machen eine **Einzelfallabwägung** keinesfalls verzichtbar. Unter dieser Prämisse wird es leichter verständlich, warum sich ein strenger geschützter privater Lebensbereich auch »Prominenter« nicht mehr nur auf die »häusliche Sphäre« beschränkt. Anders als früher ist ein medialer Eingriff in das Persönlichkeitsrecht nur zulässig, wenn der Betreffende dies wollte oder wenn ein überragendes Informationsinteresse der Allgemeinheit an der Berichterstattung besteht.

An dem besonderen Schutz eines abgeschirmten Bereichs persönlicher **21** Entfaltung zeigt sich die Nähe des allgemeinen Persönlichkeitsrechts zur **Menschenwürde**, muss doch dem Einzelnen ein räumlicher Bereich verbleiben, in dem er sich ungezwungen verhalten kann, ohne dass andere ihn sehen und hören können. Das BVerfG hat in diesem Zusammenhang betont, dass das Wertsystem der Grundrechte seinen Mittelpunkt in der innerhalb der sozialen Gemeinschaft sich frei entfaltenden menschlichen Persönlichkeit und ihrer Würde hat. Der Mensch ist auf einen Bereich angewiesen, in dem er allein bleiben und seine Entscheidungen in eigener Verantwortung treffen kann, ohne von Eingriffen behelligt zu werden (BVerfGE 34, 269, 281 »Soraya« → *4 Rdnr. 75* → *E 2*).

Der Schutz des Privatbereichs gilt beispielsweise für ärztliche Kranken- **22** unterlagen. Ärztliche Dateien betreffen mit ihren Angaben über Anamnese, Diagnose und therapeutische Maßnahmen den privaten Bereich der Patienten. Damit nehmen sie teil an dem Schutz, den das Grundrecht aus Art. 2 Abs. 1 i.V.m. Art. 1 Abs. 1 GG dem Einzelnen vor dem Zugriff der öffentlichen Gewalt gewährt. Das gilt nicht nur für Aufzeichnungen über Krankheiten usw., die etwa peinlich oder der sozialen Geltung des Betreffenden abträglich sein könnten. Vielmehr verdient ganz allgemein der Wille des Einzelnen Achtung, so höchstpersönliche Dinge, wie die Beurteilung seines Gesundheitszustands durch den Arzt, vor fremdem Einblick zu bewahren (BVerfGE 32, S. 373, 379 »Arztkartei«). Etwas anderes gilt allerdings hinsichtlich der Krankheit eines Politikers, über die berichtet werden darf, wenn daraus eine Gefährdung seiner Amtsführung resultieren kann. Zulässig war auch die Berichterstattung über einen Landesminister, der Unterhaltszahlungen für ein uneheliches Kind nicht geleistet und möglicher Weise dem Sozialbetrug der Kindsmutter Vorschub geleistet hatte. In einem solchen Fall überwiegt das öffentliche Interesse an der Aufdeckung eines nicht unerheblichen Missstands das Interesse des Ministers an der Geheimhaltung seines Intimlebens, hier des Verhältnisses zu seiner Mitarbeiterin, der unehelichen Tochter und seinen unvollständigen Unterhaltsleistungen (im Ergebnis auch BGH NJW 2015, S. 782, der indes die seiner Auffassung nach absolut geschützte »Intimsphäre« für nicht betroffen hält).

Dem persönlichen Lebensbereich zuzuordnen kann auch ein **Grund-** **23** **stück** dann sein, wenn es dem Nutzer die Möglichkeit gibt, frei von öffentlicher Beobachtung zu sein. Wird die Außenansicht eines Grundstücks von einer allgemein zugänglichen Stelle aus fotografiert und veröffentlicht, so ist hiergegen im Regelfall nichts einzuwenden (Parallelwertung zur »Panoramafreiheit« des § 59 UrhG → *5 Rdnr. 106*). Demgegenüber muss grundsätzlich niemand hinnehmen, dass seine Privatsphäre gegen seinen

Willen und durch Überwindung entgegenstehender Hindernisse oder mit geeigneten Hilfsmitteln wie Teleobjektiven, Leitern oder Flugzeugen gleichsam »ausgespäht« wird, wenn daraus ein Geschäft gemacht und die so gewonnen Einblicke Dritten gegen Bezahlung zur Verfügung gestellt werden (BGH ZUM 2004, S. 207, 208 f.; BVerfG ZUM 2006, S. 631 ff. – ungenehmigte Luftbildaufnahmen von Feriendomizilen Prominenter; »Prominentenvilla« ➔ E 17). Diese Beschränkungen sind auch von Street-View-Diensten zu beachten. Teil der Privatsphäre ist auch ein E-Mail-Postfach (BGH JZ 2016, S. 526 ff.).

Der Schutz der Privatsphäre ist auch im Drittwirkungsverhältnis von Relevanz und greift beispielsweise zum Schutz gegen unerwünschte Zusendungen oder Werbemails (BGH NJW 2018, S. 3506).

24   Außerhalb der Privatsphäre gibt es Geheimnisse, die jedenfalls durch das allgemeine Persönlichkeitsrecht Schutz erfahren. Zu denken ist beispielsweise an vertrauliche Gespräche mit Mitarbeitern wie auch Betriebs- und Geschäftsgeheimnisse (insoweit können sich auch juristische Personen und Personenvereinigungen auf das allgemeine Persönlichkeitsrecht berufen ➔ 4 Rdnr. 108).

2. Recht der persönlichen Ehre

a) Eigenständigkeit gegenüber dem allgemeinen Persönlichkeitsrecht

25   Der Schutz der persönlichen Ehre wird im Zivilrecht mit Hilfe der strafrechtlichen Ehrschutzdelikte gewährt (§ 823 Abs. 2 BGB i.V.m. §§ 185 ff. StGB). Diese bilden den Maßstab für die zivilrechtliche Abwehr ehrverletzender Äußerungen. Allerdings kann eine negative Äußerung über eine andere Person im Zivilrechtsstreit zu einer Unterlassung führen, auch wenn sie strafrechtlich noch keine Verurteilung nach sich ziehen würde (vergl. BVerfG AfP 2014, S. 133, 135 »durchgeknallte Frau«).

b) Ehrschutzdelikte

26   Zu unterscheiden sind die Straftatbestände Verleumdung, üble Nachrede und Beleidigung. Verleumdung und üble Nachrede setzen eine Tatsachenbehauptung voraus, d.h., die Äußerung muss einem Beweisverfahren vor Gericht grundsätzlich zugänglich sein. Bei der **Verleumdung** (§ 187 StGB) ist die Tatsachenbehauptung erweislich unwahr. Bei der **üblen Nachrede** (§ 186 StGB) besteht – in Abwandlung der üblichen Grundsätze, denen zufolge dem Täter die Tatbestandselemente nachgewiesen werden müssen – eine Strafbarkeit schon dann, wenn es dem Täter nicht gelingt, die Wahrheit der von ihm aufgestellten Tatsachenbehauptung nachzuweisen. Die Unerweislichkeit geht zu Lasten des Täters, der sich über die Richtigkeit seiner Tatsachenbehauptungen Gewissheit verschaffen muss, bevor er sie äußert. Allerdings ist im Bereich der Medien der Rechtfertigungsgrund der Wahrnehmung berechtigter Interessen gem. § 193 StGB zu beachten, der jedoch nur dann zur Anwendung kommen kann, wenn die journalistische Sorgfaltspflicht beachtet wurde. Bei der **Beleidigung** (§ 185 StGB) geht es um Werturteile, durch die die Nicht- oder Missachtung einer anderen Person zum Ausdruck gebracht wird.

Auf **Personenbewertungsportalen** sind ehrverletzende Äußerungen **27** ebenfalls unzulässig. Aus diesem Grund bestehen Unterlassungsansprüche gegen den Portalbetreiber, auch wenn dieser sich auf die Kommunikations- und die Berufsfreiheit berufen kann. Indes darf dieser, auch nach mehrfacher Rechtsverletzung, die Daten anonymer Nutzer wegen fehlender Ermächtigungsgrundlage gem. § 12 Abs. 2 TMG im Zivilprozess nicht herausgeben, wohl aber muss er es, wenn dies zum Zweck der Strafverfolgung erforderlich ist (BGH AfP 2014, S. 451 ff. »Arztportal«). Besteht die Möglichkeit, dass die Bewertung eines Arztes gar nicht von einem Patienten abgegeben wurde, so kann der Arzt vom Portalbetreiber verlangen, konkrete Nachweise über den Behandlungskontext beim Bewerter einzuholen und ihm zugänglich zu machen (BGH AfP 2016, S. 253).

3. Verfügungsrecht über Darstellungen der eigenen Person

Das BVerfG hat in der »Lebach-Entscheidung« (→ 4 Rdnr. 104) ein Verfügungs- **28** recht des Einzelnen über Darstellungen der Person mehr beiläufig festgestellt. Tatsächlich handelt es sich um eine elementare Ausprägung des allgemeinen Persönlichkeitsrechts, die klausurmäßig erst dann zu prüfen ist, wenn nicht eines der nachfolgend dargestellten speziellen Persönlichkeitsrechte anwendbar ist. Bei dem Verfügungsrecht handelt es sich um ein Auffanggrundrecht. Inhalt dieses Rechts ist es, dass **jedermann grundsätzlich selbst und allein bestimmen darf, ob und inwieweit andere sein Lebensbild oder bestimmte Vorgänge aus seinem Leben öffentlich darstellen dürfen.** Letztlich umschließt diese Befugnis auch das Recht am eigenen Bild und die informationelle Selbstbestimmung. Dieses Recht, das auch Bestimmungsrecht über die Darstellung der eigenen Person genannt wird, greift indessen auch dann ein, wenn keines der anderen bisher aufgeführten Persönlichkeitsrechte einschlägig ist. Zu warnen ist indessen vor dem Irrtum, dass jeder bestimmen könnte, ob überhaupt über ihn berichtet wird. Ein »Recht auf Anonymität« gibt es nicht. Ein bisher nicht ins Licht der Öffentlichkeit getretener Bürger muss, solange kein zeitgeschichtliches Ereignis vorliegt, grundsätzlich nicht mit einer Berichterstattung über seine Person rechnen, wohl aber Prominente und jedenfalls Politiker.

Es gibt Fälle, in denen das Recht der persönlichen Ehre nicht verletzt ist, wohl **29** aber das allgemeine Persönlichkeitsrecht. So ist beispielsweise ein Bericht über Heiratsabsichten eines Prominenten nicht ehrenrührig, dennoch greift eine solche

Berichterstattung in das allgemeine Persönlichkeitsrecht des Prominenten ein, wenn tatsächlich keine Heiratsabsichten bestehen (zur Fallkonstellation BVerfGE 97, S. 125 ff. »Heiratsabsichten«). Das Verfügungsrecht über Darstellungen der eigenen Person schützt nicht davor, Gegenstand der Berichterstattung zu werden, es gibt mithin kein »Recht auf Anonymität« (BVerfG GRUR 2011, S. 255, 257 »Party-Prinzessin«). Zudem vermittelt es dem Rechtsträger nicht das Recht, nur so dargestellt zu werden, wie es ihm genehm ist (BVerfG GRUR 2010, S. 544, 545; BGH GRUR 2013, S. 1063, 1064 »Mahnwache«). Ein weiterer Beispielsfall ist die Bezeichnung der Tochter einer RAF-Terroristin als »Terroristentochter«. In einer solchen Bezeichnung liegt für die Betroffene eine gravierende persönliche Belastung. Diese ist indessen jedenfalls dann hinzunehmen, wenn die Betreffende ihre Herkunft in der Öffentlichkeit bekannt gegeben hat (BGH NJW 2007, S. 686 »Terroristentochter« → E 36) oder auch, wenn die Daten einer Prominententochter einer breiten Öffentlichkeit bereits früher bekanntgeworden und etwa über das Internet zugänglich sind (BGH NJW 2014, S. 768). Dasselbe gilt für persönlichkeitsrechtsverletzende Details, die bei einer »**Homestory**« preisgegeben wurden. In diesen Fällen kann durch Vereinbarung der »Exklusivität« mit einem Sendeunternehmen nicht verhindert werden, dass andere Medien die veröffentlichten Aspekte erörtern.

30   Hingegen besteht ein Schutz gegen Äußerungen, die, wenn auch nicht ehrverletzend, so doch geeignet sind, sich abträglich auf das Ansehen des Einzelnen in der Öffentlichkeit auszuwirken. In besonderer Weise greift der Schutz, wenn eine staatliche Stelle sich ohne rechtfertigenden Grund herabsetzend über einen Bürger äußert, etwa eine von ihm vertretene Meinung abschätzig kommentiert (BVerfG ZUM 2010, S. 957, 959).

4. Recht am eigenen Bild

a) Anfertigung von Fotografien

31   Vor Einführung der Datenschutzgrundverordnung wurde das Fotografieren von Personen in der Öffentlichkeit als grundsätzlich zulässig angesehen. Ausnahmen ergaben sich aus dem Straftatbestand des § 201a StGB und wurden darüber hinaus auch teilweise aus dem allgemeinen Persönlichkeitsrecht abgeleitet. Die Veröffentlichungen von Fotografien, auf denen Personen erkennbar waren, richtete sich nach den §§ 22 f. KUG. Seit der Geltung der **Datenschutz-Grundverordnung** (DSGVO) hat sich die Rechtslage verändert. Die DSGVO geht als EU-Rechtsverordnung dem nationalen Recht vor und damit – innerhalb ihres Anwendungsbereichs – dem KUG. Das Anfertigen von Fotografien wird als **automatisierte Verarbeitung personenbezogener Daten** i.S.d. Art. 2 Abs. 1 DSGVO eingeordnet. Mit Hilfe von Gesichtserkennungs-Software lässt sich einem Bildnis leicht ein Name zuordnen. Erkennbar sind meistens Gemütszustand und gesundheitliches Befinden des Abgebildeten, häufig seine Umgebung und mit Hilfe von Standortdaten auch dessen Aufenthaltsort zu einer bestimmten Zeit. Damit sind die strengen Anforderungen der DSGVO hinsichtlich Einwilligung, Informations- und Löschungspflichten etc. grundsätzlich bei der Anfertigung von Fotografien zu beachten.

Allerdings gibt es von diesem Grundsatz wichtige **Ausnahmen**. Von **32** der **Einwilligung** gem. Art. 6 Abs. 1a DSGVO abgesehen, die bei Fotos aus dem öffentlichen Verkehrsraum kaum zu erwarten ist, greift in vielen Fällen die Ausnahme des Art. 2 Abs. 2c DSGVO, derzufolge die Verordnung nicht anwendbar ist auf die Tätigkeit natürlicher Personen zur Ausübung ausschließlich **persönlicher oder familiärer Tätigkeiten**. Hierunter wird man ohne weiteres das Anfertigen von Urlaubsfotos einordnen können, auf denen neben einer Sehenswürdigkeit auch Personen erkennbar sind, ja wohl auch das gezielte Aufnehmen von Personen zu persönlichen Zwecken und ohne Absicht der Veröffentlichung. Bereits bei der Veröffentlichung in einem privaten Blog im Internet, dürfte diese Ausnahme jedoch entfallen.

Im Bereich des Medienrechts von Bedeutung ist die Ausnahme des **33** Art. 6 Abs. 1f DSGVO, die Verarbeitung, die »zur Wahrung der **berechtigten Interessen** des Verantwortlichen oder eines Dritten erforderlich« ist. Hierdurch werden insbes. Bilderjournalisten privilegiert, weshalb in diesem Zusammenhang von einem »**Medienprivileg**« gesprochen wird. Allerdings dürfen nicht »die Interessen oder Grundrechte oder Grundfreiheiten der betroffenen Person, die den Schutz personenbezogener Daten erfordern«, überwiegen. Einen besonderen Schutz betont die DSGVO für **Kinder**. Informationspflichten entfallen bei Aufnahmen von Gruppen identifizierbarer Personen gem. Art. 14 Abs. 5b DSGVO, da die Daten nicht »bei« der betroffenen Person erhoben werden, wenn die Informationserteilung unmöglich ist oder einen unverhältnismäßigen Aufwand erfordern würde. Über diese Ausnahmen in der DSGVO hinaus lässt sich mit guten Gründen die Anwendbarkeit der Ausnahmevorschriften des § 23 KUG mit seiner ausdifferenzierten Rechtsprechung als »Rechtsvorschriften« i.S.d. Art. 85 Abs. 1 DSGVO vertreten, die den Schutz personenbezogener Daten mit dem Recht auf freie Meinungsäußerung und der Informationsfreiheit in Einklang bringen soll.

§ 201a StGB, der auch »**Spannerschutz**« genannt wird, stellt die Anfertigung von Bildaufnahmen aus intimen Lebensbereichen unter Strafe und nicht erst die Veröffentlichung solcher Bilder. Geschützt werden soll der »**höchstpersönliche Lebensbereich**«, worunter insbesondere die Wohnung, aber auch sonstige gegen Einblick besonders geschützte Räume verstanden werden. Hierdurch soll ein persönlicher Rückzugsbereich des Einzelnen garantiert werden und damit insbesondere die Intimsphäre. Aus diesem Grund sind dem höchstpersönlichen Lebensbereich nicht nur die eigene Wohnung zuzurechnen oder der durch eine Hecke geschützte Garten, sondern auch öffentlich zugängliche Räumlichkeiten wie Toiletten, Umkleidekabinen und ärztliche Behandlungszimmer. Allerdings kann es ausnahmsweise Fallkonstellationen geben, in denen die Medienfreiheit vor dem Schutz der Intimsphäre prävaliert.

35   § 201a StGB wurde 2015 erweitert. Gem. § 201a Abs. 1 Nr. 2 sind auch solche Bildaufnahmen strafrechtlich relevant, die die **Hilflosigkeit** einer anderen Person **zur Schau stellen**. Strafbar ist sowohl die unbefugte Herstellung als auch die Übertragung solcher Bilder, wenn dadurch der höchstpersönliche Lebensbereich der abgebildeten Person verletzt wird. Aus der Formulierung des Gesetzes ergibt sich, dass gerade die Hilflosigkeit der Person zur Schau gestellt werden muss und hierdurch dessen persönlicher Lebensbereich betroffen ist. Anzunehmen ist dies beispielsweise bei einer Mobbingaktion auf dem Schulhof, wenn das Opfer in hilfloser Lage dargestellt wird oder bei einem am Straßenrand liegenden Unfallopfer. Eine Strafbarkeit ist auch für Fälle vorgesehen, in denen zwar keine Hilflosigkeit gegeben ist, wenn die abgebildete Person jedoch in einer **demütigenden** oder sonst **peinlichen Situation** zu sehen ist. Dies ergibt sich aus § 201a Abs. 2 StGB, demzufolge sich strafbar macht, wer unbefugt von einer anderen Person eine Bildaufnahme, die geeignet ist, dem Ansehen der abgebildeten Person erheblich zu schaden, einer dritten Person zugänglich macht. Das kann beispielsweise angenommen werden, wenn der Abgebildete z.B. in peinlicher Weise gähnt oder hinfällt oder aber, wenn er in einem für ihn peinlichen Umfeld, etwa im Rotlichtmilieu, aufgenommen wird. Im Gegensatz zur vorher geschilderten Variante der Hilflosigkeit erfordert die Strafbarkeit hier, dass das Bildnis einer **dritten Person zugänglich gemacht** wird, worunter vor allem auch die Verbreitung im Internet zu verstehen ist, womit das »Cyber-Mobbing« verhindert werden soll. Gem. Abs. 3 ist das Herstellen oder Anbieten von Nacktbildern Minderjähriger, um sie einer dritten Person gegen Entgelt zu verschaffen, strafbar. Diese strafrechtliche Norm soll den Handel mit Nacktbildern Minderjähriger auch dann verhindern, wenn diese nicht als kinderpornographisch einzuordnen sind (die bereits über § 184 ff. StGB strafrechtlich relevant sind).

36   Ein **Rechtfertigungsgrund** innerhalb des § 201a StGB, der vor allem für die Medien von Relevanz ist, besteht bei der Wahrnehmung überwiegender berechtigter Interessen, wobei u.a. Interessen der Kunst und der Berichterstattung über Vorgänge des Zeitgeschehens oder der Geschichte erwähnt werden. Allerdings bezieht sich dieser Rechtfertigungsgrund des

Abs. 4 nicht auf die Strafvorschrift des § 201a Abs. 1 Nr. 1 StGB, weshalb sich Journalisten, die Bildaufnahmen von Personen machen, die sich in einem gegen Einblick besonders geschützten Raum befinden und dadurch ihren höchstpersönlichen Lebensbereich verletzen, nicht auf den Rechtfertigungsgrund des Abs. 4 berufen können.

Die Rechtsprechung zur Bildberichterstattung hat sich als Grundlage **37** für jede identifizierende Berichterstattung entwickelt. Allerdings reicht der Schutz des Rechts am eigenen Bild besonders weit.

b) Kunsturhebergesetz

Das Recht am eigenen Bild ist im allgemeinen Persönlichkeitsrecht veran- **38** kert, hat jedoch seine einfachgesetzliche Ausgestaltung im **Kunsturhebergesetz** (KUG) gefunden. Erfasst wird von diesen traditionellen, bereits seit Beginn des zwanzigsten Jahrhunderts bestehenden Regelungen lediglich die Veröffentlichung von Bildnissen, worunter sowohl Fotos als auch Filmaufnahmen zu verstehen sind, allerdings sind nicht lediglich Bildnisse erfasst, die in einem höchstpersönlichen Lebensbereich aufgenommen wurden, sondern grundsätzlich jede Abbildung.

Das Verhältnis des KUG zur **DSGVO** ist noch nicht abschließend ge- **39** klärt. Wenn auch die DSGVO als EU-Recht Vorrang vor dem KUG hat, so überschneiden sich beide Regelungsbereiche jedoch nicht vollständig. Das KUG bezieht sich nur auf das Veröffentlichen und Verbreiten von Abbildungen. Künstlerische Darstellungen wie Gemälde, Skizzen und Karikaturen werden zwar vom KUG, nicht dagegen von der DSGVO erfasst, da es sich bei diesen Darstellungsformen gerade nicht um der Wirklichkeit entnommene »Daten« handelt. Im Übrigen entscheidet sich das Verhältnis aus der Interpretation des Art. 85 Abs. 1 DSGVO, demzufolge die Mitgliedstaaten die Möglichkeit haben, die Verordnung durch Rechtsvorschrift mit dem Recht auf freie Meinungsäußerung und Informationsfreiheit, einschließlich der Verarbeitung zu journalistischen Zwecken und zu wissenschaftlichen, künstlerischen oder literarischen Zwecken in Einklang zu bringen. Ausdrücklich werden die Mitgliedstaaten in Abs. 2 dazu ermächtigt, entsprechende Abweichungen von der DSGVO vorzunehmen. Während einige Stimmen in der Literatur der Auffassung sind, von dieser Ausnahmemöglichkeit habe die Bundesrepublik Deutschland keinen Gebrauch gemacht, wird nicht zuletzt von Regierungsseite aus darauf hingewiesen, dass dies nicht erforderlich sei, vielmehr das KUG per se eine solche Ausnahme nach Art. 85 sei. Da das Recht am eigenen Bild durch die Rechtsprechung zum KUG – nicht zuletzt auf der Grundlage der Auffassung des EGMR – sehr ausdifferenziert ist und die Interessen des Abgebildeten in hinreichender Weise mit denen des Fotografen bzw. der Medien zu einem Ausgleich zu bringen versucht, erscheint es plausibel, solange nicht der gesamte Bereich gesetzlich neu geregelt wird oder eine Entscheidung des EuGH dem widerspricht, das KUG weiterhin zur Anwendung zu bringen (so auch OLG Köln, CR 2018, S. 782).

c) Einwilligung

40 Gem. § 22 KUG dürfen Bildnisse grundsätzlich **nur mit Einwilligung** des Abgebildeten verbreitet oder öffentlich zur Schau gestellt werden. »Bildnis« ist jede Wiedergabe der äußeren Erscheinungsweise einer Person, soweit sie als solche erkennbar ist. Nicht erforderlich ist die Erkennbarkeit von Gesichtszügen, wenn die Person aufgrund des mit abgebildeten Umfelds identifiziert oder wenn sie von ihren Bekannten zugeordnet werden kann. Die Einwilligung muss sich nicht nur auf das Fotografiertwerden, sondern zudem auf die Verbreitung dieses Fotos erstrecken. Eine Einwilligung ist unwirksam, wenn sie nicht **freiverantwortlich** abgegeben wurde. Dies ist bei Geistesstörungen bzw. Trunkenheit des Abgebildeten (§ 105 Abs. 2 BGB) ebenso anzunehmen wie bei Anwendung von physischem oder psychischem Zwang. **Minderjährige** können nur mit Zustimmung der Sorgeberechtigten gem. § 107 BGB einwilligen. Umgekehrt ist die Einwilligung des gesetzlichen Vertreters allein ab einem bestimmten Lebensalter des Minderjährigen aufgrund seines Persönlichkeitsrechts nicht ausreichend. Entsprechend der Überlegungen in anderen Rechtsbereichen können 14 Jahre als Richtwert gelten.

41 Für die Praxis besonders bedeutungsvoll ist die **konkludente** oder stillschweigend erteilte **Einwilligung**. Wer vor laufender Kamera mit deutlich erkennbarem Logo eines Fernsehsenders auf Fragen eines Reporters antwortet, gibt damit zu erkennen, dass er mit der Wiedergabe des Interviews im Fernsehen einverstanden ist. Eine konkludente Einwilligung kann auch aus den Gesamtumständen gefolgert werden. Dies etwa, wenn eine Hostess auf einer Prominentenparty in Anwesenheit von Medienvertretern im Auftrag ihres Arbeitgebers Zigaretten einer bestimmten Marke zu Werbezwecken anbietet (BGH ZUM 2015, S. 329, 330). Das ist auch anzunehmen, wenn jemand sein Foto bei Facebook einstellt und dieses von einer Personensuchmaschine verwendet wird. Keine Einwilligung haben Personen erteilt, die fotografiert oder gefilmt werden, ohne dass sie sich dessen bewusst sind.

42 Denkbar ist die Anfechtung der Einwilligung nach den allgemeinen Vorschriften der §§ 119 ff. BGB, wobei vor allem die Anfechtung wegen arglistiger Täuschung gem. § 123 Abs. 1 BGB in Betracht kommt, wenn der Abgebildete über den Charakter der Sendung getäuscht wurde (z.B. wenn ein Erfinder zur Funktionsweise seiner Erfindung bereitwillig Auskunft gibt, dann aber in einer Sendung über »verrückte Erfinder« portraitiert werden soll). Ist nichts Anderslautendes vereinbart, hat eine Einwilligung im Übrigen nur für den konkreten Zweck und eine zeitnahe Verwendung Gültigkeit.

Bei intimen Lichtbildern, die im Rahmen einer Liebesbeziehung angefertigt wurden, ist die Einwilligung in die Erstellung und die Nutzung der Fotos im Zweifel auf die Dauer der Beziehung beschränkt. Mit Beendigung der Beziehung würde sich die Herrschafts- und Manipulationsmacht über den Abgebildeten so verstärken, dass er demjenigen, der die Verfügungsmacht über die Fotos innehat, ausgeliefert wäre. In diesen Fällen verletzt bereits das Innehaben dieser Macht, d.h. der Fotos, das Persönlichkeitsrecht (BGH K&R 2016, S. 122 ff.). Damit wird Racheaktionen an einem früheren Partner durch Veröffentlichung intimer Bilder (»porn revenge«) ein Riegel vorgeschoben. **43**

Ähnlich wie im Urheberrecht gilt auch für das Recht am eigenen Bild: **44**
Rechte, die nicht ausdrücklich übertragen worden sind, verbleiben beim Rechteinhaber, dem Abgebildeten. Die Rechteeinräumung ist vom Nutzer des Rechts, von den Medien zu beweisen. Hat der Abgebildete eine **Entlohnung** für die Abbildung erhalten, so gilt die Einwilligung im Zweifel als erteilt (§ 22 Satz 2 KUG). Nach dem Tod des Abgebildeten ist für die Dauer von zehn Jahren die **Einwilligung der Angehörigen** erforderlich (§ 22 Satz 3 KUG). Dies spielt beispielsweise bei der Frage eine Rolle, ob das Foto einer Geisel veröffentlicht werden darf, wenn sie während der Geiselnahme getötet wurde (vgl. OLG Hamburg, AfP 2005, S. 76 f. »Silke-Bischoff-Fall«, wobei je nach Fall auch § 23 Abs. 1 Nr. 1 i.V.m. Abs. 2 KUG denkbar ist).

d) Bildnisse aus dem Bereich der Zeitgeschichte

Ausnahmen vom Recht am eigenen Bild sind in § 23 KUG u.a. für Bild- **45**
nisse aus dem Bereich der Zeitgeschichte normiert. Interpretiert wurde diese Vorschrift so, dass eine »**absolute Person der Zeitgeschichte**« grundsätzlich die Veröffentlichung eines Fotos hinnehmen muss, da insoweit ein absolutes Informationsinteresse der Allgemeinheit besteht. Als absolute Personen der Zeitgeschichte wurden von der Rechtsprechung neben Politikern auch Erfinder, Schauspieler, Wissenschaftler, Sänger, Schriftsteller und Sportler angesehen.

Fotos von absoluten Personen der Zeitgeschichte, die sie bei Teilnah- **46**
me am öffentlichen Leben zeigten, durften bis zur Entscheidung des Eu-

ropäischen Gerichtshofs für Menschenrechte (EGMR → *4* Rdnr. 48 → E 13) grundsätzlich ohne Einwilligung des Abgebildeten veröffentlicht werden. Ausnahmen bestanden bereits zuvor, z.b. für eine Veröffentlichung von Fotos zu Werbezwecken.

e) Rechtsprechung des BVerfG

47 Im Fall Prinzessin **Caroline** von Monaco entschied das BVerfG 1999, dass Bilder, die die Prinzessin im Alltagsleben zeigen, veröffentlicht werden dürfen. Fotos, die sie beim Einkaufen oder beim Radfahren auf öffentlichen Straßen zeigen, wurden vom BVerfG für zulässig angesehen. Insoweit gehe das Interesse der Öffentlichkeit an einer Information über das Leben von Prominenten vor. Allerdings können sich auch »Prominente« auf das Persönlichkeitsrecht berufen, das nicht an der Haustür oder dem Gartentor endet. Begeben sich Prominente an Orte außerhalb des häuslichen Bereichs, an denen sie erkennbar allein sein wollen, sind sie dort ebenfalls gegen ungewollte Aufnahmen geschützt. Das gilt beispielsweise für eine Zusammenkunft in einem Restaurant, bei dem der Prominente offensichtlich allein gelassen zu sein wünscht.

Nicht schutzwürdig ist jedoch, wer Exklusivverträge über die Berichterstattung aus seiner Privatsphäre abschließt und sich auf diese Weise mit öffentlicher Kenntnisnahme seiner Privatangelegenheiten einverstanden erklärt. Das Persönlichkeitsrecht besteht nicht im Interesse der Kommerzialisierung der Privatsphäre (Übersicht über die »Caroline-Entscheidungen« → E 12, S. 87).

f) Stärkung des Persönlichkeitsrechts durch den EGMR

48 Die klare Trennung zwischen Bildern von Prominenten, die in der Öffentlichkeit aufgenommen worden sind und von Bildern aus ihrer Privatsphäre, ist vom **Europäischen Gerichtshof für Menschenrechte** in seinem Urteil vom Juni 2004 nicht anerkannt worden, das sich sehr stark auf die deutsche Rechtsprechung ausgewirkt hat (EGMR NJW 2004, S. 2647 ff. »Caroline von Hannover vs. Deutschland« → E 13). Es ging um Fotos, die Caroline von Monaco am Strand, beim Skifahren, beim Einkaufen auf dem Markt und auf dem Fahrrad zeigten. Die Zulässigkeit der Veröffentlichung solcher Bilder nur aus dem Umstand abzuleiten, dass sie an allgemein zugänglichen Orten entstanden sind, entspreche nicht einer ausgewogenen Balance zwischen dem Recht auf Schutz des Privatlebens und der Meinungsfreiheit (die Meinungsfreiheit war hier schon deswegen einschlägig, weil die EMRK die Pressefreiheit nicht ausdrücklich erwähnt). Der Europäische Gerichtshof für Menschenrechte stellte vielmehr darauf ab, ob die Veröffentlichung von Artikeln oder Aufnahmen einen **Beitrag zu einer »Debatte von allgemeinem Interesse«** leiste. Bejaht wird dies beim Bericht von Politikern in Ausübung ihrer Funktion, nicht hingegen bei privaten Aktivitäten, wie dies bei den Fotos Carolines der Fall war, die zudem keine offizielle Funktion im Fürstentum Monaco ausgeübt habe. Die allgemeine Öffentlichkeit hat kein legitimes Interesse zu erfahren, wie sich Caroline in ihrem Privatleben benimmt und wo sie sich aufhält. Ein rein wirtschaftliches Interesse der Zeitschriften an der Veröffentlichung derartiger Aufnahmen müsse hinter dem Persönlichkeitsschutz zurückstehen.

Die Entscheidungen des EGMR sind völkerrechtlich bindend (dazu BVerfG **49** NJW 2004, S. 3407) und werden von deutschen Gerichten beachtet. Die Tendenz entwickelte sich dahin, die Grundsätze der Entscheidung des EGMR aufgrund der völkerrechtlichen Bindungswirkungen zu beachten, ohne das Kriterium der »Person der Zeitgeschichte« aufzugeben. Das Recht Prominenter und ihrer vertrauten Begleiter auf Achtung ihres Privatlebens wird demzufolge – nach Abwägung im Einzelfall – über den Tatbestand der örtlichen Abgeschiedenheit hinaus ausgedehnt und dem Recht am eigenen Bild oftmals ein Vorrang vor der Meinungs- bzw. Pressefreiheit eingeräumt (vgl. KG NJW 2005, S. 605, 607).

Unzulässig war auch in der nationalen Rechtsprechung vor der Entscheidung **50** des EGMR der Bericht einer Zeitschrift über den Einkauf eines Pullovers durch Caroline von Monaco, dem die Konfektionsgröße der Käuferin, der Preis des Pullovers und Einzelheiten der Kreditkartenbenutzung zu entnehmen waren. Diese Einzelheiten beruhten nicht auf Wahrnehmungen, die typischerweise durch die Öffentlichkeit des Ortes ermöglicht werden, sondern setzten eine indiskrete Beobachtung im Einzelfall voraus, weshalb das Informationsinteresse der Öffentlichkeit gegenüber dem Schutz der Privatheit zurückzutreten hatte (BVerfG NJW 2000, 2192 ff. »Caroline II« → E 10).

g) Abgestuftes Schutzkonzept

Die Unklarheiten, die durch die Rechtsprechung des EGMR im Verhält- **51** nis zum BVerfG entstanden waren, wurden durch den BGH beseitigt. Der BGH weist darauf hin, dass die Rechtsprechung aus den §§ 22, 23 KUG ein **abgestuftes Schutzkonzept** entwickelt hat, das die Entscheidung des EGMR berücksichtigt. Grundsatz ist, dass **Bildnisse nur mit Einwilligung des Abgebildeten verbreitet** werden dürfen (§ 22 KUG). Eine Ausnahme besteht, wenn es sich um Bildnisse aus dem Bereich der Zeitgeschichte handelt (§ 23 Abs. 1 KUG). Diese Ausnahme gilt nicht, wenn berechtigte Interessen des Abgebildeten verletzt werden (§ 23 Abs. 2 KUG). Die Begriffe »absolute Person der Zeitgeschichte« und »relative Person der Zeitgeschichte« sind seither obsolet. Ein Abwägungsvorgang ist auch bei einem Prominenten nicht entbehrlich. Die Verbreitung der Abbildung einer solchen Person ist ohne Einwilligung nicht zulässig, wenn hierdurch berechtigte Interessen des Abgebildeten verletzt werden.

Verwirrender Weise berücksichtigt die Rechtsprechung einschließlich **52** des BGH bereits auf der zweiten Stufe der Prüfung, bei der Frage, ob ein zeitgeschichtliches Ereignis vorliegt, die berechtigten Interessen des Abgebildeten und wägt sie mit dem Informationsinteresse der Öffentlichkeit ab. Mit dieser Vorgehensweise kommt § 23 Abs. 2 KUG in der Praxis nur noch eine untergeordnete Rolle zu. Möglicherweise lässt sich der Prü-

fungsaufbau der Gerichte folgendermaßen verstehen: Damit ein »zeitgeschichtliches Ereignis« bejaht werden kann, muss eine Gesamtbetrachtung
der Berichterstattung stattfinden, wobei auch der Zusammenhang von
Text und Bild zu beachten ist. Berücksichtigt wird im Rahmen einer Abwägung die Stärke des Informationsinteresses der Allgemeinheit, die mit
den gegenläufigen Interessen des von der Berichterstattung Betroffenen zu
einer Abwägung gebracht wird. Handelt es sich danach um ein »zeitgeschichtliches Ereignis«, so ist eine Bildberichterstattung grundsätzlich zulässig. Auf Stufe drei muss allerdings noch geprüft werden, ob nicht besondere schützenswerte Interessen des Abgebildeten einer Verbreitung des
konkreten Bildnisses entgegenstehen. Insbesondere unvorteilhafte, ehrverletzende oder aufgrund des Kontextes peinliche Abbildungen können
hierdurch unzulässig werden. Entsprechend müsste bei den anderen Ausnahmen des § 23 Abs. 1 KUG vorgegangen werden. Für die Klausurbear-
beitung sollte auf jeden Fall darauf geachtet werden, dass das Veröffentli-
chungsinteresse der Medien und das Informationsinteresse der Allgemeinheit auf der einen Seite und das Persönlichkeitsrecht des Abgebildeten auf
der anderen Seite klar herausgearbeitet und miteinander zur Abwägung
gebracht werden.

h) Ereignis von zeitgeschichtlicher Bedeutung

53 Eine Ausnahme vom Erfordernis der Einwilligung ist nur dann zu machen, wenn die Berichterstattung ein **Ereignis von zeitgeschichtlicher
Bedeutung** betrifft. In Abweichung von der Entscheidung des EGMR
weist der BGH allerdings darauf hin, dass der Begriff der Zeitgeschichte
nicht zu eng verstanden werden darf. Vor allem im Hinblick auf den In-
formationsbedarf der Öffentlichkeit umfasse er nicht nur Vorgänge von
historisch-politischer Bedeutung, sondern ganz allgemein das Zeitgeschehen, also alle **Fragen von allgemeinem gesellschaftlichem Interesse**.
»Ereignisse von zeitgeschichtlicher Bedeutung« können auch unterhaltende Beiträge sein. Der Begriff der Zeitgeschichte wird vom Informationsinteresse der Öffentlichkeit her bestimmt. Letztlich muss die Presse innerhalb der gesetzlichen Grenzen nach publizistischen Kriterien entscheiden,
was öffentliches Interesse beansprucht. Zu den Fragen von allgemeinem
gesellschaftlichem Interesse kann auch eine Sportveranstaltung zählen und
zwar selbst dann, wenn diese lediglich regionale Bedeutung hat. Nimmt
das Kind eines Prominenten an einer solchen Veranstaltung teil, muss es
sich eine bebilderte Berichterstattung gefallen lassen (BGH GRUR 2013,
S. 1065 »Eisprinzessin Alexandra«). Selbst ein Mieterfest kann der Rechtsprechung des BGH zufolge der Kategorie des zeitgeschichtlichen Ereig-

nisses unterfallen, weshalb eine Wohnungsbaugenossenschaft über ein solches Fest in ihrer Informationsbroschüre berichten darf, indem sie Fotos der am Fest teilnehmenden Mieter abdruckt (BGH AfP 2014, S. 324 f.).

Auf dieser Grundlage muss eine Interessenabwägung zwischen dem In-   **54** formationsinteresse der Öffentlichkeit einerseits und dem Interesse des Abgebildeten an einem Schutz seiner Privatsphäre andererseits stattfinden. Hierbei spielt der **Informationswert für die Öffentlichkeit** die entscheidende Rolle. Je größer der Informationswert für die Öffentlichkeit ist, umso eher muss das Persönlichkeitsrecht dahinter zurücktreten. Demgegenüber ist dieses umso gewichtiger, je geringer der Informationswert des Beitrags für die Allgemeinheit ist. Das Interesse der Leser an bloßer Unterhaltung und Befriedigung ihrer Neugier hat gegenüber dem Schutz der Privatsphäre regelmäßig zurückzutreten. Allerdings ist auch der **Bekanntheitsgrad des Betroffenen** von Bedeutung. Darf über »**Personen des öffentlichen Interesses**« auch in größerem Umfang berichtet werden als über andere Personen, so ist doch in jedem Fall eine Einzelfallabwägung vorzunehmen. Nicht unerheblich ist in diesem Zusammenhang, ob der Prominente sich bei der Aufnahme des Bildes in einem öffentlichen Bereich befunden hat, in dem er aufgrund der Gesamtumstände damit rechnen musste, dass er dort wahrgenommen wird oder ob er sich in einer durch räumliche Privatheit geprägten Situation in einem von der Öffentlichkeit nur eingeschränkt einsehbaren Bereich befunden hat. Ersteres war anzunehmen vor einer spektakulären strafgerichtlichen Verhandlung gegen einen bekannten Moderator auf öffentlicher Straße in der Nähe der Kanzlei seiner Verteidigerin, letzteres in demselben Zusammenhang, jedoch im Innenhof dieser Kanzlei (BVerfG AfP 2017, S. 149 »Kachelmann«).

Ausnahmsweise kann eine Bildberichterstattung über private Tätigkei-   **55** ten eines Politikers dann zulässig sein, wenn dies der **demokratischen Transparenz und Kontrolle** dient oder wenn die prominente Person den Bürgern Leitbild- oder Kontrastfunktion und damit Orientierung bieten kann. Dies gilt z.B., wenn eine Ministerpräsidentin am Tag nach ihrer Abwahl beim Einkaufen gezeigt wird, da ein berechtigtes Interesse der Öffentlichkeit anzuerkennen ist, zu erfahren, wie die bisherige Regierungschefin den Verlust ihres Amtes bewältigt (BGH GRUR 2008, S. 1017, 1019 »Einkaufsbummel nach Abwahl – Heide Simonis«; entsprechend der ehemalige Bürgermeister Wowereit beim Restaurantbesuch am Vorabend einer Misstrauensabstimmung BGH K&R 2017, S. 42 ff.; sowie ein ehemaliger Bundespräsident beim Schieben eines Einkaufswagens BGH K&R 2018, S. 323 ff.).

i) Wort- und Bildberichterstattung

56 Die Unzulässigkeit einer Bildberichterstattung bedeutet nicht zwangsläufig die Unzulässigkeit einer Wortberichterstattung, da die Bildberichterstattung meist stärker in das Persönlichkeitsrecht eingreift. So war es im Falle der Tochter von Caroline von Hannover, Charlotte Casiraghi. Ihre Teilnahme an einer Galaveranstaltung war zum Anlass genommen worden, über ihren Lebenswandel zu berichten. Unabhängig von der Zulässigkeit der Bildberichterstattung wurde die Wortberichterstattung vom BVerfG als zulässig angesehen. Das allgemeine Persönlichkeitsrecht umfasse keinen Anspruch, »in gewählter Anonymität zu bleiben«. Jedenfalls wer sich selbst in freier Entscheidung der Medienöffentlichkeit aussetzt, indem er öffentlichkeitswirksame Veranstaltungen besucht, muss damit rechnen, zum Gegenstand der Berichterstattung zu werden (BVerfG GRUR 2011, S. 255 »Carolines Tochter«; BGH GRUR 2011, S. 259 »Rosenball in Monaco«; BGH GRUR 2011, S. 261 »Party-Prinzessin«). Demgegenüber kann im Einzelfall eine Wortberichterstattung mehr Informationen enthalten als ein Foto (BGA AfP 2018, S. 410,414 »Prinzessin Madeleine«).

57 Sind Wort- und Bildberichterstattung miteinander kombiniert, so sind sie stets in ihrem **Zusammenhang** zu bewerten. Daher kann eine an sich unzulässige Bildberichterstattung durch den beigefügten Text zulässig werden. So war es in einem vom BGH zu entscheidenden Fall. Die Abbildung eines Fotos von Caroline von Hannover mit ihrem Ehemann im Skiurlaub in Sankt Moritz wäre an sich unzulässig gewesen. Der Urlaub gehört grundsätzlich auch bei »Prominenten« zum geschützten Kernbereich der Privatsphäre. Die Veröffentlichung des Fotos wurde vom BGH im Ergebnis für zulässig angesehen, weil es eine Wortberichterstattung illustrierte, in der über den schlechten Gesundheitszustand des damaligen Fürsten von Monaco berichtet wurde. Während er Besuch von seiner jüngsten Tochter erhalten habe, sei die älteste Tochter mit ihrer Familie im Skiurlaub gewesen (BGH AfP 2007, S. 121 »von Hannovers im Skiurlaub« → E 13). Unzulässig war hingegen die Bebilderung eines Berichts über den bevorstehenden Rosenball in Monaco mit einem Foto, das Caroline und Ernst August von Hannover in einem Sessellift in Skikleidung zeigte.

58 Der das Bild begleitende Text darf nicht lediglich einen Anlass zur Abbildung der prominenten Person schaffen, sondern muss einen Beitrag zur öffentlichen Meinungsbildung leisten. Zudem sind Anlass und Umstände der Aufnahme zu berücksichtigen, unzulässig sind etwa heimlich aufgenommene oder aufgrund beharrlicher Nachstellung entstandene Bilder oder wenn der Abgebildete aufgrund der Privatheit der Situation nicht mit

Abbildungen zu rechnen hatte, besonders in Momenten der Entspannung oder des Sich-Gehen-Lassens (BGH GRUR 2009, S. 86, 87 »Gesundheitszustand von Prinz Ernst August von Hannover«; zur Verwendung eines Prominentenfotos zu Werbezwecken für ein neues Presseprodukt BGH ZUM 2011, S. 656 ff.). Die legitimierende Wirkung einer Wortberichterstattung für eine Abbildung versagt jedenfalls, wenn die Wortberichterstattung lediglich vorgeschoben ist, ohne selbst einen Beitrag zur Auseinandersetzung über ein zeitgeschichtliches Ereignis zu leisten (BGH GRUR 2011, S. 259, 260 »Rosenball von Monaco«; vgl. BGH NJW 2012, S. 763, 766 »Politiker als Lebensgefährte einer Schauspielerin«).

Kriterien für Abwägungsvorgänge
Persönlichkeitsrecht/Medienfreiheit

1. Art der Person/ Bekanntheits- grad	Unbekannter	Prominenter	Politiker
2. Inhalt des Berichts	Privates	öffentliche Ereignisse	Amtshandlungen
3. Intensität der Persönlichkeits- verletzung	schwer	mittel	leicht
4. Stärke des Informations- interesses der Allgemeinheit	gering		hoch
5. Art der Darstel- lung	oberflächlich/ unterhaltend (zur Befriedigung der Sensationslust der Rezipienten)		seriös (Beachtung auch der Belange des Betroffenen)

−　　　　　　　　　　　　　　　　　　　　　　　　　　　+

◄─────　| Zulässigkeit der Veröffentlichung |　─────►

k) Begleiter Prominenter und Kinder

Die »**Begleiterrechtsprechung**« zieht eine klare Grenze zwischen dem Interesse der Öffentlichkeit an jeder Berichterstattung über »Affairen« von Prominenten und dem Persönlichkeitsrecht ihrer Begleiter. Maßgeblich ist das gemeinsame Auftreten in der Öffentlichkeit. Spekulationen über Heiratspläne u.ä. sind mithin kein hinreichender Grund für eine Abbildung der Begleitperson ebensowenig der Beginn einer neuen Liebesbeziehung (BGH GRUR 2009, S. 665 ff. »Sabine Christiansen«; BGH GRUR 2017, S. 850 ff. »Popstar und Dessousmodel«).

59

60   Letztlich ist ohne Einwilligung die Abbildung nur zulässig, wenn das Bild einen Beitrag zu einer Diskussion von zeitgeschichtlicher Bedeutung leistet. Das ist nicht der Fall, wenn über die Freundin eines verheirateten Fußballspielers oder über die Lebensgefährtin eines Sängers berichtet wird, der seine Frau durch eine Krankheit verloren und den Verlust in Songs verarbeitet hatte (BGH NJW 2007, S. 3440 »Grönemeyer«).

61   Den Schritt aus der zu Recht geschützten Anonymität in den Blick der Öffentlichkeit tat auch die Betreiberin eines Imbiss-Standes, nachdem sich zwischen ihr und dem Ehemann einer prominenten Schauspielerin eine Liebesbeziehung entwickelt hatte. Zunächst konnte sie sich gegen die Wort- und Bildberichterstattung, die zum Zerbrechen der Ehe ihres Partners geführt hatte, zur Wehr setzen. Unzulässig war z.b. die Veröffentlichung von Fotos, die sie mit ihrem Partner während eines Spaziergangs an abgeschiedener Stelle zeigten. Dann allerdings suchte sie zusammen mit ihrem Partner eine Veranstaltung zur Verleihung eines Film- und Videopreises auf, während der ihr Partner, von einem Pressevertreter auf seine Begleiterin angesprochen, diese als seine neue Lebensgefährtin vorstellte und von ihrem Imbiss-Stand erzählte. Indem sie dies hinnahm ebenso wie die Aufnahme von Fotos mit ihrem Partner, trat sie freiwillig mit ihm ins Licht der Öffentlichkeit und willigte stillschweigend in die Medienberichterstattung ein (BVerfG NJW 2006, S. 3406 »Promi-Partner« → E 18).

62   Strenge Maßstäbe hat das BVerfG für Abbildungen aufgestellt, die die spezifisch elterliche Hinwendung von Prominenten zu ihren **Kindern** zum Gegenstand haben. In diesen Fällen verstärkt der **Schutz von Ehe und Familie aus Art. 6 GG** den Schutz des allgemeinen Persönlichkeitsrechts. Die Eltern-Kind-Beziehung stärkt den Schutz vor ungewollten Aufnahmen. Da Kinder in ihrer Persönlichkeitsentfaltung durch das Interesse der Medien empfindlicher gestört werden können als Erwachsene, führt die staatliche Schutzpflicht ihnen gegenüber dazu, dass der Bereich, in dem sie sich frei von öffentlicher Beobachtung fühlen und entfalten dürfen, umfassender geschützt ist als der erwachsener Personen. Da die Entwicklung der Kinder auch von ungestörten Beziehungen zu den Eltern abhängt, stärkt die spezifisch elterliche Hinwendung den Schutz vor unerwünschten Aufnahmen. Daher können Abbildungen prominenter Eltern mit ihren Kindern auch dann unzulässig sein, wenn sich die Familie in die Öffentlichkeit begeben hat, etwa in einen öffentlichen Park. Der Rechtsprechung des BGH zufolge ist der Schutz der elterlichen Hinwendung Teil des eigenen allgemeinen Persönlichkeitsrechts der Eltern (BGH AfP 2018, S. 410, 413 »Prinzessin Madeleine«). Etwas anderes gilt dann, wenn sich Eltern mit ihren Kindern bewusst der Öffentlichkeit zuwenden, etwa indem sie an öffentlichen Veranstaltungen teilnehmen und sich dann den Bedingungen öffentlicher Auftritte aussetzen (BVerfG NJW 2000, S. 1021 ff. »Caroline I«). Erforderlich ist mithin auch bei Kindern eine Abwägung im Einzelfall. Einen generellen Anspruch von Kindern Prominenter auf Unterlassung der Berichterstattung über sie gibt es auch gegenüber einem solchen Medienunternehmen nicht, das bereits mehrfach die Persönlichkeitsrechte des Kindes verletzt hatte. Es bleibt nur die Geldentschädigung nach einer Rechtsverletzung (BGH AfP 2010, S. 60 ff.).

Der Schutz der Familie gegenüber journalistischen Zugriffen gilt ebenfalls **63** für demokratisch gewählte Amtsträger, die zwar für ihre Amtsführung öffentlich rechenschaftspflichtig sind und sich in diesem Umfang öffentliche Aufmerksamkeit gefallen lassen müssen, nicht aber hinsichtlich ihres Privatlebens, sofern dieses die Amtsführung nicht berührt.

Ein Schutz gegen Bildberichterstattung wurde vom BVerfG auch bei Industriellenkindern bejaht, wenn sich durch die Veröffentlichung des Fotos die Gefahr einer Entführung ergibt. In einem solchen Fall hat das Interesse an der Nichtveröffentlichung der Abbildung Vorrang vor dem Informationsinteresse der Allgemeinheit (BVerfG NJW 2000, S. 2194 »Flick-Tochter«).

l) Schutz gegen Veränderungen von Fotografien

In der Veränderung des Fotos einer Person (z.B. durch »Strecken« des Gesichts im Wege des Morphing) kann nicht nur eine Verletzung des Urheberpersönlichkeitsrechts des Fotografen liegen (→ 5 Rdnr. 75 ff.), sondern vor allem eine Verletzung des Persönlichkeitsrechts des Abgebildeten. Das gilt auch dann, wenn die Veröffentlichung eines Fotos als solche ohne Einwilligung des Abgebildeten zulässig wäre, mithin insbesondere bei Prominenten. Grundsätzlich muss sich niemand eine »Verzerrung« seines Bildnisses gefallen lassen oder eine sonstige Entstellung (z.B. Fotomontage des Portraits auf einen fremden oder nackten Körper). Zu beachten kann allerdings die Kunstfreiheit sein, wenn eine satirische Überzeichnung eines Persönlichkeitsbildes intendiert ist. Doch stellt auch die Kunstfreiheit nur ein Element innerhalb des Abwägungsvorgangs dar (vgl. BVerfG NJW 2005, S. 3271 ff. und BGH NJW 2006, S. 603 ff. → F 3). **64**

m) Weitere Ausnahmen

In einigen weiteren Ausnahmefällen dürfen Abbildungen von Personen ohne **65** deren Einwilligung verbreitet und zur Schau gestellt werden. Das sind Bilder, auf denen die Personen nur als **Beiwerk neben einer Landschaft** oder sonstigen Örtlichkeit erscheinen (es sind »zufällig« Personen auf dem Bild; § 23 Abs. 1 Nr. 2 KUG), sofern man diese Ausnahmeregelung des KUG trotz der DSGVO noch für Anwendbar hält. Eine Einwilligung ist allerdings nicht entbehrlich, wenn auf der zulässigen Abbildung eines Prominenten im Hintergrund eine andere Person erkennbar ist (BGH CR 2015, S. 528 »Ballermann-Fall«). Weitere Ausnahmefälle sind Bilder von **Versammlungen und Aufzügen**, an denen die dargestellten Personen teilgenommen haben (hier geht es um die Berichterstattung über die Zusammenkunft; § 23 Abs. 1 Nr. 3 KUG) sowie Bildnisse, die einem **höheren Interesse der Kunst** dienen (vgl. § 23 Abs. 1 Nr. 4 KUG). Allerdings darf durch diese Verbreitung oder Schaustellung nicht ein berechtigtes Interesse des Abgebildeten verletzt werden (§ 23 Abs. 2 KUG).

Ein weiterer Ausnahmefall, in dem die Veröffentlichung von Bildnissen gestattet ist, findet sich in § 24 KUG. Demzufolge dürfen von den Behörden Bildnisse ohne Einwilligung des Berechtigten sowie des Abgebildeten oder seiner Angehörigen vervielfältigt, verbreitet und öffentlich zur Schau gestellt werden. Gemeint ist insbesondere die Veröffentlichung von **Steckbriefen**.

n) Rechtsfolgen

66 Wer ein Bildnis vorsätzlich entgegen den Bestimmungen des Rechts am eigenen Bild verbreitet oder öffentlich zur Schau stellt, kann sich gem. § 33 KUG strafbar machen. Zudem muss mit zivilrechtlichen Ansprüchen des Verletzten gerechnet werden. Neben dem Unterlassungsanspruch, dem Schadensersatz- und Geldentschädigungsanspruch kann sich ein Anspruch aus ungerechtfertigter Bereicherung ergeben, der sich auf die Herausgabe des durch die Veröffentlichung Erlangten richtet. Das Abbild bekannter Persönlichkeiten hat als solches kommerziellen Wert. Wird ein Foto ohne Einwilligung oder sonstigen rechtfertigenden Grund veröffentlicht, liegt in dieser Veröffentlichung bereits ein Schaden für den Abgebildeten, so dass er direkt aus § 823 BGB vorgehen und Schadensersatz wegen entgangener Lizenzgebühr verlangen kann. Eine Schadensberechnung im Wege der Lizenzanalogie entspricht dem Betrag, der dem Betroffenen bei ordnungsgemäßem Vertragsschluss zu zahlen gewesen wäre (Einzelheiten → 4 Rdnr. 166).

67 Ein Anspruch auf Vernichtung ergibt sich aus § 37 KUG, grundsätzlich jedoch nicht auf Herausgabe der beanstandeten Bilder, es sei denn, sie dürften niemals veröffentlicht werden, beispielsweise, weil sie auf rechtswidrige Weise zustande gekommen sind (BGH GRUR 2008, S. 1017, 1019 »Heide Simonis«).

Prominentenfotos

EGMR	BGH
Foto als Beitrag zu einer Debatte von allgemeinem Interesse?	Betrifft die Berichterstattung ein Ereignis von zeitgeschichtlicher Bedeutung?
Politiker in Ausübung ihrer Funktion: zulässig	Abwägung: Informationsinteresse der Allgemeinheit / Persönlichkeitsrecht
keine Politiker oder Foto nicht bei Funktionsausübung entstanden: unzulässig	überwiegt der Informationswert des Fotos (gegebenenfalls in Kombination mit der Wortberichterstattung) das Schutzinteresse des Abgebildeten: zulässig

Abgestuftes Schutzkonzept
(bei Bildberichterstattung)
1. Grundsatz:
Einwilligung des Abgebildeten, § 22 Satz 1 KUG
2. Ausnahmen:
a) Ereignis von zeitgeschichtlicher Bedeutung
§ 23 Abs. 1 Nr. 1 KUG
– das sind alle Fragen von allgemeinem gesellschaftlichem Interesse, auch unterhaltende Beiträge
– Wort- / Bildberichterstattung beachten!
b) Beiwerk § 23 Abs. 1 Nr. 2 KUG
c) Versammlungen § 23 Abs. 1 Nr. 3 KUG u.a.
3. Ausnahme gilt nicht, wenn berechtigtes Interesse des Abgebildeten verletzt wird, § 23 Abs. 2 KUG
→ Abwägung zwischen Informationsinteresse der Allgemeinheit und Schutz des Persönlichkeitsrechts

BGH berücksichtigt Interessen des Abgebildeten bereits auf Stufe 2

5. Recht am gesprochenen Wort

Das gesprochene Wort ist aus denselben Gründen geschützt wie das Recht **68** an den eigenen Aufzeichnungen und das Recht am eigenen Bild. Geschützt wird in allen drei Fällen das Individuum in seiner Spontanität. Äußerungen können nur dann unbedacht gemacht werden, wenn der Äußernde sicher sein kann, dass diese nicht an die Öffentlichkeit gelangen. Ebenso soll der Einzelne vor einer Veröffentlichung seines Bildnisses geschützt werden, wenn er damit nicht einverstanden ist. Die Zusammenschau der drei Aspekte Wort, Bild und Schrift erscheint auch deswegen sinnvoll, weil vielfach eine Kombination mehrerer Äußerungsweisen vorliegt, wie beispielsweise in einem Fernsehfilm das Recht am eigenen Bild und das Recht am gesprochenen Wort gleichzeitig betroffen sind.

Das Recht am gesprochenen Wort bedeutet, dass niemand eine Äuße- **69** rung eines anderen an die Öffentlichkeit bringen darf, wenn diese nicht für die Allgemeinheit bestimmt war. Das gilt insbesondere für **Tonaufzeichnungen**. Jedermann darf selbst und allein bestimmen, wer sein nicht öffentlich gesprochenes Wort aufnehmen soll, sowie ob und vor wem seine auf einen Tonträger aufgenommene Stimme wieder abgespielt werden darf. Dieses Ergebnis lässt sich mit der Unbefangenheit des Sprechenden begründen, die nicht beeinträchtigt werden soll. Die Unbefangenheit der menschlichen Kommunikation würde gestört, müsste man mit dem Bewusstsein leben, dass jedes Wort, jede unbedachte oder unbeherrschte Äußerung, eine bloß vorläufige Stellungnahme im Rahmen eines sich entfaltenden Gesprächs oder eine nur aus einer besonderen Situation heraus verständliche Formulierung bei anderer Gelegenheit und in anderem Zusammenhang weitergegeben werden könnte. Private Gespräche müssen geführt werden können ohne den Argwohn und die Befürchtung, dass deren heimliche Aufnahme ohne die Einwilligung des Sprechenden oder gar gegen dessen erklärten Willen verwertet wird. Aus diesem Grund stellt § 201 StGB das Mitschneiden des nichtöffentlich gesprochenen Wortes unter Strafe. Das gilt beispielsweise für einen Journalisten, der ein Telefongespräch auf einem Tonträger aufzeichnet. Weniger streng ist die schriftliche Wiedergabe mündlicher Äußerungen zu beurteilen, weil ihr im Regelfall nicht dieselbe Authentizität beigemessen wird wie der akustischen Wiedergabe des gesprochenen Worts. Mitschriebe eines Journalisten während eines Telefongesprächs sind mithin zulässig.

70   Lediglich **überwiegende Interessen der Allgemeinheit** können es als zulässig erscheinen lassen, ein auf diese Weise hergestelltes Tondokument zu verwerten. Das kann das öffentliche Interesse an einer möglichst vollständigen Wahrheitsermittlung in einem Strafprozess sein (BVerfGE 34, S. 238, 245 f. »Heimliche Tonbandaufnahme«). Das Informationsinteresse der Allgemeinheit ist regelmäßig nicht dazu geeignet, das Persönlichkeitsrecht des Einzelnen durch Wiedergabe heimlich gemachter Tonaufnahmen zu beschränken. Selbst wenn der Betroffene in die Tonaufnahme eingewilligt hat, kann das Selbstbestimmungsrecht beispielsweise einer Auswertung der Aufnahme in einem Presseartikel entgegenstehen, wenn die Äußerungen nicht für die Allgemeinheit bestimmt waren.

6. Recht am geschriebenen Wort

71   Dem Recht am gesprochenen Wort ist das Recht gegen eine Veröffentlichung privater Aufzeichnungen an die Seite zu stellen. Ebenso wie der Einzelne gegen eine Veröffentlichung seiner nicht öffentlichen mündlichen Äußerungen geschützt ist, muss er es hinsichtlich seiner schriftlichen Aufzeichnungen sein. So wäre es unzulässig, würden Aufzeichnungen aus einem Tagebuch ohne Einwilligung des Tagebuchschreibers wiedergegeben oder gar das ganze Tagebuch veröffentlicht. Hierin läge eine Verletzung des allgemeinen Persönlichkeitsrechts (BGHZ 15, S. 249, 255 »Cosima-Wagner-Tagebücher«; zur Verwertung von Tagebüchern in Strafverfahren BVerfGE 80, S. 367, 373 ff.). Dies gilt vor allem dann, wenn es sich nicht um ein nach § 2 UrhG urheberrechtlich geschütztes Werk handelt.

7. Schutz gegen Entstellung und Unterschieben von Äußerungen

In den Zusammenhang des Schutzes am gesprochenen und am geschrie- **72**
benen Wort gehört auch der Schutz gegen eine entstellende Wiedergabe
von – schriftlichen oder mündlichen – Äußerungen. Positiv gewendet ist
das der **Anspruch auf korrektes Zitieren.**

Der Betroffene kann sich bei einer unrichtigen, verfälschten oder entstellten Wie- **73**
dergabe seiner Äußerungen auf das allgemeine Persönlichkeitsrecht berufen. Das
allgemeine Persönlichkeitsrecht wird in diesen Fällen sogar in besonderem Maße
berührt, da einem Zitat von den Zuhörern oder Lesern der Wahrheitsgehalt einer
Tatsache beigelegt wird. Sie werden im Regelfall das Zitat nicht überprüfen. Eine
Richtigstellung durch den Betroffenen erreicht im Zweifel diejenigen nicht, die
vom falschen Zitat Kenntnis erlangt haben. Das falsche Zitat wird somit in den
Augen der Rezipienten dem Zitierten zugerechnet, was ihn desavouieren kann.
Ist ein Zitat unrichtig, verfälscht oder entstellt, so greift dies besonders tief in das
Persönlichkeitsrecht ein. Das unrichtige Zitat ist daher weder durch das Grund-
recht der Meinungsfreiheit noch sonst durch die Medienfreiheiten geschützt
(BVerfGE 54, S. 208, 217 f. Verfassungsbeschwerde Heinrich Bölls im Rahmen
eines Zivilverfahrens auf Schadensersatz gegen einen Journalisten).

Eine Steigerung des verfälschten Zitats stellt das **Unterschieben einer** **74**
Äußerung dar, die der Betroffene nie getan hat. Immer wieder lassen sich
Zeitschrifteninterviews mit Prominenten nachweisen, die nie geführt
worden sind.

Ein »Grundrechtsklassiker« liegt der »**Soraya-Entscheidung**« zugrunde. Von der **75**
Unterhaltungspresse war ein erfundenes Interview mit Prinzessin Soraya veröffentlicht worden, in dem Vorgänge aus ihrem Privatleben so dargestellt wurden,
als habe sie diese selbst geschildert. Tatsächlich hatte ein Interview nie stattgefunden. – In dem Fall hob das BVerfG hervor, dass grundsätzlich weder die Pressefreiheit noch das allgemeine Persönlichkeitsrecht vor dem anderen Recht absoluten Vorrang beanspruchen können. Bei der Abwägung ist zu berücksichtigen, ob
die Presse im konkreten Fall eine Angelegenheit von öffentlichem Interesse ernsthaft und sachbezogen erörtert, damit den Informationsanspruch des Publikums
erfüllt und zur Bildung der öffentlichen Meinung beiträgt oder ob sie lediglich das
Bedürfnis einer mehr oder minder breiten Leserschicht nach oberflächlicher Unterhaltung befriedigt.

Wird ein Interview erfunden, so kann sich das Presseorgan nicht auf die **76**
Pressefreiheit berufen. In einem solchen Fall hat das Allgemeininteresse an
der öffentlichen Erörterung der in dem Interview behandelten Angelegenheiten gegenüber dem Schutzbedürfnis der privaten Sphäre zurückzutreten. Ein Recht der Leser, durch erfundene Darstellungen über das Privatleben einer zeitweilig in das Licht der Öffentlichkeit getretenen Persönlichkeit »unterrichtet« zu werden, besteht nicht. Zu einer wirklichen Mei-

nungsbildung kann ein erfundenes Interview nichts beitragen. Der Schutz der Privatsphäre verdient daher gegenüber Presseäußerungen dieser Art unbedingt den Vorrang (BVerfGE 34, S. 269, 281 »Soraya«; s.a. BVerfGE 54, S. 148, 155 f. »Eppler«).

Aufgrund der zahllosen Sensationsberichte über Soraya, der zweiten Frau des damaligen Schahs von Persien, beschloss das Bundeskabinett 1958 eine Strafrechtsnovelle, mit der herabwürdigende Behauptungen über das Familienleben fremder Staatsoberhäupter unter Strafe gestellt werden sollten. Die »Lex Soraya« wurde indessen nie verabschiedet.

77 Ein weiterer Extremfall ist das Unterschieben eines ganzen Werks. Niemand braucht sich der Urheberschaft eines Werks bezichtigen zu lassen, das er nie geschrieben, gemalt oder gefilmt hat. Im Urheberrecht wird dieses Recht als »droit de non-paternité« bezeichnet.

78 Dieses Recht greift beispielsweise ein, wenn die Werkgesamtheit eines Malers durch Falsifikate verwässert wird. Deutlich wurde das bei Aquarellen, die im Stil und nach Motiven *Emil Noldes* gemalt und mit seinem Namenszug versehen waren und die die Gesamtheit seines Werkschaffens beeinträchtigten. Der Bundesgerichtshof nahm in diesem Fall eine Verletzung des allgemeinen Persönlichkeitsrechts des Malers an (BGH NJW 1990, S. 37 ff.).

8. Schutz vor Imitationen der Persönlichkeit

79 Imitationen bekannter Persönlichkeiten sind besonders bei der Werbewirtschaft beliebt. Hierdurch werden Kosten für ein Engagement des betreffenden Imageträgers gespart und es kann über die Werbewirksamkeit des Originals hinaus Aufmerksamkeit durch parodistische Elemente hinzugewonnen werden. Beispiele hierfür sind Auftritte von Doubles bei Werbeveranstaltungen und in Fernsehwerbespots, die Imitation von Personen durch Puppen oder Zeichentrickfiguren, unterlegt mit zusammengesetzten Originalaussprüchen oder mit imitierter Stimme (BGH ZUM 2000, S. 582, 589 ff.).

80 Einfachgesetzliche Anspruchsgrundlagen bieten keinen oder keinen ausreichenden Schutz. Die Charakteristika einer Person sind kein »Werk« im urheberrechtlichen Sinne. Dies kann bei einem einzelnen Charakter in einem Sprachwerk anders sein (BGH AfP 2014, S. 60 ff. »Pippi Langstrumpf«). Ein markenrechtlicher Schutz kommt grundsätzlich nur bei Eintragung des entsprechenden Merkmals in Betracht und bietet keinen umfassenden Schutz. Zum Teil wird der Schutz in der Literatur aus einer analogen Anwendung des § 22 KUG, dem Recht am eigenen Bild, abgeleitet. An diesen Versuchen wird deutlich, dass es sich letztlich um eine eigenständige Ausprägung des allgemeinen verfassungsrechtlich geschützten Persönlichkeitsrechts handelt.

Das allgemeine Persönlichkeitsrecht schützt nicht nur vor einer unzulässigen Verwendung des Bildnisses eines Menschen oder einer Äußerung, sondern schützt auch vor einer Imitation der Persönlichkeit als solcher. Grundsätzlich braucht niemand hinzunehmen, dass seine Persönlichkeit, sein Image, ohne Erlaubnis in der Öffentlichkeit nachgeahmt wird. Dies gilt insbesondere hinsichtlich der Verwendung im Rahmen von Wirtschaftswerbung, wenn auf Kosten einer prominenten Persönlichkeit Aufmerksamkeit erzeugt wird, ohne dass dieser Eingriff in die Persönlichkeit durch Geldzahlung kompensiert würde. Etwas anderes kann gelten, wenn eine Person zum Zweck künstlerischer oder politischer Auseinandersetzung imitiert wird. Maßstab sind die Funktion der nachgeahmten Person (z.B. als Politiker, der mehr hinzunehmen hat), Art und Ausmaß des Auftretens in der Öffentlichkeit sowie Intention und Intensität des Eingriffs besonders unter Berücksichtigung der Menschenwürde (→ F 2; zur Darstellung realer Personen durch Schauspieler in Filmen LG Berlin ZUM 2008, S. 880 ff. »Baader-Meinhof« und LG Köln AfP 2009, S. 78, 82 »Ponto«). **81**

9. Recht auf informationelle Selbstbestimmung

Das Recht auf informationelle Selbstbestimmung räumt dem Einzelnen die Befugnis ein, darüber zu bestimmen, welche ihn betreffenden Daten an staatliche Stellen gelangen und dort verwahrt werden dürfen. In gesteigertem Maß droht die Gefahr heute von privaten Firmen. Besonders gefährlich ist das, wenn der Einzelne nicht weiß, dass seine Daten registriert und gespeichert werden. Das Risiko wird erhöht durch die Möglichkeit der Verknüpfung unterschiedlicher Daten, etwa Nutzerdaten des Internets. Für Firmen sind u.a. Lebensalter und Kaufgewohnheiten von Interesse, um gezielte Werbemaßnahmen starten zu können. **82**

Das BVerfG hat aus Art. 2 Abs. 1 i.V.m. Art. 1 Abs. 1 GG das »**Recht auf informationelle Selbstbestimmung**« abgeleitet. Hatte es sich in dem zugrundeliegenden Fall mit der Frage staatlicher Datenerhebung zu statistischen Zwecken zu befassen (»**Volkszählungsurteil**«, BVerfGE 65, S. 1, 41 ff. → E 6), so lassen sich die grundlegenden Argumente doch auch gegenüber privater Informationserlangung ins Feld führen. **83**

Schon damals (1983) erkannte das Gericht, dass Daten vor allem beim Aufbau integrierter Informationssysteme – mit anderen Datensammlungen – zu einem teilweise oder weitgehend vollständigen Persönlichkeitsbild zusammengefügt werden können, ohne dass der Betroffene dessen Richtigkeit und Verwendung **84** zureichend kontrollieren kann. Belanglose Daten gibt es angesichts der Verknüpfungsmöglichkeiten durch die moderne Datenverarbeitung nicht mehr.

85 Aus diesen Gründen haben sich alle Medien besonderer Zurückhaltung im Hinblick auf persönliche Daten zu befleißigen. Im Zweifel dürfen solche, die Persönlichkeit betreffenden Daten, nicht ohne Einwilligung der Betroffenen veröffentlicht werden. Das trifft beispielsweise für die Nennung von Geburtstagen, Altersangaben, Adressen usw. zu. Etwas anderes gilt dann, wenn die betreffenden Informationen ohnehin öffentlich zugänglich sind, beispielsweise sich aus veröffentlichten Biographien (wie »Muntzingers Archiv«) ergeben oder wenn gerade an der Veröffentlichung der persönlichen Lebensumstände ein besonderes, das Persönlichkeitsrecht übersteigendes Informationsinteresse der Allgemeinheit besteht.

86 Ein besonders anschauliches Beispiel ist die Bekanntgabe der Entmündigung wegen Verschwendung oder wegen Trunksucht (heute: Betreuung), die durch das BVerfG für unzulässig erklärt wurde. Die angegriffenen Vorschriften bezweckten den Schutz des Rechtsverkehrs (BVerfGE 78, S. 77, 85 ff.; vgl. BVerfGE 89, S. 69, 82 f.). Schutz besteht ebenso gegen die Mitteilung von Informationen durch Private im Internet in Blogs. Nicht hinzunehmen sind daher z.B. Hinweise auf persönliche Angelegenheiten und Daten durch einen Arbeitskollegen (vgl. EuGH JZ 2004, S. 242 ff. »Lindqvist«). Die Rechtsprechung des BGH hat das Recht auf informationelle Selbstbestimmung ausgedehnt und z.B. das Kindschaftsverhältnis zu einem Prominenten in den Anwendungsbereich einbezogen (BGH AfP 2014, S. 325 ff. »Adoptivtochter des Fernsehmoderators«).

87 Im Zusammenhang mit datenschutzrechtlichen Regelungen als Ausprägung des Rechts auf informationelle Selbstbestimmung wurde vom BGH die Bewertung von Lehrern in einem **Schülerportal** beurteilt. Der BGH sah die anonyme Bewertung einer Lehrerin durch die Schüler für zulässig an, da die Meinungsfreiheit auch in diesen Fällen vorrangig sei. Zu berücksichtigen ist indessen, dass der Name der Lehrerin wie auch ihre Unterrichtsfächer bereits auf der Homepage ihrer Schule veröffentlicht worden waren und, dass keine Zitate von ihr ins Internet gestellt wurden. Schulrechtliche Erwägungen im Hinblick auf den ungestörten Ablauf des Schulunterrichts wurden vom BGH nicht angestellt. Problematisch sind solche **Personenbewertungsportale** vor allem dann, wenn die Betroffenen keine Möglichkeit der Gegendarstellung gegen die anonymen Beiträge haben, was gegen das Prinzip der »Waffengleichheit« im Medienrecht verstieße (BGH ZUM 2009, S. 753 »Spickmich« → E 101). Ein Anspruch, nicht mehr im Bewertungsportal gelistet zu werden, ergibt sich jedenfalls bei einem Ärztebewertungsportal, das zahlende »Premiumkunden« in der medialen Darstellung gegenüber nicht zahlenden Ärzten privilegiert (BGHZ 217, S. 340). Das »Recht auf Anonymität« schützt indes nicht vor Strafverfolgung, wenn ein Ehrschutzdelikt begangen wurde (→ 4 Rdnr. 27).

88 Persönlichkeitsrechtlich problematisch können »intelligente Zähler« sein, die den Verbrauch von Strom, Wasser etc. zeitlich zuordnen können (»smart metering«) und damit die Lebensgewohnheiten von Menschen z.T. detailliert nachvollziehbar machen bis hin zum konsumierten Fernsehprogramm (aufgrund des für jeden Film charakteristischen Hell-Dunkel-Energieverbrauchs).

10. Recht auf Gewährleistung der Vertraulichkeit und Integrität informationstechnischer Systeme

Eine besondere Ausprägung des allgemeinen Persönlichkeitsrechts ist das **89** vom BVerfG 2008 aus der Verfassung abgeleitete »Grundrecht auf Gewährleistung der Vertraulichkeit und Integrität informationstechnischer Systeme« (BVerfG NJW 2008, S. 822). Aus diesem »**IT-Grundrecht**« ergibt sich ein **Schutz gegen »Online-Durchsuchungen«**. Die heimliche Infiltration eines Computers zur Überwachung der Nutzer und zur Durchsicht der Speichermedien ist angesichts der Schwere des Eingriffs verfassungsrechtlich nur zulässig, wenn tatsächliche Anhaltspunkte einer konkreten Gefahr für ein überragend wichtiges Rechtsgut bestehen. Wenn der Gesetzgeber ein heimliches Ausspähen des Internet ermöglichen möchte, so hat er den Eingriff unter den Vorbehalt richterlicher Anordnung zu stellen (»BKA-Gesetz« → T 30a).

Der Begriff »**informationstechnische Systeme**« umfasst neben den **90** heimischen PCs auch in anderer Form gespeicherte Daten, z.B. auf Laptops und Handys. Das Grundrecht auf Gewährleistung der Vertraulichkeit und Integrität informationstechnischer Systeme schließt die Lücke, die nicht durch das Telekommunikationsgeheimnis des Art. 10 Abs. 1 GG und nicht durch das der Unverletzlichkeit der Wohnung gem. Art. 13 Abs. 1 GG abgedeckt ist, d.h. wenn nicht der Telekommunikationsvorgang als solcher überwacht wird, vielmehr die Daten, die sich auf dem eigenen Rechner befinden, ausgespäht werden. Damit ist der Schutzbereich unabhängig vom Standort des Rechners und greift auch dann, wenn sich der Computer oder Datenspeicher außerhalb der Wohnung befindet. Der Schutz der Vertraulichkeit und Integrität informationstechnischer Systeme entfaltet seine Wirkung im Regelfall schon im Vorfeld des Rechts auf informationelle Selbstbestimmung, da bereits das Infiltrieren und Manipulieren der genannten Systeme verhindert wird.

Das Recht auf Gewährleistung der Vertraulichkeit und Integrität in- **91** formationstechnischer Systeme schützt jeden Bürger und entfaltet darüber hinaus Wirkung auch für die Computer von Journalisten und hat somit unmittelbare medienrechtliche Wirkung.

11. Recht am eigenen Namen

Ein eigenständiger Aspekt des allgemeinen Persönlichkeitsrechts ist das **92** Recht am eigenen Namen. Es ist einfachgesetzlich in § 12 BGB verankert. Bei einer Beeinträchtigung des Namensrechts besteht danach ein Beseitigungs- und Unterlassungsanspruch. Auf das Namensrecht können sich nicht nur natürliche, sondern auch juristische Personen berufen, was insbesondere von Relevanz ist, wenn sich der Namensstreit außerhalb des geschäftlichen Bereichs abspielt und daher das MarkenG nicht einschlägig ist. Selbst Städtenamen sind über diese Norm geschützt, was für das Domainrecht von Bedeutung ist (→ *12* Rdnr. 181).

93   Ist in vielen medienrechtlichen Fällen zu prüfen, ob ein Name genannt werden darf, so gibt es umgekehrt Fälle, in denen ein **Anspruch auf Namensnennung** durch den Namensträger geltend gemacht werden kann. Eine einfachgesetzliche Normierung stellt das Namensnennungsrecht des § 13 UrhG dar, das dem Urheber das Recht auf Anerkennung seiner Urheberschaft am Werk garantiert (→ *5* Rdnr. 78).

94   Aus dem Persönlichkeitsrecht kann abgeleitet werden, dass Namen nur genannt werden dürfen, wenn eine Einwilligung vorliegt oder wenn eine Abwägung zwischen den Interessen des Betroffenen und dem Informationsinteresse der Allgemeinheit zugunsten des letzteren entschieden wurde. Umgekehrt kann ein Anspruch auf Namensnennung bestehen, wenn über eine bestimmte Leistung berichtet wird. Namen dürfen nicht falsch wiedergegeben und allenfalls im Rahmen zulässiger Satire verändert werden (zur zulässigen Benutzung des Namens einer bekannten Persönlichkeit in einer satirischen Werbeanzeige BGH ZUM 2008, S. 957 ff. »Zigarettenschachtel«). In einem weiteren Sinne gehört hierzu auch das Recht an der eigenen Unterschrift, die nicht ohne Einwilligung z.B. für Werbezwecke eingesetzt werden darf.

12. Eingeschränkte identifizierende Berichterstattung über Straftaten

95   Die mediale Aufbereitung einer Straftat greift immer dann in das allgemeine Persönlichkeitsrecht ein, wenn sie einer bestimmten Person zugeordnet wird. Regelmäßig liegt in einer solchen Zuordnung eine schwere Persönlichkeitsrechtsverletzung, ist sie doch mit einem Unwerturteil und gesellschaftlicher Ächtung verbunden. Die Zuordnung ergibt sich durch Namensnennung, indessen kann auch die Darstellung des Tatgeschehens oder die Beschreibung des mutmaßlichen Täters Rückschlüsse auf dessen Identität zulassen. Nicht vergessen werden darf, dass Medienberichte vor allem die Persönlichkeitsrechte des Opfers zu beachten haben. Daher muss nicht nur die namentliche Berichterstattung, sondern auch die **identifizierende Berichterstattung** auf ihre Rechtmäßigkeit hin überprüft werden. Hierfür ist eine Güterabwägung zwischen den Belangen des Betroffenen und dem Interesse der Allgemeinheit an einer umfassenden Information über die Straftat vorzunehmen. Hierzu hat die Rechtsprechung insbesondere im »Lebach-Urteil« und zahlreichen weiteren Entscheidungen Kriterien aufgestellt.

Beinhaltet die Zuordnung einer Person zu einer bestimmten Straftat   **96**
regelmäßig eine **schwere Persönlichkeitsrechtsverletzung**, so spricht
auf der anderen Seite für die Medienberichterstattung über Straftaten ein
gesteigertes Informationsinteresse der Allgemeinheit. Dieses er-
schöpft sich häufig nicht in Sensationsgier, sondern erklärt sich auch aus
anderen Faktoren wie Mitleid mit dem Opfer, sowie der Verhinderung
vergleichbarer Straftaten. Aus diesem Grund muss es sich ein Straftäter
gefallen lassen, dass die Medien über die Straftat berichten und zwar auch
identifizierend sowie über die Umstände der Tatbegehung und die Persönlichkeit des Täters. Der Täter einer Straftat ist indessen erst verbindlich
festgestellt, wenn er rechtskräftig strafgerichtlich verurteilt ist. Bis dahin
ist die strafrechtliche **Unschuldsvermutung** auch von den Medien zu
beachten: Bis zum gesetzlichen Nachweis seiner Schuld wird vermutet,
dass der wegen einer strafbaren Handlung Angeklagte unschuldig ist
(Art. 6 Abs. 2 EMRK und auch aus dem Rechtsstaatsprinzip abzuleiten,
vgl. Art. 20 Abs. 3, 28 Abs. 1 GG).

Bis zur Verurteilung ist mithin der Beschuldigte im Ermittlungsverfah-   **97**
ren, der Angeschuldigte im Eröffnungsverfahren bzw. der Angeklagte im
Hauptverfahren besonderen Schutzes bedürftig. Stellt sich im Verlauf des
Verfahrens seine Unschuld heraus, so werden auch Berichte hierüber, sofern sie überhaupt erscheinen, in vielen Fällen keine vollständige Rehabi-
litation bewirken können. Bei der Abwägung zwischen Persönlichkeitsrecht und Informationsinteresse der Allgemeinheit ist vor allem die
Schwere der Straftat zu berücksichtigen. Taten der Schwerkriminalität
sind hier ebenso zu nennen wie ungewöhnliche Tatabläufe.

Unzulässig wäre es insbesondere, wenn Medien versuchen würden,   **98**
über ihre Berichterstattung Einfluss auf den Ausgang eines Verfahrens zu
nehmen. Im Hinblick auf die Unschuldsvermutung und eine ausgewogene
Berichterstattung im Sinne der journalistischen Sorgfaltspflicht müssen sie
daher gegenüber Versuchen Dritter gewappnet sein, über die Medien auf
Prozessabläufe und Entscheidungen Einfluss zu nehmen, wie dies im Interesse von Anwälten Prozessbeteiligter liegt und unter dem Stichwort »Li-
tigation-PR« diskutiert wird (s.a. EGMR NJW 2016, S. 3147 ff.).

Als weiteres wichtiges Kriterium wird von der Rechtsprechung der   **99**
zeitliche Abstand zur Tat genannt. Eine aktuelle Berichterstattung ist
dabei eher zulässig als die Darstellung einer länger zurückliegenden Tat.
Für die tagesaktuelle Berichterstattung über Straftaten hat das Informationsinteresse im Allgemeinen den Vorrang vor dem Persönlichkeitsrecht
des Täters. Straftaten gehören zum Zeitgeschehen, dessen Vermittlung
Aufgabe der Presse ist. Die Verletzung der Rechtsordnung begründet ein
anzuerkennendes Interesse an näherer Information über Tat und Täter.

Insbesondere die aktuelle Berichterstattung über eine schwere Straftat rechtfertigt neben der Namensnennung und der Abbildung des Täters auch Berichte über sein persönliches Leben (BVerfG, MMR 2009, S. 683 »Vergewaltigung einer Domina durch Profi-Fußballspieler«). Aufgrund der leichten Abrufbarkeit von Informationen im Internet gegenüber der früher erforderlichen aufwendigen Recherche in einem Archiv, dürfte dieses Kriterium indessen künftig an Bedeutung verlieren.

100   **Prominente Personen**, die schon vor Begehung der Straftat im Licht der Öffentlichkeit standen, müssen sich regelmäßig eher eine Berichterstattung und zwar auch über leichtere Straftaten gefallen lassen, als dies bei einer bisher nicht in Erscheinung getretenen Person der Fall wäre. Ist sonst von der Vorbildfunktion dieser Personen die Rede, spricht man in solchen Fällen von **Kontrastfunktion** oder, beide Aspekte umfassend, von **Orientierungsfunktion**, kann man sich doch auch bewusst gegenüber dem Verhalten einer anderen Person abgrenzen. Hinzu kommt das wichtige Informationsinteresse der Allgemeinheit, zu überprüfen, ob ein Prominenter vor Gericht oder im Strafvollzug anders behandelt wird als eine Person, die zuvor nicht im Licht der Öffentlichkeit stand. Für die namentliche Berichterstattung über den Strafprozess gegen eine bekannte Persönlichkeit spricht auch das Interesse der Allgemeinheit zu überwachen, ob ein »Prominenter« vor Gericht anders behandelt wird als andere Personen.

101   Besonderer Zurückhaltung müssen sich die Medien bei der Berichterstattung über **jugendliche Straftäter** befleißigen. Um eine spätere Wiedereingliederung in die Gesellschaft zu ermöglichen, darf im Zweifel nicht identifizierend über sie berichtet werden. Anders ist dies hinsichtlich eines jugendlichen Amokläufers, der bei der Tat selbst zu Tode gekommen ist, da sein allgemeines Persönlichkeitsrecht erloschen ist. Zulässig ist auch die Berichterstattung über strafrechtlich relevante Verfehlungen eines Jugendlichen, wenn dieser zuvor Prominenz in den Medien erlangt hatte (BVerfG NJW 2012, S. 1500 »Ochsenknecht-Söhne«).

102   Eine wichtige Rolle spielt die **Art des Mediums** und die **Intention der Medienberichterstattung**. Filmische Darstellungen greifen meist wesentlich stärker in das Persönlichkeitsrecht ein als ein Bericht in einer Zeitung. Maßgeblich für die Zulässigkeit der Berichterstattung ist es, ob es sich um eine Berichterstattung handelt, die auch den Täter entlastende Momente berücksichtigt oder ob es sich um eine einseitige, lediglich die Sensationslust der Rezipienten ansprechende Vermarktung des Geschehens handelt.

Für die Zulässigkeit einer Berichterstattung spricht es, wenn der Täter **auf frischer Tat ergriffen** wurde. Ein Geständnis des Täters wiegt nicht gleich mit seiner Verurteilung, da es erpresst oder erkauft sein kann.

Ist ein **Täter verurteilt**, so darf er bei einer Berichterstattung über das Urteil grundsätzlich beim Namen genannt werden. Mit zunehmendem Abstand zur Tat schwächt sich das Informationsinteresse der Allgemeinheit ab. Das heißt nicht, dass nicht auch später noch über einen Fall berichtet werden dürfte oder die Informationen in einem Online-Archiv bereitgehalten werden dürften, vermittelt das allgemeine Persönlichkeitsrecht Straftätern doch keinen Anspruch darauf, in der Öffentlichkeit überhaupt nicht mehr mit ihrer Tat konfrontiert zu werden (BGH NJW 2010, S. 757, 758 »Sedlmayr-Mörder« → E 5; s.a. BGH AfP 2019, S. 236, 237). Wird die Straftat einem Roman oder einem Film zugrunde gelegt, so spricht zusätzlich die Kunstfreiheit für die Zulässigkeit der Veröffentlichung und selbst ein »Real-Horrorfilm«, der eine schwere und spektakuläre Straftat zum Inhalt hat, kann trotz und gerade wegen der künstlerischen Darstellungsweise zulässig sein (BGH NJW 2009, S. 3576 ff. »Kannibale von Rotenburg« → E 4). **103**

Eine wichtige Beschränkung der Berichterstattung ist demgegenüber das **Resozialisierungsinteresse** des Täters. Ihm muss die Chance gegeben werden, sich wieder in die Gesellschaft einzugliedern. Dies gilt jedoch wiederum nicht, wenn der Medienbericht der Frage nachgeht, ob ein Häftling aufgrund seiner Prominenz die Vorzüge des offenen Vollzugs genießt (BGH AfP 2009, S. 51 ff. »Strafvollzug«). Vor allem in der »**Lebach-Entscheidung**«, in der der sog. Soldatenmord von Lebach in einem Dokumentarspiel aufgearbeitet wurde, sah das BVerfG das Resozialisierungsinteresse des Täters als vorrangig an, zumal es sich nicht um eine aktuelle Berichterstattung über die Tat handelte (BVerfGE 35, S. 202, 219 ff. »Lebach« → E 3). Mehr als zwanzig Jahre nach dieser Entscheidung hatte das BVerfG über ein Fernsehspiel zu entscheiden, das die verfremdete Tathandlung zum Gegenstand hatte und die Täter nicht namentlich identifizierte. Obwohl somit der zeitliche Abstand zur Tat noch größer war, hätte das Verbot der Sendung dem BVerfG zufolge einen erheblichen Grundrechtseingriff dargestellt, da es generell die Möglichkeit unterbunden hätte, anhand der filmischen Darstellung eines Verbrechens eine bestimmte, zeitgeschichtlich interessante Phase zu thematisieren (BVerfG AfP 2000, S. 160 ff.). **104**

105   Kriterien für die identifizierende Berichterstattung über Straftaten

1. Schwere der Straftat	Bagatelldelikt	Schwerkriminalität/spektakuläre Straftat
2. Bekanntheitsgrad des Verdächtigen/ Straftäters	Unbekannter	Prominenter/Politiker
3. Alter des Verdächtigen	Jugendlicher (Berichterstattung nur in Extremfällen zulässig)	Erwachsener
4. Stand des Verfahrens	nach Verbüßung der Straftat (Resozialisierungsinteresse)	nach Haftbefehl, Anklageerhebung — aktuelle Berichterstattung über die Tat/über die Verurteilung
5. Stärke des Informationsinteresses der Allgemeinheit	Sensationsgier	Schutz vor Straftaten; Orientierungsfunktion; Kontrolle des Gerichtsverfahrens
6. Wahrscheinlichkeit der Tatbegehung	Unschuldsvermutung	Geständnis/Täter auf frischer Tat betroffen
7. Art und Intention der Darstellung	oberflächlich, einseitige Hervorhebung des Sensationellen	seriöse ausgewogene Darstellung, auch entlastende Momente

–   +

◄───────────────── | Zulässigkeit der Veröffentlichung | ─────────────────►

13. Schutz vor stigmatisierenden Darstellungen

106 Auch außerhalb von Straftaten kann eine Berichterstattung einen Menschen in seiner Sozialsphäre betreffen, z.B. der Bericht über die Abberufung eines Klinikgeschäftsführers wegen der Störung des Vertrauensverhältnisses zu seinen Mitarbeitern. Eine solche Veröffentlichung ist nicht zulässig, wenn eine **Stigmatisierung, soziale Ausgrenzung** oder **Prangerwirkung** zu befürchten ist (BGH GRUR 2007, S. 350 ff.; vgl. BVerfG GRUR 2010, S. 544, 545).

14. Recht auf ungestörte kindgemäße Entwicklung

107 Von besonderem Gewicht ist das allgemeine Persönlichkeitsrecht von Kindern und Jugendlichen. Das Heranreifen von Kindern und Jugendlichen zu einer eigenständigen Persönlichkeit macht sie, vor allem gegenüber Medienberichten, besonders schutzwürdig. Sie haben ein Recht auf ungehinderte Entfaltung ihrer Persönlichkeit und eine ungestörte kindgemäße Entwicklung (Art. 2 Abs. 1, 2 GG). Das heißt nicht, dass Kinder nicht zum Gegenstand der Medienberichterstattung gemacht werden könnten. Letzteres gilt nicht nur im Falle der Einwilligung der Erziehungsberechtigten und des Kindes selbst. Angesprochen wurde bereits die Beteiligung an sportlichen Wettbewerben etc., die als zeitgeschichtliche Ereignisse einzuordnen sind sowie die Berichterstattung z.B. auch über Straftaten, wenn der Jugendliche schon vor Beginn der Straftat im Lichte der Öffentlichkeit stand. Für die Abwägung maßgeblich sind nicht zuletzt Alter und Entwicklungsgrad des Minderjährigen. Unzulässig war beispielsweise die Darstellung eines zwölfjährigen Mädchens in einem Buch ihrer ehemaligen Grundschullehrerin, in dem sie als unreife und ihre Mitschülerinnen sozial unterlegene »Möchtegernüberspringerin« dargestellt wurde, wodurch die Gefahr bestand, zum Ziel von Anfeindungen und Hänseleien zu werden (BGH, AfP 2015, S. 564 ff.).

15. Allgemeines Persönlichkeitsrecht juristischer Personen

Die Frage nach einer Anwendbarkeit des allgemeinen Persönlichkeitsrechts auf juristische Personen mag zunächst überraschen, da das allgemeine Persönlichkeitsrecht auch in der Menschenwürde verankert ist, die »ihrem Wesen nach« (Art. 19 Abs. 3 GG) nicht auf juristische Personen anwendbar ist. In der Praxis gibt es allerdings immer wieder Fälle, in denen auch juristische Personen als solche – und nicht nur ihre Vertreter – von Medienberichten nachteilig betroffen sind, wenn beispielsweise über eine Firma oder ihre Produkte abschätzig und fehlerhaft berichtet wird. In der Rechtsprechung der Zivilgerichte ist daher die Übertragung des Schutzes aus dem allgemeinen Persönlichkeitsrecht auf juristische Personen seit längerem **anerkannt** (→ F 8). Das BVerfG ist dieser Rechtsprechung gefolgt (BVerfGE 106, S. 28 ff. »Mithörvorrichtung«). In diesem Zusammenhang wird auch von **Unternehmenspersönlichkeitsrecht** gesprochen. Es kann vor einer einseitig negativen Wortberichterstattung ebenso schützen wie vor einer Bildberichterstattung durch heimliche Innenaufnahmen, wobei gerade in diesen Fällen die sorgfältige Abwägung mit dem Informationsinteresse der Allgemeinheit vorzunehmen ist. Dieses überwiegt beispielsweise, wenn illegal aufgenommene und an die Medien weitergegebene Filmaufnahmen ausgestrahlt werden, die kritikwürdige Massentierhaltung in »Bio«-Hühnerställen dokumentieren (BGH AfP 2018, S. 222).

Darüber hinaus können sogar **juristische Personen des öffentlichen Rechts** zivilrechtlichen Ehrenschutz in Anspruch nehmen, wenn ihr Ruf in der Öffentlichkeit in unzulässiger Weise herabgesetzt wird. Sie genießen bei der Erfüllung ihrer öffentlichen Aufgaben strafrechtlichen Ehrenschutz, der über § 1004 analog i.V.m. § 823 Abs. 2 BGB i.V.m. §§ 185 ff. StGB zivilrechtliche Unterlassungs- und Richtigstellungsansprüche begründen kann (BGH ZUM 2009, S. 61, 64 »Ehrschutz juristischer Person des öffentlichen Rechts« oder »BKA«). Denkbar sind daher auch Ansprüche auf Gegendarstellung, wenn ein Hoheitsträger durch Tatsachenbehauptung in den Medien angegriffen wurde.

110   Das BVerfG stützt das allgemeine Persönlichkeitsrecht juristischer Personen indessen nicht auf den Menschenwürdegehalt des Art. 1 Abs. 1 GG, sondern allein auf Art. 2 Abs. 1 GG. Damit gibt es eine einheitliche Verankerung des allgemeinen Persönlichkeitsrechts auf. Ebenso wie hier ausschließlich auf Art. 2 Abs. 1 GG rekurriert wird, hält das BVerfG beim postmortalen Persönlichkeitsrecht lediglich Art. 1 Abs. 1 GG für einschlägig. Eine solche alternierende Verankerung des allgemeinen Persönlichkeitsrechts überzeugt nicht. Vorzugswürdig ist es demgegenüber, an der Verortung des allgemeinen Persönlichkeitsrechts in beiden Grundrechten grundsätzlich festzuhalten, wobei je nach Fall der Menschenwürdegehalt von unterschiedlichem Gewicht sein kann. Der BGH bezieht zu Recht den sozialen Geltungsanspruch juristischer Personen als Wirtschaftsunternehmen mit ein und stützt den Anspruch insoweit auf Art. 2 Abs. 1 i.V.m. Art. 19 Abs. 3 GG, Art. 8 Abs. 1 EMRK (BGH AfP 2015, S. 425).

16. Postmortales Persönlichkeitsrecht

111   Ausgangspunkt für die Frage, inwieweit Persönlichkeitsrechte auch nach dem Tod des Rechtsträgers geschützt sind, ist die »Mephisto-Entscheidung« des BVerfG (→ 3 Rdnr. 116 ff. → E 70). Der in dieser Entscheidung des BVerfG dargelegten Ansicht zufolge **erlischt das Persönlichkeitsrecht mit dem Tod des Rechtsträgers** und lediglich Beeinträchtigungen seiner Persönlichkeit, die sich als **Menschenwürdeverletzung** darstellen, sind unzulässig, soweit die Erinnerung an den Verstorbenen noch nicht verblasst ist. Verwirrenderweise verwendet das BVerfG in späteren Entscheidungen auch für dieses Fortwirken der Menschenwürde den Begriff »**postmortales Persönlichkeitsrecht**« (BVerfGE NJW 2001, S. 2957 ff. »Wilhelm Kaisen« → E 23). Inhaltlich schützt das verfassungsrechtliche postmortale Persönlichkeitsrecht zum einen den **allgemeinen Achtungsanspruch**, der dem Menschen kraft seines Personseins zusteht, zum anderen den **sozialen Geltungswert**, den die Person durch ihre eigene **Lebensleistung** erworben hat (BVerfG AfP 2008, S. 161 f.).

112   Angenommen wurde das postmortale Persönlichkeitsrecht z.B. auch im Fall eines Wahlwerbespots. Eine Rundfunkanstalt lehnte die Ausstrahlung des Wahlwerbespots einer politischen Partei ab, in dem es u.a. hieß: »Die ungebremste Masseneinwanderung hat uns kriminelle Einwanderer ins Land gebracht. (...) Auch Konrad Adenauer und Kurt Schumacher würden heute die Republikaner wählen«. – In diesem Wahlwerbespot sah die Rechtsprechung einen evidenten und schwerwiegenden Verstoß gegen das postmortale Persönlichkeitsrecht der beiden genannten Politiker, weshalb ein Anspruch auf Ausstrahlung verneint wurde. Auch nach dem Tod darf der Einzelne nicht in seinem sich aus der Menschenwürde ergebenden Achtungsanspruch herabgewürdigt werden, zumal der Verstobene sich hiergegen nicht zur Wehr setzen kann. Solange das Persönlichkeits- und Lebensbild Verstorbener in der Erinnerung der Bevölkerung lebendig ist, verdient er gegen grobe Entstellungen und den Missbrauch zu Zwecken der Wahlwerbung Schutz (OLG Koblenz AfP 1999, S. 285, 286 f.).

Auf der Grundlage dieser Rechtsprechung schienen vermögensrechtliche **113** Ansprüche nach dem Tod des Rechtsträgers ausgeschlossen. Das postmortale Persönlichkeitsrecht hat dann allerdings durch die Rechtsprechung des Bundesgerichtshofs in der »Marlene-Dietrich-Entscheidung« Schutz gegen Ausbeutung durch Dritte erfahren. Jahre nach dem Tod der Filmschauspielerin Marlene Dietrich wurden u.a. Gebrauchsartikel mit dem Bild und Namenszug der Schauspielerin verkauft und für eine Werbeanzeige verwendet. Zudem wurde eine Szene aus dem Film »Der blaue Engel« für ein zu Werbezwecken verwendetes Foto nachgestellt. Früher wurden in solchen Fällen den Erben lediglich Unterlassungsansprüche gewährt. Im Zuge der Ausweitung der Schutzansprüche Prominenter gegenüber kommerzieller Verwertung ihrer Person hat der BGH auch bei einer Verletzung der postmortalen Persönlichkeitsrechte den Erben **Schadensersatzansprüche** eingeräumt. Es handelt sich dabei nicht um einen immateriellen Geldentschädigungsanspruch der Erben, da die Genugtuungsfunktion der Geldentschädigung nicht zur Anwendung kommen kann. Es handelt sich vielmehr um einen Eingriff in die vermögenswerten Bestandteile des Persönlichkeitsrechts des Verstorbenen, die gem. § 1922 Abs. 1 BGB auf seine Erben übergegangen sind, die sie nun innerhalb einer zeitlichen Grenze von zehn Jahren eigenständig ausüben können. Ausdrücklich wurden die **vermögenswerten Bestandteile des Persönlichkeitsrechts** als **vererblich** bezeichnet. Unzulässig ist daher auch das Nachstellen einer Filmszene für Werbebilder ohne Einwilligung der Angehörigen.

Eine Verletzung des postmortalen Persönlichkeitsrechts kommt jedenfalls nur in **114** Betracht, wenn auch die lebende Person sich gegenüber der Darstellung in den Medien auf das allgemeine Persönlichkeitsrecht hätte berufen können (BVerfG NJW 2001, S. 594 »Gedenkmünze Willy Brandt« → E 24). Unanwendbar ist die »Marlene-Dietrich-Rechtsprechung« im Übrigen auch in den Fällen, in denen sich die lebende Person nicht auf Vermögensinteressen hätte berufen können, da an ihr kein öffentliches Interesse bestand. Die Angehörigen einer von ihrer Tochter erschlagenen Mutter konnten daher gegen die Abbildung der Leiche lediglich Abwehransprüche (wegen Verletzung der Menschenwürde) geltend machen, nicht jedoch einen Anspruch auf Geldentschädigung (BGHZ 165, S. 263 ff. »Gefilmter Leichnam« → E 27).

Eine weitere Beschränkung des postmortalen Persönlichkeitsrechts wurde **115** vom BGH in zeitlicher Hinsicht vorgenommen. Die vermögenswerten Bestandteile des allgemeinen Persönlichkeitsrechts **erlöschen mit** Ablauf von **zehn Jahren nach dem Tod des Rechtsträgers**. Eine Besonderheit gilt für die Veröffentlichung von Fotos Verstorbener während einer Frist von zehn Jahren, die eine Einwilligung der Erben verlangt (§ 22 Satz 2 KUG). Indes können die Erben auch danach noch wegen einer Verletzung des postmortalen Persönlichkeitsrechts aus der Menschenwürde gegen eine Veröffentlichung vorgehen. Für die ideellen Bestandteile gilt die Zehnjahresbeschränkung somit nicht (BGH NJW 2007, S. 684 ff. »Klaus Kinski« → E 28).

116 Das BVerfG hat die »Marlene-Dietrich-Rechtsprechung« des BGH für **verfassungsmäßig** erklärt. Bei kommerziellen Ausbeutungen, die nicht mit einer Menschenwürdeverletzung verbunden sind, wie dies regelmäßig bei Wirtschaftswerbung der Fall ist, ist ein postmortaler Schutz verfassungsrechtlich nicht geboten. (Wie beim Kurzberichterstattungsrecht geht auch hier das BVerfG nicht auf die dogmatisch überzeugende Möglichkeit ein, die aufgrund eigener Leistung erworbener Rechtsposition aus Art. 14 GG abzusichern.) Wird ein solcher Schutz allerdings durch den Gesetzgeber oder durch die Rechtsprechung im Wege der Rechtsfortbildung gewährt, so ist dies verfassungsrechtlich unbedenklich (BVerfG NJW 2006, S. 3409 »Der blaue Engel« → E 22).

117 Die unterschiedliche dogmatische Verankerung des allgemeinen Persönlichkeitsrechts lebender Personen in Art. 2 Abs. 1 i.V.m. Art. 1 Abs. 1 GG und des postmortalen Persönlichkeitsrechts allein in der Menschenwürde des Art. 1 Abs. 1 GG führt zu unterschiedlichen Schutzwirkungen, was auch klausurmäßig von Bedeutung ist. Der Schutz des postmortalen Persönlichkeitsrechts ist enger als der des Persönlichkeitsrechts lebender Menschen und umfasst den allgemeinen Achtungsanspruch, der dem Menschen als solchem zusteht und den sittlichen, personalen und sozialen Geltungswert, den die Person durch ihre Lebensleistung erworben hat. Ein weiterer wichtiger Unterschied besteht darin, dass bei Beeinträchtigungen des allgemeinen Persönlichkeitsrechts immer mit Gegenrechten abzuwägen ist, während das in der Menschenwürde verankerte postmortale Persönlichkeitsrecht **nicht** im Zuge einer **Güterabwägung** relativiert werden kann. Aus der Feststellung, dass eine Handlung das postmortale Persönlichkeitsrecht beeinträchtigt, folgt somit zwingend deren Rechtswidrigkeit (BGH GRUR 2009, S. 83, 85 »Theaterstück Ehrensache«).

17. Recht auf Vergessenwerden

118 Im Internet sind Medienberichte auch über geringe Verfehlungen einer Person oftmals noch nach sehr langer Zeit abrufbar. Es wird daher immer wieder die Forderung erhoben, ein »Recht auf Vergessenwerden« gesetzlich zu normieren oder aus dem allgemeinen Persönlichkeitsrecht abzuleiten. Dieser Auffassung zufolge sollten Medieninhalte nach Ablauf einer gewissen Zeit – zumindest wenn dies der Betroffene verlangt – nicht mehr abrufbar sein. Abgesehen von der Frage, wie dies technisch durchgesetzt werden könnte, stellt sich die Frage nach zulässigen Kriterien für solch eine Einschränkung der Meinungsfreiheit. Zumindest solange ein solches »Recht auf Vergessen« nicht besteht, muss bei der Erstberichterstattung im

Rahmen der Schwere der Persönlichkeitsbeeinträchtigung berücksichtigt werden, dass die Berichterstattung dem Betroffenen im Zweifel »auf ewig« anhängt. Besonders schwerwiegend ist dies bei einer Verdachtsberichterstattung, die sich im Nachhinein als falsch herausstellen kann. Zu berücksichtigen ist indessen auch das Interesse der Öffentlichkeit nicht nur an der Information über das aktuelle Zeitgeschehen, sondern auch daran, vergangene Ereignisse recherchieren zu können. Zulässig sind daher Informationen über die Täter jedenfalls eines schweren Gewaltverbrechens in einem Online-Archiv (BGH NJW 2010, S. 757 »Sedlmayr-Mörder« → E 6).

Der EuGH hat ein »Recht auf Vergessen« gegen Suchmaschinenbetreiber **119** bejaht. Im zugrundeliegenden Fall war bei Eingabe eines Namens der Link zu einer Tageszeitung erschienen, in der über eine drohende Zwangsversteigerung wegen Schulden berichtet wurde, die aber viele Jahre zurück lag. Der EuGH bejahte aus der Datenschutzrichtlinie einen Anspruch auf Sperrung (EuGH AfP 2014, S. 245 ff. »Google vs. Gonzales«). Ansatzweise ist ein »Recht auf Vergessenwerden« in Art. 17 DSGVO geregelt.

Schutzaspekte des allgemeinen Persönlichkeitsrechts

Abwehrfunktion	Selbstbestimmungsrecht
– kein Eindringen in räumlichen Schutzbereich privater Lebensgestaltung sowie Intimes, Privates	– keine Verletzung der Ehre
– Recht auf Darstellung der eigenen Person	– keine Bildentstellungen
– Recht am eigenen Bild	– kein Unterschieben von Äußerungen und keine erfundenen Interviews
– keine Tonaufnahmen	– keine Imitationen
– informationelle Selbstbestimmung	

Prüfung von persönlichkeitsrechtsrelevanten Medienberichten

1. Liegt eine Verletzung des allgemeinen Persönlichkeitsrechts (Art. 2 Abs. 1 i.V.m. Art. 1 Abs. 1 GG) vor? (Worin liegt diese: Kategorie?)
2. Ist dieser Aspekt des Persönlichkeitsrechts einfachgesetzlich geregelt? (Insbesondere: Recht am eig. Bild) dann: Prüfung des Sondertatbestands)
3. Einwilligung? (event. konkludent; freiverantwortlich; Besonderheit bei Minderjährigen)
4. Persönlichkeitsrechtsverletzung rechtmäßig?

wegen
- Medienfreiheit
- Informationsinteresse der Allgemeinheit
5. Abwägung: Schwere des Eingriffs in das Persönlichkeitsrecht gegen Gewichtigkeit des Informationsinteresses der Allgemeinheit
6. Ergebnis

V. Zivilrechtliche Ansprüche bei Verletzung des allgemeinen Persönlichkeitsrechts

120 Zivilrechtliche Ansprüche bei einer Verletzung des allgemeinen Persönlichkeitsrechts greifen nur in den seltensten Fällen vor einer Veröffentlichung. Nur wenn der Betroffene rechtzeitig von einer geplanten Veröffentlichung erfährt, kann er im Wege der Unterlassungsklage in der Form der einstweiligen Anordnung die Veröffentlichung zu verhindern suchen. Dennoch haben die darzustellenden Ansprüche eine nicht zu unterschätzende Funktion auch im Vorfeld von Veröffentlichungen, müssen doch Redaktionen, die sich bewusst über das Persönlichkeitsrecht hinwegsetzen, die zivilrechtlichen Folgen mit in ihre Kalkulation einbeziehen. Die Rechtsprechung hat den Schutzaspekt gegen solche Vorgehensweisen in den letzten Jahren durch extensiven Gebrauch der entsprechenden Rechtsgrundlagen bewusst ausgebaut.

1. Arten von Ansprüchen

121 Gegen die Verletzung von Persönlichkeitsrechten durch die Medien kann sich der Betroffene mit zivilrechtlichen Maßnahmen zur Wehr setzen. Die Gegenansprüche können in unterschiedlicher Weise klassifiziert werden: Wird auf den **Zeitpunkt** im Verhältnis zur schädigenden Veröffentlichung abgestellt, so sind Ansprüche im Vorfeld der Veröffentlichung – die auf Unterlassung zielen – zu unterscheiden von Ansprüchen, die lediglich die Folgen eines eingetretenen Schadens zu mildern suchen. Von ihrer **Rechtsfolge** lassen sich die Ansprüche nach den Pflichten unterscheiden, die den Schädiger treffen: Beim Unterlassungsanspruch hat der Schädiger sich bestimmter öffentlicher Äußerungen künftig zu enthalten. Bei der Gegendarstellung hat der Schädiger eine Sachverhaltsversion aus der Sicht des Betroffenen zu publizieren. Beim Widerruf hat der Schädiger eine falsche Tatsachenbehauptung durch die zutreffenden Fakten zu ersetzen, bei den verwandten Fällen der Richtigstellung und der Ergänzung die Tatsachenbehauptung in einzelnen fehlerhaften Punkten zu korrigieren und bei der Ergänzung um fehlende Teile zu vervollständigen. Beim Schadensersatz geht es um den Ausgleich für erlittene Schäden in Geld, wobei materielle Schäden von immateriellen Schäden zu unterscheiden sind. Ein Ausgleich für immaterielle Schäden bietet der Anspruch auf Geldentschädigung, früher als »Schmerzensgeld« bezeichnet. Bei der Herausgabe ungerechtfertigter Bereicherung schließlich muss von den Medien das, was sie durch die Rechtsverletzung ohne Rechtsgrund erlangt haben, an den Betroffenen herausgegeben werden.

Von der **Anspruchsgrundlage** her lässt sich der Gegendarstellungsanspruch, der in den einzelnen Mediengesetzen geregelt ist, unterscheiden von den Ansprüchen, die im BGB aufgeführt oder aus diesem abgeleitet werden. Hierbei handelt es sich sowohl bei der Unterlassung wie bei der Berichtigung um Beseitigungs- bzw. Schadensersatzansprüche, die aus § 1004 Abs. 1 BGB analog gegebenenfalls i.V.m. §§ 823 ff. BGB als Form der Naturalrestitution (§ 249 Abs. 1 BGB) abgeleitet werden. Demgegenüber ist bei Schadensersatz ein finanzieller Ausgleich aus § 823 BGB, gegebenenfalls i.V.m. einem Schutzgesetz zu leisten. Der Anspruch auf Geldentschädigung ist von der Rechtsprechung entwickelt worden. Die Herausgabe ungerechtfertigter Bereicherung schließlich ergibt sich aus den Bereicherungsvorschriften der §§ 812 ff. BGB.

122

Die Unterscheidung nach dem Rechtsgrund ist beispielsweise für die internationale Rechtsdurchsetzung von Bedeutung. Das Gegendarstellungsrecht entspringt öffentlichrechtlichen Regelungen, deren Wirkung auf das Territorium des jeweiligen Staats beschränkt ist, weshalb es nur am Sitz des Medienunternehmens geltend gemacht werden kann. Im Übrigen können Urteile auch im Heimatstaat des Verletzten erstritten werden. Die **internationale Zuständigkeit** besteht bei deliktsrechtlichen Verletzungshandlungen nicht nur am Ort der schädigenden Handlung, sondern auch am Erfolgsort, also an dem Ort, an dem die Verletzung eingetreten ist. Besteht mit dem Heimatstaat ein Vollstreckungsübereinkommen, so lässt sich das Urteil auch im Sitzland des Medienunternehmens, beispielsweise dem Staat, in dem das Sendeunternehmen seinen Sitz hat, vollstrecken.

123

2. Übersicht

Die wichtigsten Ansprüche, die von Privaten gegenüber Verletzungen von Persönlichkeitsrechten durch die Medien geltend gemacht werden können, lassen sich damit schematisch wie folgt darstellen:

124

Gegenansprüche bei Persönlichkeitsrechtsverletzungen

125 Vom Ziel, das mit den zivilrechtlichen Ansprüchen verfolgt wird, sowie hinsichtlich der Rechtsgrundlagen unterscheiden sich die Ansprüche ebenfalls deutlich voneinander, wie sich aus folgendem Schaubild ergibt:

Anspruch	Rechtsfolge	Rechtsgrundlage
Unterlassung	Bestimmte Tatsachenbehauptung darf vom Schädiger nicht mehr verbreitet werden	§ 1004 Abs. 1 analog i.V.m. §§ 823 ff. BGB
Gegendarstellung	Schädiger hat die Schilderung des Geschädigten wiederzugeben	Landespressegesetze (§ 10 MusterPresseG), § 56 RStV u.a.
Berichtigung	Schädiger muss falsche Tatsachenbehauptung durch richtige ersetzen oder ergänzen	§ 1004 Abs. 1 analog i.V.m. §§ 823 ff. BGB
Schadensersatz	Ersatz in Geld für erlittene Vermögensnachteile	§§ 823 ff. BGB ggf. i.V.m. Schutzgesetz
Anspruch auf Geldentschädigung	Schädiger muss Ersatz in Geld für immateriellen Schaden leisten	Ergänzung des Schadensersatzrechts durch die Rechtsprechung; § 823 Abs. 1 BGB i.V.m. Art. 2 Abs. 1, Art. 1 Abs. 1 GG
Herausgabe ungerechtfertigter Bereicherung	Rückgabe des zu Unrecht Erlangten	§§ 812 ff. BGB

3. Die Ansprüche im Einzelnen

Im Einzelnen hat der Betroffene bei wahrheitswidriger Berichterstattung vor allem die folgenden **zivilrechtlichen Schutzansprüche** (Ausführliche Schemata zu den einzelnen Anspruchsgrundlagen finden sich im Anhang zu Fechner, Fälle und Lösungen zum Medienrecht.):

a) Unterlassungsanspruch

Der Unterlassungsanspruch dient der Abwehr künftiger Verletzungen. Er ist nicht **126** in den Presse- oder Rundfunkgesetzen normiert, sondern wird aus zivilrechtlichen Vorschriften abgeleitet. Maßgeblich ist der in § 1004 Abs. 1 BGB zum Ausdruck gekommene Rechtsgedanke. Ein Unterlassungsanspruch kann zudem auf § 823 Abs. 2 BGB i.V.m. einem strafrechtlichen Ehrschutzdelikt oder §§ 22, 23 KUG gestützt werden bzw. auf die §§ 823, 826 oder 824 BGB. Es handelt sich um einen abwehrrechtlichen, einen quasinegatorischen Anspruch. Der Unterlassungsanspruch beinhaltet die **Verpflichtung**, bestimmte näher bezeichnete Äußerungen **nicht oder nicht mehr zu veröffentlichen**. Der Unterlassungsanspruch besteht in erster Linie gegenüber **unrichtigen Tatsachenbehauptungen**. Lässt sich die Richtigkeit der Tatsachenbehauptung weder beweisen noch widerlegen, so ist eine Abwägung zwischen Meinungsfreiheit und allgemeinem Persönlichkeitsrecht vorzunehmen (z.B. eine Sportlerin sei in der DDR-Zeit gedopt worden; BVerfG NJW 2016, S. 3380 ff.). Ein Unterlassungsanspruch besteht ausnahmsweise auch gegen eine ursprünglich richtige Tatsachenbehauptung, wenn sich mittlerweile deren Fehlerhaftigkeit herausgestellt hat. Ein Unterlassungsanspruch gegen negative Meinungsäußerungen wird (ungeachtet der Argumentation der Untrennbarkeit von Tatsachenbehauptungen und Meinungsäußerungen bei der Meinungsfreiheit) weithin abgelehnt. Es würde einen unverhältnismäßigen Eingriff in die Meinungsfreiheit darstellen, wollte man auch die Verbreitung von Meinungsäußerungen durch den Unterlassungsanspruch verhindern. Bei Meinungsäußerungen in Form der Schmähkritik oder unverhältnismäßigen Eingriffen in das Persönlichkeitsrecht z.B. bei Berichten aus dem Intimleben besteht hingegen ein überwiegendes Interesse des Betroffenen an gerichtlicher Feststellung der zukünftigen Unterlassung. Entsprechendes gilt für (auch wahre) Berichte, Bilder oder Tonaufnahmen aus dem Intim- oder Privatbereich, sofern dies nicht ausnahmsweise gerechtfertigt ist. Einen Unterlassungsanspruch gegen wahre Tatsachenbehauptungen kann es darüber hinaus angesichts der Medienfreiheit grundsätzlich nicht geben (vgl. BVerfG NJW 2016, S. 2870 ff. zu wahren Tatsachenbehauptungen aus dem Bereich der Privatsphäre). Bei mehrdeutigen Äußerungen ist beim Unterlassungsanspruch – anders als z.B. bei Schadensersatz – die Äußerung zugrunde zu legen, die eine Persönlichkeitsbeeinträchtigung enthält (→ 3 Rdnr. 53).

Ein Unterlassungsanspruch setzt weiterhin voraus, dass die Gefahr eines **127** Eingriffs vorliegt oder eine Wiederholungsgefahr. Die **Gefahr eines Eingriffs** muss anhand konkreter Anhaltspunkte dargetan werden. Das ist in der Praxis häufig nicht möglich. Teilweise wird eine Gefahr erst dann angenommen, wenn bereits ein fertig formulierter Presseartikel vorliegt. Für den Betroffenen ist es dann häufig schon zu spät. Erforderlich ist darüber hinaus, dass der Betroffene von der bevorstehenden Berichterstattung Kenntnis erlangt hat. Der Betroffene kann dann im Wege der Abmahnung eine strafbewehrte Unterlassungsverpflichtungserklärung vom potentiellen Schädiger verlangen. Wird diese nicht erteilt, kann von einer Gefahr der Veröffentlichung ausgegangen werden. Einen »vorbeugenden Unterlassungsanspruch« gegen Fotos, die erst in der Zukunft aus dem Privatleben aufgenommen werden, gibt es nicht (BGH NJW 2007, S. 3440 »Grönemeyer«). Hat ein Eingriff bereits stattgefunden, so kann eine **Wiederholungsgefahr** vermutet werden (vgl. BGH NJW 1986, S. 2503, 2505). Eine Wiederholungsgefahr ist zu verneinen, wenn der Anspruchsgegner eine strafbewehrte Unterlassungsverpflichtungserklärung abgegeben hat. Eine Wiederholungsgefahr ist jedoch anzunehmen, wenn sich der Anspruchsgegner weigert, eine Unterlassungsverpflichtungserklärung abzugeben, wenn sie unter Vorbehalt erklärt wird oder kein Versprechen einer Vertragsstrafe enthält.

128   Verlangt der Betroffene von dem Medienunternehmen keine **strafbewehrte Unterlassungsverpflichtungserklärung**, so ist er in Gefahr, nach einem sofortigen Anerkenntnis die Kosten des Verfahrens tragen zu müssen. Die Unterlassungsverpflichtungserklärung begründet eine eigenständige, von den gesetzlichen Unterlassungsansprüchen unabhängige Unterlassungsverpflichtung, die als Schuldversprechen grundsätzlich dem Schriftformerfordernis des § 780 BGB zu genügen hat. Eine solche Unterlassungsverpflichtungserklärung erstreckt sich auf alle inhaltlich entsprechenden Äußerungen, kann allerdings nicht jede künftige publizistische Beschäftigung des Unterlassungsgegners mit der Person des Anspruchstellers verhindern. Der Unterlassungsvertrag hat auch dann Bestand, wenn eine einstweilige Verfügung gegen die Medien später aufgehoben wird (BGH NJW 2010, S. 1874 ff.).

129   Wer einen Unterlassungsanspruch vor Gericht geltend macht, trägt zudem die Beweislast für die Voraussetzungen des Anspruchs. In vielen Fällen ist es dem Verletzten faktisch nicht möglich, das Gegenteil der Behauptung zu beweisen oder allenfalls unter Aufdeckung privater Umstände. Insbesondere in Fällen pauschaler Behauptungen trifft den Behauptenden daher eine erweiterte Darlegungslast. Kann der Betroffene mangels konkreter Angaben faktisch keinen generellen Beweis negativer Tatsachen führen, muss der Behauptende seine Äußerungen substantiieren. Das würde beispielsweise für die Behauptung gelten: »X hat sich mehrfach in Amerika aufgehalten«. Die Beweislastregel des § 186 StGB, derzufolge der

Schädiger die Beweislast für die Wahrheit seiner Behauptung trägt, wird über § 823 Abs. 2 BGB ins zivilrechtliche Deliktsrecht übernommen. In diesen Fällen kann der Betroffene im Falle der Nichtbeweisbarkeit der behaupteten Tatsachen Unterlassung verlangen. Die Substantiierungspflicht des Behauptenden geht allerdings nur so weit, wie sie nicht mit dem Redaktionsgeheimnis in Widerspruch gerät. Das ist dann der Fall, wenn der Journalist die Identität eines Informanten aufdecken müsste.

Der Unterlassungsanspruch ist ein höchstpersönlicher Anspruch und daher nicht übertragbar. Ausnahmsweise können sich auch Angehörige gegen die Entstellung des Lebensbildes eines Verstorbenen zur Wehr setzen. Der Unterlassungsanspruch ist grundsätzlich nicht vermögensrechtlicher Natur. **130**

Durchgesetzt werden kann der Anspruch durch eine **vorbeugende Unterlassungsklage**. In der Praxis kommt eine vorbeugende Unterlassungsklage sicherlich nicht häufig in Betracht, erfährt doch der Betroffene regelmäßig erst durch die Veröffentlichung von der Berichterstattung. Für die vorbeugende Unterlassungsklage ist es dann bereits zu spät. Die vorbeugende Unterlassungsklage hat nur Erfolg, wenn der Antragsteller die Begehungsgefahr glaubhaft machen kann (§ 920 Abs. 2 ZPO). Zudem wird eine Unterlassung regelmäßig nicht mehr angeordnet, wenn ein Presseerzeugnis bereits gedruckt ist. Ist der Unterlassungsanspruch gerichtlich festgestellt worden, so besteht ein Anspruch auf Veröffentlichung des Urteilsinhalts. Ein gesonderter Berichtigungsanspruch kann daneben regelmäßig nicht mehr verlangt werden. Besteht ein Unterlassungsanspruch gegen ein Medienunternehmen, so hat es den Beitrag aus seinen Angebot zu entfernen und auf gängige Suchmaschinen dahingehend einzuwirken, dass diese nicht mehr auf den persönlichkeitsrechtsverletzenden Inhalt verweisen. Ein Anspruch auf ein Vorgehen des Unterlassungsschuldners gegen Dritte (z.B. YouTube) besteht hingegen nicht (BGH CR 2018, S. 742 ff.). **131**

> Unterlassung
>
> Anspruchsgrundlage: § 1004 Abs. 1 BGB analog; event. § 823 Abs. 2 BGB i.V.m. §§ 185 ff. StGB, §§ 22, 23 KUG
>
> 1. Beeinträchtigung des Persönlichkeitsrechts
> 2. rechtswidriger Eingriff in das Persönlichkeitsrecht steht bevor
> 3. Gefahr eines Eingriffs (Erstbegehungsgefahr oder Wiederholungsgefahr)
>
> Beachte: vorbeugende Unterlassungsklage möglich (Glaubhaftmachung der Begehungsgefahr!)

b) Gegendarstellungsanspruch

132 Der Anspruch auf Gegendarstellung, der im Presserecht näher ausgestaltet ist, dient dem Schutz der Selbstbestimmung des Einzelnen über die Darstellung der eigenen Person, die von der verfassungsrechtlichen Gewährleistung des allgemeinen Persönlichkeitsrechts umfasst ist. Der Einzelne soll selbst darüber befinden dürfen, wie er sich gegenüber Dritten und in der Öffentlichkeit darstellen will. Dem entspricht es, dass der von einer Darstellung in den Medien Betroffene die rechtlich gesicherte Möglichkeit haben muss, ihr mit seiner **eigenen Sachverhaltsversion** entgegenzutreten. Andernfalls würde er zum bloßen Objekt öffentlicher Erörterung herabgewürdigt. Aus diesem Grund muss sich auch die verfahrensrechtliche Ausgestaltung des Gegendarstellungsrechts am Persönlichkeitsrecht messen lassen (BVerfGE 63, S. 131, 142 »Gegendarstellungsrecht« → E 29; BVerfG B.v. 9.4.2018).

133 Der Gegendarstellungsanspruch ist ursprünglich ein presserechtliches Instrument gewesen. Der Anwendungsbereich des Gegendarstellungsanspruchs ist indessen nicht mehr nur auf die Pressegesetze beschränkt. Entsprechende Vorschriften enthalten auch der Rundfunkstaatsvertrag und die Landesmediengesetze. Das TMG kennt keinen Gegendarstellungsanspruch, was z.T. als systemwidrig angesehen wird. Lediglich für redaktionell gestaltete Angebote sieht § 56 RStV einen Gegendarstellungsanspruch vor. Maßgeblich ist das Landespressegesetz, das am Sitz des Verlegers gilt, auch dann, wenn das Druckwerk in einem anderen Bundesland erscheint. Der Verlagsort ergibt sich aus dem Impressum. Die verschiedenen Normen entsprechen sich – von Details abgesehen, die aus den unterschiedlichen technischen Gegebenheiten resultieren – in den wesentlichen Zügen.

134 Der Vorschrift des jeweiligen Pressegesetzes zufolge sind der verantwortliche Redakteur und der Verleger eines periodischen Druckwerks **verpflichtet**, eine Gegendarstellung der Person oder Stelle zum Abdruck zu bringen, die durch eine in dem Druckwerk aufgestellte Tatsachenbehauptung betroffen ist. Wer davon überzeugt ist, durch eine Tatsachenbehauptung der Medien verletzt zu sein, soll die rechtlich garantierte Möglichkeit haben, seine eigene Darstellung des Sachverhalts den Berichten über ihn entgegenzustellen.

135 Der Gegendarstellungsanspruch schneidet weniger stark in die Rechte der Medien ein als der Berichtigungsanspruch. Es erhält lediglich der Betroffene die Möglichkeit, seine Sicht der Dinge darzulegen. Der Anspruchsverpflichtete muss dieser Auffassung nicht folgen, er kann sich im Gegenteil davon distanzieren, indem er darauf hinweist, dass er kraft Gesetzes oder durch Richterspruch zum Abdruck der Gegendarstellung verpflichtet ist. Aus diesem Grund wird vom Anspruchsteller prozessual viel weniger verlangt als beim Berichtigungsanspruch. Beim Gegendarstellungsanspruch braucht im Verfahren auf Erlass einer einstweiligen Verfügung die Gefährdung des Anspruchs nicht glaubhaft gemacht zu werden. Die **Wahrheit** des Inhalts der Gegendarstellung ist **unerheblich**. Durch die Gegendarstellung soll der Betroffene lediglich die Möglichkeit haben, die Öffentlichkeit über seine Gegenposition zu informieren. Da die Berichtigung eine Verbesserung aus dem Mund bzw. der Feder des Äußernden beinhaltet, ist er weitergehend als der Anspruch auf Gegendarstellung, weshalb eine Gegendarstellung regelmäßig nicht mehr verlangt werden kann, wenn bereits eine Berichtigung erfolgt ist.

Voraussetzung einer Gegendarstellung ist immer, dass es sich um eine **Tatsachenbehauptung** handelt, gegen die sich die Gegendarstellung wendet. Eine Gegendarstellung gegen Meinungsäußerungen würde die Meinungsfreiheit bzw. die Medienfreiheiten zu sehr beeinträchtigen. Ob es sich um eine Tatsachenbehauptung handelt, ergibt sich daraus, ob die Aussage einer Überprüfung auf ihre Richtigkeit hin mit den Mitteln des Beweises zugänglich ist. **Nur wenn** über die Behauptung **vor Gericht Beweis erhoben werden könnte**, kann von einer Tatsachenbehauptung ausgegangen werden. Das bedeutet nicht, dass die konkrete Tatsachenbehauptung bewiesen werden müsste. Es geht lediglich um die Frage, ob eine Behauptung dieser Art vor Gericht ihrer Natur nach grundsätzlich beweisbar ist. Die Behauptung, eine Fernsehansagerin sei »so dumm, dass sie ihre eigenen Nachrichten nicht verstehen kann«, ist einem Beweis nicht zugänglich, wohl aber die Behauptung, X habe sich am 11. September 2001 in New York aufgehalten. Die Behauptung »Bürgermeister B tut nichts, um ausländischen Fußballspielern zu einem Spielort zu verhelfen«, ist eine auf überprüfbaren Tatsachen gegründete Sachaussage; eine wertende Äußerung hingegen, er tue »zu wenig« oder »nicht genug« (BVerfG NJW 2004, S. 1235 »Fußballverein« → F 6). Nachprüfbar ist eine Tatsachenbehauptung auch dann, wenn sie mit Wertungen verknüpft ist, solange die Meinungsäußerung die Tatsachenbehauptung nicht vollkommen überlagert (BGH AfP 2015, S. 425). Werden in Mischfällen vorschnell Tatsachenbezüge ausgeblendet, würde dies zu einer Verkürzung des Rechtsschutzes des Betroffenen führen, solange nicht die Schwelle zur Schmähkritik überschritten ist.

Neben der Gegendarstellung gegen Tatsachenbehauptungen im engeren Sinne wird zum Teil eine Gegendarstellung auch gegen den Eindruck für möglich gehalten, der sich aus einer Medienmitteilung »zwischen den Zeilen« ergibt. Dies erscheint sachgerecht, da es für den Verletzten häufig

136

137

unerheblich ist, ob Folgerungen ausdrücklich gezogen werden oder ob sie sich für den Leser oder Hörer aus dem Zusammenhang aufdrängen.

138   Allerdings darf dem Verletzer nicht eine Behauptung unterstellt werden, die er tatsächlich nicht geäußert hat. Das gilt zum Beispiel bei einer Frage in einer Überschrift, sofern diese nicht den Leser eine bestimmte Antwort suggeriert (BVerfG GRUR 2018, S. 631). Es dürfen in der Gegendarstellung nur die geäußerten Tatsachen aufgeführt werden und der Eindruck, der sich für den Leser hieraus ergibt, z.b.: »Durch die Behauptung, ich hätte als Einziger einen Schlüssel zu der Vitrine gehabt in der das verschwundene Diamantcollier ausgestellt wurde, entsteht bei den Lesern der Eindruck, ich hätte das Collier entnommen. Dies ist falsch. Wahr ist vielmehr, dass in den fraglichen Tagen auch in anderen Museen wertvolle Ausstellungsstücke verschwanden, die nach den polizeilichen Ermittlungen mittels durch die Lichtzuführung der Vitrinen gezogene Haken entwendet worden sind« (zur Auslegung mehrdeutiger Erstmitteilungen bei Gegendarstellungsansprüchen s.a. BVerfG AfP 2008, S. 58).

139   Die Vorstellung, eine Gegendarstellung (eines Dritten) gegen eine Gegendarstellung sei nicht möglich, weil auf diese Weise die Medien in unzumutbarer Weise beeinträchtigt würden, ist von der Sache her in dieser Pauschalität nicht zutreffend, da auch Dritte in ihren Persönlichkeitsrechten durch eine Gegendarstellung in erheblicher Weise betroffen sein können und nicht einzusehen ist, warum sie diese Persönlichkeitsrechtsverletzung klaglos hinzunehmen hätten.

140   Die Pflicht zur Wiedergabe einer Gegendarstellung ist in bestimmten Fällen **ausgeschlossen**, etwa wenn und soweit die betroffene Person oder Stelle kein berechtigtes Interesse an ihrer Verbreitung hat, wenn die Gegendarstellung ihrem Umfang nach nicht angemessen ist oder wenn es sich um eine Anzeige handelt, die ausschließlich dem geschäftlichen Verkehr dient. Die Gegendarstellung gilt nach allen Pressegesetzen als angemessen, wenn sie den Umfang des beanstandeten Texts nicht überschreitet. Dies entspricht dem sogenannten **Grundsatz der Waffengleichheit**, d.h. der Betroffene darf nicht schlechter gestellt werden als die Medien. Ist die erste Veröffentlichung auf der Titelseite erschienen, so muss auch die Gegendarstellung grundsätzlich auf der Titelseite wiedergegeben werden (vgl. BVerfG NJW 1998, S. 1381 »Heiratspläne«). Hinweise auf andere wichtige Beiträge in dem jeweiligen Heft müssen möglich sein, damit eine sinnvolle Werbung für das betreffende Heft möglich bleibt. Weiterhin muss sich die Gegendarstellung auf tatsächliche Angaben beschränken. Sie darf keinen strafbaren Inhalt haben. Sie bedarf der Schriftform und muss vom Betroffenen unterschrieben sein. Zudem muss die Gegendarstellung unverzüglich dem betreffenden Medienorgan zugehen. Allerdings wäre eine gesetzliche Ausschlussfrist, die eine Gegendarstellung unangemessen erschwert, verfassungswidrig (von BVerfGE 63, S. 131 ff. angenommen bei einer Ausschlussfrist von zwei Wochen, »Gegendarstellungsrecht« → E 29). Der Gegendarstellungsanspruch ist stark formalisiert. Beachtet der Anspruchsteller nicht alle Voraussetzungen, so ist er in Gefahr, zumindest vor Gericht insgesamt mit einem Anspruch abgewiesen zu werden (es gilt das »**Alles-oder-Nichts-Prinzip**«.)

Eine Gegendarstellung enthält grundsätzlich die folgenden fünf **Ele-** **141** **mente**:

1. Überschrift: Gegendarstellung
2. Hinweis auf die Erstmitteilung: Zum Artikel »Anwalt hinterzieht Mandantengelder« in der Z-Zeitung vom 2.5.2019
3. Wiedergabe der Erstmitteilung: In dem Artikel wird behauptet, ich hätte Gelder meines Mandanten M veruntreut und für den Ankauf einer Segeljacht verwendet.
4. Erwiderung: Diese Aussage ist falsch. Richtig ist, dass ich von meinem Mandanten M Gelder erhalten habe. Diese wurden indessen auf ein Anderkonto eingezahlt, von dem keine Gelder überwiesen oder ausgezahlt wurden.
5. Ort, Datum und Unterschrift: München, den 2.5.2019, RA X

Rechtsgrundlagen des Gegendarstellungsrechts

Presse	Rundfunk		Telemedien	
Landespresse- gesetze (§ 10 MPresseG)	öffentlich- rechtliche Anstalten: Landesrund- funkgesetze	Privatsender: Landesmedien- gesetze	TMG keine Rege- lung der Gegen- darstellung	§ 56 RStV nur bei journalistisch- redaktionell gestal- teten Angeboten, die Druckerzeug- nisse wiedergeben

> Gegendarstellung
>
> Anspruchsgrundlage: Pressegesetze, Rundfunkgesetze, § 56 RStV
> 1. Tatsachenbehauptung
> 2. berechtigtes Interesse an der Verbreitung der Gegendarstellung
> 3. Angemessenheit der Gegendarstellung (Umfang des beanstandeten Texts darf nicht überschritten werden)
> 4. nur Tatsachen
> 5. kein strafbarer Inhalt

6. unverzüglich (spätestens 3 Monate nach der Veröffentlichung)
7. Unterschrift

c) Berichtigung, insbesondere Widerruf

142 Der Berichtigungsanspruch verpflichtet den Verletzer, die von ihm getane Äußerung entweder ganz aus der Welt zu schaffen (Widerruf) oder diese abzuändern (Richtigstellung) oder den Äußerungen wesentliche Tatsachen hinzuzufügen (Ergänzung). Die Berichtigung ist somit der Oberbegriff dieser drei Ansprüche, die sich weniger hinsichtlich ihrer Voraussetzungen als hinsichtlich des Umfangs der Zweitmitteilung unterscheiden. Im Gegensatz zu Ergänzung und Richtigstellung ist der Widerruf eine uneingeschränkte Berichtigung. In allen drei Fällen hat der **Anspruchsgegner** selbst eine Erklärung abzugeben und sich **von seiner Erstmitteilung zu distanzieren**. Es handelt sich daher um einen sehr stark in Mediengrundrechte eingreifenden Anspruch.

143 Der Widerrufsanspruch ist aus allgemeinen Normen des Zivilrechts entwickelt worden. Er ergibt sich regelmäßig aus § 1004 Abs. 1 BGB analog in Verbindung mit den §§ 823 ff. BGB. Die Anspruchsgrundlage kann unterschiedlich sein, je nachdem, ob ein in § 1004 Abs. 1 BGB wurzelnder reiner Folgenbeseitigungsanspruch angenommen wird oder ein deliktischer Anspruch aus §§ 823 ff. BGB, also aus § 823 Abs. 1 oder § 823 Abs. 2 BGB mit einem entsprechenden Schutzgesetz, aus § 824 Abs. 1 BGB oder § 826 BGB. Der deliktische Widerrufsanspruch unterscheidet sich vom Folgenbeseitigungsanspruch durch das Erfordernis des Verschuldens auf Seiten des Schädigers. Der Folgenbeseitigungsanspruch analog § 1004 Abs. 1 BGB setzt demgegenüber nur die objektive Unwahrheit der Tatsachenbehauptung voraus.

144 Der Anspruch auf Widerruf ermöglicht es, die durch eine falsche Tatsachenbehauptung geschaffene Quelle fortwährender Beeinträchtigung des Rufs zu beseitigen. Grundsätzlich wird der Widerrufsanspruch nur **gegen unrichtige Tatsachenbehauptungen** gewährt. Hierzu werden alle dem Beweis zugänglichen Sachverhalte der Vergangenheit und der Gegenwart gezählt. Reine Meinungsäußerungen können keinen Widerrufsanspruch auslösen. Sie unterfallen der Freiheit der Meinungsäußerung und werden vom Leser oder Zuhörer als solche verstanden. Etwas Anderes ist anzunehmen, wenn eine Meinung auf unrichtige Tatsachen gestützt oder wenn für die Meinungsbildung wichtige Tatsachen verschwiegen werden.

145 Der Berichtigungsanspruch setzt die **erweisliche Unwahrheit** der Tatsachenbehauptung voraus. Andernfalls könnte sich eine Pflicht zum Widerruf einer wahren Behauptung ergeben. Im Zivilprozess muss grundsätzlich derjenige, für den die Anwendung einer Norm von Vorteil ist, deren Voraussetzungen beweisen, der Kläger mithin die anspruchsbegründende Norm. Die Unwahrheit der Tatsachenbehauptung muss von demjenigen bewiesen werden, der den Widerruf verlangt. Wegen des besonders schweren Eingriffs in die Interessen des Verletzers ist es eine Voraussetzung des Berichtigungsanspruchs, dass die Unwahrheit rechtskräftig festgestellt worden ist. Die rechtskräftige Feststellung der Unwahrheit ist nur im Wege der Hauptsacheklage, nicht mit einer einstweiligen Verfügung möglich. Durch die **Beweislast** des Klägers müsste er faktisch einen sogenannten negativen Beweis führen (z.b. den Beweis, dass er nie in Amerika gewesen ist). Da ein solcher Beweis vielfach sehr schwer oder nicht zu führen ist, wird von der Rechtsprechung auch für diesen Anspruch verlangt, dass der Medienvertreter seine Vorwürfe substantiiert darlegt. Die Behauptung, Y habe einmal in Amerika ein Verbrechen begangen, wäre daher nicht ausreichend. Er muss seine Behauptungen hinsichtlich Ort und Zeit genau umschreiben. Kommt er seiner **erweiterten Substantiierungspflicht** nicht nach, so sind die Behauptungen des Klägers als zugestanden anzusehen (§ 138 Abs. 3 ZPO).

Keinen Berichtigungsanspruch gibt es gegenüber unzulässigen, indes wahren Behauptungen, beispielsweise gegenüber Berichten aus dem Intimleben einer Person. Ein Berichtigungsanspruch kann auch dann verneint werden, wenn eine Verdachtsberichterstattung sich im Nachhinein als unzulässig herausstellt. War sie journalistisch sorgfältig recherchiert und damit im Zeitpunkt der Veröffentlichung zulässig, kann die Abwägung zwischen dem Persönlichkeitsrecht des Betroffenen und der Medienfreiheit ergeben, dass vom Medienorgan nicht verlangt werden kann, sich durch eine Berichtigung selbst ins Unrecht setzen zu müssen. In einem solchen Fall kann lediglich eine nachträgliche Mitteilung verlangt werden, der zufolge nach Klärung des Sachverhalts der berichtete Sachverhalt nicht mehr aufrechterhalten werde (BGH NJW 2015, S. 778). In keinem Fall dient der Anspruch der Genugtuung des Betroffenen oder dazu, den Äußernden ins Unrecht zu setzen. **146**

Voraussetzung des Widerrufsanspruchs ist neben dem Behaupten oder Verbreiten der unwahren Tatsachen der Eingriff in ein geschütztes Rechtsgut. Das kann neben dem allgemeinen Persönlichkeitsrecht auch der geschäftliche Ruf sein. Auf das zivilrechtliche Persönlichkeitsrecht können sich daher **auch juristische Personen** berufen und Widerrufsansprüche erheben. **147**

Schließlich wird ein Anspruch auf Widerruf nur dann gewährt, wenn die Beeinträchtigung durch die falsche Tatsachenbehauptung noch **fortdauert**. Das ist nicht der Fall, wenn der zugrundeliegende Sachverhalt längst dem Interesse der Öffentlichkeit entschwunden ist. **148**

Ein Anspruch auf Widerruf wird von der Rechtsprechung nicht gewährt, wenn der Widerruf dem Anspruchsgegner nicht **zumutbar** ist, **149** insbesondere, wenn der Widerruf nur den Zweck hat, ihn zu demütigen. Aus diesem Grund ist es auch zulässig, dass das Presse- oder Rundfunkorgan oder ihr Vertreter in der Widerrufserklärung zum Ausdruck bringt, dass der Widerruf nicht der eigenen Überzeugung entspricht, sondern lediglich in Erfüllung eines gesetzlichen Anspruchs oder einer Gerichtsentscheidung erfolgt.

150   Eine Berichtigung ist weitergehender als ein Gegendarstellungsanspruch. Sie kann auch in einer Anmerkung der Redaktion (sogenannter »Redaktionsschwanz«) zu einer Gegendarstellung liegen, aus der sich ergibt, dass die Gegendarstellung von Seiten der Redaktion als zutreffend angesehen wird.

151   Auch für die Berichtigung gilt der Grundsatz der bereits bei der Gegendarstellung angesprochen wurde, demzufolge die die Rechtsbeeinträchtigung ausgleichende Äußerung in Aufmachung, Größe und Auffälligkeit grundsätzlich nicht hinter der Erstmitteilung zurücktreten darf. Da die Berichtigung vom Anspruchsgegner selbst formuliert wird, ist dieser Anspruch weniger förmlich als der der Gegendarstellung.

152   Der Widerrufsanspruch ergibt sich nicht zuletzt aus dem Grundgedanken des Schadensersatzrechts in § 249 Abs. 1 Satz. 1 BGB, demzufolge Schadensersatz grundsätzlich Wiederherstellung des ursprünglichen Zustands bedeutet. Eine Wiederherstellung des Zustands, wie er vor Eintritt des schädigenden Ereignisses bestanden hat, ist naturgemäß nicht möglich. Unmöglich ist es nicht nur, alle diejenigen zu erreichen, die von der Tatsachenbehauptung Kenntnis erlangt haben, in vielen Fällen wird auch durch den Widerruf der negative Eindruck, der durch die ursprüngliche Tatsachenbehauptung bei den Lesern entstanden ist, nicht wieder aus der Welt geräumt werden können. Im Gegenteil werden möglicherweise Rezipienten, die nur vom Widerruf Kenntnis erlangen, dadurch erst auf die zugrundeliegenden Behauptungen aufmerksam. Hinzu können Beweisschwierigkeiten kommen. Eine falsche Tatsachenbehauptung muss vom Widerspruchsführer nachgewiesen werden. Der Anspruch auf Widerruf ist aus den angegebenen Gründen in der Praxis vielfach nur ein bedingt wirksames Mittel.

Berichtigungsansprüche

Widerruf   Richtigstellung   Ergänzung

d) Anspruch auf Richtigstellung

153   Der Widerrufsanspruch bezieht sich auf eine Tatsachenbehauptung, die insgesamt falsch ist. In diesem Fall muss die gesamte Tatsachenbehauptung durch eine andere ersetzt, d.h. widerrufen werden. Es gibt indessen auch Fälle, in denen nicht die gesamte Tatsachenbehauptung falsch ist, sondern

lediglich ein Teil der Behauptung. In diesen Fällen muss nicht die gesamte Tatsachenbehauptung widerrufen, sondern lediglich der falsche Teil richtiggestellt werden.

Die Meldung, es habe der Schatzmeister einer Partei Spendengelder angenommen, ohne die Herkunft der Gelder in der durch das Parteiengesetz vorgesehenen Weise offenzulegen (§ 25 Abs. 3 PartG), ist richtigzustellen, wenn sich herausstellt, dass die Spendengelder zwar angenommen, jedoch in ordnungsgemäßer Weise offengelegt und verwaltet wurden. **154**

Der Anspruch auf Richtigstellung entspricht in seiner Rechtsgrundlage dem Widerrufsanspruch. Er wurzelt daher in erster Linie in § 1004 Abs. 1 BGB. Zur Richtigstellung gehören auch die Fälle der Korrektur eines unrichtigen Eindrucks, der sich aufgrund der Gesamtdarstellung (»zwischen den Zeilen«) für den Leser oder Zuschauer ergeben hat, wenn man einen Anspruch auf »**Eindrucksrichtigstellung**« anerkennt. Ein Teil der Literatur lehnt dies ab, was eine unnötige Verkürzung der Rechte des in seinem Persönlichkeitsrecht Verletzten bedeutet. **155**

Demgegenüber muss selbst bei einer Frage – die an sich keine Tatsachenbehauptung ist – ein Richtigstellungsanspruch bejaht werden, wenn sie den Lesern eine bestimmte Antwort suggerieren soll (»Udo Jürgens: Im Bett mit Caroline? – In einem Interview antwortet er eindeutig zweideutig«, BGH ZUM 2004, S. 211). **156**

Ist eine »zwischen den Zeilen« liegende Tatsachenbehauptung nicht eindeutig festzustellen, wird vom BGH allerdings der rechtlichen Beurteilung diejenige Bedeutung zugrunde gelegt, die für den Äußernden günstiger ist und den Betroffenen weniger beeinträchtigt, mithin die »harmlosere« Variante (BGH ZUM 2004, S. 212, 214). **157**

e) Anspruch auf Ergänzung

Neben den insgesamt falschen und den teilweise falschen Tatsachenbehauptungen gibt es schließlich noch Behauptungen, die zwar in sich richtig sind, denen indessen **bestimmte Tatsachen fehlen**, die für eine umfassende und zutreffende Beurteilung eines Sachverhalts unabdingbar sind. (Der Anspruch auf Ergänzung entspricht im Wesentlichen dem auf Widerruf bzw. Richtigstellung. Es kann diesbezüglich nach oben → 4 Rdnr. 142 ff. verwiesen werden.) **158**

Das gilt beispielsweise dann, wenn ein Presseorgan zunächst zutreffender Weise behauptet hat, es sei ein Angeklagter zu einer Strafe verurteilt worden, wenn dieser später in einer höheren Instanz freigesprochen wird. In diesem Fall hat der Betroffene einen Anspruch auf eine Mitteilung über seinen Freispruch in demselben Presseorgan. Andernfalls würde der Eindruck entstehen, es sei bei der Bestra- **159** fung geblieben (BGH NJW 1972, S. 431 ff.). Der Anwendungsbereich lässt sich auch auf andere Fälle ausdehnen, etwa, wenn über die Einleitung eines Ermittlungsverfahrens berichtet wurde, nicht aber über dessen Einstellung. Auch in diesen Fällen wirkt die Quelle des Ansehensverlusts in der Öffentlichkeit fort, weshalb ein Anspruch auf Ergänzung der früheren Information auch in diesen Fällen zugesprochen werden muss.

160 Bei unvollständigen Tatsachenbehauptungen muss der Betroffene vielfach seinen Anspruch gegenüber den Medien durchsetzen. Allerdings besteht eine Pflicht der Presse und des Rundfunks zu sorgfältiger und wahrheitsgemäßer Berichterstattung, der konsequenterweise die Verpflichtung zu entnehmen ist, fehlerhafte Tatsachenbehauptungen von sich aus zu korrigieren und unvollständige Berichte zu ergänzen. Tatsächlich werden in der Praxis häufig Widerrufe freiwillig veröffentlicht. Ist das jedoch nicht der Fall, so kann lediglich der Verletzte den Widerruf erzwingen. Die Wahrheitspflicht kann weder durch die Allgemeinheit oder Interessenvereinigungen noch durch staatliche Stellen durchgesetzt werden, so bedauerlich das von der Sache her sein mag. Umso wichtiger ist das subjektive Recht auf Widerruf.

> **Berichtigung**
>
> Anspruchsgrundlage: § 1004 Abs. 1 BGB analog i.V.m. §§ 823 ff. BGB
> 1. unrichtige Tatsachenbehauptung
> 2. fortwirkende Beeinträchtigung der Persönlichkeit des Betroffenen
> 3. Berichtigung geeignetes Mittel zur Beseitigung der Persönlichkeitsbeeinträchtigung

f) Schadensersatz

161 Schadensersatzansprüche ergeben sich aus den §§ 823 ff. BGB. Gem. § 249 BGB verpflichtet ein Schadensersatzanspruch zur Wiederherstellung des Zustands, der bestehen würde, wenn das zum Schaden führende Ereignis nicht eingetreten wäre. Bei einer Verletzung von Persönlichkeitsrechten ist insbesondere an eine Wiederherstellung des guten Rufs zu denken, was zumindest ansatzweise durch eine Gegendarstellung, durch Widerruf, Ergänzung oder Richtigstellung erreicht wird. Tritt indessen durch die Rechtsverletzung ein **materieller Schaden** ein, so ist dieser Schaden unter den Voraussetzungen der §§ 823 ff. BGB zu ersetzen. Bei der Verletzung von Persönlichkeitsrechten kann ein materieller Schaden gegeben sein, wenn z.B. der Geschädigte aufgrund der Berichterstattung seinen Arbeitsplatz verliert. Eine Besonderheit des Medienrechts über diesen üblichen Fall indirekter Folgen hinaus ist die von der Rechtsprechung entwickelte Möglichkeit, in der Verletzung des Persönlichkeits-rechts direkt einen materiellen Schaden zu sehen. Das kann allerdings nur in solchen Fällen angenommen werden, in denen bestimmte Teile des Persönlichkeitsrechts »kommerzialisiert« sind. Ein Prominenter kann für den Abdruck eines Fotos von sich (wenn es sich nicht um ein Foto von »zeitgeschichtlichem Interesse« handelt) eine Lizenzgebühr verlangen. Sein Recht am eigenen Bild ist mithin kommerzialisiert. Wer ein solches Foto ohne Einwilligung abdruckt, greift in das kommerzialisierte Persönlichkeitsrecht ein und muss Schadensersatz, eine fiktive Lizenzgebühr dafür zahlen. Anders liegt es bei nichtkommerzialisierten Persönlichkeitsbestandteilen wie der Ehre. Kein Prominenter lässt sich »gegen Entgelt« in der Ehre kränken. Insoweit greift nur ein Anspruch auf Geldentschädigung. Keine kommerzialisierten Vermögensbestandteile nennt schließlich das zuvor unbekannte Medienopfer sein eigen. Mithin erleidet es durch den Medienbericht keinen materiellen, sondern lediglich einen immateriellen Schaden. Erforderlich ist die Erfüllung eines Haftungstatbestands (häufig § 823 Abs. 1 BGB i.V.m. Art. 2 Abs. 1, Art. 1 Abs. 1 GG oder § 823 Abs. 2 BGB i.V.m. einem Schutzgesetz, z.B. §§ 185 ff. StGB). Dabei muss das Handeln des Schädigers für den Schadenseintritt **kausal** gewesen sein. Zudem muss der Schädiger schuldhaft d.h. **vorsätzlich oder fahrlässig** gehandelt haben.

162 Im Gegensatz zu den zuvor erörterten Ansprüchen ist der Schadensersatzanspruch nicht nur im Falle von unwahren Tatsachenbehauptungen anwendbar, sondern bei allen Arten unzulässiger persönlichkeitsrechtsverletzender Veröffentlichungen. Schadensersatz kann mithin auch in der Folge von **wahren Tatsachenbehauptungen** und Fotos wie auch bei Werturteilen verlangt werden, wenn durch die Behauptung das Persönlichkeitsrecht des Betroffenen verletzt wurde und hierdurch ein Schaden eingetreten ist. Da das Persönlichkeitsrecht von der Rechtsprechung als »sonstiges Recht« i.S.d. § 823 Abs. 1 BGB anerkannt ist, besteht ein Anspruch auf Schadensersatz bei jeder rechtswidrig-schuldhaften Verletzung dieses Rechts.

163 Wird § 823 Abs. 2 BGB i.V.m. §§ 186, 187 StGB geprüft, so ist zu beachten, dass im Zivilrecht der Schädiger die Beweislast für die Wahrheit der Behauptung trägt, die die Ehre des Geschädigten beeinträchtigt hat. Die Rechtswidrigkeit einer Äußerung entfällt, wenn sich der Medienmitarbeiter auf die Wahrnehmung berechtigter Interessen gem. § 193 StGB berufen kann. Das ist der Fall, wenn überwiegende Interessen der Allgemeinheit an einer Berichterstattung bestehen. Indessen muss der Journalist die publizistische Sorgfaltspflicht wahren. Ist beides gegeben, so kann der Verletzte selbst dann keinen Ersatz seines Schadens verlangen, wenn sich im Nachhinein herausstellt, dass die aufgestellte Behauptung unwahr gewesen ist.

164 Wird das Ansehen eines Unternehmens geschädigt, indem vorsätzlich unwahre Behauptungen über die Qualität der Produkte verbreitet werden, so liegt darin ein Eingriff in einen als »sonstiges Recht« i.S.d. § 823 Abs. 1 BGB geschützten eingerichteten und ausgeübten Gewerbebetrieb. Ist die Schädigung vorsätzlich und sittenwidrig, so kann sich ein Schadensersatzanspruch auch aus § 826 BGB ergeben. Ein Schadensersatzanspruch ist grundsätzlich dann zu bejahen, wenn aufgrund eines vorsätzlich und rechtswidrig verfassten Medienberichts über einen Angestellten diesem gekündigt wird und er dadurch seinen Arbeitsplatz verliert. Gemäß § 252 BGB hat der Schädiger auch den entgangenen Gewinn zu ersetzen. Diese Norm ist vor allem dann zu beachten, wenn sich ein Medienbericht nachteilig auf die Geschäftspolitik eines Unternehmens ausgewirkt hat. Es werden dann die Umsätze über einen gewissen längeren Zeitraum vor dem schädigenden Ereignis betrachtet und mit denen nach dem Schadenseintritt verglichen.

165 Zu beachten ist die **Exkulpationsmöglichkeit** des § 831 BGB. Diese Exkulpationsmöglichkeit wird von der Rechtsprechung allerdings dann nicht zugelassen, wenn es sich um Veröffentlichungen handelt, bei denen im besonderen Maße die Gefahr von Persönlichkeitsrechtsverletzungen droht. In diesen Fällen muss ein Medienunternehmen durch organisatorische Maßnahmen sicherstellen, dass unzulässige Eingriffe in fremde Rechtssphären nicht stattfinden. Versäumt es dies, so wird ihm das als »Organisationsverschulden«, d.h. als eigenes Verschulden analog § 31 BGB zugerechnet.

166 Probleme können sich auch bei der **Schadensberechnung** ergeben. Das ist insbesondere dann der Fall, wenn sich ein konkreter Schaden nur schwer nachweisen lässt, beispielsweise bei einem erfundenen Interview mit einer Prominenten. Als Schaden i.S.d. § 823 BGB lässt die Praxis auch eine hypothetische Lizenzgebühr zu. Diese entspricht der Höhe des Entgelts, das üblicherweise von Vertragspartnern für eine entsprechende Veröffentlichung zu zahlen gewesen wäre. Eine derartige Schadensermittlung im Wege der »**Lizenzanalogie**« lässt sich notfalls mit Hilfe von Sachverständigen durchführen. Im Einzelfall kann ein im Folgenden anzusprechender Geldentschädigungsanspruch noch darüber hinaus gehen.

> Schadensersatz
>
> Anspruchsgrundlage: § 823 Abs. 1 BGB i.V.m. Art. 2 Abs. 1, 1 Abs. 1 GG (allgemeines Persönlichkeitsrecht als »sonstiges Recht« i.S.d. § 823 Abs. 1 BGB)
> oder: § 823 Abs. 2 BGB i.V.m. einem Schutzgesetz (z.B. §§ 185 ff. StGB, § 22 KUG)
>
> 1. Tatbestandsmäßigkeit (Verletzung des allgemeinen Persönlichkeitsrechts; Persönlichkeitsrecht als »sonstiges Recht« i.S.d. § 823 Abs. 1 BGB)
>   Tatbestandsmäßig sind alle Arten unzulässiger Äußerungen. D.h. auch

wahre Tatsachenbehauptungen und Werturteile können zu einem Schadensersatzanspruch führen (bzw. die Voraussetzungen des § 22 KUG).

2. Rechtswidrigkeit (Rechtswidrigkeit entfällt bei Wahrnehmung berechtigter
   Interessen: § 193 StGB: überragendes Interesse der Allgemeinheit an der
   Berichterstattung?)
3. Verschulden: Vorsatz oder Fahrlässigkeit
   Ein Verschulden ist immer dann anzunehmen, wenn gegen die publizistische Sorgfaltspflicht verstoßen wurde. Leichte Fahrlässigkeit reicht aus.
   Beachte: Exkulpationsmöglichkeit gem. § 831 BGB, wenn Schädiger nicht
   selbst, sondern durch einen Verrichtungsgehilfen gehandelt hat
4. Materieller Schaden

Beachte bei der Schadensberechnung: Möglichkeit der Lizenzanalogie (dem
Geschädigten wird das zugesprochen, was bei Abschluss eines ordnungsge-
mäßen Vertrages für den Eingriff in sein Persönlichkeitsrecht zu entrichten
gewesen wäre).

g) Anspruch auf Geldentschädigung

Der Anspruch auf Geldentschädigung ist eine über den Schadensersatz **167**
hinausgehende Forderung. Die frühere Bezeichnung »Schmerzensgeld«
wird bezüglich medienrechtlicher Ansprüche nicht mehr gebraucht. Beim
Geldentschädigungsanspruch wird nicht aufgrund der Verletzung eines
Rechtsguts die Wiederherstellung des früheren Zustands bzw. der Ersatz
in Geld angeordnet, vielmehr wird für eine nicht in Geld messbare Beeinträchtigung des Geschädigten ein Ausgleich in Geld gewährt. Der Anspruch auf Geldentschädigung dient in erster Linie der Genugtuung des
Verletzten. Demgegenüber tritt die Idee eines Ausgleichs für eine Rechtsbeeinträchtigung in den Hintergrund. Dies erklärt, warum der medienrechtliche Anspruch auf Geldentschädigung von vornherein nicht mit
Schmerzensgeldansprüchen in Fällen der Körperverletzung verglichen
werden kann, da es sich um unterschiedliche Ausgangspunkte handelt,
und weshalb sie in der Höhe stark differieren. Mit dem Hinweis auf die
Genugtuungsfunktion des Geldentschädigungsanspruchs wurde juristischen Personen dieser Anspruch bisher verweigert. Juristische Personen
können über eine Entschädigung keine Genugtuung empfinden. Die Prä-
ventionsfunktion allein wird nicht für ausreichend angesehen, um eine
Geldentschädigung zu gewähren.

Ersatz für **immaterielle Schäden** wird nach § 253 BGB nur in den **168**
durch das Gesetz bestimmten Fällen gewährt. Einer dieser Fälle ist § 253
Abs. 2 BGB. Die Verletzung des allgemeinen Persönlichkeitsrechts ist
dort nicht erwähnt. Sie wurde indessen vom Bundesgerichtshof bereits

1958 entwickelt (BGHZ 26, S. 349 ff.). Begründet wurde der gesetzlich nicht vorgesehene Anspruch durch die Überlegung, es würde eine unerträgliche Missachtung des allgemeinen Persönlichkeitsrechts bedeuten, wenn dieses zwar anerkannt, bei seiner Verletzung aber der Ersatz eines immateriellen Schadens nicht gewährt würde. Die Rechtsprechung des Bundesgerichtshofs wurde in der erwähnten »Soraya-Entscheidung« vom BVerfG anerkannt (BVerfGE 34, S. 269, 281). Mittlerweile ist der Anspruch unbestritten und wird entweder aus richterlichem Gewohnheitsrecht oder besser aus § 823 Abs. 1 BGB i.V.m. Art. 2 Abs. 1, Art. 1 Abs. 1 GG abgeleitet.

169 Die Einzelheiten des Geldentschädigungsanspruchs sind noch offen. Nicht jeder Eingriff in das allgemeine Persönlichkeitsrecht kann zu einem Anspruch auf Geldentschädigung führen. Andernfalls würde jede Kritik einem solchen finanziellen Risiko ausgesetzt sein, dass die freie geistige Auseinandersetzung gefährdet wäre. Eine Geldentschädigung für immaterielle Schäden wird daher nur unter eng gefassten Voraussetzungen gewährt.

170 Der Anspruch auf Geldentschädigung setzt voraus, dass die Gewährung eines billigen Ausgleichs in Geld unabwendbar erscheint. Ein solches **unabwendbares Bedürfnis** wird häufig dann verneint, wenn sich der Betroffene selbst – aus wirtschaftlichen oder politischen Gründen – ins Licht der Öffentlichkeit gestellt hat, jedoch negative Reaktionen der Presse gegen sich nicht gelten lassen will. Politiker, Filmstars, Teilnehmer an einer Fernsehsendung wie »Big Brother« usw. haben daher mehr an Berichterstattung und Darstellung ihres persönlichen Lebens hinzunehmen als Personen, die bisher nicht in die Öffentlichkeit getreten sind.

171 Zweitens muss es sich um eine **schwere Persönlichkeitsverletzung** handeln. Kleinere, sozialadäquate Eingriffe in die Persönlichkeit sind ohne Entschädigung hinzunehmen. Schwere Persönlichkeitsverletzungen liegen bei Eingriffen in die Privat- und Intimsphäre vor, sowie beim Vorwurf mangelnder Pflichterfüllung im Amt oder dem, eine Straftat begangen zu haben. Eine schwere Persönlichkeitsrechtsverletzung stellt häufig die Veröffentlichung von Fotos dar, die ohne Wissen oder ohne Einwilligung des Abgebildeten aufgenommen wurden und ihn in einer lächerlichen oder kompromittierenden Situation zeigen. Bei Personen der Zeitgeschichte ist zwar großzügiger zu verfahren, indessen sind auch sie nicht vollkommen schutzlos.

172 Ein Anspruch auf Geldentschädigung wird nur bei **Verschulden** gewährt (schweres Verschulden wird von der neueren Rechtsprechung offenbar nicht mehr verlangt). Werden Details aus dem Intimleben frei erfunden (Bestehen einer Schwangerschaft, Vornahme einer Abtreibung, neue Freundschaft etc.) so ist dies jedenfalls zu bejahen.

Die genannten Voraussetzungen engen den Anspruch auf Geldentschädigung **173** stark ein. Von der Rechtsprechung sind die Einschränkungen vorgesehen worden, um zu verhindern, dass der Geldentschädigungsanspruch zu einem Anspruch auf zusätzliche Einnahmen bei Medienberichterstattungen degradiert wird. So wurde bei schwerwiegenden Beeinträchtigungen des Persönlichkeitsrechts in einem Blogbeitrag vom BVerfG ein Anspruch auf Geldentschädigung verneint, wenn dieser sich ein den Kontext einer scharf geführten Diskussion einfügte und der Blogbeitrag nur einen geringen Verbreitungsgrad aufwies (BVerfG ZUM 2017, S. 835). Allerdings zeigt die Praxis, dass vielfach unzumutbare Medienberichte unterhalb der Schwelle schwerer Persönlichkeitsverletzungen bzw. schweren Verschuldens liegen, weshalb eine Ausdehnung des Anspruchs auf Geldentschädigung sachgerecht erscheint.

Schließlich erfordert der Anspruch, dass eine zumutbare anderweitige und **174** den Umständen des Einzelfalls angemessene Ausgleichsmöglichkeit nicht besteht. Der Anspruch auf Geldentschädigung ist gegenüber anderen Möglichkeiten des Rechtsschutzes **subsidiär**. Generell den Weg zur Geldentschädigung von der Geltendmachung der anderen Abwehransprüche abhängig zu machen, wie dies zum Teil propagiert wird, erscheint nicht sachgerecht. Entscheidend sind die Umstände des Einzelfalls, weshalb wie folgt zu differenzieren ist: Wenn Aussicht auf Schadensminderung durch die Geltendmachung anderer Ansprüche besteht, müssen diese Möglichkeiten ausgeschöpft werden. Bringen Gegendarstellung, Widerruf usw. indessen die Gefahr mit sich, Persönlichkeitsinteressen des Geschädigten noch mehr zu beeinträchtigen und erscheinen sie daher für ihn unzumutbar, so kann die Forderung einer Geldentschädigung ohne anderweitige Anspruchsverfolgung nicht von vornherein abgelehnt werden. Der Anspruch auf Geldentschädigung steht grundsätzlich unabhängig neben den anderen oben erwähnten Ansprüchen.

In den letzten Jahren zeigt sich eine Tendenz in der Rechtsprechung, **175** bei Verletzung des Persönlichkeitsrechts durch die Medien **höhere Geldentschädigungssummen** zuzusprechen. Diese Entwicklung wird erleichtert durch die prozessuale Möglichkeit, den Klageantrag unbeziffert zu stellen und die Höhe der zu zahlenden Geldentschädigung in das **Ermessen des Gerichts** zu stellen (§ 253 Abs. 2 Nr. 2 ZPO). Somit wird das Kostenrisiko überhöhter – und damit von Klagabweisung bedrohter – Forderungen vermieden; das Gericht kann jedoch von sich aus eine höhere Entschädigung zusprechen. Die Rechtsentwicklung sprunghaft anwachsender Geldentschädigungssummen wurde vom BVerfG mitgetragen.

Die Summen bei Geldentschädigungen sind immer weiter gestiegen. So erhielt Jörg Kachelmann für Berichte über seinen Prozess insgesamt 395.000 Euro (OLG Köln PM v. 12.7.16).

176 An dieser Rechtsprechung wurde kritisiert, dass sie vor allem Prominenten hohe Geldentschädigungen zugebilligt habe. Gefragt wurde daher, ob es sich um eine Rechtsprechung speziell für »Reiche und Schöne« handle, würden doch »einfachen Bürgern«, die vor das Licht der Öffentlichkeit gezerrt werden, keine entsprechenden Summen gewährt. Der Kritik gegenüber ist jedoch daran zu erinnern, dass gerade mit dem privaten und intimen Leben Prominenter besonders hohe Gewinne zu erzielen sind. Niedriger angesetzte Geldentschädigungen könnten von Presseorganen von vornherein mit in ihre Kalkulation einberechnet werden. Das Persönlichkeitsrecht wäre dann weitgehend schutzlos.

177 Der BGH argumentiert demgegenüber vor allem mit der Überlegung, dass dem Betroffenen bei einer Verletzung des Rechts am eigenen Bild keine anderen Abwehrmöglichkeiten als der Anspruch auf eine Geldentschädigung zur Verfügung stehen. Daher sind in einem solchen Fall an die Zubilligung eines Entschädigungsanspruchs geringere Anforderungen zu stellen als in anderen Fällen einer Persönlichkeitsrechtsverletzung. Von der Höhe der Geldentschädigung muss ein Hemmungseffekt ausgehen. Ein weiterer Bemessungsfaktor neben dem Präventionsgedanken ist die Intensität der Persönlichkeitsrechtsverletzung aber auch – in minimierender Hinsicht – die Pressefreiheit, die durch die Höhe der Entschädigung nicht unverhältnismäßig eingeschränkt werden darf (BGH NJW 2005, S. 215, 216 ff.).

178 Kein Geldentschädigungsanspruch ergibt sich aus der Verletzung des postmortalen Persönlichkeitsrechts. Eine Genugtuung für den Toten kann es nicht geben. Daher können Erben allenfalls einen Schadensersatzanspruch bei der Verletzung kommerzialisierter Persönlichkeitsinteressen geltend machen. Selbst nach Rechtshängigkeit ist der Anspruch nicht vererblich (BGH MMR 2017, S. 685). Diese Rechtsprechung führt allerdings zu dem ungerechten Ergebnis, dass Prozessverschleppung mit dem Wegfall des Anspruchs belohnt wird.

> Anspruch auf Geldentschädigung
>
> Anspruchsgrundlage: § 823 Abs. 1 BGB i.V.m. Art. 2 Abs. 1, Art. 1 Abs. 1 GG (richterliches Gewohnheitsrecht)
> 1. immaterieller Schaden (eine nicht in Geld messbare Beeinträchtigung des Persönlichkeitsrechts)
> 2. schwere Persönlichkeitsrechtsverletzung

3. schuldhaftes Handeln des Verletzers
4. keine zumutbare anderweitige Ausgleichsmöglichkeit (Subsidiarität des Anspruchs auf Geldentschädigung)

h) Herausgabe ungerechtfertigter Bereicherung

Wird **Gewinn aufgrund einer unbefugten Benutzung persönlich-** **179**
keitsrechtlicher Befugnisse erzielt, so stellt dieser eine ungerechtfertigte
Bereicherung dar, die nach den Regeln der Eingriffskondiktion gem.
§ 812 Abs. 1 Satz 1, 2. Var. BGB herausverlangt werden kann. Hinzu
kommt das, was der Rechtsverletzer dadurch erspart hat, dass er die eigentlich erforderliche Lizenz nicht erworben hat. Der Anspruch besteht
neben den oben genannten anderen Ansprüchen, insbesondere dem auf
Schadensersatz und auf Geldentschädigung. Das Nebeneinander beider
Ansprüche war lange umstritten, ist aber von der Rechtsprechung anerkannt (BGH NJW 2007, S. 689 »Lafontaine« → E 8). Von Interesse ist der
Anspruch vor allem dann, wenn ein Schaden nicht eingetreten ist, beispielsweise, weil kein direkter Eingriff ins Persönlichkeitsrecht, sondern
nur eine Anknüpfung an den Erfolg des Betroffenen vorliegt, was bei Imitationen diskutiert wird. Im Gegensatz zum Schadensersatzanspruch setzt
der Anspruch auf Herausgabe ungerechtfertigter Bereicherung **kein Verschulden** voraus.

In den Fällen ungerechtfertigter Bereicherung ist der vom Rechtsverletzer tatsächlich erlangte Gewinn an den Berechtigten herauszugeben.

Ungerechtfertigte Bereicherung:

Anspruchsgrundlage: § 812 Abs. 1 Satz 1, 2. Var. BGB (Eingriffskondiktion)
1. etwas erlangt (Vorteil durch Benutzung persönlichkeitsrechtlicher Befugnisse)
2. durch Eingriff in das Persönlichkeitsrecht eines anderen
3. ohne Rechtsgrund (kein Vertrag)

i) Löschung bei Dritten (Störerhaftung)

Wer persönlichkeitsrechtsverletzende Äußerungen ins Internet stellt, die   **180**
auf unwahren Tatsachen beruhen, muss nicht nur damit rechnen, diese
Äußerungen selbst beseitigen zu müssen, vielmehr muss er nach den
Grundsätzen der Störerhaftung auch die Löschung von Internetinhalten
Dritter veranlassen, die seine Äußerungen übernommen haben. Erfasst ist
nicht nur der unmittelbare Störer, der durch sein Verhalten selbst die Beeinträchtigung verursacht hat, sondern auch der »mittelbare Störer«, der in

irgendeiner Weise willentlich und adäquat kausal an der Herbeiführung der rechtswidrigen Beeinträchtigung mitgewirkt hat. Störer ist mithin auch, wer die Handlung eines eigenverantwortlich agierenden Dritten unterstützt oder ausgenutzt hat. Zwar muss der Störer die rechtliche Möglichkeit zur Verhinderung dieser Handlung haben, ein Verschulden ist für die Störerhaftung indessen nicht erforderlich. Wer einen Beitrag verfasst und ins Internet stellt, ist damit jedenfalls Störer, wenn Dritte den Bericht oder Teile daraus im Internet weiterverbreiten. Er hat die Ursache dafür gesetzt, dass Dritte diesen Beitrag oder Teile daraus weiterverbreiten können. Dem Verfasser eines im Internet abrufbaren Beitrags ist eine Verletzung des allgemeinen Persönlichkeitsrechts auch insoweit zuzurechnen, als diese durch die Weiterverbreitung des Ursprungsbeitrags durch Dritte im Internet entstanden ist. Durch die Veröffentlichung des Ursprungsbeitrags wird eine internettypische Gefahr geschaffen, die sich der Verfasser des Beitrags zuschreiben lassen muss. Die Löschung im Internet abrufbarer Tatsachenbehauptungen kann im Rahmen eines Beseitigungsanspruchs allerdings nur verlangt werden, wenn die beanstandeten Behauptungen nachweislich falsch sind und wenn die Beseitigung dem Störer möglich und zumutbar ist. Eine Löschung von Internetinhalten Dritter ist ihm rechtlich gar nicht möglich, so dass dies nicht verlangt werden kann. Allerdings ist er zu solchen Beseitigungsmaßnahmen verpflichtet, die in seiner Macht stehen (BGH MDR 2015, S. 1065).

k) Rechtsweg

181   Genauer Beachtung bedarf die Wahl des richtigen Rechtswegs, wenn Persönlichkeitsrechte gegenüber **Medienäußerungen von Hoheitsträgern** geltend gemacht werden. Zu differenzieren ist danach, ob die Medienäußerung als Form hoheitlichen Handelns zu werten ist oder ob es sich um informelles Handeln der öffentlichen Stelle handelt.

182   Hoheitliche Medienäußerungen sind **Realakte**, gegen die auf dem Verwaltungsrechtsweg vorzugehen ist. Da es sich nicht um Verwaltungsakte handelt, ist die **allgemeine Leistungsklage** der richtige Rechtsbehelf. Materiellrechtlich handelt es sich nicht um die in diesem Kapitel besprochenen zivilrechtlichen Gegenansprüche, vielmehr ist der öffentlichrechtliche Unterlassungsanspruch oder der öffentlichrechtliche Folgenbeseitigungsanspruch zu prüfen. Ein Schaden durch die Berichterstattung könnte im Wege der Amtshaftung (Art. 34 GG, § 839 BGB) geltend gemacht werden. Beispiele für diesen Bereich sind **Warnungen** der Regierung oder von Ministerien (vgl. Osho-Entscheidung, Glykol-Entschei-

dung → *3* Rdnr. 24). Entsprechend sind Pressemitteilungen der Polizei oder der Staatsanwaltschaft einzuordnen.

Nicht eindeutig geklärt ist der Rechtsweg, wenn eine Persönlichkeits- **183** rechtsverletzung durch die Sendung einer **öffentlichrechtlichen Rundfunkanstalt** geltend gemacht wird. Während in der Literatur vorherrschend auf den Verwaltungsrechtsweg verwiesen wird, hält die Rechtsprechung des BGH wie des BVerwG den Zivilrechtsweg für eröffnet. Nicht zuletzt wegen der Rundfunkfreiheit dürfte – anders als die Veranstaltung von Rundfunk als solcher und dessen Ausstrahlung – die inhaltliche Ausgestaltung des Programms gerade nicht als hoheitliche Tätigkeit einzuordnen sein. Der BGH sieht die Abwägung der Interessen der Sendeanstalten an freier Programmgestaltung gegenüber dem Schutz der Individualsphäre »auf der Ebene privatrechtlichen Miteinanders« angesiedelt (BGH NJW 1976, S. 1198, 1199). Das BVerfG weist zudem darauf hin, dass auch ein Hoheitsträger in Bezug auf bestimmte Aspekte seines Handelns privatrechtlichen Normen unterstellt sein kann (BVerfG NJW 1994, S. 2500). Die jedenfalls pragmatische Lösung der Rechtsprechung im Hinblick auf eine einheitliche Bewertung persönlichkeitsrechtlicher Rechtsverletzungen innerhalb desselben Rechtswegs vermag somit auch dogmatisch zu überzeugen. Einige ausdrückliche Rechtswegzuweisungen, wie für den Gegendarstellungsanspruch gem. § 9 Abs. 6 Satz 1 ZDF-StV, erklären ebenfalls den ordentlichen Rechtsweg für einschlägig.

Außerhalb des öffentlichrechtlichen Rundfunks und damit außerhalb **184** der Rundfunkfreiheit wird mit ähnlicher Argumentation zwischen hoheitlichen und informellen Medienäußerungen zu unterscheiden sein. Eine Universitätszeitung ist ebenso wie eine Schulzeitung (nicht Schülerzeitung → *3* Rdnr. 16) regelmäßig nicht hoheitlichem Handeln zuzuordnen, womit bei Persönlichkeitsrechtsverletzungen der Zivilrechtsweg eröffnet ist. Ähnliches gilt für Medienveröffentlichungen von Behörden, Kammern und Kirchen. Denkbar ist es, dass in ein und demselben Medium sowohl hoheitliche als auch nicht hoheitliche Äußerungen zu finden sind, etwa wenn das Amtsblatt einer Gemeinde mit einem Grußwort des Bürgermeisters an seine Bürger eingeleitet wird.

l) Gerichtsstand

Für Klagen aus unerlaubter Handlung ist gem. § 32 ZPO das Gericht zu- **185** ständig, in dessen Bezirk die unerlaubte Handlung begangen wurde. Der Ort der unerlaubten Handlung bei einer Persönlichkeitsrechtsverletzung ist nicht nur der Begehungsort, sondern auch der Ort, an dem sich die Persönlichkeitsrechtsverletzung auswirkt. Das ist grundsätzlich jeder Ort, an dem die persönlichkeitsrechtsverletzende Äußerung zur Kenntnis genommen werden kann, d.h. jeder Ort, an dem das Presseerzeugnis zu kaufen ist. Dies führt dazu, dass sich der Verletzte faktisch nach Belieben einen Gerichtsstand aussuchen kann. Es wird daher von einem »**fliegenden Gerichtsstand**« gesprochen. Diese verletzerfreundliche Interpretation des § 32 ZPO hat insoweit zu Kritik geführt, als sich Kläger, die aus unerlaubter Handlung gegen Medienunternehmen vorgehen, oftmals Gerichte aussuchen, die als besonders persönlichkeitsrechtsfreundlich gelten. Bei Internetveröffentlichungen, die an jedem Ort abgerufen werden können, haben einzelne Entscheidungen bereits Beschränkungen des »forum-shopping« vorgenommen, indem sie auf die tatsächlichen Auswirkungen der Rechtsverletzung abgestellt haben.

> Die zivilrechtlichen Gegenansprüche bieten ein umfangreiches Instrumentarium gegen Rechtsverletzungen durch die Medien. Sind die Handhaben auch nur sehr unvollkommen zu einer Wiederherstellung des ursprünglichen Zustands geeignet, so können sie doch zu einer verstärkten Achtung der Presse gegenüber den Persönlichkeitsrechten Privater führen, da diese harte finanzielle Folgen nach sich ziehen können. Durch eine extensive Rechtsprechung vor allem hinsichtlich der Höhe von Geldentschädigungen lassen sich die finanziellen Folgen von Persönlichkeitsrechtsverletzungen schwerer als früher in den Gewinn einrechnen. Der Persönlichkeitsschutz ist aber immer mit der Pressefreiheit und dem Informationsinteresse der Allgemeinheit zur Abwägung zu bringen.

Literatur

Thomas Haug: Bildberichterstattung über Prominente, 2011

Ilmer Dammann: Der Kernbereich der privaten Lebensgestaltung, 2011

Johannes Kamp: Personenbewertungsportale, 2011

Jeanine Drohla: Aufarbeitung versus Allgemeines Persönlichkeitsrecht. §§ 32, 34 Stasi-Unterlagen-Gesetz, 2011

Johannes M. Barrot: Der Kernbereich privater Lebensgestaltung, 2012

Ruth Weidner-Braun: Der Schutz der Privatsphäre und des Rechts auf informationelle Selbstbestimmung, 2012

Frank Fechner: Der Bundespräsident und das Medienrecht, JZ 2012, S. 453 ff.

Kathrin Bünnigmann: Die „Esra"-Entscheidung als Ausgleich zwischen Persönlichkeitsschutz und Kunstfreiheit, 2013

Stefan Leible / Torsten Kutschke (Hrsg.): Der Schutz der Persönlichkeit im Internet, 2013

Achim Krämer: Von Mephisto zu Esra: Persönlichkeitsrecht und Kunstfreiheit, FS Bornkamm, 2014, S. 1096-1102

Artur-Axel Wandtke: Persönlichkeitsrecht und Medienstrafrecht (Praxishandbuch Medienrecht Bd. 4), 3. Aufl. 2014

Benedikt Mick: Der Schutz des Allgemeinen Persönlichkeitsrechts in Online-Archiven, 2015

Irene Lindner: Die Persönlichkeitsverletzung durch Kunst, 2015

Markus Hauser: Das IT-Grundrecht, 2015

Marcus Heinemann: Grundrechtlicher Schutz informationstechnischer Systeme, 2015

Judith Jana Märten: Die Vielfalt des Persönlichkeitsschutzes, 2015

Anne Lauber-Rönsberg: Das Recht am eigenen Bild in sozialen Netzwerken, NJW 2016, S. 744

Sebastian Tausch: Persönlichkeitsrechtsverletzungen durch die Veröffentlichung von Fotos im Internet, 2016

Lucas Brost: Das Persönlichkeitsrecht von Minderjährigen, 2016

Markus Ruttig: Der Anspruch auf Geldentschädigung bei Persönlichkeitsrechtsverletzungen, AfP 2016, S. 110 ff.

Volker Boehme-Neßler: Das Rating von Menschen, K&R 2016, S. 637 ff.

Nato Tsomaia: Der Konflikt zwischen BVerfG und EGMR im Spannungsfeld zwischen Medienfreiheit und Persönlichkeitsschutzrecht, 2016

Nina Elisabeth Herbort: Digitale Bildnisse, 2017

Endress Wanckel: Foto- und Bildrecht, 5. Aufl. 2017

Florian Klein: Personenbilder im Spannungsfeld von Datenschutzgrundverordnung und Kunsturhebergesetz, 2017

Aljosha Barath: Kommerzialisierung der Sportlerpersönlichkeit, 2018

Laura Heiland: Der Persönlichkeitsschutz minderjähriger Kinder prominenter Eltern in der Presseberichterstattung, 2018

Tobias Hermann: Persönlichkeitsrechte in der Krise – ein Notruf an den BGH, AfP 2018, S. 469 ff.

Vera von Pentz: Ausgewählte Fragen des Medien- und Persönlichkeitsrechts im Lichte der aktuellen Rechtsprechung des VI. Zivilsenats, AfP 2019, S. 113 ff.

Zu den zivilrechtlichen Ansprüchen:

Volker Boehme-Neßler: BilderRecht, 2010

Michael Zoebisch: Der Gegendarstellungsanspruch im Internet, ZUM 2011, S. 390 ff.

Eva-Irina von Gamm: Foto- und Bildrecht, GRUR 2012, S. 893.

Tobias Hermann: Der Werbewert der Prominenz, 2012

Sascha Sajuntz: Die Entwicklung des Presse- und Äußerungsrechts im Jahr 2015, NJW 2016, S. 1921

Boris P. Paal: Persönlichkeitsschutz in Online-Bewertungsportalen, NJW 2016, S. 2081 ff.

Georgios Gounalakis: Geldentschädigung bei vorverurteilenden Äußerungen durch Medien oder Justiz, NJW 2016, S. 737 ff.

Walter Seitz: Der Gegendarstellungsanspruch, 5. Aufl. 2017

Matthias Prinz / Butz Peters: Medienrecht: Die zivilrechtlichen Ansprüche, (2. Aufl. Erscheinen für 2019 angekündigt)

Horst-Peter Götting / Christian Schertz / Walter Seitz: Handbuch Persönlichkeitsrecht, 2. Aufl. 2019

5. Kapitel: Urheberrecht

I. Bedeutung und Begründung urheberrechtlichen Schutzes

Das Urheberrecht schützt die Hervorbringer von Geisteswerken gegen die **1** Entstellung und gegen die wirtschaftliche Ausbeutung ihrer Werke. Berechtigt sind nicht die Werke selbst, sondern die Urheber. Geschützt werden zudem die Erben des Urhebers innerhalb bestimmter zeitlicher Grenzen.

Das Urheberrecht ist für die Medien in doppelter Weise von Bedeutung. **2** Einerseits haben die Medien die Urheberrechte derjenigen Rechteinhaber zu beachten, deren Werke sie für ihre Zwecke nutzen. Auf der anderen Seite können sich all diejenigen, die im Medienbereich tätig sind und selbst Werke schaffen, auf die Urheberrechte berufen.

Durch das Internet wird das Urheberrecht der Werkschaffenden so- **3** wohl in persönlichkeitsrechtlicher als auch in wirtschaftlicher Hinsicht massiv beeinträchtigt. Entstellungen von Werken lassen sich nur schwer verfolgen, Werke ohne Beachtung der wirtschaftlichen Interessen der Urheber weitergegeben und verbreitet. Hieraus folgert eine Ansicht in der Literatur, dass das bestehende Urheberrecht ausgedient habe. Die wohl überwiegende Meinung sieht zwar die Schwierigkeiten, mit denen bei der Durchsetzung urheberrechtlicher Normen zu kämpfen ist, plädiert indessen für eine Fortentwicklung der bestehenden Regeln. Ohne ausreichenden urheberrechtlichen Schutz ist mit einem Rückgang des kreativen Werkschaffens und damit einer Verarmung des Geisteslebens zu rechnen. Bei der Ausgestaltung des Urheberrechts ist der Gesetzgeber nicht vollkommen frei. Er hat das Persönlichkeitsrecht der Werkschaffenden zu berücksichtigen, das über Art. 2 Abs. 1 i.V.m. Art. 1 Abs. 1 GG verfassungsrechtlich abgesichert ist sowie die über Art. 14 GG geschützten Verwertungsrechte. Das Urheberrecht schützt damit wie das Patentgesetz und das Markengesetz das »**geistige Eigentum**«.

Das Urheberrecht schützt die Urheber in ihren wirtschaftlichen und ideellen Interessen an ihren Werken. Entstellende Wiedergaben eines Werks, die die Persönlichkeit ihres Hervorbringers beeinträchtigen, werden durch das Urheberrechtsgesetz ebenso ausgeschlossen wie die wirtschaftliche Ausbeutung seines Geisteswerks.

1. Urheberpersönlichkeitsrecht

4 Soweit das Urheberrecht den Urheber gegen eine Entstellung seines Werks schützt, stellt es eine einfachgesetzliche Konkretisierung des allgemeinen verfassungsrechtlichen Persönlichkeitsrechts dar. Da es über die verfassungsrechtlichen Vorgaben hinaus dem Urheber Rechte einräumen kann, spricht man im Gegensatz zum allgemeinen Persönlichkeitsrecht der Verfassung im Zivilrecht konkretisierend von Urheberpersönlichkeitsrecht. So hat beispielsweise der Gesetzgeber ein Fortbestehen des Urheberpersönlichkeitsrechts auch nach dem Tod des Urhebers für 70 Jahre festgelegt. Soweit das einfache Recht **Lücken** aufweist, sind diese **aus dem verfassungsrechtlichen allgemeinen Persönlichkeitsrecht zu füllen**. Wird ein Autor als »dilettierender Stümper« bezeichnet, so handelt es sich um einen nach allgemeinem Persönlichkeitsrecht zu entscheidenden Fall.

5 Das Urheberpersönlichkeitsrecht schützt den Urheber in Beziehung auf sein Werk. Es wird ergänzt durch das allgemeine Persönlichkeitsrecht der Verfassung.

2. Recht zur wirtschaftlichen Nutzung des Werks

6 Der Urheber wird darüber hinaus in seinen **wirtschaftlichen Interessen am Werk** geschützt. Nur in wenigen Fällen geht es dem Urheber lediglich um eine Verbreitung der eigenen Gedanken, etwa aus Gründen des Prestiges. Regelmäßig wird er zumindest auch einen wirtschaftlichen Nutzen seiner Geistesarbeit anstreben.

7 Das Urheberrecht wird heute nicht mehr nur von einzelnen Künstlern in Anspruch genommen, vielmehr befassen sich ganze Industriezweige mit der kommerziellen Herstellung von Werken. Beispiele für die stark arbeitsteilige Herstellungsweise liefern Comics und Zeichentrickfilme, die ebenfalls urheberrechtlich geschützt sind.

8 Der Urheber soll dem Grundgedanken des Urheberrechts zufolge überall dort finanziell am Erfolg seines Geisteswerks beteiligt werden, wo aus diesem wirtschaftlicher Nutzen gezogen wird. Dieses »**Beteiligungsprinzip**«

greift bereits dann, wenn der Nutzer sich durch die Möglichkeit des Werkgenusses eigene Ausgaben erspart.

> Das Urheberrecht schützt:
> – die wirtschaftlich relevanten Verwertungsrechte
> – das Urheberpersönlichkeitsrecht

3. Urheberrechtsgesetz

Das Urheberrecht ist im Urheberrechtsgesetz (UrhG → T 8) von 1965   **9** geregelt, das als »Magna Charta für das deutsche Geistesleben« bezeichnet wurde. Das Urheberrechtsgesetz umfasst den gesamten Urheberrechtsschutz, persönlichkeitsrechtliche wie wirtschaftliche Rechte. Durch mehrere Novellen ist das Urheberrechtsgesetz der technischen und europarechtlichen Entwicklung angepasst worden.

Die EU-Richtlinie zum Urheberrecht in der Informationsgesellschaft (InfoSoc →   **10** 7 Rdnr. 69) machte eine Anpassung des nationalen Urheberrechts notwendig, die durch eine Reform des Urheberrechtsgesetzes 2003 erfolgt ist. Da man sich im Gesetzgebungsverfahren über verschiedene Einzelfragen nicht einigen konnte, wurde beschlossen, zunächst nur den europarechtlichen Pflichten in einem »Ersten Korb« genüge zu tun, um die noch offenen Fragen später in einem »Zweiten Korb« zu behandeln. Der »Zweite Korb« wurde 2007 beschlossen (BGBl. I 2007, 2513 ff.). 2018 trat das Gesetz zur Angleichung des Urheberrechts an die aktuellen Erfordernisse der Wissensgesellschaft (Urheberrechts-Wissensgesellschafts-Gesetz – UrhWissG) in Kraft. Es legt das Verhältnis von Urhebern, Wissenschaftlern und Verlagen neu fest. Die bereits zuvor umstrittenen Regelungen wurden damit zu Gunsten der Nutzer an die aktuellen Nutzungsformen angepasst. Eine weitere Novellierung des Urheberrechtsgesetzes wird durch die Urheberrechtsrichtlinie der EU vom 26. März 2019 (→ 7 Rdnr. 72 ff.) erforderlich. Heftig umstritten ist dabei insbesondere, wie die Vorschrift des Art. 17 umgesetzt werden soll. Diensteanbieter sollen für das Teilen von Online-Inhalten urheberrechtlich in die Pflicht genommen werden. Betroffen sind Angebote wie YouTube im Hinblick auf Urheberrechtsverletzungen ihrer Nutzer. Wie eine richtlinienkonforme Umsetzung erfolgen kann, bleibt abzuwarten, da »Uploadfilter« weithin abgelehnt werden.

II. Geschützte Werke

11 Durch das Urheberrechtsgesetz sind Urheber von Werken der **Literatur, Wissenschaft und Kunst** geschützt (§ 1 UrhG). Welche Werke geschützt werden, ergibt sich aus § 2 UrhG. Zu den geschützten Werken der Literatur, Wissenschaft und Kunst gehören insbesondere Sprachwerke, zu denen neben Schriftwerken und Reden vom Gesetz auch Computerprogramme gezählt werden, sowie Werke der Musik, Werke der bildenden Künste, Lichtbildwerke, Filmwerke und Darstellungen wissenschaftlicher oder technischer Art (§ 2 Abs. 1 UrhG). Erforderlich ist immer, dass es sich um **persönliche geistige Schöpfungen** handelt (§ 2 Abs. 2 UrhG). Von einer persönlichen Schöpfung kann nur gesprochen werden, wenn das Werk auf einer menschlich-gestalterischen Tätigkeit des Urhebers beruht. Es muss sich als Ergebnis des individuellen geistigen Schaffens des Urhebers darstellen. Auf die künstlerische Qualität des Werks kommt es für den Urheberschutz nicht an.

12 Weitere Voraussetzung ist, dass das Werk **sinnlich wahrnehmbar** ist. Das kann durch Drucklegung geschehen oder durch Vervielfältigung auf Tonband, Film, Kassette oder CD. Sinnlich wahrnehmbar ist ein Werk aber auch dann, wenn ein Schauspiel aufgeführt oder wenn eine Choreographie getanzt wird. Bloße Gedanken oder Ideen sind hingegen nicht geschützt. So können Spielideen, Grundstrukturen von Fernsehshows usw. nachgeahmt werden.

13 Die persönliche Leistung des Urhebers muss eine bestimmte **Schöpfungshöhe** aufweisen. Dieses Kriterium wird in der Praxis nicht streng angewandt, zumal es nicht eben klar abzugrenzen ist. So zählen auch geringere eigenpersönlich geprägte Hervorbringungen zu den urheberrechtlich geschützten Werken (sog. »kleine Münze«). Zu den Werken der Literatur, Wissenschaft und Kunst gehören grundsätzlich auch Vorträge und Reden. Zeichnungen, Pläne usw. sind vom Werkbegriff ebenso erfasst wie pantomimische Werke einschließlich der Werke der Tanzkunst. Alltagsbriefe, Kurzmitteilungen in Foren, Blogs, Twitter etc. sind demgegenüber häufig mangels Schöpfungshöhe nicht geschützt. Generalisieren lässt sich diese Aussage nicht. Die Länge eines Beitrags ist weniger entscheidend als seine Originalität. Soweit kein urheberrechtlicher Schutz besteht, ist allerdings an andere Formen des Schutzes zu denken, bei Titeln von Romanen, Filmen etc. an den Werktitelschutz (§ 5 MarkenG) und bei kurzen Wortfolgen von gewisser Originalität an einen Schutz als **Sloganmarken** (über § 3 Abs. 1 MarkenG).

14 Geschützt sind ungeachtet der eben genannten Vorgaben auch **Computerprogramme** (Einzelheiten in §§ 69a ff. UrhG). Der Schutz von

Computerprogrammen im Urheberrechtsgesetz wird teilweise als system-widrig angesehen. Hinzu kommt der Schutz von **Datenbanken**, der ebenfalls auf europarechtliche Vorgaben zurückgeht. Bei Datenbanken wird unterschieden, ob sie urheberrechtliches Niveau haben oder nicht. Schöpferische **Datenbankwerke** sind urheberrechtlich als ein Unterfall der Sammelwerke geschützt. Sammlungen von Werken, Daten oder anderen unabhängigen Elementen, die aufgrund der Auswahl oder Anordnung der Elemente eine persönliche geistige Schöpfung darstellen, die das Gesetz als Sammelwerke bezeichnet, werden wie selbständige Werke geschützt (§ 4 Abs. 1 UrhG). Datenbankwerke sind Sammelwerke, deren Elemente systematisch oder methodisch angeordnet und einzeln mit Hilfe elektronischer Mittel oder auf andere Weise zugänglich sind (§ 4 Abs. 2 UrhG). Zudem wurde eine eigenständige Kategorie für solche Datenbanken eingeführt, die nicht notwendig schöpferischen Gehalt haben. Für Hersteller einer **Datenbank**, der keine schöpferische Auswahl oder Anordnung zugrunde liegt und die daher nicht urheberrechtsfähig ist, wurde ein Leistungsschutzrecht eingeführt (§§ 87a ff. UrhG). Damit wird der geringeren Schutzwürdigkeit gegenüber einer schöpferischen Datenbank Rechnung getragen. Allerdings ist auch eine solche nichtschöpferische Datenbank aufgrund des für ihre Erzeugung erforderlichen Investitionsaufwands schutzwürdig. Durch Gewährung eines Leistungsschutzrechts soll verhindert werden, dass solche Datenbanken ohne Gegenleistung als Grundlage eigener Telemedien verwendet werden können.

> Bei einem urheberrechtlichen Werk muss es sich um eine persönliche Schöpfung des Urhebers handeln, die einen geistigen Gehalt aufweist, eine wahrnehmbare Formgestaltung gefunden hat und die Individualität des Urhebers zum Ausdruck bringt.

Nicht jede Verwendung fremder Materialien ist eine Urheberrechtsverletzung. **15** Übernimmt ein Fernsehsender die Spielidee eines anderen Senders für eine eigene Unterhaltungsshow, so macht er sich zwar fremdes Gedankengut zu eigen. Da es sich bei einer Spielidee indessen nicht um ein urheberrechtliches Werk i.S.d. § 2 UrhG handelt, liegt keine Verletzung des Urheberrechts vor (BGHZ 155, S. 257 »Sendeformat« ➔ F 25). Sendeformate sind vom Inhalt losgelöste bloße Anleitungen zur Formgestaltung gleichartiger anderer Stoffe. Schutzfähig ist demnach nur die konkret gestaltete Sendung. Im Grenzbereich liegt die Nutzung fremder Witze. Der Gebrauch fremder Witze ist wirtschaftlich nicht ohne Belang, werden diese doch oftmals von Agenturen an einzelne Fernsehanstalten verkauft. Dennoch werden Witze nicht als »Werke« i.S. des Urheberrechts angesehen.

Eine **Webseite** als solche ist nur unter besonderen Voraussetzungen urheberrechtlich geschützt. Eine Webseite erfüllt regelmäßig nicht den Werkbegriff des

§ 2 Abs. 1 UrhG, da erforderlich ist, dass es sich um eine das Alltägliche und Handwerkliche deutlich übersteigende Leistung handelt. Allerdings genießen literarische Texte auf einer Webseite gem. § 2 Abs. 1 Nr. 1 UrhG oder Lichtbildwerke gem. § 2 Abs. 1 Nr. 5 UrhG urheberrechtlichen Schutz. Häufiger werden Fotografien die hohen Anforderungen an den Begriff des Lichtbildwerks nicht erfüllen und es kann lediglich ein Leistungsschutzrecht gem. § 72 UrhG angenommen werden. Ein Leistungsschutzrecht für vom Computer eigenständig generierte Bilder wird abgelehnt, da es sich dabei nicht um ein Lichtbild handelt (§ 72 UrhG). Als Lichtbildwerk (§ 2 Abs. 1 Nr. 5 UrhG) können derartige Hervorbringungen ebenfalls nicht gewertet werden, da es sich nicht um eine persönliche geistige Schöpfung handelt.

Teilweise verzichten Urheber für ihre im Internet verbreiteten Werke auf die Wahrnehmung ihrer Urheberrechte. Leicht übersehen werden allerdings die Bedingungen, die für eine »freie Benutzung« gelten. Die Urheberrechte werden keineswegs »aufgegeben«, was schon rechtlich nicht möglich ist. Vielmehr wird vom Angebot eines Lizenzvertrags ausgegangen, der in allgemeinen Geschäftsbedingungen formuliert ist und durch die Nutzung des Werks konkludent angenommen wird (z.B. »Creative Commons«). Bei einer lizenzwidrigen Nutzung des Werks (z.B. gewerblich oder ohne Nennung des Urhebers) endet die Lizenz und es kommt zu einem »Heimfall der Rechte«, nachdem ein neuer Lizenzvertrag über das Werk nicht mehr zustande kommen kann.

III. Urheber

16   **Urheber** kann jede natürliche Person sein. Volljährigkeit oder Geschäftsfähigkeit ist nicht erforderlich. Daher können auch Geisteskranke Urheberrechte erlangen, was bei Gemälden der sog. »art brut« von finanzieller Bedeutung sein kann (bekannt sind die Sammlung Prinzhorn und das Musée de l'Art Brut in Lausanne). Juristische Personen können (anders als im US-amerikanischen Recht) nicht Urheber sein, ebensowenig wie Tiere.

17   Schwierig ist die Bestimmung der Urheberschaft bei **mehreren Beteiligten**. Das gilt vor allem dann, wenn die einzelnen Beiträge sich nicht voneinander trennen lassen. Es liegt dann eine **Miturheberschaft** vor, die in § 8 UrhG geregelt ist. In diesem Fall obliegt allen Miturhebern gemeinsam die Verwertung des Werks und alle haben an seinen Erträgnissen Teil und zwar nach dem Umfang ihrer Leistung für das Gesamtwerk. Beispiel ist die prozentuale Beteiligung mehrerer Autoren eines Sammelbands am Verkaufserlös.

Allerdings wird der Einzelne durch den allgemeinen zivilrechtlichen **18**
Grundsatz von Treu und Glauben (§ 242 BGB) bei der Ausübung seiner
Rechte gebunden und kann so eine sinnvolle Vermarktung des Werks
nicht verhindern (vgl. § 8 Abs. 2 Satz 2 UrhG). Umgekehrt darf sich jeder
Einzelne auch ohne die anderen gegenüber Rechtsbeeinträchtigungen des
Gesamtwerks erwehren, selbst wenn die anderen Beteiligten hieran kein
Interesse haben.

IV. Dauer des Urheberrechts

Der Urheberschutz beginnt mit der Entstehung des Werks. Erforderlich **19**
ist hierfür, dass das Werk als solches vorhanden ist. Eine Präsentation der
Idee des Werks reicht für die Entstehung des Urheberrechts nicht aus. Ein
Copyrightvermerk © ist dem deutschen Recht fremd und mithin nicht
erforderlich.

Das Urheberrecht ist vererblich (§ 28 Abs. 1 UrhG). Es endet **70 Jahre** **20**
nach dem Tod des Urhebers (§ 64 UrhG). Ausnahmen gelten für anonyme und pseudonyme Werke. Hier endet das Urheberrecht 70 Jahre
nach der ersten Veröffentlichung (§ 66 UrhG). In diesen Fällen ist für den
Lauf der Schutzfrist die Veröffentlichung des vollständigen Werks maßgeblich, bei mehreren Bänden o.ä. gilt der jeweilige Zeitpunkt der Veröffentlichung.

Der Grund für die Dauer des Urheberrechts über den Tod des Urhe- **21**
bers hinaus ist der Schutz seiner Erben. Die Gewissheit um die Versorgung der Erben durch ein Werk kann für das Werkschaffen motivierend
sein. Umgekehrt könnte man fragen, warum dann das Urheberrecht überhaupt einer Frist unterworfen ist und nicht wie materielles Eigentum un-
befristet fortdauert. Der Grund ist ein rechtspolitischer: Es soll die Allgemeinheit nach Ablauf der Schutzfrist zugunsten des Urhebers und seiner
Erben freien Zugang zu den Geistesgütern haben, ohne auf wirtschaftliche
Interessen oder Persönlichkeitsrechte Rücksicht nehmen zu müssen.

Nach Ablauf der urheberrechtlichen Schutzfrist wird das Werk **ge-** **22**
meinfrei. Damit kann jedermann das Werk vervielfältigen, verbreiten,
aufführen, vorführen usw., ohne die Zustimmung des Urhebers einholen
oder eine Vergütung dafür zahlen zu müssen. Die hierin liegende Möglichkeit der unentgeltlichen Nutzung erstreckt sich auch auf Bearbeitungen, ja selbst Entstellungen und auf die verschiedenen Möglichkeiten, aus
dem geistigen Eigentum finanziellen Ertrag zu ziehen. Genau besehen
handelt es sich nicht um einen Rechtsübergang auf die Allgemeinheit,
sondern schlicht um das Erlöschen der ursprünglichen Rechte am geisti-

gen Eigentum. Das Urheberrecht schützt – anders als das Denkmalrecht – nicht das Werk als solches, sondern die Interessen des Urhebers (sowie eine zeitlang die seiner Erben) am Werk.

Fiktiver Fall: Der Betreiber von »Auerbachs Keller« in Leipzig will Auszüge aus dem Teil des »Faust« auf seine Homepage stellen, der mit »Auerbachs Keller in Leipzig« überschrieben ist. Die Textpassagen sind dabei in die Speisekarte integriert. Die Goethe-Gesellschaft in Frankfurt/M. sieht darin eine Verletzung des Persönlichkeitsrechts von Goethe. Kann sie gegen die Wiedergabe der Verse auf der Homepage vorgehen? – Die Antwort ergibt sich aus § 64 UrhG. Durch Zeitablauf frei gewordene Werke können in beliebiger Weise und ohne jede Entgeltzahlung genutzt werden. Nicht nur die Digitalisierung, auch ihre Veränderung ist zulässig.

23 Das Erlöschen der Urheberrechte ist nicht selbstverständlich. Denkbar und vorschlagsweise gefordert ist der Rechtsübergang auf eine Institution, die die Rechte im Interesse der Allgemeinheit beispielsweise für Zwecke der Alters- und Hinterbliebenenversorgung von Urhebern nutzen könnte. Eine solche Kulturabgabe (oder »domaine public payant«) ist indessen vom geltenden Recht nicht vorgesehen. Hieraus ergeben sich nicht nur finanzielle Vorteile für die Nutzer, sondern auch die Möglichkeit, Werke »entstellt« wiederzugeben.

24 Zu heftigen Debatten in der Öffentlichkeit kommt es in diesem Zusammenhang immer wieder um »werkgetreue« Aufführungen von »Klassikern«. Der Staat darf sich nicht zum Richter über »Werktreue« einer künstlerischen Interpretation machen. Kunstfreiheit und Freiheit der Persönlichkeit des Regisseurs dürfen nicht missachtet werden. Als noch bedauerlicher mag der Umgang mit lieb gewordenen Texten, Bildern oder Musikstücken empfunden werden, z.B. wenn Dichterworte als Slogan verändert oder berühmte Gemälde oder Melodien verkitscht für Werbezwecke »missbraucht« werden. Werden Zündkerzen mit »Freude schöner Götterfunken« beworben, so ist dies geschmacklos, indessen nicht urheberrechtlich unzulässig.

V. Unterscheidung der Rechte aus dem Urheberrechtsgesetz

25 Das Urheberrechtsgesetz schützt die wirtschaftlich relevanten Verwertungsrechte und das Urheberpersönlichkeitsrecht. Obwohl die Verwertungsrechte in der Praxis bei weitem wichtiger sind als die Urheberpersönlichkeitsrechte, werden sie doch im Gesetz an zweiter Stelle aufgeführt. Das Gesetz ist noch ganz von der schöpferischen Persönlichkeit des individuellen Künstlers geprägt. Wirtschaftliche und persönlichkeitsrechtliche Interessen sind nach der vom Gesetz aufgegriffenen monistischen Theorie grundsätzlich nicht voneinander zu trennen (§ 11 UrhG).

Angesichts der Schwierigkeiten der Urheber, ihre Interessen in Ver- **26** tragsverhältnissen effektiv durchzusetzen, dient gem. § 11 UrhG das Urheberrecht zugleich der Sicherung einer angemessenen Vergütung für die Nutzung des Werks. Der Beteiligungsgrundsatz ist damit ausdrücklicher Maßstab der vertraglichen Werknutzung.

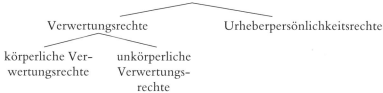

Rechte des Urhebers

Verwertungsrechte — Urheberpersönlichkeitsrechte

körperliche Ver-   unkörperliche
wertungsrechte   Verwertungs-
         rechte

1. Übersicht

Die **Verwertungsrechte** werden in Verwertungsrechte körperlicher und **27** unkörperlicher Natur aufgeteilt (§ 15 Abs. 1 und 2 UrhG).

Die **körperlichen Verwertungsrechte** sind:
1. Vervielfältigungsrecht (§ 16 UrhG)
2. Verbreitungsrecht (§ 17 UrhG)
3. Ausstellungsrecht (§ 18 UrhG)

Die **unkörperlichen Verwertungsrechte** sind:
1. Vortrags-, Aufführungs- und Vorführungsrecht (§ 19 UrhG)
2. Recht der öffentlichen Zugänglichmachung (§ 19a UrhG)
3. Senderecht (§ 20 UrhG)
4. Recht der Wiedergabe durch Bild- oder Tonträger (§ 21 UrhG)
5. Recht der Wiedergabe von Funksendungen und von öffentlicher Zugänglichmachung (§ 22 UrhG)

Das **Urheberpersönlichkeitsrecht** umfasst insbesondere folgende Rechte: **28**
1. Veröffentlichungsrecht (§ 12 UrhG)
2. Recht auf Anerkennung der Urheberschaft (§ 13 UrhG)
3. Recht, Entstellungen des Werks zu verhindern (§ 14 UrhG)
4. Zugangsrecht (§ 25 UrhG)
5. Änderungsverbot (§ 23 UrhG)

2. Verwertungsrechte

29 Der Urheber ist Inhaber der Verwertungsrechte an seinem Werk (§ 15 Abs. 1 UrhG). Das Urheberrecht ist als ein umfassendes absolutes Recht ausgestaltet, das dem Urheber alle vorhandenen und künftig möglicherweise neu entstehenden Verwertungsmöglichkeiten seines Werks vorbehält.

30 Der Urheber kann einem anderen nur das Recht einräumen, das Werk in bestimmter Weise zu nutzen. Er überträgt dann das sog. **Nutzungsrecht**. Das Urheberrecht selbst verbleibt, beschränkt durch das Nutzungsrecht, beim Urheber. Das Urheberrechtsgesetz erklärt das **Urheberrecht** für grundsätzlich **unübertragbar** (§ 29 Abs. 1 UrhG).

31 **Nutzungsrechte** an einem urheberrechtlich geschützten Werk können nen durch Vertrag mit dem Urheber erlangt werden, der dann von seinem Verwertungsrecht Gebrauch macht. Nimmt eine Verwertungsgesellschaft die Rechte des Urhebers wahr, so ist mit dieser ein Vertrag abzuschließen.

32 Der Idee nach sind die Verwertungsrechte des Urhebers an seinem Werk als ausschließliche, absolute Rechte zur Nutzung des Werks ausgestaltet. Der Urheber kann anderen die Benutzung seines Werks entweder untersagen oder gegen Vergütung gestatten. Dieses der Ausgestaltung des Eigentumsrechts an materiellen Sachen entsprechende System ausschließlicher Verwertungsrechte ist für das gesamte Rechtsgebiet der Immaterialgüterrechte typisch. Dadurch soll sichergestellt werden, dass der Urheber auch dann, wenn er die wirtschaftliche Auswertung seines Werks einem anderen überlässt, stets eine gewisse Kontrolle über das weitere Schicksal seines Werks behält.

33 Von dieser grundsätzlichen Entscheidung kennt das Gesetz indessen gravierende **Ausnahmen**. Diese resultieren aus der technischen Entwicklung und der rechtspolitischen Ablehnung eines Überwachungsstaats. Durch die technische Möglichkeit der Fotokopie auch im häuslichen Bereich wurde es dem Staat unmöglich, dem Urheber insoweit die Nutzungsrechte an seinem Werk zu garantieren.

34 So wurde bereits im Gesetz von 1965 das Verbotsrecht des Urhebers für die Vervielfältigung zum persönlichen Gebrauch aufgehoben und dafür dem Urheber nur noch ein Vergütungsanspruch eingeräumt. Dieser Vergütungsanspruch wird in Form der Kopierabgabe durch die Verwertungsgesellschaften sichergestellt, die unter Abzug der Aufwendungen für bestimmte soziale Aufgaben nach dem »Gießkannenprinzip« verteilt werden. Ob damit dem Grundgedanken des urheberrechtlichen Schutzes – eine Teilhabe am Gewinn des eigenen Werks zu ermöglichen – Genüge getan wird, steht zu bezweifeln. Eine Überwachung persönlichen Kopierens ist angesichts des Grundrechts der Unverletzlichkeit der Wohnung in Art. 13 GG und des allgemeinen Persönlichkeitsrechts aus rechtsstaatlichen Gründen vielfach praktisch ausgeschlossen.

3. Nutzungsrechte

Der Urheber kann Dritten ausschließliche oder einfache Nutzungsrechte   **35**
übertragen. Das **ausschließliche Nutzungsrecht** berechtigt seinen Inhaber zur Nutzung des Werks und zum Ausschluss aller anderen Personen
von der Nutzung, einschließlich des Urhebers selbst. Schließlich berechtigt das ausschließliche Nutzungsrecht zur Vergabe von einfachen Nutzungsrechten am Werk (§ 31 Abs. 3 UrhG).

Demgegenüber berechtigt ein **einfaches Nutzungsrecht** den Inhaber,   **36**
das Werk auf die festgelegte Art zu nutzen. Der Berechtigte ist dabei lediglich zur Nutzung neben dem Urheber und gegebenenfalls weiteren
Nutzungsrechtsinhabern berechtigt (§ 31 Abs. 2 UrhG). Ein einfaches
Nutzungsrecht wird auch **Lizenz** genannt.

Der Urheber ist frei, welche Nutzungsrechte er übertragen will und in   **37**
welchem Umfang. Welche Nutzungsrechte übertragen werden sollen, ist
vertraglich zu regeln. Ausgangspunkt sind hierbei die von den Parteien
konkret mit dem Vertrag verfolgten Ziele (§§ 32, 32a UrhG). Ist ein Vertrag nicht eindeutig, so ist bei der Auslegung von Verträgen über Nutzungsrechte in zweiter Linie die sog. **Zweckübertragungslehre** zu beachten. Bei mehrdeutigen vertraglichen Vereinbarungen sind im Zweifel
nur die Rechte übertragen worden, die für die Erfüllung des Vertrags erforderlich sind. Der Urheber soll grundsätzlich an jeder wirtschaftlichen
Verwertung seines Werks beteiligt werden. Ein mehrdeutiger Vertrag
muss zugunsten des Urhebers ausgelegt werden. Sind bei der Einräumung
des Nutzungsrechts die Nutzungsarten, auf die sich das Recht erstrecken
soll, nicht einzeln bezeichnet, so bestimmt sich der Umfang des Nutzungsrechts nach dem mit seiner Einräumung verfolgten Zweck (§ 31
Abs. 5 UrhG). Wer behauptet, ihm sei ein bestimmtes Recht eingeräumt
worden, trägt daher im Streitfall die Beweislast. Dies gilt beispielsweise für
Fotografien, die für eine Zeitschrift angefertigt wurden und die nun auch
in die CD-Rom-Jahrgangsausgabe der Zeitschrift aufgenommen werden
sollen. Fehlt es an einer ausdrücklichen Vereinbarung über die Verwertung auf CD-Rom, so muss hierfür vor der Veröffentlichung die Zustimmung des Fotografen eingeholt werden (»Spiegel-CD-Rom« BGHZ 148,
S. 221 ff. »Nutzungsrechte an Fotografien« → E 87).

4. Vergabe von Lizenzen

Ein Nutzungsrecht kann nur mit Zustimmung des Urhebers übertragen   **38**
werden. Der Urheber muss daher auch zustimmen, wenn der Inhaber eines ausschließlichen Nutzungsrechts einfache Nutzungsrechte, d.h. Lizen-

zen vergeben will. Allerdings darf der Urheber die Übertragung eines Nutzungsrechts nicht wider Treu und Glauben verweigern (§ 34 Abs. 1 UrhG).

39   Das Recht zur Vergabe von Lizenzen ist ein echtes und selbständiges Nutzungsrecht. Es bedarf daher gesonderter vertraglicher Übertragung vom Urheber auf den Inhaber des ausschließlichen Nutzungsrechts, wenn dieser Lizenzen vergeben will.

5. Nutzungsarten

40   Von den Nutzungsrechten sind die Nutzungsarten zu unterscheiden. **Nutzungsart** ist jede wirtschaftlich-technisch selbständige und abgrenzbare Verwertungsform. Eine neue Nutzungsart ist beispielsweise die Verwendung eines urheberrechtlich geschützten Textes oder Bildes im Internet.

41   Nach § 31a UrhG sind auch Verträge über unbekannte Nutzungsarten wirksam. Allerdings kann der Urheber die Rechtseinräumung widerrufen. Das Widerrufsrecht erlischt nach Ablauf von 3 Monaten, nachdem der andere die Mitteilung über die beabsichtigte Aufnahme der neuen Art der Werknutzung an den Urheber abgesendet hat (§ 31a Abs. 1 Satz 4 UrhG). Gem. § 31a Abs. 2 UrhG entfällt jedoch das Widerrufsrecht, wenn sich die Parteien nach Bekanntwerden der neuen Nutzungsart auf eine entsprechende Vergütung geeinigt haben oder wenn sie vorab eine gemeinsame Vergütungsregel vereinbart haben. Gem. § 40a UrhG ist der Urheber, auch wenn er ein pauschales Nutzungsrecht eingeräumt hat, berechtigt, sein Werk nach Ablauf von zehn Jahren anderweitig zu verwerten.

6. Angemessene Vergütung

42   Der Beteiligungsgrundsatz des § 11 Satz 2 UrhG wird in § 32 UrhG ausgestaltet. Demzufolge hat der Urheber unabhängig von den vertraglichen Vereinbarungen einen Anspruch auf angemessene Vergütung.

Ist die Höhe der Vergütung überhaupt nicht zwischen den Parteien vereinbart worden, so hat der Urheber Anspruch auf die angemessene Vergütung (§ 32 Abs. 1 Satz 2 UrhG). Noch weitergehend ist der Eingriff des Gesetzgebers in die Vertragsfreiheit der Parteien, wenn eine Vergütung zwar vereinbart worden ist, allerdings die vereinbarte Vergütung nicht »angemessen« ist. In diesem Fall kann der Urheber von seinem Vertragspartner die **Einwilligung in die Änderung des Vertrags** verlangen, durch die ihm die **angemessene Vergütung** gewährt wird (§ 32 Abs. 1 Satz 3 UrhG). Dieser erhebliche Eingriff in die Vertragsfreiheit wird mit dem Hinweis auf die häufig bestehenden Ungleichgewichtslagen in der wirtschaftlichen Stärke des Urhebers auf der einen Seite und des Verwerters auf der anderen Seite (»buy-out-Verträge«) gerechtfertigt.

Zur Bestimmung der Angemessenheit von Vergütungen nach § 31 **43**
UrhG stellen Vereinigungen von Urhebern mit Vereinigungen von Werknutzern oder einzelnen Werknutzern **gemeinsame Vergütungsregeln**
auf (§ 36 Abs. 1 Satz 1 UrhG). Eine Vergütung, die nach einer gemeinsamen Vergütungsregel in diesem Sinne ermittelt worden ist, gilt gem. § 32
Abs. 2 Satz 1 UrhG als angemessen. Diese Vermutung ist unwiderleglich
und daher auch für Dritte verbindlich.

Fehlt es an einer gemeinsamen Vergütungsregel i.S.d. § 36 UrhG, so ist **44**
eine Vergütung angemessen, wenn sie zum Zeitpunkt des Vertragsschlusses dem entspricht, was im Geschäftsverkehr nach Art und Umfang der
eingeräumten Nutzungsmöglichkeit, insbesondere nach Dauer und Zeitpunkt der Nutzung unter Berücksichtigung aller Umstände, üblicher- und
redlicher Weise zu leisten ist (§ 32 Abs. 2 Satz 2 UrhG). Abweichende
Vereinbarungen sind unzulässig (§ 32 Abs. 3 UrhG).

Eine weitere Beteiligung des Urhebers sieht § 32a UrhG dann vor, wenn **45**
der Urheber einem anderen ein Nutzungsrecht zu Bedingungen eingeräumt
hat, die dazu führen, dass die vereinbarte Gegenleistung unter Berücksichtigung der gesamten Beziehungen des Urhebers zu dem anderen in einem
auffälligen Missverhältnis zu den Erträgen und Vorteilen aus der Nutzung des Werks steht. In diesem Fall ist der andere Vertragspartner diesem
»Bestseller-Paragraphen« zufolge auf Verlangen des Urhebers verpflichtet, in
eine **Vertragsänderung** einzuwilligen, durch die dem Urheber eine den
Umständen nach weitere angemessene Beteiligung gewährt wird. Diese
Norm bezieht sich auf eine Werkverwertung, die sich als erfolgreicher herausstellt, als dies von den Vertragspartnern ursprünglich vermutet worden
war. Der Anspruch kann daher insbesondere bei einmaligen Pauschalhono-
raren Wirkung zeigen (vgl. BGH GRUR 2009, S. 1148 zu Übersetzern).

7. Einwilligung

Neben der Übertragung von Nutzungsrechten, die zu einem Rechte- **46**
erwerb auf Seiten des Vertragspartners führt, verhindert auch die schlichte
Einwilligung eine Urheberrechtsverletzung. Da sie nicht auf Eintritt einer
Rechtsfolge gerichtet ist, wird von der Rechtsprechung hierfür keine
rechtsgeschäftliche Willenserklärung verlangt. Eine solche schlichte Ein-
willigung wird angenommen, wenn der Urheber eines Bildes das Werk ins
Internet stellt, ohne hinreichende Sicherungen gegen das Auffinden durch
Bildersuchmaschinen vorzunehmen. Demgemäß ist es zulässig, wenn der
Betreiber einer Suchmaschine ein Vorschaubild (sog. **Thumbnail**) in der
Trefferliste seiner Suchmaschine anzeigt. Damit wird zwar das abgebildete
Werk nach § 19a UrhG öffentlich zugänglich gemacht, dies ist jedoch auf-

grund der Einwilligung kein unzulässiger Eingriff in das Urheberrecht. Ein Widerruf der Einwilligung mit Wirkung für die Zukunft wird zwar für möglich gehalten, indessen nur durch gegenläufiges Verhalten, d.h. wenn entsprechende Sicherungen gegen das Auffinden der eingestellten Bilder durch Bildersuchmaschinen vorgenommen werden. Ein gegenüber dem Betreiber einer einzelnen Bildersuchmaschine geäußerter Widerspruch muss von diesem nicht beachtet werden, solange der Berechtigte seine Werke weiterhin ungesichert dem Zugriff durch Bildersuchmaschinen aussetzt, da die Einwilligungserklärung an einen unbestimmten Personenkreis gerichtet ist und der Erklärungsgehalt seines Verhaltens insoweit unverändert bleibt (BGH GRUR 2010, S. 628, 631 f.). Anders und zwar eine öffentliche Wiedergabe i.S.d. § 15 Abs. 2 UrhG ist es, wenn die von der Suchmaschine gefundenen Fotografien ohne Erlaubnis des Rechteinhabers ins Netz gestellt worden waren (BGH GRUR 2018, S. 178 »Vorschaubilder III«).

VI. Rechte der Urheber im Einzelnen

1. Körperliche Verwertungsrechte

a) Vervielfältigungsrecht

47   Das Vervielfältigungsrecht ist die Befugnis, Vervielfältigungsstücke des Werks herzustellen (§ 16 UrhG). Unerheblich ist hierfür das Verfahren und die Zahl der hergestellten Vervielfältigungsstücke. Es handelt sich dabei um jede Art von körperlicher Festlegung, die ermöglicht, das Werk wiederholt wahrnehmbar zu machen.

48   Neue Techniken der Verbreitung von Werken werden vom Urheberrecht ohne weiteres mit umfasst. Als Vervielfältigung ist vor allem auch die Digitalisierung zu verstehen. Die Übernahme eines Werks aus dem Internet durch Laden des Werks in den Arbeitsspeicher eines Computers (»Downloading«) ist als Vervielfältigung anzusehen. Auch das Ausdrucken eines Werks als Hardcopy oder die Speicherung auf CD-Rom oder DVD sind urheberrechtlich relevante Verwertungshandlungen. Hierzu zählt auch die Herstellung einer MP3-Datei.

b) Verbreitungsrecht

49   Das Verbreitungsrecht ist das Recht, das Original oder Vervielfältigungsstücke des Werks der Öffentlichkeit anzubieten oder in den Verkehr zu

bringen (§ 17 Abs. 1 UrhG). Das Verbreitungsrecht ist mithin vom Vervielfältigungsrecht zu unterscheiden.

Wenn der Urheber die Vervielfältigung gestattet hat, so hat er doch das Recht, die   **50**
Verbreitung dieser rechtmäßig hergestellten Vervielfältigungsstücke zu verbieten,
wenn er dieser nicht zugestimmt hat oder sie nicht aus gesetzlichen Gründen erlaubt ist. Üblicher Weise werden Vervielfältigungs- und Verbreitungsrecht gemeinsam übertragen, im Bereich der Bücher spricht man daher auch zusammen-
fassend von Verlagsrecht.

Das Werk wird **angeboten**, wenn die Möglichkeit zum öffentlichen Kauf   **51**
geschaffen wird. Ein Angebot liegt bereits in Werbemaßnahmen für den
Kauf des Werks. Ein Werk wird **in den Verkehr gebracht**, wenn zumindest ein körperliches Werkstück einem anderen überlassen wird, der
nicht zur Sphäre des Inverkehrbringenden gehört. Wichtig ist die **körperliche Weitergabe** eines Werkstücks. Das Inverkehrbringen setzt keinen
Verkauf voraus, sondern ist auch beim unentgeltlichen Verleihen gegeben.
Wird das Werk Angestellten oder Freunden und Verwandten überlassen,
so liegt kein Inverkehrbringen vor. Bei mehrfach aufeinanderfolgenden
Nutzungen fällt grundsätzlich jeder einzelne Nutzungsvorgang unter die
Verwertungsrechte.

c) Erschöpfungsgrundsatz

Das Verbreitungsrecht findet seine Schranke im sog. **Erschöpfungs-**   **52**
grundsatz. § 17 Abs. 2 UrhG besagt, dass ein Werk weiterverbreitet werden darf, wenn es einmal mit Zustimmung des zur Verbreitung Berechtigten in den Verkehr gebracht wurde. Hierzu ist der Verkauf eines Werks
oder von Kopien desselben erforderlich, d.h. eine **körperliche Werkverwertung**. Nur dann ist die Weiterverbreitung unbeschränkt zulässig.
Keine Erschöpfung tritt daher bei einer Übertragung eines Werks über
Internet ein, da es sich nicht um eine körperliche Weitergabe handelt. Der
Urheber kann sein Verbreitungsrecht dann weiter ausüben. Der Erschöpfungsgrundsatz wird allerdings bei Computerprogrammen angewendet,
die mit Zustimmung des Rechtsinhabers in der EU in Verkehr gebracht
worden sind (BGH ZUM 2015, S. 688).

Der Erschöpfungsgrundsatz greift nicht ein, wenn ein Werk ohne **Zu-**   **53**
stimmung des zur Verbreitung Berechtigten in den Verkehr gelangt ist.
In diesem Fall ist jede Weitergabe unzulässig. Vom Erschöpfungsgrundsatz
wird dem Wortlaut des § 17 Abs. 2 UrhG zufolge die Vermietung nicht
erfasst.

Das Recht der Kabelweitersendung ist in § 20b UrhG geregelt. Gem. Abs. 2 hat   **54**
der Urheber einen Anspruch auf angemessene Vergütung für die Weitersendung.

Geltend gemacht werden kann das Recht nur durch eine Verwertungsgesellschaft. Beim Kabelweitersendungsrecht handelt es sich um ein typisches Zweitverwertungsrecht, ist doch der Kabelweitersendung eine Erstverwertung vorausgegangen.

> Der Erschöpfungsgrundsatz besagt: Ist ein Werkstück mit Zustimmung des Berechtigten im Wege des Verkaufs in den Verkehr gelangt, so ist jeder weitere Verkauf oder auch jede weitere Schenkung, nicht aber die Vermietung, rechtlich zulässig.

d) Ausstellungsrecht

55 Das Ausstellungsrecht ist das dritte der körperlichen Verwertungsrechte eines Urhebers. Es ist für die Medien von geringerer Bedeutung.

2. Unkörperliche Verwertungsrechte: Recht der öffentlichen Wiedergabe von Werken

56 Der Urheber hat das ausschließliche Recht, sein Werk in unkörperlicher Form wiederzugeben. Das Recht der öffentlichen Wiedergabe von Werken umfasst insbesondere das Vortrags-, Aufführungs- und Vorführungsrecht, das Senderecht, das Recht der Wiedergabe durch Bild- und Tonträger und das Recht der Wiedergabe von Funksendungen (§ 15 Abs. 2 UrhG).

a) Vortragsrecht

57 Das Vortragsrecht ist das Recht, ein Sprachwerk durch persönliche Darbietung öffentlich zu Gehör zu bringen (§ 19 Abs. 1 UrhG). Typisch ist das Vorlesen eines urheberrechtlich geschützten Texts.

b) Aufführungsrecht

58 Das Aufführungsrecht ist das Recht, ein Werk der Musik durch persönliche Darbietung öffentlich zu Gehör zu bringen oder ein Werk öffentlich bühnenmäßig darzustellen (§ 19 Abs. 2 UrhG).

c) Vorführungsrecht

59 Das Vorführungsrecht ist das Recht, ein Werk der bildenden Künste, ein Lichtbildwerk, ein Filmwerk oder Darstellungen wissenschaftlicher oder technischer Art durch technische Einrichtungen öffentlich wahrnehmbar zu machen (§ 19 Abs. 4 UrhG).

d) Recht der öffentlichen Zugänglichmachung

Zum Schutz der Urheberrechte im Internet ist ein Recht der öffentlichen **60** Zugänglichmachung ins Urheberrechtsgesetz eingefügt worden (§§ 15 Abs. 2 Nr. 2, 19a UrhG). Dies ist das Recht, das Werk drahtgebunden oder drahtlos der Öffentlichkeit in einer Weise zugänglich zu machen, dass es Mitgliedern der Öffentlichkeit von Orten und zu Zeiten ihrer Wahl zugänglich ist. Gemeint ist damit das ausschließliche Verwertungsrecht des Urhebers, seine Werke in digitalen Netzen zum Abruf bereitzuhalten sowie diese bei Abruf zu übermitteln. Relevant ist dies vor allem für Musiktauschbörsen. Das »Framen« eines Videos auf der eigenen Homepage ist jedenfalls dann zulässig, wenn es mit Zustimmung des Rechteinhabers ins Internet gestellt wurde. Ist ein Werk hingegen ohne Zustimmung des Rechtsinhabers ins Netz gestellt worden, so handelt es sich, selbst wenn § 19a UrhG nicht direkt einschlägig ist, doch um eine öffentliche Wiedergabe gem. der Generalklausel des § 15 Abs. 2 UrhG und damit um die Verletzung eines unbenannten Verwertungsrechts (BGH MMR 2016, S. 190 ff. »Die Realität II«).

e) Senderecht

Funksendungen unterliegen eigenen Regelungen. Das Recht der Wie- **61** dergabe eines Werks in einer Funksendung kann daher nicht aus dem Vorführungsrecht nach § 19 Abs. 4 UrhG abgeleitet werden. Das **Senderecht** ist das Recht, das Werk durch Film, Ton und Fernsehrundfunk, Satellitenfunk, Kabelfunk oder ähnliche technische Mittel der Öffentlichkeit zugänglich zu machen (§ 20 UrhG). Funk ist jedes technische Verfahren, mit dem Inhalte in Impulse umgewandelt von einer Sendestelle zu beliebig vielen Empfängern übertragen werden. Dazu zählen auch Satellitensendungen, die vom Empfänger mittels Parabolantenne empfangen werden.

Für die **öffentliche Wiedergabe von Funksendungen** (z.B. durch **62** einen Wirt im Gastraum, durch ein Kaufhaus in den Verkaufsräumen) als eines Zweitverwertungsrechts. Als weitere Verwertung des Werkes nach der Ausstrahlung ist die Einholung des Rechts gem. § 22 UrhG von der zuständigen Verwertungsgesellschaft erforderlich.

3. Sonstige Rechte

Bei den sonstigen Rechten handelt es sich um einzelne Rechte, die der **63** Urheber auf Dritte übertragen kann.

a) Vermietrecht

64 Eine Ausnahme vom Erschöpfungsgrundsatz gilt für die Vermietung (d.h. die entgeltliche Gebrauchsüberlassung). Das Vermietrecht unterliegt eigenen Vorgaben, obwohl es begrifflich ein Unterfall der Verbreitung ist. Die Vermietungsregelung des § 27 UrhG bezieht sich nur auf körperliche Werke und Vervielfältigungsstücke. Für Bild- und Tonträger gilt die Regelung des § 27 Abs. 1 UrhG, der zufolge der Vermieter – auch wenn er vom Urheber das Vermietrecht an einem Bild- oder Tonträger erlangt hat – doch dem Urheber eine angemessene Vergütung für die Vermietung zu zahlen hat.

b) Verleihrecht

65 Eine Vergütung ist dem Urheber nicht nur für das Vermieten, sondern auch für das Verleihen (unentgeltliche Gebrauchsüberlassung) von Originalen oder Vervielfältigungsstücken zu zahlen, wenn die Vervielfältigungsstücke durch eine der Öffentlichkeit zugängliche Einrichtung verliehen werden (§ 27 Abs. 2 UrhG). Das Gesetz nennt ausdrücklich Büchereien und Sammlungen von Bild- oder Tonträgern oder anderer Originale oder von Vervielfältigungsstücken. Dies können auch Museen sein. Durch die Regelung wird ausgeglichen, dass das Werk des Urhebers durch den öffentlichen Verleih von Personen genutzt wird, die kein Vervielfältigungsstück des Werks gekauft haben, wodurch dem Urheber Vergütungen entgehen.

c) Verfilmung

66 Das Recht zur Verfilmung muss dem Produzenten vom Urheber gem. §§ 88 ff. UrhG übertragen werden. Im Zweifel beinhaltet das Recht ein Werk zu verfilmen die ausschließlichen Nutzungsrechte zur Bearbeitung und Umgestaltung sowie zu deren Verwertung, zur Vervielfältigung und Verbreitung, zur öffentlichen Vorführung und zur Sendung durch Funk (§ 88 Abs. 1 UrhG).

Das Urheberrechtsgesetz unterscheidet zwischen Filmwerken und Laufbildern. Es handelt sich bei den Laufbildern um Bildfolgen sowie um Bild- und Tonfolgen, die nicht als Filmwerke geschützt sind (§ 95 UrhG).

d) Rechte bei Bearbeitung und Umgestaltung des Werks

67 Die **Bearbeitung** eines Werks bedeutet dessen Veränderung durch einen anderen als dessen Urheber, wobei das ursprüngliche Werk noch erkennbar bleibt. Durch die Bearbeitung wird das bestehende Werk verändert, es entsteht jedoch kein neues, eigenständiges Werk.

Die Bearbeitung eines Werks, auch wenn sie durch einen anderen als   **68** den Urheber erfolgt, ist ihrerseits urheberrechtlich geschützt, wie sich aus § 3 UrhG ergibt. Bearbeitungen oder andere Umgestaltungen eines Werks dürfen gem. § 23 Satz 1 UrhG nur mit **Einwilligung** des Urhebers veröffentlicht oder verwertet werden. Zur Verdeutlichung der Unterschiede folgende Übersicht.

Umgestaltung und freie Benutzung von Werken   **69**

Umgestaltung = abhängige Neuschöpfung	freie Benutzung Originalwerk dient nur als Anregung
Bearbeitung: dient dem Werk andere Umgestaltungen: dienen nicht dem Werk	
dürfen nur mit Einwilligung des Urhebers veröffentlicht oder verwertet werden § **23 UrhG**	darf als selbständiges Werk ohne Zustimmung des Urhebers des benutzten Werks veröffentlicht und verwertet werden § **24 Abs. 1 UrhG**

4. Urheberrechte in Arbeitsverhältnissen

Dem **Schöpferprinzip** des § 7 UrhG zufolge wird ein Werk demjenigen   **70** Individuum zugerechnet, das es geschaffen hat. Daher geht das Urheberrecht nicht automatisch auf den Arbeitgeber über. Jedoch kann es eine arbeitsvertragliche Pflicht zur Einräumung von Nutzungsrechten geben. Bei urheberrechtlichen Werken ist zu unterscheiden zwischen Pflichtwerken, die im Rahmen der arbeitsvertraglichen Pflichten entstehen und sog. freien Werken. Bei freien Werken ist der Arbeitnehmer grundsätzlich so zu behandeln wie sonst ein Urheber auch. Bei Pflichtwerken ist der Arbeitnehmer nach h.M. zur Übertragung von Nutzungsrechten auf den Arbeitgeber verpflichtet.

Bei Pflichtwerken, die sich innerhalb des Betriebszwecks halten, ist die   **71** Übertragung der Nutzungsrechte durch das Arbeitsentgelt abgegolten. Bei freien Werken trifft den Urheber immerhin die Pflicht, dem Arbeitgeber die Nutzungsrechte anzubieten, soweit sie sich in dessen Geschäftsfeld bewegen, da andernfalls eine Konkurrenzsituation entstehen würde. Für Computerprogramme gilt die Vermutung des § 69b UrhG, der zufolge vermögensrechtlich relevante Nutzungen im Zweifel dem Arbeitgeber zustehen.

5. Verwertungsgesellschaften

72 Der Urheber kann seine wirtschaftlichen Interessen in der Praxis nicht mehr selbst durchsetzen. Es wäre auch für die Werknutzer äußerst umständlich, wenn jeder, der urheberrechtliche Werke nutzt, den jeweiligen Urheber zu entgelten hätte. Es müsste z.b. bei einer Schlagerparade im Rundfunk für jedes Musikstück gesondert an die jeweiligen Urheber Tantiemen bezahlt werden.

73 Daher werden die Rechte der Urheber treuhänderisch von Verwertungsgesellschaften wahrgenommen.

Die erste Gründung einer Verwertungsgesellschaft geht auf den französischen Komponisten Ernest Bourget zurück, der sich schon 1847 in einem Pariser Café darüber geärgert hatte, seine eigenen Melodien zu hören, ohne dass er zuvor gefragt oder am Gewinn beteiligt worden wäre. Er verweigerte die Bezahlung seines Getränks. Im sich anschließenden Rechtsstreit wurde dem Kaffeehausbesitzer verboten, Musik Bourgets ohne dessen Erlaubnis zu spielen.

Die wichtigsten **Verwertungsgesellschaften** werden im Folgenden kurz erwähnt:

– Die **GEMA** (Gesellschaft für musikalische Aufführungs- und mechanische Vervielfältigungsrechte) ist zuständig für die Wahrnehmung der Rechte der Komponisten, der Textdichter und der Musikverleger. Es handelt sich um die älteste der Verwertungsgesellschaften.

– Die **VG Wort** (Verwertungsgesellschaft Wort) nimmt nur Zweitverwertungsrechte der Autoren und Verleger wahr. Die Erstverwertungsrechte verbleiben bei den Autoren und Verlegern. Hauptaufgabe der VG Wort ist die Verwaltung der Kopierabgabe.

– Die **VG Bild-Kunst** (Verwertungsgesellschaft Bild-Kunst) nimmt vor allem Folgerechte und Ausleihtantiemen für bildende Künstler und den Vergütungsanspruch für Bild- und Tonaufzeichnungen wahr.

– Weitere Verwertungsgesellschaften gibt es z.b. für die Wahrnehmung von Leistungsschutzrechten.

74 Der Urheber kann sich vernünftiger Weise kaum dem Anschluss an eine Verwertungsgesellschaft entziehen, weshalb die Verwertungsgesellschaften ein faktisches Monopol innehaben. Allerdings unterliegen die Verwertungsgesellschaften auch einem doppelten Kontrahierungszwang gegenüber den Urhebern: Sie haben die Rechte des Urhebers gegenüber jedem Dritten zu wahren und sie sind verpflichtet, Nutzungsrechte am Werk zu angemessenen Bedingungen einzuräumen. Verwertungsgesellschaften sind privatrechtlich (meist als wirtschaftliche Vereine) organisiert. Soweit sie öffentliche Aufgaben wahrnehmen, sind sie Beliehene. Die Einzelheiten der Rechtewahrnehmung durch die Verwertungsgesellschaften sind im **Verwertungsgesellschaftengesetz** (VGG → T 9) geregelt. Daraus ergeben sich auch Informations- und Transparenzpflichten der Verwertungsgesellschaften. Die Pauschalierungen der Verwertungsgesellschaften bei der Verteilung der Einnahmen sind zwar verfassungsrechtlich bedenklich, allerdings wohl kaum zu vermeiden (vgl. BGH NJW 2005, S. 2708 ff.). Der BGH hat die Rechte der Urheber gegenüber Verlagen gestärkt (BGH JZ 2016, S. 685 ff.).

In der Praxis befassen sich sog. Clearingstellen mit der Beschaffung der erforderlichen Rechte. Zudem sind Pauschalierungen üblich z.b. für die Musik in Rundfunkprogrammen. Für den Multimediabereich ist seit langem die Einrichtung einer einzigen Stelle (»One-stop-shop«) geplant, bei der sämtliche Rechte erworben werden können.

6. Urheberpersönlichkeitsrecht

Das Urheberpersönlichkeitsrecht ist an verschiedenen Stellen des Urheberrechtsgesetzes geregelt. Die wichtigsten Ausprägungen des Urheberpersönlichkeitsrechts finden sich in den §§ 12–14 UrhG. Es handelt sich dabei um: **75**
1. Veröffentlichungsrecht (§ 12 UrhG)
2. Recht auf Anerkennung der Urheberschaft (§ 13 UrhG)
3. Recht, Entstellungen des Werks zu verhindern (§ 14 UrhG).
Weitere Urheberpersönlichkeitsrechte sind:
4. Zugangsrecht (§ 25 UrhG)
5. Änderungsverbot (§ 39 UrhG)

a) Veröffentlichungsrecht

Das Recht zur Veröffentlichung gem. § 12 UrhG gibt dem Urheber die Befugnis zu bestimmen, ob, wann und wie sein Werk der Öffentlichkeit zugänglich gemacht wird. Es wird auch von Erstveröffentlichungsrecht gesprochen. **76**

Fall: Autor A hat nach Überzeugung seines Freundes F einen hervorragenden Roman geschrieben, wagt jedoch nicht dessen Veröffentlichung. F spielt das Manuskript dem Verlag V zu. Eine Veröffentlichung des Romans durch V würde einen Verstoß gegen das Urheberpersönlichkeitsrecht des A und zwar sein Veröffentlichungsrecht darstellen.

An einer Zurückhaltung von Informationen kann beispielsweise in der Archäologie ein Interesse bestehen, um Fundstellen vor Raubgräbern zu bewahren. **77**

b) Recht auf Anerkennung der Urheberschaft

78 Das Recht auf Anerkennung der Urheberschaft des § 13 UrhG bezieht sich vor allem auf das **Namensnennungsrecht** des Autors. Er hat allerdings auch das Recht, das Werk anonym oder unter einem Pseudonym erscheinen zu lassen. Das Recht auf Anerkennung der Urheberschaft endet an der Grenze des Üblichen und für den Zuschauer Zumutbaren. Ebenso wenig wie jedes Gebäude eine Tafel mit dem Namen des Architekten tragen muss, sind im Filmabspann alle Mitwirkenden zu nennen.

Das Namensnennungsrecht wird verletzt, wenn auf einer Webseite mittels eines Hyperlinks zu einem urheberrechtlich geschützten Werk geführt wird, ohne ausdrücklich auf den Urheber des Werks hinzuweisen. Zu beachten ist dabei der weite Werkbegriff, der nicht ein eingescanntes Buch o.ä. voraussetzt, sondern auch bei einzelnen Texten und Bildern zu bejahen sein kann. Lediglich wenn auf die Herkunft der fremden Webseite ausdrücklich hingewiesen wird, ist dem Nennungsrecht Genüge getan. Wird durch den Hyperlink der Eindruck erweckt, es sei die urheberrechtliche Nutzung des verwiesenen Werks ohne weiteres möglich, so kann in der Einrichtung des Hyperlinks die Teilnahme an einer Urheberrechtsverletzung liegen.

c) Recht, Entstellungen des Werks zu verhindern

79 Mit dem Recht, Entstellungen des Werks zu verhindern, das in § 14 UrhG eingeräumt ist, kann sich der Urheber gegen eine verfälschende Wiedergabe seines Werks zur Wehr setzen. Damit sollen, wie der Wortlaut ausdrückt, die berechtigten geistigen oder persönlichen Interessen des Urhebers geschützt werden. Erforderlich ist die – nicht immer einfache – Abgrenzung der Entstellung eines Werks von der oben erwähnten, zulässigen Bearbeitung gem. § 23 UrhG und der freien Benutzung gem. § 24 UrhG. Der »Klassiker« ist das Fresko badender Sirenen in einem Treppenhaus, das vom Eigentümer an den von ihm als anstößig empfunden Stellen übermalt worden war (RGZ 79, S. 397 ff.). Das Urheberpersönlichkeitsrecht kann jedoch auch durch die Art und Weise der Werkwiedergabe beeinträchtigt werden. Ein Beispiel ist die Wiedergabe eines Musikstücks auf der Wahlkampfveranstaltung einer vom BVerfG als verfassungsfeindlich eingestuften Partei (BGH K&R 2017, S. 783). Der BGH ordnet auch die Werkzerstörung der Entstellung zu. Die Vernichtung kann das Fortwirken des Werks als Ausdruck der Persönlichkeit seines Schöpfers vereiteln oder erschweren. Durch die Vernichtung wird das geistige Band zwischen dem Urheber und seinem Werk zerschnitten (BGH NJW 2019, S. 2322).

d) Zugangsrecht

Das Recht auf Zugang zu den noch vorhandenen Exemplaren des Werks   **80**
in § 25 UrhG soll dem Urheber ermöglichen, das von ihm geschaffene
Werk wieder zu sehen, beispielsweise um sich für weitere Exemplare einer
Serie zu inspirieren. Das Zugangsrecht ist daher vor allem bei Werken der
bildenden Kunst relevant. Es hat darüber hinaus Bedeutung für die
Durchsetzung anderer Rechte des Urhebers, beispielsweise um zu über-
prüfen, ob sein Werk entstellt worden ist. Für die Medien hat dieses
Recht nur geringe Auswirkungen.

e) Änderungsverbot

Das Änderungsverbot ist in § 39 UrhG normiert. Es greift gegenüber dem   **81**
Inhaber eines Nutzungsrechts und verhindert auch solche Veränderungen
am Werk, die es nicht entstellen. Wichtig ist das beispielsweise für Kür-
zungen eines Romans.

f) Das Urheberpersönlichkeitsrecht in Arbeitsverhältnissen

Das Urheberpersönlichkeitsrecht ist ein höchstpersönliches Recht und   **82**
kann daher nicht auf Dritte übertragen werden (§ 29 Abs. 1 UrhG). Es
kann anderen lediglich zur Ausübung überlassen werden. Besonders wichtig ist das für **Arbeitsverhältnisse** (→ 5 Rdnr. 70 f.). Das Urheberpersönlichkeitsrecht entsteht in der Person desjenigen, der die eigenschöpferische Leistung erbracht hat, mithin beim jeweiligen Journalisten oder Redakteur, nicht beim Dienstherrn oder Auftraggeber und erlischt nicht mit
dem Tod des Urhebers, sondern geht auf dessen Erben über (§ 28 UrhG).

Ausnahmsweise können Änderungen zulässig sein, wenn dies vertrag-   **83**
lich mit dem Urheber vereinbart worden ist oder wenn der Urheber seine
Einwilligung nach Treu und Glauben nicht verweigern kann (§ 39 Abs. 1,
2 UrhG). Letzteres ist vor allem bei unwesentlichen oder verkehrsübli-
chen Änderungen anzunehmen.

VII. Schranken des Urheberrechts

84   Das Urheberrecht ist nicht schrankenlos gewährleistet. Vielmehr gibt es eine Reihe von Vorschriften, die es ermöglichen, ein Werk frei zu nutzen, auch wenn es grundsätzlich dem Urheberrecht unterfällt. Solche Vorschriften beziehen sich zum einen auf Werke, die ihrer Natur nach frei genutzt werden dürfen. Zum anderen unterliegt das Urheberrecht zeitlichen Grenzen. Schließlich gibt es inhaltliche Beschränkungen der Ausübung von Urheberrechten.

1. Amtliche Werke

85   Keinen urheberrechtlichen Schutz genießen Gesetze, Verordnungen, amtliche Erlasse und Bekanntmachungen sowie Entscheidungen und amtlich verfasste Leitsätze zu Entscheidungen (§ 5 UrhG). Diese Werke sollen von der Allgemeinheit zur Kenntnis genommen werden können, weshalb ihre Verbreitung nicht behindert werden darf.

2. Sammlungen für religiösen Gebrauch

86   Verschiedene weitere Schranken betreffen beispielsweise vorübergehende Vervielfältigungshandlungen (§ 44a UrhG) oder den Zugang für Behinderte (§ 45a UrhG). Erwähnt werden soll hier die Ausnahmevorschrift für den religiösen Gebrauch. § 46 UrhG macht unter bestimmten Voraussetzungen die Veröffentlichung von Werken für Sammlungen für den Gebrauch religiöser Feierlichkeiten zulässig.

3. Öffentliche Reden, Zeitungsartikel, Rundfunkkommentare

87   Für die Medien sind insbesondere die Regelungen über die Vervielfältigung von öffentlich gehaltenen Reden in § 48 UrhG sowie von Zeitungsartikeln und Rundfunkkommentaren in § 49 Abs. 1 UrhG von Relevanz.

88   Unbeschränkt zulässig ist die Vervielfältigung, Verbreitung und öffentliche Wiedergabe von vermischten Nachrichten tatsächlichen Inhalts und von Tagesneuigkeiten, die durch Presse oder Funk veröffentlicht worden sind (§ 49 Abs. 2 UrhG). In dieser Regelung kommt die unbeschränkte Nachrichtenfreiheit der Medien zum Ausdruck. Demgegenüber besteht eine nur beschränkte Nachdruckfreiheit von Kommentaren und Artikeln der aktuellen Tagespresse und von Rundfunkanstalten gem. § 49 Abs. 1 UrhG. Erforderlich ist zudem die Zahlung einer Vergütung an den Urheber. Eine ähnliche Vorschrift ist § 50 UrhG für die Bild- und Tonberichterstattung über Tagesereignisse in Funk, Film und aktuellen Presseorganen. Zulässig ist daher z.b. ein elektronischer Fernsehprogrammführer, in dem einzelne Lichtbilder aus urheberrechtlich geschützten Fernsehsendungen zur Illustrierung des Inhalts eines angekündigten Programmpunktes gezeigt werden. »Tagesereignis« ist jedes aktuelle Geschehen, das für die Öffentlichkeit von allgemeinem Interesse ist, mithin auch die Programme bzw. Programmpunkte der großen Fernsehsender (OLG Köln MMR 2005, S. 182 f.). Allerdings dürfen Werke, die im Zusammenhang mit einem Tagesereignis, z.b. anlässlich einer Ausstellungseröffnung gezeigt werden dürfen, nicht dauerhaft in ein Online-Archiv eingestellt werden (BGH MMR 2011, S. 544).

Umstritten war, ob die Ausnahmevorschrift des § 49 UrhG auch auf **89** Pressespiegel anwendbar ist. **Pressespiegel** dienten früher hauptsächlich dazu, die Mitarbeiter eines Unternehmens über die Darstellung des Betriebs in der Presse oder über bestimmte betriebsbezogene Themen zu informieren und bestanden aus ausgeschnittenen und aufgeklebten Artikeln unterschiedlicher Presseorgane.

Der BGH hat diese Frage differenzierend beantwortet. Demnach sind **90** interne, nicht kommerziell angebotene Pressespiegel auch dann zulässig, wenn sie in elektronischer Form erstellt werden, wohingegen **kommerziell** Dritten angebotene Pressespiegel urheberrechtlich **unzulässig** sind. Unerheblich ist demgegenüber, ob es sich um einen traditionellen aus Zeitungsausschnitten bestehenden Pressespiegel handelt oder um einen elektronischen Pressespiegel (BGH AfP 2002, S. 237 ff.).

Sind **interne elektronische Pressespiegel** somit grundsätzlich gemäß **91** § 49 UrhG zulässig, so sind doch die **Anwendungsvoraussetzungen** dieser Norm zu beachten. Lediglich einzelne Artikel dürfen in einen elektronischen Pressespiegel aufgenommen werden, nicht jedoch der gesamte Inhalt eines Pressewerks. Zulässigerweise verwendet werden dürfen nur Artikel, die sich politischen, wirtschaftlichen oder religiösen Tagesfragen widmen. Unter »Artikel« versteht die urheberrechtliche Literatur im Übrigen lediglich Sprachwerke, was ein Einscannen von bebilderten Artikeln insgesamt ausschließen dürfte. Die Aufnahme eines Artikels in einen elektronischen Pressespiegel ist zudem dann unzulässig, wenn der einzelne Artikel mit einem Rechtevorbehalt versehen worden ist.

Eine verwandte, wenn auch nicht identische Problematik findet sich **92** bei **Suchmaschinen**, die aufgrund vorher eingegebener Suchbegriffe nach Zeitungsartikeln sucht, die von Verlagen zum freien Abruf in das Internet eingestellt worden sind. Auf diese Weise ist es möglich, sich einen individuellen Nachrichtenüberblick zusammenstellen zu lassen, der ganz auf die persönlichen Wünsche ausgerichtet ist. Da hier die Artikel von den Verlagen bereits ins Internet gestellt worden sind, ist das elektronische Hinführen zu diesen Artikeln keine Verletzung des Urheberrechts. Verneint wurde in diesem Fall im Übrigen auch ein Wettbewerbsverstoß (BGHZ 156, S. 1 ff. »Paperboy« → E 86).

4. Zitatrecht

93 Die Möglichkeit zur Übernahme urheberrechtlich geschützter Werke oder von Teilen davon ergibt sich weiterhin aus dem **Zitatrecht**. Das Zitatrecht ist in § 51 UrhG geregelt. Zu unterscheiden sind das Großzitat und das Kleinzitat. **Großzitate** bedeuten die vollständige Übernahme von Werken in ein selbständiges wissenschaftliches Werk zur Erläuterung des Inhalts. Großzitate sind gem. § 51 Nr. 1 UrhG nur zur Aufnahme in ein selbständiges wissenschaftliches Werk zur Erläuterung des Inhalts zulässig. Aus der Einschränkung des Urheberrechts zugunsten des geistigen Gedankenaustauschs durch die Zitierfreiheit des § 51 Nr. 1 UrhG ist die Wertung zu entnehmen, dass den wissenschaftlichen Zwecken gegenüber den Urheberinteressen eine herausragende Rolle zukommt. Nicht gerechtfertigt sind Übernahmen, um die Kosten für eigene Recherchen zu ersparen, z.B. die Übernahme fremder Filmsequenzen in einem Dokumentarfilm.

94   **Kleinzitate** beziehen sich hingegen nur auf Auszüge aus urheberrechtlich geschützten Werken. Kleinzitate dürfen gem. § 51 Nr. 2 UrhG in einem selbständigen Sprachwerk aufgeführt werden. Das ist der Fall, wenn sie als Beleg für die im Zitat vertretene Auffassung, als Beispiel, zur Verdeutlichung oder zur Vertiefung des Dargelegten dienen. Ein wissenschaftlicher Anspruch des zitierenden Werks ist für das Kleinzitat nicht erforderlich. Zulässig ist jedoch nur die Wiedergabe kleiner Ausschnitte des Werks. Soweit sich eine inhaltliche Auseinandersetzung anschließt, können ausnahmsweise größere Werkteile zitiert werden, z.B. ein Gedicht oder es kann ein Gemälde abgebildet werden (sog. großes Kleinzitat). Zur Wahrnehmung des Zitatrechts dürfen auch Abbildungen oder sonstige Vervielfältigungen des zitierten Werks verwendet werden (§ 51 Satz 2 UrhG). Damit von einem Zitat überhaupt die Rede sein kann, ist eine Quellenangabe gem. § 63 UrhG erforderlich.

5. Vervielfältigungen zum privaten und sonstigen eigenen Gebrauch

95 Vervielfältigungen zum privaten und sonstigen eigenen Gebrauch sind als Ausnahme von den urheberrechtlichen Befugnissen mit Einschränkungen zulässig (§ 53 Abs. 1 UrhG). Ein umfassendes »Recht auf Privatkopie« gibt es daher nicht, ohne dass darin eine Verletzung des Eigentumsgrundrechts liegen würde (vgl. BVerfG MMR 2005, S. 751, 753). Unterschieden wird zwischen privatem Gebrauch in der Privatsphäre und dem sonstigen eigenen Gebrauch, der auch beruflichen oder erwerbswirtschaftlichen Zwecken dienen kann. Allerdings sind die Zulässigkeitsvoraussetzungen relativ eng gezogen. Das gilt insbesondere für die Herstellung von einzelnen Vervielfältigungsstücken zur Aufnahme in ein eigenes Archiv, zur eigenen Unterrichtung über Tagesfragen, wenn es sich um ein durch Funk gesendetes Werk handelt oder zum sonstigen eigenen Gebrauch, wenn kleine Teile eines erschienenen Werks oder einzelne Beiträge vervielfältigt werden, die in Zeitungen oder Zeitschriften erschienen sind (§ 53 Abs. 2 Nr. 2, Nr. 3, Nr. 4a UrhG). Durch die Ausnahme zum eigenen Gebrauch wird der Informationsfreiheit Rechnung getragen.

Dürfen in solchen Fällen grundsätzlich Vervielfältigungen zum privaten **96** Gebrauch hergestellt werden, darf doch zur Vervielfältigung **nicht eine »offensichtlich rechtswidrig hergestellte Vorlage«** verwendet werden. § 53 Abs. 1 UrhG verlangt zudem, dass nicht eine rechtswidrig »öffentlich zugänglich gemachte Vorlage« verwendet worden ist, denn auch eine rechtmäßig erworbene, allerdings unzulässiger Weise ins Internet eingestellte Vorlage kann nicht die Grundlage einer zulässigen Privatkopie sein. Zivilrechtliche Ansprüche bestehen davon unabhängig zusätzlich. Unzulässig ist daher das Kopieren von Musik, Filmen und Computersoftware, wenn diese üblicherweise nur gegen Entgelt angeboten werden, insbesondere die Übernahme aus Tauschbörsen und Newsgroups. Keinesfalls erlaubt § 53 UrhG das Außerkraftsetzen einer technischen Kopiersperre und sei es durch den Erwerber des Werkstücks selbst (→ 5 Rdnr. 114 f.). Insoweit bestehen lediglich zivilrechtliche Ansprüche gegen den Rechteinhaber, um von seinem Recht »im erforderlichen Maße Gebrauch machen zu können« (§ 95b Abs. 1 UrhG).

In der Praxis wird die IP-Adresse des Rechtsverletzers auf dem Weg **97** von Probedownloads durch spezialisierte Ermittlungsfirmen eruiert. Mithilfe des Auskunftsanspruchs gem. § 101 UrhG wird anschließend über den Provider die Adresse des Anschlussinhabers ermittelt. Hierbei wird zunächst vermutet, dass der Anschlussinhaber zugleich der Täter der Urheberrechtsverletzung ist. Durch Darstellung eines möglichen alternativen Geschehensablaufs kann der Anschlussinhaber diese Vermutung widerlegen. Versucht wird dies häufig, wenn Dritte (z.B. Mitbewohner oder Kinder) den Internetanschluss mitverwenden. In diesen Fällen kommt allerdings allenfalls noch eine Haftung des Anschlussinhabers als sog. Störer in Betracht. Als Störer haftet ein Anschlussinhaber, der grundlegende Prüf- und Schutzpflichten missachtet oder wenn sein WLAN-Anschluss nicht ausreichend gegen Fremdzugriff gesichert ist (BGH NJW 2010, S. 2061 »Sommer unseres Lebens«). Er haftet indes nicht für eigene Kinder, wenn keine Anhaltspunkte für eine Urheberrechtsverletzung vorliegen (BGH NJW 2013, S. 1441 »Morpheus«).

98 Eine Ausnahme der Zulässigkeit von Vervielfältigungen zum eigenen Gebrauch besteht für **Datenbankwerke**, deren Elemente einzeln mit Hilfe elektronischer Mittel zugänglich sind (§ 53 Abs. 5 UrhG). Unzulässig ist weiterhin das Kopieren von **Noten** und eine im Wesentlichen vollständige Vervielfältigung **ganzer Bücher** oder Zeitschriften und sei es auch für den privaten Gebrauch (§ 53 Abs. 4 UrhG). Unzulässig ist es, Filme von offensichtlich illegalen Streaming-Filmportalen, die üblicher Weise aus dem Ausland angeboten werden, zu nutzen. Es handelt sich grundsätzlich um eine Vervielfältigung gem. § 16 UrhG. Die Ausnahmevorschrift des § 44a UrhG bezieht sich auf nur vorübergehende Vervielfältigungshandlungen und soll lediglich Übertragungsvorgänge durch einen Vermittler oder die rechtmäßige Nutzung eines Werkes ohne eigenständige wirtschaftliche Bedeutung ermöglichen.

99 Für **Computerprogramme** ist die Sonderregelung des § 69c UrhG zu beachten: Die Erstellung einer Sicherungskopie ist dem berechtigten Nutzer eines Computerprogramms durch § 69d Abs. 2 UrhG ausdrücklich gestattet (zur Frage der Zulässigkeit des Vertriebs gebrauchter Softwarelizenzen BGH GRUR 2014, S. 264 ff.).

6. Gesetzlich erlaubte Nutzungen für Unterricht und Wissenschaft

100 Gewichtige Ausnahmen von den urheberrechtlichen Befugnissen macht der Gesetzgeber für »**Bildungseinrichtungen**«. Hierunter werden u.a. »frühkindliche Bildungseinrichtungen, Schulen, Hochschulen« und andere Bildungseinrichtungen verstanden (§ 60a Abs. 4 UrhG). Die Aufzählung dieser so unterschiedlichen Einrichtungen erstaunt, da eine verfassungsrechtliche Rechtfertigung des Eingriffs in das geistige Eigentum bei den ersten beiden Bildungseinrichtungen sicherlich nicht durch die Wissenschaftsfreiheit erfolgen kann. Gem. § 60a Abs. 1 UrhG dürfen zur Veranschaulichung des Unterrichts und der Lehre an Bildungseinrichtungen zu nichtkommerziellen Zwecken **bis zu 15%** eines veröffentlichten Werkes **vervielfältigt** oder sonst öffentlich wiedergegeben werden. Allerdings gilt dies nur für Lehrende und Teilnehmer der jeweiligen Veranstaltung. Eine ähnliche Ausnahme gilt für Prüfer und für Dritte soweit es der Präsentation des Unterrichts an der Bildungseinrichtung dient. Abbildungen, einzelne Beiträge aus derselben Fachzeitschrift oder wissenschaftlichen Zeitschrift, sonstige Werke geringen Umfangs und vergriffene Werke dürfen vollständig genutzt werden (Abs. 2). Nicht aufgeführt werden hingegen Artikel aus Zeitungen. Verschiedene, ausdrücklich bestimmte Nutzungen sind von diesem Erlaubnistatbestand ausgenommen, beispielsweise Vervielfältigungen durch Aufnahmen auf Bild- oder Tonträger während eines öffentlichen Vortrags oder einer Auf- oder Vorführung. Ausgenommen sind zudem spezifisch für Schulen geschaffene Werke und Noten (Abs. 3).

Für **Sammlungen von Unterrichts- und Lehrmedien** dürfen deren **101** Hersteller bis zu **10%** eines veröffentlichten Werkes vervielfältigen, verbreiten und öffentlich zugänglich machen (§ 60b Abs. 1 UrhG).

In einer eigenen Norm sind Vervielfältigungen, Verbreitungen und öf- **102** fentliche Zugänglichmachung zum Zwecke der nichtkommerziellen **wissenschaftlichen Forschung** geregelt. Gem. § 60c Abs. 1 UrhG dürfen bis zu **15%** eines Werks auf diese Weise genutzt werden für einen bestimmten abgegrenzten Kreis von Personen für deren eigene wissenschaftliche Forschung und für einzelne Dritte, soweit dies der Überprüfung der Qualität wissenschaftlicher Forschung dient. Für **eigene wissenschaftliche Forschung** dürfen bis zu **75%** eines Werks **vervielfältigt** werden (§ 60c Abs. 2 UrhG). Wiederum dürfen u.a. Abbildungen, Werke geringen Umfangs und vergriffene Werke vollständig genutzt werden (§ 60c Abs. 3 UrhG). Auch hier sind Zeitungen nicht aufgeführt. Im Interesse wissenschaftlicher Forschung darf auch eine Vielzahl von Werken **automatisiert ausgewertet** werden (§ 60d UrhG »**Text und Data Mining**«).

Neben besonderen Rechten für Archive, Museen und Bildungseinrich- **103** tungen in § 60f UrhG werden für **Bibliotheken** in § 60e UrhG eigene Nutzungsrechte normiert, sofern diese keine kommerziellen Zwecke verfolgen. Besonders wichtig ist Abs. 4 dieser Vorschrift, derzufolge Bibliotheken **an Terminals in ihren Räumen** ein Werk aus ihrem Bestand zugänglich machen dürfen. Hierbei werden neben Forschungszwecken auch »private Studien« zugelassen. Je Sitzung dürfen Bibliotheken dem Nutzer Vervielfältigungen an den Terminals von bis zu **10%** eines Werks ermöglichen. Zulässig ist dies auch im Hinblick auf einzelne Abbildungen, Beiträge aus derselben Fachzeitschrift oder wissenschaftlichen Zeitschrift, sonstigen Werken geringen Umfangs und von vergriffenen Werken. Voraussetzung ist, dass dies nicht zu kommerziellen Zwecken geschieht. Allerdings fragt sich, wie Bibliotheken die Möglichkeit haben sollten, sicherzustellen, dass aus nichtkommerziellen Gründen vervielfältigt wird. Ebenso ist fraglich, was die Beschränkung auf 10 % nützen soll, wenn bei jeder weiteren Sitzung andere Teile des Werks vervielfältigt werden können.

Für die gesetzlich erlaubten Nutzungen sieht § 60h UrhG **Vergü-** **104** **tungsansprüche** vor. In der ursprünglichen Fassung des Gesetzes war dies vergütungsfrei vorgesehen gewesen, was vom BVerfG als verfassungswidrig – da mit der Eigentumsgarantie des Art. 14 GG unvereinbar – an-

gesehen wurde (BVerfGE 31, S. 229, 242 ff. »Schulbücher-Entscheidung«
→ E 77; vgl. die Beschränkung des § 45a UrhG für behinderte Menschen). Eine noch weitergehendere Einschränkung der Urheberbefugnisse
bei Schulfunksendungen in § 47 UrhG und der Sendung von Musikwerken in Vollzugsanstalten gem. § 52 Abs. 1 Satz 3 UrhG, die beide ohne
Entgelt zulässig sind, wurde demgegenüber vom BVerfG als verfassungsmäßig beurteilt (BVerfGE 31, S. 270, 273 ff. »Schulfunksendungen«;
BVerfGE 79, S. 29, 38 ff. »Vollzugsanstalten«). Handelt es sich dabei zwei-
felsohne um sinnvolle Zielsetzungen, so fragt sich doch, ob es die Urheber
sind, die ein solches »Solidaropfer« zur Erfüllung einer öffentlichen Aufgabe zu erbringen haben.

Diese Frage stellt sich insbesondere, da vergütungsfrei gem. § 60h
Abs. 2 Nr. 1 UrhG die öffentliche Wiedergabe für Angehörige von Bildungseinrichtungen und deren Familien ist. Wie diese Privilegierung von
Familienangehörigen zu rechtfertigen ist, bleibt offen. Zudem kann der
Anspruch auf angemessene Vergütung nur durch eine **Verwertungsgesellschaft** geltend gemacht werden (§ 60h Abs. 4 UrhG). Mag das »Gießkannenprinzip« auch hier die einzig praxistaugliche Lösung sein, so wird
es doch für Urheber häufig vervielfältigter Werke als ungerecht empfunden.

7. Unwesentliches Beiwerk

105 Urheberrechtlich geschützte Werke dürfen dann vervielfältigt, verbreitet
und öffentlich wiedergeben werden, wenn sie als unwesentliches Beiwerk
neben dem eigentlichen Gegenstand der Vervielfältigung, Verbreitung
oder öffentlichen Wiedergabe anzusehen sind (§ 57 UrhG). Diese Beschränkung des Urheberrechts darf nicht mit dem Ausnahmetatbestand
des »Beiwerks« gemäß § 23 Abs. 1 Nr. 2 KUG verwechselt werden, bei
dem es um die Darstellung von Personen geht. Von der Rechtsprechung
wird der Ausnahmetabestand eng ausgelegt. Voraussetzung für die Anwendung des § 57 UrhG ist, dass das abgebildete Werk weggelassen oder
ausgetauscht werden kann, ohne dass dies dem durchschnittlichen Betrachter auffällt oder ohne dass die Gesamtwirkung des Hauptgegenstandes
beeinflusst wird. Dies ist beispielsweise dann nicht der Fall, wenn ein Gemälde in einem Möbelkatalog, stil- oder stimmungsbildend wirkt oder
sonst charakteristisch ist, etwa für eine Film- oder Theaterszene (BGH
CR 2015, S. 596 ff.).

8. Panoramafreiheit

Zulässig ist es gem. § 59 Abs. 1 UrhG, Werke, die sich bleibend an öffentlichen Wegen, Straßen oder Plätzen befinden, zu fotografieren und öffentlich wiederzugeben. Von dieser »**Panoramafreiheit**« sind beispielsweise auch urheberrechtlich geschützte Bauwerke umfasst. Dies gilt allerdings nur, wenn die Aufnahme aus einer Perspektive gemacht wird, die das Publikum von der Straße aus mit eigenen Augen sehen kann, nicht hingegen, wenn die Aufnahme beispielsweise aus dem ersten Stock eines gegenüberliegenden Privathauses aus aufgenommen wurde (BGH NJW 2004, S. 594 »Hundertwasser-Haus« → E 79). Dies ist auch bei Aufnahmen von Straßenzügen zu beachten, die ins Internet gestellt werden sollen. Hingegen kommt es auf die Dauerhaftigkeit als solche nicht an, weshalb auch auf kurzfristige Dauer angelegte Werke wie Pflastermalereien und Schneeskulpturen von der Ausnahmevorschrift umfasst sind (anders BGH GRUR 2002, S. 605 »verhüllter Reichstag«, bei dem es sich um ein befristetes Kunstprojekt handelte).

Selbst wenn ein Eigentümer sein Grundstück öffentlich zugänglich gemacht hat, so bedarf das gewerbliche Fotografieren aufgrund der Eigentümerbefugnisse seiner Erlaubnis. Indes kann die Eigentümerbefugnis nicht die urheberrechtliche Panoramafreiheit unterlaufen (BGH CR 2011, S. 398).

106

9. Freie Benutzung

Der Urheber kann sich nicht dagegen zur Wehr setzen, dass sein Werk als Grundlage für das Werkschaffen anderer Urheber dient, wie sich aus § 24 UrhG ergibt. Allerdings muss ein »selbständiges Werk« geschaffen worden sein und es darf sich nicht lediglich um eine Bearbeitung des Ausgangswerks handeln (§ 23 UrhG; zur Abgrenzung → 5 Rdnr. 69). Eine freie Benutzung ist häufig dann anzunehmen, wenn ein Werk von einer Kunstgattung in eine andere übertragen wird, z.B. ein Roman als Ballett getanzt wird (»Don Quijote/Don Quichotte«). Demgegenüber sind Serienromane, die auf die Protagonisten und Handlungsstränge des Originals aufbauen, regelmäßig nicht als freie Benutzung anzusehen (»Laras Tochter« als Nachfolgeroman zu »Doktor Schiwago«, BGHZ 141, S. 267 → E 81). Auch eine Persiflage ist, wenn nicht der innere Abstand in einer antithematischen Behandlung zum Ausdruck kommt, nicht mehr als eine Bearbeitung des Originals. Eine freie Benutzung hat der BGH bei der Zusammenfassung von Buchrezensionen auf wenige Zeilen und damit als urheberrechtlich unbedenklich angesehen (BGH MMR 2011, S. 182, 183 »Perlentaucher« → 80).

107

10. Verwaiste Werke

108 Eine weitere Schranke urheberrechtlicher Befugnisse greift bei sog. ver-
waisten Werken. Das sind solche Werke, bei denen der Nutzungsrechts-
inhaber nicht mehr festgestellt werden kann. Dies kommt häufig bei Werken in Bild- und Tonarchiven vor. Zu beachten ist allerdings, dass nicht
jeder und in beliebiger Weise diese Werke nutzen kann. Mithin werden
»verwaiste Werke« keinesfalls »gemeinfrei«. § 61 Abs. 2 UrhG umschreibt
minutiös, welche öffentlich zugänglichen Einrichtungen wie Bibliotheken, Museen u.s.w. verwaiste Werke vervielfältigen und öffentlich zugänglich machen dürfen. Festgelegt wird dort auch nochmals ausdrücklich
die Voraussetzung, dass der Rechtsinhaber »auch durch eine sorgfältige
Suche nicht festgestellt oder ausfindig gemacht werden konnte«. Was eine
sorgfältige Suche erfordert, wird in § 61a UHG im Einzelnen ausgeführt.
Weiterhin müssen die Institutionen im Interesse des Gemeinwohls handeln, was eine kommerzielle Nutzung verwaister Werke von vornherein
ausschließt (§ 61 Abs. 5 UHG).

11. Grundrechte Dritter

109 Beschränkungen des Urheberpersönlichkeitsrechts können sich auch aus
Grundrechten Dritter ergeben. Was die **Kunstfreiheit** Dritter betrifft, so
ist dieser Rechtskonflikt bereits in § 24 UrhG, der freien Benutzung, geregelt. Ein weiterer wichtiger, nicht als solcher geregelter Konfliktfall ist
der zwischen dem Architekten, der sein Bauwerk möglichst unverändert
wissen möchte und dem Eigentümer des Gebäudes, der die Nutzung des
Werks an veränderte Gegebenheiten anpassen will. Ein Sonderfall sind
Kirchenräume, bei denen zudem noch das Grundrecht der Religionsfreiheit (Art. 4 Abs. 1, 2 GG) mitberücksichtigt werden muss. In allen diesen
Fällen ist zwischen dem allgemeinen Persönlichkeitsrecht des Urhebers
und den gegenläufigen Interessen des Eigentümers abzuwägen. Im Regelfall wird der Urheber nicht zuhindern können, dass der Eigentümer sein
Bauwerk den Erfordernissen einer sinnvollen geänderten Nutzung zufüh-
ren kann. Beim Sampling, dessen Besonderheit darin besteht, Tonsequen-
zen eines Musikstücks für ein anderes Werk der Musik zu verwenden, hat
das BVerfG dem Musiker des neuen Musikstücks aufgrund der Kunstfreiheit gegenüber dem Tonträgerhersteller des ursprünglichen Werks den
Vorrang eingeräumt (BVerfG ZUM 2016, S. 626 ff.; modifizierend und
das Urheberrecht stärkend EuGH U. v. 29.7.2019, C-476/17).

VIII. Leistungsschutzrechte

1. Übersicht

Neben dem urheberrechtlichen Schutz gibt es die **verwandten Schutz-** **110** **rechte**. Sie schützen die Leistungen derjenigen, die an der Interpretation, Vorführung oder Aufführung, Verbreitung oder Sendung von Werken maßgeblich beteiligt sind. In allen diesen Fällen handelt es sich um Leistungen, die zwar mangels persönlich-geistiger Schöpfung nicht als urheberrechtliche Werke i.S.d. § 2 UrhG schutzfähig, die aber ebenfalls schutzwürdig sind. Auch Leistungsschutzrechte sind »geistiges Eigentum« und unterfallen somit dem Schutz des Art. 14 GG (BVerfGE 31, S. 275 ff. »Bearbeiter-Urheberrechte« → E 85). Die Leistungsschutzrechte sind allerdings hinsichtlich ihres Umfangs – vor allem in zeitlicher Hinsicht – **schwächer ausgestaltet** als das Urheberrecht.

Die wichtigsten **Leistungsschutzrechte** schützen:
1. Fotografen für ihre Lichtbilder (§ 72 UrhG)
2. ausübende Künstler (§§ 73 ff. UrhG)
3. Hersteller von wissenschaftlichen Ausgaben und nachgelassenen Werken (§§ 70, 71 UrhG)
4. Tonträgerhersteller (§§ 85 f. UrhG)
5. Sendeunternehmen (§ 87 UrhG)
6. Datenbankhersteller (§§ 87a ff. UrhG)
7. Filmhersteller (§§ 88 ff., 94 UrhG)

2. Lichtbildnerschutz

Der Schutz des Fotografen für Lichtbilder bezieht sich auf alle Fotos, die **111** keinen künstlerischen Gehalt haben, da sie andernfalls als Lichtbildwerke gem. § 2 Abs. 1 Nr. 5 UrhG dem urheberrechtlichen Werkbegriff unterfielen und damit umfassenderer Schutz für sie beansprucht werden könnte (§ 72 UrhG). Ein Beispiel für Lichtbilder sind Satellitenfotos. Unter den Schutz des § 72 UrhG fallen auch Fotografien gemeinfreier Werke, auch wenn es sich um eine handwerkliche Leistung ohne künstlerische Aussage handelt (BGH ZUM 2019, S. 335, 337 »Museumsfotos«).

3. Ausübende Künstler

Die ausübenden Künstler sind gem. §§ 73 ff. UrhG geschützt. Es handelt **112** sich um Schauspieler, Musiker, Sänger, Tänzer, Dirigenten und Regisseure. Sie können sich gegen Beeinträchtigungen ihrer Darbietung zur Wehr setzen (§ 75 UrhG). Aufnahme, Vervielfältigung, Verbreitung und öffentliche Wiedergabe ihrer Darbietungen sind ihnen vorbehalten (§§ 77 f. UrhG). § 79b UrhG gewährt dem ausübenden Künstler eine gesonderte angemessene Vergütung für später bekannte Nutzungsarten.

4. Hersteller wissenschaftlicher Ausgaben

113 Ein Leistungsschutz besteht für Ausgaben urheberrechtlich nicht geschützter Werke oder Texte, wenn sie das Ergebnis wissenschaftlich sichtender Tätigkeit darstellen oder sich wesentlich von den bisher bekannten Ausgaben der Werke oder Texte unterscheiden (§ 70 Abs. 1 UrhG). Dieses Leistungsschutzrecht ist vor allem bei gemeinfrei gewordenen Werken zu beachten, wenn geplant ist, sie einer entsprechend geschützten Ausgabe zu entnehmen.

5. Tonträgerhersteller

114 Ein eigenes Recht ist für den Hersteller eines Tonträgers normiert (§ 85 UrhG). Der Begriff des Tonträgers wird weit verstanden und umfasst alle Medien, auf denen Musik zum wiederholten Abspielen gespeichert ist, beispielsweise CDs und CD-ROMs. Der Tonträgerhersteller hat das Recht der ausschließlichen Vervielfältigung und Verbreitung der hergestellten Tonträger.

Der Gesetzgeber unterstützt rechtlich Methoden des »**Digital Rights Management**«, mit denen die Hersteller selbst ihre Produkte gegen das Kopieren zu schützen versuchen, indem er das Knacken solcher Kopierschutzvorrichtungen verbietet. Gem. § 95a Abs. 1 UrhG dürfen wirksame technische Schutzmaßnahmen ohne Zustimmung des Rechtsinhabers nicht umgangen werden. Ergänzend sind bestimmte vorbereitende Handlungen verboten, wie die Werbung für Erzeugnisse, die der Umgehung technischer Maßnahmen dienen (vgl. § 95a Abs. 3 UrhG). Hiervon ist insbesondere entsprechende Umgehungssoftware erfasst. Von dem genannten Grundsatz macht § 95b Abs. 1 UrhG Ausnahmen, um bestimmten, vom Urheberrechtsgesetz begünstigten Personengruppen die Möglichkeit des Gebrauchs der geschützten Werke zu geben. Unzulässig ist es über § 95a UrhG hinaus, von Rechtsinhabern stammende Informationen für die Rechtewahrnehmung zu entfernen oder zu verändern. Diese Vorschrift bezieht sich auf Schutzmechanismen wie den »digitalen Fingerabdruck«.

115 Das Verbot der Umgehung von Schutzsystemen sowie für die Herstellung, Einfuhr, Verbreitung, den Verkauf oder die Vermietung entsprechender Hilfsmittel erlangt seine Bedeutung erst aus der Möglichkeit strafrechtlicher Sanktionierung im Falle der Zuwiderhandlung, wie dies in § 108b UrhG vorgesehen ist. Rechtsfolge ist Freiheitsstrafe bis zu einem Jahr oder Geldstrafe; gewerbsmäßiges Handeln führt zu einer Strafverschärfung. Die strafrechtliche Sanktion entfällt allerdings, wenn die Tat ausschließlich zum eigenen privaten Gebrauch des Täters oder durch mit dem Täter persönlich verbundene Personen erfolgt (§ 108b Abs. 1 UrhG). Privatkopien bleiben mithin weiter straffrei. Die zivilrechtlichen Unterlassungs- und Schadensersatzansprüche bleiben hiervon unberührt. Mithin ist auch die Privatkopie einer ordnungsgemäß erworbenen aber kopiergeschützten CD verboten (BVerfG NJW 2006, S. 42).

6. Sendeunternehmen

Sendeunternehmen haben das ausschließliche Recht, ihre Funksendungen **116** weiterzusenden, sie auf Bild- oder Tonträger aufzunehmen und sie an Stellen, die der Öffentlichkeit nur gegen Zahlung eines Eintrittsgelds zugänglich sind, öffentlich wahrnehmbar zu machen (§ 87 Abs. 1 UrhG).

7. Presseverleger

Durch §§ 87 f. UrhG wird Presseverlegern explizit das Recht eingeräumt, **117** Presseerzeugnisse zu gewerblichen Zwecken öffentlich zugänglich zu machen. Ausgenommen von dem Leistungsrecht für Presseverleger sind lediglich einzelne Wörter und kleinste Textausschnitte. Der Begriff »kleinste Textausschnitte« ist vom Gesetz nicht definiert und lässt sich kaum mit Eindeutigkeit interpretieren. Faktisch entfaltet die Regelung wenig Wirkung, da sich Suchmaschinenbetreiber vorbehalten, die Angebote von Presseverlagen aus ihren Suchergebnissen auszuschließen, was mit noch größeren wirtschaftlichen Nachteilen für diese verbunden wäre.

8. Besonderheiten bei Filmen

Soll ein Buch verfilmt werden, muss sich der Hersteller das **Nutzungs-** **118** **recht des Urhebers** übertragen lassen. Das gilt auch für ein eigens für den Film hergestelltes Drehbuch. Hauptpflicht des Herstellers aus dem Verfilmungsvertrag ist die Pflicht zur Zahlung der vereinbarten Vergütung an den Urheber. Eine Verpflichtung zur Herstellung und Verbreitung des Filmwerks wird – anders als beim Verlagsvertrag – nicht begründet, wenn diese nicht ausdrücklich vereinbart ist.

Für Verfilmungsverträge hat das Urheberrechtsgesetz in den §§ 88, 89 UrhG eigenständige Regelungen vorgesehen. Als Abweichung von der Zweckübertragungslehre (→ 5 Rdnr. 37) greifen weitgehende **Vermu-**

tungen für die Einräumung von Nutzungsrechten an den Filmhersteller. Grund dafür ist, dass dem Hersteller eine möglichst ungestörte Verwertung des Filmwerks gesichert werden soll. Auf diese Weise soll zu Investitionen in die Filmproduktion ermuntert werden. Wer als Urheber gestattet, sein Werk zu verfilmen, überträgt im Zweifel bestimmte, im Einzelnen aufgeführte Nutzungsrechte an den Hersteller. Hierunter fallen insbesondere die Rechte der Vervielfältigung und der Verbreitung des Filmwerks. Häufig lässt sich der Hersteller eines Kinofilms auch das Recht zur Verwertung durch Sendung im Fernsehen einräumen.

119   Die Fälle der **Mitwirkung an einem Filmwerk** regelt § 89 Abs. 1 UrhG, wenn keine abweichende Vereinbarung getroffen wurde. Wer sich zur Mitwirkung bei der Herstellung eines Filmes verpflichtet, räumt – für den Fall, dass er ein Urheberrecht am Film erwirbt – dem Filmhersteller im Zweifel das ausschließliche Recht ein, das Filmwerk zu nutzen. Daraus folgt, dass der Filmhersteller selbst kein Urheberrecht am Filmwerk erwirbt (wenn er nicht ausnahmsweise selbst schöpferisch am Film mitwirkt).

120   Schwierigkeiten kann die Beteiligung **mehrerer Urheber** an einem Film bereiten. Erforderlich sind Beiträge ganz verschiedener schöpferisch tätiger Menschen. Der Anteil des Einzelnen an dem Endprodukt ist nur schwer auszumachen. Die lediglich am Rande Beteiligten erhalten keine eigenständigen Rechte aus dem Werk eingeräumt. Nur eigenschöpferische Tätigkeiten sind urheberrechtlich beachtlich. Regelmäßig sind Filmhersteller, Urheber vorbestehender Werke, Leistungsschutzberechtigte, Produktions- und Aufnahmeleiter, Skriptgirls, Statisten, Masken- und Kostümbildner sowie Filmarchitekten nicht Urheber eines Films. Von Ausnahmen abgesehen sind hingegen Regisseur, Kameramann und Cutter als Miturheber eines Films anzusehen.

121   Angesichts der Schwierigkeiten, die sich in Fällen der Miturheberschaft ergeben und der mangelhaften gesetzlichen Vorgaben, darf in diesen Fällen der vermögensrechtliche Teil des Urheberrechts von einer juristischen Person geltend gemacht werden. Lediglich soweit es um Persönlichkeitsrechte geht, ist die Einwilligung sämtlicher betroffener Miturheber erforderlich, etwa für eine Änderung des Werks. Indessen sieht das Urheberrechtsgesetz zu Recht Beschränkungen der Befugnisse des einzelnen Miturhebers im Interesse aller Miturheber vor. Vor allem darf ein Miturheber seine Einwilligung zur Veröffentlichung, Verwertung oder Änderung nicht wider Treu und Glauben verweigern (§ 8 Abs. 2 Satz 2 UrhG).

Die Rechte der **ausübenden Künstler** sind ebenfalls und zwar nach Maßgabe des § 93 UrhG hinsichtlich der Verwertung eingeschränkt. Der Hersteller hat nach § 94 UrhG das ausschließliche Recht zur Vervielfältigung, Verbreitung und öffentlichen Vorführung des Werks.

IX. Rechtsdurchsetzung

Zur rechtlichen Geltendmachung seiner Interessen stehen dem Urheber **122**
sowie dem Leistungsschutzberechtigten insbesondere die Ansprüche auf
Unterlassung und Schadensersatz gem. § 97 UrhG zur Verfügung. Voraussetzung eines Anspruchs ist zunächst die Verletzung eines urheberrechtlich geschützten Werks. Dies bestimmt sich nach § 2 UrhG.

Schadensersatz kann nur verlangt werden, wenn der Verletzer vorsätz- **123**
lich oder fahrlässig gehandelt hat. Zur Berechnung der Höhe des Schadensersatzes ist die Lizenzanalogie hier ausdrücklich vom Gesetz vorgesehen.

Um dem verschiedentlich beklagten Abmahnwesen entgegenzuwirken, **124**
hat der Gesetzgeber in § 97a Abs. 2 UrhG den Streitwert der anwaltlichen
Tätigkeit für Unterlassungs- und Beseitigungsansprüche auf 1.000,– EUR
beschränkt, wenn ein erstmaliger Verstoß einer natürlichen Person abgemahnt wird, sofern die Verletzung nicht im Rahmen der gewerblichen
oder selbständigen beruflichen Tätigkeit dieser Person stattgefunden hat.

Eingeschränkt wird durch das Gesetz zudem das sog. forum-shopping **125**
(d.h. die freie Wahl des Gerichtsstandorts und damit die Wahl des »vor-
teilhaftesten« Gerichts durch den Abmahner) durch eine besondere **Zu-
ständigkeitsregelung**. Klagen gegen natürliche Personen, die Urheberrechtsverletzungen nicht im Rahmen der gewerblichen oder selbständigen
beruflichen Tätigkeit begangen haben, sind am örtlich zuständigen Gericht des Urheberrechtsverletzers zu erheben (§ 104a Abs. 1 UrhG).

Weitere Ansprüche finden sich in den nachfolgenden Paragraphen. Zu **126**
nennen ist der Anspruch auf **Vernichtung** der rechtswidrig hergestellten
Vervielfältigungsstücke gem. § 98 UrhG. Zudem hat der Verletzte einen
Auskunftsanspruch gegenüber einem in gewerblichem Ausmaß tätigen
Rechtsverletzer über Herkunft und Vertriebsweg der rechtsverletzenden
Vervielfältigungsstücke gem. § 101 UrhG.

Ergänzt werden die zivilrechtlichen Ansprüche durch strafrechtliche **127**
Normen in den §§ 106 ff. UrhG. Strafrechtlich geahndet werden nicht
nur die unerlaubte Verwertung urheberrechtlich geschützter Werke, sondern auch unerlaubte Eingriffe in verwandte Schutzrechte (§ 108 UrhG,
zu beachten sind auch die Bußgeldvorschriften des § 111a UrhG).

Unterlassung und Schadensersatz im Urheberrecht

1. widerrechtliche Verletzung ——————▶ **Unterlassung**
eines Urheberrechts und § 97 Abs. 1 Satz 1, 2. Var. UrhG
Wiederholungsgefahr

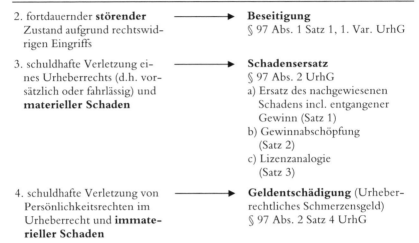

2. fortdauernder **störender**   ⟶   **Beseitigung**
Zustand aufgrund rechtswid-   § 97 Abs. 1 Satz 1, 1. Var. UrhG
rigen Eingriffs

3. schuldhafte Verletzung ei-   ⟶   **Schadensersatz**
nes Urheberrechts (d.h. vor-   § 97 Abs. 2 UrhG
sätzlich oder fahrlässig) und   a) Ersatz des nachgewiesenen
materieller Schaden   Schadens incl. entgangener
                                                    Gewinn (Satz 1)
                                                 b) Gewinnabschöpfung
                                                    (Satz 2)
                                                 c) Lizenzanalogie
                                                    (Satz 3)

4. schuldhafte Verletzung von   ⟶   **Geldentschädigung** (Urheber-
Persönlichkeitsrechten im   rechtliches Schmerzensgeld)
Urheberrecht und **immate-**   § 97 Abs. 2 Satz 4 UrhG
rieller Schaden

128 Problematisch ist die Durchsetzung von Urheberrechten bei **internatio-nalen Rechtsverletzungen** im Internet. Das Urheberrecht ist – soweit nicht internationale Abkommen greifen – dem **Territorialitätsprinzip** oder Schutzlandprinzip unterworfen, d.h. ein Urheberrecht gilt nur in dem Staat, der es normiert hat. Teilweise wird die Behauptung vertreten, es müsse die Verbreitung eines Werks im Internet insgesamt unterbleiben, wenn in nur einem Land der Welt die Verbreitung untersagt ist. In dieser Allgemeinheit ist die Aussage nicht zutreffend, vielmehr gilt es zu differenzieren: Wird eine Urheberrechtsverletzung im Inland gegenüber einer inländischen natürlichen oder juristischen Person gerichtlich untersagt, so darf die unterlegene Partei einen entsprechenden Inhalt nicht mehr ins Internet stellen, von welchem Land der Welt auch immer sie das möchte. Diese Überlegungen gelten auch dann, wenn eine Firma Internetinhalte zwar im Ausland ins Netz einspeist, wenn sie aber im Inland in der Weise präsent ist, dass gegen sie gerichtlich vorgegangen werden kann.

129 Nach deutschem Internationalen Privatrecht (IPR) richten sich Urheberrechtsverletzungen wie auch andere unerlaubte Handlungen nach dem **Tatortprinzip** (Recht am Ort der unerlaubten Handlung, Lex loci delicti commissi). Tatort ist bei Urheberrechtsverletzungen der **Handlungsort**, d.h. der Ort, an dem die unerlaubte Handlung begangen wurde. Darüber hinaus ist die Anwendung des Rechts am **Erfolgsort** möglich, das ist der Ort, an dem die Folgen der unerlaubten Handlung eingetreten sind. Nur so kann der Möglichkeit begegnet werden, von Staaten mit gering entwickeltem Urheberrecht aus Rechtsverletzungen zu begehen. Folgt man dieser zutreffenden Ansicht, so besteht zwischen Handlungs- und Erfolgsort eine Rechtswahlmöglichkeit für den Verletzten. Lässt man bei inländischer Rechtsverletzung durch eine im Ausland begangene Verletzungshandlung den Erfolgsort maßgebend sein, so ist zwar der Weg für die Anwendung deutschen Urheberrechts frei, es bleibt indessen das Problem der Rechtsdurchsetzung im Ausland, das nur im Fall von Vollstreckungsabkommen ausgeräumt ist.

Literatur

Textsammlung
Hans-Peter Hillig (Hrsg.): Urheber- und Verlagsrecht, 18. Aufl. 2019

Lehrbücher
Peter Lutz: Grundriss des Urheberrechts, 2. Aufl. 2013
Alexander Klett: Einführung in das Urheberrecht, 2014
Hermann Josef Fischer / Steven A. Reich: Der Künstler und sein Recht, 3. Aufl. 2014
Horst-Peter Götting: Gewerblicher Rechtsschutz und Urheberrecht, 3. Aufl. 2015
Manfred Rehbinder / Alexander Peukert: Urheberrecht, 18. Aufl. 2018
Hartmut Eisenmann / Ulrich Jautz: Grundriss Gewerblicher Rechtsschutz und Urheberrecht, 10. Aufl. 2015
Tobias Lettl: Urheberrecht, 3. Aufl. 2018
Matthias Pierson / Thomas Ahrens / Karsten R. Fischer: Recht des geistigen Eigentums, 4. Aufl. 2018
Rainer Engels: Patent-, Marken- und Urheberrecht, 10. Aufl. 2018
Haimo Schack: Urheber- und Urhebervertragsrecht, 9. Aufl. 2019
Joachim Gruber: Gewerblicher Rechtsschutz und Urheberrecht, 10. Aufl. 2019
Nadine Klass: Urheberrecht, 2019
Gerhard Ring: Urheberrecht, 2019
Artur-Axel Wandtke: Urheberrecht, 7. Aufl. 2019
Paul Hertin / Sandra Wagner: Urheberrecht, 3. Aufl. 2019
Ulrich Loewenheim (Hrsg.): Handbuch des Urheberrechts, 3. Aufl. 2020 (Erscheinen angekündigt)

Kommentare
Horst-Peter Götting / Justus Meyer / Ulf Vormbrock (Hrsg.): Gewerblicher Rechtsschutz und Wettbewerbsrecht, Praxishandbuch, 2011
Gunda Dreyer u.a.: Urheberrecht, 4. Aufl. erscheint 2018
Thomas Dreier / Gernot Schulze: Urheberrechtsgesetz: Urheberrechtswahrnehmungsgesetz, Kunsturhebergesetz, 6. Aufl. 2018
Friedrich Karl Fromm / Wilhelm Nordemann (u.a.): Urheberrecht. Kommentar zum Urheberrechtsgesetz und zum Urheberrechtswahrnehmungsgesetz, 12. Aufl. 2018
Hartwig Ahlberg / Horst Peter Götting (Hrsg.), Urheberrecht, 4. Aufl. 2018

Thomas Dreier / Gernot Schulze: Urheberrechtsgesetz, 6. Aufl. 2018
Rainer Engels: Patent-, Marken- und Urheberrecht, 10. Aufl. 2018
Jan Eichelberger u.a.: Urheberrechtsgesetz, 3. Aufl. 2019
Gerhard Schricker / Ulrich Loewenheim u.a. (Hrsg.): Urheberrecht. Kommentar, 6. Aufl. 2019
Thomas Wirth / Fedor Seifert: Urheberrechtsgesetz, Kommentar, 3. Aufl. 2019
Wolfgang Büscher u.a. (Hrsg.): Gewerblicher Rechtsschutz Urheberrecht Medienrecht, 4. Aufl. 2019
Artur-Axel Wandtke / Winfried Bullinger (Hrsg.): Praxiskommentar zum Urheberrecht, 6. Aufl. 2019

Sonstige Literatur

Frank Fechner: Geistiges Eigentum und Verfassung. Schöpferische Leistungen unter dem Schutz des Grundgesetzes, 1999
Patrick Fromlowitz: Das Urheberpersönlichkeitsrecht und das allgemeine Persönlichkeitsrecht, 2014
Lisa Kopp: Die Freiheit der Idee und der Schutz von Schriftwerken, 2014
Peter Hilgert / Rüdiger Greth: Urheberrechtsverletzungen im Internet, 2014
Winfried Bullinger / Arthur Axel Wandtke / Marcus von Welsen: Fallsammlung zum Urheber- und Medienrecht, 4. Aufl. 2015
Alexander Koof: Senderecht und Recht der öffentlichen Zugänglichmachung im Zeitalter der Konvergenz der Medien, 2015
Fedor Seifert: Kleine Geschichte(n) des Urheberrechts, 2014
Anne Lauber-Rönsberg: Parodien urheberrechtlich geschützter Werke, ZUM 2015, S. 658 ff.
Christian Berger / Sebastian Wündisch: Urhebervertragsrecht, 2. Aufl. 2015
Mina Kianfar: Sachfotografie und Hausrecht, 2015
Robert König: Die Wiedergabe von Werken an elektronischen Leseplätzen, 2015
Theresa Uhlenhut: Panoramafreiheit und Eigentumsrecht, 2015
Hendrik Skistims: Smart Homes, 2016
Stefan Koroch: Das Leistungsschutzrecht des Presseverlegers, 2016
Karl-Nikolaus Peifer: Die Urhebervertragsrechtsreform 2016, S. GRUR, Prax 2017, S. 1 ff.
Peter Raue / Jan Hegemann (Hrsg.): Münchener Anwaltshandbuch Urheber- und Medienrecht, 2. Aufl. 2017
Clemens Bernsteiner: Das Musikzitat im Urheberrecht, 2017
Rolf Kauglich: Die Digitaler und Verbreitung verwaister und vergriffener Werke, 2017
Rolf Schwartmann / Christian-Henner Hentsch: Falltraining im Urheberrecht, 2017
Rolf Schwartmann / Peer Bießmann: Praxishandbuch Medien-, IT- und Urheberrecht, 4. Aufl. 2017
Matthias Pierson u.a.: Recht des geistigen Eigentums, 4. Aufl. 2018
Jochen Marly: Praxishandbuch Softwarerecht, 7. Aufl. 2018
Ansgar Ohly / Franz Hofmann / Herbert Zech: Fälle zum Recht des geistigen Eigentums, 2. Aufl. 2018

Olaf Sosnitza: Fälle zum Gewerblichen Rechtsschutz und Urheberrecht, 4. Aufl. 2018

Klaus Ebling/Winfried Bullinger: Praxishandbuch Recht der Kunst, 2019

Michael Grünberger: Die Entwicklung des Urheberrechts im Jahr 2018, ZUM 2019, S. 281 ff.

Joachim von Ungern-Sternberg: Die Rechtsprechung des EuGH und des BGH zum Urheberrecht und zu den verwandten Schutzrechten im Jahr 2018, GRUR 2019, S. 1 ff.

6. Kapitel: Jugendschutz, Datenschutz, Wettbewerbsrecht, Strafrecht

In diesem Kapitel werden einige Spezialfragen zusammengefasst.

I. Jugendschutz

1. Verfassungsrechtliche Verankerung

1 Der Jugendschutz ist in der Verfassung verankert. Grundrechtlich ist er durch das Recht der Jugendlichen auf ungestörte Persönlichkeitsentwicklung abgesichert, das sich aus Art. 2 Abs. 1 i.V.m. Art. 1 Abs. 1 GG ergibt. Hinzu kommt das elterliche Erziehungsrecht des Art. 6 Abs. 2 GG, das die Erziehung des Kindes in erster Linie den Eltern überträgt. Der Jugendschutz dient der Abwehr von Gefahren, die speziell der Jugend drohen, nicht zuletzt von Seiten der Medien. Dem Staat kommt eine Pflicht zur effektiven Wahrung der Rechte von Kindern und Jugendlichen zu. Diese Schutzpflicht ist umso stärker ausgeprägt, als es der gefährdeten Personengruppe im Allgemeinen nicht möglich ist, ihre Rechte selbst durchzusetzen. Seiner Schutzpflicht wird der Staat nur dann gerecht, wenn es ihm gelingt, einen effektiven Jugendschutz zu garantieren.

2 Durch den Jugendschutz sollen im Rahmen des Möglichen die äußeren Bedingungen für eine dem Menschenbild des Grundgesetzes entsprechende **geistig-seelische Entwicklung** der Kinder und Jugendlichen gesichert werden (BVerwGE 77, S. 75, 82). Der Jugendschutz dient letztlich dem Interesse der Gemeinschaft. Er kann Beschränkungen der Presse- und der Rundfunkfreiheit wie auch der Kunstfreiheit des Art. 5 Abs. 3 GG verfassungsrechtlich rechtfertigen.

2. Gegenrechte

3 Kinder und Jugendliche sollen vor allem vor Medieninhalten bewahrt werden, deren Wahrnehmung ihre Persönlichkeitsentwicklung beeinträchtigen könnten. Da durch die Maßnahmen des Jugendschutzes die

Rechte Erwachsener an einem ungehinderten Zugang zu den jeweiligen Inhalten eingeschränkt werden, sind diese gegeneinander abzuwägen. Besonders brisant wird die Abwägung, wenn nicht nur das Informationsinteresse der erwachsenen Rezipienten, sondern die Kunstfreiheit mit zu berücksichtigen ist.

3. Gesetzgebungskompetenzen

Die Jugendschutzvorschriften ergeben sich aus den spezifischen Schutzgesetzen wie vor allem dem Jugendschutzgesetz (JuSchG) und dem Jugendmedienschutz-Staatsvertrag (JMStV).   **4**

Der Bund kann sich für den Erlass von Rechtsvorschriften zum Jugendschutz auf die konkurrierende Gesetzgebungszuständigkeit des Art. 74 Abs. 1 Nr. 7 GG berufen, das Recht der öffentlichen Fürsorge, das auch das Recht der Jugendfürsorge mit einschließt, insbesondere um Gefahren für Jugendliche im Vorfeld der Jugendhilfe abzuwehren. Im Übrigen sind jedoch die Länder für die Medien zuständig.   **5**

Der Zustand der früheren Rechtszersplitterung zwischen **Mediendiensten und Telediensten** wurde zuerst im Bereich des Jugendschutzes überwunden. Der Bund nahm seine Regelungskompetenz für den Jugendschutz in den Neuen Medien zurück, so dass die Bundesländer eine einheitliche staatsvertragliche Regelung des Jugendschutzes für alle elektronischen Medien und den Rundfunk vornehmen konnten. Unberührt blieben die Zuständigkeiten des Bundes für Schriften und Kinofilme, die unter den Begriff »Trägermedien« gefasst wurden, die den landesgesetzlich ausnormierten »Telemedien« gegenübergestellt und in einem geänderten Jugendschutzgesetz einheitlich geregelt sind. In Überschneidungsfällen ist zu differenzieren. So ist bei hybriden Spielen das JuSchG auf das auf dem Trägermedium enthaltene Grundspiel und das JuSchG auf die Ergänzungen oder Modifikationen (sog. Mods) durch die Nutzer anzuwenden.   **6**

4. Jugendschutzgesetz

a) Anwendungsbereich

Das Jugendschutzgesetz (JuSchG → T 17) hat seinen medienrechtlich relevanten Anwendungsbereich über den Jugendschutz bei Filmveranstaltungen (→ 11 Rdnr. 22 f.) hinaus auf alle »Trägermedien« ausgedehnt. **Trägermedien** sind Medien mit Texten, Bildern oder Tönen auf gegenständlichen Trägern, die zur Weitergabe geeignet, zur unmittelbaren Wahrnehmung bestimmt oder in einem Vorführ- oder Spielgerät eingebaut sind (§ 1 Abs. 2 Satz 1 JuSchG).   **7**

173

Hauptmerkmal der »Trägermedien« ist die Verbreitung von Texten, Bildern oder Tönen auf gegenständlichen Speichermedien, z.b. DVD. Hier klingt das traditionelle Abgrenzungsmerkmal der Verkörperung an. Mit umfasst ist allerdings durch § 1 Abs. 2 Satz 2 JuSchG auch die unkörperliche elektronische Verbreitung solcher Trägermedien. Dies beispielsweise, wenn der Inhalt einer CD als Attachment zu einer E-Mail verbreitet wird. Die elektronische Verbreitung wird mithin der körperlichen Verbreitung gleichgestellt. Mit dieser Regelung werden zum einen die mittlerweile deutlich vorherrschenden Verbreitungswege erfasst und zum anderen werden Umgehungen des JuSchG verhindert. Vorrangig ist jedenfalls eine vollständige Erfassung aller jugendgefährdenden Inhalte. Weiterhin wollte der Gesetzgeber auch den Aspekt der Individualkommunikation miterfassen. Ausgenommen vom Anwendungsbereich des Jugendschutzgesetzes sind lediglich Rundfunksendungen (§ 1 Abs. 2 Satz 2 JuSchG).

b) Alterskennzeichnung

8 Für Filme sowie Film- und Spielprogramme kennt das Jugendschutzgesetz die Möglichkeit der Alterskennzeichnung mit dem Ziel, dass an diese Trägermedien nur Jugendliche der entsprechenden Altersstufe gelangen (§ 14 JuSchG). Dabei wird die Alterskennzeichnung grundsätzlich von der obersten Landesbehörde vorgenommen. Das Gesetz fordert eine Mindestgröße und stellt weitere Anforderungen an die Sichtbarkeit der Alterskennzeichnung (§ 12 Abs. 2 Satz 2 JuSchG). Doch hat auch in diesem Bereich das Modell der sog. **regulierten Selbstregulierung** Einzug gehalten (→ 6 Rdnr. 24). Danach sind auch sog. Organisationen der freiwilligen Selbstkontrolle befugt, entsprechende Alterskennzeichnungen vorzunehmen. Diese Organisationen stehen jedoch in direktem Zusammenhang bzw. engem Kontakt mit der zu regulierenden Industrie.

9 Für die inhaltliche Kontrolle von Computerspielen mit der Möglichkeit einer entsprechenden Alterskennzeichnung existiert in Deutschland eine Organisation der freiwilligen Selbstkontrolle, die USK – Unterhaltungssoftware Selbstkontrolle. Derartige Organisationen können zu Gunsten der Industrie zweifelhafte Alterskennzeichnungen vornehmen, wohl wissend, dass somit eine Indizierung dieser Trägermedien gem. § 18 Abs. 8 JuSchG ausgeschlossen ist. Somit können Trägermedien, die an sich gegen das Jugendschutzrecht verstoßen, legalisiert werden.

c) Indizierung

Neben der Alterskennzeichnung kennt das Jugendschutzgesetz als härtere **10**
Maßnahme die **Indizierung**. Jugendgefährdende Medien, die geeignet
sind, die Entwicklung von Kindern und Jugendlichen oder ihre Erziehung
zu einer eigenverantwortlichen und gemeinschaftsfähigen Persönlichkeit
zu gefährden, sind in eine Liste aufzunehmen (Indizierung). Dazu zählen
vor allem unsittliche, verrohend wirkende, zu Gewalttätigkeit, Verbrechen
oder Rassenhass anreizende Medien, insbesondere bestimmte Formen von
Mord- und Metzelszenen und von Selbstjustiz, worunter sich auch **Killerspiele** subsumieren lassen (§ 18 Abs. 1 JuSchG). Ausdrücklich erwähnt
die Vorschrift neben den Trägermedien auch die Telemedien. Diese werden
allerdings nur dann in die Liste aufgenommen, wenn die zentrale Auf-
sichtsstelle der Länder für den Jugendmedienschutz die Aufnahme in die
Liste beantragt hat (§ 18 Abs. 6 JuSchG). Die Indizierung erfolgt durch die
Bundesprüfstelle (BPjM).

Die **»Bundesprüfstelle für jugendgefährdende Medien«** (§ 17 **11**
JuSchG) wird in der Regel auf Antrag tätig (§ 21 Abs. 1 JuSchG). An-
tragsberechtigt sind neben dem Bundesfamilienministerium vor allem die
Landesjugendbehörden und Jugendämter. In bestimmten Fällen kann die
Bundesprüfstelle von Amts wegen tätig werden (§ 21 Abs. 4 JuSchG).

Die **Rechtsfolgen der Indizierung** ergeben sich insbesondere aus **12**
§ 15 JuSchG. Trägermedien, deren Aufnahme in die Liste jugendgefährdender Medien bekannt gemacht ist, dürfen einem Kind oder einer jugendlichen Person nicht angeboten, überlassen oder sonst zugänglich gemacht werden (§ 15 Abs. 1 Nr. 1 JuSchG). Sie dürfen auch nicht an einem
Ort, der Kindern oder Jugendlichen zugänglich ist oder von ihnen einge-
sehen werden kann, ausgestellt, angeschlagen, vorgeführt oder sonst zugänglich gemacht werden (§ 15 Abs. 1 Nr. 2 JuSchG). Sie dürfen auch nur
in geschlossenen Geschäftsräumen und nicht im Versandhandel angeboten
werden (§ 15 Abs. 1 Nr. 3 JuSchG). Neben einigen weiteren Tatbestän-
den ist auch das Herstellen, Beziehen, Liefern, Vorrätighalten oder Ein-
führen solcher Stücke, um in der beschriebenen Weise von ihnen Gebrauch zu machen, unzulässig (§ 15 Abs. 1 Nr. 7 JuSchG).

Entsprechende Einschränkungen gelten für bestimmte Trägermedien, **13**
ohne dass es einer **Aufnahme in die Liste** oder einer Bekanntmachung
bedarf, also ohne Indizierung, gem. § 15 Abs. 2 JuSchG. Diese Erweiterung bezieht sich auf Trägermedien, die Kennzeichen verfassungswidriger
Organisationen verbreiten (§ 86 StGB), volksverhetzenden Inhalt haben
(§ 130 StGB), zu Straftaten anleiten (§ 130a StGB), Gewaltdarstellungen
enthalten (§ 131 StGB) oder pornographische Schriften verbreiten

(§§ 184 ff. StGB), die den Krieg verherrlichen, leidende Menschen in einer die Menschenwürde verletzenden Weise darstellen, Kinder oder Jugendliche in unnatürlicher, geschlechtsbetonter Körperhaltung darstellen oder **offensichtlich geeignet** sind, die Entwicklung von Kindern oder Jugendlichen oder ihre Erziehung zu einer eigenverantwortlichen und gemeinschaftsfähigen Persönlichkeit **schwer zu gefährden** (§ 15 Abs. 2 Nr. 1-5 JuSchG). Dieser Katalog wurde um § 15 Abs. 2 Nr. 3a JuSchG erweitert. Danach sind besonders realistische, grausame und reißerische Darstellungen selbstzweckhafter Gewalt, die das Geschehen beherrschen, als schwer jugendgefährdende Trägermedien einzustufen. Damit sind wiederum die sog. Killerspiele erfasst. Problematisch ist hierbei, dass die Tatbestandsmerkmale unbestimmte Rechtsbegriffe beinhalten, die nunmehr der Auslegung bedürfen. Lediglich bei schwer jugendgefährdenden Trägermedien ist mithin eine Indizierung entbehrlich. Ein Verstoß gegen die Verbote des § 15 Abs. 1 JuSchG kann mit Freiheitsstrafe oder mit Geldstrafe geahndet werden (§ 27 JuSchG).

14   In Bagatellfällen kann von einer Indizierung abgesehen werden (§ 18 Abs. 4 JuSchG). Nicht in die Liste aufgenommen werden darf ein Medium allein wegen seines politischen, sozialen, religiösen oder weltanschaulichen Inhalts sowie auch dann nicht, wenn es der Kunst oder der Wissenschaft, der Forschung oder der Lehre dient oder wenn es im öffentlichen Interesse liegt, es sei denn, dass die Art der Veröffentlichung zu beanstanden ist (§ 18 Abs. 3 Nr. 1–3 JuSchG).

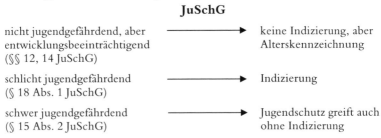

JuSchG

nicht jugendgefährdend, aber ────────▶ keine Indizierung, aber
entwicklungsbeeinträchtigend   Alterskennzeichnung
(§§ 12, 14 JuSchG)

schlicht jugendgefährdend ────────▶ Indizierung
(§ 18 Abs. 1 JuSchG)

schwer jugendgefährdend ────────▶ Jugendschutz greift auch
(§ 15 Abs. 2 JuSchG)   ohne Indizierung

5. Jugendmedienschutz-Staatsvertrag

15   In dem zwischen den Bundesländern abgeschlossenen Staatsvertrag über den Schutz der Menschenwürde und den Jugendschutz in Rundfunk und Telemedien (**Jugendmedienschutz-Staatsvertrag** – JMStV → T 16) wird der Jugendschutz im Rundfunk und in den Telemedien geregelt (§ 2 JMStV). Inhaltlich unterscheidet der Jugendmedienschutz-Staatsvertrag zwischen per se unzulässigen Angeboten, schwer jugendgefährdenden Inhalten und entwicklungsbeeinträchtigenden Angeboten.

Unzulässige Angebote sind in § 4 JMStV katalogisiert. Sie unterlie-   **16**
gen einem absoluten Verbreitungsverbot, unabhängig von einer strafrechtlichen Verantwortlichkeit für diese Angebote. Die jugendschutzrechtli-
chen Verbote greifen somit unabhängig vom Vorliegen subjektiver strafrechtlicher Tatbestandsvoraussetzungen. Erfasst sind insbesondere volksverhetzende, menschenwürdeverachtende oder kriegsverherrlichende Darstellungen (Einzelheiten in § 4 Abs. 1 JMStV). Bei einer Menschenwürdeverletzung ist eine Einwilligung unbeachtlich.

Grundsätzlich unzulässig sind ferner Angebote, die **offensichtlich ge-**   **17**
eignet sind, die Entwicklung von Kindern und Jugendlichen oder ihre
Erziehung zu einer eigenverantwortlichen und gemeinschaftsfähigen Persönlichkeit unter Berücksichtigung der besonderen Wirkungsform des
Verbreitungsmediums **schwer zu gefährden** (§ 4 Abs. 2 Nr. 3 JMStV).
Schwer jugendgefährdende Inhalte unterliegen indessen nicht einem absoluten Verbreitungsverbot wie die oben genannte erste Gruppe unzulässiger
Angebote. Sie sind zwar in Rundfunksendungen generell verboten, nicht
aber in jedem Fall in Telemedien, da insoweit besser sichergestellt werden
kann, dass Kinder und Jugendliche von den Inhalten nicht ohne Willen
der Erziehungsberechtigten Kenntnis erlangen. Zulässig sind solche Angebote in Telemedien lediglich dann, wenn der Anbieter **sicherstellt**,
dass sie **nur Erwachsenen zugänglich** sind (»geschlossene Benutzer-
gruppe« – § 4 Abs. 2 Satz 2 JMStV). Ein Altersverifikationssystem, das den
Zugang zu pornografischen Angeboten im Internet nach Eingabe einer
Ausweisnummer und der Postleitzahl des Ausstellungsortes ermöglicht,
genügt nicht den Anforderungen des § 4 Abs. 2 JMStV. Ebenso wenig
reicht es aus, wenn zusätzlich die Eingabe einer Adresse und Kreditkarten-
nummer oder Bankverbindung und die Zahlung eines geringen Betrages
verlangt wird (BGH AfP 2008, S. 182 ff.). Bei § 4 Abs. 2 JMStV handelt es
sich um eine Marktverhaltensregel i.S.d. § 3a UWG.

Den unzulässigen Angeboten stehen **entwicklungsbeeinträchtigende**   **18**
Angebote gegenüber (entspricht den »schlicht jugendgefährdenden« Angeboten im Jugendschutzgesetz). Anbieter von Inhalten, die geeignet sind, die
Entwicklung von Kindern und Jugendlichen zu einer eigenverantwortlichen
und gemeinschaftsfähigen Persönlichkeit zu beeinträchtigen, haben dafür
Sorge zu tragen, dass Kinder oder Jugendliche der betroffenen Altersstufen
diese **üblicherweise nicht wahrnehmen** (§ 5 Abs. 1 JMStV). Diese Verpflichtung erfüllt ein Rundfunkanbieter, wenn das Angebot nur zwischen
23 Uhr und 6 Uhr verbreitet oder zugänglich gemacht wird. Ist eine entwicklungsbeeinträchtigende Wirkung lediglich auf Kinder oder Jugendliche
unter 16 Jahren anzunehmen, so darf das Angebot nur zwischen 22 Uhr und
6 Uhr verbreitet oder zugänglich gemacht werden. Bei Filmen, die unter 12

Jahren nicht freigegeben sind, ist bei der Wahl der Sendezeit dem Wohl jüngerer Kinder Rechnung zu tragen (§ 5 Abs. 4 JMStV).

19   Wer länderübergreifendes Fernsehen veranstaltet, hat gem. § 7 JMStV einen Jugendschutzbeauftragten zu bestellen. Dies gilt auch für geschäftsmäßige Anbieter von allgemein zugänglichen Telemedien, die entwicklungsbeeinträchtigende oder jugendgefährdende Inhalte umfassen, sowie für Anbieter von Suchmaschinen (§ 7 Abs. 1 Satz 2 JMStV).

20   In entsprechender Weise kann ein Anbieter von Telemedien den Anforderungen des Staatsvertrags dadurch genügen, dass er Angebote, die geeignet sind, die Entwicklung und Erziehung von Kindern und Jugendlichen zu beeinträchtigen, durch technische oder sonstige Mittel die Wahrnehmung des Angebots durch Kinder oder Jugendliche der betroffenen Altersstufe unmöglich macht, wesentlich erschwert oder das Angebot mit einer Alterskennzeichnung versieht, die von geeigneten Jugendschutzprogrammen (§ 11 Abs. 1 JMStV) ausgelesen werden kann (§ 5 Abs. 3 S. 1 JMStV). Jugendschutzprogramme müssen einen nach Altersstufen differenzierten Zugang ermöglichen. Hierdurch soll eine Differenzierung der Inhalte bezüglich unterschiedlicher Entwicklungsstufen der Rezipienten durch die Erziehungsberechtigten herbeigeführt werden. Zudem müssen die Programme zur Anerkennung der Eignung einer anerkannten Einrichtung der freiwilligen Selbstkontrolle vorgelegt werden (§ 11 Abs. 1 JMStV).

21   Zuständig für die Einhaltung der Jugendschutzbestimmungen des JMStV ist letztlich die jeweilige **Landesmedienanstalt**. Konkret ist die Landesmedienanstalt des Landes zuständig, in dem die Zulassung des Rundfunkveranstalters erteilt wurde oder der Anbieter von Telemedien seinen Sitz, Wohnsitz oder in Ermangelung dessen seinen ständigen Aufenthalt hat (§ 20 Abs. 6 JMStV). Zur Erfüllung der Aufgaben der Landesmedienanstalten besteht eine **Kommission für Jugendmedienschutz (KJM)**. Sie dient der jeweils zuständigen Landesmedienanstalt als Organ bei der Erfüllung ihrer Aufgaben (§ 14 Abs. 2 JMStV). Auf Antrag der zuständigen Landesmedienanstalt kann die KJM auch mit nicht länderübergreifenden Angeboten gutachtlich befaßt werden (§ 14 Abs. 2 Satz 3 JMStV). Die KJM ist ein Sachverständigengremium mit 12 Mitgliedern, die zur Hälfte von den Landesmedienanstalten sowie von den Bundes- und Landesjugendschutzbehörden benannt werden (§ 14 Abs. 3 JMStV).

22   Die KJM ist für die abschließende Beurteilung von Angeboten nach dem JMStV zuständig (§ 16 JMStV). Im Einzelnen hat sie vor allem die Bestimmungen des JMStV zu überwachen, Einrichtungen der freiwilligen Selbstkontrolle anzuerkennen bzw. die Anerkennung zurückzunehmen oder zu widerrufen sowie Sendezeiten und Ausnahmen festzulegen, wobei sie grundsätzlich von Amts wegen tätig wird (§ 17 Abs. 1 JMStV). Auf

Antrag einer Landesmedienanstalt oder einer obersten Landesjugendbehörde hat sie ebenfalls ein Prüfverfahren einzuleiten.

    Einrichtungen freiwilliger Selbstkontrolle für Rundfunk oder Telemedien werden vom Gesetz zugelassen (§ 19 Abs. 1 JMStV). Allerdings müssen sie auf Betreiben der zuständigen Landesmedienanstalt durch die KJM anerkannt sein (§ 19 Abs. 3 JMStV). Für die **Anerkennung** stellt der JMStV Voraussetzungen auf, insbesondere die Unabhängigkeit und Sachkunde der benannten Prüfer, aber auch eine sachgerechte Ausstattung durch eine Vielzahl von Anbietern (§ 19 Abs. 2 JMStV). Solche Einrichtungen der Selbstkontrolle sind für den Rundfunkbereich die Freiwillige Selbstkontrolle Fernsehen e.V. (FSF) und für das Internet die freiwillige Selbstkontrolle Multimedia-Diensteanbieter e.V. (FSM). Anerkannt sind zudem die USK für Unterhaltungssoftware und die FSK für Filme. **23**

    Die Entscheidungen einer Selbstkontrolleinrichtung können von der KJM beanstandet und letztlich für unwirksam erklärt werden (§ 19b JMStV). Eine unmittelbare **Eingriffsbefugnis** der KJM gegenüber einem Rundfunkveranstalter besteht nur dann, wenn die Entscheidung oder die Unterlassung einer Entscheidung der Selbstkontrolleinrichtung »die rechtlichen Grenzen des **Beurteilungsspielraums überschreitet**« (§ 20 Abs. 3 JMStV). Damit zeigt sich hier ein typischer Beispielsfall für die in den Medien vielfach anzutreffende Aufteilung von Befugnissen zwischen Staat und gesellschaftlichen Einrichtungen in Gestalt der »**regulierten Selbstkontrolle**« (oder »regulierten Selbstregulierung«). **24**

    Durch den Staatsvertrag haben die Landesmedienanstalten über die KJM eine effektive Möglichkeit, den Jugendschutz in Telemedien zu gewährleisten. Die zuständige Landesmedienanstalt hat dem Anbieter gegenüber die »erforderlichen Maßnahmen« zu ergreifen und kann damit letztlich ein **Angebot untersagen und dessen Sperrung anordnen** (§ 20 Abs. 1 JMStV). Die Effektivität der Verbote des JMStV wird durch eigenständige Straf- und Ordnungswidrigkeitsbestimmungen gewährleistet (§§ 23 f. JMStV). **25**

6. Rechtsfolgen, Zuständigkeiten, flankierende Maßnahmen

a) Jugendschutzgesetz

Das JuSchG regelt teilweise ausdrücklich die sich aus einem Verstoß gegen die Bestimmungen des Gesetzes ergebenden Rechtsfolgen. So statuiert § 12 Abs. 3 Nr. 1 JuSchG beispielsweise ein Verkaufsverbot bzw. ein Verbot, bestimmte Bildträger Jugendlichen zugänglich zu machen. Darüber hinaus kann durch den Verstoß eine Straftat i.S.d. § 27 JuSchG oder eine Ordnungswidrigkeit gem. § 28 JuSchG begangen werden. **26**

Wer für die Verfolgung von Verstößen gegen das Jugendschutzgesetz zuständig ist, ergibt sich indirekt aus §§ 27, 28 JuSchG sowie aus Landesrecht. Soweit der Verstoß gem. § 27 JuSchG als Straftat qualifiziert wird, ist für deren Verfolgung die Staatsanwaltschaft zuständig (§ 160 StPO). Die Verfehlungen i.s.d. § 28 JuSchG werden lediglich als Ordnungswidrigkeiten eingestuft, zu deren Verfolgung gem. § 36 Abs. 1 Ordnungswidrigkeitengesetz (OWiG) die nach Landesrecht bestimmte Behörde zuständig ist. Dies sind in den meisten Bundesländern die Jugendämter, die in der Regel in die Landratsämter eingegliedert sind.

b) Jugendmedienschutz-Staatsvertrag

27 Welche konkrete Maßnahme die KJM durch die zuständige Landesmedienanstalt bei einem Verstoß gegen den JMStV vornimmt, ist nur teilweise ausdrücklich im Gesetz geregelt. § 20 Abs. 1 JMStV überlässt es den Landesmedienanstalten – in diesem Fall der KJM – alle erforderlichen, also verhältnismäßigen Maßnahmen zu ergreifen. Dies kann beispielsweise bei einem Verstoß gegen § 4 JMStV ein Ausstrahlungsverbot sein. Zusätzlich hierzu könnte in dem entsprechenden Verstoß eine Straftat i.s.d. § 23 JMStV oder eine Ordnungswidrigkeit gem. § 24 JMStV liegen.

28 Zur Verfolgung von Straftaten ist die Staatsanwaltschaft berufen (§ 160 StPO); die Verfolgung von Ordnungswidrigkeiten obliegt gem. § 24 Abs. 4 JMStV grundsätzlich den Landesmedienanstalten, mithin der KJM.

c) Flankierende Maßnahmen

29 Hinzuweisen ist auf die vom Gesetz verschiedentlich verwendetet Formulierung »unbeschadet strafrechtlicher Verantwortlichkeit« (z.B. § 4 Abs. 1 JMStV). Gemeint ist, dass sich der Anbieter derartiger Angebote sowohl strafrechtlich als auch jugendschutzrechtlich verantworten muss. Flankierende **strafrechtliche Normen** sind z.B. §§ 131, 184 StGB (➔ 6 Rdnr. 105). Diese Strafvorschriften haben, wie auch der JMStV, nicht nur den Schutz der Jugend im Auge, sondern die Bewahrung der Allgemeinheit vor Gewalttätigkeiten (Einzelheiten zu Verfahren und Klausuraufbau ➔ F 12, 19).

Jugendschutz

Schriften u.a. Darstellungen	Kinofilme	Rundfunk	Multimedia

»Trägermedien« JuSchG (Bund)		»Telemedien« JMStV (Länder)	
– Indizierung durch Bundesprüfstelle für jugendgefährdende Medieninhalte – keine Weitergabe indizierter oder schwer jugendgefährdender Trägermedien	– keine Vorführung nicht freigegebener Filme vor Kindern und Jugendlichen	– Landesmedienanstalten und KJM nach Selbstkontrolle (FSF/FSM) – zuständige Landesmedienanstalt trifft die erforderlichen Maßnahmen gem. Landesrecht	
		– Entzug der Sendeerlaubnis	– auch Untersagung von Angeboten und Anordnung der Sperrung durch die zuständige Behörde
→ 6 Rdnr. 10 ff.	→ 11 Rdnr. 22 ff.	→ 10 Rdnr. 199	

II. Datenschutz

1. Datenschutzgrundverordnung

Grundlage des Datenschutzrechts ist die **Datenschutzgrundverordnung** **30** (**DSGVO** → T 7). Sie ist seit Mai 2018 anwendbares Recht und geht als EU-Recht den nationalen Rechtsvorschriften vor. Im Gegensatz zur früheren Rechtslage, bei der eine Datenschutzrichtlinie der Umsetzung durch den nationalen Gesetzgeber bedürftig gewesen war, ist die Datenschutzgrundverordnung direkt und unmittelbar in den Mitgliedstaaten anwendbar. Desungeachtet ist das **Bundesdatenschutzgesetz (BDSG)** zum 25. Mai 2018 neu gefasst worden. Dort finden sich ergänzende Vorschriften, vor allem zu den Rechtsgrundlagen der Verarbeitung personenbezogener Daten (§§ 3 ff. BDSG), den Rechten der betroffenen Person (§§ 32 ff. BDSG) sowie zur Datenübermittlung an Drittstaaten und an internationale Organisationen (§§ 78 ff. BDSG).

2. Verhältnis der DSGVO zum nationalen Recht

31   Noch weithin ungeklärt ist die Frage des Verhältnisses der Datenschutz-grundverordnung zu den nationalen Normen, die sich ebenfalls mit dem Datenschutz befassen, wie dem TMG und dem RStV. Unklar ist vor allem das Verhältnis zu den Normen des KUG, erfasst die DSGVO doch auch das Fotografieren von Personen. Gerade im Fall des KUG ist offensichtlich, dass es sich um überschneidende Kreise handelt. So erfasst das KUG doch beispielsweise auch gezeichnete Karikaturen, die DSGVO hingegen nicht, die DSGVO betrifft auch das Fotografieren, das KUG lediglich die Verbreitung von Bildnissen. Lediglich in Kollisionsfällen werden das KUG, das TMG und der RStV verdrängt. Es gilt das Prinzip des Anwendungsvorrangs des Europarechts vor nationalen Normen.

32   Vertreten wird zudem, dass es sich bei den nationalen Regelungen um zulässige nationale Rechtsvorschriften gem. **Art. 85 DSGVO** handelt. Gem. Abs. 1 dieses Artikels bringen die Mitgliedstaaten durch Rechtsvorschriften das Datenschutzrecht mit dem Recht auf freie Meinungsäußerung und Informationsfreiheit in Einklang. Ausdrücklich eingeschlossen wird die **Verarbeitung zu journalistischen Zwecken** und zu wissenschaftlichen, künstlerischen und literarischen Zwecken. Konkreter wird in Abs. 2 angegeben, bezüglich welcher Vorschriften Abweichungen und Ausnahmen von der DSGVO zulässig sind. Allerdings bezieht sich Abs. 2 nur auf die Verarbeitung, die zu journalistischen Zwecken oder zu wissenschaftlichen, künstlerischen oder literarischen Zwecken erfolgt. Die Konkretisierung enthält die Einschränkung, derzufolge die Abweichungen oder Ausnahmen nur dann zulässig sind, wenn sie erforderlich sind, um das Recht auf Schutz der personenbezogenen Daten mit der **Freiheit der Meinungsäußerung und der Informationsfreiheit** in Einklang zu bringen. Offenbar muss der Mitgliedstaat dies im Einzelfall darlegen. Abs. 3 geht zudem davon aus, dass solche Rechtsvorschriften auf der Grundlage des Abs. 2 erlassen, mithin neu erlassen werden. Zudem müssen sie der Kommission mitgeteilt werden. Ob eine solch formalistische Interpretation bei einem Gesetz wie dem KUG von 1907 dem Sinn und Zweck der Norm gerecht wird, steht indes zu bezweifeln. Bis zu einer abweichenden Entscheidung des EuGH kann daher von der Fortgeltung der bestehenden nationalen Normen ausgegangen werden, wobei Anpassungen in Form europarechtskonformer Interpretation erforderlich sein werden, beispielsweise im Hinblick auf die Form von Einwilligungserklärungen (Einzelheiten bez. des KUG *4* → Rdnr. 38 ff.).

3. Personenbezogene Daten

Die DSGVO regelt die Verarbeitung personenbezogener Daten und dient **33** damit dem **Schutz natürlicher Personen** (Art. 1 Abs. 1 DSGVO). Aus diesem Grund sind die Daten von juristischen Personen nicht über die DSGVO geschützt. Ein Schutz solcher Daten kann sich daher lediglich aus dem Unternehmenspersönlichkeitsrecht ergeben. Allerdings können Daten, die sich auf ein Unternehmen beziehen, durch einen Medienbericht Rückschlüsse auf Daten natürlicher Personen zulassen, was dann zur Anwendbarkeit der DSGVO führt.

Was **personenbezogene** Daten sind, klärt die Begriffsbestimmung des **34** Art. 4 Nr. 1 DSGVO. Es sind alle Informationen, die sich auf eine identifizierte oder identifizierbare natürliche Person beziehen. In umfassender Weise präzisiert die Verordnung, dass als identifizierbar eine Person anzusehen ist, die direkt oder indirekt, insbes. mittels Zuordnung zu einer Kennung wie einem Namen, zu einer Kennnummer, zu Standortdaten oder zu einer Online-Kennung identifiziert werden kann. Die Identifizierbarkeit kann sich aber auch aus Merkmalen ergeben, die Ausdruck der physischen, physiologischen, genetisch, psychischen, wirtschaftlichen, kulturellen oder sozialen Identität sind. Damit umschreibt die DSGVO den weiten Bereich der Identifizierbarkeit, wie er auch zuvor im Medienrecht gebräuchlich war. Maßgeblich ist nicht die Benennung einer Person mit einem Namen, jedwede Kenntlichmachung – und sei es auch nur für einen kleinen Kreis – ist ausreichend. Auch dynamische IP-Adressen sind personenbezogene Daten (so schon zur alten Rechtslage BGH NJW 2017, S. 2416).

4. Allgemeine Anforderungen an Medienunternehmen

Die allgemeinen Anforderungen der DSGVO gelten grundsätzlich auch **35** für Medienunternehmen. Ausnahmen betreffen die journalistische Arbeit. Soweit Abonnentendateien etc. betroffen sind, gibt es hingegen keine Privilegien. Zu denken ist bezüglich der allgemeinen Anforderungen vor allem an die Bestellung eines betrieblichen Datenschutzbeauftragten (wenn in der Regel mehr als zehn Personen ständig mit der automatisierten Verarbeitung personenbezogener Daten beschäftigt sind, § 38 Abs. 1 BDSG). Zu beachten sind darüber hinaus sämtliche Grundsätze der DSGVO, insbes. die der **Transparenz,** der **Datenminimierung** und der **Zweckbindung** (im Einzelnen Art. 5 Abs. 1 DSGVO).

5. Das Verbotsprinzip

36 Aus der Formulierung des Art. 6 Abs. 1 DSGVO, demzufolge die Verarbeitung nur unter bestimmten Bedingungen rechtmäßig ist, lässt sich folgern, dass grundsätzlich die **Verarbeitung von Daten verboten** und lediglich unter besonderen Voraussetzungen zulässig ist. Es handelt sich um ein **repressives Verbot mit Erlaubnisvorbehalt**, da ein grundsätzlich unerwünschtes Verhalten lediglich unter besonderen Bedingungen zulässig ist. Das bedeutet zum einen, dass eine Verarbeitung von Daten im Zweifel unzulässig ist und zum anderen, dass die **Ausnahmetatbestände eng auszulegen** sind. Was alles unter den Begriff der »Verarbeitung« fällt, ergibt sich aus der umfangreichen Formulierung des Art. 4 Nr. 2 DSGVO. Das Verbotsprinzip bezieht sich auf alle diese Schritte von der Erhebung bis zur Verwendung und Verbreitung der Daten. Die wichtigsten medienrelevanten Ausnahmen sind die Einwilligung und das Medienprivileg. Soweit ein Rechtfertigungsgrund nach Art. 6 besteht, muss dieser sich allerdings auf alle Schritte der Verarbeitung beziehen.

6. Ausnahmen vom Verbotsprinzip

a) Einwilligung

37 Die DSGVO kennt verschiedene Ausnahmetatbestände, die für die Medien von Bedeutung sind. Die erste Ausnahme ist die Einwilligung der betroffenen Person zur Verarbeitung ihrer Daten. Eine Einwilligung ist nur gültig, wenn sie den Voraussetzungen der DSGVO entspricht. Problematisch ist in der Praxis die Möglichkeit jederzeitigen Widerrufs einer einmal erteilten Einwilligung.

38   Die Bedingungen für eine wirksame Einwilligung finden sich in Art. 7 DSGVO. Die Einwilligung muss vor allem **freiverantwortlich** erteilt werden (Abs. 4, dies ergibt sich bereits aus der Begriffsbestimmung des Art. 4 Nr. 11 DSGVO). Der Betroffene muss die Einwilligung zudem **in informierter Weise** und **für einen bestimmten Zweck** erteilen. Das kann der Betroffene nur, wenn der Verantwortliche ihn darüber aufgeklärt hat, zu welchem Zweck die Daten verarbeitet werden, im Medienkontext daher vor allem, in welchem Medienorgan und in welchem Zusammenhang seine Daten genannt oder sein Bild wiedergegeben werden sollen. Der Verantwortliche muss nachweisen können, dass die betroffene Person in die Verarbeitung ihrer Daten eingewilligt hat (Abs. 1). Um die Einwilligung hinsichtlich dieser Anforderungen später nachweisen zu können, ist eine schriftliche Einwilligungserkärung anzuraten, wenn auch nicht durch die Verordnung zwingend vorgegeben. Eine solche Einwilligungserklärung muss verständlich formuliert sein (Abs. 2). Sie muss auch auf das Recht zum Widerruf der Einwilligung für künftige Verarbeitungen hinweisen (Abs. 3). Zulässig ist eine Einwilligung »per Mausklick«.

Besondere Regelungen gelten für die Einwilligung eines Kindes in Bezug auf Dienste der Informationsgesellschaft. Ab 16 Jahren können **Kinder** selbst in die Verarbeitung ihrer Daten einwilligen, zuvor muss die Einwilligung durch den Träger der elterlichen Verantwortung für das Kind oder mit dessen Zustimmung erfolgen. Nationale Abweichungen sind gem. Art. 8 Abs. 1 Satz 3 DSGVO möglich, allerdings nur durch Rechtsverordnung und nicht für ein jüngeres Alter als 13 Jahre.   **39**

Eine einmal erteilte Einwilligung kann jederzeit widerrufen werden (Art. 7 Abs. 3 Satz 1 DSGVO), ohne dass es hierfür einer Begründung bedürfte. Durch den **Widerruf** wird allerdings eine einmal erteilte Einwilligung nicht rückwirkend (ex tunc) wirkungslos, vielmehr verhindert sie lediglich künftige Verarbeitungsvorgänge (ex nunc). Von der Verordnung nicht vorgegeben ist, ob nach einem Widerruf der Einwilligung einer der anderen Rechtfertigungstatbestände, beispielsweise die Verarbeitung zur Wahrnehmung berechtigter Interessen, angeführt werden kann. Die DSGVO hat diesen Fall nicht geregelt, indes wird überwiegend davon ausgegangen, dass ein solcher Austausch von Rechtfertigungstatbeständen mit dem Sinn der Verordnung nicht vereinbar ist. Diese Überlegung führt zu dem Rat, statt mit der Einwilligung lieber von Anfang an mit einem der anderen Rechtfertigungstatbestände zu arbeiten, im hier interessierenden Kontext insbes. mit dem Medienprivileg.   **40**

b) Vertragserfüllung

Eine Verarbeitung ist auch dann rechtmäßig, wenn sie für die Erfüllung eines Vertrags erforderlich ist, die auf Anfrage der betroffenen Person erfolgt (Art. 6 Abs. 1b DSGVO). Hierunter fällt etwa die Verarbeitung personenbezogener Daten im Zusammenhang mit einem Zeitungs- oder Online-Abonnement. Soweit es zur Erfüllung des Vertrags erforderlich ist, bedarf es aufgrund der Ausnahmevorschrift keiner Einwilligung des Abonnenten. Diese Ausnahme ist indes kein Spezifikum der Medien.   **41**

c) Haushaltsausnahme

Die DSGVO findet keine Anwendung auf die Verarbeitung personenbezogener Daten durch natürliche Personen zur Ausübung ausschließlich **persönlicher oder familiärer Tätigkeiten** (Art. 2 Abs. 2c DSGVO). Diese Beschränkung des Anwendungsbereichs wird »Haushaltsausnahme« genannt, obwohl die Bezeichnung irreführend ist. Tatsächlich soll ganz   **42** allgemein der private Bereich von der Anwendung der DSGVO ausgenommen sein. Damit ist etwa das Anfertigen von Fotos zu rein privaten Zwecken nicht von der DSGVO erfasst und solange unproblematisch, als diese nicht – beispielsweise in einen sozialen Netzwerk - öffentlich gemacht werden. Die Anfertigung von Fotografien durch einen professionellen Journalisten sind nicht von der Haushaltsausnahme gedeckt.

d) Medienprivilegien

43 Eine Ausnahmevorschrift, auf die sich in den Medien Tätige berufen können, ist Art. 6 Abs. 1 f DSGVO. Dieser Vorschrift zufolge ist die Verarbeitung rechtmäßig, wenn sie zur Wahrnehmung der **berechtigten Interessen** des Verantwortlichen oder eines Dritten erforderlich ist. Hierunter lassen sich die beruflichen Interessen von Journalisten subsumieren. Denkbar ist es zudem, das Informationsinteresse der Allgemeinheit bei den berechtigten Interessen eines Dritten einzuordnen. Eine Ausnahme besteht allerdings dann, wenn die Interessen oder Grundrechte und Grundfreiheiten der betroffenen Person überwiegen, insbes. dann, wen es sich um ein Kind handelt.

44 Als Medienprivileg lässt sich auch Art. 85 Abs. 1 DSGVO deuten. Abgesehen vom – in diesem Zusammenhang nicht unumstrittenen KUG – sind hier weitere die Medien privilegierende Normen anzuführen, wie §§ 9c, 57 RStV und teilweise Vorschriften in den Landesmedien- und Landesdatenschutzgesetzen, die Medienmitarbeiter hinsichtlich ihrer Recherche datenschutzrechtlich privilegieren.

45 Eine spezielle Regelung im einfachen Recht für die Datenverarbeitung für journalistische Zwecke ist § 9c RStV. Insbesondere bei den Auskunftsansprüchen wird journalistischen Grundsätzen wie dem Redaktionsgeheimnis Rechnung getragen (§ 9c Abs. 3 RStV).

7. Recht auf Vergessenwerden

46 Art. 17 DSGVO normiert ein »**Recht auf Löschung**«, das auch »Recht auf Vergessenwerden« genannt wird. Ein solches Recht wird seit langem diskutiert, um Persönlichkeitsrechte gegen Internetveröffentlichungen zu schützen, die zwar ursprünglich rechtmäßig waren, die indes der vom Medienbericht betroffenen Person auf Dauer anhaften und sie damit im gesellschaftlichen oder auch geschäftlichen Ansehen auf Dauer beeinträchtigen würden. Der EuGH hat vor Erlass der DSGVO eine Löschpflicht eines Suchmaschinenbetreibers in einem solchen Fall bejaht, der Zeitungsbericht, zu dem verlinkt worden war und der sich in einem Online-

Zeitungsarchiv befand, wurde damit jedoch nicht unzulässig (EuGH NJW 2014 S. 2257 »Gonzales ./. Google Spain«).

Die DSGVO nun nennt bestimmte Gründe, bei deren Vorliegen die **47** betroffene Person die sofortige Löschung der personenbezogenen Daten verlangen kann. Das ist beispielsweise dann der Fall, wenn die Zwecke, für die die Daten erhoben worden waren, nicht mehr notwendig sind oder wenn die betroffene Person ihre Einwilligung widerrufen hat oder wenn sie der Verarbeitung widerspricht und keine vorrangigen Gründe für die Verarbeitung vorliegen (Art. 17 Abs. 1a-c DSGVO). In diesen Fällen hat der Verantwortliche nicht nur die Daten zu löschen, sondern er hat auch angemessene Maßnahmen zu ergreifen, um andere Verantwortliche, die zu diesen Inhalten verlinkt haben, über den Wunsch des Betroffenen zu informieren. Das Recht auf Vergessenwerden wirkt daher z.b. gegenüber Suchmaschinenbetreibern oder gegenüber Rundfunkanstalten. Da diese allerdings keine Pflicht trifft, gegen Dritte vorzugehen, die die Seite übernommen haben, wirkt dies nicht absolut (BGH CR 2018, S. 742 ff.), so dass wohl weiterhin von dem umgangssprachlichen Grundsatz auszugehen ist: »Das Internet vergisst nichts«. Die meisten medienrelevanten Fälle dürften ohnehin über Art. 17 Abs. 3a DSGVO zu lösen sein, demzufolge die zuvor aufgeführten Pflichten nicht greifen, soweit die Verarbeitung zur Ausübung des Rechts auf freie Meinungsäußerung und Information erforderlich ist. Unter Buchstabe b werden zudem im öffentlichen Interesse liegende Archivzwecke ergänzt. Problematisch ist die Anwendung der DSGVO schließlich bei Blockchains, soweit diese nicht von einer bestimmten Person oder Einrichtung, sondern dezentral angeboten werden.

8. Videoüberwachung

Im Bundesdatenschutzgesetz ist die »Beobachtung öffentlich zugänglicher **48** Räume mit optisch-elektronischen Einrichtungen« geregelt (§ 4 BDSG). Eine solche »Beobachtung« ist nur unter engen Voraussetzungen zulässig und zwar zur Aufgabenerfüllung öffentlicher Stellen, zur Wahrnehmung des Hausrechts oder zur Wahrnehmung berechtigter Interessen für konkret festgelegte Zwecke. Es dürfen allerdings keine schutzwürdigen Interessen der Betroffenen überwiegen. Problematisch ist der Begriff »Beobachtung«. Hierfür wird eine gewisse Dauer der Maßnahme erforderlich sein, wohingegen Einzelaufnahmen nicht ausreichend sind. Erforderlich ist die Identifizierbarkeit von Personen, da andernfalls kein Bezug zum Datenschutz gegeben wäre. Eine Aufzeichnung des Bildmaterials ist nicht erforderlich, die reine Echtzeitüberwachung reicht aus. Ein fester Beobachtungspunkt ist keine Voraussetzung des § 4 Abs. 1 BDSG, so dass auch mobile Geräte wie »Dash-Cams« in Automobilen und Datenbrillen der Vorschrift unterfallen. Die Verwertbarkeit der Aufnahmen einer Dash-Cam in einem Zivilprozess ist damit nicht generell ausgeschlossen, sondern eine Frage der Abwägung im Einzelfall (BGH NJW 2018, 2883 ff.; s.a. BGH NStZ 2019, 301). Medienrechtlich relevant ist die Vorschrift vor allem auch dann, wenn durch Videoüberwachung erlangtes Datenmaterial im Internet veröffentlicht wird. Selbst wenn die Aufzeichnung in Übereinstimmung mit § 4 Abs. 1 BDSG erfolgt ist, kann doch die Veröffentlichung der Bilder unzulässig sein. Dies gilt beispielsweise, wenn das Bildnis eines vermeintlichen Straftäters von privater Seite ins Netz gestellt wird. Die Möglichkeit, Bilder zu Fahndungszwecken zu veröffentlichen, ist den zuständigen Behörden gem. § 24 KUG vorbehalten.

Prüfung von Ansprüchen nach der DSGVO im Medienrecht

1. Zu prüfender Anspruch
– Auskunft, Art. 15 DSGVO (inkl. Recht auf Kopie Art. 15 Abs. 3)
– Berichtigung, Art. 16 DSGVO
– Löschung, Art. 17 DSGVO
2. Anwendungsbereich der DSGVO, Art. 2 Abs. 2 DSGVO (insbes. Ausnahme lit. c für private Fotos; Gegenausnahme: Hochladen in soz. Netzwerken, § 22 KUG)
3. Personenbezogene Daten, Art. 1 Abs. 1 i.V.m. Art. 4 Nr. 1 DSGVO
4. Verarbeitung: Art. 2 Abs. 1 i.V.m. Art. 4 Nr. 2 DSGVO
5. Rechtmäßigkeit der Verarbeitung gem. Art. 6 Abs. 1 Unterabsatz 1 DSGVO
– Erfüllung einer rechtlichen Verpflichtung c)
– Aufgabe in öffentlichem Interesse e)
– Vertragserfüllung b)
– Wahrung berechtigter Interessen f)
– Einwilligung a), unter den Bedingungen der Art. 7, 8 DSGVO (Beachte: Widerrufsmöglichkeit gem. Art. 7 Abs. 3 DSGVO)
6. Besondere Voraussetzungen der Anspruchsgrundlage
   (z.B. bei Berichtigung nach Art. 16 DSGVO: Daten müssen unrichtig sein)
7. Ergebnis

III. Wettbewerbsrecht

1. Konkurrenz und Wettbewerb

Zwischen den Medien herrscht in verschiedener Beziehung Konkurrenz. **49**
Sie konkurrieren miteinander zum einen um Nutzer bzw. Käufer und, was in der Praxis nicht weniger wichtig ist, um Werbeaufträge. Konkurrenzsituationen können sich zum anderen aber auch zwischen den unterschiedlichen Medienarten ergeben.

Die Konkurrenzsituation zwischen den Medien kann zu dem viel be- **50** klagten Bild eines unlauteren Wettbewerbs um die Aufmerksamkeit bzw. Kaufkraft der Zielgruppen führen. Ein Niveauverlust durch Sensationsberichte und ein rücksichtsloser Umgang mit Persönlichkeitsrechten können die Folge sein. Auf der anderen Seite ist der Wettbewerb zwischen den Medienanbietern eine grundlegende Voraussetzung für die unabhängige Meinungsbildung der Bevölkerung. Der Wettbewerb zwischen den Medien ist für die Pluralität der Meinungen unabdingbar.

Aus den dargestellten divergierenden Interessen ergibt sich zum einen die Notwendigkeit, unlauteren Wettbewerb zwischen den einzelnen Medienorganen zu verhindern und zum anderen das Gebot, durch rechtliche Vorgaben den Wettbewerb im Medienbereich zu erhalten.

2. Werbung und Sponsoring

Die Möglichkeit, Medien ganz oder teilweise durch Werbung und Spon- **51** soring zu finanzieren, unterliegt bei allen Medien bestimmten Schranken. Beschränkungen können in inhaltlicher Hinsicht (z.B. Tabakwerbeverbot, § 19 TabakerzG) und bezüglich der Methode der Werbung (subliminale, d.h. unterschwellige Werbung im Rundfunk, § 7 Abs. 3 Satz 3 RStV) bestehen, wie auch hinsichtlich ihrer Zielgruppe (Kinder und Jugendliche, z.B. Verbot des Einfügens von Werbung in Kindersendungen, §§ 15 Satz 1 Nr. 1, 44 Satz 1 Nr. 1 RStV). Werbung kann aber auch in zeitlichem Umfang eingeschränkt sein, wie dies bei Werbezeitbeschränkungen im Fernsehen der Fall ist (§§ 16, 45 RStV).

Spezielle Werbeformen sind gesondert geregelt. Zu erwähnen ist »Pro- **52** duct-Placement«, bei dem etwa in einem Kinofilm bestimmte Autotypen, Getränke usw. »werbewirksam« hervorgehoben werden. Für Kinofilme gibt es keine spezialgesetzlichen Bestimmungen. Dort wird »Product-Placement« weitgehend geduldet, falls der Zuschauer über den Auftraggeber informiert wird, wobei strittig ist, ob dies bereits im Vorspann geschehen muss oder auch noch im Abspann erfolgen kann. Entsprechen-

des gilt für Computerspiele. Im Fernsehen sind bestimmte Formen von
»Product-Placement« zulässig (§§ 15, 44 RStV → *10* Rdnr. 145 ff.).

53   Ein wichtiger, für alle Medien gültiger Grundsatz, der sich in den verschiedenen Gesetzen ausgeprägt findet, ist die **Trennung von Werbung
und redaktioneller Aussage**.

54   Ein Schutz gegen bestimmte Formen der Werbung kann sich aus der
negativen Informationsfreiheit ergeben, die in der Rechtsprechung indes
bisher keine Rolle spielt. Die **negative Informationsfreiheit,** abgeleitet
aus Art. 5 Abs. 1 Satz 1, Var. 2 GG (→ *3* Rdnr. 88) umfasst auch das
Recht, eine Information nicht zur Kenntnis nehmen zu müssen, also in
Ruhe gelassen zu werden. Ein Schutz gegen Werbung ergibt sich zumindest dann, wenn die Rezeption der Werbung unausweichlich ist und
wenn die Grenze der Zumutbarkeit überschritten ist. (Einen Schutz vor
übermäßiger Werbung erkennt auch der Europäische Gerichtshof an;
EuGH Slg. 2003 S. I-12489, Rn. 64 »RTL Television«.)

55   Rechtsregeln über die Werbung ergeben sich neben den genannten
speziellen Vorschriften aus allgemeinen Normen des Wettbewerbsrechts.
Das Wettbewerbsrecht ist im Gesetz gegen den unlauteren Wettbewerb
(UWG → T 12) geregelt.

3. Gesetz gegen den unlauteren Wettbewerb

a) Geschäftliche Handlungen

56   Das 2016 reformierte UWG dient dem Schutz der Mitbewerber, der Verbraucher sowie der sonstigen Marktteilnehmer vor unlauteren geschäftlichen Handlungen. Dabei schützt es zugleich das Interesse der Allgemeinheit an einem unverfälschten Wettbewerb (§ 1 UWG). Als »Lauterkeitsrecht« zielt das UWG damit auf die Kontrolle des **Marktverhaltens**.

57   Zentralbegriff des Wettbewerbsrechts ist die **geschäftliche Handlung,**
die § 2 Abs. 1 Nr. 1 UWG definiert als jedes Verhalten einer Person zugunsten des eigenen oder eines fremden Unternehmens, bei oder nach
einem Geschäftsabschluss, das mit der Förderung des Absatzes oder des
Bezugs von Waren oder Dienstleistungen oder mit dem Abschluss oder
der Durchführung eines Vertrags über Waren oder Dienstleistungen objektiv zusammenhängt.

58   Für den Begriff der geschäftlichen Handlung kommt es auf das Vorliegen
eines Wettbewerbsverhältnisses oder einer Wettbewerbsabsicht des Handelnden nicht an. Nicht erforderlich ist es, dass ein Gewinn erzielt oder
angestrebt wird. Anderseits scheiden Handlungen im rein internen Bereich
sowie private Handlungen aus dem Anwendungsbereich des Gesetzes von
vornherein aus. An einer Geschäftshandlung fehlt es etwa dann, wenn eine

Privatperson nur gelegentlich Waren über die Verkaufsplattform ebay anbietet.

Eine **Berichterstattung der Medien** kann selbst eine geschäftliche 59
Handlung darstellen. Dies vor allem dann, wenn über Produkte oder Firmen berichtet wird. Besonderer Prüfung bedürftig ist hierbei allerdings ein objektiver Zusammenhang zwischen dem Medienbericht und der Absatzförderung, d.h., die Entscheidung der Rezipienten des Medienprodukts muss positiv beeinflusst werden (§ 2 Abs. 1 Nr. 1 UWG). Es wird vermutet, dass dieses Kriterium bei redaktionellen Medienäußerungen nicht vorliegt. Dieses »**Medienprivileg**« ergibt sich aus der Informationspflicht der Medien. Bei Medienäußerungen ist daher – anders als bei unternehmerischen Handlungen – regelmäßig nicht von einer geschäftlichen Handlung auszugehen. Das gilt selbst dann, wenn eine Online-Zeitschrift durch einen Link ihren Lesern einen bequemeren Weg bietet, um mit einen anderen Unternehmen Kontakt aufzunehmen (so zur »Wettbewerbshandlung« nach dem früheren UWG: BGHZ 158, S. 343 ff. »Schöner Wetten« → E 99).

Entsprechendes ist grundsätzlich anzunehmen für die **Kritiken** von 60
Büchern und Filmen durch Presse- oder Rundfunkjournalisten, wie auch für die Qualitätsbewertung von Produkten und Dienstleistungen, wenn diese im Interesse der Allgemeinheit erfolgen, und sei es auch unter polemischer Aufmachung. Unzulässig sind demgegenüber unzutreffende Behauptungen und Schmähkritik.

Das Vorliegen einer geschäftlichen Handlung muss bei Medienunter- 61
nehmen im Einzelfall anhand besonderer Umstände nachgewiesen werden. Solche Umstände liegen vor allem dann vor, wenn der Journalist sich eine geldwerte Gegenleistung für seinen Bericht hat versprechen oder gewähren lassen oder wenn ein Artikel als Gegenleistung für einen Anzeigenauftrag verfasst wurde. In diesen Fällen ist eine geschäftliche Handlung als **Ausnahme vom Medienprivileg** anzunehmen und das Vorliegen einer getarnten Werbung gem. Nr. 11 im Anhang zu § 3 Abs. 3 bzw. gem. § 5a Abs. 6 UWG zu prüfen. Doch selbst wenn das hierfür erforderliche objektive Element des »Unternehmensbezugs« nachgewiesen werden kann, ist nicht jede Kritik an Waren oder Leistungen als »unlauter« zu bewerten. Erforderlich ist eine **Interessenabwägung** im Einzelfall, bei der zu prüfen ist, ob (wahre) Tatsachenbehauptungen oder Werturteile als unlauter anzusehen sind. Das UWG ist insoweit ein die Meinungsfreiheit beschränkendes allgemeines Gesetz i.S.d. Art. 5 Abs. 2 GG. Die Grenze zulässiger Kritik ist daher unter Beachtung der Kommunikationsfreiheiten des Art. 5 Abs. 1 GG zu bestimmen.

62   Von der Rechtsprechung sind folgende **Kriterien** als maßgeblich herausgearbeitet worden: Grundsätzlich muss sich jeder Gewerbetreibende der Kritik seiner Leistungen stellen. Wahre Behauptungen sind zulässig, auch wenn sie zu Wettbewerbszwecken erfolgen, wenn für sie ein hinreichender Anlass besteht und sie sich nach Art und Ausmaß im Rahmen des Erforderlichen halten. Schließlich unterfallen Werturteile prinzipiell dem Grundrechtsschutz des Art. 5 Abs. 1 GG. Eine Vermutung spricht insoweit für die freie Rede, wenn die Werturteile nicht darauf abzielen, den Wettbewerber zu diffamieren. Droht der Allgemeinheit eine Gefahr durch ein Produkt, so können sich die Medien auf ihre »Wachhundfunktion« berufen.

63   In einem Fall ging es darum, dass ein Wertpapierjournal ein Konkurrenzblatt als »nicht eben für Seriosität bekannt« bezeichnete. Da es sich um zwei Zeitungen handelte, die sich um denselben Leserkreis bemühten, war ein Wettbewerbsverhältnis gegeben. Äußerungen, die einem Börsenjournal oder dem Herausgeber eines solchen Blatts Unseriosität unterstellen, diskreditieren dessen geschäftliche Betätigung und bedrohen seine Existenz oder Kreditwürdigkeit. An der Verbreitung solcher Äußerungen besteht jedoch, wenn diese den Tatsachen nicht entsprechen, kein schutzwürdiges Interesse. Selbst wenn wahre Tatsachen veröffentlicht werden, so gibt doch die Wahrheit einer Tatsache allein der Presse nicht ohne weiteres das Recht, einen Konkurrenten zu diskreditieren. Zwar ist es einem Presseorgan unbenommen, sich aus Anlass eines Meinungsstreits zur Aufklärung der interessierten Kreise mit Äußerungen eines Konkurrenzblatts auseinanderzusetzen, dabei muss es sich aber auch nach Form und Inhalt der Darstellung im Rahmen des Erforderlichen halten. Pauschale Abwertungen der anderen Seite ohne erkennbaren sachlichen Bezug zu den der Auseinandersetzung zugrundeliegenden Umständen genügen dem nicht. Eine pauschal-herabsetzende Äußerung ermöglicht kein sachbezogenes Urteil des Lesers noch sonst ein Urteil über die Verlässlichkeit und Vertrauenswürdigkeit des Konkurrenzunternehmens (§ 6 Abs. 2 Nr. 4 UWG).

b) Unlauterkeit

64   In ganz allgemeiner Weise stellt § 3 Abs. 1 UWG klar, dass **unlautere geschäftliche Handlungen unzulässig** sind. Bei dieser Norm handelt es sich um eine Rechtsfolgenregelung und zugleich um einen Auffangtatbestand, da das UWG zahlreiche konkrete Unlauterkeitstatbestände kennt. Nach dem allgemeinen Grundsatz, demzufolge bei Normkollisionen die speziellere Regelung der allgemeinen Regelung vorgeht, ist daher § 3 Abs. 1 UWG bei fallmäßiger Bearbeitung nach den speziellen Vorschriften zu prüfen. Bei den speziellen Vorschriften ist zu unterscheiden zwischen Vorschriften, die Verbraucher schützen und solchen, die dem Schutz der

Mitbewerber dienen. Einige Vorschriften beziehen neben den Verbrauchern auch »sonstige Marktteilnehmer« in ihren Anwendungsbereich mit ein, das sind alle anderen Personen, die als Anbieter oder Nachfrager von Waren oder Dienstleistungen tätig sind (vgl. § 2 Abs. 1 Nr. 2 UWG), d.h. vor allem Unternehmer, die selbst als Käufer auftreten und daher in Bezug auf bestimmte unlautere Verhaltensweisen den Verbrauchern gleichgestellt werden. Zu den Normen, die sowohl Verbraucher als auch sonstige Marktteilnehmer schützen, zählen aggressive geschäftliche Handlungen (gem. § 4a UWG) und irreführende geschäftliche Handlungen (gem. § 5 und 5a UWG). Demgegenüber schützen die Tatbestände des Rechtsbruchs des § 3a UWG und der unzumutbaren Belästigungen gem. § 7 UWG alle Marktteilnehmer. Spezifisch verbraucherschützend ist § 3 Abs. 2 UWG, der geschäftliche Handlungen für unlauter erklärt, die nicht der unternehmerischen Sorgfalt entsprechen.

Für den Fallaufbau sind zunächst die speziellen Tatbestände unzulässiger geschäftlicher Handlungen zu prüfen, wobei zwischen Marktteilnehmern allgemein, Verbrauchern und sonstigen Marktteilnehmern sowie Mitbewerbern zu unterscheiden ist. Handelt es sich um Mitbewerber, sind insbesondere § 6, die vergleichende Werbung und sodann § 4 UWG – der Mitbewerberschutz – zu prüfen, wie auch der Rechtsbruchtatbestand des § 3a UWG. Soweit Verbraucher betroffen sind, ist immer zunächst die »Schwarze Liste« zu prüfen, danach folgen die speziellen Tatbestände insbes. der § 4a ff. UWG und sodann § 3 Abs. 2 UWG als Auffangnorm. Greift keiner der genannten Tatbestände, so gilt für alle Marktteilnehmer der Auffangtatbestand des § 3 Abs. 1 UWG. **65**

c) Schwarze Liste

Nach der, als Anhang zu § 3 Abs. 3 UWG aufgeführten »**Schwarzen Liste**« gelten bestimmte geschäftliche Handlungen gegenüber Verbrauchern (zum Verbraucherbegriff vgl. §§ 13 BGB i.V.m. 2 Abs. 2 UWG) als unlauter, ohne dass es auf eine Prüfung der Umstände des Einzelfalls ankommt. Bei der Fallbearbeitung ist diese abschließende Liste, durch die der Gesetzgeber Rechtssicherheit schaffen wollte, vor den übrigen Unlauterkeitstatbeständen des UWG anzuwenden. Unter den in der Liste genannten 30 absoluten Verbotstatbeständen sind insbesondere die Nummern 11 und 28 medienrelevant. **66**

– Nr. 11 verbietet den vom Unternehmer (§ 2 Abs. 1 Nr. 6 UWG) finanzierten Einsatz redaktioneller Inhalte zu Zwecken der Verkaufsförderung, ohne dass sich dieser Zusammenhang aus dem Inhalt oder aus der Art der optischen oder **67**

akustischen Darstellung eindeutig ergibt (»als **Information getarnte Werbung**«).
– Gem. Nr. 28 ist die in eine Werbung einbezogene unmittelbare **Aufforderung an Kinder** unzulässig, selbst die beworbene Ware zu erwerben oder die beworbene Dienstleistung in Anspruch zu nehmen oder ihre Eltern oder andere Erwachsene dazu zu veranlassen.

68 Zusammen mit dem Begriff der Geschäftshandlung macht die Liste deutlich, dass der Verbraucherschutz durch das UWG gestärkt wird. Dabei ist allerdings zu beachten, dass der einzelne Verbraucher auch weiterhin keine eigenen Rechte aus dem UWG ableiten kann, wie der begrenzte Kreis der Aktivlegitimierten zeigt (§§ 8 Abs. 3, 9 Satz 1, 10 Abs. 1 UWG).

d) Rechtsbruch

69 Unlauter handelt gem. § 3a UWG, wer einer gesetzlichen Vorschrift zuwiderhandelt, die auch dazu bestimmt ist, im Interesse der Marktteilnehmer das Marktverhalten zu regeln. Zudem muss der Verstoß dazu geeignet sein, die Interessen von Verbrauchern, sonstigen Marktteilnehmern oder Mitbewerbern spürbar zu beeinträchtigen. Ein Beispiel im Bereich des Medienrechts sind Fernsehsendungen, die unter Verstoß gegen Jugendschutzvorschriften ausgestrahlt werden, wenn gerade dadurch das Interesse dieser Zuschauergruppe auf die Sendung gelenkt wird, um höhere Werbeeinnahmen zu erzielen. Ein weiteres Beispiel ist eine verbotene Zigarettenwerbung auf der Homepage eines Tabakherstellers (BGH GRUR 2017, S. 1273).

e) Verbrauchergeneralklausel

70 Zum Schutz von Verbrauchern formuliert § 3 Abs. 2 UWG in ganz allgemeiner Weise, dass geschäftliche Handlungen, die nicht der **unternehmerischen Sorgfalt** entsprechen, unlauter sind, wenn sie dazu geeignet sind, das wirtschaftliche Verhalten des Verbrauchers wesentlich zu beeinflussen. Die »unternehmerische Sorgfalt« wird in § 2 Abs. 1 Nr. 7 UWG in sehr allgemeiner Weise umschrieben.

f) Mitbewerberschutz

71 § 4 UWG zählt verschiedene Handlungsformen auf, die Mitbewerber beeinträchtigen und daher unlauter sind. Medienrechtlich von besonderer Bedeutung ist die Herabsetzung oder **Verunglimpfung** eines Mitbewerbers, wobei vom Gesetz verschiedene Varianten aufgeführt sind, u.a. die Verunglimpfung von Waren, Dienstleistungen oder persönlichen oder geschäftlichen Verhältnissen des Mitbewerbers. Einzuordnen sind hier vor allem Meinungsäußerungen in Form der Schmähkritik. Tatsachenbehauptungen werden nicht von dieser Nr. 1, sondern von **72** der nachfolgenden Nummer erfasst. Über Waren, Dienstleistungen oder das Unternehmen eines Mitbewerbers dürfen keine Tatsachen behauptet oder verbreitet werden, die geeignet sind, den Betrieb des Unternehmens ohne den Kredit des Unternehmers zu schädigen, sofern diese Tatsachen nicht erweislich wahr sind. Dieser in Nr. 2 aufgeführte Tatbestand wird herkömmlich als **Anschwärzung** bezeichnet.

§ 4 Nr. 3 UWG erklärt die **Nachahmung einer fremden Leistung** **73** unter besonderen Voraussetzungen für wettbewerbswidrig. Es handelt sich um die Ausbeutung von Leistungen eines Mitbewerbers. Dies ist der Fall bei vermeidbaren Herkunftstäuschungen, der Rufausbeutung und der Erschleichung von Betriebsgeheimnissen. Leistungen, die nach Spezialgesetzen wie nach dem Urheberrechtsgesetz der Allgemeinheit zur freien Verwendung dienen sollen, können nicht über diese Norm geschützt werden. Ein Anwendungsfall der Ausbeutung fremder Leistung ist die Übernahme von Inhalten fremder Homepages in den eigenen Internetauftritt beispielsweise durch Links, wenn der Nutzer nicht über die fremde Herkunft aufgeklärt wird (**Herkunftstäuschung**).

Weiterhin darf ein Mitbewerber nicht gezielt behindert werden (§ 4 **74** Nr. 4 UWG). Der unlautere **Behinderungswettbewerb** kann bei einem Boykott und insbesondere beim Vernichtungswettbewerb angenommen werden.

Unzulässig ist die kostenlose Verteilung von Zeitungen und Zeitschriften, wenn **75** dadurch auf die Vernichtung der Konkurrenz abgezielt wird. Eine Gratisverteilung ist nach der Rechtsprechung dann nicht unlauter, wenn dadurch im Wesentlichen nur eine Marktlücke geschlossen wird, d.h. insoweit kein Verdrängungswettbewerb erfolgt. Das Institut der freien Presse muss erhalten werden, weshalb nicht in der Weise gratis verteilt werden darf, dass die Wettbewerbslage für die Mitbewerber durch die Gratisverteilung verschlechtert wird. Letzteres kann aber vor allem bei einer länger andauernden **Gratisverteilung** der Fall sein.

Ein Anzeigenblatt darf nicht versuchen, andere Zeitungen vom Markt zu drängen, indem ein redaktioneller Teil lediglich zum Schein vorgeschoben wird, während die Zeitung tatsächlich nur aus Anzeigen besteht. Demgegenüber führen Absatzeinbußen bei den Kauf- und Abonnementszeitungen nicht zur Unzulässigkeit der Gratisverteilung, wie auch diesen Zeitungen kein höherer Schutz als vollständig durch Anzeigen finanzierten Zeitungen zuzubilligen ist (BGHZ 157, S. 55 ff. »Kostenlose Zeitungen« ➔ E 50). **76**

g) Aggressive geschäftliche Handlungen

77 Seit der Reform des UWG im Jahr 2016 sind aggressive geschäftliche Handlungen in einer eigenen Norm geregelt. Unlauter sind gem. § 4a UWG solche Handlungen, wenn sie geeignet sind, den Verbraucher oder einen sonstigen Marktteilnehmer zu einer geschäftlichen Entscheidung zu veranlassen, die dieser andernfalls nicht getroffen hätte. Der nachfolgende Satz ordnet eine geschäftliche Handlung als aggressiv ein, wenn sie im konkreten Fall unter Berücksichtigung aller Umstände geeignet ist, die **Entscheidungsfreiheit** des Verbrauchers oder sonstigen Marktteilnehmers erheblich zu beeinträchtigen und zwar durch Belästigung, Nötigung oder unzulässige Beeinflussung. Soweit es um die aggressive Werbung mittels Kommunikationsmitteln wie Telefon geht, dürfte § 7 regelmäßig als die speziellere Norm einschlägig sein.

78 Sog. **Adblocker**, mit denen Internetnutzer Werbung auf Internetseiten unterdrücken können, stellen nach der weitgehenden Ansicht des BGH keine aggressive geschäftliche Handlung gegenüber Unternehmen dar, die an der Schaltung von Werbung auf Internetseiten interessiert sind. Es fehle an einer unzulässigen Beeinflussung dieser Marktteilnehmer, weil die Anbieterin des Werbeblockers eine durch das technische Mittel des Werbeblockers etwaig erlangte Machtposition jedenfalls nicht in einer Weise ausnutze, die die Fähigkeit der Marktteilnehmer zu einer informierten Entscheidung wesentlich einschränkt (BGH AfP 2018, S. 515 ff. »Werbeblocker II)«.

h) Irreführende Werbung gem. §§ 5, 5a UWG

79 Unlauter ist gem. § 5 Abs. 1 Satz 1 UWG irreführende Werbung. Satz 2 dieser Vorschrift enthält eine Aufzählung von Merkmalen, bei denen eine Irreführung durch Werbung angenommen werden kann. Im Medienrecht sind z.b. Angaben über geschäftliche Verhältnisse wie die Person, die Eigenschaften oder die Rechte des Unternehmers, wie seine geistigen Eigentumsrechte, seine Befähigung, seine Auszeichnungen oder seine Ehrungen von Relevanz (§ 5 Abs. 1 Satz 2 Nr. 3 UWG). Auch das **Verschweigen** einer Tatsache kann für den Kaufentschluss bedeutungsvoll sein, so dass in diesen Fällen aus § 5a UWG eine **Aufklärungspflicht** abgeleitet werden kann.

80 Ob eine Irreführung vorliegt, ist nach Auffassung der Verkehrskreise zu entscheiden, an die sich die Werbung richtet. Irreführend ist etwa die Werbung mit einer tatsächlich nicht bestehenden Auflagenhöhe oder fälschlich behaupteten Marktführerposition und daher unzulässig.

Die für die Presse dargestellten Kriterien gelten entsprechend für die **81** Berichterstattung in Rundfunk und Fernsehen. Warentests und Produktkritik durch die Medien sind nicht von vornherein ausgeschlossen. Von der Rechtsprechung wurden sogar Übertreibungen im öffentlichen Streit um Gemeinwohlbelange zugelassen (BGHZ 91, S. 117, 121). Für **Warentests** hat die Rechtsprechung bestimmte Zulässigkeitskriterien entwickelt.

Die einem Warentest zugrundeliegende Untersuchung muss **neutral** vorgenom- **82** men werden. Neutral bedeutet, dass die Tester nicht mit einer vorgefassten Meinung an die Prüfung der unterschiedlichen Waren oder Angebote herangehen dürfen. Die Untersuchung muss **objektiv** sein. Dabei steht allerdings nicht die objektive Richtigkeit eines gewonnenen Ergebnisses im Vordergrund, sondern das Bemühen um die Richtigkeit. Schließlich muss die Untersuchung **sachkundig** durchgeführt werden, d.h. die Prüfer müssen über die erforderliche Sachkunde verfügen. Ein Warentest, der diesen Voraussetzungen nicht entspricht, ist meist wettbewerbswidrig.

Eine Bezeichnung als »Beste Zeitung Norddeutschlands« ist daher wegen einer **83** Irreführung der Verbraucher unzulässig. Wettbewerbswidrig ist der Hinweis auf »200 Korrespondenten in 50 Städten der Welt«, wenn nicht einmal halb so viele Korrespondenten oder nur in Europa Mitarbeiter tätig sind. Zulässig ist jedoch der Hinweis »Auflagenstärkste Zeitung in Norddeutschland«, wenn dies nachweislich zutreffend ist.

Die für das Medienrecht relevante **getarnte Werbung** ist ein Unterfall **84** der Irreführung durch Unterlassen und in § 5a Abs. 6 UWG geregelt. Dadurch wird getarnte Werbung, auch **Schleichwerbung** genannt, verboten. Der im gesamten Medienrecht geltende Grundsatz der Trennung von Werbung und redaktionellem Teil wird hier ausdrücklich im Wettbewerbsrecht generalisiert. Schleichwerbung kann somit gegen die einschlägigen Spezialgesetze verstoßen und zusätzlich eine unlautere Wettbewerbshandlung darstellen. Dies kann insbesondere für die rechtliche Durchsetzung des allgemeinen Trennungsgebots von Bedeutung sein. Erfasst wird von § 5a UWG auch die Tarnung sonstiger Wettbewerbshandlungen beispielsweise beim Herauslocken von Adressen unter Vorspiegelung falscher Tatsachen, wenn nicht auf die kommerzielle Absicht hingewiesen wird (vgl. BVerfG NJW 2005, S. 3201 f.). Das Verbot der Schleichwerbung haben auch »Influencer« zu beachten, die in sozialen Netzen Produkte präsentieren und dafür eine Gegenleistung oder die Produkte kostenlos erhalten haben und den werblichen Zweck nicht ausreichend kenntlich machen.

i) Vergleichende Werbung gem. § 6 UWG

85 Vergleichende Werbung ist grundsätzlich zulässig und lediglich in bestimmten, im Gesetz aufgeführten Fällen, unlauter. Vergleichende Werbung ist jede Werbung, die unmittelbar oder mittelbar einen Mitbewerber oder die von einem Mitbewerber angebotenen Waren oder Dienstleistungen erkennbar macht (§ 6 Abs. 1 UWG). Unlauter wird eine vergleichende Werbung z.b. dann, wenn der Vergleich sich nicht auf Waren oder Dienstleistungen für den gleichen Bedarf oder dieselbe Zweckbestimmung bezieht (§ 6 Abs. 2 Nr. 1 UWG), wie das etwa der Fall sein könnte, wenn ein Fernsehprogramm mit einer Zeitung verglichen wird. Entsprechendes gilt, wenn der Vergleich nicht objektiv auf eine oder mehrere wesentliche relevante, nachprüfbare und typische Eigenschaften der Ware bezogen ist (vgl. § 6 Abs. 2 Nr. 2 UWG).

86 Zulässig dürfte daher der Hinweis sein:»Im Gegensatz zur Z-Zeitung bieten wir einen eigenen Wirtschaftsteil«. Unzulässig, da unsachlich, ist der Hinweis,»Wenn Sie sich mit Trivialitäten begnügen wollen, lesen Sie doch das B-Blatt!«

87 Täuschend ist eine sog. **Superlativ- oder Komparativwerbung**, wenn in ihr vom Verkehr eine ernstgemeinte, objektiv nachprüfbare Angabe erblickt wird, die in der Realität nicht vorliegt. Bei **Alleinstellungsbehauptungen** trifft den Werbenden eine Darlegungs- und Beweislast, dass die Behauptung zutreffend ist.

k) Unzumutbare Belästigungen gem. § 7 UWG

88 Der Sondertatbestand des § 7 UWG erfasst unterschiedliche Formen unzumutbarer Belästigungen, von denen jedoch die Werbung (§ 7 Abs. 1 Satz 2 UWG) und insbesondere die Direktwerbung mittels Telefon, Fax, E-Mail oder SMS besonders praxisrelevant ist.

89 Gem. § 7 Abs. 1 Satz 1 UWG ist eine geschäftliche Handlung unzulässig, durch die ein Marktteilnehmer **in unzumutbarer Weise belästigt** wird. Unzumutbare Belästigungen stellen Handlungen dar, die bereits wegen der Art und Weise, unabhängig von ihrem Inhalt, als belästigend empfunden werden, weil die Wettbewerbshandlung dem Empfänger aufgedrängt wird, d.h. wenn gegen den erkennbaren Willen des Empfängers geworben wird. Eine unzumutbare Belästigung stellt eine Werbung dar, wenn erkennbar ist, dass der angesprochene Marktteilnehmer diese Werbung nicht wünscht (§ 7 Abs. 1 Satz 2 UWG). Hierunter fällt das Einwerfen einer Werbesendung in einen privaten Briefkasten unter Missachtung des Hinweises:»Keine Werbung!«. Entsprechendes wird zumindest für besonders aufdringliche Pop-up-Fenster angenommen. Geschieht das Ansprechen mehrfach, so liegt ein unlauteres »hartnäckiges Ansprechen« des Verbrauchers vor. Eine Werbung unter Verwendung einer automatischen Anrufmaschine, eines Faxgeräts oder elektronischer Post ist ohne Einwilligung des Adressaten gem. § 7 Abs. 2 Nr. 3 UWG unzulässig. Das gilt auch, wenn bei der Nutzung eines sozialen Netzwerks der Netzwerkbetreiber Empfehlungsmails an die im Nutzerkonto gespeicherten Mailadressen versendet (BGH NJW 2016, S. 3445 ff. »Freunde finden«). Eine praxiserhebliche Durchbrechung erfährt dieser Grundsatz jedoch nach Maßgabe des § 7 Abs. 3 UWG hinsichtlich Werbung mittels elektronischer Post, wenn insbesondere der Unternehmer die E-Mail-Adresse im Zusammenhang eines Kaufs erhalten hat und nun für ähnliche Waren wirbt. Im Übrigen ist bei werblichen Telefonanrufen zu differenzieren, ob es sich bei den Adressaten um Verbraucher oder sonstige Marktteilnehmer handelt (§ 7 Abs. 2 Nr. 2 UWG). Bei einem **Telefonanruf** gegenüber einem Verbraucher muss dessen **Einwilligung** vorliegen, gegenüber sonstigen Marktteilnehmern bedarf es zumindest der mutmaßlichen Einwilligung. Unzulässig ist schließlich eine Werbung mit einer Nachricht, bei der die Identität des Absenders verschleiert oder verheimlicht wird oder bei der keine gültige Adresse vorhanden ist, an die der Empfänger eine Aufforderung zur Einstellung solcher Nachrichten richten kann (§ 7 Abs. 2 Nr. 4 UWG).

Wettbewerbswidrig ist innerhalb eines Wettbewerbsverhältnisses das Überspielen **90** von »Datenmüll« auf eine geschäftliche E-Mail-Adresse, mit dem Ziel, diese zu blockieren (»**Trashing**«). Es handelt sich insoweit um einen unzulässigen Eingriff in den eingerichteten und ausgeübten Gewerbebetrieb. Die massenhafte und unaufgeforderte Versendung von Werbemails, sog. **Spamming** kann zur unerwünschten Behinderung bei der Bearbeitung elektronischer Post führen und zu kostenintensivem Arbeitsaufwand. Indessen bedürfen auch einfache Werbemails an Marktteilnehmer grundsätzlich einer ausdrücklichen Zustimmung des Empfängers, was mit dem Begriff »**Opt-in**« umschrieben wird (§ 7 Abs. 1 Nr. 3 UWG). Das ebenfalls bei Newslettern notwendige Opt-in Verfahren wird bei Werbemails noch verschärft und verlangt über die ausdrückliche Zustimmung hinaus den Hinweis, dass der Kunde der Verwendung seiner Mailadresse jederzeit widersprechen kann (§ 7 Abs. 3 Nr. 4 UWG).

Das Verbot von Werbung ohne Einwilligung des Adressaten gilt auch für **91** Werbung mittels SMS. Abweichend hiervon ist eine unzumutbare Belästigung nicht anzunehmen, wenn ein Unternehmen im Zusammenhang mit dem Verkauf einer Ware von dem Kunden dessen elektronische Postadresse erhalten hat und dieser der Verwendung nicht widerspricht, obwohl er auf sein Widerspruchsrecht hingewiesen worden ist (§ 7 Abs. 3 UWG; fallmäßige Bearbeitung → F 11, 23). In solchen Fällen kann der Beworbene mangels Aktivlegitimation keinen Unterlassungsanspruch aus § 8 Abs. 1 UWG durchsetzen. Allerdings ergibt sich dieser aus § 823 Abs. 1 i.V.m. § 1004 Abs. 1 Satz 2 BGB analog, da ungewollt zugesandten Werbe-E-Mails den Empfänger in seinem allgemeinen Persönlichkeitsrecht beeinträchtigen (BGH NJW 2018, S. 3506).

l) Rechtsfolgen

92 Wer dem Verbot unlauteren Wettbewerbs entgegenhandelt, kann auf **Beseitigung** und bei Wiederholungsgefahr auf **Unterlassung** in Anspruch genommen werden (§ 8 Abs. 1 UWG). Der Beseitigungsanspruch ist auf Entfernung der Störungsursache gerichtet, die Unterlassung soll künftige Verletzungshandlungen verhindern. Allerdings soll der Schuldner vor Einlegung eines gerichtlichen Unterlassungsverfahrens abgemahnt werden und ihm Gelegenheit gegeben werden, den Streit durch Abgabe einer mit einer angemessenen Vertragsstrafe bewehrten Unterlassungsverpflichtungserklärung beizulegen (§ 12 Abs. 1 UWG). Hierdurch werden unnötige gerichtliche Auseinandersetzungen vermieden. Dieser Anspruch steht nicht nur Mitbewerbern, sondern bestimmten rechtsfähigen Verbänden nach Maßgabe des § 8 Abs. 3 UWG und anderen Einrichtungen zu. Dem einzelnen Verbraucher ist hingegen keine Klagemöglichkeit eingeräumt. Unterlassungsansprüche von Verbrauchern gegen die Verwendung ihres E-Mail-Postfachs für Werbung in Bestätigungsmails werden daher auf § 823 Abs. 1 i.V.m. § 1004 Abs. 1 Satz 2 BGB analog gestützt (BGH JZ 2016, S. 526 ff.).

93   Neben dem Unterlassungsanspruch besteht gem. § 9 UWG ein **Schadensersatzanspruch**, wobei auch hier – wie stets bei Schadensersatzansprüchen – Vorsatz oder Fahrlässigkeit gegeben sein muss. Eine Einschränkung für den Medienbereich ergibt sich aus § 9 Satz 2 UWG, demzufolge gegen verantwortliche Personen von periodischen Druckschriften der Anspruch auf Schadensersatz nur bei einer **vorsätzlichen** Zuwiderhandlung geltend gemacht werden kann. Bei lediglich fahrlässigen (allerdings auch grob fahrlässigen) Verstößen gegen das Wettbewerbsrecht, greift somit ein lauterkeitsrechtliches **Presseprivileg**. Inwieweit dieses auch auf andere Medienangehörige angewendet werden kann, ist umstritten. Von der Sache her ist die Differenzierung zu professionellen Journalisten in anderen Medienbereichen wie dem Rundfunk kaum zu begründen, so dass die Interpretation des § 9 Satz 2 UWG als ein umfassendes **Medienprivileg** zu fordern ist.

94   Die Ansprüche auf Unterlassung und Schadensersatz unterliegen einer kurzen Verjährungsfrist von 6 Monaten (§ 11 Abs. 1 UWG). Voraussetzung dieser kurzen Verjährung zum Schutz geschäftlich Agierender vor einer unabsehbaren Anzahl von Forderungen ist die Kenntnis von den anspruchsberechtigenden Umständen. Unabhängig von der Kenntnis oder grob fahrlässigen Unkenntnis von Schadensersatzansprüchen verjähren diese in 10 Jahren von ihrer Entstehung, spätestens in 30 Jahren von der den Schaden auslösenden Handlung an (§ 11 Abs. 3 UWG).

Eine weitere Rechtsfolge ist die Möglichkeit der **Gewinnabschöp-** **95** **fung** gem. § 10 UWG, die allerdings in der Praxis eine stark untergeordnete Bedeutung hat. Dieser Anspruch kann nur von Verbänden und bestimmten Einrichtungen geltend gemacht werden. Durch die Vorschrift sollen offensichtlich nicht Herausgabeansprüche unzulässig erlangten Gewinns gem. §§ 812 ff. BGB ausgeschlossen werden, sondern bei einer vorsätzlichen Wettbewerbsverletzung zu Lasten einer Vielzahl von Abnehmern (sog. **Streuschäden**) eine Gewinnabschöpfung ermöglicht werden. Damit sollte eine wirkungsvolle Handhabe gegen solche Wettbewerber geschaffen werden, die **vorsätzlich massenhaft Verbraucher schädigen** und gegen die der einzelne Verbraucher entweder des geringen Schadens wegen nicht vorgehen würde oder wenn das Vorgehen eines einzelnen Verbrauchers den Verletzer kaum beeindrucken würde. Typisch hierfür ist der Schaden, der durch Verkauf sog. Mogelpackungen entsteht. Im Vordergrund steht die Intention der Abschreckung. Dementsprechend hat die Herausgabe des Gewinns grundsätzlich an den Bundeshaushalt zu erfolgen. Gegenüber der Gewinnabschöpfung gem. § 10 UWG gehen individuelle Schadensersatzansprüche vor.

Internationale Wettbewerbsverstöße gelten nach den Regeln des **In-** **96** **ternationalen Privatrechts** (IPR) als unerlaubte Handlungen. Tatort ist im Wettbewerbsrecht sowohl der Handlungsort als auch der Erfolgsort (Art. 40 Abs. 1 EGBGB, »Deliktsstatut«, im Verhältnis zu EU-Mitgliedstaaten ist das Rom II-Abkommen zu beachten, Art. 4, 6 und 8). Fallen Handlungs- und Erfolgsort auseinander, so kann der Verletzte das für ihn günstigere Recht wählen. Erfolgsort ist der Ort der Rechtsgutsverletzung. Im Wettbewerbsrecht lässt sich als Erfolgsort der Ort bestimmen, an dem die wettbewerbsrechtlichen Interessen der Konkurrenten miteinander kollidieren. Bei Handlungen im Internet kommt sowohl der Ort der Einspeisung ins Internet in Betracht als auch der Ort, an dem die Information abgerufen wird.

Aus dem Ausland eingespeiste Werbung muss sich nur dann an natio- **97** nalem Wettbewerbsrecht messen lassen, wenn die Werbung auch im Inland rezipiert werden kann und wenn sie dazu geeignet und bestimmt ist, hier eine Absatzhandlung auszulösen.

Das ist beispielsweise bei einem Versandhandel der Fall, bei dem zwar vom Ausland aus Waren angeboten werden, diese jedoch ins Inland geliefert und dort gebraucht werden. Anders ist es, wenn sich ein Warenangebot ganz offensichtlich nicht auf den inländischen Markt bezieht, was sich aus Sprache und angegebener Währung ergeben kann.

Prüfungsschema: Lauterkeitsrecht

1. Anspruchsgrundlage: Unterlassung / Schadensersatz § 8 / § 9 UWG
2. geschäftliche Handlung gem. § 2 Abs. 1 Nr. 1 UWG
3. Unlauterkeit
– Katalogtatbestände der »Schwarzen Liste« (Anhang zu § 3 Abs. 3 UWG) gem. § 7 UWG: unzumutbare Belästigung
- gem. § 6 UWG: unlautere vergleichende Werbung
– gem. § 5 UWG: irreführende geschäftliche Handlungen durch Tun oder Unterlassen (§ 5a UWG)
– gem. § 4 UWG: Mitbewerberschutz
– gem. § 4a UWG: aggressive geschäftliche Handlungen
– gem. § 3a UWG: Rechtsbruch
– gem. § 3 Abs. 2 UWG: Verletzung der unternehmerischen Sorgfalt
– gem. § 3 Abs. 1 UWG: Auffangtatbestand
jeweils i.V.m. der Rechtsfolge des § 3 Abs. 1 UWG: Unzulässigkeit
4. weitere Voraussetzungen der Anspruchsgrundlage
   (Unterlassung: Wiederholungsgefahr
   Schadensersatz: Verschulden)
5. Ergebnis

4. Kartellrecht

98 Wettbewerbsbeschränkungen durch Absprachen oder durch Zusammenschluss mehrerer Unternehmen sucht das **Gesetz gegen Wettbewerbsbeschränkungen (Kartellgesetz, GWB)** zu begegnen. Verboten sind vertragliche Absprachen oder Abstimmungen zwischen selbständigen Unternehmen, die geeignet sind, die Marktverhältnisse zu beeinflussen (§ 1 GWB). Von diesen Verboten gibt es Freistellungsmöglichkeiten durch die Kartellbehörde (§§ 2, 3 GWB).

99 Eine für die Medien wichtige Sonderregelung des GWB ist die vertikale Preisbindung für **Zeitungen oder Zeitschriften** (§ 30 GWB als Ausnahme von § 1 GWB). Demnach sind Verträge erlaubt, durch die ein Unternehmen, das Zeitungen oder Zeitschriften herstellt, die Abnehmer dieser Erzeugnisse rechtlich oder wirtschaftlich bindet, bei der Weiterveräußerung bestimmte Preise zu vereinbaren oder ihren Abnehmern die gleiche Bindung bis zur Weiterveräußerung an den letzten Verbraucher aufzuerlegen (§ 30 Abs. 1 GWB, bezieht sich nur auf Zeitungen und Zeitschriften, da die Preisbindung für Bücher im Buchpreisbindungsgesetz separat geregelt ist → 9 Rdnr. 37). Unter den Anwendungsbereich der Regelung fallen auch elektronische Substitute von Zeitungen oder Zeitschriften (vgl. § 30 Abs. 1 Satz 2 GWB). In Missbrauchsfällen kann das Bundeskartellamt die Preisbindung von Amts wegen oder auf Antrag eines gebundenen Abnehmers für unwirksam erklären (§ 30 Abs. 3 GWB).

Wird eine marktbeherrschende Stellung missbraucht, so kann die Kartellbehörde gem. § 32 GWB dagegen einschreiten.

Boykottaufrufe sind durch § 21 Abs. 1 GWB untersagt, wenn sie in der **100** Absicht der unbilligen Beeinträchtigung von Wettbewerbern ausgesprochen werden. Wettbewerbsrecht gilt nicht in vollem Umfang hinsichtlich der öffentlichrechtlichen Rundfunkanstalten, die aufgrund ihres Funktionsauftrags Privilegien gegenüber den privaten Sendern genießen.

Immer wieder diskutiert wird die **Pressefusionskontrolle** bzw. deren **101** Lockerung im GWB. Umstritten ist bereits, ob eine Pressefusionskontrolle aus Gründen der Meinungspluralität in den Regelungsbereich des gegen wirtschaftliche Kartellbildungen ausgerichteten GWB aus systematischen wie kompetenziellen Gründen eingefügt werden darf. Wird von einigen Medienunternehmen eine Liberalisierung, insbesondere im Anzeigengeschäft aufgrund konjunktureller Schwierigkeiten gefordert, so erscheinen demgegenüber im Hinblick auf eine Erhaltung der Meinungspluralität strenge kartellrechtliche Vorgaben sinnvoll.

Eine Ergänzung erfährt das nationale Wettbewerbsrecht durch die **eu-** **102** **roparechtlichen Regelungen** der Art. 101 ff. AEUV (vgl. § 22 GWB). Gem. Art. 101 AEUV sind alle Vereinbarungen zwischen Unternehmen, Beschlüsse von Unternehmensvereinigungen und aufeinander abgestimmte Verhaltensweisen verboten, welche den Handel zwischen Mitgliedstaaten zu beeinträchtigen geeignet sind und eine Verhinderung, Einschränkung oder Verfälschung des Wettbewerbs innerhalb des Gemeinsamen Markts bezwecken oder bewirken. Verboten ist weiterhin die missbräuchliche Ausnutzung einer beherrschenden Stellung auf dem Gemeinsamen Markt oder auf einem wesentlichen Teil desselben durch ein oder mehrere Unternehmen, soweit dies dazu führen kann, den Handel zwischen Mitgliedstaaten zu beeinträchtigen (Art. 102 AEUV).

Von der Kommission wurden auf der Grundlage der Fusionskontrollverordnung auf Vorschlag der Generaldirektion IV der Kommission immer wieder Zusammenschlüsse im Medienbereich untersagt.

IV. Strafrecht

1. Anwendung allgemeiner Strafnormen

Ein Medienstrafrecht als eigenständigen Rechtsbereich gibt es nicht. Al- **103** lerdings ist an dieser Stelle daran zu erinnern, dass die allgemeinen Normen des Strafrechts insbesondere des StGB (➔ T 14) auch im Bereich der Medien Anwendung finden. Die Beschaffung von Informationen durch

Hausfriedensbruch oder Diebstahl ist auch durch die Medienfreiheiten nicht gerechtfertigt. In Veröffentlichungen der Medien gelten gleichermaßen die Verbote der Verbreitung von Propagandamitteln verbotener Organisationen (§ 86 StGB), das der Verwendung von Kennzeichen verfassungswidriger Organisationen (§ 86a StGB), wozu auch nicht körperliche Symbole wie Lieder gehören, und das Verbot der Verunglimpfung des Staates und seiner Symbole (§ 90a StGB), wie auch die Verletzung des Wahlgeheimnisses (§ 107c StGB). Denkbar ist schließlich auch die Beteiligung an Taten Dritter, beispielsweise die Anstiftung zu einer Straftat, über die in den Medien berichtet werden soll und um auf diese Weise Material für den Beitrag zu bekommen. Eine von einem Ausländer im Ausland begangene Tat ist nach dem deutschen StGB strafbar, wenn es im Inland zu einer Gefährdung oder Schädigung von Rechtsgütern gekommen ist (BGHSt 46, S. 212 ff. »Volksverhetzung im Internet« → E 89).

2. Spezifisch medienbezogene Normen

104   Hervorgehoben werden sollen einige strafrechtliche Normen, die entweder typischerweise in Medienorganen begangen werden oder doch Strafschärfungen enthalten, wenn der Unrechtsgehalt der Straftat durch eine Verbreitung in den Medien verstärkt wird. Handelt es sich um eine Straftat, deren Tatbestand durch Veröffentlichung in der Presse erfüllt wurde, spricht man von einem **Presseinhaltsdelikt** (demgegenüber handelt es sich um ein Presseordnungsdelikt, wenn die äußeren Anforderungen an die Presse in den Landespressegesetzen wie die Impressumspflicht nicht eingehalten werden). Typische Beispiele sind die Strafschärfungen innerhalb der §§ 186 und 187 StGB, die bei einer pressemäßigen Veröffentlichung von üblen Nachreden und Verleumdungen eingreifen. Ein spezifisch medienbezogenes Delikt ist der sog. »**publizistische Landesverrat**«. Davon kann gesprochen werden, wenn ein Journalist einen Beitrag zwar im Hinblick auf das Informationsinteresse der Allgemeinheit verfasst, sich hierbei allerdings einer Geheimnisverletzung schuldig macht, was beispielsweise bei einem Bericht über die Geheimdienste und ihre Methoden möglich ist. Der Besonderheit einer solchen Sachverhaltskonstellation trägt das Gesetz in Gestalt des § 95 StGB Rechnung, der das Offenbaren von Staatsgeheimnissen als einen minder schweren Fall des Landesverrats (§ 94 StGB) gesondert unter Strafe stellt.

105   §§ 130 Abs. 2 und 4, 130a, 131 StGB suchen zu verhindern, dass **volksverhetzende Äußerungen**, **Anleitungen zu Straftaten** oder **Gewaltdarstellungen** medial verbreitet werden. Verboten ist beispielsweise die Beschreibung zur Beschädigung von öffentlichen Einrichtungen, nicht aber die Anleitung zum Selbstmord, der keine eigenständige Straftat darstellt. Ab und an sollen Zuschauer durch die nachrichtenmäßige Darstellung fiktiver Verbrechen aufgerüttelt werden. Darin kann das Vortäuschen einer Straftat gem. § 145d StGB liegen. Das ist anzunehmen, wenn über eine aktuell laufende Entführung berichtet wird, die es tatsächlich nicht gibt, da hier polizeiliches Einschreiten erforderlich erscheint und damit zu rechnen ist, dass eine nachrichtenmäßige Berichterstattung auch von den zuständigen Behörden wahrgenommen wird. § 166 StGB soll die **Beschimpfung von religiösen und weltanschaulichen Bekenntnissen** verhindern, sowie die von inländischen Kirchen oder von anderen Religionsgesellschaften oder Weltanschauungsvereinigungen. §§ 184 ff. StGB stellen die Verbreitung **pornographischer, insbesondere kinderpornographischer Schriften** unter Strafe. § 184d StGB stellt klar, dass auch die Verbreitung pornographischer Darbietungen durch die Medien strafbar ist, wobei eine Ausnahme für schlichtpornographische Darbietungen gem. § 184d Abs. 1 S. 2 StGB gilt, wenn Vorkehrungen die Zugänglichkeit für Jugendliche verhindern. § 184d Abs. 2 StGB dehnt die Strafbarkeit im Falle kinderpornographischer Inhalte über die Anbieter hinaus auch auf die Nutzerseite aus. Die **Ehrschutzdelikte** der §§ 185 ff. StGB wurden bereits an anderer Stelle erwähnt (➜ 4 Rdnr. 26), wobei nochmals auf die Möglichkeit der Wahrnehmung berechtigter Interessen gem. § 193 StGB durch Medienangehörige hingewiesen werden soll.

§ 201 StGB stellt u.a. die öffentliche **Mitteilung des nichtöffentlich** **106** **gesprochenen Wortes** eines anderen unter Strafe. Die Verletzung des höchstpersönlichen Lebensbereichs durch **Bildaufnahmen** ist in § 201a StGB unter Strafe gestellt (➜ 4 Rdnr. 34).

§ 202a StGB erklärt für strafbar, wer sich Zugang zu Daten verschafft **107** (»**Hacking**«), allerdings unter der Voraussetzung, dass diese gegen unberechtigten Zugriff besonders gesichert sind. Hierfür werden sog. Firewalls, die ein Eindringen in ein Firmennetzwerk verunmöglichen sollen, für nicht ausreichend gehalten. Vielmehr bedarf es besonderer Schutzvorkehrungen wie der Verwendung von Passworten. Ausgedruckte Daten fallen nicht unter den Anwendungsbereich der Norm, da sie unmittelbar wahrnehmbar sind (vgl. § 202a Abs. 2 StGB). Wer sich Daten aus einer nicht öffentlichen Datenübermittlung verschafft (E-Mail, Fax oder Telefon, insbesondere über WLAN) oder aufzeichnet, muss mit einer Bestrafung gem. § 202b StGB rechnen. Das von § 202b StGB erfasste unbefugte **Abfangen von Daten** dient dem Schutz von Daten während des Übermittlungsvorgangs, ohne dass hierbei eine besondere Zugangssicherung überwunden werden muss. Hierunter fällt aber wohl nicht die Einwahl in ein offenes WLAN-Netz, um die Kosten für einen Internetzugang zu sparen. Schließlich ist auch das **Anbieten von Hackertools** strafbar. § 202c StGB erfasst bereits das Vorbereiten des Ausspähens und Abfangens von Daten. Danach wird bestraft, wer eine Straftat nach § 202a oder § 202b StGB vorbereitet, indem er Passwörter oder sonstige Sicherungscodes, die den Zugang zu Daten ermöglichen oder Computerprogramme, deren Zweck die Begehung einer solchen Tat ist, herstellt, sich oder einem anderen verschafft, verbreitet oder sonst zugänglich macht.

108 § 202d StGB stellt die **Datenhehlerei** unter Strafe. Diese Norm erfasst Fälle, in denen Daten weitergegeben oder verkauft werden, die von einem anderen durch eine rechtswidrige Tat erlangt worden waren. Eine Ausnahme gilt u.a. für Journalisten (§ 202d Abs. 3 StGB).

109 § 238 StGB stellt die »**Nachstellung**«, das sog. **Stalking** unter Strafe. Eine Anwendung dieser Norm kann auch gegenüber »Paparazzi« in Betracht kommen. Der Tatbestand der Norm verlangt, dass einem Menschen unbefugt nachgestellt wird. Hierfür gibt es unterschiedliche Alternativen u.a. indem beharrlich dessen räumliche Nähe aufgesucht wird. Darüber hinaus kann die zweite Tatbestandsalternative zur Anwendung kommen, wenn unter Verwendung von Telekommunikationsmitteln versucht wird, Kontakt zu ihm herzustellen. Dies könnte beispielsweise bei dem beharrlichen journalistischen Versuch, Äußerungen über Telefon herauszulocken, gegeben sein. Der Tatbestand ist weit gefasst, indem neben den vier vom Gesetz aufgeführten typischen Tatbestandsalternativen auch andere vergleichbare Handlungen unter Strafe gestellt werden. Für alle Tatbestandsalternativen gilt allerdings, dass durch die Nachstellung die »Lebensgestaltung« des Opfers schwerwiegend beeinträchtigt wird. Das heimliche Fotografieren reicht hierfür nicht aus, da das Opfer sich der Nachstellung durch den Täter nicht bewusst ist und sich daher nicht schwerwiegend beeinträchtigt fühlen kann. Ordnungsgemäße Recherchen werden durch den Stalking-Straftatbestand nicht verunmöglicht. § 238 StGB kann allerdings im Medienrecht auch außerhalb journalistischer Recherche zur Anwendung kommen, insbesondere beim Einsatz von Telekommunikationsmitteln, um einem anderen Menschen nachzustellen (zweite Tatbestandsalternative). Hierbei ist nicht nur an das Telefon, sondern auch an Nachstellungen per E-Mail oder in Foren zu denken, eine Tatbestandsalternative, die vom Begriff »cyber-stalking« erfasst wird.

110 Eine strafrechtliche Antwort auf computertechnische Manipulationen stellt die Norm des **Computerbetrugs** dar (§ 263a StGB). Der typische Anwendungsfall ist das Abheben von Geld mittels gestohlener oder gefälschter EC-Karte. Der herkömmliche in § 263 StGB geregelte Tatbestand des Betrugs setzt die Täuschung eines Menschen voraus. Da Analogiebildungen zu Lasten des Täters im Strafrecht unzulässig sind (vgl.

Art. 103 Abs. 2 GG) konnten unbefugte Vermögensverschiebungen, die durch die Manipulation eines Computers bewerkstelligt wurden, nicht vom allgemeinen Betrugstatbestand erfasst werden. Ein Diebstahl i.S.d. § 242 StGB liegt mangels »Wegnahme« ebenfalls nicht vor. Von § 263a StGB erfasst sind unrichtige, d.h. dem Willen des Berechtigten widersprechende Programmgestaltungen, die Verwendung unrichtiger oder unvollständiger Daten (»**Inputmanipulation**«), die unbefugte Verwendung von Daten (z.B. Benutzung einer gestohlenen Bankkarte mit der richtigen Geheimnummer) sowie sonst unbefugte Einwirkungen auf den Ablauf (insbesondere »**Hardwaremanipulation**«). Eine unbefugte Verwendung von Daten liegt wohl auch dann vor, wenn der Täter das Passwort oder die PIN des Opfers unter Vorspiegelung falscher Tatsachen ausgeforscht hat (z.B. unter dem Namen der Bank eine Änderung der PIN verlangt hat, sog. **Phishing** für »Passwort Fishing«) und diese Information zu seinem finanziellen Vorteil gegenüber Dritten verwendet.

§ 269 StGB ergänzt die Urkundenfälschung und erfasst die Speicherung **111** oder Veränderung beweiserheblicher Daten, wenn bei ihrer Wahrnehmung eine unechte oder verfälschte Urkunde vorliegen würde.

Strafrechtlich bedeutungsvoll sind weiterhin verschiedene Formen der **112** Datenfälschung und der Computersabotage. Werden Daten rechtswidrig gelöscht, unterdrückt, unbrauchbar gemacht oder verändert, so ist die **Datenveränderung** des § 303a StGB einschlägig. Die in § 303b StGB normierte **Computersabotage** erfüllt, wer die Datenverarbeitung stört, die für ein fremdes Unternehmen oder eine Behörde von wesentlicher Bedeutung ist (wie beispielsweise den Zentralrechner). Vom Datenbegriff sind auch Computerprogramme erfasst. Die Strafbarkeit erstreckt sich zudem auf das Abfangen von E-Mails sowie die vorsätzliche Übertragung eines Computervirus auf einen fremden Rechner.

3. Nebenstrafrecht

Medienrechtlich relevante Strafrechtsnormen können sich aber auch au- **113** ßerhalb des Strafgesetzbuchs finden. Bedeutungsvoll ist die Strafvorschrift § 106 UrhG, die bei der Verletzung von Urheberrechten eingreift mit einem eigenständigen Schutz gegen Softwarepiraterie in §§ 106, 69a UrhG. Weitere Normen sind im Zusammenhang mit Jugendschutz- und Datenschutzregelungen zu finden.

4. Opferschutz

Wurden in den obigen Ausführungen in den Medien begangene Straftaten **114** besprochen und strafbare Handlungen der Medienmitarbeiter (→ 6

207

Rdnr. 103 ff.), so gibt es auch Fälle, in denen Straftäter die Medien für ihre Zwecke nutzen und ihre Taten durch Exklusivinterviews oder eigene schriftstellerische Tätigkeit gewinnbringend vermarkten (was unter dem Stichwort »Verbrechermemoiren« diskutiert wird). Besonders misslich ist diese Situation, wenn das Opfer einer Straftat seine zivilrechtlichen Ansprüche gegen den Täter nicht durchsetzen kann. Aus diesem Grund räumt das **Opferanspruchssicherungsgesetz** (OASG) dem Opfer einer Straftat ein Pfandrecht zur Sicherung seiner Ansprüche gegen den Täter ein. Pfandgläubiger ist, wer infolge der rechtswidrigen Tat verletzt ist und einen Schadensersatzanspruch gegen den Täter hat (§ 1 Abs. 3 OASG). Das Pfandrecht besteht an der Forderung, die der Täter oder Teilnehmer einer rechtswidrigen Tat im Hinblick auf eine öffentliche Darstellung der Tat gegen einen Dritten – meist ein Medienunternehmen – erwirbt. Das Pfandrecht besteht auch dann, wenn die öffentliche Darstellung die Person des Täters oder Teilnehmers oder insbesondere seine Lebensgeschichte, seine persönlichen Verhältnisse oder sein sonstiges Verhalten zum Gegenstand hat und wenn die rechtswidrige Tat für die öffentliche Darstellung bestimmt ist (§ 1 Abs. 1 OASG). Weitergehende Versuche, die Honoraransprüche eines Straftäters als solche abzuschöpfen, sind bisher nicht Gesetz geworden.

5. Strafprozessrecht

115 Gegenüber den strafbegründenden bzw. strafschärfenden Normen des materiellen Strafrechts, enthält das Strafprozessrecht zahlreiche die Medien begünstigende Sondernormen. Zu erwähnen ist das **Zeugnisverweigerungsrecht** für Presseangehörige (§§ 53 Abs. 1 Nr. 5, 53a StPO → T 15), das Beschlagnahmeverbot des § 97 Abs. 5 und § 111m StPO sowie ein erweiterter Schutz gegen Durchsuchungen und gegen die Einziehung von Schriftwerken (näher → 8 Rdnr. 108 ff.). Allerdings muss jeweils eine Abwägung zwischen der Medienfreiheit und dem Interesse der Allgemeinheit an einer wirksamen Strafverfolgung durchgeführt werden (z.B. BVerfGE 77, S. 65 ff. »Beschlagnahme von Filmmaterial« → E 90).

Literatur

Zum Jugendschutz

Kommentare

Bruno Nikles / Sigmar Roll / Dieter Spürck: Jugendschutzrecht – Kommentar zum Jugendschutzgesetz und zum Jugendmedienschutz-Staatsvertrag mit Erläuterungen zur Sysematik und Praxis des Jugendschutzes, 3. Aufl. 2011

Rainer Scholz / Marc Liesching: Jugendschutz – Kommentar zum Jugendschutzgesetz, Jugendmedienschutz-Staatsvertrag, Vorschriften des Strafgesetzbuchs, des Teledienstgesetzes und des Rundfunkstaatsvertrags sowie weiter Bestimmungen zum Jugendschutz, 5. Aufl. 2011

Roland Bornemann / Murat Erdemir (Hrsg.): Jugendmedienschutz-Staatsvertrag, 2017

Reinhard Hartstein / Wolf-Dieter Ring u.a.: Kommentar zum Staatsvertrag der Länder zur Neuordnung des Rundfunkwesens und zum Jugendmedienschutz-Staatsvertrag, LBl., Ordner III, Stand: April 2019

Marc Liesching: Beck'scher Online-Kommentar JMStV, Stand: 15.3.2019

Sonstige Literatur

Marc Liesching: Verfassungskonformer Jugendschutz nach der Medienkonvergenz, MMR 2018, S. 141 ff.

Zum Datenschutz

Lehrbücher

Jürgen Taeger: Datenschutzrecht: Einführung, 2014

Jürgen Kühling / Anastasios Sivridis / Christian Seidel: Datenschutzrecht, 3. Aufl. 2015

Alexander Roßnagel: Das neue Datenschutzrecht, 2017

Textsammlung

Alexander Dix: Datenschutz und Informationsfreiheit. Textsammlung, 2018

Kommentare

Spiros Simitis (Hrsg.): Kommentar zum Bundesdatenschutzgesetz, 8. Aufl. 2014

Eugen Ehmann / Martin Selmayr (Hrsg.): Datenschutz-Grundverordnung, Kommentar, 2. Aufl. 2018

Spiros Simitis u.a. (Hrsg.): Datenschutzrecht. DSGVO mit BDSG. Großkommentar, 2019

Jürgen Kühling / Benedikt Buchner (Hrsg.): Datenschutz-Grundverordnung / BDSG, 2. Aufl. 2018

Gernot Sydow: Europäische Datenschutzgrundverordnung. Handkommentar, 2. Aufl. 2019

Peter Gola u.a.: Bundesdatenschutzgesetz (BDSG): Kommentar, 13. Aufl. 2019

Hans-Jürgen Schaffland / Noeme Wiltfang: Bundesdatenschutzgesetz. Kommentar, Stand: Juli 2019

Sonstige Literatur

Silke Jandt / Roland Steidle (Hrsg.): Datenschutz im Internet, 2019

Astrid Auer-Reinsdorff / Isabell Conrad: Handbuch IT- und Datenschutzrecht, 3. Aufl. 2019

Flemming Moos: Die Entwicklung des Datenschutzrechts im Jahr 2018, K&R 2019, S. 237 ff.

Zu Wettbewerbs- und Kartellrecht

Karl-Heinz Fezer: Markenrecht. Kommentar, 4. Aufl. 2009 (5. Aufl. für 2020 angekündigt)

Peter W. Heermann / Jochen Schlingloff (Hrsg.): Münchener Kommentar zum Lauterkeitsrecht, 2. Aufl. 2014 (3. Aufl. erscheint demnächst)

Maximilian Zeidler: Medienfusionen und zweiseitige Märkte, 2016

Karl-Nikolaus Peifer: Lauterkeitsrecht, Das Wettbewerbsrecht in Systematik und Fallbearbeitung, 2. Aufl. 2016

Helmut Köhler / Christian Alexander: Fälle zum Wettbewerbsrecht, 3. Aufl. 2016

Ansgar Ohly / Olaf Sosnitza: Gesetz gegen den unlauteren Wettbewerb, Kommentar, 7. Aufl. 2016

Tobias Lettl: Wettbewerbsrecht, 3. Aufl. 2016

Tobias Lettl: Kartellrecht, 4. Aufl. 2017

Wolfgang Berlit: Wettbewerbsrecht, 10. Aufl. 2017

Christian Alexander: Fälle zum Kartellrecht, 2. Aufl. 2018

Helmut Köhler / Joachim Bornkamm: Gesetz gegen den unlauteren Wettbewerb. Kommentar, 36. Aufl. 2018 (38. Aufl. erscheint demnächst)

Zum Strafrecht

Wolfgang Mitsch: Medienstrafrecht, 2012

Eric Hilgendorf u.a.: Computer- und Internetstrafrecht, 2. Aufl. 2012

Ricarda Leffler: Der strafrechtliche Schutz des Rechts am eigenen Bild vor dem neuen Phänomen des Cyber-Bullying, 2012

Frank Fechner (Hrsg.): Zeugenbeeinflussung durch Medien, 2012

Verena Port: Cyberstalking, 2012

Andrian Haase: Computerkriminalität im Europäischen Strafrecht, 2017

Johanna Grzywotz: Virtuelle Kryptowährungen und Geldwäsche, 2018

Daniel Müller: Cloud Computing (Erscheinen angekündigt)

7. Kapitel: Europäische und internationale Medienordnung

I. Europarecht

Eine einheitliche europäische Regelung des Medienrechts gibt es nicht. **1**
Eine umfassende europäische Medienordnung verbietet sich bereits aufgrund des europarechtlichen **Prinzips der begrenzten Ermächtigung**.
Diesem Prinzip zufolge darf die Union nur in den Materien tätig werden, in denen ihr vertraglich Kompetenzen eingeräumt worden sind (Art. 5 Abs. 1, 2 EUV).

Eine faktisch sehr starke Wirkung auf den Bereich der Medien haben **2** die Grundfreiheiten, wobei an erster Stelle die Dienstleistungsfreiheit zu nennen ist. Von ihr werden die nichtkörperlichen Medieninhalte erfasst, insbesondere der Rundfunk und Internetinhalte. Für verkörperte Medienprodukte ist die Warenverkehrsfreiheit von Relevanz. Medienunternehmen können sich für Standortverlagerungen bzw. der Etablierung von Tochterunternehmen auf die Niederlassungsfreiheit stützen. Zahlreiche Sonderregelungen gibt es für den Rundfunk, audiovisuelle Medieninhalte und das Urheberrecht.

Die **Doppelnatur der Medien** mit ihren **kulturellen** Implikationen **3** bei einer großen **wirtschaftlichen** Bedeutung hat immer wieder zu Meinungsverschiedenheiten bei der Regelung der Medien durch die EU geführt. Orientierung bietet diesbezüglich der »Kulturartikel« 167 AEUV, aus dem sich klar ergibt, dass die Kultur im Kompetenzbereich der Mitgliedstaaten verbleibt und die Union auf unterstützende und fördernde Maßnahmen beschränkt ist. Die Zuordnung der Medien wird dabei pragmatisch gelöst, indem sie zunächst als wirtschaftlich relevant eingeordnet werden, woraus sich die Anwendbarkeit der Grundfreiheiten und gewisse Regelungsmöglichkeiten der Union ergeben. Zugleich wird auch ihre kulturelle Bedeutung von der Kommission anerkannt. Vor Anerkennung der Doppelnatur der Medien war insbesondere bezüglich des Rundfunks zunächst ein heftiger Streit entbrannt. Vor allem von Seiten der deut-

211

schen Bundesländer wurde dieser Streit mit Vehemenz ausgetragen, da sie ihre – ohnehin bereits durch das Bundesrecht begrenzten – Kompetenzen durch die Entwicklung des Europarechts weiter schwinden sahen. Der Streit, ob der Bund rechtmäßiger Weise der Fernsehrichtlinie zugestimmt hatte, wurde bis vor dem Bundesverfassungsgericht ausgetragen (BVerf-GE 92, S. 203 ff. »EG-Fernsehrichtlinie«). Eine Folge nicht zuletzt dieser Auseinandersetzung war eine Stärkung der Rechte der Bundesländer in europäischen Angelegenheiten durch Art. 23 GG, dem »**Europaartikel**«. Demzufolge **wirken** in Angelegenheiten der Europäischen Union der Bundestag und durch den Bundesrat die **Länder mit** (Art. 23 Abs. 1 Satz 1 GG). Sind im Schwerpunkt Gesetzgebungsbefugnisse der Länder betroffen – wie das im Rundfunkrecht der Fall ist – ist bei der Willensbildung des Bundes die Auffassung des Bundesrats **maßgeblich zu berücksichtigen**. Sind bei Rechtssetzungsakten der Union im Schwerpunkt ausschließliche Gesetzgebungsbefugnisse der Länder betroffen, so soll die Wahrnehmung der Rechte, die der Bundesrepublik Deutschland als Mitgliedstaat der EU zustehen, vom Bund auf einen vom Bundesrat benannten Vertreter der Länder übertragen werden (Art. 23 Abs. 6 GG).

1. Schutz der Medien durch europäische Grundrechte

4 Noch vor Inkrafttreten der Grundrechtecharta war durch den Gerichtshof der Europäischen Union (Europäischer Gerichtshof, EuGH) ein eigenständiger Grundrechtsschutz entwickelt worden. Dieser wurde zum einen aus dem gemeinsamen Bestand nationaler Grundrechte abgeleitet, zum anderen wurde die **Europäische Menschenrechtskonvention (EMRK** → T 4) des Europarats schon früh mit ins Unionsrecht einbezogen (vgl. Art. 6 Abs. 3 EUV).

5 Für die Medien ist vor allem die Garantie der freien Meinungsäußerung in Art. 10 Abs. 1 der EMRK bedeutungsvoll, der die **Meinungsfreiheit** als Konkretisierung der Gedankenfreiheit des Art. 9 EMRK ausdrücklich erwähnt. Durch diese Norm werden das Recht auf freie Meinungsäußerung und auf Information sowie die Mitteilung von Nachrichten oder Ideen von den Vertragsstaaten garantiert. Die anderen Kommunikationsfreiheiten unterfallen zwar nicht dem Wortlaut der Norm, sie werden in der Praxis indessen mit einbezogen. Erfasst werden daher auch Meinungsäußerungen sowohl in Form von Kunstschöpfungen, als auch deren Verbreitung im Rundfunk (EuGHE 1991, S. I-4007 »Mediawet«). Selbst die Freiheit, in privater Form Fernsehen zu veranstalten, wird aus Art. 10 Abs. 1 EMRK abgeleitet.

Die Meinungsfreiheit gem. Art. 10 EMRK gilt nicht uneingeschränkt. **6**
Gem. Art. 10 Abs. 2 EMRK müssen Schranken indessen von einem Gesetz vorgesehen sein, einen näher umschriebenen zulässigen Zweck verfolgen und zur Erreichung des Zwecks in einer demokratischen Gesellschaft unentbehrlich sein.

Über die Geltung im europäischen Recht hinaus hat Art. 10 EMRK **7**
Auswirkungen auf die nationalen Rechtsordnungen der Vertragsstaaten.
In Deutschland steht die EMRK im Rang eines einfachen Bundesgesetzes
und somit zwar unterhalb des Grundgesetzes, kann jedoch bei der Ausle-
gung der Verfassung mit herangezogen werden. Möglich ist zudem die
Anrufung des Europäischen Gerichtshofs für Menschenrechte mit der sog.
Menschenrechtsbeschwerde. Hierdurch kann ein nicht unerheblicher po-
litischer Druck auf einen Staat ausgeübt werden, der sich nicht an die
Vorgaben der Konvention hält. In diesem Zusammenhang ist auf das Ur-
teil des EGMR »Caroline von Hannover vs. Deutschland« (NJW 2004,
S. 2647) zu verweisen (→ 4 Rdnr. 47 ff. → E 12).

Art. 11 Abs. 1 der Europäischen Grundrechtecharta enthält das **8**
Recht jedes Menschen auf freie Meinungsäußerung. Hierin eingeschlossen sind die Meinungsfreiheit und die Freiheit, Informationen und Ideen
ohne behördliche Eingriffe und ohne Rücksicht auf Staatsgrenzen zu
empfangen und weiterzugeben. Abs. 2 dieser Norm lautet: »die Freiheit
der Medien und ihre Pluralität werden geachtet«. Die ursprüngliche Fassung, der zufolge die Medienfreiheiten »garantiert« werden, wurde im
Konvent, der mit der Erarbeitung der gescheiterten Verfassung für Europa
beauftragt war, als missverständlich angesehen und verworfen, da sie von
der Kommission als Handlungsauftrag hätte missverstanden werden können. Inhaltlich ist die »Freiheit der Medien« umfassend und bezieht den
Multimediabereich ohne weiteres mit in den Anwendungsbereich ein.
Durch die Verweisung auf diese Norm im Vertrag von Lissabon wurden
die Medien weiter gestärkt und sind auch gegenüber den Organen der
Europäischen Union anwendbar. Aufgrund des Vorrangs des Europarechts
vor nationalem Recht ist es korrekt, in Falllösungen auch die entsprechende Norm der Grundrechtecharta anzugeben. Art. 6 EUV i.V.m.
Art. 11 der Charta werden von der Rechtsprechung zusammen mit Art. 5
Abs. 1 Satz 1, 2 GG zur Begründung des Rechts auf freie Meinungsäußerung und auf freie Berichterstattung herangezogen (z.B. BGH AfP 2011,
S. 249 ff.). Demgegenüber findet sich ein dem nationalen Persönlichkeitsrecht entsprechendes Recht auf Achtung des Privat- und Familienlebens
in Art. 7 der Grundrechtecharta und Art. 8 EMRK und ein Recht auf
Schutz personenbezogener Daten in Art. 8 der Charta.

2. Grundfreiheiten des AEUV

9   Im Rechtsraum der EU erfahren die Medien nicht zuletzt durch die europäischen Grundfreiheiten des AEUV (→ T 2) Schutz. Im Einzelnen handelt es sich um die Freiheit des Warenverkehrs, die Freizügigkeit der Arbeitnehmer, die Niederlassungsfreiheit der Selbständigen, die Dienstleistungsfreiheit und die Freiheit des Kapital- und Zahlungsverkehrs.

10

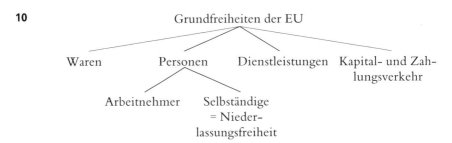

a) Warenverkehrsfreiheit

11   Die **Warenverkehrsfreiheit** der Art. 28 ff. AEUV verbietet insbesondere Import- und Exportbeschränkungen von Waren zwischen den Mitgliedstaaten. Von diesem Verbot sind alle verkörperten Medien erfasst. Hierunter fallen Presseerzeugnisse ebenso wie Bücher, Videokassetten und weitere Filmträger wie DVDs.

b) Dienstleistungsfreiheit

12   Die nicht verkörperten Arbeitsergebnisse, die grenzüberschreitend angeboten werden, unterfallen regelmäßig der **Dienstleistungsfreiheit** der Art. 56 ff. AEUV. Lange Zeit umstritten war die Einordnung von Rundfunksendungen. Inzwischen ist – trotz der zweifellos vorhandenen kulturellen Dimension des Rundfunks – die Anwendbarkeit der Dienstleistungsfreiheit auf grenzüberschreitende Rundfunksendungen, vor allem durch klärende Entscheidungen des EuGH, anerkannt. Seither hat sich die Auseinandersetzung abgeschwächt und es erscheint trotz der grundsätzlichen Zuordnung des Rundfunks zu den Dienstleistungen der Weg frei, auch die zweifellos vorhandenen kulturellen Aspekte des Rundfunks bei der rechtlichen Beurteilung mit zu berücksichtigen.

13   Filme werden teilweise der Freiheit des Warenverkehrs zugeordnet, teilweise den Dienstleistungen, da wirtschaftlich nicht das Eigentum an den Datenträgern, sondern die Nutzungsrechte am Film im Vordergrund stehen. Letztlich ist die Abgrenzung der Grundfreiheiten von geringer praktischer Bedeutung, da sie ein geschlossenes, einander ergänzendes System bilden.

c) Freizügigkeit, Kapitalverkehrsfreiheit

Soll ein medienproduzierendes Unternehmen in einen anderen Mitglied-   **14** staat der Union verlagert werden, so wird dies in erster Linie durch die **Niederlassungsfreiheit** der Art. 49 ff. AEUV garantiert. Die hierfür erforderlichen Investitionen werden durch die **Kapitalverkehrsfreiheit** der Art. 63 ff. AEUV ermöglicht. Arbeitnehmer wie Filmschauspieler, die sich zur Arbeitsaufnahme in einen anderen Mitgliedstaat begeben wollen, sind durch die **Arbeitnehmerfreizügigkeit** geschützt (Art. 45 ff. AEUV).

3. Wettbewerbsrecht

Neben den Grundfreiheiten des AEUV können weitere vertragsrechtliche   **15** Regelungen auf den Medienbereich anwendbar sein. Besondere Probleme ergeben sich aufgrund der kulturellen Komponente der Medien hinsichtlich des Wettbewerbsrechts. Fraglich ist in diesem Zusammenhang, inwieweit die deutschen **Rundfunkbeiträge** mit dem Beihilferecht innerhalb der Wettbewerbsvorschriften der Union vereinbar sind.

Im AEUV gibt es eine Vorschrift, die nationale Beihilfen grundsätzlich   **16** verbietet. In Art. 107 AEUV ist geregelt, dass staatliche oder aus staatlichen Mitteln gewährte Beihilfen gleich welcher Art, die durch die Begünstigung bestimmter Unternehmen oder Produktionszweige den Wettbewerb verfälschen, unzulässig sind. Allerdings sind in Abs. 2 Ausnahmen von diesem Verbot normiert und gem. Abs. 3d können Beihilfen zur Förderung der Kultur mit dem gemeinsamen Markt für vereinbar angesehen werden, soweit sie die Handels- und Wettbewerbsbedingungen in der Union nicht in zu starkem Maße beeinträchtigen. Die Entscheidung hierüber hätte in einem Genehmigungsverfahren vor der Kommission zu erfolgen.

In Diskussion stand lange Zeit die Frage, ob der Rundfunkbeitrag (damals Rund-   **17** funkgebühr) überhaupt eine Beihilfe darstellt. Einer Ansicht nach ist der Rundfunkbeitrag keine Beihilfe im europarechtlichen Sinn. Der Rundfunkbeitrag wird von den Fernsehteilnehmern erbracht, weshalb es sich nicht um eine staatliche Beihilfe oder eine aus staatlichen Mitteln gewährte Beihilfe handelt. Sieht man es als ein Kriterium der Beihilfe an, dass sie freiwillig gewährt wird, ist der Rundfunkbeitrag bereits begrifflich keine Beihilfe. Es fehlt bei ihr an einer freiwilligen Disposition des Gesetzgebers, da die Finanzausstattung des öffentlichrechtlichen Systems durch die verfassungsrechtlichen Vorgaben des Art. 5 Abs. 1 Satz 2 GG zwingend vorgegeben ist. Der Rundfunkbeitrag garantiert lediglich die Erfüllung des öffentlichen Programmauftrags. Zudem stellt der Rundfunkbeitrag auch keine

Begünstigung bestimmter Unternehmen dar. Vielmehr wird durch den Rundfunkbeitrag die Grundversorgung in finanzieller Hinsicht sichergestellt.

18   Diesem Streit schien eine Protokollerklärung der Amsterdamer Regierungskonferenz zum Vertrag zur Gründung der Europäischen Gemeinschaft von 1997 ein Ende gesetzt zu haben. Im Protokoll über den öffentlichrechtlichen Rundfunk in den Mitgliedstaaten wurde zunächst festgelegt, dass die Bestimmungen des EGV nicht die Befugnis der Mitgliedstaaten berühren, den öffentlichrechtlichen Rundfunk zu finanzieren, sofern die Finanzierung der Rundfunkanstalten dem öffentlichrechtlichen Auftrag dient, wie er von den Mitgliedstaaten den Anstalten übertragen, festgelegt und ausgestaltet wird. Allerdings ist als weitere Voraussetzung festgelegt, dass die Handels- und Wettbewerbsbedingungen in der Union nicht in einem Ausmaß beeinträchtigt werden, das dem gemeinsamen Interesse zuwiderläuft, wobei den Erfordernissen der Erfüllung des öffentlichrechtlichen Auftrags Rechnung zu tragen ist.

19   Das Verhältnis der Protokollerklärung zum Primärrecht ist nicht eindeutig geklärt. Sicherlich stellt sie nicht lediglich eine Absichtserklärung dar, sondern hat rechtlich bindenden Charakter. Es handelt sich um eine rechtsverbindliche Auslegung des Primärrechts. Damit war die Finanzierung des deutschen Modells als europarechtskonform festgestellt.

20   Die Änderung von der Rundfunkgebühr zum Rundfunkbeitrag hat der EuGH als unproblematisch beurteilt (EuGH NJW 2019, S. 577, 580).

4. Behandlung der Kultur im Europarecht

21   War die Kultur ursprünglich gänzlich aus dem Gemeinschaftsvertrag ausgespart, so ist mit Art. 167 AEUV die Kultur zu einem Vertragsbestandteil geworden. Dem »**Kulturartikel**« zufolge leistet die Union lediglich einen Beitrag zur Entfaltung der Kulturen der Mitgliedstaaten. Aufgabe der Union ist es nicht, eine europäische Einheitskultur zu schaffen, die an die Stelle der nationalen Kulturen zu treten bestimmt wäre. Der Union ist vielmehr die Aufgabe zugewiesen, die bestehenden Kulturen der Mitgliedstaaten zur Entfaltung zu bringen. Ihr Beitrag zur Entfaltung der Kulturen der Mitgliedstaaten muss deren nationale und regionale Vielfalt wahren.

22   Der Union kommen lediglich **unterstützende und ergänzende Funktionen** zu. Als Anwendungsgebiet wird ausdrücklich u.a. das künstlerische und literarische Schaffen erwähnt, wobei der audiovisuelle Bereich eingeschlossen ist. Von diesem Teilaspekt sind vor allem Kunst und Literatur umfasst. Damit war bereits bisher u.a. das Urheberrecht in den Aktionsbereich der Union einbezogen. Für das geistige Eigentum bestehen Kompetenzen gem. Art. 118 AEUV, demzufolge können das Europäische Parlament und der Rat Maßnahmen zur Schaffung europäischer Rechtstitel über einen einheitlichen Schutz der Rechte des geistigen Eigentums in der Union sowie zur Einführung von zentralisierten Zulassungs-, Koordinierungs- und Kontrollregelungen auf Unionsebene erlassen. Ebenfalls weit interpretiert wird bei Art. 167 AEUV das audiovisuelle Anwendungsgebiet, das sich über den Video- und Filmbereich hinaus auf den Rundfunk erstreckt.

Aufgrund der sog. **Querschnittsklausel** (Art. 167 Abs. 4 AEUV) trägt   **23** die Union den kulturellen Aspekten bei ihrer Tätigkeit aufgrund anderer Bestimmungen des Vertrags Rechnung. Die Union ist nicht mehr auf eine wirtschaftliche Betrachtungsweise beschränkt, vielmehr sollen sich die Organe der Union auch von kulturellen Überlegungen leiten lassen.

Welches die »kulturellen Aspekte« sind, denen die Union Rechnung zu   **24** tragen hat, ergibt sich aus Art. 167 Abs. 2 AEUV nicht. Insoweit gilt der doppelte Auftrag der Union in Abs. 1. Von der Union sind bei ihren Tätigkeiten sowohl die Kulturen der Mitgliedstaaten in ihrer nationalen und regionalen Vielfalt, als auch das gemeinsame kulturelle Erbe zu beachten. Da sich aus Art. 167 Abs. 4 AEUV die Pflicht ableiten lässt, die kulturellen Belange der Mitgliedstaaten zu wahren, ist diese Pflicht auch bei der Auslegung anderer Normen des Vertrags zu berücksichtigen.

Zur Förderung des kulturellen Bereichs hat die Union verschiedene   **25** **Programme** erlassen, die bei den einzelnen Medien erwähnt werden.

5. Rundfunk und Videoplattformdienste

Der Europäische Gerichtshof hat die Ausstrahlung grenzüberschreitender   **26** Fernsehprogramme seit 1974 als Dienstleistung qualifiziert, unabhängig von der Art der Übermittlung. Das Element der Entgeltlichkeit wird dabei auch bei unentgeltlich ausgestrahlten Sendungen bejaht, da zumindest von Seiten der Werbeunternehmen eine Gegenleistung erbracht wird.

Bei den Einschränkungen der Dienstleistungsfreiheit sind EU-Aus-   **27** länder diskriminierende Regelungen von solchen zu unterscheiden, die zwar keinen diskriminierenden Charakter haben, also EU-Ausländer und Inländer gleich behandeln, die jedoch gegenüber den Regelungen des Sendestaats strengere Anforderungen aufstellen.

Diskriminierende Einschränkungen der Dienstleistungsfreiheit sind im   **28** Rundfunkbereich nach der Rechtsprechung des EuGH nicht zulässig. Lediglich strenge nationale Beschränkungen, die EU-Ausländer wie Inländer gleichermaßen treffen, sind dann zulässig, wenn sie durch zwingende Allgemeininteressen gerechtfertigt sind. Das gilt nicht, wenn die Interessen des Empfangsstaats bereits durch die Regelungen des Sendestaats gewährleistet sind oder wenn die beschränkende Regelung unverhältnismäßig ist.

Anknüpfend an die Rechtsprechung des EuGH wurde 1989 die Richt-   **29** linie des Rates zur Koordinierung bestimmter Rechts- und Verwaltungsvorschriften der Mitgliedstaaten über die Ausübung der Fernsehtätigkeit, kurz **Fernsehrichtlinie** verabschiedet. Damit wurden erstmals einheitliche Mindeststandards für Werbung, Jugendschutz und Gegendarstellungsrecht zwischen den Mitgliedstaaten festgelegt. 2007 wurde sie zur **»Richtlinie über audiovisuelle Mediendienste«** (AVMD) (→ T 20) fortentwickelt, die 2018 reformiert wurde.

30   Mit jeder Überarbeitung wurde die AVMD-Richtlinie hinsichtlich ihres Anwendungsbereichs erweitert. Waren bereits in der vorigen Fassung neben den linearen Diensten (Rundfunk) auch Abrufdienste einbezogen (Video on demand), so fallen mittlerweile auch nutzergenerierte nichtlineare Dienste in den Anwendungsbereich der Richtlinie, so auch **Video-Sharing-Plattformen**. Damit trägt die AVMD-Richtlinie der Bedeutung von Videoplattformen Rechnung. Allerdings fragt sich, ob die Unterscheidung zwischen linearen und nicht-linearen Diensten heute noch gerechtfertigt ist. Aufgrund der europäischen Verwurzelung bleibt diese Unterscheidung auch weiterhin für das nationale Recht maßgeblich.

31   Jeder Mitgliedstaat hat für die **Rechtmäßigkeit der Mediensteanbieter seines Territoriums** zu sorgen. In der Terminologie der Richtlinie heißt es, jeder Mitgliedstaat sorgt dafür, dass alle audiovisuellen Mediendienste, die von seiner Rechtshoheit unterliegenden Mediendiensteanbietern übertragen werden, den Vorschriften des Rechtssystems entsprechen, die auf für die Allgemeinheit bestimmte Sendungen in diesem Mitgliedstaat anwendbar sind (Art. 2 Abs. 1 AVMD).

32   Da die Bestimmung des für den Mediendienst zuständigen Mitgliedstaats in der Praxis immer wieder mit Schwierigkeiten verbunden ist, formuliert Art. 2 Abs. 3 ausführliche Regeln zur Festlegung des zuständigen Mitgliedstaats. Grundsätzlich ist dies der Standort der **Niederlassung** des Medienanbieters, der sich im Regelfall aus dem Sitz seiner **Hauptverwaltung** ergibt. Fallen jedoch Hauptverwaltung und der Ort, an dem die redaktionellen Entscheidungen getroffen werden auseinander, so gilt der Mediendienstanbieter als in dem Mitgliedstaat niedergelassen, in dem ein erheblicher Teil des mit der Durchführung der programmbezogenen Tätigkeiten betrauten Personals tätig ist (Art. 2 Abs. 3b).

33   Entspricht ein audiovisueller Mediendienst den Vorschriften des Landes, in dem er produziert wurde, kann er ungehindert in jedes andere Mitgliedsland übertragen werden (sog. **Herkunftslandprinzip**). Dieses Prinzip basiert auf dem Grundsatz des gegenseitigen Vertrauens des Europarechts. Da für alle audiovisuellen Mediendienste Mindestvorschriften in der Richtlinie vorgesehen sind, die von allen Mitgliedstaaten eingehalten werden müssen, kann sich kein Staat darauf berufen, dass Dienste, die aus anderen Mitgliedstaaten stammen, nicht mit ihrem nationalen Recht vereinbar seien. Vielmehr muss jeder Staat darauf vertrauen, dass die anderen

Mitgliedstaaten entsprechende Regelungen kennen und diese auch durchsetzen, damit ein vergleichbares Niveau im Hinblick auf den Schutz der Jugend, die Werbung usw. gewährleistet ist. Zwar hat jeder Mitgliedstaat das Recht, Mediendiensteanbieter, die ihrer eigenen Rechtshoheit unterliegen, strengeren Bestimmungen als denen der Richtlinie zu unterwerfen (Art. 4 Abs. 1 AVMD). Von dieser Regelung wird ein Mitgliedstaat allerdings nur vorsichtigen Gebrauch machen, will er nicht ein Abwandern seiner Mediendiensteanbieter in weniger regelungsintensive Staaten riskieren.

Dem Recht, einen audiovisuellen Mediendienst, der den eigenen Rechts- **34** vorschriften entspricht, in einen anderen Mitgliedstaat zu übermitteln, entspricht die Pflicht der anderen Mitgliedstaaten, den freien Empfang solcher Sendungen aus anderen Mitgliedstaaten zu gewährleisten und deren Weiterverbreitung im Inland nicht zu behindern (Art. 3 Abs. 1 AVMD).

Lediglich unter eng gezogenen Grenzen gibt es Ausnahmen von dieser **35** den Mitgliedstaaten auferlegten Pflicht (Art. 3 Abs. 2 AVMD). Ein Mitgliedstaat kann vorübergehend vom **Grundsatz des freien Empfangs und der Weiterverbreitung audiovisueller Mediendienste** aus anderen Mitgliedstaaten abweichen, wenn diese u.a. zu Gewalt oder Hass gegen eine Gruppe von Personen aufstacheln, öffentlich zur Begehung einer terroristischen Straftat auffordern oder die körperliche, geistige oder sittliche Entwicklung von Minderjährigen beeinträchtigen können (Art. 3 Abs. 2 i.V. Art. 6, Art. 6a AVMD). Voraussetzung ist allerdings, dass es zu mehreren Rechtsverstößen gekommen ist und die Kommission hierüber informiert wurde. Verneint die Kommission die Vereinbarkeit der Maßnahmen mit dem Unionsrecht, so muss der betreffende Mitgliedstaat die beanstandeten Maßnahmen unverzüglich beenden (Art. 3 Abs. 2 Satz 3 AVMD). Diese zusätzlichen Bedingungen sind allerdings nicht erforderlich, wenn der Mediendienst in offensichtlicher, ernster und schwerwiegender Weise gegen die genannten Normen der Richtlinie verstößt oder eine ernsthafte und schwerwiegende Gefahr der Beeinträchtigung für die öffentliche Sicherheit darstellt (Art. 3 Abs. 3 AVMD).

Die Richtlinie unterscheidet zwischen Bestimmungen, die für alle au- **36** diovisuellen Mediendienste gelten in den Art. 5 ff. AVMD und darüberhinausgehenden strengeren Vorschriften für audiovisuelle Mediendienste auf Abruf in Art. 12 ff. AVMD sowie für Videoplattformen in § 28a ff. AVMD. Die allgemeinen Vorschriften gewährleisten Informationspflichten für Mediendiensteanbieter (Art. 5 AVMD) und regeln kommerzielle Kommunikation (Art. 9 AVMD) einschließlich Sponsoring und Produktplatzierung (Art. 10, 11 AVMD).

37   Einige allgemeine Bestimmungen hinsichtlich der Werbung gelten für
alle audiovisuellen Mediendienste. **Verboten** ist generell die »**Schleichwerbung**« in der audiovisuellen kommerziellen Kommunikation (Art. 9
Abs. 1a AVMD). Unter Schleichwerbung wird die Erwähnung oder Darstellung von Waren, Dienstleistungen, dem Namen, der Marke oder den
Tätigkeiten eines Herstellers von Waren oder eines Erbringers von
Dienstleistungen in Sendungen angesehen, wenn sie vom Mediendiensteanbieter absichtlich zu Werbezwecken vorgesehen ist und die Allgemeinheit über ihren eigentlichen Zweck irreführen kann. Eine Erwähnung
oder Darstellung gilt der Richtlinie zufolge insbesondere dann als beabsichtigt, wenn sie gegen Entgelt oder eine ähnliche Gegenleistung erfolgt
(Art. 1 Abs. 1j AVMD). Techniken der unterschwelligen Beeinflussung
sind unzulässig (Art. 9 Abs. 1b AVMD).

38   In diesem Zusammenhang gibt es spezielle Vorschriften, die verhindern, dass audiovisuelle kommerzielle Kommunikation die Menschenwürde verletzt oder Diskriminierungen fördert. Jede Form der audiovisuellen kommerziellen Kommunikation für Zigaretten etc. ist untersagt,
diejenige für alkoholische Getränke darf nicht speziell an Minderjährige
gerichtet sein und darf nicht den übermäßigen Genuss solcher Getränke
fördern. Darüber hinaus wird die Selbstregulierung durch Verhaltenskodi-
zes unterstützt, insbes. im Hinblick auf Kinder (Art. 9 AVMD).

39   Gesponserte audiovisuelle Mediendienste oder Sendungen müssen als
solche gekennzeichnet sein und es darf die redaktionelle Verantwortung
und Unabhängigkeit des Fernsehveranstalters nicht angetastet werden
(Art. 10 Abs. 1 AVMD). Nachrichtensendungen und Sendungen zur politischen Information dürfen überhaupt nicht gesponsert werden (Art. 10
Abs. 4 AVMD).

40   **Produktplatzierung** oder **Product-Placement** ist mittlerweile in allen audiovisuellen Mediendiensten gestattet (Art. 11 Abs. 2 AVMD). Eine
Ausnahme sind Nachrichtensendungen und Sendungen zur politischen
Information, Verbrauchersendungen, Sendungen religiösen Inhalts und
Kindersendungen. Allerdings sind auch hier bestimmte Anforderungen zu
beachten, etwa, dass die Verantwortung und redaktionelle Unabhängigkeit
des Mediendiensteanbieters nicht beeinträchtigt wird und dass nicht unmittelbar zum Kauf aufgefordert wird und das betreffende Produkt nicht
zu stark herausgestellt wird. Zudem bedarf es einer angemessenen Kennzeichnung von Produktplatzierungen. Generell unzulässig sind Produktplatzierungen zu Gunsten von Tabakerzeugnissen und von Arzneimitteln,
die nur auf ärztliche Verordnung erhältlich sind (Art. 12 AVMD).

Für Fernsehsendungen sind vor allem die Regelungen über Großereig-   **41**
nisse, die Kurzberichterstattung und die Werbung von Einfluss auf das
nationale Recht.

Die AVMD enthält das Recht eines jeden Mitgliedstaats, Maßnahmen   **42**
zu ergreifen, mit denen sichergestellt werden soll, dass die seiner Rechtshoheit unterworfenen Fernsehveranstalter nicht Ereignisse, denen er eine
erhebliche gesellschaftliche Bedeutung beimisst, auf Ausschließlichkeits-
basis in der Weise übertragen, dass einem bedeutenden Teil der Öffentlichkeit die Möglichkeit vorenthalten wird, das Ereignis im Wege direkter
oder zeitversetzter Berichterstattung in einer frei zugänglichen Fernsehsendung zu verfolgen (Art. 14 Abs. 1 Satz 1 AVMD). Damit können bestimmte **Großereignisse** dem Pay-TV entzogen werden. Der deutsche
Gesetzgeber hat von dieser Möglichkeit im Rundfunkstaatsvertrag Gebrauch gemacht (➜ *10* Rdnr. 132 ff.).

Eine weitere in nationales Recht umgesetzte Maßgabe der Richtlinie   **43**
ist die unionsweite Regelung der **Kurzberichterstattung**. Gem. Art. 15
AVMD sorgen die Mitgliedstaaten dafür, dass jeder Fernsehveranstalter,
der in der Union niedergelassen ist, einen fairen, angemessenen und diskriminierungsfreien Zugang zu Ereignissen hat, die von großem öffentlichen Interesse sind und die von einem Fernsehveranstalter exklusiv übertragen werden. Solche **Kurznachrichtenausschnitte** können die Fernsehveranstalter oder Vermittler frei aus dem Sendesignal des übertragen-
den Fernsehveranstalters auswählen. Sie müssen dabei aber mindestens
ihre Quelle angeben. Das Recht zur Kurzberichterstattung ist auf das
Fernsehen beschränkt, gilt also **nicht für die anderen audiovisuellen
Mediendienste** und **auch nicht für den Hörfunk**.

Inhaltliche Anforderungen an das Fernsehprogramm ergeben sich aus   **44**
der **Quotenregelung** zur Förderung von europäischen Werken. Damit
sollen europäische Programmproduktionen vor solchen aus Drittstaaten –
insbesondere den USA – geschützt werden, wobei neben wirtschaftlichen
in erster Linie kulturpolitische Gründe angeführt werden. Die Mitgliedstaaten tragen im Rahmen des praktisch Durchführbaren und mit angemessenen Mitteln dafür Sorge, dass die Fernsehveranstalter den Hauptan-
teil der Sendezeit, die nicht aus Nachrichten, Sportberichten, Spielshows
o.ä. besteht, der Sendung von europäischen Werken vorbehalten. Dieser
Anteil soll unter Berücksichtigung der Verantwortung der Rundfunkveranstalter gegenüber ihrem Publikum in den Bereichen Information, Bildung, Kultur und Unterhaltung schrittweise anhand geeigneter Kriterien
erreicht werden (Art. 16 Abs. 1 AVMD). Anbieter audiovisueller Mediendienste auf Abruf haben sicherzustellen, dass ihre Kataloge einen **Mindes-**

tanteil **europäischer Werke** von 30 % enthalten und solche Werke herausgestellt werden (Art. 13 Abs. 1 AVMD).

45   Der Sendezeitanteil von Fernsehwerbespots und Teleshoppingspots wurde 2018 in Art. 23 AVMD ebenfalls neu geregelt. Die **zulässige Werbezeit** wird nun nicht mehr pro Stunde angegeben, vielmehr sind die Zeiträume von 6.00 Uhr bis 18.00 Uhr und von 18.00 Uhr bis 24.00 Uhr maßgeblich, in denen jeweils nur maximal 20% des Zeitraums mit Werbung belegt sein dürfen. Zusätzlich sind aber u.a. Sponsorenhinweise und Produktplatzierungen zulässig.

46   Die Mitgliedstaaten müssen weiterhin dafür sorgen, dass jeder natürlichen und juristischen Person ein Recht auf **Gegendarstellung** eingeräumt ist, der durch die Behauptung falscher Tatsachen in einem Fernsehprogramm eines Fernsehveranstalters ihrer Rechtshoheit in berechtigten Interessen beeinträchtigt worden ist (Art. 28 AVMD).

47   Die Art. 28a ff. regulieren **Videoplattformdienste**. Der AVMD-RL unterfallen **Video-Sharing-Plattform-Anbieter**, die im Hoheitsgebiet eines Mitgliedstaats niedergelassen sind. Das ist der Fall, wenn der Anbieter ein Mutter- oder ein Tochterunternehmen hat, das in einem Mitgliedstaat niedergelassen ist oder Teil einer Gruppe von Unternehmen ist, von denen eines in einem Mitgliedstaat niedergelassen ist (Art. 28a AVMD). In der nachfolgenden Norm werden die Mitgliedstaaten dazu verpflichtet, die Anbieter von Video-Sharing-Plattformen in ähnlicher Weise in die Pflicht zu nehmen, wie dies für die Fernsehveranstalter dargestellt wurde. Dies gilt insbesondere für den Schutz von Minderjährigen, so wie von Sendungen, nutzergenerierten Videos und audiovisueller kommerzieller Kommunikation, in denen zu Gewalt oder Hass aufgerufen wird oder deren Verbreitung eine Straftat nach dem Unionsrecht darstellt (Art. 28b Abs. 1 AVMD).

Das Herkunftslandprinzip im europäischen Medienrecht   **48**

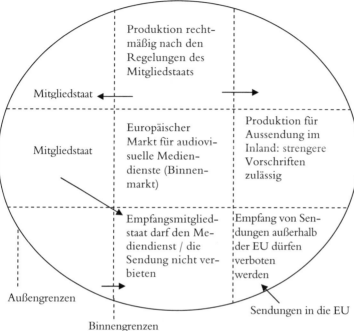

6. Europarat

Im nicht nur Staaten der EU umfassenden Europa sind für den Rundfunk **49** die gleichzeitigen Aktivitäten des Europarats zu beachten, der die EMRK (→ 7 Rdnr. 4 ff. → T 4) ausgearbeitet hat. Neben der Deklaration über Meinungs- und Informationsfreiheit des Europarats von 1982 handelt es sich vor allem um das **Europäische Übereinkommen über das grenz-überschreitende Fernsehen**. Die Vertragsparteien sichern die Freiheit des Empfangs von Sendungen aus anderen Vertragsstaaten (Art. 4 in Übereinstimmung mit Art. 10 EMRK) und sorgen dafür, dass die Programme ihrer Rundfunkveranstalter den Vertragsbestimmungen entsprechen (Art. 5). Insbesondere müssen sie die Menschenwürde und die Grundrechte anderer und die Rechte Jugendlicher achten (Art. 7). Zudem muss ein Recht auf Gegendarstellung vorgesehen sein (Art. 8). Zu Ereignissen von erheblicher Bedeutung muss die Allgemeinheit Zugang haben (Art. 9a). Weitere Normen befassen sich mit Werbung und Teleshopping (Art. 11 ff.). Die Anwendung des Übereinkommens wird durch einen Ständigen Ausschuss überwacht (Art. 21).

50   Die Konvention entfaltet als völkerrechtliches Übereinkommen schwächere rechtliche Wirkungen als die Richtlinie und steht auch nicht im Zusammenhang mit der Schaffung eines Binnenmarkts. Zudem haben sich die EU-Mitgliedstaaten in der Konvention des Europarats den Vorrang des EU-Rechts vorbehalten (Art. 27 Abs. 1 der Konvention). Damit haben bei grenzüberschreitenden Rundfunksendungen zwischen zwei Mitgliedstaaten die Vorschriften des AEUV und der AVMD-RL Vorrang. Die Europaratskonvention hat daher vor allem Bedeutung, wenn es um Fernsehsendungen geht, die von einem oder in einen Vertragsstaat gesendet werden, der kein EU-Mitgliedstaat ist. Für die Staaten, die nicht der EU, wohl aber dem Europarat angehören, ist die Möglichkeit einer Individualbeschwerde direkt zum Europäischen Gerichtshof für Menschenrechte (EGMR) von erheblicher Bedeutung.

7. ARTE und EBU

51   Der Fernsehkulturkanal ARTE ist kein Programm der EU. Es handelt sich um eine Gründung auf völkerrechtlicher Basis zwischen der Republik Frankreich und den deutschen Bundesländern.

52   Die **Europäische Rundfunkunion** (European Broadcasting Union, EBU) ist ein Zusammenschluss nationaler Rundfunkanstalten. Sie wurde 1950 gegründet und hat ihren Sitz in Genf. Ihre Mitglieder sind insbesondere öffentlichrechtliche Rundfunkanbieter aus dem europäischen Sendegebiet. Ziel der Organisation ist die Verteidigung der Interessen des Rundfunks im technischen und juristischen Bereich. Eine der Schwerpunktaufgaben ist der Austausch von Radio- und Fernsehprogrammen (Euroradio und Eurovision).

8. Film

53   Die europäische Filmindustrie steckt in einer Krise, der die EU zu begegnen sucht. Der kulturelle Aspekt wird immer wieder beim europäischen Film hervorgehoben. In erster Linie bemüht sich Frankreich um einen Schutz einheimischer Filmwerke gegenüber der amerikanischen Konkurrenz.

54   Bereits früh hat sich die Union des europäischen Films angenommen. Zunächst stand die Durchsetzung des freien Dienstleistungsverkehrs im Bereich des Filmwesens im Vordergrund, wie Richtlinien aus den sechziger Jahren belegen die sich auch mit der Filmförderung befassen. Nach den seit 1991 aufgelegten Programmen fördert die EU mit Kreatives Europa den europäischen audiovisuellen Sektor im Zeitraum 2014–2020.

Die Rechtsprechung des EuGH hat die Sonderstellung des Films ebenfalls aner-   55
kannt, was heute wohl über die Querschnittsklausel des Art. 167 Abs. 4 AEUV zu
begründen wäre. Der EuGH hat die strengen Vorschriften der Warenverkehrsfreiheit auf solche nationalen Rechtsvorschriften für nicht anwendbar erklärt, die
die Verbreitung von Filmwerken durch Videokassetten erst nach Ablauf eines
gewissen Zeitraums nachdem die Filme im Filmtheater vorgeführt worden sind,
für zulässig erklärt. Es handelt sich um französische Rechtsvorschriften, die durch
die zeitliche Staffelung der Filmverwertung eine wirtschaftliche Ausnutzung von
Filmen bezweckten (EuGHE 1985, S. 2618 ff. »Cinéthèque«).

Die Kommission versucht darüber hinaus, durch eigene Maßnahmen die euro-   56
päische Filmindustrie zu stärken. Insbesondere will sie die Produktion von Filmen
steigern. Hierdurch soll der durch die gestiegenen Sendekapazitäten erhöhte Bedarf an Programmen erfüllt und zugleich der »Überschwemmung« mit amerikanischen und anderen ausländischen audiovisuellen Programmen begegnet werden,
in denen eine Gefahr für die kulturelle Unabhängigkeit Europas gesehen wird.
Zugleich sollen die Produktionskosten gesenkt werden, um die Konkurrenzfähigkeit zu erhalten.

9. Buch

Europarechtlich werden Bücher als Waren im Sinne der Warenverkehrsfrei-   57
heit behandelt (EuGHE 1985, S. 17 ff. »Leclerc«). In wettbewerbsrechtlicher
Hinsicht wurde vor allem die **Buchpreisbindung** europarechtlich in Zweifel gezogen. Gegen die Buchpreisbindung spricht das europäische Wettbewerbsrecht, insbesondere das Kartellverbot der Art. 101, 105 AEUV. Auf
der anderen Seite sind die Mitgliedstaaten weiterhin berechtigt, ihre nationale Kulturpolitik zu betreiben, wie sich aus Art. 167 AEUV ergibt. Nur
grenzüberschreitende Systeme sind von Art. 101 AEUV erfasst.

Die lange umstrittene Frage der Buchpreisbindung, wie sie in Deutsch-   58
land und in Österreich besteht, ist dahingehend gelöst, dass nationale
Buchpreisbindungen, soweit sie keinen grenzüberschreitenden Charakter
haben, keinen Verstoß gegen die europarechtlichen Vorschriften darstellen. Die Kommission hat das System der deutschen Buchpreisbindung in
der bestehenden Form anerkannt. Dies ist konform mit der Rechtsprechung des EuGH (EuGHE 2000, S. I-9224, vgl. → 9 Rdnr. 42 ff.).

10. Urheberrecht

a) Entwicklung des europäischen Urheberrechts

Im Gebiet des Urheberrechts hat die Union eine vergleichsweise hohe   59
Regelungsdichte erreicht, was die Bedeutung dieses Rechtsgebiets für die
europäische Integration belegt. Ein national segmentiertes Urheberrecht
wurde schon früh als Hindernis für den freien Waren- und Dienstlei-

stungsverkehr angesehen. Für den europäischen Binnenmarkt wurde daher ein harmonisiertes Urheberrecht gefordert. Harmonisierungsbemühungen bezüglich des Urheberrechts gibt es seit Mitte der siebziger Jahre. Sie sind jedoch auf Hindernisse gestoßen, da innerhalb der Union das kontinentaleuropäische Urheberrecht dem System des Copyrights gegenübersteht. Während beim Urheberrechtssystem der Urheber im Vordergrund steht und damit das Urheberpersönlichkeitsrecht einen besonderen Stellenwert einnimmt, ist es beim Copyright-System das Werk und seine Verwertung, weshalb persönlichkeitsrechtliche Aspekte eine untergeordnete Rolle spielen, indessen auch juristische Personen Inhaber von Urheberrechten sein können.

b) Rechtsprechung des EuGH

60   Die dynamische Entwicklung urheberrechtlicher Bestimmungen ist nicht zuletzt auf die Rechtsprechung des EuGH zurückzuführen. Er ordnet das Urheberrecht dem gewerblichen und kommerziellen Eigentum i.S.d. Art. 36 AEUV zu (beispielsweise EuGHE 1991, S. II-575, 600 »ITP vs. Kommission«).

61   Nationale Regelungen, die dem Urheber die Vermietung von Videokassetten seiner Filme verbieten, sind daher durch Art. 36 AEUV gerechtfertigt (EuGHE 1987, S. 1747, 1769 f. »Basset vs. SACEM«; EuGHE 1988, S. 2605, 2629 ff. »Warner Brothers vs. Christiansen«). In gleicher Weise erfasst das Verbot der Beschränkungen des freien Dienstleistungsverkehrs gem. Art. 56 AEUV nicht die Grenzen für bestimmte wirtschaftliche Betätigungen, die auf die Anwendung der innerstaatlichen Rechtsvorschriften über den Schutz des geistigen Eigentums zurückgehen, soweit es sich nicht um ein Mittel willkürlicher Diskriminierung handelt. Aus diesem Grund hat der Europäische Gerichtshof ein urheberrechtliches Verbotsrecht für die Kabelweiterverbreitung in einem anderen Mitgliedstaat mit dem damaligen EGV für vereinbar angesehen (EuGHE 1980, S. 881, 903 ff. »Coditel vs. Cine Vog«).

62   Beachtung gefunden hat die Entscheidung des EuGH zu **Sportübertragungsrechten**. Zwar sind Sportereignisse als solche nicht urheberrechtlich geschützt, indessen kann die Übertragung des Sportereignisses mit urheberrechtlich relevanten Material angereichert sein, wie Logos und Hymnen; vor allem aber stellt die Möglichkeit, Übertragungsrechte an einem Sportereignis zu lizenzieren, ein wirtschaftlich wertvolles Immaterialgut dar. In der Entscheidung hat der EuGH klargestellt, dass die Verwendung eines Decoders zum Empfang von Sportsendungen auch dann zulässig ist, wenn der Decoder in einem anderen EU-Mitgliedstaat verwendet wird als in dem, für den ein territorial beschränktes Senderecht eingeräumt worden war. Hieraus ergibt sich, dass eine territoriale Begrenzung von Übertragungsrechten innerhalb der EU faktisch nicht mehr möglich ist, auch wenn dem Ereignisveranstalter dadurch Verwertungsmöglichkeiten genommen werden (EuGH AfP 2011, S. 462 »Karen Murphy«). In wieweit das »**Geoblo-**

cking«, d.h. die nach Ländern getrennte Lizenzvergabe auch in anderen Bereichen als dem des Sports, insbesondere bezüglich Spielfilmen aufrechterhalten werden kann, bleibt abzuwarten.

Ein weiteres wichtiges Prinzip des Europarechts, das auch im Urheber-   **63** recht Anwendung findet, ist das **Diskriminierungsverbot** des Art. 18 AEUV. Als nicht mit diesem Prinzip vereinbar sieht es der Europäische Gerichtshof an, wenn Rechtsvorschriften eines Mitgliedstaats Urheber und ausübende Künstler anderer Mitgliedstaaten von Rechten ausschließen, die Inländern zuerkannt werden.

c) Rechtsakte

Eine wichtige Normierung im Bereich des europäischen Urheberrechts ist   **64** die Richtlinie vom 19. November 1992 zum **Vermiet- und Verleihrecht** (in der Fassung von 2006). Während in Deutschland zuvor das Vermieten von Werken (beispielsweise durch Videotheken) zwar vergütungspflichtig, aber genehmigungsfrei war, unterliegt das Vermieten seither einer Genehmigungspflicht.

1993 wurde die Richtlinie zur Koordinierung bestimmter urheber-   **65** und leistungsschutzrechtlicher Vorschriften betreffend **Satellitenrundfunk und Kabelweiterverbreitung** erlassen (ABl. 1993 L 248, S. 15). Die vier Jahre früher zustande gekommene Fernsehrichtlinie (→ 7 Rdnr. 30), hatte das Urheberrecht nicht mitgeregelt, obwohl dies im vorbereitenden Grünbuch vorgesehen gewesen war. Grund hierfür war die Komplexität der Materie. 2019 wurde diese Richtlinie aktualisiert.

Die Mitgliedstaaten haben nach einer die Richtlinie über audiovisuelle   **66** Mediendienste ergänzenden Richtlinie für den Urheber das ausschließliche Recht vorzusehen, die öffentliche Wiedergabe von urheberrechtlich geschützten Werken über Satellit zu erlauben (Art. 2 RL). Sie haben weiter dafür zu sorgen, dass die Kabelweiterverbreitung von Rundfunksendungen aus anderen Mitgliedstaaten in ihrem Staatsgebiet unter Beachtung der anwendbaren Urheberrechte auf vertraglicher Grundlage erfolgt (Art. 8 Abs. 1 RL). Maßgeblich ist auch hier das Herkunftslandprinzip. Wurden für eine Sendung die Urheber- und Leistungsschutzrechte eines Mitgliedstaats erworben, so darf die Sendung auch mittels Satellit in die anderen Mitgliedstaaten ausgestrahlt werden, ohne dass ein zusätzlicher Rechteerwerb nach den jeweiligen nationalen Urheberrechten erforderlich wäre. Damit wird der Satellitenrundfunk erheblich vereinfacht.

Die Richtlinie zur Harmonisierung der Schutzdauer des Urheberrechts   **67** und bestimmter verwandter Schutzrechte (»**Schutzdauer-Richtlinie**« in der Fassung vom 12. Dez. 2006, ABl. 2006 L 376, S. 12) regelt die Schutzdauer des Urheberrechts an Werken der Literatur und Kunst. Sie umfasst das Leben des Urhebers und reicht 70 Jahre über seinen Tod hinaus (Art. 1 Abs. 1 RL). Die Rechte der ausübenden Künstler erlöschen 50 Jahre nach der Darbietung (Art. 3 Abs. 1 Satz 1 RL). Die Bestimmungen der Mitgliedstaaten zur Regelung der Urheberpersönlichkeitsrechte bleiben gem. Art. 9 RL ausdrücklich unberührt. Diese Schutzdauerregelung führte zu einer Harmonisierung auf höchstem Niveau. Das Beispiel der Schutzdauerrichtlinie belegt, dass es sich bei den europäischen Regelungen nicht immer um Vorschriften mit Kompromisscharakter handeln muss.

68   Eine **Richtlinie über den rechtlichen Schutz von Datenbanken** aus dem Jahr 1996 (ABl. 1996 L 77, S. 20) schützt Datenbanken, die aufgrund der Auswahl oder Anordnung des Stoffs eine eigene geistige Schöpfung ihres Urhebers darstellen, als solche urheberrechtlich (Art. 3 RL). Eine Datenbank ist nach der Definition des Art. 1 Abs. 2 RL eine Sammlung von Werken, Daten oder anderen unabhängigen Elementen, die systematisch oder methodisch angeordnet und einzeln mit elektronischen Mitteln oder auf andere Weise zugänglich sind. Besondere Anforderungen an die Schutzfähigkeit einer Datenbank enthält die Richtlinie nicht. Das entspricht dem sich durchsetzenden Schutzprinzip, das unabhängig von einer »künstlerischen Höhe« greift (zur Umsetzung ➔ 5 Rdnr. 13).

69   Eine weitere (z.T. Urheberrechtsrichtlinie genannte) europäische Regelung ist die **InfoSoc-Richtlinie** (Richtlinie 2001/29/EG vom 22.5. 2001 zur Harmonisierung bestimmter Aspekte des Urheberrechts und der verwandten Schutzrechte in der Informationsgesellschaft, ABl. 2001 L 167, S. 19, die Abkürzung leitet sich von »Information Society« ab). Sie dient der Anpassung der europäischen Rechtsvorschriften zum Urheberrecht an das digitale Zeitalter sowie der Umsetzung internationaler Vorgaben (Verträge der WIPO ➔ 7 Rdnr. 97 ff.). In Art. 1 wird als Gegenstand der Richtlinie der rechtliche Schutz des Urheberrechts und der verwandten Schutzrechte im Rahmen des Binnenmarktes, insbesondere in Bezug auf die Informationsgesellschaft, beschrieben. Ein erster Teil behandelt in den Artikeln 2–4 die Verwertungsrechte der Urheber und der Inhaber verwandter Schutzrechte. Hierbei ist von den Mitgliedstaaten den Urhebern das ausschließliche Recht zuzugestehen, die öffentliche Wiedergabe ihrer Werke im Internet einschließlich der öffentlichen Zugänglichmachung über Internet zu erlauben oder zu verbieten (vgl. Art. 3 RL). Ein zweiter Teil enthält Regelungen zur EU-weiten Harmonisierung von Ausnahmebestimmungen zum Urheberrecht (vgl. Art. 5 RL).

70   Hinsichtlich der prozessualen Realisierung von Urheberrechten ist auf die **Richtlinie** des Europäischen Parlaments und des Rates **zur Durchsetzung der Rechte des geistigen Eigentums** vom 29.4.2004 (ABl.

2004 L 195, S. 16) zu verweisen. Geregelt sind Maßnahmen, Verfahren und Rechtsbehelfe, die erforderlich sind, um die Durchsetzung der Rechte des geistigen Eigentums sicherzustellen. Allerdings sind auch die gewerblichen Schutzrechte erfasst (Art. 1 RL). In Umsetzung dieser Richtlinie wurde in das Telemediengesetz die Bestimmung aufgenommen, dass der Diensteanbieter auf Anordnung der zuständigen Stellen im Einzelfall Auskunft über Bestandsdaten erteilen darf, soweit dies zur Durchsetzung der Rechte am geistigen Eigentum erforderlich ist (§ 14 Abs. 2 TMG).

Neben der **Richtlinie über verwaiste Werke** vom 25.10.2012 ist die **71** **Richtlinie über die kollektive Wahrnehmung von Urheber- und verwandten Schutzrechten** zu erwähnen, die vom 4.3.2014 datiert. Sie hat vor allem zum Ziel, Rechteinhabern von Musikwerken ein Mitspracherecht bei der Vergabe von Rechten für die Online-Nutzung zu geben.

Am 26. März 2019 wurde die Richtlinie der EU »Urheberrecht im di- **72** gitalen Binnenmarkt« erlassen. Da es sich um eine Richtlinie handelt, bedarf diese der Umsetzung durch die Mitgliedstaaten, wobei eine Umsetzungsfrist von zwei Jahren vorgesehen ist. Das Ziel der **Urheberrechtsrichtlinie** ist die weitere Harmonisierung des Unionsrechts auf dem Gebiet des Urheberrechts (Art. 1 Abs. 1). Hieraus ergibt sich, dass auch diese Richtlinie - ihrem Namen zum Trotz - keine umfassende europäische Regelung des Urheberrechts darstellt, sondern den bestehenden Einzelregelungen lediglich weitere Aspekte hinzufügt. Die bisherigen Vorschriften behalten gem. Art. 1 Abs. 2 ihre Gültigkeit.

Geregelt wird u.a. das Text- und Datamining (Art. 3, Ausnahmen in Art. 4). Eine **73** Einschränkung nimmt die Richtlinie vor im Interesse grenzüberschreitender Unterrichts- und Lehrtätigkeiten in Art. 5. Die Art. 12 ff. umfassen Maßnahmen zur Erleichterung der kollektiven Lizenzvergabe, was im Hinblick auf die Verpflichtungen von Diensteanbietern für das Teilen von Online-Inhalten von Bedeutung sein könnte. Festgelegt wird die Pflicht der Mitgliedstaaten, einen Schutz von Presseveröffentlichungen im Hinblick auf deren Online-Nutzung zu schaffen (Art. 15). Ein entsprechender nationaler Regulierungsversuch zur Einführung eines Leistungsschutzrechts für Presseverlage ist allerdings ins Leere gelaufen, so dass die Umsetzung dieser Vorgabe mit Schwierigkeiten verbunden sein dürfte (→ 5 Rdnr. 117).

Bereits bei der Entstehung besonders umstritten war die Regelung über die **74** Nutzung geschützter Inhalte durch Diensteanbieter für das Teilen von Online-Diensten (Art. 17 RL). Ziel der Regelung ist es, dass Diensteanbieter wie YouTube auch für urheberrechtlich relevante Inhalte ihrer Nutzer die Erlaubnis der Rechteinhaber einzuholen haben, damit sie Werke oder sonstige Schutzgegenstände öffentlich wiedergeben oder zugänglich machen dürfen. Dies können sie etwa durch Abschluss einer Lizenzvereinbarung. Der Begriff »**Uploadfilter**« findet sich im Text der Richtlinie nicht, indes wird argumentiert, dass faktisch dieser Verpflichtung nicht auf andere Weise nachgekommen werden könne. Jedenfalls beendet der europäische Normsetzer das bisher angenommene Provider-Privileg, demzufolge sich Betreiber von Websites darauf berufen konnten, nur die Plattform zur Verfügung zu stellen und damit für Urheberrechtsverletzungen nicht verantwortlich zu sein. Wird die Erlaubnis nicht erteilt, haftet der Diensteanbieter (Art. 17 Abs. 4 RL). Unterausnahmen sind u.a. für den Fall vorgesehen, dass der Diensteanbieter alle Anstrengungen unternommen hat, um die Erlaubnis einzuholen. Dabei hat er allerdings nach Maßgabe hoher branchenüblicher Standards für die berufliche Sorgfalt alle Anstrengungen zu unternehmen, um sicherzustellen, dass bestimmte Werke und sonstige Schutzgegenstände nicht verfügbar sind. Nach Hinweis durch einen Rechteinhaber hat der Diensteanbieter den Inhalt zu sperren. Für diese Verpflichtungen ist die Verantwortung allerdings eingeschränkt, wenn der Dienst noch nicht mindestens drei Jahre angeboten wurde und einen Jahresumsatz von 10 Mio. Euro nicht übersteigt (Art. 17 Abs. 6 RL). Um der **Kunstfreiheit** Genüge zu tun, haben Mitgliedstaaten Ausnahmen vorzusehen für Zitate, Kritik und Rezensionen sowie Karikaturen, Parodien und Pastiches (Art. 17 Abs. 7). Art. 18 schließlich verpflichtet die Mitgliedstaaten, sicherzustellen, dass Urheber und ausübende Künstler, die eine Lizenz- oder Übertragungsvereinbarung für ihre ausschließlichen Rechte an der Verwertung ihrer Werke oder sonstigen Schutzgegenstände abschließen, das Recht auf eine angemessene verhältnismäßige Vergütung haben. Abzuwarten bleibt, wie der EuGH Klagen gegen die Urheberrechtsrichtlinie entscheiden wird.

Kurz zu erwähnen ist die Richtlinie über die Wahrnehmung von Urheberrechten und verwandten Schutzrechten in Bezug auf bestimmte Online-Übertragungen von Rundfunkveranstaltern und die Weiterverbreitung von Fernseh- und Hörfunkprogrammen (**SatCap-Richtlinie**). Sie schreibt das Herkunftslandprinzip für verschiedene Dienste fest, allerdings mit Ausnahme von Filmen.

d) Urheberpersönlichkeitsrecht

75 Eine Harmonisierung des Urheberpersönlichkeitsrechts zwischen den Mitgliedstaaten ist bisher nicht erfolgt. In der Literatur wird – im Gegensatz zur Einstellung der Kommission – überwiegend die Harmonisierung des Urheberpersönlichkeitsrechts als erforderlich angesehen, da sich aus bestehenden Unterschieden Hindernisse für die Marktintegration ergeben können. Insbesondere hinsichtlich der Schutzdauer des Urheberpersönlichkeitsrechts sind tiefgreifende Unterschiede zwischen den Mitgliedstaaten festzustellen, erkennen einige Mitgliedstaaten – wie Frankreich – doch ein »ewiges« droit moral an. Aus diesem Grund wurde bedauert, dass sich die Schutzdauer-Richtlinie nicht auf das Urheberpersönlichkeitsrecht erstreckt. Zudem ist die Ausübung des Urheberpersönlichkeitsrechts nach dem Tod des Autors in den Mitgliedstaaten unterschiedlich geregelt. Schließlich bestehen hinsichtlich des Schutzinhalts, der Übertragbarkeit und der Möglichkeit des Verzichts auf das Urheberpersönlichkeitsrecht

Unterschiede. Aus diesen Gründen erscheint eine Vereinheitlichung des Urheberpersönlichkeitsrechts zumindest im Hinblick auf eine vereinfachte Rechtswahrnehmung wünschenswert.

II. Völkerrechtliche Regelungen

Die Medien werden bisher nur in begrenztem Umfang von völkerrechtlichen Regelungen beeinflusst. Gewisse Vorgaben finden sich im Rundfunkrecht und im Urheberrecht. Gegen das Ausspähen von Daten durch fremde Staaten von deren Staatsgebiet aus gibt es bisher keine völkerrechtlichen Handhaben. Allerdings hat der EuGH 2015 die Safe-Harbor-Entscheidung der EU-Kommission, der zufolge persönliche Daten aus einem Mitgliedstaat in die USA übermittelt werden durften, für ungültig erklärt (EuGH, NJW 2015, S. 3151 »Schrems«). Das Abkommen wurde durch ein »EU-US Privacy Shield« abgelöst. Ähnliche Abkommen gibt es mit einigen wenigen anderen Staaten.   **76**

1. Allgemeine völkerrechtliche Abkommen

Für die Medien grundlegende völkerrechtliche Vorschriften sind neben der Europäischen Menschenrechtskonvention (EMRK → 7 Rdnr. 4 ff. → T 4) in gebietsmäßig noch umfassenderer Weise die **Allgemeine Erklärung der Menschenrechte** (AEMR), die von der Generalversammlung der Vereinten Nationen 1948 beschlossen wurde. Die Allgemeine Erklärung der Menschenrechte enthält jedermanns Recht auf freie Meinungsäußerung, das die Freiheit einschließt, ohne Rücksicht auf Staatsgrenzen Informationen und Gedankengut jeder Art in jeder beliebigen Form sich zu beschaffen, zu empfangen und weiterzugeben (Art. 19 Abs. 2 AEMR). Im Gegensatz zur Europäischen Konvention zum Schutze der Menschenrechte und der Grundfreiheiten kommt der letztgenannten völkerrechtlichen Vereinbarung keine unmittelbare innerstaatliche Rechtswirkung zu. Ein Verstoß gegen diese Rechte wäre indessen völkerrechtswidrig.   **77**

    Die eben genannten Garantien finden sich wieder im Internationalen Pakt über bürgerliche und politische Rechte (IPBPR) der UNO von 1966, ebenfalls versehen mit einer Schrankenregelung in Art. 19 IPBPR.   **78**

2. Rundfunk

Völkerrechtlich durfte der Rundfunk ursprünglich das Territorium des jeweiligen Sendestaats nicht überschreiten. Dem Grundsatz der Funkver-   **79** waltungskonferenz (WARC, World Administrative Radio Conference) gemäß ist Rundfunkverbreitung grundsätzlich nur im eigenen Staatsgebiet zulässig. Völkerrechtlich gesehen darf Rundfunk in das Territorium eines anderen Staates nur mit dessen Zustimmung ausgestrahlt werden. Die technische Entwicklung insbesondere durch Satellitensendungen hat diesen Grundsatz faktisch hinfällig werden lassen (»overspill«). Im Gebiet der Europäischen Union ist er aufgrund der Rechtsprechung des EuGH zur Dienstleistungsfreiheit in sein Gegenteil verkehrt worden.

3. Urheberrecht

80   Urheberrechte sind grundsätzlich nur in dem Staat geschützt, der sie normiert hat (**Territorialitäts- oder Schutzlandprinzip**). Außerhalb des Territoriums des Staates, der das Schutzgesetz erlassen hat, kann daher kein Urheberrecht nach diesen Vorschriften geltend gemacht werden. Von dieser für Urheber unbefriedigenden und von der Sache her abzulehnenden Situation gibt es gewichtige Ausnahmen. Urheberrechte sind seit langem international durch Konventionen geschützt. Damit wird der Tatsache Rechnung getragen, dass geistige Güter noch leichter als Waren die Grenzen überschreiten können. Den Urheber in diesen Fällen nicht am Erfolg seines Werks teilhaben zu lassen, wäre indessen nicht richtig. Dem versuchen die internationalen Konventionen abzuhelfen.

a) Berner Übereinkunft

81   Die **Berner Übereinkunft zum Schutz von Werken der Literatur und Kunst** (Pariser Fassung) von 1886 wurde verschiedentlich revidiert und wird daher auch Revidierte Berner Übereinkunft oder kurz RBÜ genannt.

82   Art. 1 der Übereinkunft zufolge bilden die Länder, auf die die Übereinkunft Anwendung findet, einen Verband zum Schutz der Rechte der Urheber an deren Werken der Literatur und Kunst. Die Bezeichnung »Werke der Literatur und Kunst« umfasst nach der Definition des Art. 2 RBÜ alle Erzeugnisse auf dem Gebiet der Literatur, der Wissenschaft und der Kunst, ohne Rücksicht auf die Art und Form des Ausdrucks. Die Dauer des durch die Übereinkunft gewährten Schutzes umfasst das Leben des Urhebers und fünfzig Jahre nach seinem Tod (Art. 7 Abs. 1 RBÜ).

83   Die Berner Übereinkunft entspricht nicht mehr in jeder Beziehung den modernen technischen Gegebenheiten und ist nur schwer an die neue Entwicklung anzupassen. Die USA wandten sich aus diesem Grund verstärkt dem TRIPS-Abkommen zu. Im TRIPS-Abkommen im Rahmen des GATT wurde der sog. »Bern-plus-Ansatz« verfolgt, demzufolge zusätzliche Schutzstandards zu denen der Berner Übereinkunft eingeführt wurden, insbesondere für Computerprogramme,

Datensammlungen und Vermietrechte. Indessen sind von der Einbeziehung der Berner Übereinkunft durch das TRIPS-Abkommen die urheberpersönlichkeitsrechtlichen Befugnisse der RBÜ ausgenommen worden. Im amerikanischen Recht spielt der Schutz von Urheberpersönlichkeitsrechten nur eine untergeordnete Rolle. In diametralem Gegensatz dazu steht der starke Schutz des »droit moral« im französischen Recht. Das deutsche Recht sieht beide Rechte als untrennbar miteinander verknüpft an (»monistische Theorie«, von der auch § 11 UrhG ausgeht → 5 Rdnr. 25). Die unterschiedlichen Systeme sind nur schwer miteinander in Einklang zu bringen.

b) Welturheberrechtsabkommen

Das Welturheberrechtsabkommen (WUA) von 1952 in der Pariser Fassung von 1971 bleibt zwar inhaltlich hinter der Berner Übereinkunft zurück, es ist jedoch darauf angelegt, möglichst weltweit zu wirken. **84**

Das von der UNESCO initiierte Welturheberrechtsabkommen sollte vor allem die USA und die frühere Sowjetunion einbeziehen. Diese Zielrichtung macht manche Schwäche und Kompromisshaftigkeit des Abkommens verständlich. Dem Welturheberrechtsabkommen zufolge gewährt jeder Vertragsstaat den Werken Angehöriger anderer Vertragsstaaten den gleichen Schutz wie den Werken der eigenen Staatsangehörigen (Art. II). Das WUA schafft keinen sog. Verbandsschutz, vielmehr verpflichtet es die vertragschließenden Staaten lediglich, im eigenen Gebiet durch gesetzgeberische Maßnahmen dem Urheber jedes anderen Unterzeichnerstaates Urheberschutz zu gewähren. **85**

> Die Berner Übereinkunft und das Welturheberrechtsabkommen schaffen kein einheitliches Urheberrecht, sondern sollen gerade angesichts der Verschiedenartigkeit der Systeme einen Mindestschutz der Urheber bewirken.

c) Rom-Abkommen

Als Ergänzung zum bereits zuvor bestehenden Schutz der Urheberrechte an Werken der Literatur und Kunst versteht sich das **Internationale Abkommen über den Schutz der ausübenden Künstler, der Hersteller von Tonträgern und der Sendeunternehmen**, das am 26. Oktober 1961 in Rom unterzeichnet wurde und daher auch als »Rom-Abkommen« bezeichnet wird. Der kurz auch »Künstlerschutzabkommen« genannte völkerrechtliche Vertrag statuiert die grundsätzliche Inländerbehandlung von ausübenden Künstlern, Herstellern von Tonträgern und Sendeunternehmen in jedem der vertragschließenden Staaten (Art. 4 Rom-Abkommen). **86**

d) TRIPS-Abkommen der WTO

87   Auf internationaler Ebene kommt vor allem der Schutz geistigen Eigentums im TRIPS-Abkommen im Rahmen des GATT der Welthandelsorganisation (WTO) Bedeutung zu. Ausgangspunkt ist Art. XXd) des GATT (General Agreement on Tariffs and Trade), der es den Vertragsparteien überlässt, Bestimmungen über den Schutz u.a. von Urheberrechten zu beschließen oder durchzuführen. Dadurch ist der Schutz des geistigen Eigentums vom Anwendungsbereich des Abkommens ausgenommen, d.h. Regelungen zu dessen Schutz stellen keine handelsbeschränkenden Maßnahmen dar. Durch Art. XXd) wurde der Schutz des geistigen Eigentums durch die Vertragsstaaten lediglich zugelassen, es wurde jedoch kein einheitlicher Schutz eingeführt. Angesichts dieser Entwicklung zu einem verbesserten Schutz geistigen Eigentums ist zu beachten, dass durch die Aufnahme der TRIPS im GATT zwei unterschiedliche, jedoch nicht gegensätzliche Grundsätze aufeinandertreffen, zum einen der Schutz von Eigentumsrechten an zugewiesenen Rechtsobjekten und zum anderen die Prinzipien des Freihandels.

88   Die Initiative zur Einbeziehung des geistigen Eigentums in das GATT ging von den USA aus. Daraufhin befasste sich die Uruguay-Runde des GATT seit 1986 (Ministererklärung von Punta del Este) mit dem geistigen Eigentum unter dem Stichwort TRIPS.

89   Wie schon die Bezeichnung TRIPS (»Agreement on Trade-Related Aspects of Intellectual Property Rights Including Trade in Counterfeit Goods«) zeigt, waren die Verhandlungen auf die handelsbezogenen Aspekte des geistigen Eigentums beschränkt.

90   Insbesondere für folgende sehr unterschiedliche Teilbereiche des geistigen Eigentums muss ein Schutz durch die Einzelstaaten bestehen: Computerprogramme (Art. 10 TRIPS), Leistungsschutzrechte (Art. 14 TRIPS), Marken (Art. 15 ff. TRIPS) und geographische Herkunftsangaben (Art. 22 TRIPS). Datenbanken sind durch Art. 10 Abs. 2 TRIPS unter Schutz gestellt. Besonders hervorzuheben ist die Einbeziehung von Betriebs- und Geschäftsgeheimnissen. Gem. Art. 39 Abs. 2 TRIPS haben natürliche und juristische Personen die Möglichkeit, gegen die unautorisierte Weitergabe von betriebs- und geschäftsspezifischen Informationen vorzugehen, vorausgesetzt die betreffenden Informationen sind geheim und von kommerziellem Nutzen.

91   Das TRIPS-Abkommen verankert in Art. 3 TRIPS das **Prinzip der Inländerbehandlung**, demzufolge ausländische Rechtsinhaber gegenüber Inländern nicht benachteiligt werden dürfen. Dieses Prinzip wird ergänzt durch das der **Meistbegünstigung**, demzufolge alle Vorteile und Sonderrechte, die von einem Mitglied den Angehörigen eines anderen Landes eingeräumt werden, sofort und bedingungslos den Angehörigen aller anderen Mitglieder zu gewähren sind (Art. 4 TRIPS).

Breiten Raum nehmen die Regelungen zur Durchsetzung geistiger Eigentumsrechte ein. So sind gem. Art. 41 TRIPS die Mitglieder zur Schaffung von Mechanismen verpflichtet, die ein wirksames Vorgehen gegen Verletzungen geistiger Eigentumsrechte ermöglichen. Neben verschiedenen zivilgerichtlichen Garantien für die Rechteinhaber besteht gem. Art. 61 TRIPS die Verpflichtung der Vertragsstaaten zur strafrechtlichen Verfolgung von Urheberrechtspiraterie auf kommerzieller Ebene. Die Strafvorschriften sollen Gefängnis und / oder Geldstrafen vorsehen und zusätzlich die Einziehung und Vernichtung entsprechender Materialien. Die »enforcement-Bestimmungen« stellen einen großen Fortschritt für die internationale Wirksamkeit von Schutzvorschriften dar. **92**

Von den Regelungen des TRIPS-Abkommens wird das **Urheberpersönlichkeitsrecht ausgespart**, eine von Amerika auch ausdrücklich verlangte Begrenzung. Da keine Änderung des amerikanischen Rechts zu erwarten ist, werden sich auch in Zukunft hinsichtlich des Urheberpersönlichkeitsrechts grundlegend unterschiedliche Systeme gegenüberstehen. Die Bedeutung des TRIPS-Abkommens liegt nicht zuletzt darin, dass ihm mehr Staaten angehören als den anderen Abkommen. Die Sicherungen des TRIPS-Abkommens binden auch den nationalen Gesetzgeber. **93**

e) GATS-Abkommen

Ein weiteres Abkommen im Rahmen der WTO ist das **Allgemeine Übereinkommen über den Handel mit Dienstleistungen** (»General Agreement on Trade in Services«, **GATS**) vom 15. April 1994. Dieses Abkommen bezieht sich auf den grenzüberschreitenden Verkehr mit Dienstleistungen und damit auch auf grenzüberschreitende Telemedien. Eine Ausnahme für den kulturellen Sektor der Medien, wie er bei den Verhandlungen über das GATS-Abkommen – insbesondere von Frankreich – gefordert worden war (»**exception culturelle**«), hat im Vertragstext keinen Eingang gefunden. Vor allem für die USA stehen die wirtschaftlichen Aspekte ganz im Vordergrund und es werden kulturelle Einwände als protektionistisch abgetan. Mithin sind auch die allgemeinen Vorschriften des GATS-Abkommens von dessen Mitgliedern zu beachten. Zu nennen ist insbesondere der Marktzugang in Art. XVI des GATS-Abkommens und die Inländerbehandlung in Art. XVII. **94**

Die Diskussion über die Interpretation dieser Vorschriften und ihre Auswirkungen auf das nationale Recht sind noch nicht abgeschlossen. Nach einer strengen Auslegung sind Quotenvorschriften wie die der europäischen **95**

Fernsehrichtlinie mit dem Grundsatz des Marktzugangs unvereinbar. Aus dem Gebot der Inländerbehandlung wird abgeleitet, dass Subventionen im Medienbereich über Unionsbürger hinaus sämtlichen Angehörigen von Verbandsstaaten des GATS-Abkommens gewährt werden müssen. Zudem sind erneut die deutschen Rundfunkbeiträge in Gefahr. Ist insoweit ein Druck zur Internationalisierung offenkundig, so ist nicht zuletzt aufgrund des bisher fehlenden Subventionsregimes allerdings auf absehbare Zeit noch nicht mit Änderungen des nationalen Rechts zu rechnen.

f) WIPO-Verträge

96   Medienrechtlich einschlägig können schließlich der WCT und der WPPT sein. Diese Vertragswerke der World Intellectual Property Organization (WIPO), die auch von Deutschland unterzeichnet wurden, sollen die handelsbezogene Schutzrichtung des TRIPS-Abkommens ergänzen.

97   Der **WIPO-Urheberrechtsvertrag** oder **Copyright Treaty** (WCT) von 1996 regelt u.a. den Schutz von Computerprogrammen (Art. 4 WCT), das Verbreitungsrecht (Art. 6 WCT) und befasst sich mit Schrankenregelungen (Art. 10 WCT).

98   Der **WIPO Performances and Phonogram Treaty** (WPPT) wurde ebenfalls 1996 angenommen und bezieht sich auf Leistungsschutzrechte. Er räumt den ausübenden Künstlern und Tonträgerherstellern ausschließliche Rechte der Vervielfältigung – auch mittelbar –, der Vermietung, der Verbreitung und der Zugänglichmachung ein (Art. 7–14 WPPT). In Art. 5 WPPT werden erstmals in einem internationalen Vertrag Persönlichkeitsrechte der darstellenden Künstler für verbindlich erklärt.

Literatur

Textsammlung
Udo Fink / Rolf Schwartmann / Mark D. Cole (Hrsg.): Europäisches und Internationales Medienrecht, 2. Aufl. 2012

Europarecht
Jutta Stender-Vorwachs: Die Richtlinie über audiovisuelle Mediendienste, in: JÖR NF 58, 2010, S. 335 ff.
Johannes Kreile / Alexander Bräunig: Die Umsetzung der Quotenregelung der AVMD-Richtlinie durch § 6 RStV im europäischen Vergleich, ZUM 2011, S. 529 ff.
Karl-Nikolaus Peifer: Territorialität und Dienstleistungsfreiheit: Der Fall „Karen Murphy" vor dem EuGH, GRUR-Prax 2011, S. 435 ff.
Peggy Valckel / Katrien Lefever: Media Law in the European Union, 2012

Rainer Grote u.a. (Hrsg.): EMRK/GG: Konkordanzkommentar zum europäischen und deutschen Grundrechtsschutz, 2. Aufl. 2013

Thomas Kleist u.a.: Europäisches und nationales Medienrecht im Dialog, 2. Aufl. 2013

Artur-Axel Wandtke (Hrsg.): Europäisches Medienrecht und Durchsetzung des geistigen Eigentums (Praxishandbuch Medienrecht Bd. 1), 3. Aufl. 2014

Jan Nielsen: Die Medienvielfalt als Aspekt der Wertesicherung der EU, 2019

Völkerrecht

Christoph Grabenwarter / Katharina Pabel: Europäische Menschenrechtskonvention, 6. Aufl. 2016

Besonderer Teil des Medienrechts

8. Kapitel: Presse

1 Das Presserecht bezieht sich auf alle Arten von Druckwerken. Erfasst sind somit zum einen periodische Druckerzeugnisse wie Zeitungen und Zeitschriften aber auch die sonstigen Druckwerke, insbesondere Bücher, aber auch Plakate, Flugblätter etc. Die Pressegesetze beziehen in den Begriff der Druckwerke auch Bild- und Tonträger mit ein. Im Folgenden wird das Presserecht insgesamt behandelt, mit Schwerpunkt auf den Regelungen der **periodischen Presse**. Sonderregelungen für Bücher finden sich im nachfolgenden Kapitel.

I. Begriffsabgrenzung

2 Für die Annäherung an den Inhalt des Presserechts ist der Pressebegriff hilfreich, wie er von den Landespressegesetzen definiert wird. Daneben gibt es einen verfassungsrechtlichen Pressebegriff, der gesonderter Darstellung bedarf.

3 Der **landesgesetzliche Pressebegriff** bezieht die Presse auf **alle Arten von Druckwerken**. Damit werden die Produkte der Pressearbeit umschrieben. **Druckwerke** sind alle mittels der Buchdruckerpresse oder eines sonstigen Massenvervielfältigungsverfahrens hergestellten und zur Verbreitung bestimmten Schriften und bildlichen Darstellungen, aber auch besprochene Tonträger wie Schallplatten und Tonbänder, Filmstreifen und -kassetten sowie Musikalien mit Text oder Erläuterungen.

Musterpressegesetz in der Vorschriftensammlung Medienrecht → T 19 § 6.

4 Von den Pressegesetzen werden weitere Vervielfältigungen mit in den Begriff des Druckwerks einbezogen, wie die Mitteilung von Nachrichtenagenturen. Maßgeblich ist mithin nicht der Inhalt, sondern die **Mas-**

senvervielfältigung. Wichtig ist die Begrenzung auf Vervielfältigungs-
verfahren, die zur Massenherstellung geeignet sind. Das Druckwerk muss
einem **größeren Personenkreis zugänglich** gemacht werden. Das ergibt
sich bereits aus der gesetzlichen Bestimmung der »zur Verbreitung bestimmten Schriften«. Damit sind z.b. von einer Schreibmaschine hergestellte Durchschläge nicht vom Presserecht erfasst.

Zur Presse gehörten ursprünglich nur **verkörperte** Massenvervielfälti-　**5**
gungen, nicht aber körperlose Formen der Verbreitung, die grundsätzlich
dem Rundfunk unterfallen. Aufgrund der technischen Entwicklung gibt
es Presseerzeugnisse, die der Allgemeinheit unkörperlich zum Abruf angeboten werden (»elektronische Presse«).

II. Geschichte der Presse

Die ersten Zeitungen gab es zu Beginn des 17. Jh. Es handelte sich zu-　**6**
nächst um Blätter, die anlässlich der großen Handelsmessen ausgegeben
wurden. 1650 erschien in Leipzig die erste Tageszeitung.

Die heutige Funktion des Presserechts, den Bürger zur eigenverantwort-　**7**
lichen Beteiligung an der Demokratie zu befähigen, steht in diametralem
Gegensatz zu dessen früherer Funktion. Im Absolutismus und im Obrigkeitsstaat war das Presserecht eine Handhabe der Herrscher, um Druckschriften zu verhindern, von denen Gefahren für den Bestand des Staates
ausgehen konnten. Das Presserecht hatte daher zunächst polizeiliche Aufgaben und war durch einen stark obrigkeitsstaatlichen Charakter geprägt.

Eine Vorform der machterhaltenden Funktion des Presserechts war die　**8**
kirchliche Vorzensur, die nur wenige Jahre nach der Erfindung des
Buchdrucks eingeführt wurde. Die Vorzensur besagte, dass ohne vorherige
bischöfliche Erlaubnis keine Schrift gedruckt werden durfte, andernfalls
drohten Geldstrafen und Exkommunikation. Die weltlichen Fürsten waren meist stärker an einem florierenden Buchhandel interessiert als am
Schutz der kirchlichen Lehre, ebenso wie sie es vorzogen, den Nachdruck
zu fördern, anstatt die Urheber gegen Nachdrucke zu schützen.

Die **Pressefreiheit** entstand im Zuge der Aufklärung. In England wur-　**9**
de 1695 das Zensurstatut vom Parlament nicht mehr verlängert, was in
manchem der Pressefreiheit entspricht. Die Pressefreiheit fand im Zuge
der Französischen Revolution in der Erklärung der Menschen- und Bürger-
rechte von 1789 ebenso ihre Anerkennung wie in der amerikanischen Un-
abhängigkeitserklärung von 1776. Im Amendment Nr. 1 von 1791 wurde
der Pressefreiheit neben der Religions- und Redefreiheit verfassungsrechtlicher Schutz zugestanden. Deutschland hinkte dieser Entwicklung nach.

Nur wenige Fürsten hoben von sich aus die Zensur auf (Großherzog Karl August von Sachsen-Weimar-Eisenach 1816 und König Wilhelm I. von Württemberg 1817).

10 Die **Paulskirchenverfassung** normierte die Pressefreiheit dann ausdrücklich und obwohl deren Grundrechtsteil 1851 wieder außer Kraft gesetzt wurde, kam es nicht zu einer Wiedereinführung der Zensur. Daran änderte sich im Reichspressegesetz von 1874 nichts. Dennoch gab es keine Garantie der Pressefreiheit. Die Beschlagnahme von Druckschriften blieb möglich und das Redaktionsgeheimnis war nur unzureichend geschützt.

11 Noch die **Weimarer Reichsverfassung** garantierte lediglich die Meinungsfreiheit, allerdings durch Wort, Schrift, Druck, Bild oder in sonstiger Weise und innerhalb der Schranken der allgemeinen Gesetze (Art. 118 WRV). Weder die Pressefreiheit noch die Informationsfreiheit waren als solche normiert.

12 In der **nationalsozialistischen Zeit** wurden die wenigen für die Medien relevanten grundrechtlichen Ansätze ohnehin zunichtegemacht. Der Reichstagsbrand war für Hitler der Vorwand für die Notverordnung zum Schutze von Volk und Staat, mit deren Hilfe die Grundrechte außer Kraft gesetzt wurden. Flankierende Maßnahmen sorgten für eine Unterstellung der Presse unter das Führerprinzip. Die bürgerliche Presse wurde im Reichskulturkammergesetz der Reichspressekammer unterstellt. Das Vermögen der sozialdemokratischen und der kommunistischen Presse entschädigungslos eingezogen und deren Arbeit auf diese Weise verunmöglicht. Damit war die Presse vollständig der staatlichen Kontrolle ausgeliefert und musste der Verbreitung staatlicher Propaganda dienen. Erst wieder unter dem Grundgesetz wurde die Presse frei.

III. Presse unter dem Grundgesetz

13 Die Einzelheiten des Presserechts sind in den Landespressegesetzen geregelt, die sehr ähnlich sind wenn auch die Nummerierung der Paragraphen differiert.

14 Trotz der **landesrechtlichen Vollregelungen** ist das Presserecht **stark bundesrechtlich geprägt**. An erster Stelle steht die Pressefreiheit des Art. 5 Abs. 1 Satz 2 GG. Kein Bundesland darf in seinem Landespressegesetz der Presse weniger Rechte einräumen als es die Bundesverfassung getan hat. Andernfalls wäre das betreffende Landespressegesetz verfassungswidrig (Art. 31 GG). Lediglich ein Mehr an Rechten darf durch die Bundesländer gewährt werden.

Über die Verfassung hinaus können allgemeine Normen des Bundes- **15** rechts zur Anwendung kommen. Hervorzuheben ist das Bürgerliche Recht (z.b. Geldentschädigungsansprüche), das Strafrecht (z.b. Ehrschutzdelikte) und das Prozessrecht (z.b. Zeugnisverweigerungsrecht von Presseangehörigen). Trotz der starken bundesrechtlichen und der nicht zu unterschätzenden internationalen Prägung ist das Presserecht im Wesentlichen in den Landespressegesetzen geregelt.

IV. Funktion der Presse

Das gesamte Presserecht wird leichter verständlich, wenn man sich vor **16** Augen hält, warum der Gesetzgeber der Presse eine so große Bedeutung zugemessen hat. Die Presse hat vor allem die Funktion, **bei der Bildung der öffentlichen Meinung mitzuwirken.** Sie ist von eminenter Bedeutung in der Demokratie, die darauf angewiesen ist, dass die Bürger sich unbeeinflusst vom Staat eine Meinung bilden können. Hierfür ist zum einen erforderlich, dass die unterschiedlichen Meinungen in der Presse zum Ausdruck kommen und zum anderen, dass das Pressewesen von staatlichem Einfluss freigehalten wird. Bildlich gesprochen haben die Medien eine »Wachhundfunktion«.

V. Pressefreiheit

Das Grundrecht der Pressefreiheit des Art. 5 Abs. 1 Satz 2, 1. Var. GG **17** schützt sowohl die individualrechtliche als auch die institutionelle Seite der Presse. Die Pressefreiheit ist daher ein Recht des Einzelnen, Pressetätigkeit ohne staatliche Einflussnahme ausüben zu dürfen. Darüber hinaus stellt die Einrichtungsgarantie das Institut »freie Presse« als solches unter Schutz, woraus sich staatliche Schutzpflichten für ein freies Pressewesen ergeben.

1. Grundrechtlicher Pressebegriff

Der **Begriff der Presse** ist hinsichtlich des grundrechtlichen Schutzbe- **18** reichs weit zu fassen. Er beinhaltet nach herkömmlichem Verständnis alle zur Verbreitung an die Allgemeinheit bestimmten Druckerzeugnisse. Geschützt sind zum einen periodische Druckwerke wie Zeitungen und Zeitschriften, aber auch Bücher und sonstige Druckerzeugnisse wie Werbebroschüren, Plakate und Flugblätter. Erfasst sind fachspezifische Publikationen für bestimmte Lesergruppen, beispielsweise juristische Fachzeitschriften oder Schulbücher. In analoger Anwendung wird die Pressefreiheit auch auf Tonträger für anwendbar gehalten. Vom verfassungsrechtlichen Pressebegriff sind indessen Videofilme nicht umfasst. Diese sind der spezielleren Filmfreiheit zuzuordnen. Die einfachgesetzlichen Definitionen in den Landespressegesetzen – die Bildträger dem Pressebegriff zuordnen – sind für die insoweit nicht auslegungsbedürftige verfassungsrechtliche Abgrenzung nicht maßgeblich.

19   Der Inhalt der Informationen ist für den verfassungsrechtlichen Pressebegriff unerheblich. Geschützt sind neben **Meinungsäußerungen** auch reine **Tatsachenmitteilungen.** Vergleichbar dem inhaltsneutralen Meinungsbegriff bei der Meinungsfreiheit ist auch der Inhalt von Presseerzeugnissen unabhängig von tatsächlicher oder vermeintlicher Qualität geschützt. Der weit auszulegende Begriff »Presse« ist nicht auf die »seriöse« Presse beschränkt. Auch die »Regenbogenpresse« genießt den Schutz der Pressefreiheit. Selbst reißerisch oder oberflächlich aufgemachte Druckerzeugnisse unterfallen dem Schutzbereich dieses Grundrechts.

20   Lediglich bei der Abwägung auf Schrankenebene darf die Qualität der Darstellung Berücksichtigung finden. Sensationsmeldungen müssen hinter Persönlichkeitsrechten eher zurücktreten als seriös recherchierte und dargestellte Berichte.

21   Für den verfassungsrechtlichen Begriff ist die technische Form der Verbreitung unerheblich. Entscheidend ist lediglich, dass eine **an die Allgemeinheit gerichtete** Vervielfältigung vorliegt. Das ist der Fall, wenn sich das Druckerzeugnis an einen **unbestimmten Personenkreis** wendet. Bejaht wurde dies beim Mitteilungsblatt eines Unternehmens für seine Mitarbeiter (BVerfGE 95, S. 28 ff. »Werkszeitungen« ➔ E 45).

22   Ob die »**elektronische Presse**« vom Grundrecht der Pressefreiheit erfasst ist, mag bezweifelt werden. Die herkömmliche Voraussetzung der Verkörperung fehlt bei der elektronischen Presse. Für die verfassungsrechtliche Abgrenzung sollte das Kriterium der Verkörperung indessen nicht überbewertet werden. Inhalte der elektronischen Presse können jederzeit durch Ausdrucken eine nachträgliche Verkörperung erfahren. Maßgeblich dürfte in erster Linie sein, ob typische presserechtliche Gefährdungslagen für die in Telemedien Tätigen bestehen. Sinn und Zweck der Norm sprechen für eine Einbeziehung der elektronischen Presse in den Schutzbereich der Pressefreiheit. Die Pressefreiheit ist ein Freiheitsgrundrecht, das sowohl der Entfaltung des Einzelnen als auch durch die Sicherstellung eines pluralen Meinungsangebots der demokratischen Willensbildung im Staatswesen dient. Auf welchem technischen Weg die Verbreitung erfolgt, kann nicht maßgeblich sein. Eine Verbreitung über Internet kann ebenso schutzbedürftig sein wie eine Verbreitung durch bedrucktes Papier. Werden aus dem verfassungsrechtlichen Pressebegriff richtigerweise Videofilme und Bildplatten ausgenommen, so kann der Pressebegriff als alle an die Allgemeinheit gerichteten Informationen, die nicht in Bewegtbildern festgehalten sind, definiert werden. Folgt man diesem Ansatz, so wäre die Pressefreiheit nicht mehr nur auf verkörperte Druckerzeugnisse beschränkt, sondern auch auf andere an die Allgemeinheit gerichtete Dienste anzuwenden.

2. Pressefreiheit als Individualrechtsgarantie

Die individualrechtliche Garantie der Pressefreiheit umfasst zum einen die **23** Freiheit der publizistischen Tätigkeit als solcher. Sie wäre weithin wertlos, wenn bereits der Zugang zum Pressewesen abgeschnitten werden könnte. Darüber hinaus ist die Freiheit der Gründung von Presseunternehmen mit garantiert.

Die verfassungsrechtlichen Vorgaben werden von den Pressegesetzen **24** umgesetzt: Der Zugang zu einer Pressetätigkeit ist nach den Landespressegesetzen frei. Die Presse ist von jedweder Zulassung unabhängig, d.h. die Pressetätigkeit einschließlich der Errichtung eines Verlagsunternehmens oder eines sonstigen Betriebs der Presse bedarf keiner behördlichen Zulassung oder Lizenz (§ 2 MusterPresseG). Auch gewerberechtliche Genehmigungserfordernisse finden auf die Presse keine Anwendung. Allenfalls bestimmte Vertriebsformen können gewerberechtlicher Genehmigung nach der Gewerbeordnung bedürftig sein, beispielsweise im Reisegewerbe. Unzulässig sind zudem Berufsverbote für Redakteure (BVerfGE 10, S. 118, 121 ff.). Die Zulassungsfreiheit wirkt nach Aufnahme der Pressetätigkeit fort, darf doch die Ausübung einer Pressetätigkeit grundsätzlich auch nicht nachträglich verboten werden.

3. Träger der Pressefreiheit

Der durch den individualrechtlichen Aspekt der Pressefreiheit geschützte **25** Personenkreis ist weit gezogen. Nach Systematik und Sinn des Art. 5 Abs.1 GG hat jeder die dort verbürgten Grundrechte. Die Pressefreiheit steht also nicht nur Deutschen zu. Grundrechtsträger sind alle, die im Pressewesen tätig sind. Das sind nicht nur diejenigen, die selbst Artikel verfassen. Für die bloßen Hilfsfunktionen der Presse gilt jedoch ein abgestufter Schutz, je nach der Bedeutung des Beitrags für die eigentliche Pressearbeit. Grundrechtsträger kann auch sein, wer noch überhaupt nicht pressemäßig tätig ist, jedoch ein Presseunternehmen zu gründen beabsichtigt. Da die Pressefreiheit »ihrem Wesen nach« auch auf juristische Personen anwendbar ist, können auch juristische Personen gem. Art. 19 Abs. 3 GG Träger dieses Grundrechts sein. Ob es sich um eine juristische Person oder um eine andere Form von Personenvereinigung handelt, ist für das Verfassungsrecht unerheblich (→ *3*

Rdnr. 13). Politische Parteien, Stiftungen und Gewerkschaften können ebenfalls Grundrechtsträger sein und sich für ihre Mitteilungsblätter bzw. für Flugblätter auf die Pressefreiheit berufen.

26   Die Pressefreiheit schützt grundsätzlich alle für Presseveröffentlichungen erforderlichen Tätigkeiten. Das bezieht sich auf den gesamten Weg des Zustandekommens eines Druckerzeugnisses von der Informationsbeschaffung über die Niederschrift oder Reproduktion von Bildern und Grafiken bis hin zur Verbreitung der Nachrichten und Meinungen (BVerfGE 20, S. 162, 176). Problematisch ist die Frage, ob auch **Online-Zeitungen** sich auf die Pressefreiheit berufen können. Nach der h.M. ist nur die Meinungsfreiheit einschlägig. Würden Online-Zeitungen aus dem Schutzbereich der Pressefreiheit ausgeschlossen, könnten sie den institutionellen Schutz dieses Grundrechts nicht für sich in Anspruch nehmen, was eine nicht gerechtfertigte Ungleichbehandlung gegenüber den Printmedien wäre. Dieser Auffassung folgt offenbar auch das BVerfG (BVerfG NJW 2017, S. 1537 f.).

4. Meinungsfreiheit und Pressefreiheit

27   Das Verhältnis der Pressefreiheit zur Meinungsfreiheit ist problematisch und umstritten. Sieht die erste Meinung die Pressefreiheit als lex specialis gegenüber der Meinungsäußerungsfreiheit, so wird der zweiten Auffassung zufolge die Meinungsfreiheit durch die Pressefreiheit nicht verdrängt, sondern ergänzt diese lediglich um pressespezifische Tätigkeiten. Eine dritte Auffassung schließlich sieht beide Grundrechte in Idealkonkurrenz nebeneinanderstehen, wenn eine Meinungsäußerung durch Presseangehörige zu beurteilen ist. Der Streit kann Auswirkungen auf die Gewichtung der beteiligten Grundrechte haben.

28   Von einem Vorrang der Pressefreiheit bei Meinungsäußerungen geht ursprünglich auch das BVerfG aus. Die Pressefreiheit schließt demzufolge das Recht der im Pressewesen tätigen Personen ein, ihre Meinung in der ihnen geeignet erscheinenden Form ebenso frei und ungehindert zu äußern wie jeder andere Bürger (BVerfGE 62, S. 230, 243).

29   Demgegenüber geht die spätere Rechtsprechung des BVerfG davon aus, dass **jede Meinungsäußerung**, auch wenn sie in einem Druckerzeugnis enthalten ist, von der **Meinungsfreiheit** erfasst wird. Die Pressefreiheit ist demzufolge weder ein Spezialgrundrecht für technisch verbreitete Meinungen noch eine auf die Presse gemünzte verstärkende Wiederholung der Meinungsfreiheit. Die in einem Presseerzeugnis enthaltene Meinungsäußerung ist durch die Meinungsfreiheit geschützt. Der Schutzbereich der **Pressefreiheit** ist demgegenüber berührt, wenn es um die im

Pressewesen tätigen Personen in Ausübung ihrer Funktion, um ein Presseerzeugnis selbst, um seine institutionell-organisatorischen Voraussetzungen und Rahmenbedingungen sowie um die Institution einer freien Presse überhaupt geht (BVerfGE 85, S. 1, 11). Die Frage, ob eine bestimmte Äußerung erlaubt ist oder nicht, insbesondere ob ein Dritter eine für ihn nachteilige Äußerung hinzunehmen hat, wird vom BVerfG ungeachtet des Verbreitungsmediums demzufolge in Heranziehung der Meinungsäußerungsfreiheit entschieden.

Eine Zuordnung von Meinungsäußerungen in Druckerzeugnissen in **30** den Schutzbereich der Meinungsfreiheit überzeugt vor allem dann, wenn es sich nicht um Presseangehörige handelt oder die Äußerungen nicht in periodischen Druckwerken veröffentlicht worden sind. Soweit es sich um Meinungsäußerungen von Presseangehörigen in Presseorganen handelt, ist eine Zuordnung ausschließlich zur Meinungsfreiheit jedenfalls dann abzulehnen, wenn die Pressefreiheit einen stärkeren Schutz gewähren würde. Dies ist auf der Grundlage der besonderen Funktion der Presse im demokratischen Staat nicht von vorneherein von der Hand zu weisen.

Prüfungstaktisch empfehlenswert ist im Zweifel die Untersuchung beider Schutzbereiche und die Darstellung des dogmatischen Problems.

5. Einzelrechte

Durch die Rechtsprechung des BVerfG wurden folgende sich aus der **31** Pressefreiheit ergebenden Einzelrechte ausgeformt. Es handelt sich dabei, auch soweit sie einfachgesetzlich normiert sind, um verfassungsrechtlich geschützte Rechte. Ein Gesetz, das sie missachtete, wäre verfassungswidrig. Über die Fallgruppen hinaus gibt es weitere Beispiele von Eingriffen in den Schutzbereich der Pressefreiheit wie die Erwähnung eines Presseverlags in einem Verfassungsschutzbericht (BVerfG NJW 2005, S. 2912 ff. »Junge Freiheit«).

a) Redaktionsgeheimnis

Die **Vertraulichkeit der Redaktionsarbeit** von Presseunternehmen **32** wird durch die Pressefreiheit geschützt, da dem Schutz der Informationsquellen für das Pressewesen besondere Bedeutung zukommt. Als »Redaktionsgeheimnis« wird die Freiheit der Presse umschrieben, ohne staatliche Einflussnahme Informationen zu sammeln. Es schützt die Presse davor, ihre Quellen offenlegen zu müssen. Es wäre mit dem Grundrecht der Pressefreiheit unvereinbar, wenn staatliche Stellen sich Einblick in die Vorgänge verschaffen dürften, die zur Entstehung einer Zeitung oder Zeitschrift führen. Allerdings hat das Redaktionsgeheimnis nicht die Aufgabe, Medienmitarbeiter vor Strafverfolgung zu schützen, wenn sie sich selbst einer Straftat verdächtig gemacht haben (BVerfG AfP 2011, S. 47).

Das Redaktionsgeheimnis ist nicht als solches in den Pressegesetzen normiert, es ergibt sich aber aus dem Zusammenspiel verschiedener, insbesondere strafrechtlicher Normen und ist letztlich wiederum durch das Grundrecht der Pressefreiheit abgesichert.

b) Informantenschutz

33 Eigenständige Bedeutung neben dem Redaktionsgeheimnis räumt das BVerfG dem **Vertrauensverhältnis der Medien zu ihren Informanten** ein. Während das Redaktionsgeheimnis die Arbeit innerhalb der Redaktion schützt, einschließlich der dort verwahrten Quellen, Aufzeichnungen usw., geht es beim Informantenschutz um das Verhältnis der Journalisten zu Dritten, die sie mit Informationen versorgen (zur Unterscheidung BVerfG NJW 2003, S. 1787 »Aufklärung schwerer Straftaten« → E 49).

34 Zu denken ist in diesem Zusammenhang nicht nur an Personen, die sich möglicherweise selbst strafbar gemacht haben, sondern auch an Informanten, die z.b. aus Angst vor Racheakten Dritter oder um nicht ihren Arbeitsplatz zu verlieren, ihre Anonymität gewahrt wissen möchten (»Whistleblower«). Letzteres kann etwa der Fall sein bei einem Firmenangehörigen, der eine umweltgefährdende Praxis seiner Firma an die Öffentlichkeit bringen möchte. Unzulässig ist beispielsweise die Anbringung einer Überwachungskamera auf einem öffentlichen Platz, wenn dadurch der Eingang zu einem Redaktionsgebäude aufgenommen und damit die Identifizierung von Informanten möglich wird.

c) Zeugnisverweigerungsrecht von Journalisten

35 Die Informationsbeschaffung würde behindert, wenn der Informant gewärtig sein müsste, dass ihn der Journalist in einem gerichtlichen Verfahren zu decouvrieren hätte. Es handelt sich hierbei um Fälle, in denen Journalisten etwas unter dem Siegel der Verschwiegenheit anvertraut wurde. Zu einem Gewissenskonflikt kann es vor allem dann kommen, wenn der Journalist in einem Verfahren vor Gericht – beispielsweise in einem strafrechtlichen Verfahren gegen den Informanten – aussagen müsste. Für den Strafprozess sind in § 53 StPO Zeugnisverweigerungsrechte aus beruflichen Gründen normiert. Zur Verweigerung des Zeugnisses sind u.a. Personen berechtigt, die bei der Vorbereitung, Herstellung oder Verbreitung von periodischen Druckwerken oder Rundfunksendungen berufsmäßig mitwirken oder mitgewirkt haben, über die Person des Verfassers, Einsenders oder Gewährsmanns von Beiträgen und Unterlagen sowie über die ihnen im Hinblick auf ihre Tätigkeit gemachten Mitteilungen, soweit es sich um Beiträge, Unterlagen und Mitteilungen für den redaktionellen Teil handelt (§ 53 Abs. 1 Nr. 5 StPO).

Die Frage, ob das Zeugnisverweigerungsrecht für Journalisten besser **36** noch weiter ausgedehnt oder im Interesse der Rechtspflege an der Wahrheitsfindung stärker eingeschränkt werden sollte, ist immer wieder Gegenstand rechtspolitischer Diskussion. Der Gesetzgeber hat die Diskussion aufgegriffen und das Zeugnisverweigerungsrecht für Journalisten zunächst ausgedehnt, später allerdings wieder eingeschränkt.

Zunächst wurde das Zeugnisverweigerungsrecht **auf selbst recher-** **37** **chiertes Material ausgeweitet.** Zudem wurde der Anwendungsbereich auf die Herstellung und Verbreitung nicht periodischer Druckerzeugnisse ausgedehnt, womit auch die Herstellung von Büchern und Filmberichten einbezogen ist. Bei einer möglichen Beteiligung eines Journalisten an einer Straftat können Materialien wie Tatwaffen oder andere Gegenstände, die im unmittelbaren Zusammenhang mit der Tat stehen, nur noch dann beschlagnahmt werden, wenn dies keine unverhältnismäßige Einschränkung der Pressefreiheit darstellt und die Ermittlungen ohne diese Informationen aussichtslos oder wesentlich erschwert würden. Ausnahmen vom Zeugnisverweigerungsrecht wurden lediglich für die Ermittlungen zur Aufklärung eines Verbrechens zugelassen.

Später wurde die StPO verschärft. Die Berechtigung zur Zeugnisver- **38** weigerung über den Inhalt selbst erarbeiteter Materialien und den Gegenstand entsprechender berufsbezogener Wahrnehmungen entfällt seither nicht nur bei der Aufklärung eines Verbrechens, sondern auch dann, wenn Gegenstand der Untersuchung u.a. eine Straftat des Friedensverrats und der Gefährdung des demokratischen Rechtsstaats oder des Landesverrats und der Gefährdung der äußeren Sicherheit, eine Straftat gegen die sexuelle Selbstbestimmung oder eine Geldwäsche ist und eine andere Erforschung des Sachverhalts aussichtslos wäre. Allerdings kann der Zeuge auch in diesen Fällen die Aussage verweigern, soweit sie zur Offenbarung der Person des Verfassers oder Einsenders von Beiträgen oder Unterlagen oder des sonstigen Informanten führen würde (vgl. § 53 Abs. 2 StPO).

Auf das Zeugnisverweigerungsrecht können sich auch die freien Mitar- **39** beiter berufen. Eine entsprechende Vorschrift für den Zivilprozess ist § 383 Abs. 1 Nr. 5 ZPO.

In bestimmten Fällen ist ein Zeugnisverweigerungsrecht jedoch nicht **40** im Gesetz vorgesehen, obwohl eine freie Pressearbeit dies erforderlich erscheinen lässt. Es wurde daher vom BVerfG unter bestimmten Voraussetzungen ein **verfassungsrechtliches Zeugnisverweigerungsrecht** von Pressemitarbeitern abgeleitet. Ein Fall betraf die Aussage über den Auftraggeber einer Chiffreanzeige.

41 Im konkreten Fall ging es um eine Anzeige eines Steuerberatungsbüros, die nach Ansicht der Steuerberaterkammer mit den Standesrichtlinien unvereinbar war. Es wurde ein strafgerichtliches Verfahren eingeleitet, in dessen Verlauf die Staatsanwaltschaft den Verlag, in dem die Tageszeitung erschien, aufforderte, Namen und Anschrift des Auftraggebers der Chiffreanzeige mitzuteilen. Der Verlag lehnte das mit der Begründung ab, er sei vertraglich zum Schweigen verpflichtet. Der Sachbearbeiter verweigerte in einer Vernehmung im Wege der richterlichen Untersuchung vor dem Amtsgericht als Zeuge die Aussage.

42 In diesem Fall wurde ein Zeugnisverweigerungsrecht vom BVerfG selbst dann für möglich gehalten, wenn ein solches im Gesetz nicht vorgesehen war. Da der ausschlaggebende Grund in der kontroll- und meinungsbildenden Funktion der Presse liegt, gilt er in der Regel nur für den redaktionellen, nicht für den Anzeigenteil von Presseerzeugnissen. Allerdings kann in Sonderfällen auch einzelnen Anzeigen eine solche Funktion zukommen. Hier kann es dann geboten sein, unter Beachtung des Grundsatzes der Verhältnismäßigkeit ein Recht der Zeugnisverweigerung unmittelbar aus dem Grundrecht der Pressefreiheit herzuleiten (BVerfGE 64, S. 108, 114 ff. »Chiffreanzeigen« → E 43). Dieses verfassungsrechtliche Zeugnisverweigerungsrecht ergänzt somit das strafprozessuale Zeugnisverweigerungsrecht nicht automatisch, sondern setzt eine Begründung über die Pressefreiheit im Einzelfall voraus.

43 Das Zeugnisverweigerungsrecht kann in der Praxis dazu führen, dass in den Medien über rechtswidriges Handeln berichtet wird und dieses im Bild gezeigt wird, ohne dass gegen die Rechtsbrecher vorgegangen werden könnte.

In extremen Fällen kann Anstiftung zur jeweiligen Tat vorliegen. Dies vor allem dann, wenn den Rechtsbrechern ein Honorar bezahlt wird. Auch andere Formen der Tatbeteiligung sind denkbar, beispielsweise in Form der Beihilfe zur rechtswidrigen Tat.

44 Teilweise muss ein Vorrang der Interessen der Allgemeinheit vor der Pressefreiheit angenommen werden (s.a. BGHZ 80, S. 25, 32 ff. »Aufklärung schwerer Straftaten« → E 49).

Berichtet ein Zeitungsartikel von einem Vorhaben von Terroristen, die radioaktives Material an sich gebracht haben und nun damit drohen, die in einer Großstadt lebenden Menschen zu vernichten, wenn nicht ihre Forderung nach einer Geldzahlung erfüllt wird, so kann das Redaktionsgeheimnis nicht prävalieren. Aus diesem Grund kann es beispielsweise verfassungsrechtlich gerechtfertigt sein, wenn die Strafverfolgungsbehörden Verbindungsdaten über die Anschlüsse von Journalisten ermitteln, um den Aufenthaltsort eines Straftäters herauszufinden, der mit den Journalisten in Kontakt steht. Obwohl die Erhebung von Verbindungsdaten ein schwerer Eingriff in das Redaktionsgeheimnis ist, wird dies vom BVerfG unter den Voraussetzungen für zulässig erklärt, dass es sich um eine Straftat von erheblicher Bedeutung handelt, ein konkreter Tatverdacht und eine hinreichend sichere Tatsachenbasis für die nachrichtenübermittelnde Eigenschaft des durch die Anordnungen Betroffenen besteht. In den vom BVerfG zu entscheidenden Fällen ging es zum einen um die Auffindung eines des Kreditbetrugs in Milliardenhöhe Verdächtigen und zum anderen um die eines mutmaßlichen Terroristen (BVerfG NJW 2003, S. 1787).

d) Auskunftsanspruch

Die lange umstrittene Frage, ob die Pressefreiheit einen Auskunftsan- **45** spruch gegenüber Behörden beinhaltet, wird vom BVerwG bejaht. Allerdings sieht das BVerwG den verfassungsunmittelbaren Auskunftsanspruch auf das Niveau eines »Mindeststandards« begrenzt, den auch der Gesetzgeber nicht unterschreiten dürfe. Das verfassungsunmittelbare Auskunftsrecht endet jedenfalls dort, wo berechtigte schutzwürdige Interessen privater oder öffentlicher Stellen an der Vertraulichkeit von Informationen entgegenstehen. Das gilt etwa für Immunitätsangelegenheiten des Bundestags (BVerwG AfP 2019, S. 159). Zudem führt das Auskunftsrecht nicht zu einer Informationsbeschaffungspflicht durch die Behörde, der mithin nicht aufgegeben ist, Unternehmungen zur Beschaffung von Informationen durchzuführen (BVerwG NJW 2013, S. 2919; BVerwG NVwZ 2018, S. 590, 593. Das BVerfG lässt die Frage weiterhin offen, BVerfG NJW 2016, S. 472 ff.).

e) Schutz von Hilfstätigkeiten

Die Pressefreiheit beschränkt sich nicht auf unmittelbar inhaltsbezogene **46** Pressetätigkeiten, sondern erfasst im Interesse einer ungehinderten Meinungsvertretung auch inhaltsferne Hilfsfunktionen. Im Einzelnen kommt es für die Definition des Schutzbereichs darauf an, was notwendige Bedingung des Funktionierens einer freien Presse ist. Dadurch wird zwar nicht jede selbständige Dienstleistung in den Schutzbereich der Pressefreiheit einbezogen. Indessen besteht der Grundrechtsschutz des Art. 5 Abs. 1 GG im Interesse der freien Meinungsbildung und kann deswegen nur durch einen ausreichenden Inhaltsbezug ausgelöst werden. Dieser ist bei presseinternen Hilfstätigkeiten durch den organisatorischen Zusammenhalt des Presseunternehmens regelmäßig gegeben. Lediglich für presseexterne Hilfstätigkeiten bleibt es in der Regel beim Schutz durch andere Grundrechte, insbesondere durch die Berufsfreiheit des Art. 12 GG (BVerfGE 77, S. 146, 154).

Geschützt ist die Tätigkeit des Presse-Grossisten. Beim **Presse-Grosso** handelt es **47** sich um den Vertrieb von Presseprodukten durch selbständige Unternehmen. Der Grossist hat ein Gebietsmonopol bei der Belieferung der betreffenden Vertriebsstellen eines Gebiets inne. Das Presse-Grosso hat den Vorteil, durch und zusammen mit auflagenstarken Blättern Zeitschriften mit kleinerem Kundenkreis verbreiten zu können, deren Auslieferung sich andernfalls nicht lohnen würde (»Quersubventionierung«).

48 Die Tätigkeit des Presse-Grossisten, die im Zusammenhang mit dem Pressevertrieb steht, wurde vom BVerfG nur ausnahmsweise der Pressefreiheit unterstellt. Das Presse-Grosso ist nur dann der Pressefreiheit zuzurechnen, wenn es in enger organisatorischer Bindung an die Presse erfolgt, für das Funktionieren einer freien Presse notwendig ist und wenn sich die staatliche Regulierung dieser Tätigkeit zugleich einschränkend auf die Meinungsverbreitung auswirkt (BVerfGE 77, S. 346, 353 ff. »Presse-Grosso« ➔ E 44).

f) Verbreitung rechtswidrig erlangter Informationen

49 Die rechtswidrige Beschaffung von Informationen ist nicht durch die Pressefreiheit gedeckt. Insoweit müssen auch die Pressevertreter die allgemeinen Gesetze, insbesondere das Strafgesetzbuch achten.

50 Unzulässig ist es jedenfalls, wenn ein Journalist in Geschäftsräume einbricht, um Unterlagen einer Firma zu durchsuchen, selbst wenn er vermutet, dass sich Mitarbeiter der Firma strafbar gemacht haben, z.b. indem sie den Tatbestand eines Umweltdelikts erfüllt haben. Unzulässig wäre es ebenso, wenn er zur Erhärtung seines Verdachts die Wohnungen oder die Telefone der Verdächtigen abhören ließe oder unter Verletzung des Briefgeheimnisses ihre Briefe öffnete. Schließlich ist das Ausspähen von Daten durch § 202a StGB unter Strafe gestellt.

51 Die **Verbreitung** des einmal rechtswidrig erlangten Materials wird indessen vom BVerfG in den Schutzbereich des Art. 5 Abs. 1 GG einbezogen.

52 In einem Fall ging es um den Schriftsteller Wallraff, der sich unter fremdem Namen in die Redaktion der »Bild-Zeitung« eingeschleust hatte und einen Bericht über seine Erlebnisse veröffentlichen wollte. Gegen diese Veröffentlichung wehrte sich der betroffene Verlag unter Berufung auf die Pressefreiheit und erhob schließlich Verfassungsbeschwerde.

53 Das BVerfG stellte im **Fall »Springer vs. Wallraff«** zunächst fest, dass weder das Grundrecht der Meinungsäußerungsfreiheit noch das der Presse- oder Informationsfreiheit die rechtwidrige Beschaffung von Informationen schützt. Demgegenüber fällt die Verbreitung rechtswidrig erlangter Informationen in den Schutzbereich des Art. 5 Abs. 1 GG. Dürften rechtswidrig erlangte Informationen nicht verbreitet werden, könnte die Kontrollaufgabe der Presse leiden, zu deren Funktion es auch gehört, auf Missstände von öffentlicher Bedeutung hinzuweisen. Allerdings kann den Besonderheiten des jeweiligen Falles hinsichtlich des Maßes der Verletzung der Rechte eines Betroffenen innerhalb der Schranken Rechnung getragen werden. Die Veröffentlichung rechtswidrig erlangter Information ist indessen nicht generell zulässig. Zulässig ist sie nur, wenn es sich um eine die Öffentlichkeit wesentlich berührende Frage handelt, der gegenüber der Rechtsbruch eine eindeutig untergeordnete Bedeutung hat (BVerfGE 66, S. 116, 133 ff. ➔ E 46). Zulässig war beispielsweise die publizistische Nutzung privater E-Mails eines Ministers, aus denen sich ergab, dass er keine regelmäßigen Unterhaltszahlungen an seine uneheliche

Tochter zahlte und damit der Verdacht bestand, dem Sozialbetrug der Kindsmutter Vorschub zu leisten. In diesem Fall hatten die Journalisten sich die E-Mails nicht durch Rechtsbruch verschafft, sondern lediglich aus dem Bruch der Vertraulichkeit durch Dritte Nutzen gezogen (BGH GRUR 2015, S. 92).

Der Grundsatz der Verwertungsfreiheit auch unzulässig erlangter Informa- **54** tion hat einen weiten Anwendungsspielraum. Daher darf eine Information, die nach der Weisung des Behördenleiters nicht an die Öffentlichkeit gelangen sollte, die aber ein Mitarbeiter weisungswidrig an die Presse gegeben hat, verbreitet werden. Allerdings kann eine Beihilfe zum Geheimnisverrat gem. § 353b StGB vorliegen (BVerfG NJW 2007, S. 1117 ff. »Cicero« → E 91). Ausdrücklich nimmt das Gesetz in § 353b Abs. 3a StGB Beihilfehandlungen von der Rechtswidrigkeit aus, wenn sie sich auf die Entgegennahme, Auswertung oder Veröffentlichung des Geheimnisses beschränken. Selbstverständlich ist darauf zu achten, dass durch die Veröffentlichung des Materials nicht ein neuerlicher Rechtsbruch erfolgt, z.B. die Veröffentlichung von Staatsgeheimnissen, die gem. § 95 StGB als »publizistischer Landesverrat« einer eigenständigen Strafbarkeit unterliegt oder eine Verletzung des Persönlichkeitsrechts.

g) Tendenzschutz

Das Grundrecht der Pressefreiheit umfasst die Freiheit, die politische und **55** weltanschauliche Tendenz einer Zeitung festzulegen, beizubehalten, zu ändern und diese Tendenz zu verwirklichen. Die Zeitung darf selbst Meinungen vertreten. Dem Staat sind nicht nur unmittelbare Eingriffe vor allem in Gestalt eigener Einflussnahme auf die Tendenz von Zeitungen verwehrt, er darf sie auch nicht durch rechtliche Regelungen pressefremden – nichtstaatlichen – Einflüssen unterwerfen oder öffnen, die mit der Freiheit der Presse nicht vereinbar wären. Dies gilt auch im Verhältnis des Verlegers zum Betriebsrat. Dem Betriebsrat kommt kein Recht zur Festlegung der Tendenz einer Zeitung zu (BVerfGE 52, S. 283, 296 »Tendenzbetrieb«).

Der Tendenzschutz ergibt sich im einfachen Recht aus § 118 BetrVG. Darin wird **56** dem Presseunternehmen ein Tendenzschutz gegenüber etwaigen »tendenzwidrigen« Einwirkungen des Betriebsrats gewährt. Diese Norm hat den Schutz der Pressefreiheit zur Aufgabe (§ 118 Abs. 1 Nr. 2 BetrVG). Das heißt allerdings nicht, dass sich jede Arbeitszeitregelung bereits auf die Tendenz eines Unternehmens auswirkt und daher unzulässig wäre (BVerfG AfP 2000, S. 82 ff.).

h) Negative Pressefreiheit

Eng verbunden mit dem Tendenzschutz ist der Aspekt der negativen Pres- **57** sefreiheit. Wie die anderen Grundrechte, kennt auch die Pressefreiheit eine negative Seite, die es ermöglicht, **Unerwünschtes nicht zu veröffentlichen.** Im Regelfall ergibt sich das bereits aus der Tendenzfreiheit. So steht es einem Presseunternehmen frei, einen unliebsamen Leserbrief nicht abzudrucken.

58   Zur Ergänzung folgender Fall: Die X-Partei, die sich seit Jahren um ein Mandat im Bundestag bemüht, setzt sich für die Einführung der direkten Demokratie ein. Vor der Bundestagswahl will sie eine großformatige Anzeige in der einzigen Zeitung der Region, der Z-Zeitung abdrucken lassen, in der sie sich für Volksabstimmungen in allen wichtigen Fragen des Staates und für die Einführung weiterer plebiszitärer Elemente einsetzt. Die Z-Zeitung schickt den Anzeigenauftrag mit dem Vermerk zurück, sie drucke keine Anzeigen verfassungswidriger Parteien ab. Mit ihrer Anzeige verlasse die X-Partei den Boden des Grundgesetzes. Zudem halte die Redaktion nichts von direkter Demokratie und wolle daher nicht zu deren Unterstützung beitragen. Die X-Partei hält diese Antwort für diskriminierend und fragt, ob die Z-Zeitung zum Abdruck der Anzeige verpflichtet sei.

59   Hinweise zum Fall: Eine Zeitung ist grundsätzlich nicht zum Abdruck einer bestimmten Anzeige verpflichtet. Die Zeitung kann sich insoweit auf den Grundsatz der Vertragsfreiheit berufen. Ein Anspruch der Partei auf Abdruck ihrer Anzeige könnte sich jedoch aus einer spezialgesetzlichen Norm ergeben. Für die Wahlwerbung politischer Parteien im Rundfunk ist § 42 Abs. 2 RStV zu beachten. Entsprechende Normen gibt es in den Pressegesetzen nicht. Anders als die öffentlichrechtlichen Rundfunk- und Fernsehanstalten ist die von privater Hand betriebene Presse nicht zur Neutralität im Wahlwettbewerb der politischen Parteien verpflichtet. Die Presse darf auch den Abdruck von Anzeigen und Leserzuschriften einer bestimmten Richtung verweigern, selbst wenn der entgegengesetzten Meinung Raum zur Verfügung gestellt wurde. Unerheblich ist daher, ob es sich tatsächlich um eine verfassungswidrige Partei handelt (was im Übrigen nur vom BVerfG festgestellt werden könnte; Art. 21 Abs. 4 GG). Eine Ausnahme von der Vertragsfreiheit ist lediglich bei Ausnutzung eines Monopols in sittenwidriger Weise anzunehmen. In diesem Fall kann sich ein zivilrechtlicher Kontrahierungszwang aus § 826 BGB ergeben. Das BVerfG hat indessen auch bei regionaler Monopolstellung einer Zeitung einen Anspruch auf Abdruck von Wahlwerbung abgelehnt. Der Vorsprung der Gegenparteien durch Anzeigen könne durch Plakate und Flugblätter ausgeglichen werden. Insoweit wurde der Vertragsfreiheit und der Pressefreiheit Vorrang vor den durch Art. 21 GG geschützten Interessen politischer Parteien eingeräumt (BVerfGE 42, S. 53, 62; vgl. BVerfGE 48, S. 271, 278).

i) Anzeigenteil

60   Auch der Anzeigenteil von Druckerzeugnissen wird von der Pressefreiheit umfasst. Unerheblich ist, dass das Presseorgan mit den Anzeigen keine eigene Meinung verbreiten will. Tatsächlich verhält es sich gegenüber dem Inhalt der Anzeige neutral und übernimmt keine Verantwortung für deren Richtigkeit. Ausreichend für den Schutz durch die Pressefreiheit ist, dass die Veröffentlichung von Anzeigen zu den typischen Aufgaben der Presse gehört. Die Nachrichtenwiedergabe stellt ebenfalls keine Meinungsäußerung dar und ist dennoch über die Pressefreiheit geschützt (BVerfGE 21, S. 271, 278 ff.).

Der Schutz des Anzeigenteils einer Zeitung oder Zeitschrift durch die **61** Pressefreiheit ergibt sich auch aus der Notwendigkeit, den Anzeigenteil als einer wesentlichen Einnahmequelle der Presse dem Einfluss des Staats zu entziehen. Aus diesen Überlegungen ergibt sich der sog. Grundsatz der **Unteilbarkeit der Pressefreiheit:** Der gesamte Inhalt der Druckschrift ist von der Pressefreiheit umfasst.

k) Beachtung des Gleichheitssatzes durch staatliche Einrichtungen

Ein staatlicher Einfluss auf Inhalt und Gestaltung einzelner Presseerzeug- **62** nisse ist nicht nur durch Eingriffe in die Pressefreiheit, sondern auch durch Fördermaßnahmen oder Erteilung von Informationen denkbar. Staatliche Einflussnahme – auch auf diese indirekte Weise – ist daher verboten. Zudem sind **Verzerrungen des publizistischen Wettbewerbs** insgesamt **zu vermeiden.** Der Staat hat sich bei der Förderung der Presse grundsätzlich neutral zu verhalten. Unzulässig wäre es vor allem, inhaltlich nach Meinungen zu differenzieren. Zu beachten ist der Gleichheitssatz beispielsweise bei der Vergabe von Sitzplätzen an Medienvertreter in einem spektakulären Strafprozess (BVerfG NJW 2013, S. 1293 ff. »NSU-Strafverfahren«).

Legt der Staat günstigere Tarife für die Versendung von Zeitungen und Zeit- **63** schriften mit der Post fest, so sind davon alle Presseerzeugnisse gleichermaßen betroffen und es liegt keine Verletzung der Pressefreiheit eines Mitbewerbers oder des Gleichheitssatzes vor (BVerfGE 80, S. 124, 131 ff. »Postzeitungsdienst« – Die Entscheidung erging auf der Grundlage des damals hoheitlich organisierten Postwesens.).

Nicht unzulässig ist es schließlich, wenn staatliche Stellen ihren Aufgaben **64** entsprechend an die Bürger gerichtete Schriften herausgeben, um Öffentlichkeitsarbeit zu leisten. Diese Veröffentlichungen stehen in keinem Konkurrenzverhältnis zu den kommerziellen Presseorganen. Zudem sind öffentliche Stellen grundsätzlich dazu verpflichtet, die Verwendung von Steuergeldern vor den Bürgern zu rechtfertigen. In besonderer Weise gilt die Informationspflicht des Staates hinsichtlich gesetzlicher Vorschriften, die für jedermann zugänglich in den Amtsblättern publiziert werden müssen. Die Grenze der Unzulässigkeit ist allerdings dort erreicht, wo mithilfe solcher Veröffentlichungen Wahlpropaganda für eine bestimmte Partei betrieben wird oder sonstige staatliche Neutralitätspflichten verletzt werden.

l) Innere Pressefreiheit

65 Die Frage, ob dem einzelnen Journalisten seinem Arbeitgeber gegenüber ein grundrechtlicher Anspruch aus der Pressefreiheit zusteht, wurde früher unter dem Stichwort »innere Pressefreiheit« diskutiert.

66 Die Annahme einer inneren Pressefreiheit könnte im Zweifel zu einer zwangsweisen Durchsetzung der Veröffentlichung von Artikeln gegen den Willen des Verlegers führen, was mit der Tendenzautonomie nicht vereinbar ist.

67 Die Frage dürfte heute deswegen schon obsolet sein, da das BVerfG die Meinungsäußerung von Journalisten nicht mehr der Pressefreiheit zuordnet. Zudem würde die Tendenzautonomie des Verlegers prävalieren. Allerdings darf dieser seine Journalisten nicht dazu anweisen, Artikel, die nicht ihrer Auffassung entsprechen, mit dem eigenen Namen zu unterzeichnen, da dies ihr Persönlichkeitsrecht in erheblichem Maße verletzen würde.

68 Als einziges Bundesland hat Brandenburg die innere Pressefreiheit in seinem Pressegesetz normiert (§ 4 bbg PresseG). Danach werden zwar die publizistischen Grundsätze vom Verleger bzw. Herausgeber schriftlich festgelegt (vgl. Abs. 1), es darf jedoch kein Redakteur veranlasst werden, eine Meinung, die er nicht teilt, als seine eigene zu publizieren (Abs. 2 Satz 1; »journalistischer Gewissensschutz«). Aus seiner Weigerung darf dem Journalisten kein Nachteil entstehen (Satz 3; »Gesinnungsschutz«).

6. Einrichtungsgarantie der Pressefreiheit

69 Neben der Pressefreiheit als einem subjektiven Recht der Presseangehörigen und der im Pressebereich tätigen Unternehmen, ist durch Art. 5 Abs. 1 GG auch die institutionelle Eigenständigkeit der Presse geschützt. Diese objektiv-rechtliche Seite der Pressefreiheit garantiert das **Institut »Freie Presse«**. Der Staat ist aufgrund dieser objektiven Bedeutung der Pressefreiheit dazu verpflichtet, in seiner Rechtsordnung überall wo der Geltungsbereich einer Norm die Presse berührt, ihrer Freiheit Rechnung zu tragen. Hierzu zählt neben der freien Gründung von Presseorganen und dem freien Zugang zu Presseberufen auch die Pflicht des Staates, Gefahren abzuwehren, die einem freien Pressewesen aus der Bildung von Meinungsmonopolen erwachsen könnten. Diese staatliche Pflicht ist vom Gesetzgeber wahrzunehmen. Er hat dann einzuschreiten, wenn sich eine Konzentration von Presseorganen in der Weise herausbilden würde, dass eine unabhängige Meinungsbildung nicht mehr möglich wäre. Geschützt ist hierdurch das freie Pressewesen als solches, das gegenüber einer Monopolbildung zu schützen ist (BVerfGE 20, S. 162, 175 ff. »Spiegel« → E 46).

Bei einer Gefährdung der Meinungsvielfalt im Pressewesen könnte es **70** auch zulässig sein, ein dem Rundfunksystem vergleichbares duales Pressewesen einzuführen. Unter den gegenwärtigen Gegebenheiten läge darin indessen eine unzulässige Verzerrung des bestehenden publizistischen Wettbewerbs. Eine verfassungsrechtliche Pflicht zum Tätigwerden des Staats besteht bei der gegenwärtigen Meinungspluralität im Pressewesen nicht. Problematisch sind allerdings crossmediale Medienfusionen. Aus dem Institut der freien Presse lässt sich auch die Staatsferne der Presse ableiten (ähnlich wie dies beim Rundfunk entwickelt wurde). Das bedeutet etwa auch, dass gemeindliche Presseerzeugnisse neutral sein müssen und sich auf den Aufgabenbereich der Gemeinde zu beschränken haben (BGH AfP 2019, S. 146, 147 »Stadtblatt«).

7. Schranken der Pressefreiheit

Die grundrechtlich gewährte Pressefreiheit kann durch den Gesetzgeber **71** eingeschränkt werden. Das ergibt sich aus Art. 5 Abs. 2 GG, demzufolge die Pressefreiheit ihre Schranken in den Vorschriften der allgemeinen Gesetze findet. Die Pressefreiheit darf durch den Staat nicht in beliebiger Weise eingeschränkt werden. Sie darf nur auf Grund eines Gesetzes beschränkt werden und es muss sich um ein allgemeines Gesetz handeln.

Zu Eingriffen berechtigt ist **nur der Gesetzgeber**. Verwaltung und **72** Polizei dürfen nicht in die publizistische Tätigkeit der Presse eingreifen. Mit einem Schlagwort wird dies als **»Polizeifestigkeit« des Presserechts** umschrieben.

a) Allgemeine Gesetze

Ein allgemeines Gesetz ist im vorliegenden Zusammenhang ein Gesetz, **73** das sich **nicht speziell gegen die Presse** richtet, sondern das dem Schutz eines anderen Rechtsguts dient. Unzulässig sind mithin Sondergesetze zu Lasten der Presse, die beispielsweise die Beschaffung einer Information oder die Äußerung einer bestimmten Meinung verbieten.

Allgemeine Gesetze können zwar auch die Ausübung der Pressetätig- **74** keit regeln, dabei dürfen sie indessen nicht auf den Inhalt des Presseerzeugnisses Einfluss nehmen. Das gilt insbesondere für Vorschriften polizeirechtlicher und ordnungsrechtlicher Art.

Zu den allgemeinen Gesetzen zählen beispielsweise die Vorschriften **75** des Gerichtsverfassungsgesetzes über die Öffentlichkeit und Sitzungspolizei (§§ 169 ff. GVG). Aus diesen Vorschriften kann sich der Ausschluss eines Pressevertreters von einer Gerichtsverhandlung oder seine Entfernung aus dem Sitzungssaal ergeben, wenn die entsprechenden tatbestand-

lichen Voraussetzungen vorliegen (§ 177 GVG). Insofern hat der Pressevertreter die allgemeinen Regelungen zu beachten.

76 Das Gerichtsverfassungsgesetz darf allerdings nicht im Sinne eines Sondergesetzes
gegen die Presse interpretiert werden. Das wäre der Fall, wenn ein Journalist lediglich deswegen vom Gericht aus dem Gerichtssaal verwiesen wird, weil er einen
vom Richter als ärgerlich empfundenen Artikel geschrieben hat und der Richter
mit seiner Anordnung einen ähnlichen Artikel verhindern will. Eine solche Maßnahme ist durch die gerichtsverfassungsrechtlichen Vorschriften über Öffentlichkeit und Sitzungspolizei offensichtlich nicht gedeckt, da diese lediglich der Aufrechterhaltung der Ordnung in der Sitzung dienen. Eine Anwendung der ge-
richtsverfassungsgesetzlichen Normen zum Schutz des Gerichts vor missliebigen
Artikeln würde eine Verletzung der Pressefreiheit darstellen (BVerfGE 50, S. 234,
239 ff. »Gerichtspresse« → E 42; BVerfG K&R 2017, S. 713; zur Gerichtsberichterstattung durch Fernsehen → *10* Rdnr. 37).

77 Eine Beschränkung der Pressefreiheit ist richtiger Ansicht zufolge auch außerhalb der »allgemeinen Gesetze« zulässig, wenn damit der Pressefreiheit
entgegenstehende Grundrechte oder andere Rechtsgüter von Verfassungsrang geschützt werden, soweit überhaupt eine Verletzung des Schutzbereichs der Pressefreiheit vorliegt. Auf dieser Grundlage sind auch Gesetze
zulässig, die sich speziell gegen die Presse richten, aber beispielsweise dem
Jugendschutz dienen oder der Abwehr nationalsozialistischer Propaganda.

b) Wechselwirkung

78 Bei der Auslegung der »allgemeinen Gesetze« i.S.d. Art. 5 Abs. 2 GG zieht
das BVerfG die »Wechselwirkungslehre« heran (→ *3* Rdnr. 38, 62). Die
Begriffe und Ermächtigungen des einschränkenden Gesetzes sind ihrerseits unter Berücksichtigung der Pressefreiheit zu interpretieren. Es handelt sich um eine »**Schranken-Schranke**«, der insoweit dieselbe Bedeutung zukommt wie sonst dem Grundsatz der verfassungskonformen Auslegung. Allgemeine Gesetze setzen zwar dem Wortlaut nach der Freiheit
der Presse Schranken, sie sind indessen ihrerseits im Lichte der Pressefreiheit auszulegen und in ihrer das Grundrecht beschränkenden Wirkung
selbst wieder einzuschränken. Die Wechselwirkungslehre geht indessen
insoweit über den Anwendungsbereich der verfassungskonformen Auslegung hinaus, als die Vereinbarkeit des Gesetzes mit dem Grundrecht der
Pressefreiheit nicht nur hinsichtlich der Verfassungsmäßigkeit des Gesetzes geprüft werden muss, sondern auch im Sinne der **Verhältnismäßigkeit** der Anwendung im einzelnen Fall.

79   Aus der Wechselwirkungslehre ergibt sich, dass die Pressefreiheit vor
einer Aushöhlung durch die allgemeinen Gesetze geschützt ist wie auch
durch die sie anwendenden Gerichte. Die Pressefreiheit zwingt dazu, die

Auslegung der allgemeinen Gesetze stets an dem Grundwert der Pressefreiheit zu orientieren, ihr den angemessenen Raum zu sichern und jede
Einengung der Pressefreiheit zu verhindern, die nicht von der **Rücksicht
auf mindestens gleichwertige Rechtsgüter unbedingt geboten** ist.
Die objektiv-rechtliche Seite der Pressefreiheit in Form der Institutsgarantie, ihre Auswirkung als Wertmaßstab und Auslegungsgrundsatz für die
allgemeine Rechtsordnung, tritt hier besonders deutlich zutage.

In mehreren vom BVerfG zu entscheidenden Fällen ging es um die Frage der Ver-   **80**
fassungsmäßigkeit von Durchsuchungen in Presseräumen. Hierbei war bei der
Güterabwägung vor allem die Pressefreiheit zu beachten. Diese Güterabwägung ist
grundsätzlich Aufgabe des Gesetzgebers. Die Strafprozessordnung verwirklicht
zwar teilweise den Schutz des Redaktionsgeheimnisses, ist aber insoweit nicht er-
schöpfend. Daher kann es auch Aufgabe des Richters sein, die gebotene Abwägung unter Berücksichtigung der wertsetzenden Bedeutung des Grundrechts der
Pressefreiheit vorzunehmen.

Nach Ansicht des BVerfG lässt sich ein genereller Ausschluss der Durchsu-   **81**
chung bei Pressenagehörigen und in Presseräumen wegen eines Presseinhaltsde-
likts nicht unmittelbar aus Art. 5 Abs. 1 Satz 2 GG herleiten. Allerdings muss die
Erkenntnis der Unzulänglichkeit der Regelung der Strafprozessordnung im Licht
des Art. 5 Abs. 1 Satz 2 GG zu einer restriktiven Anwendung dieser Zwangsmaß-
nahme führen. Im Interesse des Schutzes des Redaktionsgeheimnisses sind an die
Durchsuchung von Presseunternehmen zum Zweck der Ermittlung eines Presse-
inhaltsdelikts verschärfte Anforderungen zu stellen. Die Durchsuchung darf daher
vor allem dann nicht angeordnet werden, wenn andere Möglichkeiten zur Klärung des subjektiven Tatbestands offenstehen (BVerfGE 20, S. 162, 186 ff. »Spiegel« → E 46; zur Durchsuchung in Presseräumen s.a. »Cicero« → E 91).

c) Abwägung mit anderen Grundrechten

Beschränkungen der Pressefreiheit können sich auch aus entgegenstehen-   **82**
den Grundrechten oder anderen Werten von Verfassungsrang ergeben.
Eine wichtige Rechtsposition ist das **allgemeine Persönlichkeitsrecht**
(→ 4 Rdnr. 2 ff.). Als »allgemeines Gesetz« wurde vom BVerfG auch der
durch richterliches Gewohnheitsrecht geschaffene Rechtssatz eingeordnet,
demzufolge bei schweren Verletzungen des allgemeinen Persönlichkeitsrechts Ersatz in Geld auch für immaterielle Schäden beansprucht werden
kann (BVerfGE 34, S. 269, 293 »Soraya« → E 2).

Beispielsfall: Journalist J hat von einem Angler erfahren, eine Chemiefabrik leite   **83**
giftige Abwässer in den örtlichen Fluss ein. Um die Ermittlungen »erst einmal in
Gang zu bringen«, schreibt J in einem Artikel auf der ersten Seite des Lokalteils
der Zeitung, die Einleitung der Abwässer habe der bei der Chemiefabrik ange-
stellte Chemiker C angeordnet. Um die betreffenden Arbeiter zu beruhigen, habe
C fälschlicherweise erklärt, die Abwässer seien völlig unschädlich. Als der über-

257

raschte C die Vorwürfe in der Zeitung liest, ist sie bereits überall zugestellt. Er will wissen, ob er angesichts dieser Rufschädigung wenigstens Geldentschädigung verlangen kann.

84   Ein Anspruch des C gegen J oder/und seinen Arbeitgeber auf Geldentschädigung kann sich aus § 823 Abs. 1 BGB i.V.m. Art. 2 Abs. 1, Art. 1 Abs. 1 GG (richterliches Gewohnheitsrecht) ergeben. Indem C vorgeworfen wurde, er habe giftige Abwässer in den Fluss einleiten lassen, wird behauptet, er habe die Umwelt gefährdet, eventuell eine Umweltstraftat begangen. In diesem Vorwurf liegt eine schwere Persönlichkeitsrechtsverletzung. J müsste zudem schuldhaft gehandelt haben. Fraglich ist, ob die Intention des J, die Ermittlungen in dem Fall in Gang zu bringen, die Verletzung des Persönlichkeitsrechts von C rechtfertigt. Die Presse darf grundsätzlich nur wahre Nachrichten weitergeben. Behauptungen müssen vor der Weitergabe auf ihre Wahrheit hin überprüft werden. Es besteht ein Anspruch des C auf Gegendarstellung aus dem einschlägigen Pressegesetz. Voraussetzung für einen Geldentschädigungsanspruch ist ein Verschulden des J. Bei leichtfertiger oder bewusster Wiedergabe von Falschnachrichten ist Verschulden zu bejahen. Das Informationsbedürfnis der Öffentlichkeit an der Nennung des Namens geht hier nicht dem Anonymitätsinteresse des Betroffenen vor. Nur in Ausnahmefällen darf die Presse schon bei bloßem Verdacht über ehrenrührige Vorgänge unter Namensnennung berichten. Es besteht daher ein unabwendbares Bedürfnis nach einem Ausgleich in Geld, d.h. es ist ein Geldentschädigungsanspruch zu bejahen (vgl. BGH NJW 1977, S. 1288 ff.).

85   Versuche, ein allgemeines »Persönlichkeitsrechts-Gesetz« zu schaffen, sind gescheitert. Dies wäre eine wichtige Aufgabe des Gesetzgebers, nachdem nicht zuletzt die DSGVO zu Verunsicherungen geführt hat. Bisher besteht lediglich ein **Pressekodex**, der auf der Grundlage der Selbstverpflichtung einer großen Zahl von Presseorganen beruht, die sich auch zu einem Abdruck von Rügen des Presserats verpflichtet haben. Indessen ist er rechtlich nicht verbindlich und kann damit auch nicht vom Staat zwangsweise durchgesetzt werden. Die publizistischen Grundsätze (Pressekodex) des deutschen Presserats erklären es als dem journalistischen Anstand widersprechend, unbegründete Beschuldigungen, insbesondere ehrverletzender Natur, zu veröffentlichen. Die Berichterstattung über schwebende Ermittlungs- und Gerichtsverfahren muss frei von Vorurteilen erfolgen. Ein Verdächtiger darf vor einem gerichtlichen Urteil nicht als Schuldiger hingestellt werden. Bei Straftaten Jugendlicher sind mit Rücksicht auf deren Zukunft möglichst Namensnennung und identifizierende Bildveröffentlichungen zu unterlassen, sofern es sich nicht um schwere Verbrechen handelt. Dem rechtlich nicht verbindlichen Charakter des Pressekodex ungeachtet, ist dessen Wirkung in der Praxis nicht zu unterschätzen.

86   Vorgeschlagen wurde, eine Journalistenkammer zu schaffen, die ähnlich wie die Bundesrechtsanwaltskammer einzelne Journalisten kontrollieren könnte. Darin könnte indessen wiederum eine unzulässige Beschränkung der Pressefreiheit liegen.

VI. Einfachgesetzliche Rechte der Presse

1. Auskunftsanspruch

Die Vertreter der Presse haben aus dem jeweiligen Landespressegesetz **87** (Musterpressegesetz mit landesrechtlichen Abweichungen → T 19) gegenüber den Behörden einen einklagbaren Anspruch auf Auskunftserteilung. So heißt es in vielen Pressegesetzen: »Die Behörden sowie die der Aufsicht des Landes unterliegenden Körperschaften des öffentlichen Rechts sind verpflichtet, den Vertretern der Presse die der Erfüllung ihrer öffentlichen Aufgaben dienenden Auskünfte zu erteilen«. (Geregelt ist der Auskunftsanspruch in den meisten Landespressegesetzen in § 4. Ausnahmen machen Brandenburg: § 5 und Hessen: § 3.) Die Frage der verfassungsrechtlichen Verankerung des Auskunftsanspruchs behält trotz der landesgesetzlichen Regelung seine Bedeutung, da die Landesgesetzgeber keine Gesetzgebungskompetenz zur Regelung von Auskunftsansprüchen gegenüber Bundesbehörden haben.

Der Auskunftsanspruch des jeweiligen Landespressegesetzes soll es der **88** Presse ermöglichen, zuverlässig über die Vorgänge in Staat und Verwaltung zu informieren. Maßgeblich ist grundsätzlich das Pressegesetz am Erscheinungsort des Presseerzeugnisses, hier jedoch der Sitz der öffentlichen Einrichtung, von der Auskunft begehrt wird. Zur Auskunft verpflichtet sind alle staatlichen Stellen. Grundsätzlich zugänglich sind Gerichtsentscheidungen, die allerdings im Hinblick auf persönliche Angaben in der Regel zu anonymisieren sind (BVerfG AfP 2015, S. 540 ff.). Der Begriff der **staatlichen Stellen** ist weit zu verstehen und umfasst auch die öffentlichrechtlichen Körperschaften wie Universitäten oder Rundfunkanstalten (mit Ausnahme des Bereichs, in dem sie selbst grundrechtsberechtigt sind).

Aus diesem Grund sind vor allem die Kirchen und öffentlichen Religionsgemein- **89** schaften nicht zur Auskunft verpflichtet, soweit interne, von der Glaubensfreiheit des Art. 4 Abs. 1 GG gedeckte Fragen betroffen sind. Etwas Anderes gilt hinsichtlich der staatlichen Aufgabenerfüllung, beispielsweise für die organisatorische Seite von kirchlichem Religionsunterricht an öffentlichen Schulen oder die Erhebung von Kirchensteuern.

Zu den auskunftpflichtigen Behörden werden kommunale Krankenhäuser **90** und Theater selbst dann gerechnet, wenn sie in privater Rechtsform betrieben werden. Insoweit gilt der Grundsatz: Keine Flucht ins Privatrecht! – Nicht zur

Auskunftserteilung verpflichtet sind hingegen Private. Daher kann eine Firma ihr missliebige Journalisten von Informationen (beispielsweise einer Werksführung, einer Pressekonferenz) ausschließen, die sie anderen zugänglich macht. Demgegenüber darf eine Behörde nicht einzelne Journalisten gleichheitswidrig bevorzugen oder benachteiligen. Vor allem darf die Behörde Journalisten nicht aufgrund politischen Wohlverhaltens bevorzugen oder im umgekehrten Fall durch Verweigerung von Information, die anderen Journalisten erteilt wurden, maßregeln. Übersteigt die Zahl der Interessenten die Kapazitätsgrenzen und können diese nicht erhöht werden, so muss der Zugang unter Beachtung des Gleichheitssatzes vergeben werden. In Kritik geraten ist beispielsweise der Ausschluss von Journalisten von Kanzlerreisen im Kanzlerjet. Ist eine Auswahl der Mitreisenden aus sachlichen Gründen gerechtfertigt (Bezug zum Thema, Einhaltung der Anmeldefrist, Verlosung etc.), so wäre eine Auswahl aus Gründen des politischen Wohlverhaltens unzulässig. Gleichheitskonform hat auch die Vergabe von Plätzen für Pressevertreter bei spektakulären Prozessen zu erfolgen (BVerfG NJW 2013, S. 1293 »NSU-Prozess«).

91 Der Auskunftsanspruch kann von jedem Presseangehörigen geltend gemacht werden. Umgekehrt können sich **nur Pressemitarbeiter** auf diesen Anspruch berufen. Andernfalls wäre es jedem möglich, sich mit Hilfe des Informationsanspruchs für private Zwecke Informationen von Behörden zu beschaffen. Da es nicht immer leicht festzustellen ist, ob es sich um einen Presseangehörigen handelt, (wie z.b. bei einem »freien Mitarbeiter«), können sich Behörden ein Legitimationsschreiben des jeweiligen Presseunternehmens von dem um Auskunft ersuchenden Presseangehörigen vorlegen lassen.

92 Der Auskunftsanspruch bezieht sich dem Wortlaut der Norm zufolge umfassend auf alle Auskünfte, die der Erfüllung der öffentlichen Aufgabe der Presse dienen. Auskunft erteilt werden muss daher über alle Angelegenheiten, hinsichtlich derer die Allgemeinheit ein Informationsinteresse hat. Der Erfüllung der öffentlichen Aufgabe der Presse können aber auch Auskünfte dienen, die für die Pressearbeit selbst von Relevanz sind.

93 Die Auskunft muss wahrheitsgemäß sein, und sie muss grundsätzlich vollständig erteilt werden. Die Auskunftserteilung darf nicht auf indirekte Weise erschwert oder unmöglich gemacht werden, indem beispielsweise Kosten für die Auskunftserteilung erhoben werden (ausgenommen sind Kopierkosten) oder indem auf die urlaubsbedingte Abwesenheit des zuständigen Behördenmitarbeiters verwiesen wird.

94 Ein Akteneinsichtsrecht lässt sich aus dem Auskunftserteilungsanspruch nicht ableiten. In Ausnahmefällen kann die Übermittlung bestimmter Unterlagen abgeleitet werden, wie z.B. die Überlassung von Gerichtsurteilen, wobei jedoch nur die Aushändigung einer anonymisierten Abschrift verlangt werden kann, die eine Identifikation der Prozessbeteiligten ausschließt.

Dem Auskunftsrecht der Presse entspricht keine eigenständige Informationspflicht der Behörden. Öffentliche Stellen sind nicht dazu verpflichtet, von sich aus die Presse zu informieren. Werden Auskünfte durch die Behörde erteilt, so ist hierbei wiederum der Gleichheitsgrundsatz zu beachten, der insoweit als **Gleichbegünstigungsanspruch** interpretiert wird. Hieraus folgt u.a., dass amtliche Bekanntmachungen den Medien zeitgleich zugehen müssen, damit nicht einzelne Wettbewerber durch einen Informationsvorsprung begünstigt werden.

Der Auskunftsanspruch wird durch **Auskunftsverweigerungsgründe**   **96** eingeschränkt. Sie werden in der einschlägigen Norm des jeweiligen Pressegesetzes aufgeführt. Zu unterscheiden sind unterschiedliche Arten von Auskunftsverweigerungsgründen, wie sich aus der Formulierung der Gesetze ergibt. »Können« Auskünfte unter bestimmten Voraussetzungen verweigert werden, unterliegt die Berufung auf die dort aufgeführten Auskunftsverweigerungsgründe dem Ermessen der Behörde. Es muss dann die Behörde im Einzelfall abwägen, ob die Auskunft verweigert wird. Verlangt das Gesetz (ausnahmsweise), dass Auskünfte unter bestimmten Voraussetzungen zu verweigern »sind«, so ist dieser Formulierung des Gesetzes zu entnehmen, dass der Behörde kein Ermessen eingeräumt worden ist, so dass sie die Auskunft in jedem Fall verweigern muss.

Einer Ermessensentscheidung der Behörde unterliegen Auskünfte über   **97** ein **schwebendes Verfahren**, soweit hierdurch das Verfahren erschwert, verzögert oder gefährdet werden könnte. Erfasst sind zweitens Auskünfte, die über **persönliche Angelegenheiten** Einzelner verlangt werden, an deren Bekanntgabe jedoch kein berechtigtes Interesse der Öffentlichkeit besteht. Drittens können Auskünfte verweigert werden, wenn die **Gefahr** besteht, dass im öffentlichen Interesse liegende **Maßnahmen** bei einer vorzeitigen öffentlichen Erörterung **vereitelt** werden. In allen diesen Fällen hat die Behörde zwischen dem Informationsanspruch der Presse und den jeweils entgegenstehenden Interessen eine Güterabwägung vorzunehmen. In einigen Bundesländern ist die »Zumutbarkeit« ausdrücklich gesetzlich verankert.

Weitere Auskunftsverweigerungsgründe können sich aus den Vor-   **98** schriften über die **Geheimhaltung** und den **Datenschutz** ergeben. Gesetzliche Geheimhaltungsvorschriften sind vor allem im Strafgesetzbuch normiert. Soweit ein Gesetz in solchen Fällen zwingende Auskunftsverweigerungsgründe vorsieht, kann dies zu einer Ermessensreduzierung auf Null führen.

99 Zu nennen ist die Strafbarkeit der Offenbarung von **Staatsgeheimnissen** (§ 95 StGB). Staatsgeheimnisse sind Tatsachen, Gegenstände oder Erkenntnisse, die nur einem begrenzten Personenkreis zugänglich sind und vor einer fremden Macht geheim gehalten werden müssen, um die Gefahr eines schweren Nachteils für die äußere Sicherheit der Bundesrepublik Deutschland abzuwenden (§ 93 Abs. 1 StGB). Strafbar ist aber auch die Verletzung des **Wahlgeheimnisses** (§ 107c StGB). Danach macht sich strafbar, wer einer dem Schutz des Wahlgeheimnisses dienenden Vorschrift in der Absicht zuwider handelt, sich oder einem anderen Kenntnis davon zu verschaffen, wie jemand gewählt hat.

100 Verweigert eine Behörde die Erteilung einer Auskunft, obwohl ein Auskunftserteilungsanspruch besteht, so hat der betroffene Presseangehörige die Möglichkeit, das zuständige Verwaltungsgericht anzurufen und sie mittels verwaltungsgerichtlicher allgemeiner Leistungsklage **zur Auskunfterteilung verurteilen** zu lassen. Da Auskünfte häufig sehr schnell veralten, wird die Verurteilung für die Presse häufig zu spät kommen. Bei eiligen Auskunftsverlangen bietet sich daher die Möglichkeit des einstweiligen Rechtsschutzes gem. § 123 VwGO an. Da das Gericht nicht von sich aus eine einstweilige Anordnung trifft, muss die Presse einen entsprechenden Antrag stellen. Eine einstweilige Anordnung ist allerdings grundsätzlich nur zulässig, wenn durch sie die Hauptsache noch nicht vorweggenommen wird. Das ist bei einer Auskunftserteilung jedoch gerade der Fall. Mit der Auskunftserteilung ist der Anspruch erfüllt, die Hauptsache erledigt. Von diesem Grundsatz ist bei der Auskunftserteilung je nach Lage des Einzelfalls eine Ausnahme zu machen, wenn die verspätete Auskunftserteilung einer Auskunftsverweigerung gleichkäme (zur fallmäßigen Bearbeitung des Auskunftsanspruchs → F 9).

2. Beschlagnahmeverbot

101 Das Zeugnisverweigerungsrecht der Presseangehörigen allein ist zur Wahrung des Redaktionsgeheimnisses nicht ausreichend. Eine Zeugenvernehmung des Journalisten über seinen Informanten könnte sich erübrigen, wenn Polizei oder Staatsanwaltschaft aus den Unterlagen des Pressemitarbeiters Hinweise auf den Informanten und den Inhalt seiner Angaben entnehmen könnten. Dem Zeugnisverweigerungsrecht entspricht daher ein strafprozessuales Beschlagnahmeverbot. Dieses ist in der Strafprozessordnung an zwei Stellen näher ausgestaltet, je nachdem, ob die Beschlagnahme zur Beweissicherung angeordnet werden soll oder im Hinblick auf einen möglicherweise in einem späteren Strafverfahren angeordneten Verfall oder eine Einziehung. In jedem Fall dürfen Beschlagnahmen bei Medien nur durch den Richter angeordnet werden (§ 98 Abs. 1 Satz 2 StPO → T 15).

§ 97 Abs. 5 StPO besagt, dass – soweit das Zeugnisverweigerungsrecht der Presse-angehörigen reicht – »die Beschlagnahme von Schriftstücken, Ton-, Bild- und Datenträgern, Abbildungen und anderen Darstellungen, die sich im Gewahrsam dieser Personen oder der Redaktion, des Verlages, der Druckerei oder der Rund-funkanstalt befinden«, unzulässig ist. Da diese Norm zum Schutz des Redaktions-geheimnisses geschaffen wurde, sind nur solche Gegenstände vor der Beschlag-nahme geschützt, die dem Journalisten vertraulich zugänglich gemacht oder auf-grund einer vertraulichen Mitteilung entstanden sind. **102**

Die Beschlagnahme von Druckwerken ist in § 111m StPO gesondert geregelt. **103**
Demzufolge darf die Beschlagnahme eines Druckwerks nicht angeordnet werden, wenn ihre nachteiligen Folgen, insbesondere die Gefährdung des öffentlichen Interesses an unverzögerter Verbreitung offenbar außer Verhältnis zur Bedeutung der Sache stehen.

Einen weiteren Schutz der Presse gegenüber Beschlagnahme schafft die Vor-schrift des § 111n Abs. 1 StPO. Die Beschlagnahme eines periodischen Druck-werks (oder eines ihm gleichstehenden Gegenstands im Sinne des § 74d StGB) darf **nur durch den Richter angeordnet** werden. (Teilweise wird das in den Landespressegesetzen aufgenommen, z.B. § 13 bwPresseG.) Eine einfachere Form der Beschlagnahme gilt nur für andere Druckwerke, die bei Gefahr im Verzug auch durch die Staatsanwaltschaft angeordnet werden kann. Jedoch tritt in diesem Fall die Anordnung der Staatsanwaltschaft außer Kraft, wenn sie nicht binnen drei Tagen vom Richter bestätigt wird. Zudem wird sie aufgehoben, wenn nicht bin-nen zweier Monate die öffentliche Klage erhoben oder die selbständige Einzie-hung beantragt ist.

Fall: Ein Pressemitarbeiter hat selbst Fotos von Ausschreitungen aufgenom-men, zu denen es im Anschluss an ein Fußballspiel gekommen ist. Da bei den Krawallen ein Polizist verletzt worden ist, möchte die Staatsanwaltschaft Beweis-stücke sicherstellen, die zu einer Verurteilung des oder der Täter führen könnten. **104**

Zur Lösung: In diesem Fall greift das presserechtliche Beschlagnahmeverbot nicht ein. Doch ist auch in solchen Fällen zu beachten, ob die Beschlagnahme der Fotos der Verhältnismäßigkeit entspricht. Innerhalb der Verhältnismäßigkeitsprü-fung ist besonders auf die Schwere der Straftat abzustellen.

Vom Beschlagnahmeverbot gibt es wichtige **Ausnahmen**. Eine Einschränkung **105** des Beschlagnahmeverbots ist vorgesehen, wenn der Presseangehörige einer Teil-nahme oder einer Begünstigung, Strafvereitelung oder Hehlerei verdächtig ist oder wenn es sich um Gegenstände handelt, die durch eine Straftat hervorgebracht oder zur Begehung einer Straftat gebraucht oder bestimmt sind, oder die aus einer Straftat herrühren (§ 97 Abs. 5 Satz 2 StPO, der auf Abs. 2 Satz 3 verweist).

106   Pressebeschlagnahme

Pressegesetze	§§ 94 Abs. 2, 97 Abs. 1 i.V.m. Abs. 2 StPO	§§ 111b, 111c, 111m, 111n StPO	Polizei
Verbreitungs- und Wiederabdruckverbot (»Verhaftung des Gedankens«) (nicht in allen Bundesländern)	Beweissicherung »verfahrenssichernde« Beschlagnahme	Beschlagnahme zur Sicherstellung, die der Vorbereitung des Verfalls oder der Einziehung dient »vollstreckungssichernde« Beschlagnahme	keine Beschlagnahme durch die Polizei »Polizeifestigkeit« des Presserechts

3. Schutz gegen Durchsuchungen

107 Der Schutz des Redaktionsgeheimnisses ist auch bei Durchsuchungen zu beachten (§ 97 Abs. 5 StPO analog). Es kann zur Unanwendbarkeit der gesetzlichen Durchsuchungsvorschriften führen, wenn andere Möglichkeiten zur Klärung eines Straftatbestands offen stehen (BVerfGE 20, S. 162, 198 »Spiegel« → E 46). Durchsuchungen sind allerdings verfassungsrechtlich unzulässig, wenn sie ausschließlich oder überwiegend dem Zweck dienen, die Person des Informanten zu ermitteln (BVerfG NJW 2007, S. 1117 »Cicero« → E 91). Eine Durchsuchung ist im Übrigen nur bei Anordnung durch den Richter zulässig (§§ 105, 98 Abs. 1 Satz 2 StPO analog, Art. 13 Abs. 2 GG).

4. Strafrechtliche Regelung der Einziehung

108 Schriften mit strafbarem Inhalt können nur unter den gesetzlich festgelegten Voraussetzungen eingezogen und gegebenenfalls unbrauchbar gemacht werden.

109 Strafbar ist zum einen die Verbreitung pornographischer Schriften (§§ 184 ff. StGB), zum anderen die gewaltverherrlichender und zum Rassenhass aufstachelnder Schriften gem. § 131 StGB. Die Einziehung von Schriften mit strafbarem Inhalt und ihre Unbrauchbarmachung ist in § 74d StGB geregelt. Schriften, die einen solchen Inhalt haben, dass jede vorsätzliche Verbreitung in Kenntnis ihres Inhalts den Tatbestand eines Strafgesetzes verwirklichen würde, werden danach eingezogen, wenn mindestens ein Stück durch eine rechtswidrige Tat verbreitet oder zur Verbreitung bestimmt worden ist. § 11 Abs. 3 StGB stellt den Schriften Ton- und Bildträger und andere Darstellungen gleich. Mit der Einziehung wird zugleich angeordnet, dass die zur Herstellung der Schriften gebrauchten oder bestimmten Vorrichtungen wie Platten, Formen, Drucksätze, Druckstöcke, Negative oder Matrizen unbrauchbar gemacht werden. Allerdings erstreckt sich gem.

Abs. 2 die Einziehung nur auf die Stücke, die sich im Besitz der bei ihrer Verbreitung oder deren Vorbereitung mitwirkenden Personen befinden oder öffentlich ausgelegt oder beim Verbreiten durch Versenden noch nicht dem Empfänger ausgehändigt worden sind. Mit der Einziehung geht das Eigentum an der Sache auf den Staat über (§ 74e StGB).

Da es sich bei der Einziehung um einen sehr starken Eingriff in die Rechte des **110** Betroffenen handelt, ist dem Grundsatz der Verhältnismäßigkeit in diesen Fällen besonders Rechnung zu tragen.

5. Zugang zu öffentlichen Versammlungen

Ein weiteres bundeseinheitlich geregeltes Recht der Presse ist das Zugangs- **111** recht zu öffentlichen Versammlungen gem. § 6 Abs. 2 VersG. Die §§ 5 ff. VersG regeln Versammlungen, die von Privatrechtssubjekten organisiert und in geschlossenen Räumen durchgeführt werden. Bei diesen Versammlungen können Pressevertreter nicht ausgeschlossen werden. Hierdurch wird gewährleistet, dass die Allgemeinheit auch über solche Veranstaltungen informiert wird und zwar selbst dann, wenn die Veranstalter Vertreter der Presse ausschließen möchten. Die Norm ist indessen nicht anwendbar, wenn es sich nicht um eine öffentliche Versammlung handelt, sondern um eine »geschlossene Gesellschaft«.

VII. Presserechtliche Pflichten

1. Journalistische Sorgfaltspflicht

Die Landespressegesetze normieren eine Sorgfaltspflicht der Presse, die **112** darauf zielt, eine wahrheitsgemäße Berichterstattung sicherzustellen. Verfassungsrechtlich ist durch die Pressefreiheit nur die wahrheitsgemäße Berichterstattung geschützt. Es besteht kein Anspruch, bewusst falsche Behauptungen verbreiten und falsche Nachrichten leichtfertig weitergeben zu dürfen. Wenn die Presse von ihrem Recht, die Öffentlichkeit zu unterrichten, Gebrauch macht, ist sie zur wahrheitsgemäßen Berichterstattung verpflichtet. Dies ist schon um des Ehrenschutzes des Betroffenen willen erforderlich. Zudem kann sich die öffentliche Meinung nur dann richtig bilden, wenn die Leser – im Rahmen des Möglichen – zutreffend unterrichtet werden. Die Presse ist daher wegen ihrer Aufgabe bei der öffentlichen Meinungsbildung gehalten, Nachrichten und Behauptungen, die sie weitergibt, auf ihren Wahrheitsgehalt hin zu überprüfen. Es ist jedenfalls unzulässig, leichtfertig unwahre Nachrichten weiterzugeben. Erst recht darf die Wahrheit nicht bewusst entstellt werden. Dies geschieht auch dann, wenn die Presse wesentliche Sachverhalte, die ihr bekannt sind, der Öffentlichkeit unterschlägt (BVerfGE 12, S. 113, 130).

113   Die Landespressegesetze konkretisieren diese »**Sorgfaltspflicht der Presse**«. Um Falschmeldungen möglichst zu vermeiden, hat die Presse alle Nachrichten vor ihrer Verbreitung mit der äußersten, nach den Umständen gebotenen Sorgfalt auf Inhalt, Herkunft und sachliche Richtigkeit zu prüfen. Sie ist verpflichtet, Druckwerke von strafbarem Inhalt freizuhalten (§ 5 PresseG → T 19).

114   Die »Wahrheitspflicht« der Presse ist allerdings **nicht einklagbar**. Vor allem hat die Allgemeinheit **keinen Anspruch auf wahrheitsgemäße Berichterstattung**, der durch eine entsprechende Schutznorm sichergestellt wäre. Das ist nicht zuletzt angesichts der Manipulierbarkeit besonders von Fotos durch digitale Bildbearbeitung nicht unbedenklich. Wenn es auch nicht immer leicht sein dürfte, die Grenze zu ziehen von einer Bearbeitung der Bildinhalte zu einer Manipulation in der Absicht, die Allgemeinheit in die Irre zu führen, so erscheint ein Tätigwerden des Gesetzgebers gegenüber tendenziösen Auswüchsen geboten. Fotos genießen in den Augen der meisten Betrachter besondere Glaubwürdigkeit. Daher kann ihre Verfälschung die öffentliche Meinungsbildung in starkem Maße beeinflussen.

115   Bedenklich kann ein Kampagnen-Journalismus sein, der sich nicht mit der Darstellung von Mängeln begnügt, sondern aktiv gestaltend einzugreifen versucht, insbes. wenn es hierbei in erster Linie um Sensationsmache geht. Ein Beispiel wäre die Bezahlung eines externen Gutachtens über den Gesundheitszustand eines Sexualstraftäters, wenn dessen Freilassung aus einem psychiatrischen Landeskrankenhaus durch den Druck der Medienöffentlichkeit erreicht werden soll, obwohl entgegenstehende Gutachten von der fortbestehenden Gefährlichkeit des Patienten ausgehen.

116   Eine unwahre Berichterstattung kann allerdings aus anderen Rechtsvorschriften nachteilige Folgen für die Presse nach sich ziehen, beispielsweise aufgrund der Schadensersatz- und Geldentschädigungsansprüche des Bürgerlichen Rechts. Auf den Rechtfertigungsgrund der Wahrnehmung berechtigter Interessen, der über § 193 StGB hinaus auch im Zivilrecht Anwendung findet, kann sich ein Journalist immer nur dann berufen, wenn er die journalistische Sorgfaltspflicht beachtet hat. Dies ist beispielsweise dann der Fall, wenn ein Name im Zusammenhang mit einer Straftat genannt wird, der zuvor in einer Pressekonferenz von der Polizei mitgeteilt worden ist.

117   Bei der Bestimmung der von der Presse einzuhaltenden Sorgfalt ist zu berücksichtigen, dass die Presse oftmals, um aktuell zu sein, unter Zeitdruck arbeiten muss. An die Sorgfalt sind umso höhere Anforderungen zu stellen, je eher und je intensiver durch die Presseveröffentlichung Persönlichkeitsrechte verletzt werden können.

Verbleiben erhebliche Zweifel am Wahrheitsgehalt einer Meldung, die **118** Persönlichkeitsrechte betrifft, so muss die Presse auf deren Veröffentlichung so lange verzichten, bis Beweise vorliegen, die für die Wahrheit der Information sprechen, etwa durch eigene Recherchen. Allerdings kann nicht verlangt werden, dass die Presse nur solche persönlichkeitsrelevanten Informationen weitergibt, deren Wahrheitsgehalt feststeht. Sonst könnte sie ihre verfassungsrechtlich gewährleistete Aufgabe der öffentlichen Meinungsbildung nicht erfüllen. Sie muss jedoch einen **Mindestbestand an Beweistatsachen** vorlegen können, die für den Wahrheitsgehalt der Information sprechen. So reicht jedenfalls ein anonymer Anruf nicht aus. Ebenfalls ist es nicht ausreichend, wenn ein Journalist sich von Behauptungen distanziert, indem er sich auf ein Gerücht oder auf Informationen vom Hörensagen beruft. Ein Journalist ist für fremde Inhalte, von denen er sich nicht hinreichend distanziert, nach den Grundsätzen der **Verbreiterhaftung** verantwortlich. Davon sind vor allem Persönlichkeitsrechtsverletzungen zivilrechtlicher und strafrechtlicher Natur erfasst. Rechtsrundlage ist die Störerhaftung bzw. richterliche Rechtsfortbildung. Die journalistische Sorgfaltspflicht verlangt zudem, dem von einer nachteiligen Veröffentlichung Betroffenen **Gelegenheit zur Stellungnahme** zu geben. Für die Abgabe der Stellungnahme muss dem Betroffenen hinreichend Zeit eingeräumt werden und die Stellungnahme muss im Beitrag auch angemessen berücksichtigt werden. Einen Verstoß gegen diese elementare Pflicht verhindert, dass sich der Journalist zu seiner straf- und zivilrechtlichen Rechtfertigung auf die **Wahrnehmung berechtigter Interessen** berufen kann (§ 193 StGB, je nach Rechtsgebiet in direkter oder analoger Anwendung).

2. Impressumspflicht

Die Impressumspflicht ist in den Landespressegesetzen normiert (vgl. § 7 **119** PresseG → T 19 mit Hinweis auf die Normen in den einzelnen Landespressegesetzen). Sinn des Impressums, das jedes Druckwerk enthalten muss, ist es, Klarheit über den oder die für seinen Inhalt Verantwortlichen zu haben. Gem. der jeweils einschlägigen Norm müssen auf jedem im Geltungsbereich des Gesetzes erscheinenden Druckwerk Name oder Firma und Anschrift der Druckerei und des Verlegers genannt sein, bei Erscheinen im Selbstverlag Name und Anschrift des Verfassers oder des Herausgebers sowie die Eigentumsverhältnisse des Verlags. Auf den periodischen Druckwerken sind ferner Name und Anschrift des verantwortlichen Redakteurs anzugeben.

120   Sollte ursprünglich durch die Impressumspflicht vor allem die Anonymität von Schriftwerken ausgeschlossen werden, um gegebenenfalls mit
polizeilichen Mitteln gegen die Herausgeber vorgehen zu können, dient
die Impressumspflicht heute in erster Linie dazu, den in ihrer Persönlichkeit Beeinträchtigten die Möglichkeit zu geben, ihre Rechte gegenüber
der Presse wahrzunehmen. Dessen ungeachtet ist aber auch heute noch die
strafrechtliche Verfolgung, Beschlagnahme und Einziehung von Druckwerken mit strafbarem Inhalt möglich (→ *6* Rdnr. 116, *8* Rdnr. 101 ff.).

3. Pflicht zur Offenlegung

121   Durch die Pflicht zur Offenlegung soll nach außen hin kenntlich gemacht
werden, wer an einem Presseunternehmen wirtschaftlich beteiligt ist.
Dadurch soll die Informationsfreiheit der Bürger geschützt werden. Ein
Verstoß gegen die Offenlegungspflicht zieht eine Ordnungswidrigkeit
nach sich (§§ 11, 15 PresseG → T 19).

4. Qualifikation des verantwortlichen Redakteurs

122   Die Pressegesetze normieren bestimmte Voraussetzungen für die Tätigkeit
als verantwortlicher Redakteur (§ 8 PresseG → T 19). Hierzu zählt insbesondere der ständige Aufenthalt innerhalb des Geltungsbereichs des
Grundgesetzes, die Fähigkeit, ein öffentliches Amt zu bekleiden, die unbeschränkte Geschäftsfähigkeit und die Möglichkeit zur unbeschränkten
strafgerichtlichen Verfolgung. Aus diesem Grund sind Abgeordnete des
Bundestags und der Landtage ausgeschlossen. Während einer Wahlperiode
gilt für sie die Immunität, d.h. sie können ohne die Billigung des Parlaments nicht verfolgt werden (Art. 46 GG bzw. LVerf).

5. Kennzeichnung entgeltlicher Veröffentlichungen

123   Entgeltliche Veröffentlichungen müssen als Anzeige gekennzeichnet werden (§ 9 PresseG → T 19). Hierdurch soll vermieden werden, dass mit
finanziellem Druck die Aufnahme einer Veröffentlichung im redaktionellen Teil eines periodischen Druckwerks erreicht und so eine größere
Wirksamkeit erzielt wird, denn der redaktionelle Teil erscheint den Lesern als objektiv und unabhängig.

124   Anzeigen und sonstige entgeltliche Veröffentlichungen sind klar voneinander zu trennen. Der **Grundsatz der Trennung von Werbung und redaktionellem Teil (Trennungsgebot)**, der auch für andere Medien gilt,
soll verhindern, dass der Leser Werbung nicht als solche erkennt, sondern
sie dem Autor des Artikels zurechnet und ihr damit erhöhte Glaubwürdig-

keit einräumt. Es handelt sich somit um eine Form des Verbraucherschutzes. Zugleich soll die Neutralität der Berichterstattung gewährleistet werden.

Der Begriff des Entgelts ist weit zu verstehen, auch die Verschaffung **125** von Anzeigenaufträgen ist hierzu zu rechnen. Redaktionell gestaltete Anzeigen sind irreführend und unlauter. Bleibt der Werbecharakter dem Durchschnittsleser verborgen, so handelt es sich um eine unzulässige Schleichwerbung, die § 4 Nr. 3 UWG unterfällt.

6. Ablieferung von Pflichtexemplaren

Der Pflicht zur Ablieferung von Pflichtexemplaren (➜ *3* Rdnr. 142 f.) **126** unterliegen auch Zeitungsverleger. Zu beachten ist zum einen die Ablieferungspflicht aus dem Landespressegesetz (§ 12 PresseG) und zum anderen die nach dem Gesetz über die Deutsche Nationalbibliothek (§ 14 DNBG ➜ T 27a).

Literatur

Lehrbücher
Reinhart Ricker / Johannes Weberling: Handbuch des Presserechts, 6. Aufl. 2012
Frank Fechner / Axel Wössner: Journalistenrecht, 3. Aufl. 2015
Egbert Wenzel: Das Recht der Wort- und Bildberichterstattung. Handbuch des Äußerungsrechts, 6. Aufl. 2019

Textsammlungen
Frank Fechner / Johannes C. Mayer (Hrsg.): Medienrecht. Vorschriftensammlung, 15. Aufl. 2019 (mit Musterpressegesetz ➜ T 19)

Kommentar
Martin Löffler: Presserecht. Kommentar zu den Landespressegesetzen, 6. Aufl. 2015

Sonstige Literatur
Matthias Dittmayer: Wahrheitspflicht der Presse, 2013
Endress Wanckel: Foto- und Bildrecht, 5. Aufl. 2017
Jonas Kahl: Elektronische Presse und Bürgerjournalismus, 2013
Frank Fechner / Heike Krischok / Cordula Pelz: Auskunftsanspruch der Medien gegenüber Bundesbehörden, AfP 2014, S. 213 ff.
Ina Bruns: Löschungs- und Berichtigungsansprüche bei Online-Pressearchiven, 2015
Rudolf Gerhardt / Erich Steffen: Kleiner Knigge des Presserechts: 4. Aufl. 2015

Christian von Coelln: Auskunftsansprüche der Medien gegenüber Bundesbehörden, in: FS Hufen 2015, S. 423 ff.

Lucas Brost u.a.: Einholung und Berücksichtigung der Stellungnahme bei der Verdachtsberichterstattung, AfP 2018, S. 287 ff.

Benjamin Korte: Praxis des Presserechts, 2. Aufl. 2019

Jörg Soehring / Verena Hoene: Presserecht, Recherche, Darstellung, Haftung im Recht der Presse, des Rundfunks und der neuen Medien, 6. Aufl. 2019

Sebastian Müller-Franken: Die Verfassungsgarantie der Freiheit der Presse und presseähnliche Betätigungen von Gemeinden, AfP 2019, S. 103 ff.

9. Kapitel: Buch

I. Geschichte

Das Buch gehört zu den ältesten Medien der Menschheit. Vorformen waren die Papyri Altägyptens. Bereits früh lassen sich Methoden der Massenherstellung nachweisen. In Rom gab es Anfänge gewerbsmäßiger Vervielfältigungen, indem bis zu hundert Sklaven ein vorgetragenes Werk mitschrieben. Im Mittelalter waren es vor allem die Mönche, die Bücher von Hand kopierten. Eine Revolution stellte demgegenüber die Einführung des Buchdrucks mit beweglichen Lettern in Europa durch Johannes Gutenberg (Johannes Gensfleisch) um 1450 dar. Durch den Einsatz von aus Blei gegossenen Einzelbuchstaben wurden Vervielfältigungen in beliebiger Auflagenhöhe möglich. Damit konnte ein Massenpublikum erreicht werden und es waren die Fehler des individuellen Kopierens ausgeschlossen. Die Möglichkeit, Werke einer größeren Zahl von Lesern zugänglich zu machen, hatte auch gesellschaftliche Änderungen zur Folge, konnte doch das Volk nun an Bildungsgütern teilhaben, die zuvor nur privilegierten Gesellschaftskreisen zugänglich gewesen waren. Die Massenvervielfältigung machte indessen auch rechtliche Regelungen erforderlich. So hatte sich bald nach der Erfindung des Buchdrucks ein Nachdruckerwesen etabliert, das die Interessen der Autoren an einer Honorierung ihrer geistigen Arbeit missachteten. Es dauerte lange, bis Schutzvorschriften zugunsten der Urheber erlassen wurden. Zunächst waren es lediglich die Drucker, deren Investitionen durch Privilegien vor dem Nachdruck geschützt waren. Die Autoren selbst profitierten von diesem Privilegienwesen nur indirekt. Teilweise wurden Bücher mit hoheitlicher Unterstützung nachgedruckt und Büchermessen für den Handel mit Nachdrucken abgehalten. Der Büchernachdruck wurde mit dem Argument gerechtfertigt, er verbillige die Bücher, er diene somit der Bildung und er verhindere den Abfluss von Geld ins Ausland zum Ankauf der Originale. **1**

Die Überwachung des Inhalts der gedruckten Bücher war im absolutistischen und obrigkeitlichen Staat von kaum geringerer Bedeutung als die **2** der Presse. Im nationalsozialistischen Staat unterlagen die Bücher daher genauer Kontrolle. Eine unauffällige und doch perfide Methode der Einflussnahme auf die Veröffentlichung von Büchern stellte die Rationierung von Papier dar. Im NS-Staat wurde Verlagen nur bei Linientreue das zum Druck erforderliche Papier zur Verfügung gestellt.

II. Verfassungsrechtliche Lage

3   Zu erinnern ist an den weiten Begriff der Presse in Art. 5 Abs. 1 GG, der sich nicht nur auf die periodische Presse, sondern auch auf Bücher bezieht. Die Niederschrift und die Herstellung von Büchern ist daher vom Schutz der Pressefreiheit des Art. 5 Abs. 1 GG umfasst. Insoweit ist auf das Presserecht zu verweisen (→ *8* Rdnr. 17 ff.).

4   Indem die Publikation von Büchern an der Pressefreiheit Anteil hat, kommen auch die für diese geltenden Schranken zur Anwendung. Ein Beispiel ist der Jugendschutz.

5   Fall: Ein Roman enthält nationalsozialistisches Gedankengut, das für eine Indizierung der Schrift spricht. Wie hat die Bundesprüfstelle zu entscheiden? – Die Entscheidung hängt davon ab, ob der Roman der Kunst zugerechnet werden kann. Handelt es sich um eine Schrift, die der Kunst oder Wissenschaft, der Forschung oder der Lehre dient, so ist § 18 Abs. 3 Nr. 2 JuSchG zu beachten, demzufolge eine solche Schrift nicht in die Liste aufgenommen werden darf. Etwas Anderes gilt gem. § 15 Abs. 2 JuSchG nur dann, wenn es sich um eine schwer jugendgefährdende Schrift handelt. Liegt eine »schlicht« jugendgefährdende Schrift vor, so kommt dem Kunstschutz grundsätzlich Vorrang vor dem Jugendschutz zu. Lediglich Schriften, die schwer jugendgefährdend sind, können unabhängig von ihrem etwaigen Kunstwert in die Liste der jugendgefährdenden Schriften nach § 18 Abs. 1 JuSchG aufgenommen werden. Sowohl bei der Beurteilung der Schrift als jugendgefährdend als auch bei der Entscheidung über ihren Kunstcharakter kommt der Bundesprüfstelle ein Entscheidungsspielraum zu. Gerichtlich überprüfbar ist jedoch, ob die Behörde von einem zutreffenden Inhalt der Schrift ausgegangen ist oder ob sie willkürlich entschieden hat (BVerwGE 77, S. 75, 82 ff. → F 12).

III. Spezialfragen bei Büchern

6   Die Vorschriften der Landespressegesetze sind auch bei Büchern anwendbar, soweit nicht die Vorschriften ausdrücklich nur für »periodische Druckwerke« gelten. Zu beachten sind daher die Impressumspflicht wie auch das Pflichtexemplarrecht. Letzteres greift auch bei Netzpublikationen (§ 16 DNBG → T 27a).

Im Folgenden sollen einige über den Bereich der periodischen Presse hinausgehende Sonderfragen bei Büchern untersucht werden. An erster Stelle ist das Verlagsrecht zu erwähnen.

1. Verlagsrecht

Zur Entstehung eines Buchs müssen regelmäßig Autor und Verleger zu- **7** sammenwirken (anschaulich beschrieben bei Delp). Der Autor stellt seine Ideen oder seine Arbeit zur Verfügung, die sich in einem Manuskript konkretisiert haben und der Verleger führt die technische Seite der Buchgestaltung und des Buchdrucks durch und übernimmt das finanzielle Risiko. Hierbei ergeben sich zahlreiche Einzelfragen, die regelmäßig in einem Verlagsvertrag geregelt werden. Häufig jedoch denken die Parteien nicht daran, dass es später über einen bestimmten Punkt zu Meinungsverschiedenheiten kommen kann. Das Verlagsrecht sieht ergänzende Vorschriften zur Lösung solcher Meinungsverschiedenheiten vor.

Das Verlagsrecht regelt die Beziehungen zwischen dem Autor und dem **8** Verleger. Es ist im **Verlagsgesetz** (VerlG → T 26) von 1901 geregelt. Das Verlagsgesetz enthält grundsätzlich dispositives Recht, d.h. es kann in einem zwischen Autor und Verleger abgeschlossenen Vertrag abbedungen werden.

Der Verleger ist heute häufig keine natürliche Person mehr, sondern als **9** juristische Person organisiert, beispielsweise als GmbH & Co. KG oder gar als Aktiengesellschaft (wie viele »Medienkonzerne«). Solche rechtlichen Konstruktionen erlauben es, die Kapitalgeber von der persönlichen Haftung freizustellen, wodurch mehr Kapital für den Verlag aufgebracht werden kann.

2. Verlagsvertrag

Ein Verlagsvertrag ist ein Vertrag, der zwischen dem Autor und dem Ver- **10** leger geschlossen wird. Die sich aus dem Verlagsvertrag ergebenden Rechte und Pflichten der Vertragsparteien sind grundlegend im Verlagsgesetz normiert. Aus dem Verlagsvertrag ergibt sich in erster Linie die Pflicht des Verlegers, das Werk zu vervielfältigen und zu verbreiten. Der Autor ist verpflichtet, dem Verlag das Verlagsrecht an seinem Werk zu verschaffen (§ 1 VerlG). Das **Verlagsrecht** ist das ausschließliche Recht zur Vervielfältigung und Verbreitung des Werks (Legaldefinition des § 8 VerlG). Dieses Recht ist nicht mit dem umfassenderen Urheberrecht identisch, das als solches nicht übertragbar ist, sondern lediglich ein daraus abgeleitetes Nutzungsrecht zur Vervielfältigung des Werks. Weiterhin wirkt das Urheberrecht absolut gegenüber jedermann während der Verlagsvertrag nur zwischen Autor und Verleger wirkt.

11   Das Verlagsrecht wird durch § 14 VerlG auf die zweckentsprechende und übliche Form der Vervielfältigung und Verbreitung beschränkt. Als »üblich« gilt derzeit nur die Vervielfältigung in Papierform. Einspeicherung und Ausgabe in elektronischen Datenbanken ist nicht mehr vom Verlagsrecht gedeckt. Die Edition von Werken in multimedialer Form bedarf daher gesonderter Vereinbarung im Verlagsvertrag.

12   Durch die Übertragung des Verlagsrechts wird der Verlag berechtigt, jeden anderen von der Vervielfältigung und von der Verbreitung des Werks auszuschließen. Der Verfasser verliert mit der Übertragung das Recht, d.h. er darf sein eigenes Werk nicht mehr selber vervielfältigen (§ 2 VerlG). Das vom Autor auf den Verleger übertragene Vervielfältigungs- und Verbreitungsrecht, das vom Gesetz missverständlich als Verlagsrecht bezeichnet wird (§ 8 VerlG) ist ein urheberrechtliches Nutzungsrecht, weshalb es nicht nur zwischen den Vertragsparteien – dem Autor und dem Verleger –, sondern gegenüber jedermann gilt. Es handelt sich um ein sog. **absolutes Recht.** Kann dieses Recht auch nicht in personaler Hinsicht beschränkt werden, so doch in räumlicher Hinsicht. Beispielsweise kann der Autor sich die Publikation in anderen Ländern vorbehalten.

Der Verlagsvertrag

Übertragung des »Verlagsrechts«
= Recht zur Vervielfältigung
und Verbreitung (§ 8 VerlG)

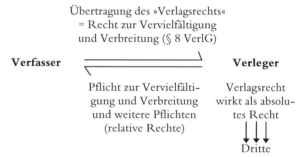

13   Das Verlagsrecht entsteht mit der Ablieferung des Werks an den Verleger und erlischt mit der Beendigung des Vertragsverhältnisses (§ 9 VerlG). Aus der Formulierung des § 9 VerlG ergibt sich, dass der Autor vor Ablieferung des Werks einen weiteren Verlagsvertrag mit einem anderen Verlag abschließen kann. Dazu kann es kommen, wenn der zweite Verlag dem Autor ein höheres Honorar verspricht. Ist der zweite Verlagsvertrag vor der Ablieferung des Werks abgeschlossen worden, so hat auch der zweite Vertrag Gültigkeit. Allerdings hat in diesem Fall der Verleger des ersten Vertrags einen Schadensersatzanspruch gegen den Autor.

Das Verlagsgesetz enthält überwiegend Vorschriften, die dann zur An- **14** wendung kommen, wenn die Vertragsparteien keine ausdrückliche Vereinbarung getroffen haben. Abweichende Vereinbarungen gegenüber dem Verlagsgesetz sind somit regelmäßig zulässig. Man spricht von **dispositivem Recht**.

So kann beispielsweise eine Regelung über zukünftige Auflagen getroffen werden. **15** Enthält der Verlagsvertrag eine solche Vorschrift nicht, so darf der Verleger gem. § 5 Abs. 1 VerlG nur eine Auflage herstellen. In entsprechender Weise regelt diese Vorschrift in Abs. 2 für Zweifelsfälle eine Auflagenhöhe von max. 1.000 Exemplaren.

Lässt sich der Verleger das Recht einräumen, weitere Auflagen herzustellen, so **16** trifft ihn selbst dann keine Pflicht zur Herstellung einer weiteren Auflage, wenn die erste Auflage bereits vergriffen ist (§ 17 VerlG). Weigert sich der Verleger, eine neue Auflage herzustellen, so hat der Autor nach erfolglosem Verstreichen der von ihm gesetzten Frist das Recht, vom Vertrag zurückzutreten. Dieses Recht greift erst, wenn die alte Auflage vergriffen ist. Mit dem Rücktritt endet der Verlagsvertrag und der Autor kann das Verlagsrecht einem anderen Verleger übertragen.

Ist das Manuskript dem Verlag übergeben worden, so hat dieser den Druck des **17** Werks vorzubereiten. In der Praxis erfolgt die Übergabe des Manuskripts heutzutage im Regelfall auf elektronischen Datenträgern bzw. per E-Mail. Der Verlag hat dann das Manuskript noch für den Druck einzurichten. Hierbei ist es üblich, dass der Verlag offensichtliche Fehler, insbesondere Rechtschreibfehler, korrigiert. Unzulässig sind hingegen inhaltliche Änderungen, sofern nicht eine Einwilligung des Autors vorliegt. Dies lässt sich aus dem Urheberpersönlichkeitsrecht des Autors ableiten (§§ 12 ff. UrhG). Vielfach üblich ist auch die Übergabe eines bereits gesetzten Manuskripts (»Desktop-Publishing«). In diesem Falle sind Änderungen durch den Verleger ohne Rücksprache mit dem Autor von vornherein ausgeschlossen.

Entspricht das Manuskript den Vorstellungen des Verlegers nicht, so hat dieser **18** nur die Möglichkeit, vom Vertrag zurückzutreten. Ein **Rücktrittsrecht des Verlegers** besteht gem. § 31 VerlG, wenn das Werk nicht von vertragsgemäßer Beschaffenheit ist.

Einen ersten Abzug des gesetzten Texts hat der Verleger dem Autor zur Kor- **19** rektur zugänglich zu machen. Das Recht des Autors zur Korrektur der Druckfahnen ergibt sich aus § 20 VerlG. Zulässig und in der Praxis häufig sind vertragliche Vereinbarungen, denen zufolge der Autor die Kosten zu tragen hat, die sich aus seinen Änderungen ergeben, wenn diese einen bestimmten Prozentsatz (meist 10%) der Satzkosten übersteigen. Diese Vorschrift ist sinngemäß nicht anzuwenden, wenn die Änderungen des Autors sich aus einer fehlerhaften Bearbeitung des Manuskripts durch den Verlag ergeben (beispielsweise Kosten aufgrund fehlerhafter Trennungen, die auf einem schlechten Trennprogramm des Verlags beruhen).

20   Die **Form der Vervielfältigung** ist ebenfalls durch das Verlagsgesetz vorgeschrieben. Die Vervielfältigung hat in zweckentsprechender und üblicher Weise zu erfolgen (§ 14 VerlG). Danach muss das Werk hinsichtlich der Auswahl des Papiers, der Schriftart und des Einbandes der Art des Buchs gemäß vervielfältigt werden. Technische Mängel wie verdruckte Seiten gehen zu Lasten des Verlegers.

21   Mit der Vervielfältigung hat der Verleger aber noch nicht alle seine Pflichten erfüllt. Neben der Pflicht zur Vervielfältigung trifft den Verleger die **Pflicht zur Verbreitung des Werks**. Auch diese hat gem. § 14 VerlG in zweckentsprechender und üblicher Weise zu erfolgen. Erforderlich ist, dass der Verleger für das Werk Werbung betreibt. Hierzu gehört es auch, Verlagen auf Anfrage in üblichem Umfang Rezensionsexemplare kostenlos zu überlassen.

22   In einem Verlagsvertrag kann ein **Honorar** vereinbart werden. Zwingend ist dies indessen nicht. Grundsätzlich ist der Autor am wirtschaftlichen Erfolg seines Werks zu beteiligen. Das ergibt sich aus den urheberrechtlichen Vorschriften der §§ 15 ff. UrhG.

23   In der Praxis ist das Prozenthonorar häufig, d.h. die Bezahlung eines bestimmten Prozentsatzes des Ladenpreises je verkauftes Exemplar. Denkbar sind aber auch andere Arten von Honoraren, z.B. ein Pauschalhonorar. Bei Zeitschriftenbeiträgen ist das sog. Bogenhonorar üblich, d.h. die Honorierung je nach Umfang des gelieferten Beitrags, unabhängig vom Preis der Zeitschrift und der Auflage. Kompliziert kann es bei mehreren Mitautoren eines Buchs werden.

24   In der Praxis, insbesondere bei wissenschaftlichen Büchern, die keine hohen Gewinne erwarten lassen, wird häufig entweder kein Honorar gewährt oder es wird umgekehrt der Autor zur Zuzahlung zu den Druckkosten oder zu einem – aus dem Verkaufserlös rückzahlbaren – Druckkostenvorschuss verpflichtet. Ist ein Honorar vereinbart, so trifft den Verleger die jährliche Abrechnungspflicht des § 24 VerlG. Zulässig ist es, die Abrechnungspflicht nach Ablauf einer bestimmten Anzahl von Jahren erlöschen zu lassen.

25   Vereinbart wird auch die Anzahl der **Freiexemplare**, die der Autor erhält. Bei teuren Werken kann die wirtschaftliche Bedeutung dieser Vereinbarung nicht unerheblich sein. Regelmäßig ist die Option vorgesehen, eigene Bücher mit Autorenrabatt zu kaufen. Selbstverständlich wäre es ein Verstoß gegen Treu und Glauben, wenn der Autor diese vergünstigten Exemplare weiterverkaufen würde. Das ist meist auch ausdrücklich im Verlagsvertrag festgelegt.

26   Der Autor hat sich, da er das Verlagsrecht übertragen hat, der eigenen Vervielfältigung und Verbreitung des Werks zu enthalten (§ 2 VerlG).

27   Regelmäßig findet sich in einem Verlagsvertrag eine Klausel über die Einräumung von sog. **Nebenrechten**. Dies sind z.B. Rechte des Vorabdrucks in einer Zeitschrift, der Übersetzung in andere Sprachen und des Nachdrucks in Buchform. Zusätzliche Nutzungsformen sind vor allem die

Rechte zur Speicherung auf CD-Rom und der Einspeisung in Datennetze. Häufig werden diese Rechte durch Lizenzen auf einen anderen Verlag übertragen. Der Erlös hieraus wird meist zwischen Verlag und Autor geteilt, z.b. bei Einnahmen aus ausländischen Ausgaben, wenn der Verlag sich nicht das Recht vom Autor hat einräumen lassen. Sind Nebenrechte nicht im Verlagsvertrag selbst geregelt, so ist auf das Urheberrechtsgesetz zurückzugreifen. § 19 UrhG regelt das Vortrags-, Aufführungs- und Vorführungsrecht, § 19a UrhG das Recht der Einspeisung in das Internet. Das Senderecht ist in § 20 UrhG geregelt, das Recht der Wiedergabe durch Bild- oder Tonträger in § 21 UrhG.

Wird der Restbestand einer Auflage nicht mehr oder nur noch schleppend verkauft, so kann der Verleger von seinem Recht Gebrauch machen, den Ladenpreis des Buches neu festzusetzen, d.h. das Buch zu verbilligen (§ 21 Satz 2 VerlG). Ist auch ein solches »**Verramschen**« nicht sinnvoll, so kann ein Buch »makuliert« werden. Das **Makulieren** ist die Vernichtung des Buchs durch Einstampfen. Regelmäßig ist dem Autor die Möglichkeit einzuräumen, die Restexemplare zu erwerben, bevor sie verramscht oder makuliert werden. **28**

Ein Verlagsvertrag ist ein **Dauerschuldverhältnis**. Wie jedes andere Dauerschuldverhältnis kann der Verlagsvertrag aus wichtigem Grund **gekündigt** werden. Ein wichtiger Grund liegt vor, wenn eine Fortsetzung des Vertragsverhältnisses dem Verlag oder dem Autor aufgrund des Verschuldens der anderen Seite für die Zukunft nicht mehr zumutbar ist. Maßgeblich sind die Umstände des jeweiligen Einzelfalls. In Fällen evidenter Unzumutbarkeit ist die Einhaltung einer Kündigungsfrist nicht erforderlich. Mit dem Zeitpunkt der Wirksamkeit der Kündigung wird das Vertragsverhältnis für die Zukunft aufgelöst. Bisherige Pflichten und Rechte bleiben hierdurch unberührt, d.h. es sind insbesondere offene Verbindlichkeiten noch zu erfüllen. **29**

Wird ein Werk verspätet abgeliefert oder ist es von vertragswidriger Beschaffenheit, ergibt sich aus §§ 30 ff. VerlG ein **Rücktrittsrecht** des Verlegers. Ein Rücktritt vernichtet das Vertragsverhältnis rückwirkend. Die Parteien stehen dann so, als sei kein Vertrag zwischen ihnen zustande gekommen. Bereits erhaltene Vorschüsse usw. sind zurückzuerstatten und ein bereits abgeliefertes Manuskript ist herauszugeben. **30**

Der Autor hat ein Rücktrittsrecht gem. § 35 VerlG wegen gewandelter Überzeugung zwischen Vertragsschluss und Beginn der Vervielfältigung. Es handelt sich um eine spezielle Ausprägung des allgemein in § 42 UrhG normierten Rechts des Rückrufs wegen gewandelter Überzeugung. Letztlich handelt es sich dabei um einen Ausfluss des Urheberpersönlichkeitsrechts. Niemand soll sich als Autor eines Werks in der Öffentlichkeit darstellen müssen, zu dem er nicht steht. Allerdings ist der Autor dem Verlag zum Ersatz seiner bereits getätigten Aufwendungen verpflichtet (§ 35 Abs. 2 VerlG). Handelte es sich nur um einen Vorwand, um den Verlag wechseln zu können, so hat der Autor Schadensersatz zu leisten (§ 35 Abs. 2 Satz 2 VerlG). **31**

32   In ähnliche Richtung geht das Rückrufsrecht wegen Nichtausübung, das in
§ 41 UrhG normiert ist. Es greift, wenn ein ausschließliches Nutzungsrecht vom
Vertragspartner nicht ausgeübt wird, d.h. das Buch nicht gedruckt wird und
dadurch Interessen des Urhebers verletzt werden.

3. Lizenzvertrag

33   Der Lizenzvertrag stellt eine Wiedergabeerlaubnis des Werks durch den
Berechtigten dar. Lizenzverträge können durch den Autor selbst oder
durch den Verlag vergeben werden.

34   Bei der **ausschließlichen Lizenz** wird vom Verlag, der über die Rechte aus einem Verlagsvertrag verfügt, einem anderen Verlag gestattet, ein Werk für eine
bestimmte Zeit zu veröffentlichen (z.B. als Sonderausgabe in einem Buchclub).
Bei der **einfachen Lizenz** wird die Wiedergabeerlaubnis für eine zusätzliche
Veröffentlichung gegeben (z.B. für den Abdruck eines Aufsatzes in einem Sam-
melwerk). Neben den Lizenzen zum Nachdruck sind Lizenzen vor allem für die
Verfilmung und für die Sendung im Fernsehen und im Rundfunk bedeutsam.

4. Herausgebervertrag

35   Eine besondere Form des Verlagsvertrags ist der Herausgebervertrag. Ein
oder mehrere Herausgeber gibt es bei Sammelwerken mit Beiträgen unterschiedlicher Autoren. Aufgabe der Herausgeber ist es dabei, eine Konzeption des Buchs zu erarbeiten und die Beiträge zu beschaffen. Auch solche
Sammelwerke stellen ein eigenes urheberrechtlich geschütztes Werk dar
(§ 4 UrhG). Der Herausgebervertrag richtet sich grundsätzlich nach den
Regeln eines herkömmlichen Verlagsvertrags.

36   Falls es sich um eine fortlaufende Reihe, Zeitschrift o.ä. handelt, so
wird vorausschauend in einer Fortsetzungsklausel geregelt, was im Fall des
Ausscheidens eines oder aller Herausgeber geschieht. Insbesondere ist zu
regeln, wieweit die alten Herausgeber noch an den neuen Einnahmen beteiligt sind.

5. Buchpreisbindung

37   Die Preisbindung für Verlagserzeugnisse (sog. Buchpreisbindung) beruhte
ursprünglich lediglich auf Vereinbarungen zwischen Verlegern und Buch-
händlern, feste Endverkaufspreise nicht zu unterschreiten (»Sammelre-
vers«). In Reaktion auf den europarechtlichen Disput um die Buchpreisbindung, der vor allem zwischen Österreich und Deutschland ausgetragen
wurde, hat der deutsche Gesetzgeber das Gesetz über die Preisbindung für

Bücher (**Buchpreisbindungsgesetz** → T 27) erlassen. Als Zweck des Gesetzes wird in § 1 der Schutz des »Kulturgutes« Buch angeführt. Zum einen soll die Festsetzung verbindlicher Preise an Letztabnehmer **38** den Erhalt eines breiten Buchangebots sichern. Zum anderen soll gewährleistet werden, dass dieses Angebot für eine breite Öffentlichkeit zugänglich ist, indem die Existenz einer großen Zahl von Verkaufsstellen gefördert wird. Dieser doppelte Zweck wird schon seit langem zur Rechtfertigung der Buchpreisbindung angegeben und vom Gesetzgeber lediglich aufgegriffen. Gedacht ist zum einen an weniger populäre Werkausgaben für einen kleineren Leserkreis, die durch Bücher höherer Auflage quersubventioniert werden sollen, wofür die Lyriksammlungen immer wieder als besonders charakteristisches Beispiel angeführt werden. Zum anderen wird die Gefahr gesehen, dass sich Buchhandlungen in kleineren Städten gegenüber Großbuchhandlungen andernfalls auf Dauer nicht halten könnten. Beide Argumente sind immer wieder hinsichtlich ihrer gesellschaftlichen Bedeutung angezweifelt worden, wobei es sich um rechtspolitische Überlegungen handelt.

Zentrale Pflicht im Buchpreisbindungsgesetz ist die des **Verlegers** oder **39** Importeurs von Büchern, einen Preis einschließlich Umsatzsteuer (**Endpreis**) für die Ausgabe eines Buchs für den Verkauf an Letztabnehmer **festzusetzen** und in geeigneter Weise zu veröffentlichen (§ 5 Abs. 1 BuchPrG). Die Bekanntgabe des vom Verlag festgesetzten Preises erfolgt regelmäßig über das Verzeichnis lieferbarer Bücher (VLB). Preisänderungen werden im Börsenblatt des Deutschen Buchhandels veröffentlicht. Der Pflicht des Verlegers entspricht die Pflicht des **Verkäufers**, der gewerbs- oder geschäftsmäßig Bücher an Letztabnehmer in Deutschland verkauft, den so **festgesetzten Preis einzuhalten** (§ 3 BuchPrG). Das gilt auch für Anbieter aus dem Ausland. Eine Ausnahme besteht für den Verkauf gebrauchter Bücher. Maßgeblich ist nicht der Zustand des Buchs, sondern dass dafür noch kein Ladenpreis bezahlt wurde. Die Pflicht zur Einhaltung des Ladenpreises trifft auch den Autor selbst, der gewerbsmäßig seine eigenen Bücher verkauft. Hörerscheine sind nicht mehr zulässig. Die Buchpreisbindung gilt auch für sog. E-Books, obwohl diese nicht über den herkömmlichen Buchhandel vertrieben werden (§ 2 Abs. 1 Nr. 3 Buch-PrG, wobei der Preis von dem der Printausgabe abweichen darf), nicht jedoch für Hörbücher.

Diese Vorschriften werden von der Rechtsprechung rigide angewandt. **40** So wurde vom BGH der Versuch des Landes Berlin, sich für die Beschaffung seiner Schulbücher ein über die nach Buchpreisbindungsgesetz vorgesehenen Rabatte hinausgehendes Skonto einräumen zu lassen, als vorsätzlich sittenwidrige Schädigung der Buchhändler und Verlage nach § 826 BGB gewertet (BGH NJW 2003, S. 2525).

41 In einer Entscheidung des OLG Frankfurt (NJW 2004, S. 2098 ff. »Rezensionsexemplare« → E 88) ist die Buchpreisbindung weiter gefestigt worden. In diesem Fall hatte ein Journalist innerhalb weniger Wochen eine größere Anzahl originalverpackter oder ungelesener Rezensionsexemplare über ein Internetauktionshaus versteigert. Das Gericht entschied, dass das Buchpreisbindungsgesetz nicht nur für die Angebote gewerbsmäßiger Buchhändler gilt, sondern auch für Privatverkäufer, die in geschäftsmäßiger Manier immer wieder Bücher verkaufen. Wird der Weiterverkauf des einzelnen Buches nach der Lektüre auch künftig zulässig sein, so war jedenfalls ein Angebot von mehr als vierzig Büchern innerhalb von sechs Wochen unzulässig. Zulässig ist es hingegen, wenn ein Online-Buchhändler einem Schulförderverein Provisionszahlungen leistet, sofern die Buchkäufer den vollen Buchpreis entrichtet haben (BGH GRUR 2017, S. 199 ff.).

42 Von einigen Ausnahmen abgesehen (z.b. für sog. Autorenexemplare § 7 Abs. 1 BuchPrG), besteht somit eine gesetzliche Pflicht zur Festlegung eines Endpreises für Bücher. Das gilt auch für Importe aus EU-Staaten (§ 3 BuchPrG: »in Deutschland«). Die Preisbindung kann im Regelfall erst nach Ablauf von 18 Monaten aufgehoben werden (§ 8 Abs. 1 BuchPrG), es sei denn, der Inhalt eines Buchs würde mit dem Erreichen eines bestimmten Datums oder Ereignisses erheblich an Wert verlieren (vgl. § 8 Abs. 2 BuchPrG, z.b. ein Buch mit dem Titel: »Die aktuelle Sommermode«). Bei Zuwiderhandlung drohen Schadensersatz- und Unterlassungsansprüche (Einzelheiten in § 9 BuchPrG).

Literatur

Verlagsrecht
Gerhard Schricker: Verlagsrecht, 3. Aufl. 2001
Ludwig Delp: Der Verlagsvertrag, 8. Aufl. 2008
Konstantin Wegner u.a. (Hrsg.): Recht im Verlag, 2. Aufl. 2011
Constanze Ulmer-Eilfort / Eva I. Obergfell: Verlagsrecht, 2013
Richard Hahn / Martin Schippan: Rechtsfragen im Verlag, 2014
Hans-Peter Hillig (Hrsg.): Urheber- und Verlagsrecht, 18. Aufl. 2019

Buchpreisbindung
Dieter Wallenfels / Christian Russ: Buchpreisbindungsgesetz, 7. Aufl. 2017

Sonstige Literatur

Axel von Walter: Die Verbreiterhaftung des Buchhandels für physische und elektronische Bücher (E-Books), K&R 2012, S. 82 ff.

Oliver Graef: Recht der E-Books und des Electronic Publishing, 2016

Ralph Lansky / Carl Erich Kesper: Bibliotheksrechtliche Vorschriften, LBl., Stand: 2018

10. Kapitel: Rundfunk

1 Der Rundfunk war jahrzehntelang das unangefochten wichtigste Massenmedium. Rundfunk umfasst sowohl das Radio im umgangssprachlichen Sinn, also den Hörrundfunk, als auch das Fernsehen. Das Fernsehen hat auch im Multimediazeitalter große Bedeutung, weil die vom Fernsehen gezeigten bewegten Bilder in den Augen der Zuschauer in besonderem Maße Authentizität evozieren.

I. Geschichte des Rundfunks

2 Bereits in den zwanziger Jahren des vorigen Jahrhunderts baute die Reichsregierung ein deutsches Rundfunksystem auf. Geplant war ein staatsunabhängiges Rundfunkwesen auf privatwirtschaftlicher Grundlage. Es entstanden private Programmgesellschaften in Gestalt von GmbHs oder AGs. Dachorganisation war die Reichsrundfunkgesellschaft, eine GmbH mit Sitz in Berlin. Diese Gesellschaften stellten Rundfunkprogramme her, die durch die Anlagen der Post aufgenommen und ausgestrahlt wurden. Der erste regelmäßige Hörfunkprogrammdienst wurde 1923 eingerichtet.

3 Da die Funkhoheit dem Reich zukam, erhielt die Reichspost Einfluss auf den Aufbau der Anstalten. Die Reichspost vergab Konzessionen für die privaten Rundfunkgesellschaften. Die Konzessionen wurden unter der Auflage erteilt, dass der Rundfunk keiner politischen Partei dienen durfte. Intention der Reichspost war es, den Rundfunk nicht der Politik zu überlassen, damit er seine Popularität nicht einbüße und damit wirtschaftlich unattraktiv würde. Für die technische Seite der Verbreitung des Rundfunks blieb nämlich die Reichspost zuständig, wobei ihr die Programmgesellschaften entgeltpflichtig waren. Zur politischen Kontrolle wurden auf Drängen der Länder Überwachungsausschüsse innerhalb der Programmgesellschaften eingerichtet, die mehrheitlich von den Ländern, im Übrigen von Vertretern des Reichs besetzt waren. Die aufkommenden Regionalgesellschaften entsprangen jedoch nicht föderalistischen Überlegungen.

Vielmehr war ein deutschlandweites Sendenetz aus technischen und finanziellen Gründen nicht zu realisieren.

Die Anfänge der privatrechtlichen Rundfunkentwicklung nahmen bereits nach einem Jahrzehnt ihr Ende mit der Überführung des privatrechtlichen Rundfunks zum Staatsrundfunk 1932. Die privaten Anteile an den Reichsrundfunkgesellschaften wurden auf den Staat übertragen. Die Programmgesellschaften wurden durch Staatskommissare überwacht.   **4**

Ab 1933 wurde der Rundfunk zu einem der wichtigsten Propagandainstrumente der **nationalsozialistischen Diktatur**. Die Kontrolle über den Rundfunk übernahm das Reichsministerium für Volksaufklärung und Propaganda. Der Rundfunk wurde – wie andere Bereiche auch – gleichgeschaltet. Die noch im Besitz der Länder befindlichen Anteile wurden auf die Reichsrundfunkgesellschaft übertragen. Die Überwachung und das Führerprinzip wurden bis hin zum einzelnen Rundfunkmitarbeiter realisiert. Im Rundfunk durfte nur noch tätig sein, wer in der Reichsrundfunkkammer organisiert war. Billige »Volksempfänger« sollten für die Verbreitung des Propaganda-Rundfunks in der Bevölkerung sorgen, ohne den Empfang der ausländischen, über Kurzwelle gesendeten Sender zu ermöglichen. Während des Kriegs wurde das Abhören ausländischer Sender verboten. Bei Zuwiderhandlung drohte die Todesstrafe.   **5**

Nach dem Zweiten Weltkrieg untersagten die Militärregierungen deutschen Stellen die Sendung von Rundfunk und beschlagnahmten die Sender, die als Soldatensender fortgeführt wurden. In den nachfolgenden Jahren wurden in den westlichen Bundesländern die Sender als Anstalten des öffentlichen Rechts gebildet. Privater Rundfunk erschien bereits aus finanziellen Gründen nicht zu realisieren. Die Militärregierungen behielten zunächst noch einen starken Einfluss auf die Sender. Der Zuschnitt der Sendegebiete erklärt sich aus der damaligen Aufteilung Deutschlands in Zonen.   **6**

Typisch hierfür war die geographisch und größenmäßig ungünstige Aufteilung zwischen dem Südwestfunk und dem Südfunk, die erst 1998 durch die Fusionierung der Sender zum Südwestrundfunk (SWR) überwunden wurde.   **7**

1959 brachte die Bundesregierung den Entwurf eines Bundesrundfunkgesetzes in den Bundestag ein. Danach sollten drei Bundesanstalten eingeführt werden. Während der Entwurf hinsichtlich der Deutschen Welle und des Deutschlandfunks angenommen wurde, stieß der Versuch, ein Deutschland-Fernsehen zu gründen, im Bundestag auf Ablehnung. Nachdem die Bundesregierung insoweit mit ihrem Gesetzesvorhaben gescheitert war, versuchte sie ein bundeseigenes Fernsehen auf andere Weise, durch Gründung einer »Deutschland-Fernsehen-GmbH«, einzuführen. Die Länder, die nicht mehrheitlich an dieser Gesellschaft beteiligt werden sollten, gingen daraufhin im Wege des Bund-Länderstreits (Art. 93 Abs. 1 Nr. 3 GG) gegen die Bundesregierung vor und hatten Erfolg. Das Bundesverfassungsgericht (BVerfG) grenzte in dieser ersten Fernsehentscheidung   **8** die Kompetenzen von Bund und Ländern im Rundfunkbereich klar voneinander ab und stellte die Begrenzung der Kompetenzen des Bundes auf die Fernmeldetechnik d.h. die reine Übertragungstechnik fest. Zudem hätte die »Deutschland-Fernsehen-GmbH« gegen die Staatsfreiheit des Rundfunks verstoßen, der doch aus Gründen der Meinungsbildung weder dem Staat noch einzelnen gesellschaftlichen Gruppen ausgeliefert werden darf (BVerfGE 12, S. 205, 259 ff., → 10 Rdnr. 52 »Deutschland-Fernsehen-GmbH« / 1. Rundfunkentscheidung → E 51).

9   Ein weiterer wichtiger Schritt der Rundfunkentwicklung war die Einführung des **Privatrundfunks**. Aus Gründen der Knappheit von Sendefrequenzen und des finanziellen Aufwands für die Veranstaltung von Rundfunk waren lange Zeit nur die öffentlichrechtlichen Anstalten als Rundfunkveranstalter vorgesehen. Nicht zuletzt die technische Entwicklung, die zu einer Erhöhung der Frequenzkapazitäten führte, sowie ausländische Vorbilder ließen die Forderung nach der Einführung privaten Rundfunks lauter werden. Hinzu kam der Wunsch, durch die Einführung privaten Rundfunks Konkurrenz und Wettbewerb auch in politischer Hinsicht zu vergrößern. Zunächst bestand Unsicherheit über die Zulässigkeit privaten Rundfunks. Erst eine Entscheidung des BVerfG aus dem Jahr 1981 führte zu einer Klärung hinsichtlich der vom Gesetzgeber festzulegenden Voraussetzungen für die Veranstaltung privaten Rundfunks. Die Einführung privaten Rundfunks war wegen des bestehenden öffentlichrechtlichen Rundfunksystems mit Schwierigkeiten verbunden. Im Ringen zwischen den verschiedenen Interessenträgern der öffentlichrechtlichen und der privaten Seite sowie zwischen dem Bund und den Ländern, hatte das BVerfG noch mehrfach Entscheidungen zu treffen, durch die ein Rundfunksystem zumindest in den Grundzügen festgelegt wurde. Die sich hieraus ergebende gesetzgeberisch wirkende Funktion des BVerfG bei der Entwicklung einer Rundfunkordnung ist aus verfassungsrechtlichen Gründen in Anbetracht des Grundsatzes der Gewaltenteilung nicht unproblematisch. Das quasi-legislatorische Tätigwerden des BVerfG war jedoch in diesem Fall mit der gesetzgeberischen Blockade zu rechtfertigen, die sich in der Auseinandersetzung zwischen den Bundesländern und im Kompetenzstreit zwischen Bund und Ländern eingestellt hatte.

10   Durch die Rechtsprechung des BVerfG wurde die **duale Rundfunkordnung** geschaffen, in der private Anbieter unter genau festgelegten gesetzgeberischen Anforderungen neben den öffentlichrechtlichen Anstalten zugelassen sind. Voraussetzung ist vor allem der Bestand der öffentlichrechtlichen Rundfunkanstalten, die für die Gewährleistung einer Meinungsvielfalt zuständig sind und damit, in der Terminologie des BVerfG, die Grundversorgung sicherzustellen haben. Auf dieser Grundlage wurde 1987 der Staatsvertrag zur Neuordnung des Rundfunkwesens zwischen den Bundesländern abgeschlossen. Derzeit ist eine Neuregelung in Gestalt eines **Medienstaatsvertrags** in Planung.

II. Funktion des Rundfunks in der Demokratie

In der Demokratie sind die Bürger auf umfassende und ausgewogene In- **11** formationen angewiesen, um politisch eigenständig entscheiden zu können.

Aufgrund der Funktion des Rundfunks in der Demokratie darf der **12** Staat den Rundfunkbereich nicht einfach sich selbst überlassen. Er muss vielmehr das Vorhandensein eines freien Rundfunks gewährleisten.

Für die **Zukunft** stellt sich die Frage, inwieweit die Sonderstellung des **13** öffentlichrechtlichen Rundfunks aufrechterhalten werden kann. Angesichts zahlreicher Programmangebote privater Sender wird die Notwendigkeit der Grundversorgung durch einen – von Sondervorschriften umhegten – öffentlichrechtlichen Rundfunk bezweifelt.

Aufgrund der faktischen Annäherung an den pluralen Pressemarkt und der vielfäl- **14** tigen Angebote auch mit Bewegtbildern im Internet wird immer wieder die Frage gestellt, ob es inzwischen nicht angemessener wäre, den Rundfunk dem presse-rechtlichen System entsprechend zu behandeln, in dem die Pluralität der Meinungen durch die Vielzahl privater Anbieter als hinreichend gesichert gilt. Die Frage ist aufgrund der bestehenden Rechtslage, insbesondere der vom BVerfG aus der Verfassung abgeleiteten Anforderungen an das Rundfunksystem, zumindest derzeit zu verneinen.

Der öffentlichrechtliche Rundfunk bietet zumindest den Vorteil von Pro- **15** grammen mit zeitlich geringerer Werbung oder ganz ohne Werbung. Deutlich wird dieser Vorteil hinsichtlich des werbe- und gewaltfreien Kinderkanals. Zudem ermöglicht die größere Freiheit von der Werbeindustrie ein breiteres Programmangebot. Schließlich soll sich der öffentlichrechtliche Rundfunk durch eine besonders seriöse Berichterstattung auszeichnen.

III. Rundfunk unter dem Grundgesetz

Der Bund hat eine ausschließliche Kompetenz für das Postwesen und die **16** Telekommunikation (Art. 73 Nr. 7 GG) und eine konkurrierende Zuständigkeit für das Recht der Wirtschaft (Art. 74 Abs. 1 Nr. 11 GG). Im Übrigen sind gem. Art. 70 GG die Bundesländer zur Normierung im Rundfunkbereich berechtigt.

17 Eine Ausnahme bildet das Gesetz über die Rundfunkanstalt des Bundesrechts **Deutsche Welle**, das auf die Kompetenz des Bundes zur Pflege auswärtiger Beziehungen in Art. 32 GG gegründet wurde. Aufgabe der Deutschen Welle ist es, Rundfunk für das Ausland zu veranstalten. Der hiermit zusammenhängende stärkere Einfluss der jeweiligen Bundesregierung auf den Programminhalt wird immer wieder kritisiert. Insbesondere die Finanzierung aus Steuergeldern lässt sich als verfassungswidrig einordnen, wenn man bedenkt, dass auch die Meinungsbildung von Inländern auf Auslandsreisen betroffen ist. Erst recht gilt dies für Internetangebote und das im Inland ausgestrahlte »Flüchtlingsfernsehen«.

18 Demgegenüber wurde der heutige **Deutschlandfunk** nach der Wiedervereinigung in die Hoheit der Länder überführt, die ihn durch den Deutschlandradiostaatsvertrag als Körperschaft des Landesrechts »**Deutschlandradio**« fortgeführt haben.

19 Die **Rundfunkfreiheit** ist in Art. 5 Abs. 1 Satz 2, 2. Var. GG geregelt. Es handelt sich neben der Freiheit der Presse und des Films um einen Aspekt der Medienfreiheit (➔ *3* Rdnr. 100). Trotz der Normierung innerhalb eines Satzes derselben Norm und trotz mancher Gemeinsamkeiten der Medienfreiheiten hat die Rundfunkfreiheit aufgrund der andersartigen technischen Ausgangslage und der damit ursprünglich abweichenden Funktion des Rundfunks gegenüber der Presse eine andere verfassungsrechtliche Interpretation erfahren. Stand bei der Presse die Pluralität der Angebote im Vordergrund interpretatorischer Zielsetzung, so war der Rundfunk durch die öffentlichrechtlichen Anstalten geprägt, die als solche möglichst dem Einfluss aller gesellschaftlichen Gruppen geöffnet werden sollten. Erst Jahrzehnte später traten private Sender hinzu und führten zu einer Annäherung des Rundfunkrechts an das System der Presse. Dass dies nicht in noch stärkerem Maße der Fall ist, liegt an der weiterhin starken Stellung der öffentlichrechtlichen Sender. Ob diese lediglich ein von Eigeninteressen geprägtes Beharrungsvermögen aufweisen, oder ob sie weiterhin Aufgaben wahrzunehmen haben, die nur von ihnen erfüllt werden können und ob ihnen gar neue Aufgabenfelder zuwachsen, ist heftig umstritten. Mangels klarer Aussagen der gesetzlichen Vorgaben hat das BVerfG eine Ausgestaltung des Rundfunkrechts vorgenommen, die zumindest derzeit ein Nebeneinander von öffentlichrechtlichen und privaten Sendern vorsieht, die jedoch beide von unterschiedlichen Rechtsregeln geprägt sind.

> Für die Lösung von Fällen ist es wichtig, sich innerhalb des Rundfunkrechts stets den Unterschied von öffentlichrechtlichen Rundfunkanstalten und privaten Rundfunksendern vor Augen zu halten.

IV. Begriff

Rundfunk ist nach der herkömmlichen Begriffsbestimmung jede an eine   **20**
unbestimmte Vielzahl von Personen gerichtete Übermittlung von Gedan-
keninhalten durch physikalische, insbesondere elektromagnetische Wellen. Maßgeblich sind zum einen die Darbietung für einen **unbestimmten
Personenkreis** und zum anderen der **technische Verbreitungsweg.**
Durch die Verbreitung mittels physikalischer Wellen unterscheidet sich
der Rundfunk von der grundsätzlich verkörperten Presse.

> Der Rundfunk ist durch körperlose Verbreitung charakterisiert. Demgegen-
> über weist die Presse verkörperte Formen der Massenvervielfältigung auf.

Der Rundfunk ist verfassungsrechtlich dadurch bestimmt, dass er, **einsei-**   **21**
tig gerichtet, sich an eine **Vielzahl von Empfänger** wendet. Die Art
der Übermittlung ist dabei ebenso sekundär wie der Zeitpunkt des Empfangs. Damit unterscheidet Rundfunk sich von den Formen der Individualkommunikation, wie auch von zweiseitigen Nutzungsformen des Internets. Gegenüber der Presse und Telemedien unterscheidet er sich durch
die programmhafte Präsentation seiner Darbietungen, d.h. durch planvoll
und zeitlich geordnete Sendungen.

Die Abgrenzung der grundrechtlichen Presse- von der Rundfunkfreiheit   **22**
ist für die Praxis weniger bedeutungsvoll als die Abgrenzung der Massenkommunikation von Formen der Individualkommunikation. Rundfunk-
und Pressefreiheit sind in ein und derselben Norm garantiert und unterliegen denselben Schranken. Sie haben lediglich durch die verfassungsrechtliche Rechtsprechung eine unterschiedliche inhaltliche Auslegung erfahren.
Es erscheint daher legitim, Presse- und Rundfunkfreiheit zusammen als ein
einheitliches Grundrecht der Medienfreiheit aufzufassen.

Der verfassungsrechtliche **Begriff des Rundfunks** ist unabhängig von   **23**
unterschiedlichen technischen Übertragungsmodalitäten. Seit langem ist
anerkannt, dass der Begriff »Rundfunk« sowohl den Hörrundfunk als auch
den Fernsehrundfunk umfasst (BVerfGE 12, S. 205, 226; BVerfGE 31,
S. 314, 315 → E 51, 52). Unerheblich ist auch, ob die Übermittlung über
Leitungen oder drahtlos erfolgt. Kabelfernsehen fällt daher unstreitig unter
den Rundfunkbegriff.

Telefongespräche unterfallen dem Rundfunkbegriff nicht, da sie nicht an eine   **24**
Vielzahl von Personen gerichtet sind. Das gilt auch für eine Videokonferenz.

> Die Rundfunkfreiheit ist für Formen der Massenkommunikation anwendbar.
> Individualkommunikation unterfällt der Rundfunkfreiheit nicht.

25 Während der verfassungsrechtliche Rundfunkbegriff somit eine trennscharfe Abgrenzung gegenüber der Presse nicht erforderlich macht, vielmehr im Sinne eines umfassenden Mediengrundrechts zu interpretieren ist, verlangt der **einfachgesetzliche Rundfunkbegriff** eine exakte Abgrenzung zwischen Angeboten, die einer staatlichen Zulassung bedürftig sind und sonstigen Angeboten, für die eine solche Pflicht nicht besteht. Mit der Zuordnung eines Angebots zum einfachgesetzlichen Rundfunkbegriff ist somit eine stärkere staatliche Regulierung verbunden. Für das deutsche Rundfunkrecht war lange Zeit das Kriterium der Meinungsbildungsrelevanz für die Einordnung eines Angebots maßgeblich. Die strengere Regulierung wurde als gerechtfertigt angesehen, wenn auf die Meinungsbildung der Bevölkerung eingewirkt werden konnte. Das Abgrenzungskriterium der Meinungsbildungsrelevanz konnte allerdings nicht mehr aufrecht erhalten werden, nachdem die europäische Richtlinie über audiovisuelle Medieninhalte (→ 7 Rdnr. 29 ff.) erlassen worden war. Sie stellt als Abgrenzungskriterium auf die Linearität eines Angebots ab. Lineare Angebote sind neben dem herkömmlichen Fernsehen Dienste wie Life-streaming. Nicht-lineare Dienste sind sog. Abrufdienste oder Pull-Dienste, bei denen der Übertragungszeitpunkt nicht wie bei den Push-Diensten vom Anbieter festgelegt wird, sondern vom Nutzer selbst bestimmt werden kann.

26 Der europäischen Richtlinie entsprechend definiert § 2 Abs. 1 Satz 1 RStV Rundfunk als einen **linearen Informations- und Kommunikationsdienst**. Er ist die für die Allgemeinheit und zum zeitgleichen Empfang bestimmte Veranstaltung und Verbreitung von Angeboten von Bewegtbild oder Ton entlang eines Sendeplans unter Benutzung elektromagnetischer Schwingungen. Die Kriterien des einfachgesetzlichen Rundfunkbegriffs sind somit die Verbreitung an die Allgemeinheit, die zum zeitgleichen Empfang bestimmt ist und entlang eines Sendeplans zu erfolgen hat. Es muss sich um Angebote in Bewegtbild oder Ton handeln, mithin nicht um rein textmäßige Präsentationen und sei es auch mit Fotos und schließlich muss die Verbreitung unter Benutzung elektromagnetischer Schwingungen erfolgen. Unerheblich ist die Angebotsform, so dass auch Handy-TV den Vorschriften des Rundfunkrechts unterliegt. Nicht unter den Rundfunkbegriff fallen indessen nichtlineare Angebote wie z.b. Video-on-demand. § 2 Abs. 3 RStV enthält zudem einen Katalog mit Negativmerkmalen, bei deren Vorliegen kein Rundfunk gegeben ist. Wird ein Programm weniger als 500 potenziellen Nutzern angeboten, so handelt es sich ebenso wenig um Rundfunk, wie wenn ein Angebot zur unmittelbaren Wiedergabe aus Speichern von Empfangsgeräten bestimmt ist oder wenn es ausschließlich persönlichen oder familiären Zwecken dient. Ist ein Angebot nicht journalistisch-redaktionell gestaltet, so fällt es ebenfalls aus dem Rundfunkbegriff heraus, wofür Teleshoppingkanäle beispielhaft angeführt werden können. Werden Sendungen jeweils gegen Einzelentgelt freigeschaltet, so liegt ebenso wenig Rundfunk vor, wie wenn es sich um einen Eigenwerbekanal handelt. Eine Besonderheit ist für den Hörfunk im Internet zu beachten. Der ausschließlich im Internet verbreitete Hörfunk bedarf gem. § 20b RStV keiner Zulassung. Nichtlineare Angebote unterfallen dem Rundfunkbegriff des RStV somit nicht. Sie unterliegen den Regelungen des TMG.

Rundfunk als

Grundrecht	einfachgesetzlicher Begriff
Abgrenzung gegenüber:	Abgrenzung gegenüber:
– Presse	– nichtlineare Telemedien
– Film	– Telekommunikation
grundsätzlich:	engere Interpretation, da zulassungs-
weite Interpretation, da Schutznorm	bedürftig

> Rundfunk i.S.d. § 2 RStV
> = linearer Informations- und Kommunikationsdienst
> 1. Verbreitung an die Allgemeinheit
> 2. zum zeitgleichen Empfang bestimmt
> 3. entlang eines Sendeplans
> 4. Bewegtbild oder Ton
> 5. elektromagnetische Schwingungen

V. Rundfunkfreiheit

1. Grundrechtsträgerschaft

a) Öffentlichrechtliche Rundfunkanstalten

Träger der Rundfunkfreiheit sind unzweifelhaft die öffentlichrechtlichen   **27** Rundfunkanstalten. Dies ist eine Ausnahme des Grundsatzes, demzufolge sich der Staat oder juristische Personen des öffentlichen Rechts nicht auf Grundrechte berufen können, da diese grundsätzlich Abwehrrechte des Bürgers gegen den Staat sind. Rundfunkanstalten sind ausnahmsweise grundrechtsfähig, wenn sie selbst »unmittelbar dem durch die Grundrechte geschützten Lebensbereich zuzuordnen sind« (BVerfGE 31, S. 314, 322 → E 52). Wichtig ist festzuhalten, dass sich die Grundrechtsträgerschaft der Rundfunkanstalten lediglich auf die Rundfunkfreiheit, nicht auch auf andere Grundrechte bezieht (➔ *3* Rdnr. 12).

b) Private Rundfunksender

28 Die privaten Rundfunksender können sich jedenfalls auf die Rundfunkfreiheit berufen. Sie stehen in dem von den Grundrechten vorgesehenen klassischen Verhältnis zum Staat, in dem den Grundrechten die Funktion von Staatsabwehrrechten zukommt (Art. 19 Abs. 3 GG).

29 Die Rundfunkfreiheit ist für die privaten Rundfunkveranstalter nicht identisch auszulegen wie im Zusammenhang mit den öffentlichrechtlichen Anstalten. So tritt der dienende Aspekt der Rundfunkfreiheit bei den Privaten zurück, während die individualrechtliche Komponente stärker betont ist. Hieraus ergeben sich gewichtige Unterschiede gegenüber den Rundfunkanstalten.

30 Das zeigt sich beispielsweise hinsichtlich der Tendenzautonomie, die den öffentlichrechtlichen Anstalten generell versagt ist. Die privaten Sender können sich, anders als die öffentlichrechtlichen Anstalten, nicht nur auf die Rundfunkfreiheit, sondern auch auf die übrigen Grundrechte berufen, die auf juristische Personen gem. Art. 19 Abs. 3 GG anwendbar sind.

c) Privatpersonen

31 Der einzelne Rundfunkjournalist kann sich gegenüber staatlichen Beeinträchtigungen seiner Tätigkeit auf die Rundfunkfreiheit berufen. Privatpersonen haben einen grundrechtlichen Anspruch auf die Veranstaltung von Rundfunksendungen, insbesondere auf **Gründung von Rundfunksendern**. Das BVerfG hatte ursprünglich einen solchen Anspruch verneint und zwar unter Hinweis auf die »Sondersituation« des Rundfunks gegenüber der Presse, die sich vor allem aus der Knappheit der verfügbaren Frequenzen, aber auch aus dem finanziellen Aufwand für den Rundfunk ergab. Unzweifelhaft können sich Privatsender auf die Rundfunkfreiheit berufen (BVerfGE 97, S. 298 ff. »Extra-Radio« ➔ E 66).

d) Landesmedienanstalten

32 Die **Landesmedienanstalten** sind einerseits staatliche Behörden, andererseits genießen sie jedoch eine stark ausgeprägte Eigenständigkeit, um ihre Aufsichtsfunktionen ohne staatlichen Einfluss ausüben zu können. Grundrechtsträger sind sie insoweit, als ihnen Befugnisse zukommen, die Auswirkungen auf Programminhalte haben können.

e) Innere Rundfunkfreiheit?

Strittig ist weiterhin, ob sich auch der einzelne Rundfunkjournalist gegen- **33** über der Rundfunkanstalt auf die Rundfunkfreiheit berufen kann. Eine Ansicht nimmt an, dass die Rundfunkfreiheit nur gegenüber staatlichen Organen, d.h. nach außen wirkt. Dieser Ansicht zufolge kann sich ein Journalist nur gegenüber Dritten insoweit auf Art. 5 Abs. 1 GG berufen, als es die einzelne Rundfunkanstalt könnte. Die andere Ansicht möchte die Rundfunkfreiheit auch dem einzelnen Redakteur gegenüber der jeweiligen öffentlichrechtlichen Rundfunkanstalt zugestehen. Anhänger dieser Ansicht fordern, es müsse der Gesetzgeber das Verhältnis von Rundfunkanstalt zu ihren Redakteuren entsprechend dem Grundrecht der Rundfunkfreiheit regeln (➔ F 14).

Die Frage der inneren Rundfunkfreiheit ist nicht identisch mit der nach **34** der inneren Pressefreiheit (➔ 8 Rdnr. 66 ff.). Zu unterscheiden sind die öffentlichrechtlichen und die privaten Rundfunkveranstalter. Die öffentlichrechtlichen Rundfunkanstalten haben die Binnenpluralität aufgrund der Entscheidungen des Rundfunkrats zu wahren. Der Einfluss der gesellschaftlichen Gruppen im Rundfunkrat darf nicht durch Entscheidungen einzelner Rundfunkjournalisten überspielt werden. In privaten Rundfunksendern besteht keine derartige Bindung an ein die gesellschaftlichen Kräfte widerspiegelndes Gremium. Hier kann sich im Gegenteil eine intern festgelegte Beschränkung der Tendenzfreiheit im Sinne größerer Meinungsvielfalt vorteilhaft für die Rundfunklandschaft auswirken. Aus diesem Grund ist die organisatorische Gewährleistung der inneren Rundfunkfreiheit ein anerkanntes Auswahlkriterium bei mehreren die Zulassung erstrebenden Antragstellern. Die Rundfunkfreiheit kann sich im Übrigen auch gegen arbeitsrechtliche Bestimmungen durchsetzen, sofern Auswahl, Einstellung und Beschäftigung von Mitarbeitern auf Inhalt oder Ausgestaltung von Sendungen Einfluss hätte (BVerfGE 59, S. 231 ff. »Freie Rundfunkmitarbeiter« ➔ E 61).

2. Schutzbereich der Rundfunkfreiheit

Der Schutzbereich der grundrechtlichen Rundfunkfreiheit umfasst die **35** Beschaffung von Informationen ebenso wie die Produktion von Sendungen und die Verbreitung von Nachrichten und Meinungen (BVerfGE 77, S. 65, 74). Ähnlich wie bei der Pressefreiheit ist vor allem die Redaktionsarbeit gegen staatlichen Zugriff abgesichert und die Staatsfreiheit der Berichterstattung garantiert.

Entgegen dem Wortlaut des Art. 5 Abs. 1 GG ist der Schutzbereich **36** nicht auf »Berichterstattung« begrenzt. Tatsächlich reicht der Schutz weiter und umfasst auch Tatsachenmitteilungen und Werturteile. Von der Rundfunkfreiheit ist auch die Auswahl der Rundfunkmitarbeiter durch den Intendanten umfasst, denn nur unter der Voraussetzung dieser Befugnis kann der Intendant die Verantwortung für das Programm tragen. Das gilt jedenfalls für die Mitarbeiter, die mit der inhaltlichen Gestaltung von Sendungen betraut sind, nicht für das technische Personal und die für die Verwaltung des Senders Zuständigen (BVerfGE 59, S. 231, 260 »Freie Rundfunkmitarbeiter« → E 61).

37   Die Rundfunkfreiheit gewährt allerdings keinen Anspruch, Ton- und Filmaufnahmen im Gerichtssaal anzufertigen (BVerfGE 103, S. 44 ff. »Fernsehaufnahmen im Gerichtssaal II« → E 41). Zulässig ist daher das Verbot von Fernsehaufnahmen im Gerichtssaal zum Zwecke der Veröffentlichung (§ 169 Abs. 1 Satz 1 GVG; beachte die abweichenden Regelungen für die Tonübertragung an Medienvertreter in Abs. 1 Satz 3, in § 17a BVerfGG und vor dem BGH in § 169 Abs. 3 GVG). Zwar besteht auch ein Informationsinteresse der Allgemeinheit an **Gerichtsberichterstattung**, allerdings hält es das BVerfG für gerechtfertigt, die Gerichtsberichterstattung durch Fernsehen stärkeren Einschränkungen zu unterziehen als die Presseberichterstattung. Die einschränkenden Gesetze müssen allerdings ihrerseits im Licht der Rundfunkfreiheit ausgelegt werden. Eine auf ein einschränkendes Gesetz gestützte hoheitliche Maßnahme (hier die GVG-Vorschrift zur Aufrechterhaltung der Ordnung während des Verfahrens) muss die Erfordernisse des Verhältnismäßigkeitsgrundsatzes wahren. Bei Berücksichtigung des Informationsinteresses der Allgemeinheit kann ein völliges Filmverbot unverhältnismäßig sein. Je nach den Einzelheiten des Falls kann es daher unzulässig sein, die Fernsehberichterstattung aus dem Verhandlungssaal vor dem Beginn und nach dem Ende der Verhandlung gänzlich auszuschließen (BVerfGE 91, S. 125, 133 ff. »Honecker-Entscheidung«; vgl. BVerfG ZUM 2007, S. 376 ff.). In anderen Fällen kann die sitzungspolizeiliche Anordnung, Aufnahmen des Angeklagten nur anonymisiert (gepixelt) zu zeigen, gerechtfertigt sein, wenn der Angeklagte sonst eine Stigmatisierung erfährt, die ein Freispruch möglicherweise nicht mehr zu beseitigen vermag (BVerfG ZUM 2009, S. 216 ff. »Holzklotz-Fall«).

38   Während einer Verhandlung sind allerdings immer auch die Persönlichkeitsrechte der anderen Prozessbeteiligten zu beachten (dazu auch BVerfG NJW 1996, S. 581 »n-tv-Beschluss« und BVerfG JZ 2001, S. 704, in dem noch einmal das Verbot von Fernsehübertragungen als der Wahrheitsfindung und dem Persönlichkeitsschutz von Angeklagten und Zeugen dienlich bezeichnet wird, die sich möglicherweise davor scheuen, vor laufenden Kameras intime oder peinliche Umstände vorzutragen sowie BVerfG AfP 2012, S. 146). Zulässig ist daher auch ein sitzungspolizeiliches Verbot der Benutzung von Aufnahmegeräten, Mobiltelefonen und Laptops während der Verhandlung (BVerfG K&R 2014, S. 652, 654). In der Praxis hat sich die »**Poollösung**« bewährt, bei der ein Kamerateam Aufnahmen vor der Verhandlung und in den Verhandlungspausen anfertigen darf und dann das ungeschnittene Material den anderen Medienvertretern kostenlos zur eigenen Verwertung anbietet.

Im Gegensatz zu anderen Grundrechten gibt es – jedenfalls hinsichtlich **39**
der öffentlichrechtlichen Anstalten – **keine negative Rundfunkfreiheit.**
Die Grundversorgung ist den Rundfunkanstalten als Aufgabe übertragen
worden, die sie nicht im Eigeninteresse, sondern im Interesse der Allgemeinheit wahrzunehmen haben.

Nicht auf den ersten Blick offensichtlich ist die Frage, ob auch **Rund-** **40**
funkwerbung der Rundfunkfreiheit des Art. 5 Abs. 1 Satz 2 GG unterfällt. Ist das der Fall, sind Werbebeschränkungen besonderer Begründung
bedürftig. Für die Einbeziehung der Werbung in die Rundfunkfreiheit
spricht zunächst die Erstreckung der Pressefreiheit auf den Anzeigenteil
einer Zeitung (→ *8 Rdnr.* 60 f.). Eine Abweichung beim Rundfunk erfordert besondere Gründe. Richtigerweise muss zwischen privaten Rundfunkanbietern und den öffentlichrechtlichen Anstalten unterschieden werden. Die öffentlichrechtlichen Rundfunkanstalten haben in erster Linie
den Grundversorgungsauftrag wahrzunehmen. Die ihnen gemäße Finanzierungsart ist daher grundsätzlich die Finanzierung über Beiträge. Es
spricht daher vieles dafür, die Werbefinanzierung nicht zum Grundrecht
der Rundfunkfreiheit **öffentlichrechtlicher** Anstalten zu zählen. Die
dienende Funktion der Rundfunkfreiheit tritt bei den **privaten** Anbietern
in den Hintergrund, während die Individualrechte stärker im Vordergrund
stehen. Beschränkungen der Werbung durch Gesetz könnten den nicht
beitragsfinanzierten Sendern die wirtschaftliche Grundlage entziehen. Sie
sind daher – dem parallelen Fall der Pressefreiheit entsprechend – am
Grundrecht der Rundfunkfreiheit zu messen.

3. Institutionelle Garantie des Rundfunks

Die Mitwirkung des Rundfunks an der öffentlichen Meinungsbildung **41**
beschränkt sich nicht auf Nachrichtensendungen, politische Kommentare
und Sendereihen über politische Probleme. Meinungsbildung geschieht
ebenso in Hörspielen, musikalischen Darbietungen, bei der Übertragung
kabarettistischer Programme bis hinein in die szenische Gestaltung einer
Darbietung. Jedes Rundfunkprogramm wird durch die Auswahl und Gestaltung der Sendungen eine gewisse Tendenz haben, insbesondere, soweit
es um die Entscheidung darüber geht, was nicht gesendet werden soll, was
die Hörer nicht zu interessieren braucht, was ohne Schaden für die öffentliche Meinungsbildung vernachlässigt werden kann und wie das Gesendete
geformt und gesagt werden soll. Hieraus folgert das BVerfG, dass für den
Rundfunk als einem neben der Presse stehenden, mindestens gleich bedeutsamen, unentbehrlichen modernen Massenkommunikationsmittel

und Faktor der öffentlichen Meinungsbildung die institutionelle Freiheit
nicht weniger wichtig ist als für die Presse.

VI. Ausgestaltung des Rundfunkrechts durch das Bundesverfassungsgericht

1. Grundlinien

42 Das Rundfunkrecht ist mangels einfachgesetzlicher Vorschriften weitgehend vom BVerfG aus Art. 5 Abs. 1 Satz 2, 2. Var. GG abgeleitet und in
seinen Einzelheiten ausgeformt worden. Die Rechtsprechung des BVerfG
hat vor allem die Besonderheit der Rundfunkfreiheit gegenüber anderen
Grundrechten hervorgehoben: Im Gegensatz zu anderen Freiheitsgrund-
rechten handelt es sich bei der Rundfunkfreiheit nicht um ein Grundrecht, das seinem Träger zum Zweck der Persönlichkeitsentfaltung oder
Interessenverfolgung eingeräumt ist. Die Rundfunkfreiheit ist vielmehr in
erster Linie eine **»dienende«** Freiheit. Sie hat der freien individuellen
und öffentlichen Meinungsbildung zu dienen (BVerfGE 74, S. 297, 323 f.;
BVerfGE 87, S. 181, 197 → E 55, 57).

43   Aus dieser Aufgabe folgert das BVerfG einerseits die **Freiheit des
Rundfunks vor staatlicher Beherrschung und Einflussnahme**, dessen
Staatsferne. Andererseits muss der Gesetzgeber eine positive Ordnung
gewährleisten, die sicherstellt, dass die Vielfalt der Meinungen in umfassender Weise im Rundfunk zum Ausdruck kommen kann.

44   Die Notwendigkeit, der Bevölkerung umfassende Programmangebote
zur Verfügung zu stellen, die sich aus der dienenden Funktion der Rundfunkfreiheit ergibt, wird mit dem Begriff der Grundversorgung umschrieben. Teilweise wird in diesem Zusammenhang auch von einem **Funktionsauftrag des öffentlichrechtlichen Rundfunks** gesprochen, ein
Begriff, der von der Sache her nichts Anderes beinhaltet. Demgegenüber
besteht nicht die Gefahr, die Grundversorgung als Mindestversorgung
misszuverstehen. **Grundversorgung** bedeutet, dass im Prinzip dafür Sorge getragen sein muss, dass für die Gesamtheit der Bevölkerung Programme angeboten werden, die umfassend und in der vollen Breite des klassischen Rundfunkauftrags informieren, und dass Meinungsvielfalt in der
verfassungsrechtlich gebotenen Weise gesichert ist (BVerfGE 74, S. 297,
325 → E 55).

> Der Grundversorgungs-/Funktionsauftrag umfasst:
> – Programme für die Gesamtheit der Bevölkerung
> – Informieren in der vollen Breite des klassischen Rundfunkauftrags
> – Sichern der Meinungsvielfalt

Die Grundversorgung muss durch die öffentlichrechtlichen Anstalten si- **45** chergestellt werden. Aus diesem Grund ist der Staat verpflichtet, die Grundversorgung durch den öffentlichrechtlichen Rundfunk zu gewährleisten. Der Staat muss dafür sorgen, dass die Rundfunkanstalten ihre Aufgaben auch wahrnehmen können, was nur der Fall ist, wenn ihr Bestand gesichert ist und sie über die ausreichenden finanziellen Mittel verfügen. Das wird mit dem Stichwort der »**Bestands- und Entwicklungsgarantie** des öffentlichrechtlichen Rundfunks« umschrieben.

Die Pflicht des Gesetzgebers bezieht sich nicht nur auf die gegenwärti- **46** ge Ausgestaltung, sondern wirkt in inhaltlicher und technischer Hinsicht in die Zukunft hinein. Die »**dynamische Grundversorgung**« beinhaltet eine Entwicklungsgarantie des öffentlichrechtlichen Rundfunks, die neben seiner Bestandsgarantie steht (BVerfGE 83, S. 238, 298; BVerfGE 90, S. 60, 91 → E 56, 58).

Für die Veranstaltung **privaten Rundfunks** hat das BVerfG Vorausset- **47** zungen aufgestellt. Es muss obwohl es zahlreiche private Anbieter gibt die Pluralität der Meinungen auch in Privatsendern gewahrt sein. Es muss ein **Mindestmaß an inhaltlicher Ausgewogenheit und Sachlichkeit** gewahrt sein. Weiterhin muss die **Grundversorgung gewährleistet** sein und es muss eine Aushöhlung des öffentlichen Programmauftrags verhindert werden. Hierfür ist eine **begrenzte Staatsaufsicht** vorzusehen und es muss gleicher Zugang zu Veranstaltungen privater Rundfunksendungen eröffnet werden.

Die Meinungsvielfalt kann entweder durch einen Außen- oder einen **48** Binnenpluralismus gewährleistet werden. Zwischen beiden Modellen hat der Gesetzgeber die Wahl. Beim **binnenpluralen Modell** muss das Gesamtprogramm eines jeden Veranstalters ausgewogen sein. Beim **außenpluralistischen Modell** muss zwar nicht das Programm des einzelnen Veranstalters ausgewogen sein, die Meinungsvielfalt muss indessen durch die Anzahl der Veranstalter gewährleistet sein. Der Gesetzgeber kann zwischen den beiden Modellen wählen und hat sich für eine Kombination von beiden entschieden und damit die **duale Rundfunkordnung** etabliert (BVerfGE 7, S. 297, 325).

Damit ist das Grundgerüst der bundesverfassungsgerichtlichen Fern- **49** sehordnung umschrieben, die im Einzelnen noch stärker ausdifferenziert ist.

50 **Konkretisierung der Rundfunkfreiheit durch das Bundesverfassungsgericht**

1. Rundfunkfreiheit als »dienende Freiheit«
2. Staatsfreiheit des Rundfunks
3. Grundversorgungsauftrag / Funktionsauftrag des öffentlichrechtlichen Rundfunks
4. Bestands- und Entwicklungsgarantie des öffentlichrechtlichen Rundfunks
5. Dynamische Grundversorgung
6. Privatrundfunk nicht voraussetzungslos zulässig

2. Rundfunkentscheidungen des BVerfG

51 Die Ausgestaltung des Rundfunkrechts durch das BVerfG ist in mehreren Entscheidungen erfolgt, deren Anzahl in der rechtswissenschaftlichen Literatur je nach Einschätzung des Bedeutungsgehalts differiert, sich aber auf mindestens zehn beläuft. Im Folgenden werden die wichtigsten Kernaussagen der Rundfunkurteile genannt.

52 (1.) In der Entscheidung »**Deutschland-Fernsehen-GmbH**« (BVerfGE 12, S. 205, 259 ff. → E 51) wurde ein Bundesfernsehen aus kompetenzrechtlichen Gründen für verfassungswidrig erklärt. In der damaligen Fassung des Grundgesetzes hatte der Bund die ausschließliche Kompetenz des Bundes für das Post- und Fernmeldewesen (Art. 73 Nr. 7 a.F. GG). Diese Kompetenz (und ähnlich die heutige Kompetenz für das Postwesen und die Telekommunikation) umfasst nur den sendetechnischen Bereich des Rundfunks. Grund hierfür ist das Interesse der Allgemeinheit an einer bundeseinheitlichen Zuteilung der Wellenbereiche durch den Bund. Der Bund ist zwar in Einzelbereichen regelungsbefugt, nicht jedoch insgesamt im Rundfunkbereich. Der Bund kann auch keine Befugnis aus der Natur der Sache ableiten. Festgestellt wurde zudem die Notwendigkeit der pluralen und autonomen Binnenorganisation des Rundfunks.

53 (2.) Die zweite Fernsehentscheidung wird unter dem Begriff »**Mehrwertsteuer**« oder »Umsatzsteuer« aufgeführt (BVerfGE 31, S. 314, 321 f. → E 52). Sie stellte die Grundrechtsfähigkeit der öffentlichrechtlichen Rundfunkanstalten fest.

54 (3.) Im »**FRAG-Urteil**« von 1981 auch »Privatfunk im Saarland« genannt (BVerfGE 57, S. 295 ff. → E 53) stand die Einführung privaten Rundfunks im Mittelpunkt der Entscheidung. Ausgangspunkt des Vorlageverfahrens war der Antrag der »Freie Rundfunk Aktiengesellschaft in Gründung (FRAG)« auf Erteilung einer Privatfunklizenz. In dieser Entscheidung wurde die private Veranstaltung von Rundfunk ohne gesetzliche Grundlage für unzulässig erklärt. Das BVerfG hielt damit nicht – wie vereinzelt zu lesen ist – die private Veranstaltung von Rundfunk als solche für verfassungswidrig, sondern zeigte vielmehr die Voraussetzungen auf, die der Gesetzgeber bei der Regelung des Privatrundfunks zu schaffen hat. Für die Veranstaltung privater Rundfunksendungen ist demnach eine gesetzliche Regelung erforderlich, in der Vorkehrungen zur Gewährleistung der Freiheit des Rundfunks zu treffen sind. Diese Notwendigkeit besteht auch dann, wenn die durch Knappheit der Sendefrequenzen und den hohen finanziellen Aufwand für die Veranstaltung von Rundfunksendungen bedingte Sondersituation des Rundfunks im Zug der modernen Entwicklung entfällt. Der Gesetzgeber hat wirksame gesetzliche Vorkehrungen vor allem dafür zu schaffen, dass alle gesellschaftlich relevanten Gruppen zu Wort kommen können.

Der Gesetzgeber hat dieser Entscheidung zufolge vor allem über die **55** Grundlinien der Rundfunkordnung zu entscheiden. Er hat sicherzustellen, dass das Gesamtangebot der inländischen Programme der bestehenden Meinungsvielfalt im Wesentlichen entspricht. Ferner hat er Leitgrundsätze verbindlich zu machen, die ein Mindestmaß an inhaltlicher Ausgewogenheit, Sachlichkeit und gegenseitiger Achtung gewährleisten. Er muss eine begrenzte Staatsaufsicht vorsehen, den Zugang zur Veranstaltung privater Rundfunksendungen regeln und, solange dieser nicht jedem Bewerber eröffnet werden kann, Auswahlregelungen treffen. Ob auch die Finanzierung privaten Rundfunks gesetzlicher Regelung bedürfe, war damals nicht zu entscheiden. Das im Fall einschlägige Rundfunkgesetz des Saarlands entsprach den vom Bundesverfassungsgesetz aufgezeigten Anforderungen jedenfalls nicht und wurde daher für verfassungswidrig erklärt.

(4.) Die Entscheidung zur **Grundversorgung** (BVerfGE 73, S. 118 ff. **56** – auch »**Niedersachsen**« genannt → E 54) aus dem Jahr 1986 ging bereits von einer dualen Rundfunkordnung aus, d.h. einem Nebeneinander von öffentlichrechtlichen und privaten Anbietern. »Grundversorgung« ist wie das BVerfG in dieser Entscheidung darlegt, Sache der öffentlichrechtlichen Anstalten, deren terrestrische Programme nahezu die gesamte Bevölkerung erreichen und die zu einem inhaltlich umfassenden Programmangebot in der Lage sind.

Die damit den öffentlichrechtlichen Anstalten gestellte Aufgabe umfasst **57** die essentiellen Funktionen des Rundfunks für die demokratische Ordnung ebenso wie für das kulturelle Leben. Darin findet der öffentlichrechtliche Rundfunk mit seiner Sonderstellung seine Rechtfertigung. Die Aufgaben, die ihm insoweit gestellt sind, machen es notwendig, die zu ihrer Erfüllung erforderlichen technischen, organisatorischen, personellen und finanziellen Vorbedingungen sicherzustellen.

58 Solange die öffentlichrechtliche Grundversorgung wirksam gesichert ist, ist es nicht erforderlich, an private Anbieter dieselben Anforderungen zu stellen. Jedoch muss der Gesetzgeber Regelungen erlassen, die ein möglichst hohes Maß gleichgewichtiger Vielfalt im privaten Rundfunk erreichen und sichern. Gewährleistet sein muss in diesem Zusammenhang vor allem, dass alle Meinungsrichtungen – auch die von Minderheiten – im privaten Rundfunk zum Ausdruck kommen können.

59 (5.) Im »**Baden-Württemberg-Beschluss**« (BVerfGE 74, S. 297, 323 ff., 350 ff. → E 55) ging es um die Rechte der öffentlichrechtlichen Rundfunkanstalten in Bezug auf Multimediaangebote. Im Kern stellte das BVerfG klar, dass die öffentlichrechtlichen Rundfunkanstalten nicht auf die Grundversorgung beschränkt sind.

60 Die Rundfunkfreiheit verbietet es dem Gesetzgeber, die Veranstaltung bestimmter Rundfunkprogramme und rundfunkähnlicher Kommunikationsdienste zu untersagen. Auch jenseits der Grundversorgung durch öffentlichrechtliche Anstalten darf der Gesetzgeber die Veranstaltung dieser Programme und Dienste nicht ausschließlich privaten Anbietern vorbehalten. Die Landesrundfunkanstalten (in der Entscheidung ging es um Baden-Württemberg) dürfen daher auch regionale und lokale Programme ausstrahlen und Ton- und Bewegtbilddienste auf Abruf veranstalten.

61 (6.) In der Entscheidung »**Nordrhein-Westfalen**« (BVerfGE 83, S. 238, 295 ff. → E 56) wurde die Bestands- und Entwicklungsgarantie des öffentlichrechtlichen Rundfunks präzisiert. Art. 5 Abs. 1 Satz 2 GG verpflichtet den Staat, die Grundversorgung, die dem öffentlichrechtlichen Rundfunk in einer dualen Rundfunkordnung zufällt, zu gewährleisten. Hieraus folgert das Gericht eine Bestands- und Entwicklungsgarantie des öffentlichrechtlichen Rundfunks. Die Bestands- und Entwicklungsgarantie erstreckt sich auch auf Dienste mittels neuer Techniken, die künftig Funktionen des herkömmlichen Rundfunks übernehmen können.

62 Die Kontrollgremien sollen nicht der Repräsentation organisierter Interessen oder Meinungen dienen, sondern der Sicherung der Meinungsvielfalt im Rundfunk. Der Gesetzgeber ist bei der Gestaltung dieser Kontrollgremien daher frei, allerdings muss die Zusammensetzung der Gremien dazu geeignet sein, die Rundfunkfreiheit zu wahren.

63 (7.) Der »**Hessen-3-Beschluss**« (BVerfGE 87, S. 181, 197 ff. → E 57) arbeitete die damalige Gebührenfinanzierung als vorrangige Finanzierungsart des öffentlichrechtlichen Rundfunks heraus. Betont wurde die Notwendigkeit der Finanzierung der öffentlichrechtlichen Rundfunkanstalten durch den Staat. Diese Finanzierung muss nach Art und Umfang ihrer Funktion entsprechen und darf die durch Art. 5 Abs. 1 Satz 2 GG geschützte Programmautonomie nicht gefährden. Der Rundfunkbeitrag wurde dabei als die dem öffentlichrechtlichen Rundfunk gemäße Art der Finanzierung bezeichnet. Eine Mischfinanzierung wurde allerdings für zulässig angesehen, wenn dabei die Beitragsfinanzierung nicht in den Hintergrund tritt.

(8.) Im »**Rundfunkgebühren-Urteil I**« (BVerfGE 90, S. 60, 87 ff. → E **64** 58) betonte das BVerfG den Grundsatz der Programmneutralität bei der staatlichen Beitragsfestsetzung. Art. 5 Abs. 1 Satz 2 GG verlangt demgemäß für die Festsetzung der Rundfunkbeitrag ein Verfahren, das dem öffentlichrechtlichen Rundfunk die zur Erfüllung seiner Aufgabe im dualen System erforderlichen Mittel gewährleistet und ihn vor Einflussnahmen auf das Programm wirksam sichert.

Im Verfahren der Beitragsfestsetzung ist von den Programmentschei- **65** dungen der Rundfunkanstalten auszugehen. Der Beitrag darf nicht zu Zwecken der Programmlenkung oder der Medienpolitik eingesetzt werden. Entsprechend stellt das Gericht fest, dass die Überprüfung des Finanzbedarfs der Rundfunkanstalten sich nur darauf beziehen darf, ob sich ihre Programmentscheidungen im Rahmen des rechtlich umgrenzten Rundfunkauftrags halten und ob der aus ihnen abgeleitete Finanzbedarf zutreffend und im Einklang mit den Grundsätzen von Wirtschaftlichkeit und Sparsamkeit ermittelt worden ist. Der so überprüfte Bedarf der Rundfunkanstalten darf bei der Beitragsfestsetzung nur aus Gründen unterschritten werden, die vor der Rundfunkfreiheit Bestand haben. Dazu gehören namentlich die Interessen der Beitragszahler. Abweichungen von der Beitragsfestsetzung der Rundfunkanstalten sind jedenfalls begründungsbedürftig.

(9.) Im »**Rundfunkgebühren-Urteil II**« aus dem Jahr 2007 (BVerfGE **66** 119, S. 181 ff.) geht das BVerfG nochmals ausführlich auf das Verfahren der Festsetzung der Beiträge (damals Gebühren) ein. Es hält an den Grundsätzen des Gebühren-Urteils von 1994 fest und zwar auch und gerade in Anbetracht der technischen Entwicklung der Medien. Der öffentlichrechtliche Rundfunk hat seinen klassischen Funktionsauftrag auch angesichts privater und multimedialer Angebote zu erfüllen. Seine Bestands- und Entwicklungsgarantie verpflichtet den Gesetzgeber, vorzusorgen, dass die hierfür erforderlichen technischen, organisatorischen, personellen und finanziellen Vorbedingungen bestehen. Er ist nicht auf den gegenwärtigen Entwicklungsstand in programmlicher, finanzieller und technischer Hinsicht beschränkt, weshalb seine Finanzierung entwicklungsoffen und entsprechend bedarfsgerecht gestaltet werden muss. Das BVerfG statuiert hier eine »Garantie funktionsgerechter Finanzierung«.

67   Die Festsetzung des Rundfunkbeitrags muss frei von medienpolitischen Zwecksetzungen erfolgen. Mit der Beitragsentscheidung darf weder das Ziel verfolgt werden, die Konkurrenzfähigkeit des öffentlichrechtlichen Rundfunks im Verhältnis zum privatwirtschaftlichen Rundfunk zu verringern noch auf die Art der Programmgestaltung oder gar auf den Inhalt einzelner Programme Einfluss zu nehmen.

68   Die Kontrolle der KEF (Kommission zur Ermittlung des Finanzbedarfs) ist keine politische, sondern eine fachliche Aufgabe. Für Abweichungen von der Bedarfsfeststellung der KEF kommen nur Gründe in Betracht, die vor der Rundfunkfreiheit Bestand haben, wofür faktisch nur die Gewährleistung des Informationszugangs und die angemessene Belastung der Rundfunkteilnehmer als Abweichungsgründe in Betracht kommen werden.

69   Als Alternative zur Beitragsfestsetzung über eine staatsvertragliche Einigung zeigt das BVerfG die Möglichkeit auf, die Entscheidung über die Höhe des Beitrags durch Rechtsverordnung treffen zu lassen, die an ein Indexierungsmodell anknüpft oder eine Mehrheitsentscheidung zu ermöglichen. Der Abweichung der Landesparlamente unter Bedarfsfeststellung der KEF für die Jahre 2005–2008 fehlte es jedenfalls an einer verfassungsrechtlich tragfähigen Rechtfertigung.

70   Die zweite Entscheidung des BVerfG zur Festsetzung des Rundfunkbeitrags hat grundlegende medienrechtliche Bedeutung, auch wenn sie letztlich die Grundsätze des Gebühren-Urteils von 1994 fortschreibt. Die Bedeutung liegt darin, dass an allen rundfunkrechtlichen Vorgaben, die das Gericht aus der Rundfunkfreiheit abgeleitet hat, festgehalten wird, obwohl die Medienlandschaft seither wesentlichen Änderungen unterworfen war. Dies gilt sowohl für den Topos der »dienenden Freiheit« als auch für die »Bestands- und Entwicklungsgarantie« des öffentlichrechtlichen Rundfunks. Die Anforderungen an die Staatsferne der vorigen Entscheidung werden nicht gelockert. Vor allem macht das Gericht am Funktionsauftrag des öffentlichrechtlichen Rundfunks keinerlei Abstriche, auch nicht im Bereich der Unterhaltung, anders als dies in der Literatur z.T. erwartet worden war.

71   (10.) Im Urteil des Bundesverfassungsgerichts vom 25. März 2014 **»ZDF-Verwaltungsrat«** (BVerfGE 136, S. 9 ff. → E 60) musste der Einfluss von Staatsvertretern auf die Aufsichtsgremien der öffentlichrechtlichen Rundfunkanstalt ZDF geklärt werden. Vorausgegangen war ein Streit um die Möglichkeiten eines Ministerpräsidenten, auf den Verwaltungsrat im Zusammenhang mit der Bestellung von Verwaltungsratsmitgliedern Einfluss zu nehmen (»Causa Brender«). Während – mangels konkreter verfassungsrechtlicher Vorgaben – zuvor davon ausgegangen wurde, dass Staatsvertreter

Aufsichtsgremien nicht »dominieren«, d.h. nicht mehr als die Hälfte der Mitglieder stellen dürfen, entschied das Gericht in diesem Urteil klar, dass die Aufsichtsgremien (Rundfunkrat und Verwaltungsrat gleichermaßen) nicht mehr als ein Drittel durch Staatsvertreter oder staatsnahe Mitglieder besetzt werden dürfen. Der ZDF-Staatsvertrag war insoweit verfassungswidrig.

Grundlage dieser Feststellung war die in Art. 5 Abs. 1 Satz 2 GG ver- **72** ankerte Vielfaltssicherung im Rundfunk, die als Ausfluss die Staatsferne angesehen wurde. Der Vielfaltssicherung im öffentlichrechtlichen Rundfunk kommt in der dualen Rundfunkordnung eine besondere Bedeutung zu, da diese Sender als Gegengewicht zu den privaten Rundfunkanbietern ein nicht an marktwirtschaftlichen Überlegungen ausgerichtetes Leistungsangebot hervorzubringen haben. Aus diesem Grund müssen bei der Bestellung der Gremienmitglieder möglichst unterschiedliche Gruppen berücksichtigt werden, die letztlich nicht als Vertreter ihrer Gruppe, sondern als Sachwalter der Allgemeinheit und unabhängig von den Staatsorganen tätig werden sollen. Der Forderung nach einem gänzlichen Ausschluss von Staatsvertretern, wie dies im abweichenden Votum eines Richters gefordert wird, folgte das BVerfG hingegen nicht. Es reicht, dass eine Beeinflussung der Berichterstattung durch staatliche und staatsnahe politische Akteure zur Durchsetzung eigener Interessen, insbesondere parteipolitischer Agenden, verhindert wird. Zu den Staatsvertretern werden nicht nur Mitglieder einer Regierung, sondern auch Abgeordnete, politische Beamte, Wahlbeamte in Leitungsfunktionen wie Bürgermeister und Landräte, Vertreter der Kommunen sowie Parteipolitiker gerechnet. Lediglich Hochschulangehörige und Richter unterfallen diesem Personenkreis nicht, da sie nicht in staatlich-politischen Entscheidungszusammenhängen stehen, die vom Wettbewerb um Amt und Mandat geprägt sind. Neben der Anzahl staatsnaher Mitglieder in den Aufsichtsgremien stellt das BVerfG auch Anforderungen an die Benennung und an die persönlichen Voraussetzungen der staatsfernen Mitglieder, nicht zuletzt im Hinblick auf deren persönliche Freiheit und Unabhängigkeit. Besonderen Wert legt das BVerfG auf die Weisungsfreiheit der Gremienmitglieder, was verhindern soll, dass sie in intransparenter Weise von außen unter Druck geraten und unsachlichen Einflussnahmen ausgesetzt werden.

Überblick über die Rundfunkentscheidungen des BVerfG

1. BVerfGE 12, S. 205, 259 ff. »Deutschland-Fernsehen-GmbH« ➔ E 51: Bundesfernsehen verfassungswidrig

2. BVerfGE 31, S. 314, 321 f. »Mehrwertsteuer« ➔ E 52: Grundrechtsfähigkeit der öffentlichrechtlichen Rundfunkanstalten
3. BVerfGE 57, S. 295, 325 ff. »FRAG« ➔ E 53: Rundfunkfreiheit als »dienende Freiheit«, Vorgaben an den Gesetzgeber
4. BVerfGE 73, S. 118, 152 ff. »Niedersachsen« ➔ E 54: Grundversorgung
5. BVerfGE 74, S. 297, 323 ff. »Baden-Württemberg« ➔ E 55: Öffentlichrechtliche Rundfunkanstalten nicht auf Grundversorgung beschränkt
6. BVerfGE 83, S. 238, 295 ff. »Nordrhein-Westfalen« ➔ E 56: Bestands- und Entwicklungsgarantie des öffentlichrechtlichen Rundfunks
7. BVerfGE 87, S. 181, 197 ff. »Hessen-3« ➔ E 57: Beitragsfinanzierung als vorrangige Finanzierungsart des öffentlichrechtlichen Rundfunks
8. BVerfGE 90, S. 60, 87 ff. »Rundfunkgebühren-Urteil I« ➔ E 58: Grundsatz der Programmneutralität bei der staatlichen Beitragsfestsetzung
9. BVerfGE 119, S. 181 ff. »Rundfunkgebühren-Urteil II« ➔ E 59: Garantie funktionsgerechter Finanzierung. Wollen die Landesparlamente vom Beitragsvorschlag der KEF abweichen, so müssen sie hierfür nachprüfbare Gründe angeben.
10. BVerfGE 136, S. 9 ff. »ZDF-Verwaltungsrat« ➔ E 60: Anzahl der Staatsvertreter in Aufsichtsgremien darf ein Drittel nicht überschreiten.

Rundfunkrecht		
Begriffe:	öffentlichrechtlicher Rundfunk	privater Rundfunk
	öffentlichrechtliche Anstalten, Rundfunkanstalten	Rundfunksender, Rundfunkunternehmen
Rechtsgrundlagen: (vereinfacht)	Rundfunkstaatsvertrag (geplant: Medienstaatsvertrag)	Rundfunkstaatsvertrag (geplant: Medienstaatsvertrag)
	Landesrundfunkgesetze z.B. BayRG, MDR-StV	Landesmediengesetze z.B. ThürLMG, SächsPRG

VII. Grundlagen des öffentlichrechtlichen Rundfunks

In diesem Abschnitt werden zunächst die rechtlichen Grundlagen der öffentlichrechtlichen Rundfunkanstalten aufgezeigt. Die Grundlagen werden durch die Darstellung der Vorschriften des Rundfunkstaatsvertrags (der möglicher Weise durch den – hinsichtlich des Rundfunks – im Wesentlichen Inhaltsgleichen Medienstaatsvertrag abgelöst werden wird) und der Landesrundfunkgesetze ergänzt.

1. Programminhalt

Der öffentlichrechtliche Rundfunk ist in einem Grenzbereich angesiedelt. **73** Einerseits ist eine staatliche Kontrolle vorgesehen, andererseits herrscht eine weitgehende staatliche Unabhängigkeit. Das BVerfG hat genau festgelegt, in welchem Umfang der Staat die Rundfunkanstalten beeinflussen darf. Das gilt zum einen hinsichtlich des Inhalts, zum anderen für die Staatsaufsicht über Rundfunkanstalten.

In inhaltlicher Hinsicht besteht eine **Ordnungsbefugnis des Staates**, **74** die als wesentliche Entscheidung vom Parlamentsvorbehalt gefordert ist. Die Ordnung des Rundfunks ist mithin nicht nur ein Recht, sondern in erster Linie eine Pflicht des Gesetzgebers. Er muss eine gesetzliche Ordnung schaffen, die sicherstellt, dass der Rundfunk den verfassungsrechtlich vorausgesetzten Dienst leistet. Wie der Gesetzgeber seine Aufgabe im Einzelnen erfüllt, ist – innerhalb der Grenzen der Rundfunkfreiheit – Sache seiner eigenen Entscheidung. Der Gesetzgeber hat die Leitgrundsätze verbindlich zu machen, die ein Mindestmaß an inhaltlicher Ausgewogenheit, Sachlichkeit und gegenseitiger Achtung gewährleisten. Das Grundgesetz fordert lediglich, dass freie, umfassende und wahrheitsgemäße Meinungsbildung garantiert ist.

Inhalte und Formen von Sendungen sind grundsätzlich der **Ent-** **75** **scheidung durch die Rundfunkanstalten** vorbehalten. Der Gesetzgeber darf allerdings ein Programmgerüst vorgeben. Anzahl und Umfang der Programme können vom Gesetzgeber bestimmt werden, soweit er dadurch die Grundversorgung ermöglicht. Verfassungswidrig wären dagegen detaillierte inhaltliche Vorgaben der Programme, die nicht lediglich den Grundversorgungsauftrag umreißen.

Die Veranstaltung von Programmen **außerhalb des Funktionsauf-** **76** **trags** ist den öffentlichrechtlichen Anstalten nicht entzogen. Die Rundfunkfreiheit verbietet es dem Gesetzgeber, die Veranstaltung bestimmter Rundfunkprogramme und rundfunkähnlicher Kommunikationsdienste zu untersagen. Auch jenseits der Grundversorgung durch öffentlichrechtliche

Anstalten darf der Gesetzgeber die Veranstaltung solcher Programme und Dienste nicht ausschließlich privaten Anbietern vorbehalten. Daher dürfen auch regionale und lokale Programme ausgestrahlt und Ton- und Bewegtbilddienste auf Abruf veranstaltet werden.

2. Aufsicht

77 Die öffentlichrechtlichen Rundfunkanstalten unterliegen einer staatlichen Rechtsaufsicht. Sie sind allerdings nur einer begrenzten staatlichen Kontrolle zugänglich. Eine Fachaufsicht wäre aus Gründen der grundrechtlichen Garantie der Rundfunkfreiheit nicht verfassungsmäßig. Indessen ist auch die Rechtsaufsicht über Rundfunkanstalten nicht mit derjenigen über Gemeinden zu vergleichen. Mit Rücksicht auf das Prinzip der Staatsfreiheit hinsichtlich der Programmgestaltung hat der Staat auch bei der Rechtsaufsicht größte Zurückhaltung zu üben (zum privaten Rundfunk → *10* Rdnr. 197 ff.).

3. Rundfunkfinanzierung

a) Rundfunkbeitrag

78 Die Besonderheit des öffentlichrechtlichen Rundfunks gegenüber dem privaten Rundfunk besteht in seiner Finanzierung durch Rundfunkbeiträge. 2013 wurde die frühere Rundfunkgebühr durch den Rundfunkbeitrag abgelöst. Die Einzelheiten sind im Rundfunkbeitragsstaatsvertrag (RBeitrStV) geregelt. Während die Rundfunkgebühr an das Bereithalten eines Rundfunkempfangsgeräts gebunden war, sind die Anknüpfungspunkte für den Rundfunkbeitrag die Wohnung bzw. die Betriebsstätte (§§ 2, 6 RBeitrStV). Wohnung ist jede ortsfeste, baulich abgeschlossene Einheit, die zum Wohnen oder Schlafen geeignet ist oder genutzt wird, einen eigenen Eingang hat und nicht ausschließlich über eine andere Wohnung begehbar ist. Damit sind auch Zweit- und Ferienwohnungen beitragspflichtig (§ 3 RBeitrStV). Eine Betriebsstätte ist jede zu einem eigenständigen nicht ausschließlich privaten Zweck bestimmte oder genutzte Raumeinheit (§ 6 RBeitrStV). Beitragspflichtig ist im privaten Bereich der Inhaber einer Wohnung (§ 2 Abs. 1 RBeitrStV) und im nicht privaten Bereich der Inhaber einer Betriebsstätte (§ 5 Abs. 1 RBeitrStV). Die Höhe des Rundfunkbeitrags bemisst sich im nicht privaten Bereich gestaffelt nach der Anzahl der Beschäftigten. Zudem bestehen Zahlungspflichten für Hotel- und Gästezimmer sowie Ferienwohnungen und für nicht lediglich privat genutzte Kraftfahrzeuge (§ 5 Abs. 2 RBeitrStV).

Immer wieder wird die Frage gestellt, ob diese Bevorzugung des öffentlichrechtlichen Rundfunks heutzutage noch gerechtfertigt ist. Die Sonderstellung der öffentlichrechtlichen Anstalten ergibt sich aus ihrer Funktion im demokratischen Staat. Um sicherzustellen, dass die Rundfunkanstalten ihre Aufgaben erfüllen können, muss der Staat auch für ihre **Funktionsfähigkeit in finanzieller Hinsicht** sorgen.

Auf der anderen Seite darf der Staat nicht den finanziellen Bedarf des   **79**
Rundfunks ausnutzen, um Einfluss auf ihn zu erlangen. Wenn Rundfunkanstalten die Regierungspolitik immer in positivem Licht darstellen müssten und kritische Stimmen nicht zu Wort kommen lassen dürften, um
nicht in Gefahr zu geraten, ihre finanziellen Mittel zu verlieren, so wäre es
um die Basis für eigenständige politische Entscheidungen der Bürger geschehen. Es darf der Staat die Rundfunkanstalten nicht »am goldenen Zü-
gel« führen. Daher muss die Finanzausstattung des Rundfunks ohne eine
direkte staatliche Finanzierung durch Haushaltsmittel sichergestellt werden.
Daher finanzieren die Radio- und Fernsehteilnehmer bzw. die potentiellen
Nutzer den Rundfunk selbst durch einen **Rundfunkbeitrag.**

b) Mischfinanzierung

Zusätzlich besteht für die öffentlichrechtlichen Rundfunkanstalten die   **80**
Möglichkeit, durch Vergabe von Sendezeiten Werbeeinnahmen zu erzielen. Weitere Formen der Finanzierung des öffentlichrechtlichen Rundfunks spielen in der Praxis eine geringere Rolle. Sie sind jedoch ebenfalls
denkbar und werden wahrgenommen, beispielsweise der Verkauf von
Produktionen an andere Sender. Ausdrücklich hat das BVerfG ausgesprochen, dass auch Randnutzungen und damit auch bestimmte Formen des
Merchandising als Einnahmequellen von der Rundfunkfreiheit geschützt
sind, sofern diese im Zusammenhang mit der Rundfunkfreiheit stehen.
Solche Formen wirtschaftlicher Betätigung müssen sich allerdings immer
an der öffentlichen Aufgabe der Rundfunkanstalten messen lassen. Eine
losgelöste Erwirtschaftung von Gewinnen würde hingegen diese Aufgabenerfüllung gefährden und ist daher nicht zulässig (➔ *10 Rdnr. 95*). Da
die Finanzierung des öffentlichrechtlichen Rundfunks somit auf mehreren,
im Wesentlichen auf zwei Grundlagen beruht, wird auch von **Mischfinanzierung** gesprochen.

In der Verfassung selbst ist ein bestimmtes Finanzierungsmodell nicht   **81**
ausdrücklich normiert. Die Grundstrukturen der Finanzierung hat das
BVerfG allerdings aus der Rundfunkfreiheit des Art. 5 Abs. 1 Satz 2 GG
abgeleitet. Da die Grundversorgung von den öffentlichrechtlichen Anstalten sichergestellt werden muss, ist der Staat verpflichtet, ihren Bestand zu

sichern, was auch die Gewährleistung ausreichender finanzieller Mittel mit
einschließt.

> Der Rundfunkbeitrag dient in erster Linie dazu, die den öffentlichrechtlichen
> Anstalten obliegende Grundversorgung bzw. ihren Funktionsauftrag sicherzu-
> stellen.

c) Rechtsnatur des Rundfunkbeitrags

82 Beiträge werden zur Deckung der Kosten einer öffentlichen Einrichtung
oder Anlage erhoben, die dem Pflichtigen einen besonderen Vorteil bietet.
Für den Beitrag ist die bloße Nutzungsmöglichkeit eines entsprechenden
öffentlichen Angebots ausreichend. Ein solcher Vorteil liegt hier in der
Möglichkeit, das Angebot des öffentlichrechtlichen Rundfunks zu nutzen.

83   Der Rundfunkbeitrag ist mithin keine Gegenleistung für einen konkreten Leistungsaustausch, vielmehr dient er der Finanzierung des Gesamtan-
gebots des öffentlichrechtlichen Rundfunks u.a. der Finanzierung der Landesmedienanstalten. Die Frage nach der Einordnung des Rundfunkbeitrags
ist nicht nur von theoretischer Bedeutung, sondern ist für die Beurteilung
ihrer Rechtmäßigkeit maßgeblich. Aus diesem Grund haben Rundfunkteilnehmer, die sich weigern, Beiträge zu bezahlen, weil sie keine öffentlichrechtlichen Programme sehen, sondern ausschließlich privaten Rundfunk
nutzen, mit ihrem Vorbringen keinen Erfolg. Ebenso wenig erfolgreich ist
die Behauptung, über Internet keinen Rundfunk zu empfangen. Das
BVerfG hat die Regelung des Rundfunkbeitrags für verfassungsmäßig erklärt. Es handelt sich um einen Beitrag im finanzverfassungsrechtlichen
Sinne und nicht um eine Steuer. Mit dem Gleichheitssatz nicht vereinbar
ist allerdings eine Zahlungspflicht für Zweitwohnungen. Die Landesgesetzgeber haben bis 30. Juni 2020 eine Neuregelung zu treffen (BVerfG
NJW 2018, S. 3223).

d) Verhältnis des Rundfunkbeitrags zu anderen Finanzierungsquellen

84 Aus der Rundfunkfreiheit leitet das BVerfG ab, dass der Rundfunkbeitrag
die **Hauptfinanzierungsquelle** des öffentlichrechtlichen Rundfunks sein
muss. Das wird dahingehend verstanden, dass die Rundfunkbeiträge so
festgesetzt werden müssen, dass durch dieses Aufkommen mehr als die
Hälfte des für die Aufgabenerfüllung notwendigen Finanzbedarfs gedeckt
werden kann.

85   Neben der Beitragsfinanzierung sind in der Praxis angesichts der Fi-
nanzknappheit **Werbeeinnahmen** für die öffentlichrechtlichen Rundfunkanstalten unabdingbar. Eine finanzielle Abhängigkeit der Rundfunk-

anstalten kann sich allerdings nicht nur gegenüber dem Staat ergeben, sondern auch gegenüber der Wirtschaft. Es gibt sowohl Forderungen, die öffentlichrechtlichen Anstalten stärker auf Werbeeinnahmen zu verweisen wie auch die, ihnen Einkünfte aus Werbesendungen ganz zu entziehen. Zulässig ist es, wenn der Gesetzgeber die Möglichkeit von Werbeeinnahmen beschränkt.   **86**

Der Schutz der Rundfunkfreiheit erstreckt sich nicht auf einzelne Formen der   **87** Finanzierung (BVerfGE 87, S. 181, 200). Insbesondere lässt sich kein Anspruch des öffentlichrechtlichen Rundfunks auf Partizipation an der Werbefinanzierung ableiten. Dementsprechend wurde ein Werbeverbot im öffentlichrechtlichen Regional- und Lokalfunk vom BVerfG verfassungsrechtlich nicht beanstandet. Der Gesetzgeber ist nicht daran gehindert, einzelne Finanzierungsformen – wie beispielsweise Werbung und Sponsoring – zu beschränken oder auszuschließen, selbst wenn gerade eine solche Finanzierungsart bestimmte Vorteile mit sich bringt (BVerfGE 74, S. 297, 342). Vom Auftrag des öffentlichrechtlichen Rundfunks her kann eine Beschränkung von Werbemöglichkeiten sinnvoll sein, da die Werbefreiheit faktisch zu einer Programmgestaltung führen kann, die an hohen Einschaltquoten ausgerichtet ist. Die dem öffentlichrechtlichen Rundfunk gemäße Art der Finanzierung ist vielmehr die Beitragsfinanzierung (BVerfGE 87, 181, 199). Entsprechend formuliert auch § 13 RStV, dass die vorrangige Finanzierungsquelle der Beitrag ist.

> Der Rundfunkbeitrag erlaubt es dem öffentlichrechtlichen Rundfunk, unab- **88** hängig von Einschaltquoten und Werbeaufträgen ein Programm anzubieten, das den verfassungsrechtlichen Anforderungen gegenständlicher und meinungsmäßiger Vielfalt entspricht.

Ein vollständiger Ausschluss von Werbung durch die Rundfunkanstalten   **89** erschiene indessen ebenfalls problematisch. Der öffentlichrechtliche Rundfunk muss den privaten Anbietern gegenüber konkurrenzfähig bleiben, wenn nicht die Anforderungen der Rundfunkfreiheit verfehlt werden sollen (BVerfGE 90, S. 60, 92 → E 58).

Der Staat hat die Pflicht, den öffentlichrechtlichen Rundfunkveranstaltern die zur **90** Erfüllung ihrer Aufgaben erforderlichen finanziellen Mittel zur Verfügung zu stellen. Darauf, aber auch nur darauf, haben sie einen verfassungsrechtlichen Anspruch (BVerfGE 87, S. 181, 198 ff.). Der Gesetzgeber darf den Rundfunkanstalten nicht Werbeeinnahmen entziehen, ohne eine Alternativfinanzierung vorzusehen. Die Finanzierung darf staatlicherseits insbesondere nicht beschränkt werden, um Einfluss auf die Art der Programmgestaltung oder den Inhalt einzelner Programme ausüben zu können und damit die Verbote der Rundfunkfreiheit zu unterlaufen (BVerfGE 74, S. 297, 342). Nur wenn der Gesetzgeber es unterlässt, für die funktionsnotwendige Finanzierung zu sorgen, kann ein Verbot von Werbung in die Rundfunkfreiheit eingreifen.

91   Der Umfang der Werbung kann durch den Gesetzgeber aber auch unter Berücksichtigung der Interessen privater Sender festgelegt werden. Werbeverbote sind nicht nur in dem Umfang zulässig, wie sie Abhängigkeiten der Rundfunkanstalten von der Wirtschaft verhindern, sondern auch zum Schutz privater Rundfunkveranstalter (vgl. BVerfGE 74, S. 297, 343 f.). In der dualen Rundfunkordnung ist es nicht nur zulässig, sondern geboten, die berechtigten Belange privater Rundfunkveranstalter mit in die gesetzgeberische Abwägung einzubeziehen, um publizistische, aber auch ökonomische Wettbewerbsverzerrungen zu verhindern. Vor allem darf der Gesetzgeber die Veranstaltung privater Rundfunkprogramme nicht durch seine Regelungen in hohem Maße erschweren oder ganz ausschließen (BVerfGE 73, S. 118, 157; BVerfGE 83, S. 238, 297).

e) Wettbewerb zwischen Anstalten und privaten Anbietern

92   **Außerhalb des Funktionsauftrags** besteht ein wirtschaftliches Wettbewerbsverhältnis zwischen den öffentlichrechtlichen und den privaten Anbietern. Dem Nebeneinander von öffentlichrechtlichem und privatem Rundfunk liegt u.a. der Gedanke zugrunde, dass der publizistische Wettbewerb zwischen beiden sich anregend und belebend auf das inländische Gesamtangebot auswirkt und Meinungsvielfalt auf diese Weise gestärkt und erweitert wird. Im Wettbewerb zwischen den Sendern dürfen private Anbieter nicht gegenüber öffentlichrechtlichen Sendern benachteiligt werden oder umgekehrt (BVerfGE 74, S. 297, 332 »Baden-Württemberg« → E 55).

93   Umstritten ist die Zulässigkeit einer Finanzierung öffentlichrechtlicher Programme durch **Pay-TV**. Selbst durch eine gesetzliche Regelung wäre das kaum denkbar. Zu beachten ist der Vorrang der Beitragsfinanzierung und das Sozialstaatsprinzip (Art. 20 Abs. 1 GG)

94   Umgekehrt kann fraglich sein, inwieweit **private, lokale und regionale Rundfunkangebote** über **Teilnehmerentgelte** finanziert werden dürfen. Das BVerfG geht davon aus, dass es naheliegt, die Veranstaltung lokaler und regionaler Programme dem öffentlichrechtlichen Rundfunk zu übertragen, wenn es nicht von alleine durch Marktprozesse zur privaten Veranstaltung solcher Programme kommt oder diese nicht die gewünschte Qualität aufweisen. Entschließt sich der Gesetzgeber hingegen, private, lokale oder regionale Sender durch Teilnehmerentgelte zu fördern, so ist dies nur zulässig, wenn er mit hinreichender Bestimmtheit regelt, unter welchen Voraussetzungen Anbieter finanziert werden und wenn Meinungspluralität gesichert ist (BVerfGE 114, S. 371 ff. »Bayerischer Kabelgroschen« → E 67).

f) Umfang staatlicher Finanzierungspflicht

95   Die Frage, in welchem Umfang öffentlichrechtliche Rundfunkanstalten finanziert werden müssen, d.h. welche Angebote der Anstalten zu finanzieren sind, ist aus der Funktion der öffentlichrechtlichen Rundfunkanstalten zur **Sicherstellung** ihres **Funktionsauftrags** zu beantworten. Gefordert ist die Finanzierung eines dem klassischen Rundfunkauftrag entsprechenden Programms, das im Wettbewerb mit privaten Anbietern bestehen kann. Daher ist ein Insolvenzverfahren bei öffentlichrechtlichen Rundfunkanstalten mit der Rundfunkfreiheit unvereinbar (BVerfGE 89, S. 144 ff. »Konkurs von Rundfunkanstalten« → E 63). Nur so weit geht die staatliche Finanzierungspflicht. Es kann nicht den Rundfunkanstalten alleine obliegen, zu bestimmen, was zur Erfüllung ihrer Funktionen erforderlich ist. Es gibt dementsprechend keine Pflicht des Gesetzgebers, jeder Programmentscheidung, die die öffentlichrechtlichen Rundfunkanstalten in Wahrnehmung ihrer Programmfreiheit treffen, finanziell zu entsprechen. Nach Ansicht des BVerfG bieten die Rundfunkanstalten keine hinreichende Gewähr dafür, dass sie sich bei der Anforderung der finanziellen Mittel im Rahmen des Funktionsnotwendigen halten. Rundfunkanstalten hätten wie jede Institution ein **Selbstbehauptungs- und Ausweitungsinteresse**, das sich gegenüber der ihnen auferlegten Funktion verselbständigen könne, was erst recht unter den Bedingungen des Wettbewerbs mit privaten Veranstaltern gelte. Es sind daher lediglich diejenigen Programme vom Staat zu ermöglichen, deren Veranstaltung zur Wahrnehmung der spezifischen Funktionen des öffentlichrechtlichen Rundfunks erforderlich sind (BVerfGE 87, S. 181, 201 f. → E 57). Zudem sind die **Grundsätze der Wirtschaftlichkeit und Sparsamkeit** von den Rundfunkanstalten zu beachten. Damit sind beispielsweise Spekulationsgeschäfte mit Geldern einer Rundfunkanstalt an der Börse unvereinbar.

g) Verfahren der Beitragsfestsetzung

Subtil ausgestaltet ist das **Verfahren der Beitragsfestlegung**. Bei der **96** Festlegung des Finanzbedarfs der Rundfunkanstalten kommt der »**Kommission zur Ermittlung des Finanzbedarfs der Rundfunkanstalten**« **(KEF)** eine zentrale Bedeutung zu. Vor der Entscheidung des BVerfG von 1994 (→ *10* Rdnr. 64 f.) war die von der Konferenz der Ministerpräsidenten ins Leben gerufene Kommission lediglich ein Hilfsinstrument der Ministerpräsidentenkonferenz. Das BVerfG verlangte indessen ein Verfahren, das politische Einflussnahmen auf die Programmgestaltung über die Beitragshöhe ausschließt. Maßgeblich ist auch für die Finanzierung der **Grundsatz der Programmneutralität**. Eine von außen kommende, objektive Bestimmung der zur Funktionserfüllung erforderlichen Mittel scheidet aus, da die Funktionserfüllung gerade in den internen Freiheitsraum der Rundfunkanstalten fällt (BVerfGE 90, S. 60, 95).

97 Dogmatisch interessant ist in diesem Zusammenhang die Konstruktion des BVerfG, **Grundrechtsschutz durch** Vorgabe eines Verfahrens, durch **Verfahrensschutz** zu garantieren. Es hält prozeduralen Grundrechtsschutz vor allem dort für geboten, wo die Grundrechte ihre materielle Schutzfunktion nicht hinlänglich erfüllen können. Da es eine objektive, von Wertung freie Festsetzung des Finanzbedarfs nicht gibt, soll der Grundrechtsschutz durch eine Verfahrensgarantie gewährleistet sein, in diesem Fall durch eine politikfreie Entscheidung eines Sachverständigengremiums. Es muss eine rechtliche Struktur bereitgestellt werden, die schon bei den Gefahrenquellen ansetzt und die Möglichkeit rechtswidriger Kompetenzwahrnehmung so weit wie möglich ausschließt. Dem Gebot der staatsfernen Rundfunkfinanzierung wird am ehesten durch ein gestuftes und kooperatives **Verfahren** Genüge getan. An dem Verfahren sind verschiedene Instanzen beteiligt. Einerseits die Rundfunkanstalten, die ein vitales Interesse an der Festsetzung der ihnen zur Verfügung stehenden finanziellen Mittel haben. Andererseits die Landesparlamente, denen die Letztentscheidungskompetenz zukommen muss. Zwischen beide ist eine unabhängige Kommission, die KEF, zwischengeschaltet. Ausgehend von der gesetzlichen Forderung nach einer funktionsgerechten Finanzierung des öffentlichrechtlichen Rundfunks (→ *10* Rdnr. 78 ff.) regelt der Rundfunkfinanzierungsstaatsvertrag (**RFinStV**) die Festsetzung der Beitragshöhe.

98 Zunächst melden die Rundfunkanstalten ihren Finanzbedarf bei der KEF an. Diese prüft die Bedarfsmeldung nach den Vorgaben des § 3 RFinStV. Danach ist der Finanzbedarf nach den Grundsätzen der Wirtschaftlichkeit und Sparsamkeit sowie von Rationalisierungs- und Kooperationsmöglichkeiten zu ermitteln. § 3 RFinStV soll eine Überfinanzierung des öffentlichenrechtlichen Rundfunks sicher ausschließen. Nach Prüfung der Bedarfsmeldung schlägt die KEF den Landesparlamenten die Höhe des Rundfunkbeitrags vor. Diese entscheiden abschließend in Form eines Gesetzes über die Beitragshöhe. In der Praxis erfolgt die Festsetzung durch einen sog. Rundfunkänderungsstaatsvertrag. Die Beitragshöhe wird letztlich in § 8 RFinStV geregelt. Soweit der Gesetzgeber von dem Vorschlag der KEF abweichen will (§ 7 Abs. 2 RFinStV), bestehen dafür klare Voraussetzungen, die das BVerfG herausgearbeitet hat. Ein Abweichen ist demnach nur aus Gründen des Informationszugangs und der angemessen Belastung der Rundfunkteilnehmer zulässig (BVerfGE 90, S. 60, 103, 104 → E 58). In dem im Jahre 2007 ergangenen »Rundfunkgebühren-Urteil II« bestätigte das BVerfG diese Abweichungsgründe und fordert zudem, dass diese »nachprüfbar« sein müssen (→ *10* Rdnr. 68). Das Gericht verlangt somit eine Substantiiertheit der Begründung, ohne jedoch überzogene Anforderungen hinsichtlich der Detailgenauigkeit zu stellen.

Neben den Interessen der Rundfunkanstalten wird auch den **Interessen der Bei-** **99**
tragszahler vom BVerfG ein zentraler Stellenwert eingeräumt. Die Heranziehung der Rundfunkteilnehmer zur Finanzierung des öffentlichrechtlichen Rundfunks ist nur in dem Maße gerechtfertigt, wie es für dessen Funktionserfüllung
geboten ist. »Geboten« sind indessen nur diejenigen Maßnahmen, die die gering-
sten Belastungen für die Betroffenen mit sich bringen. Daher stellt die sog. **Bei-**
tragsverträglichkeit eine wichtige Beschränkung der Finanzierung des öffentlichrechtlichen Rundfunks dar (BVerfGE 90, S. 60, 87 ff. → E 58).

Eine zweite wichtige Beschränkung der Beitragsfinanzierung ergibt sich aus
dem **Sozialstaatsgebot**. Gerade der Grundversorgungsauftrag des öffentlichrechtlichen Rundfunks besteht gegenüber jedermann. Die Grundversorgung muss
daher auch für diejenigen gewährleistet sein, die nicht über ausreichende finanzielle Mittel verfügen. Allerdings ergibt sich hieraus nicht zwingend eine Beitrags-
grenze, wenn nur, wie dies gegenwärtig der Fall ist, Ausnahmeregelungen für
Einkommensschwache vorgesehen sind.

Verfahren zur Festlegung der Rundfunkbeiträge **100**

Landesparlamente
setzen die Beiträge fest

KEF
(Kommission zur Ermittlung des Finanzbedarfs)
prüft auf Vereinbarkeit mit dem Rundfunkauftrag und
auf Wirtschaftlichkeit und Sparsamkeit

Rundfunkanstalten
melden Finanzbedarf an

h) Finanzausgleich zwischen den Rundfunkanstalten

Die Rundfunkbeiträge stehen grundsätzlich den jeweiligen Landesrund- **101**
funkanstalten zu. Hierbei gibt es jedoch eine wichtige Modifikation. Aufgrund des Finanzausgleichs zwischen den Rundfunkanstalten erhalten
kleinere Rundfunkanstalten von den finanzstärkeren Ausgleichszahlun-
gen, die ihnen ermöglichen sollen, ein ausreichendes Programm zu gestalten und zu senden. Die Einzelheiten sind im Rundfunkstaatsvertrag (§ 12
Abs. 2) und im Rundfunkfinanzierungsstaatsvertrag (§§ 12 ff.) geregelt.

VIII. Grundlagen des privaten Rundfunks

102 Im Folgenden werden zunächst die Voraussetzungen dargestellt, die das BVerfG für die Veranstaltung von privatem Rundfunk aufstellt. Diese Grundlagen werden durch die Darstellung über die Vorschriften des Rundfunkstaatsvertrags und der Landesmediengesetze ergänzt.

103 Das BVerfG hat den Weg zum Privatrundfunk nicht geöffnet, ohne zuvor Mindestvoraussetzungen aufzustellen, die vom Gesetzgeber vorgesehen werden müssen:

104 – Die **Pluralität der Meinungen** muss trotz privater Rundfunkanbieter gewahrt sein. Hinsichtlich der Meinungsvielfalt dürfen die Anforderungen an die privaten Veranstalter in einer dualen Rundfunkordnung geringer sein als die, die an öffentlichrechtliche Anstalten gestellt werden. So reicht bei den Privaten die Chance des Zugangs für die verschiedenen Meinungen aus, es ist nicht erforderlich, dass sie tatsächlich zu Wort kommen.

105 Verfassungsrechtlich problematisch sind Zusammenschlüsse von Privatsendern, wenn dadurch die Meinungspluralität gefährdet würde, vor allem, wenn nur noch ein Sender in einem Bundesland verbliebe. Maßgeblich ist nicht die Anzahl der Programme, sondern die der Anbieter, weshalb eine Kooperation mehrerer Sender in einer »Bürogemeinschaft« zulässig sein kann, nicht aber die Fusion in einem »Funkhausmodell«. Die geringeren Anforderungen an die Privatsender sind nur solange gerechtfertigt, wie die Grundversorgung durch die öffentlichrechtlichen Sender gewährleistet ist.

106 – Der Staat – und das sind in diesem Fall die Länder – haben jedenfalls ein **Mindestmaß an inhaltlicher Ausgewogenheit** der Programme, der **Sachlichkeit** und der **gegenseitigen Achtung** zu gewährleisten.

107 – Die **Grundversorgung** muss auch in einem dualen Rundfunksystem gewährleistet sein. Hierdurch soll eine Aushöhlung des öffentlichen Programmauftrags verhindert werden. Damit ist die Existenz der öffentlichrechtlichen Anstalten trotz des Vorhandenseins der Privatsender garantiert, sieht es doch das BVerfG als Aufgabe der öffentlichrechtlichen Rundfunkanstalten an, die Grundversorgung sicherzustellen.

108 – Um die genannten Anforderungen zu gewährleisten, muss zumindest eine **begrenzte Staatsaufsicht** über die Privatsender vorgesehen sein.

109 – Es muss **gleicher Zugang** zur Veranstaltung privater Rundfunksendungen eröffnet werden.

Indem die Grundversorgung durch die öffentlichrechtlichen Rundfunkanstal- **110**
ten garantiert wird, dürfen gegenüber den privaten Rundfunkanbietern geringere Anforderungen an die Meinungspluralität gestellt werden.

Gesetzliche Voraussetzungen für die Veranstaltung von Privatrundfunk sind:
– Garantie von Meinungspluralität
– Gewährleistung des Funktionsauftrags der öffentlichrechtlichen Anstalten
– Bestehen einer (begrenzten) Staatsaufsicht
– gleichheitsgemäße Regelung des Zugangs Privater
Der Gesetzgeber hat sich für eine Mischung aus binnen- und außenpluralem
Modell, für eine begrenzt außenpluralistische Rundfunkordnung entschieden.
Zwar sollen grundsätzlich verschiedene Anbieter die Meinungsvielfalt wahren,
jedoch müssen die öffentlichrechtlichen Anstalten als notwendige Ergänzung
hinzutreten, die binnenplural zu organisieren sind. Zwischen den öffentlichrechtlichen Anstalten und den privaten Sendern besteht hinsichtlich der
Gewährleistung von Meinungsvielfalt eine Aufgabenteilung dergestalt, dass die
öffentlichrechtlichen Anstalten die Grundversorgung gewährleisten, weshalb
an die privaten Sender keine gleich hohen Anforderungen hinsichtlich der
Programmausgewogenheit gestellt werden müssen.

IX. Chancengleichheit politischer Parteien im Rundfunk

Der Grundsatz der Chancengleichheit politischer Parteien (§ 5 PartG) wird ver- **111**
letzt, wenn bei der Einräumung von **Sendezeiten** anlässlich einer Bundestagswahl eine Partei nicht berücksichtigt wird. Aus dem Grundgesetz lässt sich zwar
kein Recht politischer Parteien auf Gewährung von Sendezeit ableiten (BVerfG
NJW 1994, S. 14). Wird jedoch von einer Rundfunkanstalt einer Partei Sendezeit
eingeräumt, so ergibt sich aus dem Grundsatz der Chancengleichheit ein Anspruch auf Sendezeit auch für die anderen Parteien.

Der Grundsatz der Chancengleichheit der Parteien ist insbesondere von den **112**
öffentlichrechtlichen Rundfunkveranstaltern zu beachten. Durch § 42 Abs. 2
RStV wird die Pflicht ausdrücklich auch auf private Rundfunkveranstalter ausgedehnt. Zur Vorbereitung von Wahlen sind den politischen Parteien angemessene
Sendezeiten gegen Kostenerstattung zur Verfügung zu stellen. Über die ihnen
gem. § 42 Abs. 2 RStV zustehende Sendezeit hinaus haben politische Parteien
keine Möglichkeit, Wahlwerbespots zu den Bedingungen der Wirtschaftswerbung
gegen Entgelt zu senden. Dies ergibt sich aus dem Verbot politischer Werbung
(§ 7 Abs. 9 RStV).

Die Wahlwerbung der Parteien im öffentlichrechtlichen Rundfunk wird un- **113**
entgeltlich ausgestrahlt, im privaten Rundfunk müssen hingegen die Selbstkosten
den Sendern erstattet werden. Eine Pflicht der Parteien, Wahlwerbung überhaupt
oder in bestimmten privaten Sendern zu platzieren, gibt es nicht. Daher kann es

vorkommen, dass die Möglichkeit zur Wahlwerbung nur von bestimmten, dem privaten Sender nicht genehmen Parteien wahrgenommen wird.

114 Das Argument der negativen Meinungsfreiheit verfängt gegenüber der Pflicht zur Wiedergabe des Wahlwerbespots insoweit ebenso wenig wie bei dem Warnhinweis auf der Zigarettenschachtel (→ *3* Rdnr. 59). Zulässig muss es allerdings sein, dass sich der private Sender vom Inhalt des Wahlwerbespots distanziert, indem er auf seine Rechtspflicht zur Wiedergabe der Wahlwerbung hinweist.

115 Ausnahmen von der formalen Chancengleichheit der Parteien sind zulässig, wenn zwingende Gründe angeführt werden können. Zulässig ist eine **Differenzierung nach der politischen Bedeutung der Parteien** bei der Zuweisung von Sendezeiten. Die öffentlichrechtlichen Rundfunkanstalten sind nach dem Grundsatz der gleichen Wettbewerbschancen verpflichtet, sich gegenüber dem Wahlwettbewerb der politischen Parteien grundsätzlich neutral zu verhalten. Mit diesem Grundsatz verträgt sich aber nicht nur eine Zuteilung absolut gleicher Sendezeiten an alle Parteien. Vielmehr kann aus besonders wichtigen Gründen auch bei der Zuteilung der Sendezeiten differenziert werden (**Prinzip der abgestuften Chancengleichheit**). Als solches Argument wurde die Gefahr der übermäßigen Parteienzersplitterung zugelassen. Daher erscheint es verfassungsrechtlich gerechtfertigt, auch im Rahmen der Wahlwerbung von der formalen Chancengleichheit abzuweichen.

116 Die Zuteilung unterschiedlicher Sendezeiten mit entsprechenden Kriterien kann gerechtfertigt sein. Eine schematische Anknüpfung an die Ergebnisse der vorhergehenden Parlamentswahlen ist nicht erforderlich. Das vorhergehende Wahlergebnis kann Indiz für die gegenwärtige Bedeutung der an der Neuwahl beteiligten politischen Parteien herangezogen werden. Um nicht einer Aufrechterhaltung des status quo Vorschub zu leisten, müssen noch weitere Faktoren berücksichtigt werden. Hierzu gehören die Zeitdauer des Bestehens einer Partei, ihre Kontinuität, ihre Mitgliederzahl, der Umfang und Ausbau ihres Organisationsnetzes, ihre Vertretung im Parlament und ihre Beteiligung an der Regierung in Bund oder Ländern (vgl. § 5 Abs. 1 PartG). Eine gewisse »**Besitzstandsberücksichtigung**« ist daher legitim. Dem Gesetzgeber sind aber aus Gründen der Chancengleichheit bei der Ausgestaltung enge Grenzen gezogen (BVerfGE 34, S. 160, 163 f.).

117 Die Rundfunkanstalten müssen nicht blindlings jedwede Wahlpropaganda ausstrahlen. Sie sind berechtigt zu prüfen, ob ein Wahlwerbespot evident und in schwerer Weise gegen Strafgesetze verstößt. In Zweifelsfällen sind zugunsten der politischen Parteien Wahlwerbesendungen zur Ausstrahlung freizugeben (BVerfGE 69, S. 257, 268 ff.).

118 Der Grundsatz der Chancengleichheit politischer Parteien führt nicht dazu, dass im Wahlkampf sämtliche Kanzlerkandidaten bei einem »TV-Duell der Kanzlerkandidaten« beteiligt werden müssten. In einem solchen Fall rechtfertigt das von Art. 5 Abs. 1 Satz 2 GG geschützte journalistische Konzept, nur diejenigen Politiker zu beteiligen, die ernsthaft damit rechnen können, zum Bundeskanzler gewählt zu werden und einen Ausschluss der anderen Kandidaten. Dies gilt umso mehr, wenn den ausgeschlossenen Kandidaten noch Zeit verbleibt, sich mit den Ergebnissen des Kanzlerduells auseinanderzusetzen (BVerfG JZ 2003, S. 365 f.).

Die verfassungsrechtlich starke Stellung der politischen Parteien zeigt sich auch an ihrem Recht, sich an privaten Rundfunkveranstaltungen beteiligen zu dürfen. Dem Gesetzgeber steht es lediglich frei, Parteien die unmittelbare oder mittelbare Beteiligung an privaten Rundfunkunternehmen insoweit zu untersagen, als sie dadurch bestimmenden Einfluss auf die Programmgestaltung oder die Programminhalte nehmen können (BVerfG NVwZ 2008, S. 658 »Beteiligung politischer Parteien am Rundfunk« ➔ E 68).

X. Rundfunkstaatsvertrag

Die Kompetenz zum Erlass von Rechtsvorschriften im Rundfunkbereich **119** liegt bei den Bundesländern (Art. 70 GG). Diese regeln die Bereiche des öffentlichrechtlichen und des privaten Rundfunks in jeweils unterschiedlichen Landesgesetzen. Darüber hinaus haben die Länder weitere gesetzliche Regelungen in Form von Staatsverträgen geschaffen, wie beispielsweise den Rundfunkstaatsvertrag (RStV), den Rundfunkfinanzierungsstaatsvertrag (RFinStV), den Rundfunkbeitragsstaatsvertrag sowie den Jugendmedienschutz-Staatsvertrag (JMStV ➔ 6 Rdnr. 15). Insbesondere der Rundfunkstaatsvertrag enthält grundlegende, gemeinsame Normen für den öffentlichrechtlichen wie auch für den privaten Rundfunk. Neben diesen gemeinsamen Vorschriften gewährt der Rundfunkstaatsvertrag speziell den öffentlichrechtlichen Rundfunkanstalten Garantien, insbesondere die der Beitragsfinanzierung (➔ 10 Rdnr. 78 ff.) und die Möglichkeit der Finanzierung über Werbung (§§ 15 ff. RStV). Zum anderen enthält er spezielle Reglungen, die nur für den privaten Rundfunk gelten, wie die Vielfaltssicherung (§§ 25 ff. RStV) sowie umfassende Vorgaben zur Medienaufsicht (§§ 35 ff. RStV).

Der geplante **Medienstaatsvertrag**, der den Rundfunkstaatsvertrag ablösen soll, **120** nimmt inhaltlich nur wenige Änderungen und Ergänzungen am Rundfunkstaatsvertrag vor. Zu erwähnen sind die geplanten Regelungen für Plattformen, Benutzeroberflächen und Intermediäre, auf die am Ende dieses Kapitels kurz eingegangen wird. Neu gefasst werden soll u.a. der **Begriff des Rundfunks**. Ist Rundfunk derzeit in § 2 Abs. 1 Satz 1 RStV als ein linearer Informations- und Kommunikationsdienst beschrieben, der zudem für die Allgemeinheit und zum zeitgleichen Empfang bestimmt ist und für den ein Sendeplan charakteristisch ist, so wird dieser Begriff durch die Voraussetzung ergänzt, dass es sich um journalistisch-redaktionell gestaltete Angebote handeln muss. Soll dies angeblich lediglich eine Klarstellung sein, so scheint doch hier das frühere Element der »Meinungsbildungsrelevanz« durch. Während bisher noch die »Benutzung elektromagnetischer Schwingungen« in der Begriffsbestimmung gefordert wird, so soll diese veraltete Voraussetzung durch die Formulierung »mittels Telekommunikation« ersetzt werden. Wichtig ist eine Änderung hinsichtlich bestimmter Angebote, die zwar formal dem Rundfunkbegriff unterfallen, indes keiner Regelung durch den Medienstaatsvertrag unterworfen werden sollen. Gem. § 20b Abs. 1 Nr. 1 MStV-E bedürfen Rundfunkprogramme, die aufgrund ihrer geringen journalistisch-redaktionellen Gestaltung, ihrer begrenzten Dauer und Häufigkeit der Verbreitung, ihrer fehlenden Einbindung in einen auf Dauer angelegten Sendeplan oder aus anderen vergleichbaren Gründen nur geringe Bedeutung für die individuelle und öffentliche Meinungsbildung entfalten, keiner Zulassung. Durch diese Ausnahmebestimmung für »**Bagatellrundfunk**« soll der Streit um die rundfunkrechtliche Zulassungsbedürftigkeit bestimmter Internetangebote, insbes. von »YouTubern« beendet werden. Neu ist zudem, dass eine Rundfunkzulassung als erteilt gilt, wenn sie von der zuständigen Landesmedienanstalt nicht innerhalb von zwei Monaten nach Eingang der vollständigen Antragsunterlagen versagt wird (§ 20 Abs. 2 Satz 2 MStV-E). Eine solche **Zulassungsfiktion** wird vor allem von den Landesmedienanstalten als problematisch angesehen, da es im Falle zahlreicher gleichzeitiger Anträge zu einer Zulassung rechtswidriger Programme kommen könnte.

121 Regelmäßig bedarf es einer Umsetzung des Staatsvertrags durch Landesgesetze (sog. Zustimmungsgesetz zum Rundfunkstaatsvertrag bzw. Rundfunkänderungsstaatsvertrag). Erst wenn jedes Land den Rundfunkstaatsvertrag bzw. den Rundfunkänderungsstaatsvertrag ratifiziert, also durch ein Zustimmungsgesetz umgesetzt hat, erlangt der Staatsvertrag mit seinen entsprechenden Neuregelungen Geltung. Er wird dabei Bestandteil des Landesrechts und steht auf der Ebene eines Landesgesetzes.

122 Der Rundfunkstaatsvertrag ergänzt die jeweiligen Landesrundfunk- und Landesmediengesetze der Bundesländer, er legt teilweise Mindeststandards fest oder überlässt den Bundesländern ausdrücklich Regelungsbefugnisse in bestimmten Bereichen. Dies betont § 1 Abs. 2 RStV ausdrücklich. Sollte es zu einer Kollision von Bestimmungen des Staatsvertrags mit anderen landesgesetzlichen Regelungen kommen, so sind diese nach den Grundsätzen »Lex posterior« (neues Recht geht älterem Recht vor) bzw. »Lex specialis« (spezielles Recht geht dem allgemeinen Recht vor) zu lösen. Der Rundfunkstaatsvertrag wird regelmäßig durch sog. Rundfunkänderungsstaatsverträge den aktuellen medienpolitischen Entwicklungen angepasst.

123 Der Rundfunkstaatsvertrag in der Fassung des Zweiundzwanzigsten Rundfunkänderungsstaatsvertrags enthält auch Regelungen zu den Telemedien (§§ 54 ff. RStV). Der offizielle Name des Staatsvertrags lautet dementsprechend »Staatsvertrag für Rundfunk und Telemedien«, der jedoch auch amtlich als »Rundfunkstaatsvertrag« abgekürzt wird (→ T 20). Die wichtigsten Regelungen des Rundfunkstaatsvertrags werden im Folgenden dargestellt.

1. Programmgrundsätze

124 Die in § 3 RStV normierten **Programmgrundsätze** gelten sowohl für den öffentlichrechtlichen als auch für den privaten Rundfunk. Danach haben die Sendungen der Programmveranstalter die Würde des Menschen zu achten und zu schützen und sollen dazu beitragen, die Achtung vor Leben, Freiheit und körperlicher Unversehrtheit, vor Glauben und Meinung anderer zu stärken. Zudem sind die sittlichen und religiösen Überzeugungen der Bevölkerung zu achten (§ 3 Abs. 1 Satz 1 RStV).

Diese Programmgrundsätze werden für den öffentlichrechtlichen Rundfunk in den Landesrundfunkgesetzen konkretisiert (→ 10 Rdnr. 171 ff.). Eine Ergänzung dieser Grundsätze erfolgt für die privaten Programmveranstalter in § 41 RStV und in den entsprechenden Landesmediengesetzen (→ 10 Rdnr. 186 ff.). **125**

2. Fernsehkurzberichterstattung

Die Voraussetzungen für ein Recht auf unentgeltliche Kurzberichterstattung sind in § 5 RStV kodifiziert, der sowohl für die öffentlichrechtlichen als auch für die privaten Rundfunkveranstalter gilt. Ein Recht auf Kurzberichterstattung bedeutet, dass Fernsehveranstalter zu eigenen Sendezwecken das Recht auf eine zeitlich begrenzte Berichterstattung über Veranstaltungen und Ereignisse haben, die öffentlich zugänglich und von allgemeinem Informationsinteresse sind. Das Recht auf Kurzberichterstattung steht gemäß verschiedenen landesgesetzlichen Regelungen und § 5 Abs. 1 Satz 1 RStV allen in Europa zugelassenen Fernsehveranstaltern zu. Das Kurzberichterstattungsrecht beinhaltet nicht nur das Recht, über bestimmte Ereignisse zu berichten, sondern umfasst auch das Recht auf Zugang zum Ort der Veranstaltung. Insoweit wird das Hausrecht des Ereignisveranstalters durch das Recht auf Kurzberichterstattung eingeschränkt. Allerdings ist die Möglichkeit zur Darstellung des Ereignisses umfangmäßig beschränkt auf eine dem Anlass entsprechende nachrichtenmäßige Kurzberichterstattung. **126**

War das Recht der Kurzberichterstattung in § 5 RStV zunächst unentgeltlich vorgesehen, wurde die Unentgeltlichkeit später vom BVerfG für verfassungswidrig befunden (BVerfGE 97, S. 228, 252 ff. »**Kurzberichterstattung**« → E 65). Daher ist § 5 Abs. 7 RStV geschaffen worden, der den Ereignisveranstaltern gestattet, ein billiges Entgelt für berufsmäßig durchgeführte Veranstaltungen zu verlangen. Bestimmungen über das Entgelt und die praktische Ausführung sind in § 5 Abs. 6 ff. RStV enthalten. **127**

Das Recht auf Kurzberichterstattung stellt sich als eine Ausgestaltung der Rundfunkfreiheit dar. Es wurde nur für solche **Großveranstaltungen** (Sportveranstaltungen wie z.B. Fußballspiele) eingeräumt, an denen kein urheberrechtlicher Leistungsschutz über § 81 UrhG besteht (wie das bei **128**

Theateraufführungen, Opern und Konzerten der Fall ist). In der Praxis sind vor allem Sportgroßveranstaltungen wie z.b. Fußballspiele auch für kleinere Fernsehveranstalter von Interesse.

129 Das BVerfG hat die unentgeltliche Kurzberichterstattung an der **Berufsfreiheit** des Art. 12 Abs. 1 GG gemessen. Die Befugnis zur Fernsehübertragung einer Sportveranstaltung ist von erheblicher wirtschaftlicher Bedeutung. Die Kosten für Sportübertragungsrechte übersteigen oftmals die Höhe der Zuschauereinnahmen. Die Veranstaltung selbst setzt eine erhebliche wirtschaftlich-organisatorische Leistung voraus. Durch das Recht auf Fernsehkurzberichterstattung wird die Dispositionsfreiheit des Ereignisveranstalters über die von ihm erbrachte Leistung eingeschränkt. Hierbei fragt sich, ob sich die geldwerten Exklusivübertragungsrechte nicht lediglich als Gewinnchancen, sondern als Eigentum i.S.d. Art. 14 Abs. 1 GG ansprechen ließen, so dass das Recht auf Kurzberichterstattung an diesem Grundrecht zu messen gewesen wäre. Im Sinne der Drei-Stufen-Theorie prüft das BVerfG die Gründe für die Berufsausübungsschranke. Durch die Kurzberichterstattung soll der Bildung von Informationsmonopolen entgegengewirkt und eine Pluralität der Informationsquellen gewährleistet werden. Der freie Zugang zu Informationen und das Informationsinteresse der Allgemeinheit sind Gemeinwohlgründe von erheblichem Gewicht, die einen Eingriff in die Berufsfreiheit rechtfertigen. Zur Erreichung dieser Zwecke ist allerdings nicht erforderlich, dass die Kurzberichterstattung unentgeltlich gewährt wird. Das Informationsinteresse der Allgemeinheit wird bei Zahlung eines Entgelts nicht eingeschränkt. Daher wäre ein unentgeltliches Kurzberichterstattungsrecht eine unverhältnismäßige Verkürzung der Rechte des Ereignisveranstalters. Allerdings darf die Höhe des Entgelts nicht in das Belieben des Rechteinhabers gestellt werden, da er sonst das Recht auf Kurzberichterstattung durch überhöhte Entgeltforderungen verunmöglichen könnte (BVerfGE 97, S. 228 → E 65).

130 Das Recht auf Kurzberichterstattung ist nicht nur in umfangmäßiger Hinsicht eingeschränkt (§ 5 Abs. 4 RStV), sondern auch in zeitlicher Hinsicht im Verhältnis zum Ende der Veranstaltung. Könnte die Kurzberichterstattung sofort im Anschluss an das Ereignis gesendet werden, bestünde die Gefahr einer Entwertung der vertraglich erworbenen Übertragungsrechte. Dem BVerfG zufolge ist daher eine Karenzzeit zwischen dem Ende der Veranstaltung und der Kurzberichterstattung einzuhalten.

131 Ein Recht auf Fernsehkurzberichterstattung besteht nicht in allen Fällen, in denen das Fernsehen von nicht urheberrechtlich geschützten Ereignissen berichten will. Ein Recht auf Fernsehkurzberichterstattung besteht nur dann, wenn mindestens einem anderen Fernsehsender ein Übertragungsrecht eingeräumt worden ist. Lässt ein Ereignisveranstalter überhaupt keine Fernsehberichterstatter zu, so besteht kein Recht auf Kurzberichterstattung (§ 5 Abs. 5 Satz 4 RStV). Auf sein Hausrecht kann sich ein Ereignisveranstalter auch gegenüber den Zuschauern berufen und daher eine Aufzeichnung des Ereignisses und dessen Veröffentlichung auch dann versagen, wenn es nicht urheberrechtlich geschützt ist (vgl. BGH K&R 2011, S. 339, 340 »Hartplatzhelden.de«). Ausnahmen gibt es zudem im Interesse ungestörter Religionsausübung für Kirchen und andere Religionsgemeinschaften (§ 5 Abs. 3 RStV).

3. Übertragung von Großereignissen – Ausnahmen von Exklusivrechten

Für bestimmte **Großereignisse** wird das Recht der Fernsehkurzberichterstattung nicht als ausreichend zur Wahrung der Zuschauerinteressen angesehen. Große Teile der Bevölkerung wollen bestimmte Ereignisse insgesamt ansehen. Das gilt für besonders beliebte Sportarten der Olympischen Spiele und für die Endspiele der Fußballweltmeisterschaften, um nur einzelne Beispiele zu nennen. Die Interessen der Allgemeinheit sind gefährdet, wenn einzelne Sender Exklusivrechte der Veranstaltung erworben haben und der Empfang dann nur gegen Entgelt im Wege des Pay-TV oder des Pay-per-view möglich ist. **132**

Diese Gefahr wurde auch auf europäischer Ebene erkannt und die Richtlinie über audiovisuelle Medien ohne Grenzen dergestalt erweitert, dass jeder Mitgliedstaat eine Liste von Veranstaltungen aufstellen kann, die unverschlüsselt übertragen werden müssen. Diese Listen können in den Mitgliedstaaten unterschiedliche Inhalte haben – beispielsweise die Tour de France auf der französischen Liste – und somit Raum für die divergierenden Interessen belassen. Dabei sind die Mitgliedstaaten nicht auf Sportveranstaltungen beschränkt, sondern können auch kulturelle Ereignisse einbeziehen, wie das Beispiel des Wiener Opernballs und des Neujahrskonzerts der Wiener Philharmoniker in Österreich belegen. Entsprechend darf kein Mitgliedstaat die unverschlüsselte Ausstrahlung derartig privilegierter Sendungen beeinträchtigen oder verhindern (Art. 3 Abs. 1 AVMD, vgl. → 7 Rdnr. 34; zum Umfang des Bestimmungsrechts der Mitgliedstaaten EuGH EuZW 2011, S. 339). **133**

Der Gefahr einer Zweiklassen-Informationsgesellschaft versucht § 4 RStV vorzubeugen. Die Ausstrahlung von Großereignissen im Fernsehen mit erheblicher gesellschaftlicher Bedeutung ist danach im Pay-TV nur zulässig, wenn die Ausstrahlung in einem frei empfangbaren und allgemein zugänglichen Fernsehprogramm zu angemessenen Bedingungen ermöglicht wird. Eine starke Einschränkung für Inhaber von Exklusivrechten stellt dabei die Vorgabe dar, der zufolge die Ausstrahlung in der Regel zeitgleich erfolgen muss oder wenn dies wegen parallel laufender Einzelereignisse nicht möglich ist, mit geringfügiger Zeitversetzung. Die Ausstrahlung im nicht entgeltlichen Free-TV kann allerdings von einer angemessenen Vergütung abhängig gemacht werden. **134**

4. Werbung, Teleshopping und Sponsoring

135 Der Rundfunkstaatsvertrag unterwirft Werbung, Teleshopping und Sponsoring besonderen Regelungen. Dabei ist zu beachten, dass die §§ 7 und 8 RStV sowohl für öffentlichrechtliche als auch für private Rundfunkveranstalter gelten. Für den öffentlichrechtlichen Rundfunk werden die Werbemöglichkeiten ferner in den §§ 15 ff. RStV sowie in den Landesrundfunkgesetzen ausführlich geregelt. Für den privaten Rundfunk gelten ferner die Vorgaben der §§ 44 ff. RStV und die Regelungen der Landesmediengesetze.

a) Werbung und Teleshopping

136 Werbung und Teleshopping sind in § 2 Abs. 2 Nr. 7 und 10 RStV legaldefiniert. § 18 RStV stellt klar, dass Teleshopping im öffentlichrechtlichen Rundfunk grundsätzlich verboten ist. Ferner finden gem. § 1 Abs. 6 RStV nicht alle Vorschriften des Rundfunkstaatsvertrages für Teleshoppingkanäle Anwendung. Hinsichtlich der Werbedauer gilt das sog. **Bruttoprinzip**, wonach bei der Berechnung der zulässigen Werbeunterbrechungen die Sendezeit der Reklame der Dauer des Programms hinzugerechnet wird (zu den europarechtlichen Vorgaben der Werbung → 7 Rdnr. 37 ff.).

137 Werbung und Teleshopping dürfen nicht die Menschenwürde verletzen, Diskriminierungen fördern, irreführen oder den Interessen der Verbraucher schaden oder Verhaltensweisen fördern, die die Gesundheit oder Sicherheit sowie in hohem Maße den Schutz der Umwelt gefährden (§ 7 Abs. 1 RStV). Werbung oder Werbetreibende dürfen das übrige Programm inhaltlich und redaktionell nicht beeinflussen (§ 7 Abs. 2 RStV).

138 In diesem einschränkenden Sinn hat der BGH Geräte für wettbewerbskonform erklärt, die Werbeblöcke elektronisch ausblenden oder bei Videoaufzeichnungen ausfiltern (BGH NJW 2004, S. 3032 ff. Werbeblocker oder »Fernsehfee«).

139 Eine weitere Vorschrift bezieht sich auf das Verhältnis der Werbung zum übrigen Programm. Werbung muss als solche klar erkennbar sein und eindeutig von anderen Programmteilen getrennt werden. Auch bei neuen Werbetechniken müssen Werbung und Teleshopping »dem Medium angemessen« optisch oder akustisch eindeutig von anderen Sendungszeiten abgesetzt sein (§ 7 Abs. 3 RStV). Der Grundsatz der Trennung von Werbung und Programm wird ergänzt durch das Verbot der Schleichwerbung (§ 7 Abs. 7 RStV). Schleichwerbung wird in § 2 Abs. 2 Nr. 8 RStV definiert und ist insbesondere zum Product-Placement abzugrenzen (→ 10 Rdnr. 145 → F 16). Durch den Grundsatz der Trennung von Werbung und Programm sollen die Zuschauer vor einer Täuschung über den werbenden Charakter einer Sendung geschützt werden. Zugleich soll der Rundfunk von sachfremden Einflüssen und der Markt vor ungleichen Wettbewerbsbedingungen bewahrt werden. Dauerwerbesendungen sind zulässig, wenn der Werbecharakter erkennbar im Vordergrund steht und die Werbung einen wesentlichen Bestandteil der Sendung darstellt. Sie müssen zu Beginn als Dauerwerbesendung angekündigt und während ihres gesamten Verlaufs als solche gekennzeichnet werden (§ 7 Abs. 5 RStV).

Ausdrücklich geregelt ist die Einfügung von **Werbung und Teleshopping** in § 7a RStV. Bestimmte Sendungen dürfen überhaupt nicht durch Werbung oder Teleshopping-Spots unterbrochen werden. Dies gilt für die Übertragung von Gottesdiensten sowie Sendungen für Kinder. Im Übrigen müssen einzeln gesendete Werbe- und Teleshopping-Spots im Fernsehen die Ausnahme bleiben, sofern es sich nicht um die Übertragung von Sportveranstaltungen handelt (§ 7a Abs. 2 RStV). Zudem darf der Zusammenhang von Sendungen unter Berücksichtigung der natürlichen Sendeunterbrechungen sowie der Dauer und der Art der Sendung nicht beeinträchtigt werden. Filme (außer Serien u.ä.) sowie Kinofilme und Nachrichtensendungen dürfen für jeden programmierten Zeitraum von mindestens 30 Minuten einmal für Fernsehwerbung oder Teleshopping unterbrochen werden (§ 7a Abs. 3 RStV). **140**

Zulässig ist eine **Teilbelegung** des ausgestrahlten Bilds mit Werbung, wenn die Werbung vom übrigen Programm eindeutig optisch getrennt und als solche gekennzeichnet ist (§ 7 Abs. 4 RStV, »**Splitscreen**«). Nach den Bestimmungen des § 7 Abs. 4 Satz 3 i.V.m. §§ 15 Abs. 1, 44 Abs. 1 RStV ist die Teilbelegung lediglich bei der Übertragung von Gottesdiensten und bei Sendungen für Kinder nicht zulässig. **141**

Die Aufteilung des Bildschirms zur zeitgleichen Übertragung von Werbung und redaktionellen Sendungen erscheint nicht nur angesichts des Grundsatzes der Trennung von Werbung und Programm, sondern auch aus verfassungsrechtlichen Gründen bedenklich. Der Zuschauer hat, wenn er dem Programm folgen will, keine Möglichkeit, sich der Werbung zu entziehen. Eine solche Werbung ist durch die negative Informationsfreiheit jedenfalls dann ausgeschlossen, wenn diese Konfrontation als unzumutbar bewertet werden muss (→ 6 Rdnr. 44). **142**

Zulässig ist zudem die **virtuelle Werbung**. Bei dieser Form der Werbung handelt es sich um Werbebotschaften, die erst im Nachhinein auf elektronischem Weg in einen Film, eine Sportübertragung o.ä. hineinmanipuliert wurden. Dem Staatsvertrag zufolge ist die Einfügung virtueller Werbung in Sendungen zulässig, wenn am Anfang und am Ende der betreffenden Sendung darauf hingewiesen wird und durch sie eine am Ort **143** der Übertragung ohnehin bestehende Werbung ersetzt wird (§ 7 Abs. 6 Satz 1 Nr. 2 RStV). Das bedeutet, dass zwar keine zusätzliche Werbung eingefügt werden darf, dass jedoch reelle Werbung vom Sender durch virtuelle Werbung ersetzt werden darf (→ F 16).

144   Zulässig ist gem. § 7 Abs. 6 RStV, wenn bei einem Fußballspiel die vorhandene Bandenwerbung z.b. für ein lokales Autohaus durch eine andere Werbung, z.b. für ein bundesweit bekanntes Fruchtsaftgetränk ersetzt wird. Der Zuschauer sieht dann nicht die real im Stadion vorhandene Werbung für das Autohaus, sondern nimmt nur die Getränkewerbung wahr. Nicht von dieser Vorschrift gedeckt wäre es hingegen, ein Firmenemblem auf dem Rasen erscheinen zu lassen, wenn der Rasen tatsächlich keine Werbebotschaft trägt. Nicht zulässig wäre es, wenn im Stadion lediglich Plakate mit der Aufschrift »Werbung« aufgestellt und diese dann durch virtuelle Werbung belegt würden. Lediglich real vorhandene Werbung darf durch virtuelle Werbung ersetzt werden.

b) Product-Placement

145   Nicht einfach ist die **Abgrenzung von Produktplatzierung und Schleichwerbung**. Der Legaldefinition des § 2 Nr. 8 RStV zufolge handelt es sich um Schleichwerbung, wenn Waren, Dienstleistungen und Marken usw. vom Veranstalter absichtlich zu Werbezwecken in Sendungen erwähnt werden und wenn sie mangels Kennzeichnung die Allgemeinheit hinsichtlich des eigentlichen Zwecks dieser Erwähnung oder Darstellung irreführen können. Gemäß der gesetzlichen Vermutung ist dies anzunehmen, wenn die Erwähnung oder Darstellung gegen Entgelt oder eine ähnliche Gegenleistung erfolgt. Demgegenüber ist die Produktplatzierung gem. § 2 Nr. 11 RStV die gekennzeichnete Erwähnung solcher Waren u.s.w. gegen Entgelt oder eine ähnliche Gegenleistung mit dem Ziel der Absatzförderung. Die kostenlose Bereitstellung von Waren oder Dienstleistungen ist der Zuordnung des Staatsvertrags zufolge Produktplatzierung, sofern die betreffende Ware oder Dienstleistung von bedeutendem Wert ist. Durch diese Unterscheidung ist der klare Grundsatz der Trennung von Werbung und redaktionellem Teil in Gefahr, aufgeweicht zu werden.

146   In § 7 Abs. 7 RStV sind allgemeine **Voraussetzungen der Produktplatzierung** normiert, die von beiden Arten von Sendern beachtet werden müssen. Demzufolge muss vor allem die redaktionelle Verantwortung und Unabhängigkeit hinsichtlich Inhalt und Sendeplatz unbeeinträchtigt bleiben, das Product-Placement darf nicht unmittelbar zu Kauf, Miete oder Pacht von Waren oder Dienstleistungen auffordern und das Produkt darf nicht zu stark herausgestellt werden, selbst wenn es sich um kostenlos zur Verfügung gestellte geringwertige Güter handelt (§ 7 Abs. 7 Nr. 1–3 RStV). Der Rechtsprechung des BVerwG zufolge muss das Sendungsgeschehen nicht ausschließlich redaktionellen Kriterien folgen, es darf jedoch der Werbezweck das Sendungsgeschehen nicht so dominieren, das ihm gegenüber der natürliche Handlungsablauf in den Hintergrund rückt (BVerwG ZUM 2015, S. 78). Weiterhin muss auf Produktplatzierungen eindeutig hingewiesen werden. Eine Ausnahme besteht allerdings dann, wenn es sich um eine Fremdproduktion handelt und »wenn nicht mit zumutbarem Aufwand ermittelbar ist, ob Produktplatzierung enthalten ist«.

Für den öffentlichrechtlichen Rundfunk ist die Produktplatzierung in **147** § 15 RStV geregelt, demzufolge zum einen Product-Placement in bestimmten Sendungen zulässig ist. Dies sind Kinofilme, Filme und Serien, Sportsendungen und Sendungen der leichten Unterhaltung. Letzteres dürfen nach den Vorgaben des Gesetzes nicht Sendungen sein, die neben unterhaltenden Elementen im Wesentlichen informierenden Charakter haben, Verbrauchersendungen und Ratgebersendungen mit Unterhaltungselementen. Bei Sendungen für Kinder gilt die Ausnahme vom Verbot der Produktplatzierung generell nicht. Produktplatzierung ist zum anderen dann zulässig, wenn kein Entgelt geleistet wird, sondern lediglich bestimmte Waren oder Dienstleistungen im Hinblick auf ihre Einbeziehung in eine Sendung kostenlos bereitgestellt werden. Auch von dieser Ausnahme gibt es eine Unterausnahme und zwar für Nachrichten, Sendungen zum politischen Zeitgeschehen, Ratgeber- und Verbrauchersendungen sowie Sendungen für Kinder oder für Übertragungen von Gottesdiensten. Die entsprechende Vorschrift für Privatsender findet sich in § 44 RStV, die weithin wortgleich ist, allerdings nicht voraussetzt, dass es sich um Fremdsendungen handeln muss. Bei Privatsendern ist somit im Gegensatz zu öffentlichrechtlichen Sendern in Eigenproduktionen Product-Placement zulässig.

Zur Werbung kann auch der Versuch gezählt werden, andere von bestimmten Ideen zu überzeugen. Diese Form der Werbung wird vom **148** Rundfunkstaatsvertrag ausdrücklich untersagt. Im Rundfunk ist die **Werbung politischer, weltanschaulicher oder religiöser Art unzulässig** (§ 7 Abs. 9 RStV). Diese Begriffe sind weit zu verstehen.

Beschränkungen der Werbung ergeben sich auch aus § 6 JMStV, der die körperliche und seelische Beeinträchtigung von Kindern und Jugendlichen ebenso verbietet wie Kaufappelle an diese Altersgruppe.

c) Sponsoring

149 Neben der Werbung ist auch das **Sponsoring** als eine Form der Finanzierung für den Rundfunk von Interesse. Beim Sponsoring wird von einem
außerhalb des Rundfunksenders stehenden Sponsor ein Beitrag zur Finanzierung einer Sendung geleistet, um seinem Ansehen oder dem seiner
Produkte zu dienen. Im Gegensatz zur Werbung erfolgt kein unmittelbarer Kaufappell, vielmehr kann der Sponsor lediglich auf einen Imagege-
winn hoffen.

150 Sponsoring wird umschrieben als jeder Beitrag einer natürlichen oder juristischen
Person oder einer Personenvereinigung, die an Rundfunktätigkeiten nicht beteiligt ist, zur direkten oder indirekten Finanzierung einer Sendung, um den Namen, die Marke, das Erscheinungsbild der Person oder Personenvereinigung ihre
Tätigkeit oder ihre Leistungen zu fördern (§ 2 Abs. 2 Nr. 9 RStV).

151 Die Möglichkeiten des Sponsorings werden durch den Rundfunkstaatsvertrag beschränkt. § 8 RStV gilt für den öffentlichrechtlichen wie für den
privaten Rundfunk gleichermaßen. Der Sponsor darf nicht die Verantwortung und die Unabhängigkeit des Veranstalters beeinträchtigen (§ 8 Abs. 2
RStV). Die gesponserte Sendung darf nicht zum Kauf von Produkten oder
zur Inanspruchnahme von Leistungen des Sponsors anregen (§ 8 Abs. 3
RStV). Schließlich dürfen Nachrichtensendungen und Sendungen zur politischen Information überhaupt nicht gesponsert werden. In Kindersendungen und Sendungen religiösen Inhalts ist das Zeigen von Sponsor-
slogans untersagt (§ 8 Abs. 6 RStV).

152   Bei gesponserten Sendungen muss zu Beginn und am Ende auf die Finanzierung durch den Sponsor in vertretbarer Kürze und in angemessener
Weise deutlich hingewiesen werden (§ 8 Abs. 1 RStV). Dieser **Sponsor-
hinweis** dient der Aufklärung der Zuschauer über die finanzielle Beteiligung des Sponsors, er ermöglicht jedoch auch dem Sponsor, sich bei den
Zuschauern zu erkennen zu geben. Weitergehende Werbeeffekte sind
beim Sponsoring grundsätzlich unzulässig (BGHZ 117, S. 353, 357 f.).
Doch zeigt die Möglichkeit des Hinweises durch Bewegtbilder, dass der
Staatsvertrag einen Werbeeffekt nicht gänzlich ausschließt.

5. Gewinnspiele und Verbraucherschutz

153 Mit den §§ 8a, 9b RStV gibt es auch Verbraucherschutzvorschriften im
Rundfunkstaatsvertrag. Insbesondere die Regelungen zu Gewinnspielen
in § 8a RStV ergänzen die Verbraucherschutzvorschriften im TKG (→ *12*
Rdnr. 134). So müssen Gewinnspielsendungen transparente, nicht irreführende Angaben über Kosten sowie Teilnahmebedingungen enthalten.

Zudem legt der Gesetzgeber Höchstgrenzen für Teilnahmeentgelte bei Gewinnspielsendungen fest. Die gesetzlichen Vorgaben wurden durch eine Gewinnspielsatzung für Fernsehen und Radio konkretisiert, die von den Landesmedienanstalten erlassen worden ist.

6. Auskunftsanspruch

Entsprechend den Auskunftsansprüchen der Presse in den Landespressege- **154** setzen haben auch Rundfunkveranstalter gegenüber Behörden ein Recht auf Auskunft, das § 9a RStV mit »Informationsrechte« überschreibt. Der Auskunftsanspruch kann sowohl von öffentlichrechtlichen als auch von privaten Rundfunkveranstaltern geltend gemacht werden. Auskunftsverweigerungsgründe bestehen ähnlich wie im Presserecht bei schwebenden Verfahren und bei überwiegenden öffentlichen oder schutzwürdigen privaten Interessen. Ein Auskunftsverweigerungsgrund ist zusätzlich normiert, wenn der Umfang der Auskünfte das zumutbare Maß überschreitet. Zudem können Rundfunkveranstalter von Behörden verlangen, bei der Weitergabe von amtlichen Bekanntmachungen im Verhältnis zu anderen Bewerbern gleich behandelt zu werden (§ 9a Abs. 3 RStV).

7. Spezielle Vorschriften für den öffentlichrechtlichen Rundfunk

a) Auftrag

Der Rundfunkstaatvertrag konkretisiert in den §§ 11 ff. RStV den Auftrag **155** der öffentlichrechtlichen Rundfunkanstalten (→ 10 Rdnr. 44). § 11a RStV stellt klar, dass der Rundfunkauftrag Angebote von **Rundfunkprogrammen** (Fernsehen und Hörfunk) und **Telemedien** sowie **programmbegleitende Druckwerke** umfasst. In § 11 Abs. 1 RStV kodifiziert der Gesetzgeber die Rechtsprechung des BVerfG und betont, dass die Angebote der Bildung, Information, Beratung und Unterhaltung dienen sollen, sowie kulturelle Beiträge anzubieten sind. Diese Rechtsbegriffe werden in § 2 Abs. 2 Nr. 14 bis 19 RStV legaldefiniert. Ferner ergibt sich aus § 11 Abs. 1 RStV, dass der öffentlichrechtliche Rundfunk einen umfassenden Überblick über das internationale, europäische und nationale sowie regionale Geschehen in allen wesentlichen Lebensbereichen zu geben hat. Hierdurch soll er die internationale Verständigung, die europäische Integration und den gesellschaftlichen Zusammenhalt in Bund und Ländern fördern.

Anzahl und Bezeichnung der **Fernsehprogramme** des öffentlich- **156** rechtlichen Rundfunks werden ausdrücklich in § 11b RStV bestimmt. Ob diese Bestimmung abschließend ist, muss mit Blick auf den verfassungsrechtlich gebotenen dynamischen Grundversorgungsauftrag sowie die Bestands- und Entwicklungsgarantie (→ *10* Rdnr. 45 ff.) ermittelt werden. Eine adäquate Regelung erfolgt in § 11c RStV für die **Hörfunkprogramme** des öffentlichrechtlichen Rundfunks.

157   Zur näheren Ausgestaltung ihres Auftrags haben die öffentlichrechtlichen Sender Satzungen oder Richtlinien zu erlassen und über die Erfüllung ihres Auftrags in zweijährlichem Turnus zu berichten (§ 11e RStV). Hieraus lässt sich ein dreistufiges Modell der »**regulierten Selbstregulierung**« ableiten. Die Umschreibung des Auftrags der öffentlichrechtlichen Rundfunkanstalten erfolgt durch den Rundfunkstaatsvertrag und die nähere Ausgestaltung des Auftrags durch die Sender selbst. Dem Gebot der Staatsferne des Rundfunks sowie dem dynamischen Grundversorgungsauftrag wird damit Rechnung getragen.

b) Telemedienangebote / Dreistufentest (Public Value Test)

158   Telemedienangebote der öffentlichrechtlichen Rundfunkanstalten dürfen nicht presseähnlich sein (§ 11d Abs. 3 RStV). Sie können Sendungen ihrer Programme auf Abruf vor und nach ihrer Ausstrahlung sowie eigenständige audiovisuelle Inhalte umfassen (§ 11d Abs. 2 Nr. 1 RStV). Bestimmte angekaufte Sendungen, die keine Auftragsproduktionen sind, dürfen bis zu dreißig Tage nach deren Ausstrahlung online gestellt werden, wobei sie deren Abrufmöglichkeit grundsätzlich auf Deutschland zu beschränken haben (§ 11d Abs. 2 Nr. 2 RStV). Für Großereignisse (§ 4 Abs. 2 RStV) sowie die Spiele der 1. und 2. Fußballbundesliga ist das Onlineangebot sogar auf lediglich 24 Stunden nach der Ausstrahlung begrenzt, ohne dass eine Verlängerung möglich ist.

159   § 11f RStV verlangt von den Rundfunkanstalten ein Telemedienkonzept und kodifiziert ein Verfahren, das als »**Public Value Test**« bzw. »**Dreistufentest**« bezeichnet wird. Der Test orientiert sich an einem Verfahren aus Großbritannien, welches die dortige BBC reguliert, wandelt dieses indessen ab. Im Ergebnis soll ermittelt werden, ob das zu prüfende Angebot einen **Mehrwert** für die demokratischen, sozialen und kulturellen Bedürfnisse der Gesellschaft bietet (public value) (1. Stufe) sowie **einen Beitrag zum publizistischen Wettbewerb** leistet (2. Stufe) und ob der **finanzielle Aufwand** für das Angebot erforderlich ist (3. Stufe, § 11f Abs. 4 RStV). Bei der Prüfung des Beitrags zum publizistischen Wettbewerb ist auf die meinungsbildende Wirkung des Angebots sowie auf dessen Marktauswirkungen abzustellen (§ 11f Abs. 4 Satz 2 RStV). Die Durchführung des Dreistufentests obliegt ausweislich des § 11f Abs. 5 RStV dem »zuständigen Gremium« der Rundfunkanstalten, mithin dem Rundfunkrat. Ob diese interne Kontrolle der Kommission ausreicht, ist zweifelhaft.

da der britische Public Value Test mit unabhängigen Wirtschaftsprüfern arbeitet. Der Rundfunkrat kann sich Rat von Sachverständigen einholen, ist aber an deren Empfehlungen nicht gebunden.

Mit dem Dreistufentest soll ermittelt werden, ob ein Angebot überhaupt notwendig ist, um den Grundversorgungsauftrag zu erfüllen. Gegenwärtig ist der Dreistufentest auf den Bereich des Telemedienangebots des öffentlichrechtlichen Rundfunks beschränkt. Ursprünglich sollten auch die Digitalangebote (digitalen Kanäle) der Rundfunkanstalten durch den Dreistufentest beschränkt werden. Letztlich dient das Verfahren dazu, den Finanzbedarf der Rundfunkanstalten kritisch zu hinterfragen. Einer Überfinanzierung der Rundfunkanstalten soll so entgegengewirkt werden. **160**

§ 11d Abs. 4 RStV stellt klar, dass jede Rundfunkanstalt ein eigenes elektronisches Portal (Homepage) unterhalten darf und senderspezifische, elektronische Programmführer (**EPG – Electronic-Program-Guide**) zu erstellen hat. Gem. § 11d Abs. 5 RStV sind die Finanzierungsquellen **Werbung und Sponsoring in Telemedien unzulässig**. Basierend auf dieser Vorschrift hat der Gesetzgeber zudem eine »**Negativliste öffentlichrechtlicher Telemedien**« als Anlage zum Rundfunkstaatsvertrag erstellt. Danach sind Angebote wie beispielsweise Branchenregister, Anzeigenportale, Partnerbörsen oder Routenplaner unzulässig. **161**

c) Finanzierungsvorschriften

§§ 12 ff. RStV gestalten die verfassungsrechtlich mögliche »Mischfinanzierung« bestehend aus Rundfunkbeiträgen, Rundfunkwerbung und sonstigen Einnahmen einfachgesetzlich aus (➜ *10 Rdnr. 78 ff.* sowie ausdrücklich § 13 RStV). Der vom BVerfG geprägte Begriff der »funktionsgerechten Finanzausstattung« wird in § 12 Abs. 1 RStV einfachgesetzlich umschrieben. Rechtsgrundlage für die Ermittlung des Finanzbedarfs des öffentlichrechtlichen Rundfunks und somit für die Festlegung der **Rundfunkbeitragshöhe** ist § 14 RStV, auf dessen Absatz 4 der RFinStV basiert (➜ *10 Rdnr. 97 ff.*). Da die **Einnahmen aus Werbung** nicht die Hauptfinanzierungsquelle des öffentlichrechtlichen Rundfunks sein dürfen (➜ *10 Rdnr. 84 ff.*) beinhalten die §§ 15, 16 RStV spezielle Werbevorschriften, insbesondere Regelungen zur Werbedauer und -zeit. Diese ergänzen die allgemeinen Vorgaben der §§ 7, 8 RStV. Ein einheitliches Vorgehen der Rundfunkanstalten im Bereich der Werbung ermöglicht § 16f RStV, wonach gemeinsame Richtlinien erarbeitet werden können. Teleshopping (§ 2 Abs. 2 Nr. 10 RStV) ist den öffentlichrechtlichen Rundfunkanstalten grundsätzlich nicht gestattet (§ 18 RStV). **162**

163   In § 16a ff. RStV werden die sog. **»kommerziellen Tätigkeiten«** der Rundfunkanstalten reguliert. Diese gehören zu den »sonstigen Einnahmen« der Rundfunkanstalten i.S.d. § 13 Abs. 1 RStV. Kommerzielle Tätigkeiten sind gem. § 16a Abs. 1 RStV Betätigungen, bei denen Leistungen auch für Dritte im Wettbewerb angeboten werden d.h., die auch von anderen Anbietern erbracht werden können. Diese kommerziellen Tätigkeiten der Rundfunkanstalten sind von den Tätigkeiten, die zur Auftragserfüllung i.S.d. Grundversorgungsauftrags zwingend notwendig sind, abzugrenzen. Kommerzielle Tätigkeiten sind beispielsweise Merchandising, Filmproduktionen für Dritte, Vermietung von Sendestandorten oder Werbung. Nunmehr stellt der Gesetzgeber in § 16a RStV klar, dass derartige **Tätigkeiten nur unter Marktbedingungen** erbracht werden dürfen. Zudem verlangt das Gesetz eine **getrennte Buchführung** zwischen den kommerziellen Tätigkeiten und den Tätigkeiten, die zur Erfüllung des Grundversorgungsauftrags zwingend notwendig sind. Dies soll eine Überfinanzierung der Rundfunkanstalten sowie Quersubventionierungen im Rahmen der »Mischfinanzierung« vermeiden. Ferner dürfen nur eigenständige, also von der Rundfunkanstalt ausgegliederte **Tochtergesellschaften** kommerzielle Tätigkeiten bzw. Dienstleistungen erbringen. Die Tätigkeitsbereiche, in denen eine Rundfunkanstalt derartige Tochtergesellschaften gründen darf, müssen vom zuständigen Gremium der Rundfunkanstalt, meist dem Verwaltungsrat, genehmigt werden (§ 16a Abs. 2 RStV). Die kommerziellen Tätigkeiten unterliegen gem. § 16d RStV einer regelmäßigen externen **Kontrolle** durch Wirtschaftsprüfer und die Landesrechnungshöfe.

164   Um weitere Finanzmittel als »sonstige Einnahmen« (§ 13 Abs. 1 RStV) zu erwirtschaften, können sich öffentlichrechtliche Rundfunkanstalten an anderen Unternehmen beteiligen. Allerdings engt § 16b RStV die Möglichkeiten von **Unternehmensbeteiligungen** ein. § 16c RStV kodifiziert zudem ein strenges Kontrollsystem. Im Ergebnis sollen diese gesetzlichen Vorgaben eine Überfinanzierung der öffentlichrechtlichen Anstalten vermeiden.

8. Spezielle Vorschriften für den privaten Rundfunk

a) Vielfaltssicherung

Der Rundfunkstaatsvertrag versucht die **Vielfalt der privaten Sender** zu **165** sichern, indem ein Unternehmen nur so lange eine unbegrenzte Anzahl von Programmen veranstalten darf, wie es nicht die vorherrschende Meinungsmacht erlangt. Das Recht, sich an Medienunternehmen zu beteiligen, ist hierdurch begrenzt. Die vorherrschende Meinungsmacht wird ab einem Zuschaueranteil von 30% vermutet (§ 26 Abs. 1 und 2 RStV, unter gewissen Voraussetzungen einer Gesamtbetrachtung 25%). Unklar ist allerdings, wie der Zuschaueranteil zuverlässig ermittelt werden kann. Ist dieser Anteil erreicht oder überschritten, so können den privaten Programmveranstaltern vielfaltssichernde Maßnahmen, wie z.B. die Einräumung von Sendezeiten an unabhängige Dritte (**Fensterprogramme, § 31** RStV) oder die Einrichtung eines **Programmbeirats** (§ 32 RStV) auferlegt werden. Letzteren kommen ähnliche Funktionen zu wie dem Rundfunkrat bei den öffentlichrechtlichen Sendern. Ferner wird die Vielfalt durch das Überwachen der Eigentümerstruktur bzw. der Beteiligungsverhältnisse der privaten Programmveranstalter gesichert (§§ 26 Abs. 4, 29 RStV).

Die Ermittlung des maßgeblichen Zuschaueranteils sowie der Vor- **166** schlag einer vielfaltssichernden Maßnahme obliegt der **Kommission zur Ermittlung der Konzentration im Medienbereich (KEK, § 35** RStV). Dieses Sachverständigengremium ist Organ aller Landesmedienanstalten, das die jeweilige Landesmedienanstalt bei der Entscheidungsfindung unterstützt.

Aufgabe der KEK ist es, die Einhaltung der Bestimmungen zur Sicherung der **167** Meinungsvielfalt im Fernsehen zu überprüfen und die entsprechenden Entscheidungen zu treffen. Insbesondere bei der Zulassung zur Programmveranstaltung und bei Veränderungen der Beteiligungsverhältnisse an Fernsehveranstaltern hat die KEK zu prüfen, ob hierdurch vorherrschende Meinungsmacht erlangt wurde. Um eine bundeseinheitliche Konzentrationskontrolle zu gewährleisten, ist die Beurteilung der KEK für die jeweils zuständige Landesmedienanstalt bindend.

b) Medienaufsicht

§§ 35 ff. RStV regeln die Medienaufsicht über private Rundfunkveranstal- **168** ter und Plattformbetreiber. Diese Aufsicht wird in den Landesmediengesetzen konkretisiert.

c) Finanzierung, Werbung, Teleshopping

169 § 43 RStV stellt klar, dass sich der Private Rundfunk aus Werbung, Teleshopping und sonstigen Einnahmen (wie z.b. Teilnehmerentgelte – »Pay-TV«) finanziert. Die Werbevorschriften der §§ 44 ff. RStV ergänzen die allgemeinen Vorgaben der §§ 7, 8 RStV. Teleshopping sind Sendungen direkter Angebote an die Öffentlichkeit für den Absatz von Waren oder die Erbringung von Dienstleistungen gegen Entgelt (§ 2 Abs. 2 Nr. 10 RStV).

170   **Rundfunkstaatsvertrag**

Regelungen für öffentlichrechtlichen und privaten Rundfunk	Regelungen für öffentlichrechtlichen Rundfunk	Regelungen für privaten Rundfunk
Programmgrundsätze § 3	Grundversorgung §§ 11, 19	Zulassung §§ 20 ff.
Auflagen §§ 4, 5	Finanzierung §§ 12, 13, 14	Vielfaltssicherung §§ 25 ff.
Werbung, Sponsoring §§ 7, 8	Werbung §§ 15–18	Werbung §§ 43 ff.
Digitalisierung, Übertragungskapazitäten, Plattformen §§ 50 ff.		Medienaufsicht §§ 35 ff.

Beachte: Zusätzlich enthält der Rundfunkstaatsvertrag auch Vorschriften für **Telemedien** (mit journalistisch-redaktionell gestalten Angeboten), §§ 54 ff. RStV (→ *12* Rdnr. 85 ff.).

XI. Landesrechtliche Vorschriften für den öffentlichrechtlichen Rundfunk – Landesrundfunkgesetze

171 Die Vorschriften für den öffentlichenrechtlichen Rundfunk finden sich in sog. **Landesrundfunkgesetzen** (z.B. → T 21 Anhang II). Dort werden u.a. Aufbau und Funktion der jeweiligen Rundfunkanstalt geregelt.

172 Die Länder, die eine gemeinsame Landesrundfunkanstalt haben, behandeln diese Materie in einem gemeinsamen Staatsvertrag. So haben z.b. die Länder Sachsen, Sachsen-Anhalt und Thüringen 1991 einen Staatsvertrag über den Mitteldeutschen Rundfunk (MDR-StV) unterzeichnet. In jedem der beteiligten Bundesländer wurde danach ein Gesetz zu dem Staatsvertrag erlassen, das dem MDR-StV unmittelbare Wirkung im jeweiligen Landesgebiet verschaffte. Mithin ist das »Landesrundfunkgesetz« der Länder Sachsen, Sachsen-Anhalt und Thüringen der MDR-StV. Entsprechend wird der »Südwestrundfunk« (SWR) von Baden-Württemberg und Rheinland-Pfalz gemeinsam getragen.

Im Folgenden werden zunächst kurz die wichtigsten Organe der öf- **173** fentlichrechtlichen Rundfunkanstalten dargestellt, wie sie von den Landesrundfunkgesetzen – weitgehend einheitlich – vorgegeben sind. Da die Landesrundfunkgesetze insbesondere auch die Vorgaben des Rundfunkstaatsvertrags konkretisieren, wird danach auf die landesrundfunkgesetzlichen Vorschriften bzgl. der Programmgrundsätze hingewiesen.

1. Organe der Rundfunkanstalten

a) Rundfunkrat

Der Rundfunkrat vertritt die Interessen der Allgemeinheit auf dem Gebiet **174** des Rundfunks. Weiterhin überwacht er die Einhaltung der Programmgrundsätze. Er soll die in der Gesellschaft bestehende Meinungsvielfalt zum Ausdruck bringen. Die pluralistische Zusammensetzung des Rundfunkrats aus Vertretern der gesellschaftlich relevanten Gruppen ist gesetzlich sichergestellt. Damit wird die Binnenpluralität des öffentlichrechtlichen Rundfunks sowie die Vielfaltssicherung durch das Landesrecht verwirklicht.

Die Herkunft der Vertreter aus den **verschiedenen gesellschaftli-** **175** **chen Gruppen** ist in den Rundfunkgesetzen im Einzelnen bestimmt. Zu erwähnen sind beispielsweise Vertreter der Kirchen und Verbände. Allerdings besteht kein subjektives Recht von gesellschaftlich relevanten Gruppen, bei der Zusammensetzung des Rundfunkrats berücksichtigt zu werden (BVerfG NVwZ 1996, S. 781).

Unter den Mitgliedern des Rundfunkrats befinden sich auch Vertreter der jewei- **176** ligen Landesregierung und des Landtags. Die Beteiligung von Staatsvertretern muss aus Gründen der Staatsferne des Rundfunks umfangmäßig beschränkt sein. Um den Einfluss des Staates auf programminhaltliche Fragen gering zu halten, hat das BVerfG die Anzahl staatsnaher Vertreter im Rundfunkrat wie im Verwaltungsrat auf maximal ein Drittel festgelegt (BVerfG NVwZ 2014, S. 867, 871 »ZDF-Verwaltungsrat«).

Die **Anzahl** der Mitglieder des Rundfunkrats ist in den verschiedenen **177** Landesrundfunkgesetzen sehr unterschiedlich geregelt und beträgt zwischen 16 und 77. Im Verhältnis zum Verwaltungsrat ist er das zahlenmäßig größere Gremium. Die Mitglieder des Rundfunkrats sind nur ihrem Ge-

wissen und dem Gesetz unterworfen. Sie sind **nicht an Weisungen gebunden.**

178   **Zentrale Aufgabe** des Rundfunkrats ist die **Beratung des Intendanten in Programmfragen.** Hierbei hat er auf die Einhaltung der gesetzlichen Programmgrundsätze zu achten. Der Rundfunkrat ist nicht für die
Programmgestaltung zuständig, sollte aber die Programmgestalter dahingehend überwachen, dass die bedeutsamen politischen, weltanschaulichen
und gesellschaftlichen Kräfte im Programm zu Wort kommen können
(BVerfG NVwZ 2014, S. 867, 869). Darüber hinaus kann der Rundfunkrat sich mit allen anderen Fragen der Rundfunkanstalt, beispielsweise dem
Personalwesen und dem Haushalt der Rundfunkanstalt befassen und hierzu Beschlüsse fassen, die allerdings keine rechtliche Bindungswirkung
gegenüber dem Intendanten entfalten (→ F 14).

179   Dem Rundfunkrat kommt trotz dieser nur beratenden Funktion Einfluss innerhalb der Rundfunkanstalt zu, da er den **Intendanten** wählt und
ihn auch wieder **abberufen kann.** Damit hat der Rundfunkrat bei der
Überwachung des Intendanten ein wirksames Durchsetzungsmittel. Gem.
§ 19a RStV kann der Rundfunkrat vom Intendanten verlangen, dass etwa-
ige Beanstandungen im Programm veröffentlicht werden. Zudem wählt
der Rundfunkrat die Mitglieder des Verwaltungsrats und bestimmt über
deren Abberufung (Besonderheiten bestehen beim ZDF-Staatsvertrag.).

b) Verwaltungsrat

180   Der Verwaltungsrat ist ebenfalls ein Kontrollgremium, das jedoch nicht
für inhaltliche, sondern für **wirtschaftliche Fragen** der Rundfunkanstalt
zuständig ist.

Das Verbot der staatlichen Dominanz ist beim Verwaltungsrat ebenso zu beachten
wie beim Rundfunkrat, wenn auch der Rundfunkrat sicherlich das sensiblere der
beiden Kontrollgremien ist, denn der Verwaltungsrat hat im Gegensatz zum
Rundfunkrat keine direkten Entscheidungsbefugnisse hinsichtlich des Inhalts der
Rundfunkprogramme.

181   Der Verwaltungsrat besteht je nach Landesrecht aus sechs bis neun Mitgliedern, die **vom Rundfunkrat gewählt** werden. Sie sind bei der Erfüllung ihrer Aufgaben an Aufträge oder Weisungen ebensowenig gebunden
wie die Mitglieder des Rundfunkrats.

182   Der Verwaltungsrat **überwacht die Geschäftsführung des Intendanten.** Ihm obliegt vor allem die Prüfung des Haushalts. Rechtsgeschäfte
des Intendanten, die aufgrund ihrer finanziellen Auswirkungen von erheblicher Bedeutung für die Anstalt sein können, bedürfen der Zustimmung
des Verwaltungsrats. Soweit der Verwaltungsrat Handlungen des Inten-

danten beanstandet, kann die Beanstandung im Programm veröffentlicht werden (§ 19a RStV). Die inhaltliche Gestaltung des Programms wird allein vom Rundfunkrat überwacht.

c) Intendant

Der Intendant leitet selbständig die Rundfunkanstalt und trägt die Ver- **183** antwortung für den gesamten Betrieb und die Programmgestaltung. Die **Programmverantwortung** bedeutet, dass der Intendant dafür zu sorgen hat, dass das Programm den gesetzlichen Vorschriften entspricht. Hieraus ergibt sich eine starke Stellung des Intendanten innerhalb der Rundfunkanstalt. Darüber hinaus vertritt er die Anstalt nach außen gerichtlich und außergerichtlich. Daher sind beispielsweise Gegendarstellungsverlangen an den Intendanten zu richten. In bestimmten Angelegenheiten bedarf der Intendant der Zustimmung des Verwaltungsrats. Der Intendant muss, um seiner Programmverantwortung gerecht werden zu können, die Möglichkeit haben, seinen Mitarbeitern Weisungen zu erteilen (→ F 14).

2. Weitere gesetzliche Vorgaben - Programmgrundsätze

Die Landesrundfunkgesetze enthalten über die organisatorische Seite der **184** öffentlichrechtlichen Anstalten hinaus Grundsätze für das Programm. Hierzu zählen zunächst Vorschriften über die Beschaffung von Informationen, die der presserechtlichen **Sorgfaltspflicht** vergleichbar sind. Programmgrundsätze stellen darüber hinaus Anforderungen an den Inhalt der einzelnen Sendungen. Wichtigster Programmgrundsatz ist die **Verpflichtung zur Ausgewogenheit des Programms.**

Jeder öffentlichrechtliche Sender hat damit alle Meinungen darzustellen. Auf ei- **185** nen Tendenzschutz, wie das Presserecht ihn kennt, kann sich eine Rundfunkanstalt des öffentlichen Rechts nicht berufen. Das heißt nicht, dass nicht auch Sendungen zulässig wären, in denen eine Meinung mit Eindeutigkeit vertreten wird. Es muss jedoch das Gesamtprogramm ausgewogen sein.

XII. Landesrechtliche Vorschriften für den privaten Rundfunk – Landesmediengesetze

186 Die Vorschriften über den privaten Rundfunk sind in den sog. **Landesmediengesetzen** geregelt. Die Bezeichnung »Landesmediengesetz« lässt vermuten, dass auch die anderen Medien, wie Presse und das Internet in diesem Gesetz geregelt sind. In der Tat ist dies eine Tendenz, die beispielsweise in Rheinland-Pfalz und im Saarland umgesetzt wurde. Dieser Trend resultiert zum einen aus dem Deregulierungsgedanken, zum anderen aber vor allem aus der weiter zunehmenden **Konvergenz traditioneller und elektronischer Medien.** Die meisten Bundesländer haben in den entsprechenden Landesmediengesetzen jedoch lediglich die Vorgaben für den privaten Rundfunk kodifiziert. Daneben existieren Landespressegesetze (→ 8 Rdnr. 14) sowie Vorschriften für die Telemedien (→ 12 Rdnr. 23 ff.). Zu beachten ist ferner, dass die Terminologie nicht einheitlich ist. In Sachsen heißt das Landesmediengesetz beispielsweise »Privatrundfunkgesetz«. Im Folgenden wird auf die wichtigsten – weitgehend einheitlichen – Regelungen der Landesmediengesetze eingegangen.

1. Zulassung

187 Im Rundfunkstaatsvertrag und in den Landesmediengesetzen sind insbesondere die Zulassungsvoraussetzungen privater Rundfunkveranstalter festgelegt. Voraussetzungen für die Zulassung von bundesweit verbreitetem Rundfunk sind in § 20a RStV geregelt. Maßgeblich ist ein **Lizenzierungsmodell.** Wer Rundfunk veranstalten will, bedarf einer Zulassung (vgl. § 20 Abs. 1 RStV). Die Zulassung wird von der jeweils zuständigen Landesmedienanstalt erteilt, bei bundesweit verbreiteten Programmen durch die Kommission für Zulassung und Aufsicht (ZAK). Die Zulassung wird von den Landesmediengesetzen teilweise auch als Konzession oder als Erlaubnis bezeichnet. Verwaltungsrechtlich handelt es sich um den Fall eines präventiven Verbotes mit Erlaubnisvorbehalt, das der Behörde ermöglicht, die Einhaltung der gesetzlich geforderten Voraussetzungen zu überprüfen. Wird Rundfunk ohne Zulassung veranstaltet, ordnet die Landesmedienanstalt die Einstellung der Veranstaltung an und untersagt nach pflichtgemäßem Ermessen dem Träger der technischen Übertragungseinrichtung die Verbreitung. Keiner Zulassung bedürfen jedoch gem. § 51b RStV bundesweit empfangbare Fernsehprogramme, die eine europäische Zulassung besitzen. Das Gesetz verlangt hier jedoch zumindest eine Anzeigepflicht sowie die Pflicht, die Programmgrundsätze und Jugendschutzvorschriften zu beachten (§ 51b Abs. 2 RStV). Hörfunkprogramme, die ausschließlich im Internet verbreitet werden, bedürfen keiner Zulassung (§ 20b RStV).

Neben privaten Rundfunkprogrammanbietern (§ 2 Abs. 2 Nr. 14 RStV) können **188** auch Plattformanbieter (§ 2 Abs. 2 Nr. 13 RStV) eine Zulassung für die Veranstaltung von Rundfunk erhalten. Telemedien, die lineare Informations- und Kommunikationsdienste sind, bedürfen ebenfalls einer Zulassung nach Landesrecht, wenn und soweit sie dem Rundfunk zuzuordnen sind. Das kann auch für Blogger gelten, wenn sie ihre Blogs in rundfunkähnlicher Weise anbieten. Im geplanten Medienstaatsvertrag ist eine Ausnahme für den »**Bagatellrundfunk**« vorgesehen (§ 20b MStV-E). Verstößt ein Anbieter gegen das Zulassungsgebot, so wird er von der Landesmedienanstalt aufgefordert, innerhalb von sechs Monaten nach Bekanntgabe der Feststellung entweder einen Zulassungsantrag zu stellen oder das Telemedium so anzubieten, dass es nicht dem Rundfunk zuzuordnen ist. Anbieter von Telemedien können, um sicherzugehen, dass sie keiner Zulassung bedürfen, bei der Landesmedienanstalt einen Antrag auf Erteilung einer rundfunkrechtlichen **Unbedenklichkeitsbescheinigung** stellen (vgl. § 20 Abs. 2 Satz 3 RStV).

In den Landesmediengesetzen sind die **Zulassungsvoraussetzungen** für **189** private Rundfunkveranstalter im Einzelnen festgelegt. Erforderlich ist u.a., dass der Anbieter seinen Wohnsitz in Deutschland oder der EU hat. Der Anbieter muss zudem die Gewähr dafür bieten, dass er das Programm entsprechend der Zulassung und Beachtung der gesetzlichen Vorschriften veranstalten und verbreiten wird. Hierfür muss der Antragsteller ein Schema des von ihm beabsichtigten Programms vorlegen. Zusätzlich muss er den Nachweis erbringen, dass er in der Lage ist, die Veranstaltung von Rundfunk zu finanzieren. Die Zulassung wird von der Landesmedienanstalt für eine bestimmte Dauer erteilt. Von der Zulassung ausgenommen sind u.a. juristische Personen des öffentlichen Rechts und politische Parteien. Hierdurch soll die Staatsfreiheit des Privatrundfunks gewährleistet bleiben.

Liegen die Zulassungsvoraussetzungen vor, so besteht letztlich aus der **190** Rundfunkfreiheit ein **Anspruch** auf Erteilung der Genehmigung. Dieser Anspruch beinhaltet indessen kein Recht auf Zuweisung einer bestimmten Frequenz.

Wird eine vom Betreiber beantragte Zulassung von der zuständigen Behörde ver- **191** weigert, so kann dagegen das Verwaltungsgericht angerufen werden. Eine Anfechtungsklage gegen den ablehnenden Bescheid ist in einem solchen Fall (anders als den nicht zulassungsbedürftigen Telemedien) nicht ausreichend, da die Aufhebung der Ablehnung noch keine Genehmigung darstellt. Die Genehmigung kann möglicherweise unter Auflagen erteilt werden. Es muss vielmehr auf Erteilung der Genehmigung geklagt, mithin eine Verpflichtungsklage (§ 42 Abs. 1, 2. Var. VwGO) erhoben werden.

2. Programmgrundsätze

192   In den Vorschriften der meisten Landesmediengesetze sind Programmgrundsätze vorgesehen, die die Regelungen des Rundfunkstaatsvertrags ergänzen. Zu den Programmgrundsätzen zählt vor allem die Beachtung der Menschenwürde anderer. Zu beachten sind aber auch die anerkannten journalistischen Grundsätze. Im privaten Rundfunk ist die Vielfalt der Meinungen im Wesentlichen zum Ausdruck zu bringen. Diese Voraussetzung ist jedenfalls von Rundfunkvollprogrammen zu beachten. **Vollprogramme** sind Programme mit einer Mindestdauer von in der Regel fünf Stunden täglich, die der Information, Bildung und Unterhaltung dienen. In verschiedenen Rundfunkgesetzen wird den Vollprogrammen eine Ausgewogenheitsverpflichtung auferlegt. Spartenprogramme trifft dagegen keine Verpflichtung zur Ausgewogenheit, da sie auch nicht im gleichen Maße wie die Vollprogramme die Möglichkeit der Meinungsbildung bieten. Im binnenpluralen Rundfunk hat jedes Programm, im außenpluralen Rundfunk hat die Gesamtheit der Programme diesen Vielfaltsanforderungen zu entsprechen. Teilweise werden die Bedingungen einer Außenpluralität festgelegt.

3. Medienaufsicht – Landesmedienanstalten

193   Für die **staatliche Aufsicht** über Private sind die Landesmedienanstalten zuständig.

Die Medienanstalten tragen in den verschiedenen Bundesländern unterschiedliche Namen. In Baden-Württemberg heißt die Landesmedienanstalt Landesanstalt für Kommunikation (LFK), in anderen Bundesländern wird sie als Landeszentrale für Neue Medien, als Medienanstalt oder als Landesrundfunkzentrale bezeichnet. Die unterschiedlichen Benennungen dürfen indessen nicht über die nahezu identischen Aufgaben und Befugnisse der Landesmedienanstalten hinwegtäuschen.

a) Rechtsstellung und Organe

194   Die Landesmedienanstalten sind **rechtsfähige Anstalten des öffentlichen Rechts**. Sie sind damit einerseits Hoheitsträger, auf der anderen Seite sind sie nicht einfach übergeordnete Verwaltungsbehörden, sondern verfügen über eine gewisse Eigenständigkeit im Verhältnis zum Staat. Ersteres ist eine Notwendigkeit, wenn überhaupt Kontrolle über privaten Rundfunk ausgeübt werden soll. Die Eigenständigkeit der Landesmedienanstalten erklärt sich aus der Rundfunkfreiheit, der zufolge staatlicher Einfluss auf den Rundfunk auszuschließen ist. Die Landesmedienanstalten sind unabhängige öffentlichrechtliche Aufsichtsinstanzen. Sie haben das

Recht der Selbstverwaltung und können, wie erwähnt (➔ *10* Rdnr. 27) Träger des Grundrechts der Rundfunkfreiheit sein, das sie im Wege der Verfassungsbeschwerde durchsetzen können. Finanziert werden die Landesmedienanstalten durch den Rundfunkbeitrag.

Organe der Landesmedienanstalt sind die Anstaltsversammlung und **195** der Direktor. Die **Anstaltsversammlung** wird auch Landesrundfunkausschuss oder Rundfunkkommission genannt und ist wiederum – ähnlich wie der Rundfunkrat – pluralistisch zusammengesetzt. Der **Direktor** wird von den verschiedenen Landesmediengesetzen auch als Präsident oder Vorsitzender bezeichnet.

Die Landesmedienanstalten unterliegen ihrerseits der Rechtsaufsicht **196** der obersten Landesbehörde. Ausgeschlossen ist wie bei den Rundfunkanstalten die Fachaufsicht und auch die Rechtsaufsicht geht nicht so weit wie beispielsweise die der Gemeinden, die unter den in der Gemeindeordnung normierten Voraussetzungen Ersatzvornahmen hinzunehmen haben.

b) Aufgaben

Neben der Zulassung zum privaten Rundfunk haben die Landesmedien- **197** anstalten die **Aufgabe**, die Einhaltung der Privatrundfunkgesetze der Bundesländer durch die privaten Rundfunksender und Plattformbetreiber sicherzustellen. Sie weisen Übertragungskapazitäten zu, sind zuständig für die Zulassung Privater zum Rundfunk und überwachen deren Programm.

Damit die Landesmedienanstalten ihre Aufgabe wahrnehmen können, trifft die **198** privaten Rundfunkveranstalter die Pflicht, ihre Sendungen zu Zwecken der Rundfunkaufsicht aufzuzeichnen und die Aufzeichnungen unter bestimmten Voraussetzungen der Landesmedienanstalt vorzulegen. Diese Pflicht ist mit der Rundfunkfreiheit vereinbar (BVerfGE 95, S. 220 ff. »Aufzeichnungspflicht« ➔ E 64).

Die Landesmedienanstalten haben das Recht, ihnen bekannt gewordene **199** Verstöße gegen die jeweiligen Landesgesetze gegenüber den privaten Rundfunkveranstaltern und Plattformbetreibern zu beanstanden. Die Landesmedienanstalten können die Verstöße entweder selbst aufdecken oder entsprechenden Hinweisen nachgehen. Die **Beanstandung** ist mit der Androhung verbunden, im Wiederholungsfall die Erlaubnis zu entziehen. Tritt dieser Fall ein, kann die Landesmedienanstalt die **Erlaubnis widerrufen**. Bei der Beanstandung wie auch dem Widerruf handelt es sich um Verwaltungsakte, die dem üblichen verwaltungsrechtlichen und verwaltungsprozessualen Verfahren unterliegen.

200 Neben der Zulassung von Rundfunkveranstaltern haben die Landesmedienanstalten weiterhin die Aufgabe, die **Übertragungskapazitäten** zwischen den verschiedenen privaten Veranstaltern zu **verteilen**. Eine Auswahl zwischen den Sendern und Diensten hat nur zu erfolgen, wenn keine ausreichenden Übertragungskapazitäten zur Verfügung stehen und keine Einigung zwischen den Beteiligten zustande kommt. Bei der Auswahlentscheidung haben die Landesmedienanstalten den Gleichheitssatz des Art. 3 Abs. 1 GG zu beachten. Bei der Auswahlentscheidung kann darauf abgestellt werden, welches Programm eine stärkere Sicherung der Meinungspluralität erwarten lässt. Aus diesem Grund kann einem Vollprogramm Vorrang vor einem Spartenprogramm eingeräumt werden.

Landesmedienanstalten können schließlich sog. **offene Kanäle** einrichten. Offene Kanäle bieten auch solchen Personen und Gruppen die Möglichkeit, Sendungen zu produzieren und zu senden, die nicht über ausreichende finanzielle Mittel zur Errichtung eines eigenen Senders verfügen. Die Studios, die der unentgeltlichen Nutzung durch die Allgemeinheit offenstehen, werden entweder von den Landesmedienanstalten selbst errichtet und getragen oder durch von ihnen lizenzierte Vereine.

c) Zusammenarbeit

201 Bei der Zulassung neuer Programmveranstalter müssen die Landesmedienanstalten Entscheidungen der **KEK** berücksichtigen. Im Bereich des Jugendschutzes nehmen die Landesmedienanstalten ihre Aufgabe gemeinsam durch die Kommission für Jugendmedienschutz (**KJM**, §§ 14, 15 JMStV → 6 Rdnr. 21) wahr.

202 Gem. § 39 RStV erfüllen die Landesmedienanstalten bei bundesweiten Angeboten ihre Aufgaben gemeinsam. Gemeint sind Aufgaben wie z.B. die Zulassung (§ 20a RStV), die Zuweisung von Übertragungskapazitäten (§ 51a RStV) oder diverse Aufsichtsmaßnahmen gegenüber bundesweiten Angeboten privater Rundfunkveranstalter und Plattformanbieter (§§ 36, 38 RStV). Hierfür gibt es verschiedene »gemeinsame« Organe der Landesmedienanstalten und zwar neben KEK und KJM die Kommission für Zulassung und Aufsicht (**ZAK**) und die Gremienvorsitzendenkonferenz (**GVK**). Die Zusammensetzung der verschiedenen Kommissionen bzw. Organe ist in § 35 RStV geregelt. Insbesondere im Rahmen der Plattformregulierung haben diese Organe eine große Bedeutung (§§ 36 ff. i.V.m. §§ 51a, 52 ff. RStV).

203 ZAK, GVK, KEK und KJM sind den Landesmedienanstalten als Organe zur Seite gestellt, die im Wege der **Organleihe** der jeweiligen Landesmedienanstalt zugeordnet sind und diese bei ihrer Aufgabenerfüllung unterstützen (§ 35 Abs. 2 Satz

2 RStV, § 14 Abs. 2 JMStV). Diese »gemeinsamen« Organe sind strikt von den Organen der einzelnen Landesmedienanstalt zu trennen.

Neben der Zusammenarbeit der Landesmedienanstalten mittels der gesetzlich **204** kodifizierten »gemeinsamen« Organe sind in manchen Bereichen einvernehmliche bzw. untereinander abgestimmte Entscheidungen notwendig (z.b. §§ 8a, 46, 53 RStV). Deshalb arbeiten die Landesmedienanstalten zudem unter der Benennung »die medienanstalten« zusammen. Weitere Gremien sind z.b. die Direktorenkonferenz (DLM) und die Gremienvorsitzendenkonferenz (GVK). Im Unterschied zu den gemeinsamen Organen der Landesmedienanstalten sind Aufgaben und Zusammensetzung der Gremien sowie die Rechtswirkung etwaiger Beschlüsse gesetzlich nicht geregelt.

Das Rundfunkrecht wird insbesondere durch das Telekommunikationsrecht **205** sowie das Kartellrecht tangiert. Aus diesem Grund ordnet § 39 RStV eine enge Zusammenarbeit der jeweils zuständigen Behörden an. So haben die Landesmedienanstalten (für Rundfunkrecht), die Bundesnetzagentur (als Regulierungsbehörde für das Telekommunikationsrecht) sowie das Bundeskartellamt (für das Kartellrecht) zusammenzuarbeiten.

XIII. Plattformen, Benutzeroberflächen und Intermediäre

Durch den geplanten **Medienstaatsvertrag** soll der Konvergenz der Me- **206** dien Rechnung getragen und es sollen weitere Angebote einer Regulierung im Hinblick auf einen diskriminierungsfreien Zugang von Angeboten zu den Nutzern und einer Transparenz der Auswahl von Angeboten unterworfen werden. Damit soll der Versuch unternommen werden, »Gatekeeper«, die die Rezeption von Medieninhalten beeinflussen können, in ihrer Freiheit zu beschränken, aus finanziellen oder politischen Interessen die Medienrezeption zu steuern. Deutlich wird dies beispielsweise an Suchmaschinenbetreibern, die einerseits im Interesse der Nutzer eine Reihung der Angebote im Hinblick auf die Bedürfnisse des Nutzers vornehmen, dabei jedoch auch Angebote vorziehen können, für die sie eine Bezahlung erhalten haben.

Da die Anbieter von Medienplattformen, Medienintermediäre und Be- **207** nutzeroberflächen häufig ihren Sitz nicht in Deutschland haben, wird die Anwendbarkeit des Medienstaatsvertrags auf Angebote für anwendbar erklärt, soweit sie **zur Nutzung in Deutschland bestimmt** sind. Das ist jedenfalls dann der Fall, wenn sie sich in der Gesamtschau, insbesondere durch die verwendete Sprache, die angebotenen Inhalte oder Marketingaktivitäten an Nutzer in Deutschland richten (§ 1 Abs. 7 MStV-E). Das ist weiterhin dann der Fall, wenn sie in Deutschland »einen nicht unwesentlichen Teil ihrer Refinanzierung erzielen«. Das bezieht sich wohl auf Angebote aus dem Ausland, die aber überwiegend durch Werbekunden aus Deutschland finanziert werden.

208 Geregelt werden zunächst Plattformen. Gem. § 2 Abs. 2 Nr. 13 ist **Medienplattform** jeder Dienst, soweit er Rundfunk oder rundfunkähnliche Telemedien zu einem vom Anbieter bestimmten Gesamtangebot zusammenfasst. Hierunter werden lediglich sog. geschlossene Angebote verstanden. Das sind Angebote, die nicht der Auswahl der Nutzer selbst zugänglich sind, sondern Dienste, bei denen der Anbieter die Entscheidung über die Auswahl der Inhalte trifft. Die Definition der Plattform im MStV-E unterscheidet sich von demselben Begriff des Netzwerkdurchsetzungsgesetzes, der sich in erster Linie auf soziale Netzwerke erstreckt (§ 1 Abs. 1 Satz 1 NetzDG). Handelt es sich auch einmal um einen Staatsvertrag der Länder und das andere Mal um ein Bundesgesetz, so ist eine solche differierende Begrifflichkeit doch zumindest verwirrend. Der Anbieter von Medienplattformen hat bestimmte Inhalte für die digitale Verbreitung, insbesondere von beitragsfinanzierten Programmen, sicherzustellen (§ 52b Abs. 2 Nr. 1a MStV-E). Hinsichtlich eines weiteren Teils seiner technischen Kapazität hat er ein vielfältiges Programmangebot zu bieten (§ 52b Abs. 2 Nr. 2 MStV-E). Solche verbindlichen Vorgaben für Inhalte werden mit dem Begriff »**must carry**« umschrieben. Die Vorgaben werden ergänzt durch ein allgemeines **Diskriminierungsverbot** in § 52c MStV-E.

209 Im Zusammenhang mit den Plattformen sind die **Benutzeroberflächen** zu erwähnen. Diese sind der Umschreibung des § 2 Nr. 13a MStV-E zufolge die textlich, bildlich oder akustisch vermittelte Übersicht über Angebote oder Inhalte einzelner oder mehrerer Medienplattformen, die der Orientierung dient und unmittelbar die Auswahl von Angeboten, Inhalten oder softwarebasierten Anwendungen ermöglicht. Als Anwendungsfall erwähnt der Staatsvertrag insbesondere Angebots- oder Programmübersichten einer Medienplattform. Hinsichtlich der Benutzeroberflächen ist die **Auffindbarkeit** von Angeboten von besonderer Bedeutung. Gleichartige Angebote oder Inhalte dürfen bei der Auffindbarkeit nicht ohne sachlich gerechtfertigten Grund unterschiedlich behandelt werden und ihre Auffindbarkeit darf nicht unbillig behindert werden (§ 52e Abs. 2 MStV-E). Hinzu tritt gem. § 52f eine **Transparenzpflicht** der Anbieter. Diese umfasst u.a. die Kriterien, nach denen Inhalte sortiert, angeordnet und abgebildet werden. Die Informationen hierzu sind den Nutzern zur Verfügung zu stellen.

210 Ein dritter Regelungsbereich des Medienstaatsvertrags bezieht sich auf **Intermediäre**. Der Definition des § 2 Abs. 2 Nr. 13b MStV-E zufolge ist Medienintermediär jedes Telemedium, das auch journalistisch-redaktionelle Angebote Dritter aggregiert, selektiert und allgemein zugänglich präsentiert, ohne diese zu einem Gesamtangebot zusammenzufassen. Als Beispiel werden Suchmaschinen, soziale Netzwerke u.a. genannt, die auch als offene Angebote bezeichnet werden. Erfasst werden sollen Angebote wie Google, Facebook und YouTube. Inhaltlich sind die Medienintermediäre in den § 53c ff. MStV-E geregelt. Diese Vorschriften enthalten nicht nur gewisse Einschränkungen im Hinblick auf die Größe der Anbieter, sondern auch wiederum ein **Transparenzgebot**. Gem. § 53d Abs. 1 Nr. 2 haben Anbieter von Medienintermediären die zentralen Kriterien einer Aggregation, Selektion und Präsentation von Inhalten und ihre Gewichtung einschließlich Informationen über die Funktionsweise der eingesetzten Algorithmen in verständlicher Sprache verfügbar zu halten. An dieser Vorgabe wird heftige Kritik geübt da sie, wörtlich genommen, eine Offenlegung der Auswahlkriterien der Intermediäre darstellen würde. Hinzu kommt die in § 53e MStV-E geregelte **Diskriminierungsfreiheit**. Medienintermediäre journalistisch-redaktionell gestalteter Angebote dürfen diese weder mittelbar noch unmittelbar unbillig behindern oder ohne sachlich gerechtfertigten Grund unterschiedlich behandeln (§ 53e Abs. 1 MStV-E).

Noch nicht endgültig geklärt ist die Einordnung von **digitalen Sprachassistenten** (»Alexa«, »Siri« etc.) als Benutzeroberflächen oder Intermediäre, da auch sie vom Nutzer unabhängige Auswahlentscheidungen von Medieninhalten treffen können.

Eine weitere Neuerung des Mediendienste-Staatsvertrags könnte eine **211** **Kennzeichnungspflicht für** »**Social Bots**« sein. § 55 Abs. 3 MStV-E verpflichtet Anbieter von Telemedien in sozialen Netzwerken, bei mittels eines Computerprogramms automatisiert erstellten Inhalten oder Mitteilungen, den Umstand der Automatisierung kenntlich zu machen. Da Social Bots in vielfältiger Weise sinnvoll zum Einsatz kommen, erschiene ein komplettes Verbot nicht sinnvoll. Die Kennzeichnungspflicht soll es dem Nutzer ermöglichen, zu unterscheiden, ob er es in einem sozialen Netzwerk mit einer natürlichen Person oder lediglich mit einer computergenerierten Mitteilung zu tun hat.

Rechtsgrundlagen im Rundfunkrecht

	Öffentlichrechtlicher Rundfunk	Privater Rundfunk
1. Bundesrecht (Verfassungsrecht)	Art. 5 Abs. 1 Satz 2 GG (Auslegung BVerfG)	Art. 5 Abs. 1 Satz 2 GG (Auslegung BVerfG)
2. Landesrecht		
a) Verfassungsrecht	Landesverfassungen	
b) Staatsverträge	RStV, RGebStV, RFinStV, JMStV	RStV, JMStV
c) Gesetze	Landesrundfunkgesetze (z.b. Gesetz über Bayer. Rundfunk (BayRG), MDR-StV)	Landesmediengesetze (z.b. LMG Baden-Württemberg) bzw. Privatrundfunkgesetze, (z.b. SächsPRG)

Gemeinsamkeiten und Unterschiede öffentlichrechtlicher und privater Rundfunksender

Vergleichbare Regelungen:
1. Programmgrundsätze
2. Beachtung der journalistischen Sorgfaltspflicht
   Trennung von Werbung und Programm, Verbot von Schleichwerbung, Produktplatzierung
3. Fernsehkurzberichterstattung
4. Ausnahmen von Exklusivrechten bei Großereignissen
5. Jugendschutz
6. Pflicht zur Wiedergabe von Gegendarstellungen
7. Sendezeit für Dritte

Besonderheiten öffentlich-rechtlicher Sender:
1. Rundfunkfreiheit nicht als Individualrechtsgarantie (dienende Freiheit)
2. Grundversorgungsauftrag/ Funktionsauftrag
3. Finanzierung durch Rundfunkbeiträge

Besonderheiten von Privatsendern:
1. Rundfunkfreiheit als Individualrechtsgarantie (mit Einschränkungen)
2. Tendenzautonomie
3. Zulassungspflicht
4. Überwachung durch Landesmedienanstalt

342

4. Vielfaltsicherung durch plurale Be-
setzung des Rundfunkrates
5. Verantwortlichkeit des Intendanten

5. Weniger strenge Anforderungen
hinsichtlich der Meinungspluralität
6. Vielfaltsicherung durch die KEK
7. Finanzierung ausschließlich über
Werbung
8. Liberalere Bestimmungen hinsichtlich Werbung und Sponsoring
9. Erstattung der Selbstkosten bei
Sendezeit für Dritte
10. Möglichkeit von offenen Kanälen

Literatur

Lehrbücher
Holger von Hartlieb / Mathias Schwarz / Horst von Hartlieb: Handbuch des Film-,
Fernseh- und Videorechts, 5. Aufl. 2011 (6. Aufl. für Febr. 2020 angekündigt)
Raimund Schütz: Kommunikationsrecht, 2013

Kommentare
Reinhard Hartstein, Wolf-Dieter Ring u.a.: Rundfunkstaatsvertrag. Kommentar,
LBl., Ordner I, II, Stand: März 2018
Reinhart Binder / Thomas Vesting (Hrsg.): Beck'scher Kommentar zum Rundfunk-
recht, 4. Aufl. 2018

Sonstige Literatur
Caroline Hahn: Die Aufsicht des öffentlich-rechtlichen Rundfunks, 2010
Hans-Peter Schneider: Werbung im öffentlich-rechtlichen Rundfunk, 2010
Jannis Müller-Rüster: Product Placement im Fernsehen, 2010
Paul Kirchhof: Die Finanzierung des öffentlich-rechtlichen Rundfunks, 2010
Jutta Stender-Vorwachs (Hrsg.): Öffentlich-rechtlicher Rundfunk: Finanzierung
und Onlineangebote, 2010
Frank Fechner (Hrsg.): Pluralismus, Finanzierung und Konvergenz als Grundfragen
des Rundfunkrechts, 2010
Christoph Degenhart: Verfassungsrechtliche Zweifelsfragen des Rundfunkbeitrags-
staatsvertrags, ZUM 2011, S. 193 ff.
Max Wellenreuther: Presseähnliche Telemedien öffentlich-rechtlicher Rundfunk-
anstalten, 2011
Anna Terschüren: Die Reform der Rundfunkfinanzierung in Deutschland, 2013
Christoph Gröpl: Fälle zum Presse- und Rundfunkrecht, 2013
Alexandra Rauchhaus: Rundfunk und Staat, 2014
Andreas Hamacher: Der Rundfunkbegriff im Wandel des deutschen und europäi-
schen Rechts, 2014

Frank Fechner / Johannes Arnhold: Meinungsvielfalt, Anbietervielfalt und Angebots-
vielfalt – Medienkonzentration im neuen Thüringer Landesmediengesetz auf
dem Prüfstand der Rundfunkfreiheit, ThürVBl. 2014, S. 285 ff.

Simon Röß: Die Neuordnung der Finanzierung des öffentlich-rechtlichen Rundfunks durch den Rundfunkstaatsvertrag, 2015

Julia Elixmann: Rundfunkanstalten im Internet, 2016

Astrid Hoffmann: Der Rundfunkbeitrag, 2016

Stephanie Eggerath: Der Rundfunkbeitragsstaatsvertrag der Länder, 2016

Dieter Dörr / Bernd Holznagel / Arnold Picot: Legitimation und Auftrag des öffentlich-rechtlichen Fernsehens in Zeiten der Cloud, 2016

Frank Fechner / Johannes Arnhold: Ist Flüchtlingsfernsehen verfassungswidrig?,
NVwZ 2016, S. 891 ff.

Anja Friederike Hauth: Sitzungspolizei und Medienöffentlichkeit, 2017

Christoph Degenhart: Rundfunkrecht in der Entwicklung, K&R 2018, S. 149 ff.,
236 ff.

Hubertus Gersdorf: Informationsauftrag des öffentlich-rechtlichen Rundfunks,
K&R 2018, S. 759 ff.

11. Kapitel: Film

Der Film ist ein eigenständiges, neben dem Fernsehen stehendes Medium. **1**
Filme wurden herkömmlicher Weise im Gegensatz zum Rundfunk nicht
gesendet, sondern an bestimmten Orten, insbesondere in den Lichtspieltheatern (Kinos) dem Publikum vorgeführt.

Eine geschlossene Rechtsmaterie »Filmrecht« gibt es ebenso wenig wie **2**
ein »Filmgesetz«. Regelungen für die Herstellung und die Verbreitung von
Filmen finden sich in verschiedenen Gesetzen. Beispielsweise ist das Urheberrecht an Filmen im Urheberrechtsgesetz geregelt. Ein spezielles Gesetz für den Bereich des Films ist das Filmförderungsgesetz.

I. Filmfreiheit

Die Filmfreiheit ist als Grundrecht in Art. 5 Abs. 1 Satz 2, 3. Var. GG **3**
geschützt. Die Filmfreiheit ist in manchem der Rundfunkfreiheit vergleichbar. Indessen darf bei einem Vergleich nicht die Funktion des
Rundfunks im demokratischen Staat aus den Augen verloren werden (→
10 Rdnr. 11 ff.), die dem Film nur bedingt zukommt. Nicht zuletzt aufgrund des pluralen Angebots ist der Film daher insgesamt der Presse näher
als dem Rundfunk. Aus diesem Grund sind einige anhand der Pressefreiheit entwickelte Grundsätze auf die Filmfreiheit übertragbar.

In vielen Fällen wird die Filmfreiheit **durch andere Grundrechte** **4**
verstärkt. Das gilt vor allem für künstlerische Filme, deren Produzenten
sich auf die Kunstfreiheit des Art. 5 Abs. 3 GG berufen können. Entsprechend können wissenschaftliche Lehrfilme zusätzlich durch die Wissenschaftsfreiheit geschützt sein, die in derselben Norm garantiert ist. In beiden Fällen kommt den angesprochenen »geschlossenen Grundrechten« (→
3 Rdnr. 39 ff.) in Abwägungsvorgängen größeres Gewicht zu als der Filmfreiheit.

1. Begriff des Films

5 Der Begriff des Films ist bei der Umschreibung des Schutzbereichs der Filmfreiheit von der umgangssprachlichen Verwendung des Wortes »Film« und dem Begriff in einfachgesetzlichen Regelungen zu unterscheiden.

6 Definitionsversuche des Begriffs Film im Allgemeinen wirken häufig etwas hilflos. Filme werden vielfach als Kommunikationsmedium bezeichnet, bei dem ein chemisch-optischer Bildträger – meist verbunden mit einer Tonspur – in der Öffentlichkeit vorgeführt wird. Derartige Definitionen sind immer in Gefahr, der technischen Entwicklung nicht standzuhalten. Bezeichnender dürfte es sein, dass der Film am **Ort des Abspielens** des Bildträgers vorgeführt wird. Maßgeblich ist nicht die Methode der Aufnahme oder die Wiedergabetechnik, sondern die Art und Weise der Wiedergabe. Wird ein Bildträger für eine an einem bestimmten Ort befindliche Öffentlichkeit abgespielt, so handelt es sich um einen Fall des Films, wird eine Bildfolge mithilfe technischer Mittel (meist zeitgleich) einer Vielzahl von Personen dargeboten, so handelt es sich um Rundfunk. Ein Kinofilm, wenn er im Fernsehen gezeigt wird, unterfällt der Rundfunkfreiheit und nicht der Filmfreiheit, denn er richtet sich nun an eine räumlich nicht begrenzte Allgemeinheit.

7 Unter den grundrechtlichen Begriff des Films fallen zweifellos auch Videos (die keine chemisch-optischen Bildträger sind), denn auch diese werden am Ort des Abspielens angeschaut. Einfachgesetzlich werden sie den Druckerzeugnissen zugerechnet.

8 Für die Bestimmung des grundrechtlichen Schutzbereichs der **Filmfreiheit** erscheint vor allem die systematische und die teleologische Interpretation sinnvoll. Geht man davon aus, dass die Verfassung ein umfassendes Grundrecht der Medienfreiheit schützt, so kann die Filmfreiheit zur Anwendung gelangen, wenn die Rundfunkfreiheit nicht eingreift und daher eine Regelungslücke bestünde. Sie ist gegenüber der Rundfunkfreiheit auch deswegen eigenständig, weil sie nicht die rundfunkrechtlichen Sonderanforderungen der Rundfunkfreiheit (hinsichtlich Pluralität der Meinungen etc.) kennt.

9 Filme, die möglicherweise nicht in der Öffentlichkeit vorgeführt werden, stehen unter dem Schutz der Filmfreiheit. Einige Autoren nehmen Filme, die nicht in der Öffentlichkeit gezeigt werden, von der Filmfreiheit aus. Das soll beispielsweise für einen von einer Videokassette abgespielten Spielfilm gelten. Damit wäre indessen die Herstellung und die Verbreitung eines Spielfilms, der nur für Video produziert wird, nicht von der Filmfreiheit, sondern allenfalls von der Pressefreiheit gedeckt, was nicht sachgerecht erscheint.

Weitere Formen verkörperter Bildträger sind ohne weiteres der Filmfreiheit **10** zuzuordnen, beispielsweise Bildplatten oder andere Techniken der Konservierung von bewegten Bildern wie DVD.

2. Inhalt der Filmfreiheit

Die **Herstellung und Verbreitung von Filmen** ist frei. Das ergibt sich **11** aus Art. 5 Abs. 1 Satz 2 GG. Der gesamte Bereich der Filmproduktion ist daher von staatlichem Einfluss freizuhalten. Wie bei den anderen Medienfreiheiten auch, sind Inhalt und Qualität eines Films für die Eröffnung des grundrechtlichen Schutzbereichs unerheblich.

In Parallele zur Interpretation der Rundfunkfreiheit besteht auch bei **12** der Filmfreiheit keine Beschränkung auf die »Freiheit der Berichterstattung« durch den Film. Umfasst sind vorbereitende Tätigkeiten für die Filmproduktion wie die Erstellung eines Drehbuchs sowie die Produktion des Films selbst, zu der auch die Durchführung von Außenaufnahmen zählt.

Soll ein Film in der Fußgängerzone einer Großstadt aufgenommen werden, so **13** stellt das keinen Gemeingebrauch im straßenrechtlichen Sinn dar. Daher ist hierfür eine Sondernutzungserlaubnis nach dem jeweiligen Landesstraßenrecht erforderlich. Im Rahmen ihrer Ermessensausübung hat die zuständige Behörde jedoch das Grundrecht der Filmfreiheit zu berücksichtigen. Sie hat den Interessen der Allgemeinheit an einem reibungslosen und flüssigen Fußgängerverkehr (der letztlich im Grundrecht der Fußgänger aus Art. 2 Abs. 1 GG wurzelt) gegenüber das Grundrecht der Filmfreiheit zur Abwägung zu bringen. Versäumt sie es, das Grundrecht der Filmfreiheit in den Abwägungsvorgang einzustellen, so handelt es sich um einen Ermessensfehler, der zur Rechtswidrigkeit des versagenden Verwaltungsakts führt.

Vom Grundrecht der Filmfreiheit geschützt ist weiterhin die **Verbreitung** **14** von Filmen. Das bezieht sich auf die Herstellung von Kopien und die Vorführung des Films. Von der Filmfreiheit umfasst ist auch der Filmex- und -import sowie der Filmverleih und die Werbung für den Film.

Für die Filmproduktionsfirmen lässt sich – ähnlich wie bei den Presse- **15** unternehmen – ein Tendenzschutz annehmen, der sie von dominierenden Einflüssen gesellschaftlicher Gruppen freihält.

Bei der Filmfreiheit ist das **Zensurverbot** des Art. 5 Abs. 1 Satz 3 GG **16** (→ 3 Rdnr. 107 ff.) wie bei den anderen Medienfreiheiten zu beachten. Eine Vorzensur ist verboten. Eine Nachzensur kann hingegen geboten sein, um die Einhaltung der strafrechtlichen und der dem Jugendschutz dienenden Vorschriften zu garantieren. Für die Zulässigkeit der Nachzensur ist erforderlich, dass die Schranken des Art. 5 Abs. 2 GG beachtet werden. Die Abgrenzung von Vor- und Nachzensur ist nicht immer einfach.

17 Beispiel ist der Fall des Horrorfilms »Tanz der Teufel«, bei dem es um Gewaltdarstellungen mit menschenähnlichen Wesen ging. Der Film war von einem Filmverleih zur Kennzeichnung vorgelegt worden. Allerdings wurde der Film sofort vom Gericht eingezogen. – Das Kennzeichnungsverfahren darf nach Auffassung des BVerfG nicht so gehandhabt werden, dass ein Antragsteller nicht mehr frei darüber entscheiden kann, ob er den zur Kennzeichnung vorgelegten Film verbreiten will oder nicht. Wird durch die Beschlagnahme des Films dessen Verbreitung verhindert, ohne dass dem Antragsteller zuvor Gelegenheit gegeben worden ist, wegen der im Kennzeichnungsverfahren deutlich gewordenen strafrechtlichen Bedenken von dessen Verbreitung Abstand zu nehmen, so kommt diese Maßnahme einer Zensur gleich und verstößt gegen Art. 5 Abs. 1 Satz 3 GG. Der Filmverleih muss die Möglichkeit haben, den Film nach Herausschneiden der möglicherweise strafbaren Inhalte erneut zur Kennzeichnung vorzulegen (BVerfGE 87, S. 209, 230 ff. → E 69; 2016 wurde der Film ab 16 Jahren freigegeben, was den Wandel in der Einschätzung des Films, aber auch die mediale Fortentwicklung belegt).

18 Die Pflicht zur Vorlage von Filmen zur behördlichen Genehmigung, die nicht ausschließlich Erwachsenen gezeigt werden, stellt keine Vorzensur dar (BVerfGE 33, S. 52, 73 ff.).

19 In die Filmfreiheit kann nicht nur durch staatliche Einschränkungen eingegriffen werden, sondern auch durch staatliche Fördermaßnahmen. Die Subventionierung eines Films durch staatliche **Filmförderung** kann einen unzulässigen Eingriff in die Rechte anderer, nicht berücksichtigter Filmschaffender darstellen. Der Staat hat bei der Förderung von Filmen seine inhaltliche Neutralitätspflicht zu beachten, die ihm insbesondere verbietet, einen Film aus Gründen seiner politischen Aussage zu fördern, um so Einfluss auf den Inhalt von Filmproduktionen zu erlangen. Allerdings wird eine strenge Beachtung des Gleichheitssatzes des Art. 3 Abs. 1 GG häufig in Widerspruch zu den Besonderheiten staatlicher Kunstförderung stehen, die nicht jegliche Stellungnahme des Staates verbietet (→ 3 Rdnr. 133). Maßgeblich sind insoweit Art und Methode der Auswahl der Begünstigten.

20 Die Filmfreiheit umfasst auch eine **Institutsgarantie**, der zufolge der Staat dafür Sorge zu tragen hat, dass es neben der Presse und dem Rundfunk auch die Institution Film gibt. Wenn auch der Film nicht in gleicher Weise meinungsbildend ist wie Presse und Rundfunk, so lässt sich die Institutsgarantie doch aus dem Wortlaut des Art. 5 Abs. 1 Satz 2 GG folgern. Ansprüche auf Förderung einzelner Filmprojekte können daraus indessen nicht abgeleitet werden (BVerwGE 39, S. 159, 163).

21 Die Freiheit, einen **Film anzuschauen**, unterfällt der **Informationsfreiheit**. Die Filmfreiheit bezieht sich lediglich auf die Seite der Herstellung und Wiedergabe von Filmen.

3. Schranken der Filmfreiheit

a) Jugendschutz

Einschränkungen für den Film ergeben sich vor allem aus den für Film-   **22**
vorführungen relevanten Normen des Jugendschutzes. Hinsichtlich der
Vorführung von Kinofilmen greift das Gesetz zum Schutz der Jugend in
der Öffentlichkeit, das **Jugendschutzgesetz** (JuSchG). Gem. § 11 Abs. 1
JuSchG darf Kindern und Jugendlichen die Anwesenheit bei öffentlichen
Filmveranstaltungen nur gestattet werden, wenn die Filme von der obersten Landesbehörde zur Vorführung vor ihnen **freigegeben** worden sind.
Die Weitergabe jugendgefährdender Trägermedien ist beschränkt, wenn
sie schwer jugendgefährdend sind oder wenn sie zuvor indiziert worden
sind (➜ 6 Rdnr. 10 ff.).

Die Landesbehörden haben die Filmfreigabe auf die Spitzenorgani-   **23**
sation der Filmwirtschaft e.V. (SPIO) übertragen. Um behördlichen Verboten zuvorzukommen, hat die Filmwirtschaft eine Selbstkontrolle eingeführt, auf die der Staat zurückgreift (siehe BVerfGE 87, S. 209, 230 ff.). Es
handelt sich um die »**Freiwillige Selbstkontrolle der Filmwirtschaft
GmbH (FSK)**«. Sie beruht auf einer Vereinbarung zwischen den Film-
herstellern, den Verleihern und den Lichtspieltheatern. Getragen wird die
FSK von der SPIO. Durchgeführt wird die Freigabe durch Prüfungsaus-
schüsse. In den Ausschüssen sind Vertreter der Kirchen, der öffentlichen
Hand sowie Jugendsachverständige beteiligt. Die FSK ist wie die SPIO
eine private Einrichtung. Allerdings führt in den Arbeitsausschüssen ein
Ständiger Vertreter der obersten Landesbehörden den Vorsitz. Jeder Film
bedarf der Freigabe durch die FSK. Grundsätzlich wird die Entscheidung
der FSK von der jeweiligen Landesbehörde als eigene übernommen. Es
besteht indessen keine rechtliche Bindung an das Votum der FSK, weshalb
eine abweichende Entscheidung im Einzelfall möglich ist. Die Freigabe
kann auch unter Schnittauflagen erfolgen. Wird diesen nicht entsprochen,
erfolgt eine Einordnung des Films in eine höhere Kategorie. Ist die FSK
auch eine GmbH, so handelt sie doch im Auftrag der Landesbehörden.
Gegen eine Entscheidung der FSK ist daher der Verwaltungsrechtsweg
eröffnet. Die Klage ist gegen die Bundesländer zu richten, vertreten durch
das Land Rheinland-Pfalz, das stellvertretend auch für die anderen Bundesländer in FSK-Angelegenheiten handelt.

b) Persönlichkeitsrecht

24 Neben dem Jugendschutz sind auch Persönlichkeitsrechte der Beteiligten von Seiten der Filmgesellschaften zu beachten. Das gilt vor allem für die Verfilmung der Lebensgeschichte realer Personen.

25 Ein Beispiel, bei dem dies diskutiert wurde, ist die Verfilmung des Lebens eines wegen Mordes verurteilten Kannibalen, wenn es sich um die einseitige Darstellung der Tat und des Täters in einem »Real-Horrorfilm« handelt (BGH NJW 2009, S. 3576 ff. »Kannibale von Rotenburg« → E 4 → F 5).

26 Der Persönlichkeitsschutz in Gestalt des Urheberpersönlichkeitsrechts ist beispielsweise auch in der Streitfrage heranzuziehen, ob Schwarzweißfilme gegen den ausdrücklichen Willen des Regisseurs nach dessen Tod nachkoloriert werden dürfen. In der Regel wird die spätere Kolorierung eines Films keine Urheberrechte verletzen, vielmehr ist im Zweifel davon auszugehen, dass ein Regisseur sich des beliebteren Mittels des Farbfilms bedient hätte, wenn er zum Produktionszeitpunkt die Möglichkeit dazu gehabt hätte und dass er ein Interesse an einer technischen Modernisierung seines Films hat. Es handelt sich dann um eine unwesentliche Änderung nach § 39 Abs. 2 UrhG, bzw. es kann von einer stillschweigenden Zustimmung des Berechtigten ausgegangen werden. Etwas anderes gilt indessen dann, wenn der Regisseur aus künstlerischen Gründen bewusst die Mittel des Schwarzweißfilms eingesetzt hat.

c) Weitere Schranken

27 Weitere Schranken der Filmfreiheit ergeben sich aus den allgemeinen strafrechtlichen Vorschriften.

Einschlägig ist unter anderem das Verbot, grausame oder sonst unmenschliche Gewalttätigkeiten gegen Menschen oder menschenähnliche Wesen (»Zombies«) in einer Art zu schildern, die eine Verherrlichung oder Verharmlosung solcher Gewalttätigkeiten ausdrückt oder die das Grausame oder Unmenschliche des Vorgangs in einer die Menschenwürde verletzenden Weise darstellt. Gleichermaßen ist die Verbreitung und Vorführung solcher Darstellungen mit Strafe bedroht (§ 131 Abs. 1 StGB). Schließlich greifen auch in Filmen z.B. die Verbote der Verbreitung von Propagandamitteln verfassungswidriger Organisationen (§ 86 StGB) und der Verunglimpfung des Staates und seiner Symbole (§ 90a StGB).

II. Filmförderung

28 Filme, vor allem Kinofilme, sind vielfach, wenn auch aus verschiedenen Gründen, staatlicher Förderung bedürftig. Das vor allem angesichts des künstlerischen und erzieherischen Wertes, der gerade solchen Filmen zukommen kann, die nur geringe Kassenerträge einspielen und in Anbetracht der hohen Produktionskosten. Ein weiterer Aspekt der Filmförderung ist die Unterstützung kultureller Ansätze im Filmschaffen im Gegensatz zu rein kommerziellen Produktionen.

Die staatliche Filmförderung ist neben den landesrechtlichen Filmför- **29** derungsprogrammen vor allem im **Filmförderungsgesetz** des Bundes geregelt (**FFG** → T 28). Die Regelung in einem Bundesgesetz ist wegen des kulturellen Aspekts des Filmwesens als verfassungsrechtlich bedenklich bezeichnet worden, lässt sich indessen mit der konkurrierenden Gesetzgebungszuständigkeit des Bundes für das Recht der Wirtschaft in Art. 74 Abs. 1 Nr. 11 GG begründen. Daher geht es vor allem um die Förderung der deutschen Filmwirtschaft (§ 2 FFG).

Unterstützt werden sollen zudem deutsch-ausländische Gemeinschafts- **30** produktionen. Hinzu kommt die Aufgabe, für die Verbreitung und marktgerechte Auswertung des deutschen Films im In- und Ausland zu wirken (§ 2 FFG). Der Erreichung des Ziels der wirtschaftlichen Förderung des deutschen Films dient die Filmförderungsanstalt (FFA). Sie ist eine bundesunmittelbare rechtsfähige Anstalt des öffentlichen Rechts (§ 1 FFG). Auch sie ist Trägerin des Grundrechts der Filmfreiheit. Die Filmförderungsanstalt finanziert sich aus den Umsätzen der Kinowirtschaft d.h. dem Verkauf von Kinokarten. Gefördert werden neben Filmen auch Drehbücher und Kinos. Über Förderungen entscheidet die jeweils zuständige Förderkommission (§ 20 FFG). Das Gesetz legt in § 41 Fördervoraussetzungen fest, die bei der Antragstellung beachtet werden müssen.

Das Filmförderungsgesetz kennt unterschiedliche Fördermaßnahmen. **31** Gefördert werden zum einen sog. **Projektfilme**. Projektfilmförderung wird gewährt, wenn ein Filmvorhaben einen programmfüllenden Film erwarten lässt, der geeignet erscheint, die Qualität und Wirtschaftlichkeit des deutschen Films zu verbessern (§ 59 Abs. 1 FFG). Die Förderung erfolgt in Form von bedingt rückzahlbaren zinslosen Darlehen (§ 60 Abs. 1 FFG). Das Darlehen wird in gesetzlich festgelegter Weise aus den Erträgen des Films getilgt (§ 71 FFG).

Gefördert werden zum anderen Referenzfilme. **Referenzfilm** ist ein **32** programmfüllender Film, d.h. gem. § 40 Abs. 1 FFG ein Film von mindestens 79 Minuten Vorführdauer. Maßgeblich für die Förderungsberechtigung ist eine bestimmte Anzahl von Referenzpunkten, die aus dem Zuschauererfolg sowie dem Erfolg bei international bedeutenden Festivals und Preisen ermittelt wird (§ 73 Abs. 2 FFG). Antragsberechtigt ist der Hersteller des Films (§ 76 Abs. 2 FFG). Die gewährten Fördermittel müssen vorrangig für die Herstellung neuer Filme verwendet werden, was überprüft wird und bei nicht ordnungsgemäßer Verwendung zur Rückzahlung verpflichtet (§ 90 FFG). In die Förderung können auch Filme aus anderen EU-Mitgliedstaaten einbezogen werden, wenn die Gegenseitigkeit verbürgt ist (§ 79 FFG).

33 **Fall**: Filmhersteller F, dessen neuester Film alle Anforderungen des Filmförderungsgesetzes für eine Referenzfilmförderung erfüllt, fühlt sich durch die Ablehnung seines Antrags auf Förderung durch die Vergabekommission ungerecht behandelt. Diese hatte ihm mitgeteilt, sein Film entspreche nicht den politischen Vorgaben der Regierung und sei daher nicht förderungsfähig.

Lösungshinweise: Gegen die Entscheidung der Filmförderungsanstalt kann F Widerspruch einlegen (vgl. § 31 FFG) und bei Nichtabhilfe Klage vor dem Verwaltungsgericht erheben (in diesem Fall nicht Anfechtungsklage, sondern Verpflichtungsklage in Gestalt der Versagungsgegenklage § 42 Abs. 1, 2. Var. VwGO). Die Zulässigkeitsvoraussetzungen unterstellt, ist die Klage begründet, wenn die Ablehnung der begünstigenden Entscheidung rechtswidrig war und der Kläger dadurch in seinen Rechten verletzt ist (§ 113 Abs. 5 Satz 1 VwGO). Ein Anspruch des F auf Referenzfilmförderung kann sich aus § 73 Abs. 1 FFG ergeben. Diese Norm sieht keinen Ermessensspielraum der Behörde vor (»... wird ... gewährt ...«). F hat daher einen Anspruch, wenn er die Voraussetzungen der Norm erfüllt, was laut Sachverhalt der Fall ist und wenn die allgemeinen Fördervoraussetzungen des § 41 FFG gegeben sind. Den »politischen Vorgaben der Regierung« zu entsprechen, wird durch § 41 FFG nicht vorausgesetzt. Vielmehr ist der Versuch, durch Filmförderung Regierungstreue sicherzustellen, ein verfassungsrechtlich unzulässiger Eingriff in das Grundrecht der Filmfreiheit des F aus Art. 5 Abs. 1 Satz 2, 3. Var. GG. Die Klage des F hat Aussicht auf Erfolg.

Literatur

Albrecht Götz v. Olenhusen: Film und Fernsehen. Arbeitsrecht – Tarifrecht – Vertragsrecht. Deutschland, Österreich, Schweiz. Kommentar und Handbuch mit Vertragsmustern, 2001

Christlieb Klages (Hrsg.): Grundzüge des Filmrechts, 2004

Harro von Have: Filmförderungsgesetz, 2005

Wolfgang Brehm: Filmrecht. Handbuch für die Praxis, 2. Aufl. 2008

Hans-Jürgen Homann: Praxishandbuch Filmrecht. Ein Leitfaden für Film-, Fernseh- und Medienschaffende, 3. Aufl. 2009

Heidrun Huber: Filmrecht für Drehbuchautoren, 2. Aufl. 2010

Patrick Jacobshagen: Filmrecht im Kino- und TV-Geschäft. Alles was Filmemacher wissen müssen, 4. Aufl. 2011

Daniel Baur: Der Filmlizenzvertrag, 2013

Heidrun Huber: Filmrecht für Dokumentarfilm, Doku-Drama, Reportage und andere Non-Fiction-Formate, 2014

Patrick Jacobshagen: Filmrecht – Die Verträge, 2015

Mathias Schwarz (Hrsg.): Handbuch des Film-, Fernseh- und Videorechts, 6. Aufl. 2019

12. Kapitel: Multimedia

I. Grundlagen

Das Multimediarecht ist der schwierigste Teil des Medienrechts. Das liegt **1**
vor allem an den noch nicht vollständig ausgeformten Rechtsgrundlagen.
Da die Technik in diesem Bereich in voller Entwicklung begriffen ist und
das Recht sich meist als eine Reaktion auf die technischen Möglichkeiten
herausbildet, befindet es sich notwendigerweise in einem Zustand der
Unvollständigkeit. Ein solcher Zustand führt zu Rechtsunsicherheit in der
Praxis und zu Unklarheiten beim Erlernen des Medienrechts. Über diesen
Schwierigkeiten sollte nicht vergessen werden, dass gerade die Unsicher-
heiten zu vermehrtem Entscheidungsbedarf führen und damit nach juristi-
schem Sachverstand verlangen.

Der Begriff »Multimedia« (früher auch »Neue Medien«) ist zunächst in **2**
Gegenüberstellung zu den »alten«, »monomedialen« Medien zu sehen.
Fragt man nach den Charakteristika von Multimedia, so stößt man auf
technische Besonderheiten, die den Medien früher nicht zur Verfügung
standen. Dies ist vor allem die Möglichkeit der Kombination von Texten
und Grafiken, bewegten Bildern und Tönen in einem Medium, die den
Begriff »Multimedia« erklärt. Charakteristisch sind digitalisierte Inhalte,
die ohne Qualitätsverlust übermittelt und vervielfältigt werden können.

Die unterschiedlichen Medienformen wachsen ständig weiter zusam- **3**
men, weshalb von einer zunehmenden »**Konvergenz der Medien**« gesprochen wird. Soziale Netzwerke wie »Facebook« und »Twitter« sind
nicht nur verbreitetes Mittel des individuellen und raschen Informationsaustauschs, sie werden ihrerseits von den Massenmedien als Informationsquelle genutzt. Ungeachtet aller technischen Besonderheiten gelten die
Grundsätze des »klassischen« Medienrechts auch hier.

Den Versuchen, **staatliche Wahlen** über Internet abzuwickeln (»on- **4**
line-voting«/»e-democracy«) stehen bisher noch unüberwindbare Schwierigkeiten entgegen, die zunächst zu beseitigen wären, insbesondere Probleme hinsichtlich der Geheimheit wie auch der Allgemeinheit und auch

der Gleichheit der Wahl (Art. 38 Abs. 1 Satz 2 GG). Aussichtsreicher ist der Ansatz, die Kommunikation zwischen Bürger und Verwaltung zu erleichtern, wozu Art. 91c GG die Grundlage bietet, wie auch der Austausch der europäischen Verwaltung untereinander (»European Administrative Space«).

II. Technische Entwicklung des Internets

5   Das Internet ist die zivile Nutzung eines in den USA ursprünglich für **militärische Zwecke** entwickelten Nachrichtenaustauschs. Aufgabe war es, eine Form der Nachrichtenübermittlung zu finden, die auch im Fall einer teilweisen Zerstörung eigener Übertragungswege durch einen militärischen Gegner funktionieren würde. Hierzu wurde ein einfaches Übertragungs- und Vermittlungsprotokoll entwickelt, das es ermöglicht, ein Nachrichtenpaket ohne weiteres Zutun des Absenders automatisch von Vermittlungsrechner zu Vermittlungsrechner zu leiten, bis es den Zielrechner erreicht, selbst dann, wenn die direkte Verbindung unterbrochen ist. Die Nutzbarkeit dieser Technik für den zivilen Gebrauch liegt auf der Hand und es waren vor allem **Wissenschaftler**, die diese Art des zugleich einfachen und globalen Nachrichtenaustauschs übernahmen und weiter ausbauten. In einem dritten Schritt kamen Nutzungswünsche der **Wirtschaft** hinzu, die sich auf das Interesse der Allgemeinheit an Informationen und an Unterhaltung stützen konnten und zu einem Ausbau des Netzes und schließlich zum Siegeszug des Internets führten. Ein weiterer wichtiger Schritt war die umfassende Möglichkeit, nutzergenerierte Inhalte u.a. in sozialen Netzwerken zu verbreiten, wodurch die Trennung von Medienmachern und -nutzern schon weitgehend aufgehoben ist. Die Entwicklung wird in den kommenden Jahren die gesellschaftlichen Strukturen nachhaltig verändern.

III. Funktion des Internets

6   Die grundlegende Funktion von Presse und Rundfunk, durch unabhängige und pluralistische Information den Bürgern eine Grundlage für die politische Meinungsbildung zu bieten und damit die Demokratie zu stärken, trifft generell in gleicher Weise auch auf das Internet zu. Ein erster faktischer Unterschied besteht darin, dass die überwiegend nationale Ausrichtung von Presse und Rundfunk im Bereich von Multimedia stark zugunsten weltumspannender Angebote zurücktritt. Gefördert werden dadurch der internationale Austausch und die Völkerverständigung.

Der individuelle Austausch von Informationen macht eine **staatliche**   **7** **Kontrolle** des Informationsinhalts schwer oder **verunmöglicht** sie unter rechtsstaatlichen Gesichtspunkten ganz. Das führt zum einen zu Gefahren, die durch Stichworte wie Schutz vor politischem Extremismus, Jugendschutz und Urheberschutz charakterisiert werden. Auf der anderen Seite ergeben sich gerade aus der Unzugänglichkeit für staatliche Kontrollen Chancen für die Demokratie. Deutlich wird das in Staaten, in denen keine demokratischen Strukturen bestehen. So leicht es ist, die Presse systemkonform zu halten, so schwer ist es für eine Diktatur, das Internet zu beherrschen und nicht zuletzt, eine Weitergabe von Informationen ins Ausland zu verhindern. Als besonders taugliches Mittel des Informationsaustauschs hat das Internet insofern eine die Demokratie stärkende Funktion.

IV. Grundrechtliche Vorgaben

Die Multimediaangebote sind im Grundgesetz bisher nicht ausdrücklich   **8** erwähnt. Das ist zum Teil in den Verfassungen der Bundesländer anders, soweit sie neben Presse-, Rundfunk und Filmfreiheit die »anderen Medien« aufführen (so Art. 11 Abs. 2 thürLV). Das Schweigen des Grundgesetzes heißt indessen nicht, dass mediale Betätigungen in diesem Bereich ohne grundrechtlichen Schutz wären. Zu unterscheiden sind die verschiedenen Betätigungsweisen innerhalb des Internets, die jeweils unterschiedlichen Grundrechten zugeordnet werden können. Die »elektronische Presse« ist nach der hier vertretenen Auffassung ebenso vom Schutzbereich der **Pressefreiheit** umfasst wie die herkömmliche gedruckte Presse (→ 8 Rdnr. 26). Soweit Rundfunk im Internet angeboten wird, können sich seine Veranstalter auf die **Rundfunkfreiheit** berufen. Werden Meinungen im Netz geäußert, so ist die **Meinungsfreiheit** einschlägig. Die Rezipienten von Informationen können sich auf die **Informationsfreiheit** berufen. Elektronische Post ist durch das **Telekommunikationsgeheimnis** des Art. 10 Abs. 1 GG geschützt. Die Konvergenz der Medien spricht dafür, die bisher deutlich voneinander getrennten Grundrechte »Presse-«, »Rundfunk-« und »Filmfreiheit« stärker im Sinne eines einheitlichen, die Freiheit der Medien insgesamt sichernden Grundrechts der **Medienfreiheit** zu interpretieren.

V. Telemediengesetz

1. Kompetenzielle Verteilung von Tele- und Mediendiensten

9 Kompetenziell kann sich der Bund hinsichtlich des Telemediengesetzes (TMG → T 30) auf seine Gesetzgebungsbefugnis für das Recht der Wirtschaft in Art. 74 Abs. 1 Nr. 11 GG berufen. Die inhaltlichen Anforderungen an die Mediendienste finden sich im Staatsvertrag für Rundfunk und Telemedien.

2. Begriff der Telemedien

10 Der Begriff der Telemedien ist in der Legaldefinition des § 1 Abs. 1 TMG weit gefasst und gilt grundsätzlich für **alle Informations- und Kommunikationsdienste**. Aus dem Begriff ausgenommen werden lediglich in einer Negativabgrenzung die Telekommunikationsdienste nach TKG (z.B. Network-Provider, die lediglich das Leitungsnetz zur Verfügung stellen) sowie Rundfunk i.S.d. Rundfunkstaatsvertrags. Alle Anbieter sind gleichermaßen in den Anwendungsbereich einbezogen, auch dann, wenn es sich um öffentliche Stellen handelt. Unerheblich ist zudem, ob für die Nutzung ein Entgelt erhoben wird oder ob der Dienst kostenlos zur Verfügung steht.

3. Anwendungsbereich des TMG

11 Das TMG verweist hinsichtlich der an die Inhalte von Telemedien zu richtenden besonderen Anforderungen auf den Staatsvertrag für Rundfunk und Telemedien.

4. Herkunftslandprinzip

12 Das von der E-Commerce-Richtlinie vorgegebene Herkunftslandprinzip wird in § 3 TMG umgesetzt. Jeder Mitgliedstaat hat dafür zu sorgen, dass die Internetangebote den innerstaatlichen Rechtsvorschriften entsprechen. Dafür dürfen solche Angebote aber nicht von anderen Mitgliedstaaten eingeschränkt werden. In Deutschland niedergelassene Diensteanbieter (§ 2a TMG) unterliegen demzufolge den Anforderungen des deutschen Rechts auch dann, wenn die Telemedien für einen anderen EU-Staat vorgesehen sind. Umgekehrt werden Telemedien, die aus einem anderen EU-Staat aus (nach dortigem Recht rechtmäßig) verbreitet werden, in Deutschland nicht eingeschränkt. Von diesem Grundsatz gibt es verschiedene Ausnahmen, insbesondere zum Schutz der öffentlichen Sicherheit und Ordnung, der öffentlichen Gesundheit und des Verbraucherschutzes. Durch das

Herkunftslandprinzip dürfen beispielsweise auch nicht das Urheberrecht oder das Kartellrecht überspielt werden.

5. Zulassungs- und Anmeldefreiheit

Telemedien sind gem. § 4 TMG im Rahmen der Gesetze zulassungs- und **13** anmeldefrei. Zu beachten bleiben Vorschriften aus anderen Gesetzen, beispielsweise die Zulassungspflicht für die Veranstaltung von Rundfunk gem. § 20 Abs. 2 RStV.

6. Informationspflichten der Anbieter

Das TMG unterscheidet zwei Arten von Informationspflichten: Gem. § 5 **14** TMG allgemeine Informationspflichten für Diensteanbieter, die Telemedien geschäftsmäßig, in der Regel gegen Entgelt anbieten, sowie gem. § 6 TMG besondere Informationspflichten bei kommerziellen Kommunikationen. Geschäftsmäßig ist zunächst jedes nachhaltige Angebot mit oder ohne Gewinnerzielungsabsicht. Der Wortlaut des Gesetzes schränkt den Anwendungsbereich allerdings auf Angebote im Bereich wirtschaftlicher Tätigkeit ein. Bei Telemedien, die ausschließlich persönlichen oder familiären Zwecken dienen, bestehen im Umkehrschluss keine Informationspflichten (vgl. § 55 Abs. 1 RStV). Dies ist als Ausnahme eng auszulegen.

Was unter »**kommerzieller Kommunikation**« zu verstehen ist, er- **15** gibt sich aus der Begriffsbestimmung des § 2 Nr. 5 TMG, die man mit dem Stichwort Wirtschaftswerbung in einem weiteren Sinne zusammenfassen kann. Bereits die allgemeinen Informationspflichten für geschäftsmäßige Telemedien sind sehr umfassend ausgestaltet. Nicht nur Name und ladungsfähige Anschrift sowie E-Mail-Adresse sind anzugeben, sondern auch Aufsichtsbehörde, verschiedene Registereintragungen und gegebenenfalls die Umsatzsteueridentifikationsnummer. Diese müssen leicht erkennbar, unmittelbar erreichbar und ständig verfügbar sein; d.h. das Impressum darf von jedem Ort der Webseite höchstens zwei Klicks entfernt sein.

Bei kommerzieller Kommunikation kommen weitere Voraussetzungen **16** hinzu. Das sind sämtliche Formen der Werbung, des Sponsoring und sonstige Maßnahmen der Verkaufsförderung. Insbesondere muss kommerzielle Kommunikation als solche erkennbar sein und die Auftraggeber einer solchen Kommunikation müssen klar identifizierbar sein. Im Interesse des Verbraucherschutzes müssen bestimmte Angebote zur Verkaufsförderung wie Preisnachlässe, Zugaben und Geschenke eindeutig als solche erkennbar sein und es müssen die Bedingungen für ihre Inanspruchnahme unzweideutig angegeben werden. Ein solches Transparenzgebot gilt auch für Preisausschreiben und Gewinnspiele mit Werbecharakter. Per E-Mail versandte kommerzielle Kommunikation darf nicht den kommerziellen Charakter der Nachricht verschleiern oder verheimlichen.

7. Verantwortlichkeit der Anbieter

17 Die Haftungsregelungen des TMG begründen keine eigenständige Haftung. Vielmehr wird lediglich die Haftung der Diensteanbieter aus anderen Gesetzen im Multimediarecht geregelt, indem für bestimmte Sachverhaltskonstellationen eine Haftung der Diensteanbieter ausgeschlossen wird. Der Haftungsausschluss bezieht sich auf alle Arten von Verantwortlichkeit zivilrechtlicher wie strafrechtlicher Art und umfasst auch die Haftung nach dem Urheberrechtsgesetz. Die Haftungsregelungen des TMG wirken somit quasi als Filter, der in bestimmten Fällen die Anwendung der allgemeinen Gesetze ausschließt.

a) Eigene Informationen

18 In § 7 Abs. 1 TMG wird klargestellt, dass ein Diensteanbieter für eigene Informationen **uneingeschränkt nach den allgemeinen Gesetzen verantwortlich** ist (»Contentprovider«). Unter »Informationen« versteht man Angaben, die im Rahmen des jeweiligen Telemediums übermittelt oder gespeichert werden. Diensteanbieter ist jede natürlich oder juristische Person, die eigene oder fremde Telemedien zur Nutzung bereithält oder den Zugang zur Nutzung vermittelt (§ 2 Nr. 1 TMG).

19 Inhalte werden nur bereitgehalten, wenn der Anbieter sie auf einem Rechner speichert, auf den Dritte auch tatsächlich Zugriff haben. Eine Vermittlung zu fremden Inhalten reicht hierfür nicht aus, sofern erkennbar bleibt, dass der Nutzer zu einem fremden Inhalt geleitet wird. Dies gilt auch für Dienste wie »Twitter«. Unerheblich ist indessen, ob der Anbieter die Inhalte selbst geschaffen hat oder ob sie von Dritten stammen. Maßgeblich ist allein, ob er sich die Inhalte in irgendeiner Weise **zu eigen gemacht** hat. Das ist selbst dann nicht auszuschließen, wenn ein Inhalt als von einem anderen stammend gekennzeichnet wird, wenn dies dem Nutzer nicht deutlich wird, beispielsweise wenn der Hinweis nicht in unmittelbarem Zusammenhang mit dem Link steht. Das ist dann der Fall, wenn man sich in sozialen Netzwerken mit dem Inhalt geteilter Beiträge in einer Weise identifiziert, dass der verlinkte Inhalt von den Rezipienten dem Verlinkenden zugerechnet wird. Keinesfalls können sog. **Disclaimer**, mit denen sich Diensteanbieter generell von rechtswidrigen Inhalten distanzierten, zu einer Haftungsbeschränkung führen, wenn die übrigen Merkmale des Zu eigenmachens vorliegen.

Haftet ein Anbieter, so können die einschlägigen zivilrechtlichen, straf- **20** rechtlichen oder sonstigen öffentlichrechtlichen Vorschriften angewendet werden. § 7 Abs. 1 TMG stellt nach dieser wohl zutreffenden Interpretation eine Anwendungsvoraussetzung der jeweiligen straf- oder haftungsrechtlichen Norm dar (»Filterfunktion«).

Missverständlich wird insoweit von einer »Querschnittsklausel« gesprochen. Der **21** Begriff wird vor allem im Europarecht verwendet und umschreibt dort die Beachtung bestimmter Vorgaben z.b. Umwelt / Kultur der Union in allen Politikbereichen. Besser ist der Begriff der »**Filterfunktion**«, die der Norm gegenüber zivilrechtlichen und strafrechtlichen Haftungstatbeständen zukommt.

Nach § 7 TMG sind Diensteanbieter nicht verpflichtet, die von ihnen **22** übermittelten oder gespeicherten Informationen zu überwachen oder nach Umständen zu forschen, die auf eine rechtswidrige Tätigkeit hinweisen. Sie haften für fremde Internetinhalte nur, soweit sie positive Kenntnis vom rechtswidrigen Inhalt haben (vgl. BGH MMR 2004, S. 166 ff.). Die damit verbundene Haftungsprivilegierung stellt eine große Erleichterung für Diensteanbieter dar. Sie ist indessen wegen der großen Mengen übermittelter Informationen praxisgerecht.

b) Durchleitung von Informationen / Zugangsvermittlung

§ 8 TMG bezieht sich auf die Verantwortlichkeit von Diensteanbietern, **23** die lediglich fremde Informationen übermitteln oder zu denen sie den Zugang zur Nutzung vermitteln. Es handelt sich dabei um die **Access-provider**. Diese sind als Diensteanbieter für **fremde Informationen**, die sie nur **weiterleiten** oder zu denen sie nur den Zugang zur Nutzung vermitteln, **nicht verantwortlich**. Von einer fremden Information kann nur dann die Rede sein, wenn der Diensteanbieter sich den Inhalt nicht zu eigen gemacht hat.

Nach § 8 Abs. 2 TMG wird **auch** die **kurzzeitige Zwischenspeiche- 24 rung** erfasst. Bei dieser Zwischenspeicherung handelt es sich nach den Gesetzmaterialien um eine Kopie, die während und ausschließlich zum Zweck der Übertragung der Informationen erstellt wird und zu der der Nutzer keinen direkten Zugang hat.

Die Freistellung von der Haftung gilt allerdings nur dann, wenn der **25** Diensteanbieter die Übermittlung nicht veranlasst sowie den Adressaten der übermittelten Informationen nicht ausgewählt und die übermittelten Informationen nicht ausgewählt oder verändert hat (§ 8 Abs. 1 TMG).

c) Zwischenspeicherung / Caching

26 § 9 TMG bezieht sich auf die Form einer Zwischenspeicherung, die über die reine Durchleitung hinausgeht (sog. Caching / Proxyserver). In Proxy- oder Cache-Speichern werden Webseiten zwischengespeichert, die von den Nutzern häufig abgerufen werden. Es muss sich um eine automatische, zeitlich begrenzte Zwischenspeicherung handeln, die allein dem Zweck dient, die Übermittlung der fremden Information an andere Nutzer auf deren Anfrage effizienter zu gestalten. Unter den in § 9 TMG genannten Bedingungen sind entsprechende Diensteanbieter **nicht verantwortlich**. In § 9 Nr. 5 TMG ist eine **Sperrverpflichtung** enthalten. Der Diensteanbieter muss Informationen entfernen oder den Zugang zu ihnen sperren, sobald er **Kenntnis** davon erhalten hat, dass die Informationen am ursprünglichen Ausgangsort der Übertragung aus dem **Netz entfernt oder gesperrt** wurden. Dies gilt auch, wenn ein Gericht oder eine Behörde die Entfernung oder die Sperrung angeordnet hat.

27 Eine Verantwortlichkeit des Diensteanbieters setzt somit voraus, dass er den Inhalt des fremden Angebots kennt. Wie er diese **Kenntnis** erhält, ist unerheblich. So können auch Hinweise von Geschädigten oder Behörden die Kenntnis herbeiführen. Eine Pflicht zur Prüfung der von ihm vermittelten Inhalte trifft den Diensteanbieter nicht. Nicht erforderlich ist, dass er die Rechtswidrigkeit des Inhalts kennt. Ihm bekannte Inhalte muss er zumindest auf offensichtliche Rechtsverstöße hin überprüfen. Der Vorwurf, der Anbieter hätte den Inhalt kennen können oder kennen müssen, kann seine Haftung nicht begründen.

28 Selbst wenn der Diensteanbieter vom fremden Inhalt Kenntnis hat, haftet er doch nur, wenn es ihm technisch **möglich und zumutbar** ist, die Nutzung des fremden Inhalts zu verhindern.

29 Der Anbieter muss zum einen technisch in der Lage sein, die Nutzung der betreffenden Inhalte zu verhindern, d.h. sie zu sperren. Zum anderen muss die Sperrung auch zumutbar sein, d.h. der technische und wirtschaftliche Aufwand der Sperrung muss in einem angemessenen Verhältnis zu den Gefahren stehen, die aus weiterhin zugänglichen rechtswidrigen Inhalten resultieren. In der Praxis wird davon ausgegangen, dass eine Sperrung grundsätzlich möglich ist.

30 Für die Frage der Zumutbarkeit ist allerdings nicht die Auffassung des Diensteanbieters maßgeblich. Vielmehr muss in objektiver Weise zwischen dem technischen und wirtschaftlichen Aufwand der Nutzungsverhinderung und den Gefahren abgewogen werden, die durch die Verbreitung der rechtswidrigen Inhalte drohen.

d) Speicherung / Hosting

Für die rein technische Speicherung von fremden Informationen für einen **31** Nutzer (sog. Hosting) ist ein Diensteanbieter gem. § 10 TMG **nicht verantwortlich, sofern** er **keine Kenntnis** davon hat, dass die Tätigkeit oder die Information rechtswidrig ist und er **nach Kenntniserlangung unverzüglich** die Information **entfernt oder** den Zugang zu ihr **sperrt.** Diese Haftungsprivilegierung findet keine Anwendung, wenn der Nutzer dem Dienstanbieter untersteht oder von ihm beaufsichtigt wird (§ 10 Satz 2 TMG).

In § 10 Satz 1 Nr. 1, 2. Halbs. TMG ist für die zivilrechtlichen Scha- **32** densersatzansprüche im Hinblick auf die Haftungsfreistellung der Diensteanbieter festgehalten, dass ihnen auch keine Tatsachen oder Umstände bekannt sein dürfen, aus denen die rechtswidrige Handlung oder die Information offensichtlich wird. Die missverständliche Formulierung ist so zu verstehen, dass entweder die Handlung oder die Information rechtswidrig sind und entweder die Rechtswidrigkeit der Handlung oder die Rechtswidrigkeit der Information erkannt wird. Es wird dadurch eine Haftung für Evidenzfälle statuiert. Bei entsprechenden Hinweisen trifft den Diensteanbieter die Pflicht, tätig zu werden, um eine weitere Verbreitung der Inhalte zu verhindern.

Diensteanbieter müssen die rechtswidrigen Angebote ab Kenntniser- **33** langung **sperren.** Entsprechend wird für Anbieter von Chatrooms und von Gästebüchern argumentiert, sofern man überhaupt eine Haftungsprivilegierung für sie für anwendbar hält. Auch sie haben bei Kenntnis von rechtswidrigen Inhalten Eingangskontrollen oder Zugangssperren zu schaffen. Die Möglichkeit hierzu muss vom Anbieter auch organisatorisch sichergestellt sein. In beiden Fällen ist von einem fremden Inhalt auszugehen, da die Informationen automatisch und ohne Wissen des Anbieters auf seine Homepage gestellt werden können.

Die Haftungsprivilegierung des § 10 TMG gilt allerdings **nicht für** **34** **Unterlassungsansprüche,** d.h. ein Unterlassungsanspruch gegen den Plattformbetreiber als Störer besteht auch im Hinblick auf fremde, nicht zu eigengemachte Inhalte. So hat ein Host-Provider gem. §§ 823 Abs. 1, 1004 Abs. 1 analog BGB i.V.m. Art. 2 Abs. 1, Art. 1 GG einen rechtswidrig persönlichkeitsrechtsverletzenden Blogeintrag zu löschen, wenn er Kenntnis von der Rechtsverletzung erlangt (BGH NJW 2012, S. 148; vgl. BGH K&R 2018, S. 391 ff.). Internetauktionshäuser trifft bei Hinweisen auf Rechtsverletzungen (z.B. auf gefälschte Markenwaren) unter Umständen eine Prüfungspflicht nicht nur in Bezug auf die in dem konkreten Hinweis genannten Waren, vielmehr haben sie aufgrund ihnen bekannt

geworden Fälschungsfällen dafür Vorsorge zu treffen, dass keine weiteren
Angebote ins Internet gestellt werden, die erkennbar die bereits bisher
betroffenen Marken verletzen (BGHZ 158, S. 236 ff. »Rolex« → E 98).

<h2 style="text-align:center">Haftung nach TMG</h2>

Verantwortlichkeit der Diensteanbieter für	Normen	Rechtsfolge
eigene Information (Contentprovider)	§ 7 I TMG	nach allgemeinen Gesetzen **verantwortlich**
Durchleitung / Zugangs-vermittlung (Accessprovider)	§ 8 TMG	**keine Verantwortlichkeit**, wenn – Übermittlung nicht veranlasst wurde, – Adressaten nicht ausgewählt, – Informationen nicht ausgewählt oder verändert wurden
zeitlich begrenzte Zwischenspeicherung (Caching)	§ 9 TMG	**Nicht verantwortlich**, wenn – Informationen nicht verändert und – Technologiestandards beachtet wurden **aber** Sperrverpflichtung, wenn Kenntnis von Entfernung oder Sperrung durch Dritte
Speicherung von fremden Informationen, Hosting (Serviceprovider)	§ 10 TMG	**Keine Verantwortlichkeit**, wenn – keine Kenntnis der Rechtswidrig-keit **aber** Pflicht zur unverzüglichen Entfernung oder Sperrung ab Kenntnis der Rechtswidrigkeit

e) Weitere Haftungsfragen

35 Die Haftung für sog. Hyperlinks oder für Suchmaschinen ist auch im
TMG nicht explizit geregelt worden. Die Einordnung in das Haftungs-
regime des TMG ist daher problematisch und es würde sich insoweit eine
Ergänzung des TMG um eine eindeutige gesetzliche Grundlage empfehlen. Richtigerweise wird bei Links danach zu differenzieren sein, wie der
fremde Inhalt präsentiert wird und welche Ziele mit der Verlinkung verbunden werden. Danach wird es sich häufig um eine reine Zugangsvermittlung gem. § 8 TMG handeln, es kann aber auch im Einzelfall ein Zu

eigenmachen des fremden Inhalts gegeben sein, was zur Anwendbarkeit des § 7 TMG führt. Anders ist dies bei Medienberichten zu beurteilen, bei denen kein Zu eigenmachen des fremden Inhalts, sondern eine journalistische Berichterstattung gewollt ist. Bei einem der Presse- und Meinungsfreiheit unterfallenden Beitrag kann indessen aufgrund eines überwiegenden Informationsinteresses die Verlinkung zu einer Seite mit rechtswidrigen Inhalten zulässig sein, wie dies im Fall eines Artikels über eine Software zum Knacken von Kopierschutz angenommen wurde (BGH AfP 2011, S. 249 ff. »AnyDVD«).

Im Zweifel ist jedenfalls die Anwendung der Haftungsprivilegierungen **36** der §§ 7 ff. TMG durch die Rechtsprechung nicht zu erwarten, da die Frage der Haftung für Hyperlinks in diesen Normen nicht geregelt ist, obwohl der Gesetzgeber um dieses Problem wusste. Damit ist auch der Weg für eine Analogiebildung verbaut, da es sich nicht um eine planwidrige Regelungslücke handelt. Den Betreiber einer Suchmaschine wird man indessen für vermittelte rechtswidrige Inhalte erst ab Kenntniserlangung haftbar machen können.

Nicht ausdrücklich geregelt ist die Haftung für sog. **Push-Dienste.** **37** Dabei handelt es sich um die automatische Übermittlung von Inhalten an einen Rezipienten, der sein Interesse an einem bestimmten Thema kundgetan hat, ohne dass jeweils eine Abfrage gestartet werden müsste.

In der Rechtsprechung herrschte bezüglich der Interpretation der Haftungsnormen **38** zunächst große Unsicherheit. Beispiel hierfür bietet der »**CompuServe-Fall«.** Das LG München hob im Jahr 1999 das Urteil des AG München auf, das den Chef der deutschen Tochtergesellschaft einer amerikanischen Firma zu zwei Jahren Freiheitsstrafe auf Bewährung und Zahlung von damals 100.000,– DM verurteilt hatte, da vom Datenspeicher des Mutterunternehmens u.a. kinderpornographische Inhalte heruntergeladen werden konnten. Allerdings verneinte das Gericht – wohl zu Unrecht – eine »Filterfunktion« des § 5 Abs. 3 TDG a.F. und berücksichtigte die Norm auf Schuldebene (»CompuServe-Fall« oder Fall »Somm«, LG München ZUM 2000, S. 247).

Die Haftungsregelungen des TMG soll folgender fiktiver **Fall** veranschaulichen. **39** N ist Network-Provider. Um mit seiner Hilfe ins Internet zu kommen, muss man zunächst über die Homepage des N, auf der er verschiedene Angebote für seine Nutzer bereithält.

a) Unter den Angeboten, die über den Internetzugang des N abrufbar sind, befindet sich auch eine kanadische Website, auf der Propagandamittel in Deutschland verbotener politischer Organisationen verbreitet werden und zum Hass gegen Teile der Bevölkerung aufgestachelt wird. Da die kanadische Homepage in Deutschland häufig aufgerufen wird, wird sie von N automatisch zwischengespeichert, um einen schnelleren Zugriff zu ermöglichen.

b) Über einen von N angebotenen Dienst ist es möglich, nach deutschem Recht urheberrechtlich geschützte Romane moderner Autoren, die von anderen

Nutzern in einem von N angebotenen Forum eingespeist worden sind, herunterzuladen.

c) Schließlich bietet N über seine Homepage erotische Bilder an, unter denen sich auch kinderpornographische Fotos befinden. Bei den Darstellungen handelt es sich um Fotos des Versandhändlers V, der die Bilder in einer elektronisch abrufbaren Datenbank mit interaktivem Zugriff und unmittelbarer Bestellmöglichkeit bereithält. Auf der Homepage des N findet sich lediglich eine Rubrik »Erotik«, die direkt zu dem Bildmaterial des V führt.

Ist N strafrechtlich und zivilrechtlich verantwortlich?

Zur Lösung: Die Mischung von Angeboten eines Diensteanbieters ist heutzutage typisch. Auch wenn N als Network-Provider bezeichnet wird, bedeutet das nicht, dass er nur den Zugang zum Netz vermittelt und daher als reiner Accessprovider behandelt werden müsste. Es ist vielmehr zwischen den einzelnen Angeboten zu differenzieren.

a) Im Fall der rechtsradikalen Inhalte, die auf einer kanadischen Website gespeichert sind, könnte N sich einer Verbreitung von Propagandamitteln verbotener Organisationen (§ 86 StGB) und der Volksverhetzung (§ 130 Abs. 1 Nr. 1 StGB) strafbar gemacht haben. Fraglich ist, ob die strafrechtliche Verantwortlichkeit nicht gemäß § 7 ff. TMG ausgeschlossen ist. Die Zugangsvermittlung zu fremden Inhalten regelt sich nach § 8 TMG. Für fremde Informationen, die Diensteanbieter in ein Kommunikationsnetz übermitteln oder zu denen sie den Zugang zur Nutzung vermitteln, sind sie grundsätzlich nicht verantwortlich (§ 8 Abs. 1 TMG). Die Ausnahmebestimmungen dieser Norm liegen hier nicht vor. N hat die Übermittlung nicht veranlasst, er hat den Adressaten der übermittelten Informationen nicht ausgewählt und er hat die übermittelten Informationen nicht ausgewählt oder verändert. Zudem hat N auch nicht absichtlich mit einem der Nutzer seines Dienstes zusammengearbeitet, um rechtswidrige Handlungen zu begehen (§ 8 Abs. 1 Satz 2 TMG).

Wenn N die Inhalte automatisch und zeitlich begrenzt zwischenspeichert, um die Übermittlung der fremden Informationen an andere Nutzer auf deren Anfrage effizienter zu gestalten, so ist er jedenfalls nicht verantwortlich (§ 9 TMG, Caching). Auch hier greifen die im Gesetz aufgeführten Ausnahmebestimmungen nicht ein. Allerdings müsste N, wenn er von der Rechtswidrigkeit des Inhalts Kenntnis erhält, den Zugang unverzüglich sperren (§ 9 Satz 1 Nr. 5 TMG).

b) N könnte Urheberrechte verletzt haben (§ 15 Abs. 1 Nr. 1 i.V.m. § 16 Abs. 1 UrhG) und daher zu Zahlung von Schadensersatz an die betreffenden Autoren verpflichtet sein (§ 97 Abs. 2 UrhG). Bei den urheberrechtlich geschützten Materialien handelt es sich nicht um eigene Inhalte des N. N hat sich diese von Dritten eingespeisten Informationen auch nicht zu eigen gemacht. Er ist daher gem. § 10 Satz 1, 1. Halbs. TMG für diese Informationen nicht verantwortlich. Dies gilt allerdings nur so lange, wie N keine Tatsachen oder Umstände bekannt sind, aus denen die rechtswidrige Handlung oder Information offensichtlich wird (§ 10 Satz 1 Nr. 1 TMG). Im Falle der Kenntniserlangung würde sich für N auch hier eine Sperrverpflichtung gem. § 10 Satz 1 Nr. 2 TMG ergeben. Ein urheberrechtlicher Schadensersatzanspruch gem. § 97 Abs. 2 UrhG besteht somit bisher nicht.

c) N könnte sich wegen Verbreitung von Kinderpornografie (§ 184b Abs. 1 StGB) strafbar gemacht haben. Eine strafrechtliche Verantwortlichkeit des N könnte nach dem Telemediengesetz ausgeschlossen sein, wenn er lediglich den Zugang zu den Bildern des V vermittelt oder diese für die Nutzer gespeichert hätte. Im Fall c) ist es allerdings so, dass N auf seiner eigenen Homepage lediglich ein Link »Erotik« eingerichtet hat, das ohne weitere Hinweise zu dem Bildmaterial des V führt. Für den Nutzer wird in keiner Weise erkennbar, dass er ein nicht von N stammendes Material aufruft, wenn er diese Rubrik anklickt. In einem solchen Fall muss davon ausgegangen werden, dass N nicht fremdes Material anbietet, sondern dass er sich das Material des V zu eigen gemacht hat. Er ist damit gem. § 7 Abs. 1 TMG in vollem Umfang nach den allgemeinen Gesetzen verantwortlich und hat sich, bei Vorliegen der übrigen Voraussetzungen, gem. § 184b Abs. 1 StGB strafbar gemacht.

Zur Abrundung noch folgender **Fall**. Eine Universität betreibt über ihr Rechenzentrum einen Server. Auf diesem können Uni-Angehörige wie Studenten oder Mitarbeiter unter bestimmten Zugangsbedingungen eigene Homepages abspeichern lassen. Unter den Studierenden, die von dieser Möglichkeit Gebrauch gemacht haben, befindet sich auch ein Mitglied einer terroristischen Vereinigung, der auf seiner Homepage zu Gewalttätigkeiten aufruft. Die Universitätsverwaltung fühlt sich einer Politik der Deeskalation verpflichtet und unternimmt daher nichts gegen diese Homepage, auch nachdem andere Studenten sie auf den Inhalt der Homepage aufmerksam gemacht haben. **40**

Die Universität wird in diesem Fall als Host-Provider tätig. Die Verantwortlichkeit der Universitätsleitung bestimmt sich, sofern überhaupt eine Haftungsprivilegierung anwendbar ist, nach § 10 TMG. Solange sie keine Kenntnis von dem rechtswidrigen Inhalt hat, wäre sie dann nicht verantwortlich. Im vorliegenden Fall war allerdings eine solche Kenntnis gegeben, ohne dass die Informationen unverzüglich entfernt worden wären oder der Zugang zu ihnen gesperrt worden wäre, wie dies gem. § 10 Satz 1 Nr. 2 TMG verlangt wird. § 10 TMG kann somit seine Filterfunktion in diesem Fall nicht entfalten.

f) Störerhaftung

Eine weitere, für die Haftung im Internet bedeutende Anspruchsgrundlage ist die sogenannte Störerhaftung analog § 1004 BGB. Die Besonderheit dieser aus dem Verwaltungsrecht stammenden Anspruchsgrundlage besteht darin, dass jeder, der einen Tatbeitrag zu einer Störung der öffentlichen Sicherheit leistet, auch dann in Anspruch genommen werden kann, wenn ihm kein Verschulden vorzuwerfen ist. Diese Anspruchsgrundlage wurde von der Rechtsprechung auf das privatrechtliche Internetrecht übertragen und insbesondere bei Markenrechtsverletzungen durch Angebote in Internetauktionshäusern angewendet und in verschiedenen Entscheidungen vom BGH bestätigt. Im Fall »Rolex« (→ E 98) wurden in Internetauktionen Uhren angeboten, die mit einem Markennamen versehen waren, ohne dass die Inhaberin des Markennamens damit einverstan- **41** den gewesen wäre. Der BGH verpflichtete das Auktionshaus nicht nur dazu, die konkreten Angebote gefälschter Uhren zu löschen, sondern auch künftig **Vorsorge zu treffen, damit keine weiteren Angebote ins Internet gestellt werden**, die erkennbar dieselbe Marke verletzen. Dieses Ergebnis erzielte der BGH nicht durch Einbeziehung der angebotenen Waren als »eigene Informationen«, sondern behandelte sie als fremde Informationen gem. § 10 Satz 1 TMG. Allerdings kann die Haftungsprivilegierung dieser Norm **auf Unterlassungsansprüche nicht angewendet** werden. In solchen Fällen ist eine Störerhaftung zu prüfen. Die Störerhaftung kann eingreifen, wenn der Anspruchsgegner nicht selbst eine Rechtsverletzung begangen hat, er mithin nicht selbst Täter ist und auch eine Haftung als Teilnehmer ausscheidet, wenn er allerdings die Rechtsverletzung durch den Dritten erst ermöglicht hat, indem er beispielsweise eine Plattform für das Angebot der Plagiate geschaffen hat. Hierfür muss der Störer einen willentlichen und adäquat-kausalen Beitrag zur Verletzung des geschützten Rechtsguts geleistet haben. Die beiden genannten Voraussetzungen werden vom BGH um eine dritte Anspruchsvoraussetzung erweitert, um die Störerhaftung nicht über Gebühr auszudehnen. Es handelt sich dabei um die **Verletzung von Prüfungspflichten**. In welchem Umfang solche Pflichten bestehen, ergibt sich nicht aus dem Gesetz, vielmehr bestimmen sie sich danach, ob und inwieweit dem als Störer in Anspruch Genommenen nach den Umständen eine Prüfung zuzumuten ist.

42   Liegen die drei genannten Voraussetzungen vor, so haftet der Störer auf Unterlassung und hat darüber hinaus Vorsorge zu treffen, dass es nicht zu weiteren Rechtsverletzungen kommt. Die Störerhaftung ist damit ganz offensichtlich ein wichtiges Instrument, um diejenigen haftungsmäßig in Pflicht zu nehmen, die die technischen Voraussetzungen für Rechtsverletzungen im Internet bieten. Die Anwendungsmöglichkeiten dieser Haftungsgrundlage sind noch nicht vollumfänglich ausgereizt.

43   Der BGH hat diese Haftungsgrundsätze in weiteren Urteilen bestätigt (BGH MMR 2007, S. 507 ff.; BGH ZUM 2011, S. 325, 327) und fortentwickelt. Daher haftet der Betreiber einer Internetsuchmaschine mit Suchwortergänzungsfunktion (»Autocomplete« z.B. von Google) nach den Grundsätzen der Störerhaftung, wenn bei Eingabe eines Namens persönlichkeitsrelevante Begriffe angegeben werden (z.B. »Betrug«). Die Verantwortlichkeit für die eigenen Inhalte besteht erst ab Kenntnis der rechtswidrigen Verwendung des Persönlichkeitsrechts, verpflichtet den Betreiber aber danach auch, künftig entsprechende Verletzungen zu verhindern. Dabei schließt der BGH auch Geldentschädigungsansprüche nicht aus (BGH NJW 2013, S. 2348). Danach haften auch Betreiber von Meinungsforen im Internet auf Grundlage dieser Kriterien (BGH ZUM 2007,

S. 533 ff.). Allerdings besteht nach der Rechtsprechung des BGH keine allgemeine Pflicht, jeden fremden Inhalt vor der Zugänglichmachung im Internet auf mögliche Rechtsverletzungen hin zu untersuchen. Vielmehr verpflichtet erst der Hinweis auf eine klare Rechtsverletzung den Betreiber zur unverzüglichen Sperrung der konkreten Äußerung oder des Angebots und zur Vorsorge gegen künftige derartige Rechtsverletzungen (BGH MMR 2015, S. 726, 730 »Hotelbewertungsportal«). Zudem hat der BGH klargestellt, dass die zivilrechtliche Verantwortlichkeit des Betreibers eines Internetforums für dort eingestellte Beiträge nicht deshalb entfällt, weil dem Verletzen die Identität des Autors bekannt ist und er gegen diesen rechtlich vorgehen könnte. Der Betreiber kann auch in einem solchen Fall als Störer i.S.v. § 1004 Abs. 1 Satz 1 BGB analog zur Unterlassung verpflichtet sein. Ein Haftungsausschluss ergibt sich insbesondere nicht aus § 10 TMG, da dieser nicht auf Unterlassungsansprüche anwendbar ist.

Nach den Grundsätzen der Störerhaftung kann der Rechtsprechung des **44** BGH zufolge sogar ein **Access-Provider** zur Verantwortung gezogen werden. Der Anspruch zielt darauf, den Zugang zu bestimmten Internetseiten zu unterbinden, z.b. solchen Seiten, auf denen urheberrechtlich geschützte Werke rechtswidrig öffentlich zugänglich gemacht werden. So liegt in der Vermittlung des Zugangs zu solchen Internetseiten ein adäquat-kausaler Tatbeitrag des Access-Providers zu den Rechtsverletzungen dieser Anbieter. Allerdings macht der BGH den Anspruch davon abhängig, dass der Rechteinhaber zunächst zumutbare Anstrengungen unternommen hat, gegen diejenigen vorzugehen, die entweder die Rechtsverletzung selbst begangen haben – wie der Betreiber der Internetseite – oder die zur Rechtsverletzung durch die Erbringung von Dienstleistungen selbst beigetragen haben – wie der Betreiber der Plattform, auf der sich die unzulässigen Links befinden. Zumutbar ist die Inanspruchnahme des Access-Providers als Störer nur dann, wenn die Inanspruchnahme des Anbieters wie des Host-Providers gescheitert ist, oder wenn ihr jede Erfolgsaussicht fehlt und deshalb andernfalls eine Rechtsschutzlücke entstünde. Zumutbar ist die Sperrung allerdings nicht nur bei insgesamt unzulässigen Angeboten, sondern schon dann, wenn die rechtmäßigen gegenüber den rechtswidrigen Inhalten nicht ins Gewicht fallen (BGH NJW 2016, S. 794 ff.).

Nach der TMG-Novelle 2017 ist unklar, ob die für die Störerhaftung des Access-Providers entwickelten Grundsätze weiterhin gelten. Während der Wortlaut des neuformulierten § 8 Abs. 1 Satz 2 TMG auf eine vollständige Abschaffung der Störerhaftung hindeutet, spricht der Zusammenhang mit dem ebenfalls neu geschaffenen § 7 Abs. 4 TMG dafür, dass nur WLAN-Anbieter gemeint sind (so auch LG München I ZUM 2018,

S. 375 ff.). Mit der Gesetzesänderung sollte das Haftungsrisiko der Betreiber von WLAN-Hotspots reduziert werden. Gemäß § 7 Abs. 4 TMG können Rechtsinhaber, die in ihrem Recht am geistigen Eigentum verletzt wurden, gegen den betreffenden WLAN-Anbieter die Sperrung der Nutzung von Informationen verlangen, sofern der eigentliche Rechtsverletzer nicht verfolgt werden kann. Die Sperrung muss allerdings zumutbar und verhältnismäßig sein.

45   Weiterhin haftet auch der **Inhaber eines WLAN-Anschlusses**, der es unterlässt, ein ausreichend langes und sicheres Passwort anzuwenden, als Störer auf Unterlassung, wenn Dritte diesen Anschluss missbräuchlich nutzen, um urheberrechtlich geschützte Musiktitel in Internettauschbörsen einzustellen (BGH AfP 2010, S. 373 ff.). Demgegenüber haftet der Inhaber eines Internetanschlusses grundsätzlich nicht als Störer auf Unterlassung, wenn volljährige Familienangehörige den ihnen zur Nutzung überlassenen Anschluss für Rechtsverletzungen missbrauchen. Er hat jedoch eine Darlegungslast, durch welche anderen Personen es zu einer Rechtsverletzung gekommen sein könnte und hat entsprechende Nachforschungspflichten (BGH AfP 2014, S. 320). Für minderjährige Kinder haftet der Anschlussinhaber gem. § 832 Abs. 1 BGB wegen Verletzung seiner Aufsichtspflicht, es sei denn, er hätte das – einsichtsfähige – Kind in konkreter Weise über die Rechtswidrigkeit der Teilnahme an Internettauschbörsen belehrt (BGH K&R 2016, 117 ff. »Tauschbörse II«). Kinder über 7 Jahren haften darüber hinaus gem. § 828 BGB selbstständig. Bei Kindern mit der notwendigen Einsichtsfähigkeit bestehen somit nach einer entsprechenden Belehrung ohne konkreten Anlass keine Überwachungspflichten (BGH CR 2013, S. 324). Hingegen ist Auskunft über die Identität des für das Filesharing verantwortliche Kind zu erteilen. Kommt der Anschlussinhaber dieser sekundären Darlegungslast nicht nach, greift die Vermutung der Haftung als Anschlussinhaber (BGH MMR 2018, S. 172; von einer strengen Darlegungslast geht auch der EuGH aus, GRUR 2018, S. 1234 ff.). Dieser Pflicht des Anschlussinhabers steht das Grundrecht auf Achtung des Familienlebens in Art. 6 Abs. 1 GG nicht entgegen (BVerfG AfP 2019, S. 230, 231).

46   Wer Nutzern ein WLAN-Netzwerk zur Verfügung stellt, soll nach dem 2016 eingefügten § 8 Abs. 3 TMG grundsätzlich nicht haften. Aufgrund einer Entscheidung des EuGH muss diese Vorschrift allerdings richtlinienkonform dahingehend ausgelegt werden, dass weiterhin Unterlassungsansprüche bestehen, wenn nicht ein angemessener Passwortschutz gewährleistet ist. Damit bleiben weiterhin Abmahnkosten zulässig (EuGH NJW 2016, S. 3503 ff. »Mc Fadden«).

Störerhaftung

Anspruchsgrundlage: § 1004 BGB analog

Anspruchsvoraussetzungen:

1. Haftung des Störers als Täter oder Teilnehmer eines deliktischen Anspruchs? (Ein Teil der Rechtsprechung hält den Anspruch aus Störerhaftung für subsidiär.)
2. Der Störer hat willentlich und adäquat-kausal zur Verletzung des geschützten Rechtsguts beigetragen.
3. Verletzung zumutbarer Prüfungspflichten durch den Störer (Die Störerhaftung ist verschuldensunabhängig.)

Rechtsfolge: Unterlassung + Prüfungspflichten

8. Datenschutz

Das TMG enthält Datenschutzvorschriften, deren Anpassung an die **47** DSGVO noch aussteht.

9. Verschleierte Werbung

Gem. §§ 6 Abs. 2, 16 Abs. 1 TMG handelt ordnungswidrig, wer absicht- **48** lich den Absender oder den kommerziellen Charakter einer Nachricht verschleiert oder verheimlicht. Nach den in der Praxis relevanteren Vorschriften des UWG können vor allem Wettbewerber von dem Spam-Mail-Versender Beseitigung und Unterlassung gem. § 8 Abs. 1 UWG verlangen und unter den Voraussetzungen der §§ 9, 10 UWG Schadensersatz und einen Gewinnabschöpfungsanspruch geltend machen. Darüber hinaus verzichtet das UWG jedoch auf staatliche Sanktionen. Letztlich stärkt die Regelung des § 6 Abs. 2 TMG somit insbesondere die Verbraucher.

Die Vorschriften des TMG führen in der Praxis nur bedingt zum ge- **49** wünschten Erfolg. Zum einen werden Spam-Mails häufig aus dem Ausland versendet, so dass sich die Frage nach der unmittelbaren Anwendbarkeit des nationalen Rechts stellt. Zum anderen ist die Ermittlung des Absenders solcher Spam-Mails sehr aufwendig. Ursprünglich wurde diskutiert, dass die Bundesnetzagentur die Aufgaben der Verfolgung und Ahndung der Verstöße gegen § 6 Abs. 2 TMG übernehmen sollte. Dies wurde jedoch nicht im TMG umgesetzt. Vielmehr sind schließlich die jeweiligen Landesbehörden als Verfolgungsbehörden zuständig.

VI. Staatsvertrag für Rundfunk und Telemedien (Rundfunkstaatsvertrag)

1. Zusätzliche Regelungen für Mediendienste im Rundfunkstaatsvertrag

50　Geregelt sind die Telemedien primär im Telemediengesetz. Dieses Bundesgesetz wird durch einige landesrechtliche Bestimmungen ergänzt, die inhaltsspezifische Anforderungen an die Telemedien stellen. Insbesondere geht es um die Anforderungen an journalistisch-redaktionell gestaltete Angebote. Diese Vorschriften sind nicht mehr in einem eigenständigen Staatsvertrag normiert, sondern wurden in den Rundfunkstaatsvertrag integriert. Dieser heißt seither »Staatsvertrag für Rundfunk und Telemedien (Rundfunkstaatsvertrag – RStV)«. Die Regelungen für Telemedien finden sich in den §§ 54 ff. RStV (→ T 21).

2. Abgrenzung von Rundfunk und Telemedien

51　Da die Abgrenzung von Telemedien und Rundfunk nicht immer eindeutig ist, kann sich für künftige Diensteanbieter die Frage stellen, ob sie einer Zulassung bedürfen. Zu nennen sind insbes. regelmäßige Folgen von YouTube-Angeboten. Gegen die hieraus erwachsende Rechtsunsicherheit hat der Rundfunkstaatsvertrag und haben entsprechend die Landesmediengesetze eine Feststellungsmöglichkeit vorgesehen. § 20 Abs. 2 RStV gibt Anbietern das Recht, bei der zuständigen Landesmedienanstalt einen **Antrag auf rundfunkrechtliche Unbedenklichkeit** zu stellen.

52　　　Einer rundfunkrechtlichen Zulassung bedürfen alle Angebote, die sich als lineare Informations- und Kommunikationsdienste darstellen. Unerheblich ist die Frage ihrer Verbreitung, es spielt mithin keine Rolle, ob sie mittels Funkwellen terrestrisch, über Satellit oder über das Internet verbreitet werden. Eine Ausnahme besteht lediglich für Hörfunkprogramme, die ausschließlich über das Internet verbreitet werden und gem. § 20b RStV keiner Zulassung bedürftig sind.

53　　　In der Praxis wird die Abgrenzung von der zuständigen Landesmedienanstalt bzw. bei bundesweit verbreiteten Angeboten von der ZAK vorgenommen (und zwar im Einvernehmen mit den anderen Landesmedienanstalten) und das Programm eines Anbieters entweder durch feststellenden Verwaltungsakt dem Rundfunk zugeordnet (§ 20 Abs. 2 Satz 2 RStV) oder eine Unbedenklichkeitsbescheinigung gem. § 20 Abs. 2 Satz 3 RStV ausgestellt. Da es sich dabei um verwaltungsgerichtlich nachprüfbare Entscheidungen handelt, wird der verwaltungsgerichtlichen Rechtsprechung in dieser Frage zunehmende Bedeutung erwachsen.

3. Zulassungs- und Anmeldefreiheit

In § 54 Abs. 1 RStV wird zunächst noch einmal die Zulassungs- und An- **54**
meldefreiheit der Telemedien erwähnt. Dies ist an sich entbehrlich, da das Telemediengesetz eine entsprechende Regelung enthält. Allerdings ist die Formulierung als Klarstellung gegenüber linearen Informations- und Kommunikationsdiensten zu verstehen, die zulassungsbedürftig sind. Stellt eine Landesmedienanstalt die Zulassungsbedürftigkeit fest, muss der Anbieter nach seiner Wahl innerhalb von drei Monaten nach Bekanntgabe der Feststellung entweder einen Zulassungsantrag stellen oder seinen Dienst entsprechend abändern, dass er nicht mehr dem Rundfunk zuzuordnen ist. In Zweifelsfällen ist der Anbieter weiterhin berechtigt, im Vorfeld bei der zuständigen Landesmedienanstalt einen Antrag auf rundfunkrechtliche Unbedenklichkeit zu stellen (§ 20 Abs. 2 RStV).

4. Journalistisch-redaktionell gestaltete Angebote

Hinsichtlich der Telemedien mit journalistisch-redaktionell gestalteten **55**
Angeboten bestimmt § 54 Abs. 2 RStV in allgemeiner Weise, dass diese den anerkannten »journalistischen Grundsätzen« zu entsprechen haben. Was ein journalistisch-redaktionell gestaltetes Angebot ist, wird vom Rundfunkstaatsvertrag nicht definiert. Vom Sinn und Zweck der Norm her ist der Begriff weit zu interpretieren. Erfasst sind über die elektronische Presse hinaus alle Angebote, die eine gestaltende oder kommentierende Bearbeitung erfahren haben. Nicht erfasst sind lediglich reine Datenübermittlungen von Messergebnissen etc., die ohne menschliches Dazwischentreten weitergeleitet werden. In allen anderen Fällen kann es Interessen Betroffener an einer Richtigstellung oder an der Durchsetzung von Schadensersatzansprüchen geben.

Zudem wird die journalistische Sorgfaltspflicht im Hinblick auf Nachrichten ausdrücklich implementiert. Bei der Wiedergabe von Meinungsumfragen ist weiterhin anzugeben, ob diese repräsentativ sind (§ 54 Abs. 3 RStV). Bei einer Missachtung der presserechtlichen Sorgfaltspflichten kann sich der Mediendiensteanbieter zivilrechtlichen Ansprüchen Betroffener gegenübersehen, wobei vor allem Unterlassung, Widerruf oder Schadensersatz in Betracht kommen können (→ 4 Rdnr. 126 ff.).

5. Informationspflichten

56 Die Informationspflichten sind in § 55 RStV geregelt. Zu unterscheiden sind drei Arten von Angeboten. Anbieter von Telemedien, die ausschließlich persönlichen oder familiären Zwecken dienen, treffen überhaupt keine Informationspflichten. Dies ergibt sich im Umkehrschluss aus § 55 Abs. 1 RStV. Im Übrigen sind Name und Anschrift sowie bei juristischen Personen auch Name und Anschrift des Vertretungsberechtigten in leicht erkennbarer Weise zu nennen. Hinzu kommen besondere Informationspflichten für Anbieter von Telemedien mit journalistisch-redaktionell gestalteten Angeboten. Sie haben zusätzlich zu den Angaben nach §§ 5 f. TMG einen Verantwortlichen zu benennen, der den Anforderungen an einen Redakteur i.s.d. Pressegesetze entspricht.

6. Auskunftsanspruch

57 Der Auskunftsanspruch von Rundfunkanbietern in § 9a RStV wird für Anbieter von Telemedien in § 55 Abs. 3 RStV für entsprechend anwendbar erklärt. Diese Verweisung an etwas versteckter Stelle und im Zusammenhang mit den Informationspflichten der Anbieter von Telemedien kann leicht übersehen werden.

7. Gegendarstellung

58 Die Pflicht zur Aufnahme von Gegendarstellungen in das Angebot von Telemedienanbietern wird in § 56 RStV normiert. Wird die Tatsachenbehauptung nicht mehr angeboten oder endet das Angebot vor Aufnahme der Gegendarstellung, so ist die Gegendarstellung an vergleichbarer Stelle solange anzubieten, wie die ursprüngliche Tatsachenbehauptung angeboten worden war. Im Übrigen ist weder in § 56 RStV noch im TMG ein Recht auf Gegendarstellung normiert. Da sich die Regelung auf Telemedien mit pressemäßigen journalistisch-redaktionellen Angeboten bezieht, liegt keine planwidrige Regelungslücke für andere Angebote vor. Ein von einem nicht dergestalt umschriebenen Angebot Betroffener (z.B. ein Firmenangehöriger, dessen Leistungen auf der Homepage des Unternehmens falsch dargestellt werden) könnte daher lediglich auf Unterlassung oder auf Schadensersatz / Geldentschädigung klagen.

8. Werbung und Sponsoring

59 Vorschriften für Werbung und Sponsoring in den journalistisch-redaktionell gestalteten Telemedienangeboten finden sich in § 58 RStV. Werbung muss als solche klar erkennbar und vom übrigen Inhalt der Angebote eindeutig getrennt sein. Es dürfen keine unterschwelligen Techniken eingesetzt werden (§ 58 Abs. 1 RStV).

9. Aufsicht

Die nach Landesrecht zuständige Aufsichtsbehörde kann bei Verstößen gegen die einschlägigen Normen des sechsten Abschnitts im Rundfunkstaatsvertrag die erforderlichen Maßnahmen zu deren Beseitigung gegenüber dem Anbieter treffen (§ 59 Abs. 3 RStV). Insbesondere kann sie Angebote untersagen und als Ultima Ratio deren Sperrung anordnen. Sperrungsverfügungen sind, sofern Maßnahmen gegenüber dem Verantwortlichen nicht durchführbar oder nicht Erfolg versprechend sind, auch gegen den Diensteanbieter von fremden Inhalten zulässig, sofern eine Sperrung technisch möglich und zumutbar ist (§ 59 Abs. 4 RStV).

60

Rechtliche Prüfung von Angeboten im Internet

Telekommunikation	Telemedien	Rundfunk
Rechtsfragen im Zusammenhang mit dem technischen Vorgang des Aussendens, Übermittelns und Empfangens von Signalen **→ TKG**	Informations- und Kommunikationsdienste, die nicht Telekommunikation und nicht Rundfunk sind (§ 1 TMG) **→ TMG** (wirtschaftliche Aspekte) **Bund**	Rundfunk ist ein linearer Informations- und Kommunikationsdienst. Er ist die für die Allgemeinheit und zum zeitgleichen Empfang bestimmte Veranstaltung und Verbreitung von Angeboten in Bewegtbild oder Ton entlang eines Sendeplans (§ 2 RStV). **→ RStV**
	zusätzlich zu prüfen: **RStV** (§ 54 ff.) hinsichtlich inhaltlicher meinungsbildender Aspekte (insbesondere für journalistisch-redaktionelle Angebote) **Länder** – (weitere) Informationspflichten – Gegendarstellung – Datenschutz – Werbung, Sponsoring	

Informationspflichten im Internet

1. Angebote, die ausschließlich persönlichen oder familiären Zwecken
   dienen
   → keine Informationspflichten
2. nicht geschäftsmäßige Telemedien
   → Name und Anschrift (§ 55 RStV)
3. geschäftsmäßige, in der Regel gegen Entgelt angebotene Telemedien
   → Name, Anschrift, E-Mail-Adresse, Registereintragungen etc. (§ 5
   TMG)
4. kommerzielle Kommunikation (Wirtschaftswerbung)
   → besondere Informationspflichten, insbesondere Erkennbarkeit und
   Identifizierbarkeit (§ 6 TMG)
5. journalistisch-redaktionell gestaltete Angebote
   → zusätzlich zu den Pflichtangaben nach §§ 5, 6 TMG; Nennung eines
   Verantwortlichen mit Name und Anschrift (§ 55 Abs. 2 RStV)

VII. Telekommunikationsrecht

1. Entwicklung des Telekommunikationsrechts

61 Das Telekommunikationsgesetz (TKG → T 29) bezieht sich auf den technischen Vorgang der Telekommunikation. Insofern unterscheidet es sich
von den beiden zuvor behandelten Regelungswerken. Das Recht der Telemedien bezieht sich auf die Inhalte und Nutzungsformen der Dienste.
Das TKG erfasst lediglich den technischen Vorgang der **Übermittlung
von Daten,** unabhängig von deren Inhalt. Aus diesem Grund klammern
einige Autoren die Telekommunikation aus dem Medienrecht in einem
engeren Sinne aus und weisen es einem allgemeinen Begriff des Informationsrechts zu. Diese Begriffsbestimmung verkürzt das Medienrecht zu
Unrecht um den wichtigen Aspekt der Übermittlung von Informationen.
Genauso ist beispielsweise das Verlagsrecht Teil des Medienrechts.

62   Das Telekommunikationsrecht war vor Erlass des Telekommunikationsgesetzes im Fernmeldegesetz geregelt. Ursprünglich hatte der Bund ein
Monopol, Fernmeldeanlagen zu errichten und zu betreiben. Aufgrund der
Liberalisierung der Telekommunikationsdienste durch das Europarecht und die daraufhin durchgeführten Postreformen wurden die Monopolrechte der damaligen Deutschen Bundespost immer weiter abgebaut;
die Bundespost schließlich in ein privates Unternehmen umgewandelt
(Art. 143b GG). Die Entwicklung begann mit der Liberalisierung des

Endgerätemarkts und des Mobilfunks. Die Aufgabe des Bundes ist es nun noch, im Bereich des Postwesens und der Telekommunikation flächendeckend angemessene und ausreichende Dienstleistungen zu gewährleisten. Im Übrigen werden Telekommunikationsdienstleistungen durch die aus dem Sondervermögen Deutsche Bundespost hervorgegangenen Unternehmen und durch andere private Anbieter erbracht (Art. 87f Abs. 1 und 2 GG; Ausnahmen in Abs. 3). Mit dem Ende des staatlichen Post- und Telekommunikationsmonopols wurde eine rechtliche Strukturierung des Bereichs erforderlich. Andernfalls bestand die Gefahr, dass die Entmonopolisierung an den faktischen Marktvorteilen des Rechtsnachfolgers des ehemaligen Monopolisten scheitern würde. Daher wurde – für eine Übergangszeit – eine Regulierung eingeführt, um auf diese Weise – längerfristig – die Liberalisierung der Telekommunikation zu gewährleisten. Aus diesem Grund wird auch von einer **Re-Regulierung** des Telekommunikationssektors gesprochen.

Zur Erreichung dieser Ziele legt Art. 87f GG einen Verfassungsauftrag **63** zum Erlass eines Gesetzes fest, das mit dem **Telekommunikationsgesetz (TKG)** 1996 geschaffen wurde. Zweck des Gesetzes ist es, durch Regulierung im Bereich der Telekommunikation den Wettbewerb und leistungsfähige Telekommunikationsinfrastrukturen zu fördern und flächendeckend angemessene und ausreichende Dienstleistungen zu gewährleisten (§ 1 TKG; zu den Zielen der Regulierung auch § 2 Abs. 2 TKG). Das TKG ist also im Kern eine sektorspezifische Regulierung für den Bereich der Telekommunikation. Die allgemeinen Wettbewerbsregelungen des Gesetzes für Wettbewerbsbeschränkungen (GWB) hielt der Gesetzgeber für nicht ausreichend, um einen wirksamen Wettbewerb im Telekommunikationssektor aufzubauen.

Grund für die Änderungen im Jahre 2004 war ein Richtlinienpaket der **64** EU aus dem Jahr 2002, das das Telekommunikationsrecht grundlegend reformiert hat.

Diese europarechtlichen Vorgaben, deren Umsetzung im Einzelnen **65** den nationalen Rechtsordnungen der Mitgliedstaaten überlassen wurde, orientiert sich im Rahmen des großen Ziels, den Binnenmarkt auch für Telekommunikationsdienstleistungen zu entwickeln, in erster Linie daran, den Wettbewerb bei der Bereitstellung elektronischer Kommunikationsnetze und Kommunikationsdienste zu fördern (Art. 8 Abs. 2 RahmenRL). Aufgabe der nationalen Regulierungsbehörden ist es daher, Wettbewerbsverzerrungen und Wettbewerbsbeschränkungen zu verhindern und durch die Förderung effizienter Infrastrukturinvestitionen den Wettbewerb zu fördern (Art. 8 Abs. 2 RahmenRL).

66 Bei der Umsetzung dieser Vorgaben in das nationale Recht wurde einerseits versucht, die Anforderungen an einen chancengleichen und funktionsfähigen Wettbewerb sicherzustellen und auf der anderen Seite unnötige Regulierungen zu vermeiden. Bei der Umsetzung sind zudem einige eigenständige Regelungsziele in das Gesetz aufgenommen worden.

67 Das Telekommunikationsgesetz enthält einen Ordnungsrahmen für den Wettbewerb in der Telekommunikation. Es soll im Bereich der Telekommunikation ein freier Wettbewerb gewährleistet werden. Zudem sollen flächendeckend angemessene und ausreichende Dienstleistungen garantiert sein. Diesbezüglich wird auch im Telekommunikationsrecht von der Notwendigkeit einer **Grundversorgung** gesprochen, die in Art. 87f Abs. 1 GG verfassungsrechtlich abgesichert ist.

68 Entfallen ist die frühere Lizenzierungspflicht, die durch eine **Meldepflicht** gem. § 6 Abs. 1 TKG für das Betreiben gewerblicher öffentlicher Telekommunikationsnetze oder Telekommunikationsdienste ersetzt wurde. Damit besteht keine behördliche Kontrollmöglichkeit mehr vor dem Markteintritt, sondern nur noch eine nachfolgende staatliche **Missbrauchsaufsicht** mit der Untersagung der Tätigkeit als Ultima Ratio gem. § 126 Abs. 3 TKG. Lediglich für die Nutzung von Frequenzen, Nummern und Wegerechten besteht nach wie vor eine Genehmigungspflicht. Im Übrigen wurden der Regulierungsbehörde sektorspezifische Regelungsmöglichkeiten zugewiesen. Hinsichtlich der Zugangsverpflichtung stärkerer gegenüber schwächeren Marktteilnehmern kommt der Behörde besondere Bedeutung zu. Die Bundesnetzagentur entscheidet gem. § 21 Abs. 1 TKG, ob anderen Unternehmern Zugang gewährt werden muss.

69 Nach wie vor ist rechtspolitisch umstritten, inwieweit noch fortbestehende Wettbewerbsvorteile des früheren Monopolisten Telekom durch das Gesetz in hinreichendem Maße eingeschränkt werden können. Das Gesetz sieht an vielen Stellen für »Betreiber öffentlicher Telekommunikationsnetze, die über beträchtliche Marktmacht verfügen« beschränkende Regelungen vor. Kritiker bemängeln desungeachtet zu viele offene Klauseln und Übergangsfristen, so dass auch weiterhin nicht von einem echten Wettbewerb gesprochen werden könne.

70 Ende 2015 hat das Europäische Parlament die Verordnung über Maßnahmen zum offenen Internet beschlossen. Die sog. Netzneutralitätsverordnung (VO (EU) 2015/2120) trat am 30.4.2016 in Kraft. Damit wird die **Netzneutralität** europaweit einheitlich und abschließend geregelt. Gem. Art. 3 Abs. 1 VO haben Endnutzer das Recht, unabhängig vom Standort, über ihren Internetzugangsdienst Informationen und Inhalte abzurufen und zu verbreiten, Anwendungen und Dienste zu nutzen und bereitzustellen und Endgeräte ihrer Wahl zu nutzen. Anbieter von Internetzugangsdiensten haben den gesamten Datenverkehr gleich zu behandeln, ohne Diskriminierung, Beschränkungen oder Störungen. Es darf dabei weder zwischen den Sendern und Empfängern noch zwischen Inhalten differenziert werden und auch die verschiedenen Anwendungen und Dienste sind kein zulässiges Unterscheidungskriterium (Art. 3 Abs. 3 VO (EU) 2015/2120). Ausnahmen von diesem Grundsatz sind nur in engen Grenzen vorgesehen, die dennoch teilweise als zu starke Relativierung der Netzneutralität beurteilt werden. Kritisiert wird weiterhin die hohe Zahl von unbestimmten Rechtsbegriffen, die Probleme auf die Ebene des Rechtsanwenders verlagert. In Deutschland ist die Bundesnetzagentur für die Durchsetzung der Verordnung zuständig.

2. Begrifflichkeiten und Anwendungsbereich

Das TKG nimmt eine differenzierte Regulierung verschiedener Dienste **71** vor. Art und Umfang der Regulierung hängen also vom konkreten Dienst ab. Aus diesem Grund sind die Definitionen von praktischer Relevanz. Im Folgenden wird nur auf einige zentrale Begrifflichkeiten hingewiesen.

a) Grundbegriffe

Zentraler Begriff des TKG ist die **Telekommunikation**, den das Gesetz **72** als den technischen Vorgang des Aussendens, Übermittelns und Empfangens von Signalen mittels Telekommunikationsanlagen in § 3 Nr. 22 TKG definiert.

Schwerpunkt der TKG-Regulierung sind **Telekommunikationsnetze**. **73** Nach der weiten Definition in § 3 Nr. 27 TKG fallen unter diesen Begriff z.B. (schmalbandige) Telefonfestnetze, die Breitbandkabelnetze, sämtliche Mobilfunknetze sowie Satellitennetze.

Unter **Telekommunikationsdiensten** sind gem. § 3 Nr. 24 TKG »in **74** der Regel gegen Entgelt erbrachte Dienste, die ganz oder überwiegend in der Übertragung von Signalen über Telekommunikationsnetze bestehen«, zu verstehen. Die Transportdienstleistung – die Signalübertragung – steht also im Mittelpunkt. Beispiele für Telekommunikationsdienstleistungen sind die Festnetz- und Mobiltelefonie sowie Datenverbindungen.

Telekommunikationsgestützte Dienste i.S.d. § 3 Nr. 25 TKG sind **75** Dienste, bei denen neben der Transportdienstleistung eine zusätzliche Inhaltsleistung erbracht wird, die noch während der Telekommunikationsverbindung erfüllt wird. Als Beispiel seien hier die sog. Service-Dienste (→ *12* Rdnr. 103 ff.) genannt, wie Kurzwahldienste oder Premium-Dienste.

76   Die beiden letztgenannten Dienstformen sind die Schnittstelle zum
Telemediengesetz (TMG ➔ *12* Rdnr. 9 ff.), da sie den Anwendungsbereich des TMG gem. § 1 Abs. 1 TMG beschränken. Verzichtete das TKG
ursprünglich auf die Regulierung von Inhalten und überließ dies dem
TMG, so werden nunmehr auch einige Inhaltsdienste, die in direktem
Zusammenhang mit der Transportdienstleistung stehen, dem Anwendungsbereich des TKG unterstellt und dem des TMG entzogen.

b) Einordnung von Diensten, Voice-over-IP

77   Ob es sich bei Angeboten bzw. Diensten um Telekommunikationsdienste
i.s.d. § 3 Nr. 24 TKG handelt, ist wesentlich, um zu klären, ob ein Dienst
unter die Regelungen des TMG oder des TKG fällt. Das TKG findet für
Telekommunikationsdienste Anwendung, also für die Dienste des Signal-
transports. Auf die Information selbst bzw. den Inhalt der mit diesem Sig-
nal übertragen wird, findet hingegen das TMG Anwendung. Soweit ein
Angebot also aus zwei Diensten besteht (Transport und Inhalt) sind TKG
und TMG nebeneinander anwendbar. Ansonsten ist nach dem entsprechenden Schwerpunkt der Dienstleistung zu differenzieren. Von dieser
strikten Trennung zwischen Transport und Inhalt macht § 3 Nr. 25 TKG
für die telekommunikationsgestützten Dienste eine Ausnahme, indem er
diese eindeutig dem Anwendungsbereich des TKG zuordnet.

78   Bei Voice-over-IP (VoIP) handelt es sich um Telekommunikation i.S.d. § 3 Nr. 22
TKG. Zudem wird VoIP als Telekommunikationsdienst (§ 3 Nr. 24 TKG) eingestuft und somit einer Regulierung durch das TKG und nicht dem TMG unterworfen, da es sich bei VoIP lediglich um einen Signaltransport handelt und nicht um
einen Inhaltsdienst (der nach dem TMG reguliert werden müsste). Über diese Einordnung besteht zumindest bei der Signalübertragung über sog. geschlossene IP-
Netzwerke Einigkeit. Soweit bei der Signalübertragung im Rahmen von VoIP ein
offenes IP-Netz genutzt wird, ist die Einordnung als Telekommunikationsdienst
umstritten und somit offen, im Ergebnis aber wohl anzunehmen. Soweit das TKG
Anwendung findet, ist darüber hinaus zu klären, ob VoIP-Betreiber für Universaldienstleistungen (§ 78 ff. TKG ➔ *12* Rdnr. 114) herangezogen werden können,
Notrufverpflichtungen bestehen (§ 108 TKG), Rufnummern zu vergeben sind
(§ 66 TKG), sowie Zugang zu entsprechenden Netzen zu gewähren ist (§ 21 TKG).

3. Bundesnetzagentur – Regulierungsbehörde für Telekommunikation

79   Die zuständige Regulierungsbehörde trägt den Namen »Bundesnetzagentur« (BNetzA). Sitz der Bundesnetzagentur ist Bonn. Sie ist als Bundes-
oberbehörde ausgestaltet, Organisation und Arbeitsweise sind in §§ 116 ff.
TKG geregelt. Hinzuweisen ist, dass die Bundesnetzagentur zur Zusam-

menarbeit mit anderen Behörden, u.a. den Landesmedienanstalten ausdrücklich verpflichtet ist (§ 123 Abs. 2 TKG).

4. Verfahren der Marktregulierung

Das Ziel des TKG, durch eine **sektorspezifische Regulierung** die Rah- **80**
menbedingungen der Telekommunikation so zu gestalten, dass in möglichst weiten Bereichen **funktionsfähiger Wettbewerb** entstehen kann,
erfordert Regelungen auf den entsprechenden Märkten. Regelungen sind
allerdings lediglich auf Grund einer genauen Kenntnis der bestehenden
Marktverhältnisse möglich. Aus diesem Grund hat die Bundesnetzagentur
zunächst auf der Grundlage einer **Marktdefinition** (§ 10 TKG) eine
Marktanalyse (§ 11 TKG) durchzuführen. Für eine Regulierung kommen Märkte in Betracht, die durch beträchtliche und anhaltende struktu-
rell oder rechtlich bedingte Marktzutrittsschranken gekennzeichnet sind,
längerfristig nicht zu wirksamem Wettbewerb tendieren und auf denen die
Anwendung des allgemeinen Wettbewerbsrechts allein nicht ausreicht,
um dem betreffenden Marktversagen entgegenzuwirken (§ 10 Abs. 2 Satz
1 TKG). Auf der Grundlage der Marktanalyse ist ein differenziertes Vorgehen gegen Wettbewerbsverzerrungen möglich. Staatliche Eingriffe in
Marktstrukturen und Marktverhalten sollen generell auf diejenigen Bereiche
beschränkt werden, in denen Regulierungen gegenüber dem unregulierten,
nur durch das allgemeine Wettbewerbsrecht kontrollierten Wettbewerbs-
prozess tatsächlich Vorteile aufweisen, so die amtliche Begründung.

Bei der Marktanalyse prüft die Bundesnetzagentur, ob auf dem unter- **81**
suchten Markt wirksamer Wettbewerb besteht. Unter wirksamem Wettbewerb wird die Abwesenheit von beträchtlicher Marktmacht i.S.d. § 11
Abs. 1 Sätze 3–5 TKG verstanden. Ein wirksamer Wettbewerb besteht
insbesondere dann nicht, wenn die Anwendung allgemeinen Wettbewerbsrechts nicht ausreicht, um dem Marktversagen oder wettbewerbs-
widrigen Verhalten entgegenzuwirken (amtliche Begründung zu § 10
TKG) d.h., wenn ein oder mehrere Unternehmen auf diesem Markt über
beträchtliche Marktmacht verfügen. Dem TKG zufolge ist das dann der
Fall, wenn ein Unternehmen entweder allein oder gemeinsam mit anderen
eine der Beherrschung gleichkommende Stellung einnimmt, d.h. eine
wirtschaftlich starke Stellung, die es ihm gestattet, sich in beträchtlichem
Umfang unabhängig von Wettbewerbern und Endnutzern zu verhalten
(§ 11 Abs. 1 TKG). Der telekommunikationsrechtliche Begriff der beträchtlichen Marktmacht unterscheidet sich dabei vom kartellrechtlichen
Begriff der Marktbeherrschung. Eine beträchtliche Marktmacht wird in

der Regel erst bei einem Marktanteil von über vierzig Prozent angenommen.

82 War zunächst der gesamte Telekommunikationsmarkt gesetzlich als sektorspezifisch zu regulierender Markt vorgegeben, so hat das Europarecht zu einer Flexibilisierung geführt und ermöglicht es auf der Grundlage der Marktanalyse, bestimmte Märkte aus der sektorspezifischen Regelung zu entlassen. Eine sektorspezifische Regulierung nach dem TKG ist somit allein auf die Fälle beschränkt, in denen kein wirksamer Wettbewerb besteht und dieser nur durch spezifische Regulierungsinstrumente hergestellt werden kann. Nicht regulierte Märkte unterfallen automatisch dem allgemeinen Wettbewerbsrecht. Ist dadurch den nationalen Regulierungsbehörden ein größerer Spielraum bei der Anwendung von Regulierungsinstrumenten eingeräumt worden, so hat im Gegenzug die Kommission mehr Einflussmöglichkeiten auf die nationalen Regulierungsentscheidungen erlangt. Insbesondere hat die Kommission ein Vetorecht, wenn die nationale Regulierungsbehörde von ihren Empfehlungen abweichende Marktdefinitionen formuliert oder Feststellungen zur beträchtlichen Marktmacht eines Unternehmens trifft. Im Übrigen handelt es sich um eine Prognoseentscheidung der Bundesnetzagentur, die unter umfassender Beteiligung der Betroffenen und im Einvernehmen mit dem Bundeskartellamt getroffen wird und die vor Gericht nur auf Beurteilungsfehler hin überprüft werden kann.

83 Auf der Grundlage der Marktanalyse kann die Bundesnetzagentur **Regulierungsverfügungen** erlassen. Regulierungsverfügungen sind Verwaltungsakte. Inhaltlich sind die Regulierungsverfügungen vom Vorliegen beträchtlicher Marktmacht abhängig. Es können dem Betreiber eines öffentlichen Telekommunikationsnetzes ergänzend spezielle Verpflichtungen auferlegt werden, insbesondere ein Diskriminierungsverbot nach § 19 TKG und eine Transparenzverpflichtung nach § 20 TKG. Hierdurch soll die Zugangsverpflichtung nach § 21 TKG sowie die Zugangsregulierung und die Entgeltregulierungen sichergestellt werden. Hieraus ergibt sich, dass bei einer Änderung der Sachlage, wenn keine beträchtliche Marktmacht mehr besteht, die Bundesnetzagentur die Regulierungsverfügung gem. § 49 VwVfG widerrufen kann. Dies muss indessen den betroffenen Unternehmen vorher innerhalb einer angemessenen Frist angekündigt werden (§ 13 Abs. 1 Satz 3 TKG). Nicht zuletzt aus diesem Grund hat die Bundesnetzagentur ihre Marktdefinition und Marktanalyse (§§ 10, 11 TKG) immer dann zu überprüfen, wenn sich die Marktgegebenheiten ändern oder wenn neue Märkte entstehen. Unabhängig von dieser anlassbedingten Kontrolle hat die Bundesnetzagentur ihre Feststellung zur Marktdefinition regelmäßig alle drei Jahre zu überprüfen (§ 14 Abs. 2 TKG).

5. Instrumente der Marktregulierung

Kommt die Bundesnetzagentur im Verfahren der Marktregulierung, ins- **84**
besondere nach durchgeführter Marktdefinition und Marktanalyse (§§ 10,
11 TKG) zum Ergebnis, dass ein oder mehrere Unternehmen über eine
beträchtliche Marktmacht verfügen, so kann sie unter anderem mit den
folgenden Instrumentarien reagieren.

a) Zugangsregulierung

Der erste Bereich, der durch die Bundesnetzagentur nach einer Marktanaly- **85**
se einer konkreten Regulierung unterworfen werden kann, ist die zwangsweise Gewährleistung des Zugangs. Die Bundesnetzagentur kann Betreiber öffentlicher Telekommunikationsnetze, die den Zugang zu Endnutzern kontrollieren, verpflichten, auf entsprechende Nachfrage ihre Netze
mit denen von Betreibern anderer öffentlicher Telekommunikationsnetze
zusammenzuschalten (§ 18 Abs. 1 TKG). Voraussetzung ist, dass die Zusammenschaltung erforderlich ist, um die Kommunikation der Nutzer
und die Bereitstellung von Diensten sowie deren Interoperabilität zu gewährleisten. Im Übrigen besteht eine Pflicht jedes Betreibers eines öffentlichen Telekommunikationsnetzes, auf Verlangen ein Angebot auf Zusammenschaltung zu unterbreiten (§ 16 TKG).

Konkret sind die Zugangsverpflichtungen der Betreiber öffentlicher **86**
Kommunikationsnetze, die über beträchtliche Marktmacht verfügen, in
§ 21 TKG geregelt. Sie können von der Bundesnetzagentur verpflichtet
werden, anderen Unternehmen Zugang zu gewähren, einschließlich einer
nachfragegerechten Entbündelung, insbesondere, wenn andernfalls die Entwicklung eines funktionsfähigen Wettbewerbs auf dem Endnutzermarkt
behindert würde. Das Gesetz sieht eine Fülle von Regulierungsverpflich-
tungen vor, wie sie sich aus § 21 Abs. 2 TKG ergeben. Insbesondere kann
verlangt werden, Zugang zu bestimmten Netzkomponenten oder -einrich-
tungen einschließlich des entbündelten Breitbandzugangs zu gewähren bzw.
einen bereits gewährten Zugang zu Einrichtungen nicht nachträglich zu
verweigern (Nr. 1, 2). Weiterhin kann verlangt werden, Zugang zu bestimmten vom Betreiber angebotenen Diensten zu Großhandelsbedingun-
gen zu gewähren, um Dritten den Eigenvertrieb im eigenen Namen und auf
eigene Rechnung zu ermöglichen (Nr. 3). Verlangt werden kann zudem,
bestimmte für die Interoperabilität der Ende-zu-Ende-Kommunikation
notwendige Voraussetzungen einschließlich der Bereitstellung von Einrichtungen für intelligente Netzdienste oder Roaming zu schaffen (Nr. 4). Unter **Roaming** ist der Legaldefinition zufolge die Ermöglichung der Nutzung
von Mobilfunknetzen anderer Betreiber auch außerhalb des Versorgungsbe-

reichs des nachfragenden Mobilfunknetzbetreibers für dessen Endnutzer zu verstehen. Der Nachfrager nach diesen Leistungen muss mithin ebenfalls ein Mobilfunknetzbetreiber sein und somit auf dem gleichen Markt tätig sein. Die hier nur ansatzweise dargestellten Verpflichtungen sind nicht abschließend und können, nicht zuletzt aufgrund neuerer technischer Entwicklungen, durch andere Maßnahmen ergänzt werden.

87   Neben diesen, im Ermessen der Behörde stehenden Verpflichtungen, enthält § 21 Abs. 3 TKG eine Soll-Vorschrift, die das Ermessen der Bundesnetzagentur zur Auferlegung von Zugangsverpflichtungen deutlich reduziert. Verlangt werden kann ein Zugang zu nicht aktiven Netzkomponenten (Nr. 1) und ein vollständig entbündelter Zugang zum Teilnehmeranschluss (Nr. 2). Weiterhin kann verlangt werden, die Zusammenschaltung von Telekommunikationsnetzen zu ermöglichen (Nr. 3) und den offenen Zugang zu technischen Schnittstellen, Protokollen oder anderen Schlüsseltechnologien, die für die Interoperalität von Diensten unentbehrlich sind, zu gewähren (Nr. 4). Schließlich ist die gemeinsame Nutzung von Einrichtungen wie Gebäuden, Leitungen und Masten zu ermöglichen, sowie den Nachfragern jederzeit Zutritt zu diesen Einrichtungen zu gewähren (Nr. 5). Schließlich muss Zugang zu bestimmten Netzkomponenten, -einrichtungen und Diensten gewährt werden, um die Betreiberauswahl zu ermöglichen (Nr. 6).

88   Ist dem Betreiber eines Telekommunikationsnetzes eine solche Zugangsverpflichtung auferlegt worden, so hat er gegenüber einem Unternehmen, das diese Leistung nachfragt, unverzüglich, spätestens aber drei Monate nach Auferlegung der Zugangsverpflichtung, ein Angebot auf einen entsprechenden Zugang abzugeben (§ 22 Abs. 1 TKG). Die Bundesnetzagentur prüft die vorgelegten Standardangebote und nimmt Veränderungen vor, soweit Vorgaben für einzelne Bedingungen, insbesondere in Bezug auf Chancengleichheit, Billigkeit und Rechtzeitigkeit nicht umgesetzt wurden. Die Bundesnetzagentur versieht Standardangebote in der Regel mit einer Mindestlaufzeit (§ 23 Abs. 4 Satz 2 TKG). Für Zugangsleistungen, für die eine allgemeine Nachfrage besteht, ist der Betreiber verpflichtet, in der Regel innerhalb von drei Monaten ein Standardangebot zu veröffentlichen (§ 23 Abs. 1 TKG). Dieses Standardangebot muss so umfassend sein, dass es von den einzelnen Nachfragern ohne weitere Verhandlungen angenommen werden kann (§ 23 Abs. 3 Satz 4 TKG). Es muss als Standardangebot auch anderen Nachfragern diskriminierungsfrei angeboten werden (§ 23 Abs. 5 TKG). Kommt eine Zugangsvereinbarung nicht wie vom Gesetz vorgesehen zustande, so ordnet die Bundesnetzagentur den Zugang an (§ 25 Abs. 1 TKG). Macht die Behörde von dieser

Befugnis Gebrauch, wird ein Privatrechtsverhältnis durch Verwaltungsakt geschaffen (sog. **privatrechtsbegründender Verwaltungsakt**).

b) Entgeltregulierung

Ein weiteres Bündel möglicher Maßnahmen bei Vorliegen eines nicht **89** funktionsfähigen Wettbewerbs ist der Bundesnetzagentur im Hinblick auf Entgeltregulierungen übertragen worden. In der Entgeltregulierung wird ein zentraler Bestandteil der sektorspezifischen Regulierung gesehen und dort angewandt, wo der Preis- und Wettbewerbsmechanismus nicht oder nur sehr eingeschränkt funktioniert und demzufolge mit deutlichen Abweichungen von effizienten Preisen zu rechnen ist. Die Entgeltregulierung wird als Ersatzinstrument für funktionsfähigen Wettbewerb genutzt, ohne diesen vollständig ersetzen zu können.

Ziel der Entgeltregulierung ist es, eine missbräuchliche Ausbeutung, **90** Behinderung oder Diskriminierung von Endnutzern oder von Wettbewerbern durch preispolitische Maßnahmen von Unternehmen mit beträchtlicher Marktmacht zu verhindern (§ 27 Abs. 1 TKG). Dem **Konsistenzgebot** zufolge hat die Bundesnetzagentur darauf zu achten, dass Entgeltregulierungsmaßnahmen in ihrer Gesamtheit aufeinander abgestimmt sind (§ 27 Abs. 2 Satz 1 TKG).

Wer über beträchtliche Marktmacht verfügt, darf seine Stellung bei der **91** Forderung und Vereinbarung von Entgelten nicht missbräuchlich ausnutzen (§ 28 Abs. 1 TKG). In bestimmten Fällen wird ein Missbrauch vermutet (§ 28 Abs. 2 TKG).

Das TKG unterscheidet bei der Regulierung zwischen zwei Entgelt- **92** gruppen: Zugangsentgelte (§§ 30 ff. TKG) und Entgelte für Endnutzerleistungen (§ 39 TKG). Grundsätzlich unterliegen Entgelte einer **Genehmigung** durch die Bundesnetzagentur (§ 30 Abs. 1 TKG). Entgelte sind grundsätzlich genehmigungsfähig, wenn sie die Kosten der effizienten Leistungsbereitstellung nicht überschreiten (§ 31 Abs. 1, 2 TKG). Ein Betreiber darf keine anderen als die von der Bundesnetzagentur genehmigten Entgelte verlangen (§ 37 Abs. 1 TKG). Sind in Verträgen andere als die genehmigten Entgelte enthalten, tritt das genehmigte Entgelt an die Stelle des vereinbarten Entgelts (§ 37 Abs. 2 TKG).

c) Weitere Instrumente

Als weiteres Beispiel sei an dieser Stelle auf die besondere Missbrauchsauf- **93** sicht gem. § 42 TKG hingewiesen. Ein Anbieter oder Betreiber, der über beträchtliche Marktmacht verfügt, darf seine Stellung nicht missbräuchlich ausnutzen. Ein **Missbrauch** wird insbesondere dann angenommen, wenn andere Unternehmen unmittelbar oder mittelbar unbillig behindert oder deren Wettbewerbsmöglichkeiten ohne sachlich gerechtfertigten Grund erheblich beeinträchtigt werden (§ 42 Abs. 1 TKG). Ein Missbrauch wird vermutet, wenn ein Unternehmen mit beträchtlicher Marktmacht den Zugang zu seinen Leistungen zu günstigeren Bedingungen oder zu einer besseren Qualität ermöglicht als es sie anderen Unternehmen einräumt (§ 42 Abs. 2 TKG). Im Falle des Missbrauchs kann die Bundesnetzagentur dem Unternehmen ein Verhalten auferlegen oder untersagen oder Verträge ganz oder teilweise für unwirksam erklären (§ 42 Abs. 4 TKG). Eine vorherige Aufforderung, den beanstandeten Missbrauch abzustellen, ist nicht erforderlich. Handelt ein Unternehmen vorsätzlich oder fahrlässig gegen eine solche Verfügung der Bundesnetzagentur, so kann die Bundesnetzagentur den dadurch erlangten wirtschaftlichen Vorteil abschöpfen (§ 43 TKG). Der Mehrerlös ist an die Bundesnetzagentur abzuführen. Zudem kann im Falle eines Verstoßes gegen das TKG oder eine Verfügung der Bundesnetzagentur Unterlassung und Schadensersatz durch den Endverbraucher oder Wettbewerber in Anspruch genommen werden. Zu erinnern ist, dass die besondere Missbrauchsaufsicht i.S.d. § 42 TKG regelmäßig nur auf Märkten stattfinden kann, die zuvor im Rahmen einer Marktdefinition (§ 10 TKG) und Marktanalyse (§ 11 TKG) als regulierungsbedürftig festgelegt wurden. Die übrigen Märkte unterliegen der Missbrauchsaufsicht nach allgemeinem Wettbewerbsrecht gem. §§ 19, 20 GWB (BVerwG MMR 2007, S. 709).

6. Kundenschutz

94 Der Gesetzgeber hat in den §§ 43a ff. TKG Kundenschutzvorschriften kodifiziert und diese um Vorschriften zum Verbraucherschutz gem. §§ 66a ff. TKG ergänzt. Der Fokus der Regulierung liegt dabei auf sog. Service-Diensten (➔ 12 Rdnr. 103 ff.). Ursächlich hierfür war der Missbrauch mit Service-Diensterufnummern und sog. Dialern. Die allgemeinen Kundenschutzvorschriften der §§ 43a ff. TKG beruhen auf Vorgaben der Universaldienstrichtlinie der EU.

a) Kundenschutz

95 Die umfassenden gesetzlichen Regelungen zum Kundenschutz lassen sich in zwei Gruppen unterteilen: die Regelungen der §§ 43a ff. TKG gelten grundsätzlich für jedes Vertragsverhältnis zwischen Teilnehmern (§ 3 Nr. 20 TKG) und dem Anbieter von öffentlich zugänglichen Telekommunikationsdiensten. Die Regelungen der §§ 66a ff. TKG sind darüber

hinausgehende spezielle Schutzvorschriften für die Inanspruchnahme von
bestimmten Diensten bzw. Rufnummern.

Verbraucherschützend wirkt auch § 46 Abs. 7 TKG, der ein Textform-   **96**
erfordernis (§ 126b BGB) für die Erklärung des Teilnehmers zur Errichtung oder Änderung der Betreibervorauswahl (»**Preselection**«) bestimmt.
Bei »Preselection« geht es um die bloße Festlegung eines technischen
Merkmals des bestehenden Telefonanschlusses. Es handelt sich dabei nicht
etwa um die eigentliche Kündigung des Anschlussvertrags als vertragsrechtliche Voraussetzung für den Anbieterwechsel. Deshalb wird § 46
TKG flankiert durch das in §§ 312 f. BGB geregelte Textformerfordernis,
das die Erklärung des Kunden betrifft, den Anbieter bei laufendem Dauerschuldverhältnis wechseln zu wollen.

b) Allgemeine Vorschriften

Die §§ 43a ff. TKG legen dem Anbieter von Telekommunikationsleistun-   **97**
gen für die Öffentlichkeit u.a. allgemeine Informationspflichten auf, machen Vorgaben für die Rechnungsstellung sowie eventuelle Beanstandungen und befassen sich mit Kurzwahldiensten. So verlangt § 43a TKG vom
Anbieter verschiedene **Informationen bei Vertragsschluss** und § 43b
TKG begrenzt die **Vertragslaufzeit**. Ein Verstoß gegen diese Pflichten
führt nicht zur Unwirksamkeit des Vertrages, sondern lediglich zu eventu-
ellen Schadensersatzansprüchen gem. § 44 TKG bzw. § 280 Abs. 1 (ggf.
i.V.m. § 311 Abs. 2) BGB soweit durch die Nicht- oder Schlechterfüllung
der Informationspflichten ein Schaden entstanden ist.

Gem. § 45e TKG kann der Teilnehmer (§ 3 Nr. 20 TKG) einen **Ein-**   **98**
zelverbindungsnachweis sowohl über sprachbasierten Dienste wie auch
Datendienste verlangen. Umfang und Ausgestaltung des Einzelverbin-
dungsnachweises werden von der Bundesnetzagentur festgelegt. § 45h
TKG stellt Anforderungen an die **Rechnungslegung**.

Wenn der Teilnehmer die Abrechnung des Netzbetreibers beanstandet,   **99**
erfolgt dies nach § 45i TKG. Dieser befristet in Abs. 1 das **Beanstan-**
dungsrecht des Teilnehmers auf mindestens 8 Wochen nach Zugang der
Rechnung. Der Teilnehmer kann eine Aufschlüsselung der einzelnen
Verbindungen sowie eine technische Prüfung seitens des Anbieters verlangen. Zu beachten ist insbesondere die für den Teilnehmer ungünstige
Beweislastregel bzw. Risikoverteilung des § 45i Abs. 4 TKG. Danach haftet der Inhaber des Telefonanschlusses grundsätzlich für alle von seinem
Anschluss geführten Verbindungen, selbst wenn diese von Dritten getätigt
werden. Diese für den Verbraucher äußerst nachteilige Risikoverteilung

erfährt aber in der Rechtsprechung des BGH Ausnahmen (und gilt auch nicht im Strafrecht).

100 So trägt der Anschlussinhaber nicht das Risiko der heimlichen Installation eines automatischen Einwahlprogramms (BGHZ 158, S. 201, 209 ff. »**Dialer**-Anwahl«). Es handelt sich dabei um Wählprogramme, die sich selbsttätig und regelmäßig ohne Wissen des Computerbesitzers auf seiner Festplatte installieren und eine Einwahl in das Internet über eine teurere Nummer einmalig oder dauernd durchführen. Der Gesetzgeber hat mit § 66f TKG die Dialergefahr zu verringern versucht (➜ *12* Rdnr. 107). Auch entfällt die Haftung des Anschlussbetreibers, wenn sein Anschluss in einem nicht vertretbaren Umfang bzw. in nicht vertretbarer Weise, z.B. bei Annahme eines **R-Gesprächs** durch Minderjährige (Dritte) genutzt wurde (BGH NJW 2006, S. 1917). Auch diese Rechtsprechung nahm der Gesetzgeber zum Anlass, eine explizite gesetzliche Reglung für R-Gespräche in § 66i TKG zu treffen.

101 § 45l TKG ist eine dienste- bzw. rufnummernbezogene Verbraucherschutzregelung und ist somit systematisch bei den §§ 66a ff. TKG anzusiedeln. § 45l TKG gilt für Dauerschuldverhältnisse (Abonnements) bei Kurzwahldiensten i.s.d. § 3 Nr. 11b TKG. Kurzwahldienste, sind eine Untergruppe der Service-Dienste und können auch telekommunikationsgestützte Dienste i.s.d. § 3 Nr. 25 TKG darstellen. § 45l Abs. 1 TKG verlangt eine sog. **Billwarning**, also einen kostenlosen Entgelthinweis, sobald der Rechnungsbetrag des Abonnements innerhalb eines Monats 20,– € überschreitet. § 45l Abs. 2 TKG gibt dem Verbraucher ein kurzfristiges **Kündigungsrecht** des Abonnements von einer Woche zum Monatsende. Für ereignisbasierte Abonnements gewährt das Gesetz darüber hinaus ein außerordentliches Kündigungsrecht. § 45l Abs. 3 TKG verpflichtet den Anbieter von Service-Diensteabonnements zu **deutlichen Informationen** über die wesentlichen Vertragsbestandteile. Dazu gehören u.a. der Preis, der Abrechnungszeitraum sowie Einzelheiten bzgl. des Kündigungsrechts. Der Nutzer des Service-Diensteabonnements muss diese Informationen mittels einer SMS ausdrücklich bestätigen (sog. **Handshake-SMS**), ansonsten kommt das Dauerschuldverhältnis nicht zustande bzw. eventuell entrichtete Entgelte können zurückverlangt werden.

102 Weitere Ergänzungen des TKG schützen den Verbraucher davor, dass ihm Verträge über Telekommunikationsdienstleistungen durch unlautere Geschäftspraktiken unterschoben werden (»Slamming«; to slam = schlagen). Typischerweise sind dem Endkunden dabei zunächst durch »cold calling« persönliche Daten entlockt worden, auf die der Anrufer später wahrheitswidrig die Behauptung stützt, zwischen seiner Firma und dem Angerufenen sei ein »**Preselection-Vertrag**« zustande gekommen. Bei diesem Betreibervorauswahl-Vertrag behält der Kunde seinen Grundvertrag und Telefonanschluss zwar beim ursprünglichen Unternehmen, die Gespräche werden aber auf die neue Betreiberfirma umgeleitet, die dann auch die Telefonate mit dem Kunden abrechnet. Der neue Vertragspartner muss in Textform (§ 126b BGB) nachweisen, dass der Kunde den alten Vertrag tatsächlich gekündigt hat. Erst dann kann die Umstellung auf den neuen Telefondienstanbieter erfolgen.

c) Sondervorschriften für Service-Dienste

§§ 66a ff. TKG sind dienste- bzw. rufnummernbezogene Verbraucher- **103** schutzregeln. §§ 66 a–e TKG sind u.a. auf sog. Service-Dienste anwendbar. Die Regelungen der §§ 66a ff. TKG differenzieren zwischen den verschiedenen Arten von Service-Diensten. Soweit Premium-Dienste (§ 3 Nr. 17c TKG – 0900er Rufnummern) erbracht werden, sind diese auch telekommunikationsgestützte Dienste i.S.d. § 3 Nr. 25 TKG und unterfallen ausdrücklich der Regulierung durch das TKG und nicht dem TMG (§ 1 Abs. 1 TMG). Die Regelungen des § 46 TKG sollen den Wechsel von einem Anbieter zu einem anderen erleichtern.

Charakteristisch für Service-Diensterufnummern ist die Übermittlung weiterer **104** Dienstleistungen wie Klingeltöne und Bilder neben der reinen Transportdienstleistung. Dabei wird ein eigenständiger Vertrag über diese Service-Dienste geschlossen, der strikt vom Vertrag mit dem Netzbetreiber (Telefon- bzw. Mobilnetzbetreiber) bzgl. der Übertragung des Signals zu unterscheiden ist. Der Verbraucher muss also bei der Inanspruchnahme von Service-Diensterufnummern zwischen zwei Vertragspartnern trennen: dem Vertrag mit seinem Netzbetreiber (z.B. Deutsche Telekom) und dem Service-Diensteanbieter. § 45h Abs. 1 TKG ordnet eine Fakturierungspflicht an und verlangt vom Netzbetreiber, dass dieser auch die entstandenen Entgeltansprüche des Service-Dienstebetreibers ausweist. Dabei erhebt § 45h Abs. 1 TKG den Netzbetreiber nur zur Inkassostelle des Service-Dienstebetreibers, nicht aber zum Zessionar oder zum originären Anspruchsinhaber. Dies führt dazu, dass jede freiwillige Zahlung der »Gesamt«rechnung zur Erfüllung beider Verträge führt. Sollte der Verbraucher hingegen der Auffassung sein, dass die Abrechnung über die Inanspruchnahme des Service-Dienstes unrichtig ist und Einwendungen gem. § 45h Abs. 3 TKG erheben, obliegt die zwangsweise Durchsetzung der Forderung dem Service-Dienstebetreiber als Inhaber der Forderung und nicht dem Netzbetreiber. Der Netzbetreiber muss aber auf Grund des § 45h Abs. 3 TKG die Einwendungen des Kunden gegen sich gelten lassen.

Dem Service-Dienstebetreiber werden konkrete Informationspflichten auf- **105** erlegt. § 66a TKG kodifiziert eine **Preisangabepflicht** und somit eine Entgelttransparenz bereits für die Bewerbung sowie beim Anbieten von Service-Diensten. Auch muss auf die Preishöhenbeschränkung und auf

den Abschluss von Abonnements hingewiesen werden. Entsprechende
Verstöße sind gem. § 149 TKG bußgeldbewehrt. § 66b TKG verlangt eine
Preisansage bei Service-Diensten. Dabei differenziert das Gesetz bzgl.
der Ausgestaltung zwischen den verschieden Arten von Service-Diensten
und legt die Preisansagepflicht teilweise erst ab einem Minutenpreis von
2,- € fest. Ein Verstoß gegen diese Verpflichtung führt zu einem Wegfall
des Entgeltanspruchs gem. § 66h TKG. Zudem kodifiziert § 66c TKG
eine **Preisanzeigepflicht bei Kurzwahldatendiensten** i.S.d. § 3
Nr. 11a TKG und ist insofern eine Sonderregel für Kurzwahldienste.
§ 66c TKG verlangt eine Preisinformation, die mittels einer sog. Handshake-SMS bestätigt werden muss. Diese Verpflichtung greift allerdings
erst ab einem Preis von 2,– € pro SMS. Ein Verstoß führt gem. § 66h
TKG zum Wegfall des Entgeltanspruchs und ist eine Ordnungswidrigkeit
gem. § 149 TKG. Zudem stehen dem Betroffenen bei einem Verstoß gegen §§ 66a bis c TKG Ansprüche aus § 44 TKG zu.

106   § 66d TKG legt **Preishöchstgrenzen für Premium-Dienste** i.S.d.
§ 3 Nr. 17c TKG (0900er Rufnummern) fest. Grundsätzlich dürfen
höchstens 3,– € pro Minute berechnet werden. Ferner sind gem. § 66d
Abs. 3 TKG unter besonderen Umständen auch andere Höchstpreise
statthaft. Diese Preisobergrenze gilt auch für die Weitervermittlung eines
Auskunftsdienstes (§ 66 Abs 1 Satz 2; § 3 Nr. 2a TKG). Bei einem Ver-
stoß gegen § 66d TKG verliert der Anbieter seinen Entgeltanspruch i.S.d.
§ 66h TKG und begeht eine Ordnungswidrigkeit gem. § 149 TKG. Fer-
ner legt § 66e TKG den Anbietern von Premium-Diensten (§ 3 Nr. 17b
TKG) sowie denen von Kurzwahlsprachdiensten (§ 3 Nr. 11c TKG) eine
Pflicht zur Verbindungstrennung nach 60 Minuten auf. Von dieser
Verpflichtung kann unter bestimmten Voraussetzungen gem. § 66e Abs. 2
TKG abgewichen werden. Ein Verstoß gegen § 66e TKG wird mit dem
Wegfall des Entgeltanspruchs (§ 66h TKG) sowie als Ordnungswidrigkeit
(§ 149 TKG) geahndet. Gem. § 66g Abs. 1 TKG dürfen die Kosten von
Warteschleifen (§ 3 Nr. 30c TKG) nur unter engen Voraussetzungen
dem Verbraucher auferlegt werden, d.h. von bestimmten Ausnahmen ab-
gesehen, haben diese entgeltfrei zu sein.

107   Weitere Schutzvorschriften hat der Gesetzgeber für Dialer, R-Gespräche und Ping-Calls erlassen. In § 66f Abs. 1 TKG wird der sog. **Dialer** legaldefiniert und seine Registrierung bei der Bundesnetzagentur verlangt. Betreiber von nicht registrierten Dialern können nach § 149 TKG
mit Bußgeldern belegt werden, darüber hinaus entfällt der Entgeltanspruch gem. § 66h TKG, ferner hat der Betroffene die in § 44 TKG kodifizierten Ansprüche. § 66j TKG stellt konkrete Vorgaben für **R-Ge-
sprächsdienste** auf. Bei R-Gesprächen zahlt der entgegennehmende Ge-

sprächsteilnehmer die Gebühren des Telefonats. Verbraucher können ihre Rufnummer für derartige Dienste sperren lassen. Bei einem Verstoß gegen die Vorschrift verliert der Diensteanbieter seinen Entgeltanspruch gem. § 66h Nr. 6, 7 TKG. Mit § 66k TKG werden sog. **Ping-Calls** verboten. Dies sind Lockanrufe, bei denen eine Rufnummer auf dem Display des Telefons hinterlassen wird, um den Telefoninhaber zu einem kostenpflichtigen Rückruf zu animieren. Soweit gegen § 66k TKG verstoßen wird, können die in § 44 TKG kodifizierten Ansprüche geltend gemacht werden. Mit § 66i TKG wird ein **Auskunftsanspruch** der Verbraucher gegenüber der Bundesnetzagentur bzgl. 0900er-Rufnummern statuiert.

7. Rundfunkübertragung

Ein eigenständiger Teil des TKG (§§ 48 ff. TKG) befasst sich mit der **108** Rundfunkübertragung. Zwar liegt das Rundfunkrecht im Kompetenzbereich der Länder (Art. 70 GG), doch beruft sich der Bund auf seine Kompetenz im Bereich der Telekommunikation gem. Art. 73 Abs. 1 Nr. 7 GG, sowie im Bereich des Wirtschaftsrechts gem. Art. 74 Abs. 1 Nr. 11 GG. Ziel ist eine Infrastrukturregulierung im Bereich des Telekommunikationssektors. Zudem verfügt der Bund über die Kompetenz zur Regelung der technischen Übertragungsvorgänge (BVerfGE 12, S. 205, 225 »Deutschland-Fernsehen-GmbH«, 1. Rundfunkentscheidung → E 51). Die teilweise fast inhaltsgleiche Normierung der Länder (§ 52c RStV) soll die publizistische Vielfalt sichern, die Regelungen des Bundes (§§ 50 TKG) dagegen den ökonomischen Wettbewerb. Dies führt zu einer doppelten Behördenkompetenz: Für die rundfunkrechtliche Regulierung sind die Landesmedienanstalten zuständig, für die telekommunikationsrechtliche Regulierung die Bundesnetzagentur. Beide sind jedoch ausweislich des § 52e RStV sowie der §§ 123 Abs. 2, 50 Abs. 4 TKG zur Zusammenarbeit verpflichtet.

Durch die §§ 48 ff. TKG soll die **Interoperabilität** verschiedener tech- **109** nischer Endgerätekomponenten erreicht werden. Das bedeutet, dass Wechselwirkungen zwischen den Geräten ermöglicht sowie der Umfang der technischen Funktionen vereinheitlicht werden soll. Insofern müssen analoge und digitale Fernsehgeräte bzw. Decoder mit offenen Schnittstellen ausgerüstet sein. § 50 TKG (wie auch § 52c RStV) stellt ferner konkrete Vorgaben für sog. **Zugangsberechtigungssysteme**, d.h. Verschlüsselungssysteme (sog. Conditional Access Systeme), auf. Anbieter und Verwender derartiger Systeme müssen eine nicht diskriminierende, chancengleiche und angemessene Nutzung insbesondere durch die Rundfunkveranstalter ermöglichen. Im Ergebnis gilt es, Marktabschottung zu unterbinden und die

»Gatekeeper« im neuen Markt des digitalen Fernsehens zu regulieren, um Wettbewerb (§ 50 TKG) und publizistische Vielfalt (§§ 52b, c RStV) zu sichern.

8. Frequenzzuweisung

110 Eine weitere wichtige Funktion der Bundesnetzagentur ist die Zuweisung von Frequenzbereichen und die Aufteilung in Frequenznutzungen, die Zuteilung von Frequenzen und die Überwachung der Frequenznutzungen (§ 52 Abs. 1 TKG). Auf der Grundlage einer Rechtsverordnung der Bundesregierung über die Frequenzbereichszuweisung wird von der Bundesnetzagentur ein Frequenzplan erstellt (§§ 53 f. TKG). Auf dieser Grundlage wiederum kann eine **Frequenzzuteilung** erfolgen. Es handelt sich dabei um die behördliche oder durch Rechtsvorschriften erteilte Erlaubnis zur Nutzung bestimmter Frequenzen unter festgelegten Bedingungen (§ 55 Abs. 1 Satz 2 TKG). Die Frequenzzuteilung erfolgt an die Sendenetzbetreiber und ist strikt von der Frequenzzuordnung an die Programmveranstalter zu trennen (→ 10 Rdnr. 200). Die Frequenzzuteilung hat diskriminierungsfrei auf der Grundlage nachvollziehbarer und objektiver Verfahren zu erfolgen (§ 55 Abs. 1 Satz 3 TKG). Sie hat zweckgebunden zu erfolgen, wodurch klargestellt wird, dass Frequenzen nicht zu beliebigen, sondern nur zu den in der Zuteilung angegeben Zwecken genutzt werden dürfen. Die Zuteilung der Frequenzen an juristische oder natürliche Personen kann im Wege einer Allgemeinverfügung (§ 55 Abs. 2 TKG) sowie einer Einzelzuteilung in Form von Verwaltungsakten durch die Bundesnetzagentur erfolgen (§ 55 Abs. 3 TKG). Ein Anspruch auf eine bestimmte Einzelfrequenz besteht nicht (§ 55 Abs. 6 TKG). Wenn die Zahl der zu vergebenden Frequenzen knapp ist, wenn also Frequenzen nicht in ausreichendem Maße vorhanden sind oder mehrere Anträge für eine bestimmte Frequenz gestellt sind, dann ist der Zuteilung ein Vergabeverfahren vorangestellt (§ 61 TKG). Das Vergabeverfahren erfolgt entweder im Wege eines Ausschreibungsverfahrens (§ 61 Abs. 6 TKG) oder mittels eines Versteigerungsverfahrens (§ 61 Abs. 5 TKG).

111 Ein Beispiel für das Versteigerungsverfahren ist die 5G Frequenzauktion. Ein Anspruch der Bundesländer auf Beteiligung an den Ersteigerungserlösen wurde vom BVerfG in einem früheren Fall mangels einer entsprechenden Anspruchsgrundlage verneint (BVerfGE 105, S. 185 ff.). Eine Versteigerung von Rundfunkfrequenzen ist gem. § 61 Abs. 2 Satz 3 TKG ausgeschlossen.

112 Gem. § 62 TKG können Frequenzbereiche zum **Handel**, zur Vermietung oder zur kooperativen, gemeinschaftlichen Nutzung (»**Frequenzpooling**«)

freigegeben werden. Hierdurch sollen flexible Frequenznutzungen ermöglicht werden.

Bleibt eine zugeteilte Frequenz länger als ein Jahr ungenutzt, so kann **113** die Frequenzzuteilung widerrufen werden (§ 63 TKG). Ein Widerruf ist u.a. dann möglich, wenn die Voraussetzungen der Frequenzerteilung später weggefallen sind, oder wenn einer aus der Frequenzzuteilung resultierenden Verpflichtung zuwider gehandelt wird. Zur Sicherstellung der Frequenzordnung überwacht die Bundesnetzagentur die Frequenznutzung und kann in besonderen Fällen auch in Aussendungen hineinhören (§ 64 Abs. 1 TKG).

9. Universaldienstleistungen

Besonders geregelt sind die Universaldienstleistungen. Damit trägt der **114** Gesetzgeber dem Gebot der Grundversorgung Rechnung, das sich aus Art. 87f Abs. 1 GG ableiten lässt. Universaldienstleistungen sind ein Mindestangebot an Diensten für die Öffentlichkeit, für die eine bestimmte Qualität festgelegt ist und zu denen alle Endnutzer unabhängig von ihrem Wohn- oder Geschäftsort zu einem erschwinglichen Preis Zugang haben müssen und deren Erbringung für die Öffentlichkeit als Grundversorgung unabdingbar geworden ist (§ 78 Abs. 1 TKG). Als Universaldienstleistungen werden vom Gesetz insbesondere der Anschluss an ein öffentliches Telekommunikationsnetz an einem festen Standort mit Teilnehmerverzeichnis, Telefonauskunftsdienst und eine flächendeckende Bereitstellung von öffentlichen Telefonen und der Möglichkeit unentgeltlicher Notrufe bestimmt (§ 78 Abs. 2 TKG).

Zur Sicherstellung des Universaldienstes ist die Bundesnetzagentur be- **115** fugt, den Unternehmen Verpflichtungen aufzuerlegen (§ 78 Abs. 4 TKG). Hierzu zählt insbesondere die Erschwinglichkeit der Entgelte für die Universaldienstleistungen. Werden die Universaldienstleistungen auch grundsätzlich vom Markt erbracht, so räumt § 80 TKG die Möglichkeit ein, wenn eine solche Versorgung nicht gewährleistet ist, Anbieter zur Erbringung von Universaldiensten zu verpflichten, um auf diese Weise die Unterversorgung zu beheben. Das wird etwa dann der Fall sein, wenn die Universaldienstleistung zum festgelegten Höchstpreis nur mir Verlust erbracht werden kann. In einem solchen Fall sind alle Anbieter dazu verpflichtet, im Verhältnis ihres Marktanteils zur Erbringung des Universaldienstes durch eine Universaldienstleistungsabgabe beizutragen (§ 83 TKG). Soweit Universaldienstleistungen überhaupt von Unternehmen erbracht werden, haben Endnutzer grundsätzlich einen Anspruch darauf, dass diese Leistungen tatsächlich erbracht werden (§ 84 Abs. 1 TKG). Die

Leistungen sind so anzubieten, dass Endnutzer nicht für die Einrichtung
oder Dienste zu zahlen haben, die nicht notwendig oder für den beantrag-
ten Dienst nicht erforderlich sind (§ 84 Abs. 2 TKG).

10. Telekommunikationsgeheimnis, Datenschutz, öffentliche Sicherheit

a) Persönlichkeitsrechtsschutz

Weitere Vorschriften des Telekommunikationsgesetzes beziehen sich auf
das Fernmeldegeheimnis, den Datenschutz und die öffentliche Sicherheit.
Im Kern geht es hierbei um die Wahrung von Persönlichkeitsrechten bzw.
deren Einschränkung.

116   Der Inhalt der Telekommunikation und ihre näheren Umstände, insbesondere die Tatsache, ob jemand an einem Telekommunikationsvorgang beteiligt ist oder war, ist vom **Fernmelde- bzw. Telekommunikationsgeheimnis** gedeckt (§ 88 Abs. 1 TKG → *12* Rdnr. 161 ff.). Hiervon
werden auch die näheren Umstände erfolgloser Verbindungsversuche erfasst. Jeder Diensteanbieter ist zur Wahrung des Fernmeldegeheimnisses
verpflichtet (§ 88 Abs. 2 TKG).

117   Von besonderer Bedeutung für den Schutz von Persönlichkeitsrechten
ist das Verbot des Missbrauchs von Sende- oder sonstigen Telekommunikationsanlagen in § 90 TKG. Die Norm verbietet Sendeanlagen (»Wan-
zen«), die ihrer Form nach einen anderen Gegenstand vortäuschen oder
die mit Gegenständen des täglichen Gebrauchs verkleidet sind und aufgrund dieser Umstände in besonderer Weise geeignet sind, das nichtöffentlich gesprochene Wort eines anderen von diesem unbemerkt abzuhö-
ren oder das Bild eines anderen unbemerkt aufzunehmen. Die Regelung
dient unmittelbar dem Schutz der Privatsphäre.

118   §§ 91 ff. TKG regeln den **Schutz personenbezogener Daten**. Unterschieden wird zwischen Bestandsdaten, die für das Vertragsverhältnis als
solches erforderlich sind (§ 95 TKG) und Verkehrsdaten, die sich aus der
Nutzung des Dienstes ergeben und die erhoben und verwendet werden
dürfen, wenn dies für den Aufbau weiterer Verbindungen, zu Entgelter-
mittlungen usw. erforderlich ist (§ 96 TKG).

119   Eine Besonderheit des TKG ist demgegenüber die datenschutzrechtliche
Regelung über **Standortdaten** in § 98 TKG im Hinblick auf »Location-
based Services«. Voraussetzung für die Zulässigkeit solcher Dienste ist
grundsätzlich die Einwilligung des Nutzers. Das bedeutet nicht, dass vor
jeder Inanspruchnahme eines Dienstes eingewilligt werden müsste. Ausreichend ist vielmehr eine Einwilligung zum Beispiel in einem Rahmenver-
trag. Ausdrücklich, gesondert und schriftlich muss die Einwilligung jedoch
erteilt werden, wenn die Standortdaten an einen anderen Teilnehmer oder

an Dritte übermittelt werden (§ 98 Abs. 1 TKG). Eine Sonderregelung ist für Einrichtungen vorgesehen, die Notrufe bearbeiten. Der Diensteanbieter muss sicherstellen, dass die Verarbeitung von Standortdaten für diese Stellen auch dann möglich ist, wenn der Nutzer dies grundsätzlich abgelehnt hat (§ 98 Abs. 3 TKG). Diese Regelung ist mithin ein anschaulicher medienrechtlicher Beispielsfall, in dem der Gesetzgeber der staatlichen Schutzpflicht den Vorrang vor der Einschätzung des einzelnen Bürgers einräumt.

120 Der Teilnehmer kann grundsätzlich einen Einzelverbindungsnachweis fordern (§ 99 TKG). Im Falle bedrohender oder belästigender Anrufe hat der Diensteanbieter auf einen Antrag hin zukunftsgerichtet Auskunft über die Anschlüsse zu erteilen, von denen die Anrufe ausgehen (§ 101 Abs. 1 TKG). Weiterhin muss einerseits die Möglichkeit bestehen, eine Rufnummernanzeige dauernd oder für jeden Anruf einzeln zu unterdrücken, soweit es sich nicht um Notrufnummern handelt (§ 102 Abs. 6 TKG). Umgekehrt müssen Angerufene die Möglichkeit haben, eingehende Anrufe, bei denen die Rufnummernanzeige durch den Anrufenden unterdrückt wurde, abzuweisen (§ 102 Abs. 1 TKG).

121 Für Werbeanrufe besteht ein Verbot der Rufnummernunterdrückung (§ 102 Abs. 2 TKG), das mit einem Bußgeld 10.000,– € sanktioniert ist (§§ 149 Abs. 1 Nr. 17e, Abs. 2 TKG). Die Nachverfolgung des Anrufers kann im Wege des manuellen oder – praktisch effektiver – des automatisierten Auskunftsverfahrens gem. §§ 112, 113 TKG durch die Bundesnetzagentur betrieben werden. Ein Eintrag in Teilnehmerverzeichnisse darf nur auf Antrag des Teilnehmers erfolgen und Telefonauskunft darf auch dann nur über Rufnummern von Teilnehmern erteilt werden, wenn diese über ihr Widerspruchsrecht informiert worden sind und davon keinen Gebrauch gemacht haben. Für weitergehende Auskunftserteilungen bedarf es ohnehin einer ausdrücklichen Einwilligung (§ 105 Abs. 2 TKG). Zulässig ist gem. § 105 Abs. 3 TKG die Auskunft über Name und Anschrift des Teilnehmers, wenn nur dessen Rufnummer bekannt ist (sog. **Inverssuche**).

122 Die Regelung des Datenschutzes wird ergänzt durch die Festlegung technischer Schutzmaßnahmen, die den Schutz des Fernmeldegeheimnisses personenbezogener Daten sicherstellen und den Schutz vor unerlaubten Zugriffen garantieren sollen (§ 109 TKG). Im Fall der Verletzung des Schutzes personenbezogener Daten sind durch den Betreiber die Bundesnetzagentur und der Bundesdatenschutzbeauftragte zu informieren. Diese technischen Einrichtungen und organisatorischen Vorkehrungen sind grundsätzlich vom Betreiber auf eigene Kosten vorzuhalten und zu treffen (§ 110 Abs. 1 TKG). Allerdings betrifft diese im Gesetzgebungsverfahren umstrittene Vorschrift nicht jeden Betreiber, sondern nur diejenigen, an die mindestens 1000 Teilnehmer angeschlossen sind.

123 Im Zusammenhang mit dem Datenschutz ist das **Auskunftsersuchen der Sicherheitsbehörden** in §§ 111 ff. TKG geregelt. In erster Linie geht es um Kundendaten, insbesondere Name und Anschrift des Rufnummerninhabers, die in einem automatisierten Auskunftsverfahren mit bestimmten Voraussetzungen an Sicherheitsbehörden übermittelt werden müssen (Einzelheiten in § 112 TKG). Auskunftsberechtigt sind neben den Gerichten und Strafverfolgungsbehörden sowie den Polizeivollzugsbehörden für Zwecke der Gefahrenabwehr, den Verfassungsschutzbehörden, den Geheimdiensten und Notrufabfragestellen auch die Behörden zur Bekämpfung der Schwarzarbeit (§ 112 Abs. 2 TKG). Erst das manuelle Auskunftsverfahren gem. § 113 TKG ermöglicht es auch, Auskunft über Daten zu erhalten, mittels derer der Zugriff auf Inhalte einer Telekommunikation oder auf Daten über die näheren Umstände einer Telekommunikation geschützt wird (z.B. PINs).

b) Telekommunikationsgeheimnis

124 Bei der Überwachung von Telekommunikation sind die Grundrechte der am Informationsaustausch Beteiligten zu beachten. Das in Art. 10 Abs. 1 GG normierte Brief-, Post- und Fernmeldegeheimnis wird gerade auch im Internet für anwendbar gehalten. Aus diesem Grund wird das Fernmeldegeheimnis heute als **Telekommunikationsgeheimnis** interpretiert. Art. 10 GG entwickelt sich damit zu einem umfassenden Grundrecht der »Kommunikationsgeheimnisse«.

125 Sinn der Kommunikationsgeheimnisse ist es, die Kommunikation zwischen Bürgern von staatlicher Kenntnisnahme grundsätzlich freizuhalten. Geschützt ist gerade auch die unkörperliche Übermittlung von Inhalten mit Hilfe von Telekommunikation, da distanzüberwindende Kommunikationstechniken mit der Gefahr eines Zugriffs des Staates oder Privater verbunden ist. Hierdurch soll die freie, unbeeinflusste Meinungsäußerung sichergestellt werden. Art. 10 GG stellt sich insoweit als eine Konkretisierung des allgemeinen Persönlichkeitsrechts (→ 4 Rdnr. 1 ff.) und ein der Meinungsäußerungsfreiheit verwandtes, indessen spezielleres Grundrecht dar. Geschützt sind über den Inhalt der Kommunikation hinaus die Identifizierung der an der Kommunikation Beteiligten sowie Zeitpunkt und Dauer des Kommunikationsvorgangs.

126 Handelt es sich bei der Telekommunikationsfreiheit primär um ein gegen staatliche Kenntnisnahme gerichtetes Abwehrrecht des Bürgers, so kommt diesem Grundrecht nicht zuletzt durch die Privatisierung der Telekommunikationsanbieter heute vor allem im Verhältnis des Nutzers zu den privaten Telekommunikationsanbietern Bedeutung zu.

Zu beachten ist allerdings die Beschränkungsmöglichkeit durch den Ge- **127**
setzgeber gem. Art. 10 Abs. 2 GG. Staatliche Kontrollen bedürfen daher einer parlamentsgesetzlichen Grundlage (zur Fangschaltung vgl. BVerfGE 85, S. 386, 399). Zu nennen sind insoweit nicht nur § 112 Abs. 2 Nr. 1 TKG, der einen Auskunftsanspruch der Strafverfolgungsbehörden gegenüber Telekommunikationsanbietern normiert, sondern etwa auch die Kontrolle einer Mailbox gem. §§ 100a, 100b StPO, die unter bestimmten Voraussetzungen die Überwachung und Aufzeichnung des Fernmeldeverkehrs zulassen (BGH NJW 1997, S. 1934, 1935, s.a. BVerfG NJW 2005, S. 2603). E-Mails sind ebenfalls durch das Fernmeldegeheimnis des Art. 10 Abs. 1 GG geschützt. Indessen sind Sicherstellung und Beschlagnahme auf dem Mailserver des Providers auf der Ermächtigungsgrundlage des §§ 94 ff. StPO möglich (BVerfG MMR 2009, S. 673 ff.).

c) Überwachung der Telekommunikation

Die **Telekommunikations-Überwachungsverordnung (TKÜV)** ist **128**
2002 unter dem Eindruck der Anschläge vom 11. September 2001 erlassen worden. Telekommunikation darf nur auf Grundlage gesetzlicher Normen überwacht werden. Zu den hierfür erforderlichen gesetzlichen Ermächtigungsgrundlagen gehören §§ 100a, 100b StPO, §§ 3, 4 Art. 10-Gesetz (G-10), §§ 23a–23c, 23e Zollfahndungsdienstgesetz (ZFdG) sowie einzelne Landesgesetze, die es ermöglichen, eine bestimmte Person zu überwachen (sog. Individualkontrolle). Zusätzlich gestatten §§ 5, 8 G-10 eine sog. strategische Kontrolle, eine Überwachung der Telekommunikation aus dem oder ins Ausland, ohne Personen- oder Anschlussbezug. Eine solche Form der Überwachung ist nur unter engen Voraussetzungen zulässig, es müssen Tatsachen den Verdacht einer schweren Straftat begründen und es bedarf einer richterlichen Anordnung.

Die TKÜV wurde auf Grundlage von § 110 Abs. 2 TKG erlassen und **129**
regelt die technischen und organisatorischen Grundsätze, die die Betreiber von Telekommunikationsanlagen bei der Durchführung von Überwachungsmaßnahmen zu beachten haben. Die berechtigten Stellen ordnen also eine Überwachung an, die der Telekommunikationsanlagenbetreiber dann nach den Vorschriften des TKG und der TKÜV durchzuführen hat. Die Pflicht zur Übermittlung von IP-Adressen der Nutzer trifft im Falle einer ordnungsgemäß angeordneten Telekommunikationsüberwachung den Anbieter eines E-Mail-Dienstes auch dann, wenn er seinen Dienst so organisiert hat, dass er diese aus Gründen des Datenschutzes gar nicht pro-

tokolliert. Insoweit ist der Eingriff in die Berufsfreiheit des Anbieters gem. Art. 12 Abs. 1 GG verfassungsrechtlich gerechtfertigt (BVerfG K&R 2019, S. 175).

130   Die Möglichkeiten einer Überwachung der Telekommunikation sind für die Strafverfolgung wie auch für die präventiv-polizeiliche Tätigkeit von unschätzbarem Wert. Hierbei geht es nicht nur darum, vom Inhalt des Nachrichtenaustauschs möglicher Rechtsbrecher Kenntnis zu erlangen, sondern auch darum, Nutzer von Handys mittels sog. stiller SMS punktgenau lokalisieren zu können. Den Chancen der Verbrechensaufklärung und -verhinderung stehen datenschutzrechtliche Interessen der Bürger gegenüber, die im Rechtsstaat miteinander zur Abwägung zu bringen und einer richterlichen bzw. parlamentarischen Kontrolle zu unterwerfen sind. Die TKÜV bezieht sich dabei nicht nur auf den Mobilfunk, sondern auch auf Datenaustausch im Internet, beispielsweise durch E-Mails, die somit ebenfalls der Überwachung zugänglich sind. Hinzu kommt die Möglichkeit einer sog. strategischen Kontrolle, d.h. einer Überwachung der internationalen Telekommunikation durch den Bundesnachrichtendienst (BND).

d) Vorratsdatenspeicherung

131   Bei der Vorratsdatenspeicherung geht es lediglich um Verkehrsdaten d.h. Informationen über die Anschlussinhaber sowie Zeit und Dauer der Kommunikation. Auf der Grundlage der EU-Richtlinie zur Vorratsdatenspeicherung (2006/24 EG) wurden 2008 Normen in das TKG eingefügt, die Betreiber öffentlich zugänglicher Telekommunikationsdienste dazu verpflichteten, Telekommunikationsverkehrsdaten für einen Zeitraum von sechs Monaten zu speichern und bestimmten Stellen zugänglich zu machen (§§ 113a, 113b a.F. TKG). Diese Rechtsnormen wurden vom BVerfG **für nichtig erklärt** (BVerfG NJW 2010, S. 833 ff. »Vorratsdatenspeicherung« → E 76).

132   In seiner Entscheidung wies das BVerfG darauf hin, dass das Telekommunikationsgeheimnis des Art. 10 Abs. 1 GG nicht nur die Inhalte der Kommunikation schützt, sondern auch die **Vertraulichkeit der näheren Umstände des Kommunikationsvorgangs**, zu denen insbesondere gehört, ob, wann und wie oft zwischen welchen Personen Telekommunikationsverkehr stattgefunden hat. Jede Kenntnisnahme, Aufzeichnung und Verwertung von Kommunikationsdaten durch die öffentliche Gewalt stellt einen Grundrechtseingriff dar. Entsprechendes gilt auch für den Eingriff durch private Diensteanbieter. In diesem Zusammenhang hat das BVerfG die **verfassungsrechtlichen Voraussetzungen** der Ausgestaltung einer vorsorglichen Telekommunikationsverkehrsdatenspeicherung festgelegt. 2014 erklärte der EuGH die Richtlinie über die Vorratsdatenspeicherung für ungültig (EuGH MMR 2014, S. 412).

2015 hat der deutsche Gesetzgeber eine Neuregelung der Vorratsdaten- **133** speicherung erlassen, derzufolge Standortdaten von Mobilkommunikation über einen Zeitraum von 4 Wochen, Verbindungsdaten für 10 Wochen von den Telekommunikationsunternehmen gespeichert werden müssen. Die Daten dürfen nur auf richterliche Anordnung hin an Behörden herausgegeben werden und müssen im Übrigen nach Ablauf der vorgesehenen Fristen vom Betreiber gelöscht werden (§§ 113a–113f TKG). Eilanträge zur Außerkraftsetzung der Regelungen zur Vorratsdatenspeicherung blieben erfolglos. Der in der Speicherung von Daten für Einzelne liegende Nachteil für ihre Freiheit und Privatheit verdichte sich erst durch den Abruf der Daten zu einer irreparablen Beeinträchtigung; mit der Speicherung allein sei kein derart schwerwiegender Nachteil verbunden, der die Aussetzung des Gesetzes erforderlich mache (BVerfG NVwZ 2016, S. 1240; BVerfG ZUM-RD 2016, S. 701). Der EuGH hat 2016 entschieden, dass eine allgemeine und unterschiedslose, d.h. nicht anlassbezogene Vorratsdatenspeicherung mit europarechtlichen Vorgaben unvereinbar ist (EuGH K&R 2017, S. 105).

Derzeit ist noch nicht klar, welche Auswirkungen das EuGH-Urteil auf **134** die Vorschriften über die Speicherung von Verkehrsdaten haben wird. Die sich hinsichtlich der verfassungsrechtlichen Bewertung stellenden Fragen sind nach Ansicht des BVerfG (BVerfG, B. v. 26.3.2017, Az.: 1 BvR 3156/15) weiterhin nicht zur Klärung im Eilrechtsschutzverfahren geeignet.

Nach einem Beschluss des OVG Münster vom 22.6.2017 ist der klagende Internetanbieter bis zum rechtskräftigen Abschluss des Hauptsacheverfahrens nicht verpflichtet, die in § 113b Abs. 3 TKG genannten Verkehrsdaten zu speichern (OVG Münster NVwZ-RR 2018, S. 43). Aufgrund dieser Entscheidung sieht die Bundesnetzagentur bis zum rechtskräftigen Abschluss eines Hauptsacheverfahrens von Anordnungen oder sonstigen Maßnahmen zur Durchsetzung der in § 113b TKG geregelten Speicherpflichten ab.

VIII. Sichere Übermittlung von Dokumenten

1. Vertrauensdienste

135 Um die sichere Übermittlung von Dokumenten zu gewährleisten, hat die Europäische Union eine Verordnung erlassen, die vom nationalen Gesetzgeber im Einzelnen ausgestaltet wurde. Die **eIDAS-Verordnung** sieht Mindestanforderungen für die Erbringer von Vertrauensdiensten vor. Als »**Vertrauensdienst**« wird in Art. 3 Nr. 16 ein elektronischer Dienst definiert, der in der Regel gegen Entgelt erbracht wird und u.a. die Erstellung, Überprüfung und Validierung von elektronischen Signaturen, elektronischen Siegeln oder elektronischen Zeitstempeln anbietet. Erfasst sind auch Anbieter, die Dienste für die Zustellung elektronischer Einschreiben anbieten, um nur die wichtigsten zu nennen. Festgelegt werden in der Verordnung und damit rechtsverbindlich für alle Mitgliedstaaten die Rechtswirkungen dieser elektronischen Sicherheitsmerkmale. Eine **qualifizierte elektronische Signatur** hat gem. Art. 25 Abs. 2 die gleiche Rechtswirkung wie eine handschriftliche Unterschrift. Für ein **qualifiziertes elektronisches Siegel** gilt die Vermutung der Unversehrtheit der Daten und der Richtigkeit der Herkunftsangabe der Daten, mit denen das qualifizierte elektronische Siegel verbunden ist (Art. 35 Abs. 2 VO). Eine entsprechende Vermutung gibt es für **qualifizierte elektronische Zeitstempel** und zwar im Hinblick auf die Richtigkeit des Datums und der Zeit, die darin angegeben sind, sowie der Unversehrtheit der mit dem Datum und der Zeit verbundenen Daten (Art. 41 Abs. 2. VO). In entsprechender Weise gibt es eine Vermutung für die Unversehrtheit der Daten, die durch ein **elektronisches Einschreiben** zugestellt worden sind, sowie für die Absendung und den Empfang dieser Daten und der zugehörigen Zeitangaben.

136   Die wirksame Durchführung der Vorschriften der EU-Verordnung wird im nationalen Bereich durch das **Vertrauensdienstegesetz** (VDG → T 31) von 2017 gewährleistet. Es ersetzt das zuvor geltende umfassende Signaturgesetz. Geregelt werden vor allem die zuständigen nationalen Stellen und die möglichen Aufsichtsmaßnahmen. Ausdrücklich wird in § 6 VDG festgelegt, dass Vertrauensdiensteanbieter für Dritte, die sie beauftragt haben, wie für eigenes Handeln haften. Zusätzliche Vorschriften beziehen sich auf qualifizierte Vertrauensdienste und regeln beispielsweise die von diesen zu erbringende Deckungsvorsorge (§ 10 VDG).

2. De-Mail-Gesetz

Das **De-Mail-Gesetz** ermöglicht Dienste auf einer elektronischen Kommunikationsplattform, die einen sicheren vertraulichen und nachweisbaren Geschäftsverkehr für jedermann im Internet sicherstellen sollen (§ 1 Abs. 1 DeMailG). De-Mail-Dienste können von privaten Unternehmen angeboten werden, die akkreditiert sein müssen. Zuständig für die Akkreditierung ist das **Bundesamt für Sicherheit in der Informationstechnik (BSI)**, § 2 DeMailG. Soweit Akkreditierungsdiensteanbieter elektronische Nachrichten im verwaltungs- und prozessualen Verfahren zustellen, sind sie mit Hoheitsbefugnissen ausgestattet, d.h. beliehene Unternehmer (§ 5 Abs. 6 DeMailG). **137**

Öffentliche Stellen, die zu einer förmlichen Zustellung berechtigt sind, können eine **Abholbestätigung** verlangen, aus der sich ergibt, dass sich der Empfänger nach dem Eingang der Nachricht in seinem Postfach in der dafür vorgesehenen Weise (sicher) angemeldet hat (§ 5 Abs. 8, 9 DeMailG). Allerdings kann niemand dazu verpflichtet werden, sich am De-Mail-Verfahren zu beteiligen. Besteht kein De-Mail-Konto oder geht keine Abholbestätigung ein, so muss das herkömmliche Verfahren zur Zustellung von Urkunden angewandt werden. **138**

IX. Vertragsrecht im Internet

1. Innerstaatliche Rechtsvorgänge

Verträge können auch per Internet geschlossen werden (»E-Commerce«). Verträge, die mittels E-Mail abgeschlossen wurden, sind rechtswirksam. Eine über Internet abgegebene, auf Zustandekommen eines Vertrags zielende Erklärung wird grundsätzlich als Willenserklärung anerkannt. Allerdings verbleibt das prozessuale Problem des Beweises. Lediglich eine Willenserklärung, die versehen mit einer qualifizierten elektronischen Signatur abgegeben wurde, führt zu einer besseren Beweislage vor Gericht (Anscheinsbeweis des § 371a ZPO). **139**

Ein Warenangebot auf einer Webseite stellt regelmäßig kein bindendes Angebot dar, da sich der Anbieter – dem Angebot in einem Schaufenster vergleichbar – wird vorbehalten wollen, mit wem er den Vertrag abschließt und Verträge nicht abschließen will, wenn er nicht mehr über genügend Ware verfügt. Rechtlich handelt es sich bei dem Warenangebot mithin lediglich um eine **invitatio ad offerendum**, eine Aufforderung zur Abgabe eines Angebots. Es liegt dann am Besteller, ein Angebot auf **140**

Abschluss eines Kaufvertrags abzugeben, das vom Verkäufer entweder ausdrücklich durch E-Mail oder konkludent durch Lieferung der Ware angenommen wird.

141   Den Willenserklärungen in E-Mails usw. gleichzustellen sind sog. **Computererklärungen**. Dabei handelt es sich um geschäftliche Mitteilungen, die jeweils ohne Zutun eines Menschen maschinell generiert werden. Angewendet wird dieses Verfahren insbesondere dann, wenn die Entscheidung zum Abschluss eines Vertrags von der Beobachtung des Marktes abhängig ist wie beispielsweise der Verkauf von Aktien beim Absinken des Kurses unter einen bestimmten Wert oder dem Mitbieten bei einer Auktion bis zu einem bestimmten Höchstwert. Ist die einzelne, konkrete Erklärung auch nicht vom Erklärenden abgegeben worden, so beruht sie doch auf der von ihm durchgeführten Programmierung des Computers und ist somit auf seinen Willen rückführbar. Dieses Ergebnis gebietet auch die Interpretation der Erklärung vom Empfängerhorizont, von dem aus nicht zu erkennen ist, ob die konkrete Erklärung von einem Menschen abgegeben wurde. Aus diesem Grund wurden auch sog. Auftragsbestätigungen, die vom Computer des Verkäufers aufgrund einer Bestellung automatisch generiert werden, von der Rechtsprechung als rechtlich bindende Annahmeerklärungen qualifiziert. Wer sich zur Abgabe von Willenserklärungen eines Computers bedient, muss sich im Regelfall an diesen Erklärungen festhalten lassen. Dies gilt auch bei Programmierungsfehlern, die der Erklärende wie bei einem Motivirrtum nicht einmal anfechten kann.

142   Ein weiteres Problem beim Vertragsschluss im Internet ist die Frage des **Zugangs von Willenserklärungen**. Da es sich bei einer elektronisch abgegebenen Willenserklärung nicht um eine Erklärung unter Anwesenden handelt, ist § 130 BGB maßgeblich, demzufolge eine Willenserklärung unter Abwesenden wirksam wird, wenn sie dem Erklärungsempfänger zugeht. Umstritten ist der Zeitpunkt des Zugangs bei Online-Willenserklärungen. Bedeutung hat die Frage vor allem hinsichtlich der Möglichkeit des Widerrufs, die dann gegeben ist, wenn vor oder zeitgleich mit der Willenserklärung ein Widerruf zugeht (§ 130 Abs. 1 Satz 2 BGB). Bei verkörperten Willenserklärungen wird der Zugang in dem Zeitpunkt fingiert, in dem die Willenserklärung so in den Herrschaftsbereich des Empfängers gelangt, dass nach dem gewöhnlichen Verlauf der Dinge mit der Kenntnisnahme des Inhalts durch den Empfänger gerechnet werden kann. Bei Kaufleuten ist während der üblichen Geschäftszeiten mit einer Kenntnisnahme sofort, jedenfalls noch am selben Tag zu rechnen. Für einen Widerruf verbleibt bei elektronischen Willenserklärungen mithin regelmäßig kein Zeitraum. Demgegenüber wird bei Nichtgeschäftsleuten eine Zugangsfiktion erst für einen späteren Zeitpunkt gefordert, da bei dieser Personengruppe nicht damit gerechnet werden könne, dass diese ständig ihre Mails abrufe. In diesen Fällen spricht einiges dafür, hinsichtlich des Zugangs zu differenzieren, ob es sich um eine Frist handelt, die durch die Erklärung in Gang gesetzt werden soll oder um den Widerruf einer Willenserklärung, ist doch lediglich im ersten Fall eine spätere Zugangsfiktion zum Schutze des Empfängers sinnvoll.

Zur Diskussion geführt hat auch die Frage, wer die Beweislast trägt, **143** wenn eine per E-Mail abgegebene Willenserklärung nicht beim Empfänger angelangt ist. Es gelten die allgemeinen Regeln der Beweislast. Wer sich auf den Zugang einer Willenserklärung beruft, muss den Zugang beweisen, mithin der Verkäufer, wenn er auf Zahlung des Kaufpreises klagt. Eine E-Mail ohne elektronische Signatur ist keine Urkunde i.S.d. Urkundsbeweises und begründet auch keinen Anscheinsbeweis.

2. Online-Auktionen

Internet- oder Online-Auktionen spielen sowohl für den privaten Verbrau- **144** cher als auch für die im Wachstum begriffenen sog. »Business-to-Business« (»B2B«)-Geschäfte zwischen Unternehmern (Bsp. Zulieferer-Plattform für mehrere Automobilhersteller) eine entscheidende Rolle, da sie die Ver- und Ersteigerung von Waren und Dienstleistungen zu u.U. den weltweit kostengünstigsten Bedingungen (höchstbietender Käufer/billigster Anbieter) gewährleisten. Hier gibt es eine Vielzahl von unterschiedlichen Spielarten, die regelmäßig nicht unter das gesetzliche Leitbild der Versteigerung (i.S.d. § 156 BGB oder des § 34b GewO) zu fassen sind. An einen Auktionator stellt das Gesetz besondere Anforderungen und erlegt ihm Pflichten auf (§ 34b GewO). Grund hierfür ist insbesondere die Möglichkeit gutgläubigen Erwerbs von gestohlenen oder abhandengekommenen Sachen im Wege öffentlicher Versteigerung gem. § 935 Abs. 2 BGB. Eine Anwendung dieser Regeln auf Internetauktionen wäre nicht sachgerecht.

Normalerweise kommt es lediglich zum Abschluss eines Vertrags, wo- **145** bei sich der Kaufpreis aus dem Höchstgebot am Ende des festgelegten Auktionszeitraums ergibt. Aus diesem Grund besteht ein Widerrufsrecht des Verbrauchers aus den Regelungen über Fernabsatzverträge in § 312g Abs. 1 BGB. Der Vertragsschluss beurteilt sich daher nicht nach § 156 BGB, sondern nach den allgemeinen Regeln der §§ 145 ff. BGB. Die Versteigerungsbedingungen des Veranstalters von Internetauktionen können auch den Vertragsschluss zwischen Einlieferer und Ersteigerer modifizieren, z.B. ein Mindestgebot festlegen. Das ist für den Versteigerer bzw. Eigentümer sehr empfehlenswert, da er andernfalls in Gefahr ist, auch zu einem Gebot weit unter Marktpreis veräußern zu müssen. Auch wenn es sich nicht um eine Auktion im herkömmlichen juristischen Sinne handelt, so werden doch Begriffe wie »Internetauktion« oder »Online-Auktion« für nicht irreführend i.s.d. § 5 UWG angesehen.

146   Offen war ursprünglich die Frage, ob der Anbieter einer Online-Auktion auch dann zur Herausgabe des ersteigerten Gegenstands an den Meistbietenden verpflichtet ist, wenn das Höchstgebot unter dem Marktpreis liegt. Zunächst war die Rechtsprechung davon ausgegangen, dass es sich bei einem Angebot im Rahmen einer Internetauktion lediglich um eine invitatio ad offerendum handle. Der BGH hat jedoch auch einen Vertragsschluss weit unterhalb des Marktpreises als rechtsverbindlich behandelt. Bei dem im Internet genannten Versteigerungsgebot handelt es sich um ein verbindliches Angebot auf Abschluss eines Kaufvertrags an den Höchstbietenden. Zivilrechtlich sind verschiedene Konstruktionen denkbar, die Anbietern hinreichend Schutz bieten können, z.B. eine Versteigerungsbedingung, der zufolge der Verkauf nicht unter einem bestimmten Mindestpreis erfolgt. Wird aus Gründen der Attraktivität des Angebots oder höherer Kosten für die Nutzung der Plattform auf solche Schutzklauseln verzichtet, so muss von einem Vertragsschluss mit dem Bieter des höchsten Gebots ausgegangen werden und zwar auch bei vorzeitigem Abbruch der Auktion (BGHZ 149, S. 129 ff. »Ricardo« → E 96; BGH NJW 2015, S. 548). Rechtsmissbräuchlich gem. § 242 BGB ist es allerdings, wenn durch Einsatz zahlreicher geringer Gebote auf den Abbruch von Auktionen spekuliert wird, um nach Einhaltung einer gewissen Wartezeit, in der üblicherweise die Ware anderweitig veräußert wird, Schadensersatz wegen Nichterfüllung zu verlangen (BGH K&R 2016, S. 743 ff. »Abbruchjäger«). Umgekehrt hat der Verbraucher bei Internetauktionen ein Widerrufsrecht (BGH NJW 2005, S. 53 ff. »eBay-Auktionen«). Bietet der Verkäufer bei seiner eigenen Auktion heimlich mit oder lässt er Gebote in seinem Interesse von Dritten abgeben, um den Preis in die Höhe zu treiben oder um das Objekt selbst zu erwerben, wenn im Laufe der Auktion kein aus seiner Sicht ausreichender Preis erreicht wird, so kommt der Vertrag zustande, wie wenn diese Gebote nicht abgegeben worden wären (BGH MDR 2017, S. 75 ff. »Shill Bidding«).

3. Beweisbarkeit von Vertragsschlüssen

147   Das Problem der Beweisbarkeit des Vertragsschlusses und des Vertragsinhalts kann nur durch eine qualifizierte elektronische Signatur (→ 12 Rdnr. 173) ausgeräumt werden. Bestreitet etwa der Käufer, eine Bestellung getätigt zu haben, so muss der Verkäufer die Bestellung beweisen. Die elektronischen Dokumente haben aber nicht denselben Beweiswert wie eine

schriftliche Urkunde. Das gilt grundsätzlich auch dann, wenn das Schrift-
stück eine elektronische Signatur aufweist. Es muss der Beweiswert jeweils
im Einzelfall durch den Richter gewürdigt werden, denn Daten, die elektronisch übermittelt wurden, sind keine Urkunden im Sinn des Urkundsbeweises der ZPO (§§ 415 ff. ZPO). Sie unterliegen dem Augenscheinsbe-
weis, gegebenenfalls ergänzt durch Sachverständigenbeweis.

4. Elektronische Willenserklärungen

Auch Willenserklärungen, die der Schriftform bedürfen, können nach   **148**
§ 126 Abs. 3 BGB durch die elektronische Form ersetzt werden, wenn
letztere nicht durch spezielle Bestimmungen ausgeschlossen ist. Dabei
muss der Aussteller der Erklärung seinen Namen hinzufügen und das
elektronische Dokument mit einer qualifizierten Signatur nach dem Vertrauensdienstegesetz versehen. Bei einem Vertrag müssen die Vertragsparteien jeweils ein gleichlautendes elektronisches Dokument mit einer qualifizierten elektronischen Signatur versehen (§ 126a BGB). Allerdings wird
in einigen Vorschriften des Privatrechts aus Gründen der besonderen
Schutz- und Beweisfunktionen die Verwendung der elektronischen Form
anstelle der konventionellen Schriftform ausgeschlossen. Das gilt beispielsweise für die Kündigung von Arbeitsverhältnissen (§ 623 BGB) und
die Bürgschaftserklärung (§ 766 Satz 2 BGB).

Als weitere Formvorschrift wurde in § 126b BGB die Textform einge-   **149**
führt. **Textform** bedeutet, dass eine eigenhändige Unterschrift in diesen
Fällen nicht mehr erforderlich ist, wodurch dem Bedürfnis vereinfachter
Kommunikationsformen im modernen Wirtschaftsleben Rechnung getragen wird.

In § 371a ZPO wird der **Anscheinsbeweis** für die Echtheit einer in   **150**
elektronischer Form vorliegenden Willenserklärung angeordnet. Demnach
kann der Anschein der Echtheit einer elektronischen, mit einer elektronischen Signatur versehenen Willenserklärung nur durch Tatsachen erschüt-
tert werden, die ernstliche Zweifel daran begründet, dass die Erklärung mit
dem Willen des Signaturschlüssel-Inhabers abgegeben worden ist. Ist ein
elektronisches Dokument Gegenstand des Beweises, so wird der Beweis
durch Vorlegung oder Übermittlung der Datei angetreten. § 130a ZPO
sieht für vorbereitende Schriftsätze sowie andere prozessuale Erklärungen
die Einreichung in elektronischer Form vor, wenn diese für die Bearbeitung
vor Gericht geeignet sind. Allerdings soll das Dokument von der verantwor-
tenden Person mit einer qualifizierten elektronischen Signatur versehen
werden.

Die Bundesregierung und die Landesregierungen haben die Einzelheiten durch Rechtsverordnung zu bestimmen.

5. Geltung allgemeiner zivilrechtlicher Regelungen

151 Die rechtlichen Regelungen des BGB für das Zustandekommen von Verträgen gelten ohne weiteres. Zudem sind die richterrechtlich geschaffenen Institute und Rechtsgrundsätze ohne weiteres auf Geschäfte im E-Commerce anwendbar.

152 Warenangebote im Internet sind nicht anders zu bewerten als solche in einem Schaufenster oder in einem Katalog. Sie stellen keine Angebote im vertragsrechtlichen Sinne dar, sondern lediglich eine Aufforderung zur Abgabe einer Willenserklärung (invitatio ad offerendum). – Eine elektronisch abgegebene Willenserklärung kann nach der Regelung des § 119 Abs. 1 BGB angefochten werden. Sollte auf der Homepage ein höherer Kaufpreis angegeben werden und ist tatsächlich ein niedrigerer Preis ausgezeichnet, so kann ein auf dieser Grundlage zustande gekommener Vertrag aufgrund Erklärungsirrtums angefochten werden, da eine Annahmeerklärung dieses Inhalts überhaupt nicht abgegeben werden sollte (BGH NJW 2005, S. 976, 977).

153 Desungeachtet ergeben sich aufgrund der neuen technischen Möglichkeiten rechtlich anders zu wertende Geschäftsabläufe als früher. Z.B. wird man hinsichtlich des Zugangs einer Willenserklärung, die mittels E-Mail erfolgt, strenger sein als beim Zugang mit der Post. Im Geschäftsverkehr kann zumindest während der üblichen Geschäftszeiten mit einer Kenntnisnahme des Erklärungsempfängers am selben Tag gerechnet werden.

154 Die von einem Computer abgegebene Willenserklärung (sog. **Computererklärung**) kann zu einem rechtsverbindlichen Vertragsschluss führen. Solche als **Agenten** bezeichnete Programme werden eingesetzt, um Marktbewegungen zu beobachten und bei Eintritt bestimmter Bedingungen Willenserklärungen zu generieren. Dies ist beispielsweise der Fall, wenn eine Aktie bei Erreichen eines bestimmten Kurswertes verkauft werden soll. Sie werden dem Verwender zugerechnet. Da das Programm mit den entsprechenden Vorgaben aktiviert worden ist, werden die sich hieraus ergebenden Erklärungen als solche des Verwenders angesehen.

155 Nicht unproblematisch ist die Einbeziehung von **Allgemeinen Geschäftsbedingungen** (AGB) in elektronisch abgeschlossene Verträge. Nach § 305 Abs. 2 Nr. 1 BGB muss der Verwender ausdrücklich auf die Einbeziehung von AGB in den Vertrag hinweisen. AGB werden aber nur dann in einen elektronisch abgeschlossenen Vertrag einbezogen, wenn der Verwender sichergestellt hat, dass der Vertragspartner den Hinweis auf die AGB auch tatsächlich wahrnehmen konnte. Hier ist ein strengerer Maßstab anzulegen als bei Geschäftsabschlüssen in Geschäftsräumen, in denen grundsätzlich mit einer Verwendung von AGB gerechnet wird. Die Rechtsprechung verlangt mindestens einen deutlich sichtbaren Hyperlink und stellt Anforderungen hinsichtlich Gliederung, Schriftgröße etc. In besonderen Maße gilt dies, wenn Angebote spezifisch für mobile Endgeräte (»M-Commerce«) gemacht werden.

6. Verbraucherschutz

Verbraucherschützende Normen beim Abschluss von Verträgen über distanzüberwindende Medien ergeben sich aus §§ 312b ff. BGB i.v.m. Art. 246–248 EGBGB. Die Regelungen finden dann Anwendung, wenn ein Vertrag ohne persönlichen Kontakt ausschließlich über sog. »**Fernkommunikationsmittel**« abgeschlossen worden ist. Dieser Begriff ist weit und bezieht sich zwar in erster Linie, aber nicht ausschließlich, auf den Vertragsschluss per Internet. **156**

Fernkommunikationsmittel sind solche Kommunikationsmittel, die zum Abschluss eines Vertrags zwischen einem Verbraucher und einem Unternehmer ohne gleichzeitige körperliche Anwesenheit der Vertragsparteien eingesetzt werden können (§ 312c Abs. 2 BGB). Fernabsatzverträge sind Verträge über die Lieferung von Waren oder über die Erbringung von Dienstleistungen die zwischen einem Unternehmer und einem Verbraucher unter ausschließlicher Verwendung von Fernkommunikationsmitteln abgeschlossen werden (§ 312c Abs. 1 BGB). Das sind beispielsweise Telefon, Fax oder Brief, aber auch Rundfunk, E-Mail und Telemedien. Denkbar sind auch Kombinationen dieser Kommunikationsmittel z.B. von Rundfunk und Brief oder E-Mail beim Teleshopping. Hinzukommen muss, dass der Vertragsschluss im Rahmen eines für den Fernabsatz organisierten Vertriebssystems stattgefunden hat (§ 312c Abs. 1 BGB). D.h., die Fernkommunikationsmittel dürfen nicht nur im Einzelfall eingesetzt worden sein, vielmehr muss der Unternehmer organisatorisch auf solche Geschäfte eingerichtet sein. **157**

Die Vorschriften über Fernabsatzgeschäfte sind immer nur anwendbar, wenn es sich um einen zwischen einem **Verbraucher** i.S.v. § 13 BGB und einem **Unternehmer** gem. § 14 Abs. 1 BGB abgeschlossenen Vertrag handelt, da nur dann ein Schutzbedürfnis besteht. Weder Verträge zwischen Unternehmern (sog.»Business-to-Business«,»B2B«) noch zwischen Privatpersonen sind erfasst. **158**

Die in § 312d BGB geregelten **Informationspflichten** werden im EGBGB näher bestimmt. Der Unternehmer hat den Verbraucher rechtzeitig vor Abschluss des Vertrags in einer dem eingesetzten Fernkommunikationsmittel entsprechenden Weise über die in Art. 246a § 1 EGBGB näher festgelegten Einzelheiten hinsichtlich der Zahlung und der Lieferung oder Erfüllung klar und verständlich zu informieren. Die Mitteilung **159** muss in einer den benutzten Fernkommunikationsmitteln angepassten Weise erfolgen. Weitere detaillierte Informationspflichten wie die Voraussetzungen und Rechtsfolgen der Ausübung des Widerrufs- oder Rückgaberechts, die der Unternehmer nach Maßgabe des § 312a BGB i.V.m. Art. 246a § 1, 2 EGBGB zu erfüllen hat, hat er ebenfalls in Textform und in einer hervorgehobenen und deutlich gestalteten Form mitzuteilen. Der Unternehmer hat dem Verbraucher diese Informationen vor Abgabe seiner Vertragserklärung in klarer und verständlicher Weise zur Verfügung zu stellen. Eine Verletzung dieser Pflichten hat indessen regelmäßig keine Auswirkung auf die Gültigkeit eines einmal geschlossenen Vertrags.

160 Dem Verbraucher steht nach § 355 BGB ein **Widerrufsrecht** zu. Die vierzehntägige Widerrufsfrist nach § 355 Abs. 2 BGB beginnt mit Vertragsschluss, soweit nichts Anderes bestimmt ist. Hiervon sieht das BGB zahlreiche Ausnahmen vor. So beginnt etwa nach § 356 Abs. 2 Nr. 2 Buchst. a BGB die Frist bei Verbraucherverträgen im Fernabsatz grundsätzlich nicht vor Erhalt der Ware.

161 Zahlreiche Ausnahmen vom Widerrufsrecht sind im § 312g Abs. 2 BGB geregelt. So besteht etwa nach § 312g Abs. 2 Nr. 6 BGB kein Widerrufsrecht für Verträge zur Lieferung von Ton- oder Videoaufnahmen oder Computersoftware in einer versiegelten Packung, wenn die Versiegelung nach der Lieferung entfernt wurde, für individuell angefertigte Waren und solche, die nach ihrer Beschaffenheit nicht für die Rücksendung geeignet sind (z.B. bei online gelieferter Software). Wird der vom Verbraucher zu entrichtende Preis durch Kredit finanziert, so ist der Verbraucher im Falle des Widerrufs an seine auf Abschluss des Darlehensvertrags gerichtete Willenserklärung nicht gebunden, wenn der Fernabsatzvertrag und der Verbraucherdarlehensvertrag als wirtschaftliche Einheit anzusehen sind. Die vom Gesetz vorgesehene Kompensation von Nachteilen des Fernabsatzgeschäfts gegenüber im Laden getätigten Vertragsabschlüssen geht aber nicht über das im stationären Handel Übliche hinaus, so dass der mit dem Einbau eines Ersatzteils einhergehende Wertverlust vom Verkäufer nicht hinzunehmen ist (BGH K&R 2017, S. 52 ff. »Katalysator«).

162 Besondere **Informationspflichten** ergeben sich für den Abschluss eines Vertrags im elektronischen Geschäftsverkehr i.s.d. § 312d BGB. Der Vertragsschluss muss über den Einsatz eines elektronischen Mediums erfolgen, wobei nur solche Dienste in Betracht kommen, die von dem Kunden individuell abgerufen werden können. Angebote im Rundfunk, in Teleshopping-Sendungen oder im Teletext entsprechen diesen Voraussetzungen nicht. Auch der Abruf von Seiten des Kunden muss mithin auf elektronischem Weg erfolgen. Eine Abgabe seiner Willenserklärung durch Telefon oder Fax reicht nicht aus. Als Beispiel lassen sich entsprechende

Erklärungen des Kunden in elektronischer Form via Internet oder die Nutzung von Online-Diensten zur Bestellung von Waren oder Dienstleistungen nennen. Wird der Vertrag dagegen zwischen den Vertragsparteien ausschließlich durch individuelle Kommunikation (auch elektronisch, z.b. per E-Mail, aber ohne Nutzung eines vorgefertigten interaktiven Programms des Unternehmers) ausgehandelt und abgeschlossen, gelten die Pflichten im elektronischen Geschäftsverkehr nicht in vollem Umfang (§ 312i Abs. 2 Satz 1 BGB). Wichtig ist, dass der Unternehmer den Kunden angemessene technische Mittel zur Erkennung von Eingabefehlern vor Abgabe seiner Bestellung und zu deren Berichtigung zur Verfügung zu stellen hat, zudem ist er verpflichtet, dem Kunden bestimmte Details des Vertrags wie die technischen Schritte, die zum Vertragsschluss führen, mitzuteilen (§ 312i Abs. 1 Nr. 2 BGB i.V.m. Art. 246c EGBGB). Dem Kunden ist der Zugang der Bestellung unverzüglich auf elektronischem Wege zu bestätigen (§ 312i Abs. 1 Nr. 3 BGB). Des Weiteren ist nach § 312i Abs. 1 Nr. 4 BGB dem Kunden die Möglichkeit zu verschaffen, die Vertragsbestimmungen einschließlich der AGB bei Vertragsschluss abzurufen und in wiedergabefähiger Form zu speichern.

Dem Verbraucher muss bei einem Vertragsschluss im Internet deutlich **163** gemacht werden, dass eine zahlungspflichtige Bestellung erfolgt (»**Buttonlösung**«). Wird zur Bestellung – wie meist üblich – eine Schaltfläche verwendet, muss diese gut lesbar mit nichts anderem als den Wörtern »zahlungspflichtig bestellen« oder einer entsprechenden Formulierung beschriftet sein. Ist dies nicht der Fall, kommt kein Vertrag zustande (§ 312i Abs. 4 BGB). Dies gilt insbes. für sog. »Abofallen«.

Ergänzend ist auf einen eigenständigen Unterlassungsanspruch hinzu- **164** weisen, der im Interesse des Verbraucherschutzes in einem gesonderten Gesetz, dem Unterlassungsklagengesetz normiert worden ist. Es handelt sich um § 2 Abs. 1 UKlaG, demzufolge derjenige, der Vorschriften zuwiderhandelt, die dem Schutz des Verbrauchers dienen (Verbraucherschutzgesetze), auf Unterlassung in Anspruch genommen werden kann. Ein Schutz gegen Diskriminierungen aus Gründen der Staatsangehörigkeit beim Geschäftsabschluss wie bei der Abwicklung des Vertrags insbes. bezügl. der Zahlungsmodalitäten bezweckt die EU-**Geoblocking-Verordnung** vom 28.2.2018.

7. Internationales Privatrecht

Bei einer grenzüberschreitenden Vertragsschließung per Internet ist die **165** Frage nach dem auf den Vertrag anwendbaren Recht zu beantworten. Die

Antwort ergibt sich aus den Regeln des Internationalen Privatrechts (IPR).

166 Das Internationale Privatrecht ist **nationales Rechtsanwendungsrecht**, d.h. es handelt sich um innerstaatliches Recht, das im Falle der internationalen Zuständigkeit einheimischer Gerichte in **Fällen mit Auslandsbezug** zur Anwendung kommt. Nach den Regeln des IPR ist zu entscheiden, ob der Sachverhalt nach deutschem materiellem Recht oder nach dem Recht eines anderen Staates zu entscheiden ist. Es kann das IPR somit auch zur Anwendung von ausländischem Recht durch deutsche Gerichte führen.

167 Kommt es in Deutschland zum Rechtsstreit, so hat das deutsche Gericht das Kollisionsrecht am Gerichtsstand (die sog. **Lex fori**) anzuwenden, soweit es sich nicht um Vertragsschlüsse innerhalb der EU handelt. Lex fori ist in Deutschland das deutsche Internationale Privatrecht (IPR), dessen Grundsätze im EGBGB normiert bzw. – in dessen Ergänzung – von der Rechtsprechung ausgeformt sind. Hiermit verbunden ist die Möglichkeit des »forum-shopping«, die internationalprivatrechtlich unerwünscht ist. Im Gegensatz zur einvernehmlichen Rechtswahl durch die Parteien bedeutet forum-shopping, dass sich eine Partei die anwendbaren Rechtsvorschriften durch Wahl eines bestimmten Gerichtsstands, der zu einem für sie günstigeren Recht führt, beeinflusst. Dies ist im Multimediarecht in vielen Fällen besonders leicht durch Wahl des Serverstandorts möglich.

168 Bei einem auf elektronischem Weg geschlossenen Vertrag besteht grundsätzlich eine **Rechtswahlmöglichkeit** der Vertragsparteien, d.h. die Vertragsparteien können ihren Vertrag einvernehmlich einer bestimmten Rechtsordnung unterstellen.

Diese aus der Vertragsfreiheit sich ergebende Rechtswahlmöglichkeit ist nur bei missbräuchlicher Rechtswahl versagt, beispielsweise um Schutzvorschriften zugunsten schwächerer Vertragspartner zu umgehen (z.B. Art. 29 EGBGB).

169 Haben die Vertragspartner sich nicht **ausdrücklich** auf eine Rechtsordnung geeinigt, der ihr Vertrag unterworfen sein soll, so muss das Vertragsstatut auf andere Weise ermittelt werden. Das **Vertragsstatut** ist die Rechtsordnung, deren Rechtsregeln die vertraglichen Beziehungen entscheiden sollen. Ist ein Vertragsstatut nicht ausdrücklich festgelegt worden, so kann es doch **konkludent** vereinbart worden sein. Indizien können ein gewählter Gerichtsstand, die Vertragssprache oder die vereinbarte Währung des Kaufpreises sein.

170 Beispiel: Eine Firma mit Sitz in den USA bietet über Internet Waren an. Ein Deutscher bestellt die Ware in den USA. Eine Rechtswahl wurde weder ausdrücklich noch konkludent getroffen. Mangels einer Rechtswahl ist das Recht am gewöhnlichen Aufenthaltsort oder Gesellschaftssitz der Partei maßgeblich, die die für den Vertrag charakteristische Leistung erbringt. Charakteristische Leistung ist bei einem Kaufvertrag die Lieferung der Ware, die in diesem Fall auf das US-amerikanische Recht verweist. Kommt es zu Leistungsstörungen, sind diese auch vom deutschen Gericht nach dem Vertragsrecht des jeweiligen amerikanischen Bundesstaats zu lösen.

Die (im Einzelnen immer wieder umstrittene) »Notbremse« des IPR ist **171** die **Ordre-public-Klausel** des Art. 6 EGBGB. Die Ordre-public-Klausel greift dann, wenn die Anwendung einer Norm zu einem Ergebnis führt, das wesentlichen Grundsätzen des inländischen Rechts widerspricht. Zu diesen Grundsätzen zählen insbesondere die Grundrechte des Grundgesetzes. Der Widerspruch zum deutschen Rechtsgrundsatz muss allerdings offensichtlich sein und es muss der zu entscheidende Sachverhalt einen Inlandsbezug aufweisen (z.b. die deutsche Staatsangehörigkeit eines der Vertragspartner). Greift die Ordre-public-Klausel, so kommt die unvereinbare ausländische Norm (und nur diese) nicht zur Anwendung. Die kollisionsrechtliche Verweisung der Parteien bleibt im Übrigen bestehen.

Die **Rom I-Verordnung** regelt das auf **vertragliche Schuldverhält-** **172** **nisse** anzuwendende Recht. Sie modernisiert das Europäische Schuldvertragsübereinkommen (EVÜ) von 1980, das in seinem sachlichen Anwendungsbereich abweichende Vorschriften des deutschen IPR verdrängt. Dagegen wird das Kollisionsrecht für **außervertragliche Schuldver-** **hältnisse** durch die **Rom II-Verordnung** (VO EG Nr.864/ 2007) geregelt. Die Rom-Verordnungen werden auch für Fälle mit Vertragspartnern außerhalb der EU für anwendbar gehalten, mithin auch für das oben dargestellte Beispiel.

Wie nach der früheren Rechtslage können die Vertragspartner nach der **173** **Rom I-Verordnung** grundsätzlich wählen, welches Recht Anwendung finden soll (Art. 3 Rom I-VO). Eine Einschränkung der freien Rechtswahl gilt aber für schwächere Vertragspartner (z.B. Verbraucher). Die für den schwächeren Teil günstigeren Vorschriften gelten zwingend auch bei entgegenstehender Rechtswahl.

Machen die Vertragspartner von ihrem Wahlrecht keinen Gebrauch, so **174** gilt das Recht des Ortes jenes Vertragsteils, der die charakteristische vertragstypische Leistung erbringt (Art. 5 Abs. 2 Rom I-VO), soweit nicht gem. Art. 5 Abs. 1 Rom I-VO etwas anderes bestimmt ist, wie dies u.a. für Kaufverträge über bewegliche Sachen oder Dienstleistungsverträge der Fall ist (maßgeblich ist dort das Recht des Staates, in dem der Verkäufer bzw. Dienstleister seinen gewöhnlichen Aufenthalt hat). Liegt keine Rechtswahl vor, so spielt es nach der Rom I-VO bei **Verbraucherver-** **trägen** keine Rolle mehr, wo sich der Verbraucher bei Vertragsschluss gerade aufgehalten hat. Maßgeblich ist gem. Art. 6 Rom I-VO vielmehr das Recht des Staates, in dem der **Verbraucher** seinen **gewöhnlichen Aufenthalt** hat, falls der Unternehmer seine berufliche bzw. gewerbliche Tätigkeit in demselben Staat ausübt oder seine Tätigkeit auf diesen Staat hin ausgerichtet hat (Art. 6 Abs. 2 Rom I-VO). Bei erfolgter Rechtswahl gelten zusätzlich die zwingenden Regelungen jenes Staates, in dem der Verbraucher seinen gewöhnlichen Aufenthalt hat, und zwar auch dann, wenn der Verbraucher sich bei Vertragsschluss im Ausland befindet.

8. Außervertragliches Schuldrecht

175 Das IPR ist auch bei zivilrechtlichen Haftungsfragen im grenzüberschreitenden Bereich heranzuziehen. Ansprüche aus unerlaubter Handlung können gem. Art. 40 Abs. 1 EGBGB sowohl am Handlungs- als auch am Erfolgsort geltend gemacht werden. Mithin kann eine von einem ausländischen Server aus begangene Rechtsverletzung Ansprüche nach deutschem Deliktsrecht nach sich ziehen, wenn der Schaden im Inland eingetreten ist.

176 Innerhalb der EU gilt die **Rom II-Verordnung**, die in Deutschland die autonomen Kollisionsregeln der Art. 38–46 EGBGB verdrängt. Sie regelt die Ansprüche aus unerlaubter Handlung, Geschäftsführung ohne Auftrag, ungerechtfertigter Bereicherung und Verschulden bei Vertragsverhandlungen (Art. 1 Rom II-VO). Sondervorschriften gelten u.a. für die Produkthaftung (Art. 5 Rom II-VO), für den unlauteren Wettbewerb (Art. 6 Rom II-VO) und die **Verletzung von Rechten des geistigen Eigentums** (Art. 8 Rom II-VO). Die VO ist allerdings nicht anwendbar auf Schuldverhältnisse, die sich aus der **Verletzung von Persönlichkeitsrechten** ergeben (Art. 1 Abs. 2 lit. g Rom II-Verordnung), so dass es insoweit beim allgemeinen Deliktsstatut des Art. 40 Abs. 1 Satz 1 EGBGB bleibt, der auf das Recht des Ortes der Verletzungshandlung abstellt. Nach Maßgabe des Art. 40 Abs. 1 Satz 2 und 3 EGBGB kann der Verletzte verlangen, dass anstelle dieses Rechts das Recht des Staates angewandt wird, in dem der Erfolg eingetreten ist. Im Übrigen ist nach Art. 4 Abs. 1 Rom II-VO für **deliktisches Handeln** grundsätzlich das **Recht am Ort des Schadenseintritts** anzuwenden. Haben jedoch Schädiger und Geschädigter zum Zeitpunkt des Schadenseintritts ihren gewöhnlichen Aufenthalt in demselben Staat, so unterliegt die unerlaubte Handlung dem Recht dieses Staates (Art. 4 Abs. 2 Rom II-VO). Dagegen gilt bei der **Verletzung von Immaterialgüterrechten** gem. Art. 8 Abs. 1 Rom II-VO das Recht des Staates, für den der Schutz beansprucht wird **(Schutzlandprinzip)**. Dies war in Deutschland auch ohne spezielle gesetzliche Kollisionsregel bereits zuvor anerkannt. Eine **Rechtswahl** ist nach Art. 14 Rom II-VO möglich, soweit sie nicht – wie für Ansprüche aus Verletzung von Rechten des geistigen Eigentums (Art. 8 Abs. 3 Rom II-Verordnung) – ausgeschlossen ist.

X. Steuerrecht

Eines der großen Probleme des Internets stellt sich im Steuerrecht. Es gel- **177** ten jedoch grundsätzlich die gleichen Regeln wie für Sachverhalte ohne Internet- bzw. Multimediabezug.

An sich steuerrechtlich nicht problematisch sind die sog. **Offline-** **178** **Geschäfte**, bei denen zumindest die Lieferung der Ware auf herkömmlichen Wegen erfolgt. Sie werden steuerrechtlich nicht anders als Versandhandelsgeschäfte behandelt. Dabei ist jedoch zu beachten, dass die Anbieter im Online-Handel häufig ihren Sitz im Ausland haben und auch die Lieferungen steuerrechtlich regelmäßig aus dem (EU-)Ausland kommen, insbesondere aus Ländern mit niedriger Besteuerung von Unternehmen.

Hinsichtlich der **Online-Geschäfte** – die ohne Zwischenschaltung ei- **179** nes weiteren Mediums direkt über das Internet abgewickelt werden – ist zwischen Personen und Gesellschaften zu unterscheiden, die im Inland ihren Wohnsitz bzw. Sitz haben und solchen, die zwar im Inland Einkünfte erzielen, jedoch im Ausland ihren Wohnsitz oder Sitz haben. Von großer Bedeutung ist dabei, ob in Deutschland eine Betriebsstätte unterhalten wird und was als **Betriebsstätte** in diesem Sinn anzusehen ist. Während die Homepage einer Firma auch bei weiter Auslegung dem Begriff der Betriebsstätte nicht zugeordnet werden kann, lässt sich das für einen Server auch ohne Anwesenheit von Personal vertreten. Weithin ungelöst ist zudem die Durchsetzung inländischer Steueransprüche in ausländischen Staaten, mit denen kein Doppelbesteuerungsabkommen abgeschlossen worden ist. Bietet eine in einem solchen ausländischen Staat ansässige Firma ihre Produkte über Internet an und wird das Geschäft über Internet abgewickelt, so kann die Durchsetzung steuerrechtlicher Ansprüche faktisch unmöglich sein. Dieser Aspekt ist umso bedenklicher, als das Internet ein weltweites Angebot ermöglicht, ohne eine physische Präsenz in dem Staat zu erfordern, in dem das Angebot abgerufen werden kann. Der E-Commerce entzieht sich insoweit teilweise staatlichem Zugriff.

Auch bei in Deutschland ansässigen Anbietern war es in der Vergan- **180** genheit für die Finanzbehörden oft schwierig, die tatsächlichen Besteuerungsgrundlagen zu ermitteln bzw. zu überprüfen. In wichtigen Teilbereichen, wie den großen Handelsplattformen, hat der Fiskus mittlerweile aber einen sehr weitgehenden Zugriff auf Daten über Geschäftsvorfälle.

Andere Bereiche sind dagegen weiterhin problematisch, z.B. beim Einsatz von Kryptowährungen oder Transaktionen im sogenannten Darknet.

XI. Recht der Domains

1. Vergabe von Domains

181 Domainrechtliche Probleme entstehen vor allem dann, wenn ein Domainname benutzt wird, der im Wesentlichen einer Marke entspricht. Konfliktfälle ergeben sich weiterhin, wenn mehrere Firmen ein und denselben Domainnamen benutzen möchten.

182 Eine gesetzliche Regelung für die Vergabe von Domains gibt es bisher nicht. Ihr stellt sich auch die Schwierigkeit entgegen, dass Domainnamen im Internet weltweite Gültigkeit haben, dass mithin nur eine Regelung von weltweiter Geltung volle Wirksamkeit entfalten könnte. In der Praxis erfolgt die Domainvergabe durch private Gesellschaften, die letztlich der amerikanischen Internet Society zugeordnet sind. Die für Deutschland gültigen Domainnamen werden von einer Genossenschaft, der DENIC eG (Deutsches Network Information Center – eingetragene Genossenschaft) vergeben.

183 Die Vergabe von Domains erfolgt nach dem **Prioritätsprinzip**. Zwar verlangt die Genossenschaft eine Versicherung des Antragstellers, dass dieser durch die Wahl der Domain keine Rechte Dritter verletzt, doch schließt sie selbst jede Verantwortlichkeit für solche Rechtsverletzungen aus. Ob durch die Domainvergabe Rechte Dritter verletzt werden, wird mithin nicht geprüft, was rechtlich zulässig ist, sofern die Rechtsverletzung nicht offenkundig und für die DENIC ohne weiteres feststellbar ist (BGHZ 148, S. 13 ff. »Ambiente«). Deswegen hat auch der Namensinhaber, der die Löschung einer Domain wegen Verletzung seiner Rechte verlangt, keinen Anspruch auf »Sperrung« seines Namens für eine künftige Eintragung (BGH ZUM 2004, S. 561 ff.). Aus diesem Grund kann es im Anschluss an eine Domainvergabe zu einer Auseinandersetzung zwischen dem Inhaber eines Namens oder einer Marke und demjenigen, der einen im Wesentlichen gleichlautenden Domainnamen erlangt hat, um das Recht zur Benutzung der Domain kommen.

2. Schutz von und gegen Domains

184 Rechtlich unterfällt das Nutzungsrecht an einer Domain der Eigentumsgarantie des Art. 14 Abs. 1 GG (BVerfG NJW 2005, S. 589 ff. »Adacta« →

E 102). Einfachgesetzlich lässt sich ein Schutz von Domains aus §§ 14, 15 MarkenG (→ T 11) bzw. § 12 BGB ableiten. Eine Domain ist markenrechtlich geschützt, wenn sie im Wesentlichen einer Marke entspricht. Ist das nicht der Fall, so kann sie doch ein Unternehmenskennzeichen sein. Handelt es sich auch nicht um die Domain eines Unternehmens, so kann sich der Domaininhaber schließlich auf das Namensrecht des § 12 BGB berufen.

Wer ohne rechtfertigenden Grund eine Domain verwendet, die die Gefahr der **185** Verwechslung mit einem anderen Domainnamen beinhaltet, dem kann der Berechtigte einen Unterlassungsanspruch gem. §§ 14, 15 MarkenG entgegenhalten. Der Begriff der **Marke** ist weit gefasst. Dem Markenschutz unterfallen u.a. alle Zeichen, Wörter, einschließlich Personennamen, Buchstaben und Zahlen (§ 3 Abs. 2 MarkenG). Erforderlich für den Markenschutz ist allerdings grundsätzlich die Eintragung der Marke im Markenregister des Deutschen Patent- und Markenamts. Unternehmenskennzeichen sind ausdrücklich als eine Form geschäftlicher Bezeichnungen in § 5 Abs. 1 MarkenG aufgeführt. Als Marke schutzfähig sind alle Zeichen, insbesondere Wörter einschließlich Personennamen u.a., die geeignet sind, Waren oder Dienstleistungen eines Unternehmens von denjenigen anderer Unternehmen zu unterscheiden (**Unterscheidungskraft** – § 3 Abs. 1 MarkenG). Richtigerweise wird auch für eine Domain eine Unterscheidungskraft gegenüber den Waren oder Dienstleistungen eines anderen Unternehmens für erforderlich gehalten. Hinsichtlich allgemeiner Begriffe besteht ein **Freihaltebedürfnis**. Zeichen oder Angaben, die im allgemeinen Sprachgebrauch oder in den redlichen und ständigen Verkehrsgepflogenheiten zur Bezeichnung der Waren oder Dienstleistungen üblich geworden sind, sind von der Eintragung ausgeschlossen. Es besteht ein absolutes Schutzhindernis, das von Amts wegen geprüft werden muss (§ 8 Abs. 2 Nr. 3 MarkenG). Herkömmlicherweise für bestimmte Warengruppen eingeführte Begriffe wie »Computer«, »Cyber« etc. können demzufolge grundsätzlich nicht als Marken geschützt werden.

Domains gelten – wenn sie nicht selbst einer Marke entsprechen – als **Un-** **186** **ternehmenskennzeichen** i.S. der §§ 5 Abs. 1, 15 MarkenG. Unternehmenskennzeichen sind der gesetzlichen Definition zufolge Zeichen, die im geschäftlichen Verkehr als Name, als Firma oder als besondere Bezeichnung eines Geschäftsbetriebs oder Unternehmens benutzt werden. Der besonderen Bezeichnung eines Geschäftsbetriebs stehen solche Geschäftsabzeichen und sonstige zur Unterscheidung des Geschäftsbetriebs von anderen Geschäftsbetrieben bestimmte Zeichen gleich, die innerhalb beteiligter Verkehrskreise als Kennzeichen des Geschäftsbetriebs gelten (§ 5 Abs. 2 MarkenG). Erforderlich ist, dass das verwendete Zeichen **Kennzeichnungskraft** oder doch wenigstens Verkehrsgeltung besitzt.

Das Recht an einem Unternehmenskennzeichen entsteht durch dessen **187** Ingebrauchnahme im inländischen geschäftlichen Verkehr. Grundsätzlich kann sich das ältere Kennzeichen gegen das neuere durchsetzen (§ 6 Abs. 1 MarkenG). Bei Marken ist der Tag der Markenanmeldung maßgeblich (§ 6 Abs. 2 MarkenG, **Prioritätsprinzip**). Ein Unterlassungsanspruch des Inhabers der Marke oder der geschäftlichen Bezeichnung besteht bei Verwendung eines mit der Marke oder der geschäftlichen Bezeichnung identischen Zeichens (§ 14 Abs. 5 i.V.m. Abs. 2 Nr. 1, bzw. § 15 Abs. 4 MarkenG). Von einer Identität kann bei Domainnamen, die sich einer eingetragenen Marke oder einer geschäftlichen Bezeichnung bedienen, wegen des angefügten Top-Level-Zusatzes nicht ausgegangen werden. Wenn es sich lediglich um ein ähnliches Zeichen handelt, so ist über diese Ähnlichkeit hinaus eine Ähnlichkeit der Waren oder Dienstleistungen der Konkurrenten erforderlich, aus der sich für das Publikum eine **Verwechslungsgefahr** ergibt (für Marken § 14 Abs. 2 Nr. 2 MarkenG, für geschäftliche Bezeichnungen § 15 Abs. 2 MarkenG).

188   Eine Ausnahme vom Erfordernis der Verwechslungsgefahr der Waren oder Dienstleistungen besteht dann, wenn es sich um eine im Inland **bekannte Marke** handelt (§ 14 Abs. 2 Nr. 3 MarkenG). Kommt dem Kennzeichen eine überragende Schlag- oder Werbekraft zu, so reicht grundsätzlich bereits die Identität bzw. Ähnlichkeit der im Streit stehenden Zeichen zur Geltendmachung kennzeichenrechtlicher Ansprüche aus § 14 Abs. 2 Nr. 3 MarkenG. Eine bekannte geschäftliche Bezeichnung ist auch ohne Verwechslungsgefahr geschützt, soweit die Benutzung des Zeichens die Unterscheidungskraft oder die Wertschätzung der geschäftlichen Bezeichnung ohne rechtfertigenden Grund in unlauterer Weise ausnutzt oder beeinträchtigt (§ 15 Abs. 3 MarkenG). Andernfalls bestünde die Gefahr der Verwässerung oder der Rufausbeutung bekannter Marken oder geschäftlicher Bezeichnungen. Maßgeblich ist in diesen Fällen nicht die erste Präsenz im Internet, sondern die Präsenz im Rechtsverkehr.

189   Aus §§ 14 Abs. 5, 15 Abs. 2, 4 MarkenG bzw. §§ 12 Abs. 2, 823 Abs. 1, 1004 Abs. 1 BGB ergibt sich ein **Unterlassungsanspruch** gegen den unrechtmäßigen Verwender einer fremden Domain. Zudem ist auch Schadensersatz möglich, der indessen Vorsatz oder Fahrlässigkeit voraussetzt. Die Höhe des Schadensersatzes hat sich dabei am Schaden zu orientieren, der beim Verletzten entstanden ist. Hinzuweisen ist auch hier auf die Möglichkeit der Lizenzanalogie (§§ 14 Abs. 6 Satz 3, 15 Abs. 5 Satz 2 MarkenG). Als rechtspolitisch wünschenswert wird ein Anspruch bezeichnet, der eine Übertragung der Domain auf den Berechtigten ermöglicht, da eine reine Freigabe der Domain den Berechtigten nicht hinreichend gegen den Zugriff Dritter auf die Domain schützt. Gegenwärtig kann ein Übertragungsanspruch nicht aus dem Gesetz abgeleitet werden und lässt sich wohl auch nicht im Wege des Schadensersatzes konstruieren.

Die Rechtsprechung zum Domainrecht wurde vom BGH fortgeführt. **190**
Wenn einer der beiden Namensträger eine überragende Bekanntheit genießt und der Verkehr seinen Internetauftritt unter diesem Namen erwartet, der Inhaber des Domainnamens dagegen kein besonderes Interesse
gerade an dieser Internetadresse dartun kann, kann der Inhaber des Domainnamens verpflichtet sein, seinem Namen in der Internetadresse einen
unterscheidenden Zusatz beizufügen. Im Übrigen steht dem berechtigten
gegenüber dem nichtberechtigten Inhaber eines Domainnamens kein Anspruch auf Überschreibung, sondern nur ein Anspruch auf Löschung des
Domainnamens zu (BGHZ 149, S. 191 ff. »Shell« → E 103).

Soweit die Domain einen eigenen Namensbestandteil hat, kann der **191**
Namenschutz des § 12 BGB beansprucht werden. Das gilt vor allem
dann, wenn die Verletzungshandlung außerhalb des geschäftlichen Bereichs stattgefunden hat. Das Markengesetz kann nur bei Sachverhalten im
geschäftlichen Verkehr zur Anwendung gelangen. § 12 BGB schützt neben den Namen natürlicher Personen auch Namen juristischer Personen,
insbesondere von Firmen. Selbst öffentlichrechtliche Körperschaften sind
gegen eine unbefugte Nutzung ihres Namens durch Dritte geschützt. Bei
einer unzulässigen Verwendung eines Namens bestehen ebenfalls Unter-
lassungs- und Schadensersatzansprüche (aus § 12 und § 823 Abs. 1 BGB).

3. Recht der Gleichnamigen

Die typischen Konflikte von Gleichnamigen bei Domainstreitigkeiten **192**
sind:
- Kollision eines bürgerlichen Namens oder einer Firmenbezeichnung
  mit einem Städtenamen: Im Regelfall geht der Städtename vor.
- Firmenbezeichnung gegen bürgerlicher Name: Regelmäßig wird die
  Firmenbezeichnung obsiegen, da zumindest ein berühmter Firmenname
  gegen Verwässerung geschützt werden muss (s.a. BGHZ 149, S. 191 ff.
  »Shell« → E 103).
- Firmenbezeichnung gegen Firmenbezeichnung: Wenn nicht eine Firma
  überragende Berühmtheit für sich beanspruchen kann, greift das Recht
  der Gleichnamigen. Dieses verlangt generell die Verwendung eines
  Verwechslungen vermeidenden Zusatzes durch den Prioritätsjüngeren.
- Aliasname gegen bürgerlicher Name: Wer den bürgerlichen Namen
  eines Dritten als Pseudonym benutzt und als Internetadresse registrieren
  lässt, begeht damit eine Namensanmaßung und verletzt die Rechte des
  Namensträgers aus § 12 BGB (BGHZ 155, S. 173 ff. »Maxem«).

4. Gattungsdomains

193 Die Verwendung von Gattungsdomains führt dazu, dass allgemein gebräuchliche Begriffe im Wettbewerb, zumindest was die Verwendung von Domains anbetrifft, monopolisiert werden (z.b.: »Mitwohnzentale«, »Küche«, »Autovermietung«, »Last-Minute«).

194 Da es sich nicht um eine Markeneintragung handelt, greift das Kriterium der Freihaltebedürftigkeit des Markengesetzes nicht ein. Vor die Gerichte gebracht wurde hingegen verschiedentlich die Frage, ob durch die Verwendung einer Gattungsdomain nicht in unzulässiger Weise in den Wettbewerb eingegriffen wird. Hierbei kommt eine Irreführung gem. § 5 UWG in Betracht, soweit eine Alleinstellung des jeweiligen Verwenders durch die Allgemeinheit vermutet wird. Daneben kann es sich auch um eine unlautere Wettbewerbshandlung handeln, wenn die wettbewerbsrechtliche Entfaltungsmöglichkeit von Konkurrenten durch die Verwendung der Gattungsdomain in unlauterer Weise behindert wird (§ 4 Nr. 4 UWG).

195 In der Auseinandersetzung um Gattungsdomains hat der BGH mit seiner Entscheidung »Mitwohnzentrale.de« einige Grundlinien aufgezeigt. Aus der Verwendung eines beschreibenden Begriffs allein ergibt sich noch nicht die Gefahr einer Irreführung der Verbraucher. Deutet der Gattungsbegriff nicht auf eine angebliche Alleinstellung des Anbieters hin, so ist der Internetnutzer in der Lage, nach weiteren Wettbewerbern zu suchen. Die Registrierung eines Gattungsbegriffs kann allerdings dann missbräuchlich sein, wenn der Anmelder Dritte dadurch blockiert, dass er gleichzeitig andere Schreibweisen der Bezeichnung in derselben Top-Level-Domain (»Tippfehlerdomains«) oder denselben Begriff in anderen Top-Level-Domains für sich registrieren lässt. Eine Wettbewerbswidrigkeit kann bei der Verwendung von Gattungsdomains somit eher angenommen werden, wenn zusätzliche, die Unlauterkeit begründende wettbewerbswidrige Umstände hinzutreten (»Mitwohnzentrale.de«, BGH GRUR 2001, S. 1061, s.a. »Presserecht.de« als Domainname, der von einer Anwaltskanzlei gebraucht und vom BGH ebenfalls als zulässig angesehen wurde, BGH MMR 2003, S. 252 ff. sowie BGH NJW 2005, S. 2315 ff. »Weltonline«).

5. Domainpfändung

196 Möglich ist die Pfändung von Domains im Rahmen der Zwangsvollstreckung. Das Vermögensrecht i.S. von § 857 Abs. 1 ZPO, in das vollstreckt werden kann, ist die Gesamtheit der schuldrechtlichen Ansprüche, die den Inhaber der Domain gegenüber der DENIC aus dem Registrierungsvertrag zustehen (BGH NJW 2005, S. 3353 ff. »Domainpfändung«

→ E 104). Die Ansprüche gegen die DENIC werden als **Konnektierungsanspruch** und als **Registrierungsanspruch** bezeichnet.

6. Internationales Domainrecht

Problematisch ist hinsichtlich des Rechts der Domainnames das **internationale Recht**. Im Markenrecht gilt das **Schutzlandprinzip**, d.h. es ist die Rechtsordnung des Landes anwendbar, für das Schutz beansprucht wird. Die Benutzung einer Marke in Deutschland richtet sich daher grundsätzlich nach deutschem Markenrecht.   **197**

Ein internationaler Schutz von Markenrechten kann sich aus dem **Madrider Markenabkommen (MMA)** ergeben (in Deutschland §§ 107 ff. MarkenG). Bei Beantragung einer International Registrierten Marke (IR-Marke) kann der Markeninhaber den Schutz seiner Heimatmarke auf einen oder mehrere Vertragsstaaten ausdehnen lassen.   **198**

Besondere Bestimmungen gelten für Unionsmarken. Ihr Schutz richtet sich nach der Unionsmarkenverordnung der EU. Bei der Unionsmarke wird ein Schutz in allen Mitgliedstaaten durch eine einheitliche Eintragung erreicht. Zuständig ist das Harmonisierungsamt für den Binnenmarkt (Marken, Muster und Modelle) mit Sitz in Alicante (Spanien). Eine Antragstellung ist auch beim Deutschen Patent- und Markenamt möglich (§ 125a MarkenG).   **199**

Internationale Domainstreits können vor der WIPO (World Intellectual Property Organisation) vorgetragen werden. Bei der der UNO zugehörigen Weltorganisation für geistiges Eigentum besteht ein Expertengremium zur Entscheidung über Rechte an Domains. Dieses Gremium ist kein Gericht, sondern entscheidet im Wege eines Schiedsverfahrens über Anträge auf Löschung einer Domain.   **200**

Unterschiedliche Anspruchsgrundlagen des Domainrechts:

1. Namen: § 12 BGB
2. Marken: § 14 MarkenG
3. Unternehmenskennzeichen: § 15 MarkenG

XII. Soziale Netzwerke

1. Rechtliche Besonderheiten

Die Medienlandschaft ist stark durch soziale Netzwerke (Social Media) geprägt. Es ist jedem möglich, Informationen in Netzwerken (Facebook, Twitter, Instagram u.a.) einem breiten Kreis von Rezipienten zugänglich zu machen. Die Besonderheit der sozialen Netzwerke liegt in der grundsätzlich unbegrenzten Kontaktzahl und einer geradezu viralen Verbreitung von Bot-   **201** schaften durch Funktionen wie Teilen (»share«) und Sympathiebekundungen (»Like-Button«). Die sozialen Medien sind aufgrund der Wahl eines kleineren Rezipientenkreises (»friends«) oder der Allgemeinheit ein Konglomerat aus Individual- und Massenkommunikation, was die rechtliche Einordnung von Äußerungen in sozialen Netzwerken erschwert.

202   Die Bedeutung der sozialen Netzwerke liegt in den variablen Nutzungsmöglichkeiten, die es erlauben, ohne zeitliche Verzögerung Informationen und Meinungen zu verbreiten und mit einer Vielzahl von Personen gleichzeitig zu kommunizieren. Damit ist dieses Instrument nicht nur ein weiteres Kommunikationsmedium, sondern sowohl in wirtschaftlicher Beziehung als Marketinginstrument als auch zur Mobilisierung von Massen geeignet. Die Motive für eine Mobilisierung größerer Kreise der Bevölkerung können wiederum von kommerziellen bis hin zu künstlerischen und politischen Interessen reichen. Schließlich können auch kollektive Missfallenskundgebungen beabsichtigt sein (»Shitstorm«). Die Auswirkungen solcher – von staatlichen Stellen und auch zivilrechtlich kaum zu reglementierenden Massenbewegungen – können sich insbesondere auf das Ansehen von Personen katastrophal auswirken. Der Filter der journalistischen Sorgfaltspflicht fällt hier weg, so dass Anschuldigungen häufig nicht mit der erforderlichen Sorgfalt vor ihrer Verbreitung geprüft werden.

203   Mit der Informationsvermittlung in sozialen Netzwerken (und auch in Blogs), verschwimmen die Grenzen zum »professionellen« Journalismus. Zum einen bedienen sich herkömmliche Medien der Informationen aus sozialen Netzwerken, um diese direkt oder nach eigener Recherche weiterzugeben. Zum anderen verdrängen die sozialen Netzwerke zum Teil herkömmliche Medien, da sie ihnen in zeitlicher Hinsicht überlegen sind. Dies führt zu grundlegenden gesellschaftlichen und rechtlichen Veränderungen. Informationen auch aus laufenden Verhandlungen führen zu einer frühzeitigen direkten Beteiligung breiter Kreise der gesamten Bevölkerung u.a. an politischen Entwicklungen. Auf der anderen Seite entsteht doch oftmals das falsche Bild, die im Netz Aktiven wären das Sprachrohr der Mehrheit der Bevölkerung. Gerade in einer repräsentativen Demokratie besteht die Gefahr pseudo-demokratischer Einflussnahme nicht zuletzt auf Gesetzesvorhaben.

204   Rechtlich bisher nur unzureichend geklärt sind verschiedene Formen unsachlicher **Einflussnahme auf die politische Willensbildung** der Bevölkerung von innen und von dritten Staaten. Problematisch im Hinblick auf den Grundsatz der Staatsferne kann die Beteiligung der Bundesregierung sowie verschiedener staatlicher Stellen auf Bundes- und Landesebene in den sozialen Netzwerken sein. Wie einerseits persönliche Stellungnahmen und auch offizielle Verlautbarungen der Regierung, insbes. zum Schutz der Bevölkerung vor Gefahren, grundsätzlich zulässig oder gar geboten sind, gilt dies nicht für meinungsbeeinflussende oder journalistische Stellungnahmen insbes., wenn hierdurch die politische Willensbildung in Bezug auf Wahlen gesteuert werden soll.

Eine weitere Form der Meinungsbeeinflussung ist die durch Maschinen, die als menschliche Nutzer sozialer Netzwerke getarnt sind und nicht nur automatisiert Nachrichten verbreiten, sondern auch auf Stellungnahmen von Nutzern reagieren und diese im Sinne einer bestimmten politischen Richtung beantworten können, sog. »**Social Bots**«. Aufgrund der Vielzahl auf diese Weise generierter Stellungnahmen kann der Eindruck entstehen, diese Auffassung entspreche der überwiegenden Ansicht in der Bevölkerung. Als besondere Gefahr tritt hier wiederum die Möglichkeit hinzu, dass solche »Social Bots« von ausländischen Staaten gezielt genutzt werden, um Wahlen zu beeinflussen und letztlich die Idee der Demokratie zu korrumpieren. Diesbezüglich ist im Entwurf eines Medienstaatsvertrags eine Kennzeichnungspflicht für Social Bots geplant (§ 55 Abs. 3 MStV-E). **205**

2. Netzwerkdurchsetzungsgesetz

Das Netzwerkdurchsetzungsgesetz (NetzDG → T 29a), verpflichtet seit 2018 bestimmte Anbieter von sozialen Netzwerken, genau umschriebene Kategorien **rechtswidriger Inhalte** zu **löschen**. Der Begründung des Gesetzes zufolge soll mit dem Gesetz gegen Hasskriminalität vorgegangen werden. Tatsächlich werden von dem Gesetz allerdings nicht alle Formen von »Hate Speech« und »Fake News« erfasst, »Social Bots« werden vom Gesetz überhaupt nicht geregelt. **206**

Pflichten aus dem NetzDG treffen zunächst nur bestimmte **Netzwerkdiensteanbieter**. § 1 Abs. 1 NetzDG umschreibt diese zunächst als Telemediendiensteanbieter, die mit Gewinnerzielungsabsicht soziale Netzwerke betreiben. Soziale Netzwerke definiert das Gesetz als Plattformen im Internet, die dazu bestimmt sind, dass Nutzer beliebige Inhalte mit anderen Nutzern teilen oder der Öffentlichkeit zugänglich machen. Ausdrücklich ausgenommen sind Plattformen mit journalistisch-redaktionell gestalteten Angeboten, die vom Diensteanbieter selbst verantwortet werden. Eine weitere wichtige Ausnahme ergibt sich gem. § 1 Abs. 2 NetzDG für soziale Netzwerke, die im Inland weniger als zwei Millionen registrierte Nutzer haben. **207**

Die so vom Gesetz umschriebenen Netzwerkdiensteanbieter sind verpflichtet, ein bestimmtes **Verfahren zum Umgang mit Beschwerden** über rechtswidrige Inhalte vorzuhalten. Was ein **rechtswidriger Inhalt** **208**

i.S.d. Gesetzes ist, wird in § 1 Abs. 3 NetzDG umschrieben, in dem eine
Liste von Straftatbeständen aufgeführt wird. Umfasst ist etwa der Tatbestand des Verbreitens von Propagandamitteln verfassungswidriger Organisationen (§ 86 StGB) und die Verwendung von Kennzeichen solcher Organisationen (§ 86a StGB). Erfasst sind auch die öffentliche Aufforderung
zu Straftaten (§ 111 StGB) und vor allem die Volksverhetzung (§ 130
StGB). Zu nennen sind die Beleidigungstatbestände der §§ 185-187 StGB
und die Verletzung des höchstpersönlichen Lebensbereichs durch Bildaufnahmen (§ 201a StGB). Erfüllt ein Beitrag in einem sozialen Netzwerk
andere als die in § 1 Abs. 3 NetzDG aufgeführten Normen des StGB oder
gar keinen Straftatbestand, so greifen die Pflichten des NetzDG nicht ein.
Sache des Netzwerkdiensteanbieters ist es, auf eine Beschwerde hin zu
prüfen, ob der gemeldete Inhalt rechtswidrig und zu entfernen oder ob der
Zugang zu diesem Inhalt zu sperren ist (»notice and take down«).

209   Bei **offensichtlich rechtswidrigen Inhalten** muss der Netzwerkdiensteanbieter innerhalb von 24 Stunden nach Eingang der Beschwerde
diesen Inhalt entfernen oder den Zugang zu ihm sperren (§ 3 Abs. 2 Nr. 2
NetzDG). Soweit es sich nicht um einen offensichtlich rechtswidrigen
Inhalt handelt (sozusagen ein **schlicht rechtswidriger Inhalt**), so muss
dieser Inhalt unverzüglich, in der Regel innerhalb von sieben Tagen nach
Eingang der Beschwerde entfernt oder der Zugang zu ihm gesperrt werden (§ 3 Abs. 2 Nr. 3 NetzDG). Die Entscheidung über die Rechtswidrigkeit eines Inhalts kann vom Netzwerkanbieter auch auf eine Einrichtung der regulierten Selbstregulierung übertragen werden, was zu einer
Verlängerung der Frist führt.

210   In jedem Fall obliegen einem Netzwerkdiensteanbieter ausführliche
Berichtspflichten insbesondere über den Umgang mit Beschwerden (§ 2
NetzDG). Die Regelung des NetzDG sind für Netzwerkdiensteanbieter
von großer Relevanz, denn § 4 NetzDG droht hohe Bußgelder im Falle
von Zuwiderhandlungen an. Eine Besonderheit des Gesetzes ist, dass § 4
Abs. 5 NetzDG anordnet, dass eine Verwaltungsbehörde, die ihre Ent-
scheidung darauf stützen will, dass nicht entfernte oder nicht gesperrte
Inhalte rechtswidrig sind, über die Frage der Rechtswidrigkeit vorab eine
gerichtliche Entscheidung herbeizuführen hat, wofür gem. § 4 Abs. 4 Satz
2 NetzDG das Gericht zuständig ist, das über den Einspruch gegen den
Bußgeldbescheid entscheidet. Das ist gem. § 68 Abs. 1 Satz 1 OWiG das
Amtsgericht, in dessen Bezirk die Verwaltungsbehörde ihren Sitz hat. Das
Bundesamt für Justiz hat seinen Sitz in Bonn, weshalb des AG Bonn für
gerichtliche Vorlagen zu Rechtswidrigkeit eines Inhalts zuständig ist.

211   Verschiedene Zweifel an der Rechtmäßigkeit des NetzDG beziehen
sich auf ganz unterschiedliche Aspekte und zwar sowohl in formeller als

auch in materieller Hinsicht. Problematisch ist nicht nur die Vereinbarkeit mit den europarechtlichen Vorgaben der E-Commerce-Richtlinie, sondern vor allem auch die Kompetenz des Bundes zum Erlass eines solchen Gesetzes. Das Problem liegt hier darin, dass der Bund zwar für das Recht der Wirtschaft zuständig ist (Art. 74 Abs. 1 Nr. 11 GG), da das Gesetz allerdings in erster Linie den Inhalt von Medien betrifft, hier von einer Kompetenz der Bundesländer gem. Art. 70 Abs. 1 GG auszugehen ist.

Die inhaltliche Kritik am Gesetz stützt sich vor allem auf die Beeinträchtigung der **Meinungsfreiheit der Nutzer**. Zwar handelt es sich nicht um einen direkten staatlichen Eingriff, allerdings legt der Gesetzgeber ein konkret ausgestaltetes Verfahren für Private fest, dessen Nichteinhaltung durch hohe Bußgelder (bis zu 50 Mio. Euro, § 4 Abs. 2 NetzDG i.V.m. § 30 Abs. 2 Satz 3 OWiG) geahndet wird. Die Bußgeldandrohung im Zusammenhang mit den kurzen Löschfristen kann zu einem »Overblocking« führen, da die Löschung von Inhalten, die bei näherer Prüfung nicht unter den Anwendungsbereich des NetzDG fallen, für die Diensteanbieter keine nachteiligen Rechtsfolgen haben. Dieser Eindruck wird noch dadurch verstärkt, dass Nutzern, deren Inhalte gelöscht wurden, keine adäquaten Rechtsschutzmittel zur Verfügung gestellt werden. Diese Überlegungen sprechen gegen eine Vereinbarkeit des Gesetzes mit der Meinungsfreiheit des Art. 5 Abs. 1 Satz 1, 2. Var. GG.

212

Sperrpflichten nach dem NetzDG

1. Beiträge, die nicht nach den in § 1 Abs. 3 Netz DG aufgeführten Normen strafbar sind
→ keine Sperrpflicht

2. offensichtlich rechtswidriger Inhalt nach § 1 Abs. 3 NetzDG
→ Entfernung oder Sperrung innerhalb von 24 Stunden nach Eingang einer Beschwerde: § 3 Abs. 2 Nr. 2 NetzDG

3. rechtswidriger, aber nicht offensichtlich rechtswidriger Inhalt
→Entfernung oder Sperrung unverzüglich, i.d.R. innerhalb von 7 Tagen nach Eingang einer Beschwerde: § 3 Abs. 2 Nr. 3 NetzDG
Fristverlängerung:
– Gelegenheit des Nutzers zur Stellungnahme
– Entscheidung einer Einrichtung der regulierten Selbstregulierung übertragen

3. Anwendbarkeit medienrechtlicher Normen auf soziale Netzwerke

213 Wer sich in einem sozialen Netzwerk medial betätigt, kann sich ohne weiteres auf die **Meinungsfreiheit** des Art. 5 Abs. 1 Satz 1, 1. Var. GG berufen. Die Rezeption von Informationen aus Netzwerken ist durch die **Informationsfreiheit** in der nachfolgenden Alternative gedeckt. Schwieriger ist die Frage zu entscheiden, ob darüber hinaus in diesen Fällen auch die **Medienfreiheit** anwendbar ist. Da das BVerfG auch die Meinungsäußerung von Journalisten in herkömmlichen Presseprodukten der Meinungsäußerungsfreiheit und nicht der Pressefreiheit unterstellt, könnte die Medienfreiheit lediglich dann zur Anwendung kommen, wenn presse- oder rundfunkspezifische Arbeit durch staatliche Maßnahmen erschwert oder verunmöglicht würden, etwa die Recherche zu einem bestimmten Thema. Da die Medienfreiheiten die Medien angesichts ihrer besonderen Funktion in der Demokratie als solche und auch institutionell schützen, kann sich nicht jedermann auf dieses Grundrecht berufen. Geschützt ist zwar nicht nur der »professionelle« Journalismus, sind doch beispielsweise auch kostenlose Schülerzeitungen vom Schutzbereich des Grundrechts erfasst. Jedoch reicht es für eine Teilhabe an den Mediengrundrechten nicht aus, selbst »irgendwie« in den Medien tätig zu sein, vielmehr wird eine gewisse Kontinuität und Dauerhaftigkeit der Tätigkeit, vor allem eine gewisse Offenheit gegenüber zusätzlichen Rezipienten, als erforderlich anzusehen sein. Die Abgrenzung ist eine Frage des Einzelfalls; eine Einordnung wird zunehmend schwerer.

214   Die einfachgesetzlichen Normen des Pressegesetzes sind jedenfalls nicht anwendbar, da diese sich auf Druckwerke beziehen und insoweit die Normen des TMG und des RStV vorrangig sind. Anwendbar sind die Informationspflichten aus dem **Telemediengesetz** (§§ 5 ff. TMG), wobei insbesondere genau zu prüfen ist, ob es sich um ein rein privates Angebot handelt oder ob nicht doch geschäftsmäßige oder gar kommerzielle Aspekte mit umfasst sind. Zu beachten sind die **Informationspflichten** nach TMG, differenziert nach der Intensität des gewerblichen Charakters. Bejaht wird etwa eine Impressumspflicht für geschäftsmäßige Social Media-Auftritte. Anwendbar sind die Haftungsregelungen der §§ 7 ff. TMG. Da eine **Haftung** für eigene Inhalte dort nicht ausgeschlossen wird, muss sich jeder die Folgen seines Tuns in sozialen Netzwerken zurechnen lassen, beispielsweise, wenn es aufgrund des Aufrufs zu einem Flashmob zu Störungen der öffentlichen Sicherheit und Ordnung kommt, die mit Kosten für die Allgemeinheit verbunden sind. Besonders gefährlich ist die Haftung für fremde Nutzerinhalte aufgrund der Vernetzung der Nutzer und des Austauschs zwischen diesen. Die Grenze zwischen eigenen, zu eigen gemachten und fremden Inhalten verschwimmt mehr und mehr, was mit einem erhöhten Haftungsrisiko verbunden ist. Fehlt es an einem deutlichen Hinweis auf die Fremdheit eines Inhalts, muss sich diese der Nutzer im Zweifel zurechnen lassen. Regelmäßig wird es sich nicht um journalistisch-redaktionelle Angebote gem. §§ 55 ff. RStV handeln, fehlt doch die Nähe zu periodischen Druckerzeugnissen, wie sie sich aus dem Wortlaut des § 55 Abs. 2 RStV ergibt.

Die Übernahme fremder Inhalte ist für soziale Netzwerke nicht anders **215** zu beurteilen als sonst. Fremde Fotos dürfen daher nicht ohne Einwilligung des Urhebers verwendet werden, auch nicht innerhalb eines geschlossenen Kreises von »Followers«.

Werden soziale Netzwerke als **Marketinginstrument** eingesetzt, so **216** sind die allgemeinen Normen, z.B. des Markenrechts, anwendbar. Wichtig ist die Erkennbarkeit des Werbecharakters von gewerblichen Seiten, vergl. § 7 Abs. 2 Nr. 4a UWG, was bei gewerblichen Fake-Accounts problematisch sein kann. Die Meinungskundgabe über ein konkretes Produkt kann in diesen Fällen Schleichwerbung sein. Vor allem gilt dies für das sog. **Influencermarketing** etwa durch Instagram oder YouTuber. Hier muss der werbliche Charakter eines Beitrags sofort erkennbar sein. § 6 TMG statuiert ein Gebot der Erkennbarkeit für kommerzielle Kommunikation. Gem. § 5a Abs. 6 UWG handelt unlauter, wer den Zweck einer geschäftlichen Handlung nicht kenntlich macht. Etwas Anderes gilt nur dann, wenn sich der geschäftliche Charakter nicht unmittelbar aus den Umständen ergibt. Das Nichtkenntlichmachen muss zudem geeignet sein, den Verbraucher zu einer geschäftlichen Entscheidung zu veranlassen, die er andernfalls nicht getroffen hätte. Berichtet ein Influencer über seine Erfahrungen mit einem Produkt, so wird dies für seine Follower überzeugender sein als eine Werbung des Herstellers. Bisher nicht abschließend geklärt ist die Frage, in welcher Weise eine notwendige Kenntlichmachung erfolgen muss, damit der Nutzer den werblichen Charakter des Posts ohne weiteres erkennen kann. Ein »Verstecken« des Werbehinweises zwischen anderen Angaben (z.B. Hashtags) würde der Kennzeichnungspflicht nicht gerecht.

4. Übernahme von Materialien aus sozialen Netzwerken

In der Praxis von großer Bedeutung ist die Frage, inwieweit Materialien, **217** die freiwillig vom Berechtigten in soziale Netzwerke eingestellt wurden, von Journalisten in ihren Veröffentlichungen verwendet werden dürfen. Zu beachten sind die AGB des Anbieters und das Urheberrecht des Fotografen und das Persönlichkeitsrecht des Abgebildeten. Wer sich mittels

eines Profilbilds von sich in seinem Account der Allgemeinheit präsentiert, hat dennoch im Zweifel nicht eingewilligt, dass das Foto in einer
Boulevardzeitung abgedruckt wird.

5. Digitaler Nachlass

218   Nach dem Tod des Rechtsträgers geht der Nutzungsvertrag mit dem Anbieter eines sozialen Netzwerks gem. § 1922 BGB auf dessen Erben über.
Diese können auf das Benutzerkonto sowie die dort enthaltenen vermö-
gensrechtlichen und höchstpersönlichen Inhalte zugreifen. Dem steht weder das postmortale Persönlichkeitsrecht des Erblassers noch das Telekommunikationsgeheimnis der Kommunikationspartner entgegen. So haben
die Eltern einer Schülerin, die von einer U-Bahn überfahren worden war,
das Recht, den Facebook-Account ihrer Tochter z.B. daraufhin zu überprüfen, ob diese Suizidgedanken hegte (BGH CR 2018, S. 734 ff.).

6. Datenschutz

219   Soziale Netzwerke geraten immer wieder im Hinblick auf die Vereinbarkeit mit dem Datenschutzrecht in Kritik. Das hängt mit dem Geschäftsmodell sozialer Netzwerke zusammen, die möglichst viele personenbezogene Daten erheben möchten, um aus diesen Nutzerprofile zu erstellen,
die die Schaltung individueller Werbeangebote ermöglichen (sog. social
media monitoring). Damit steht das Geschäftsmodell als solches im Widerspruch zum europäischen Datenschutzrecht, das auf die Erhebung
möglichst weniger Daten ausgerichtet ist.

220   Besonders gravierend ist es, wenn die Nutzerdaten ins Ausland übermittelt werden. Die DSGVO unterscheidet zwischen Datenübermittlungen innerhalb der EU, die grundsätzlich zulässig sind und solche an Drittstaaten, die lediglich unter engen Voraussetzungen zulässig sind. Die Einzelheiten finden sich in den Art. 44 ff. DSGVO. Die Grundsätze der
DSGVO sind auch auf Anbieter aus Drittstaaten anwendbar, wenn auch
die Durchsetzung der Pflichten in der Praxis schwierig oder unmöglich
sein kann. Zu Konflikten kann es kommen, wenn ausländische Rechtsordnungen ein weniger starkes Datenschutzrecht haben, wie das US-amerikanische Recht, das dem Grundsatz des »free flow of information« folgt.
Zudem gilt dort bei personenbezogenen Daten das sog. Opt-out-Prinzip,
demzufolge personenbezogene Daten erhoben werden dürfen, solange der
Betroffene nicht widerspricht.

7. Neutralitätspflicht von Hoheitsträgern

Hoheitsträger haben sich in den Medien immer einer gewissen Neutralität **221** im politischen Meinungskampf zu befleißigen, insbesondere gilt die Neutralitätspflicht im Hinblick auf die Bewertung politischer Parteien. Mit besonderer Brisanz stellt sich die Problematik in sozialen Netzwerken. Es ist weithin üblich, dass sich Politiker sozialer Netzwerke bedienen. Im Gegensatz zur Darstellung eines Hoheitsträgers auf seiner Homepage, erscheinen Stellungnahmen von Politikern in sozialen Netzwerken häufig als deren private Auffassung. Handelte es sich tatsächlich um eine private Äußerung, wäre diese von der Meinungsfreiheit des Art. 5 Abs. 1 Satz 1, 1. Var. GG gedeckt. Das ist bei Äußerungen von Hoheitsträgern in sozialen Netzwerken hingegen normalerweise gerade nicht der Fall. So sind jedenfalls auch scheinbar private Äußerungen mindestens mit hochrangigen Ämtern bekleideter Politiker diesen auch in ihrer **Amtsfunktion** zuzurechnen. Soweit dies der Fall ist, haben sie die staatliche Neutralitätspflicht auch bei Äußerungen in sozialen Netzwerken zu wahren. Das heißt nicht, dass staatliche Informationspolitik sachlich-informierender oder warnender Natur in sozialen Netzwerken nicht zulässig wäre (→ *3* Rdnr. 24; *4* Rdnr. 182).

Bei Stellungnahmen im politischen Meinungskampf haben Regie- **222** rungsmitglieder die **Chancengleichheit politischer Parteien**, die in Art. 21 Abs. 1 GG verfassungsrechtlich verankert ist, zu beachten. Hieraus ist eine **Neutralitätspflicht im Rahmen des politischen Meinungskampfes** abzuleiten, die insbesondere im Rahmen von Wahlkämpfen aber auch zu allen anderen Zeiten zu beachten ist. Die staatliche Neutralitätspflicht gilt nicht nur in sozialen Netzwerken, sondern auch bei sonstigen Meinungsäußerungen. Zulässig ist es, wenn Regierungsmitglieder fehlerhafte Sachdarstellungen oder diskriminierende Werturteile klar und unmissverständlich zurückweisen. Ein »Recht auf Gegenschlag« dergestalt, dass staatliche Organe auf unsachliche oder diffamierende Angriffe in gleicher Weise reagieren dürften, besteht indes nicht. Die Bundesregierung darf die Möglichkeiten der Öffentlichkeitsarbeit nicht dazu nutzen, um Regierungsparteien zu unterstützen oder um Oppositionsparteien zu bekämpfen. Sie hat die Gebote der **Neutralität** und der **Sachlichkeit** zu beachten. Insbesondere dürfen Regierungsmitglieder sich nicht auf die Autorität des Regierungsamtes berufen und damit verbundene Ressourcen nutzen, über die die politischen Wettbewerber nicht verfügen. Die Rechtsprechung des BVerfG aus dem Jahr 2018, die sich auf die Mitteilung einer Ministerin auf ihrer Ministeriumshomepage bezog, ist auch bei der Betätigung von Regierungsmitgliedern in sozialen Netzwerken zu beachten.

Wird die mediale Verbreitung politischer Ansichten durch Regierungsmitglieder zunehmend einfacher, so müssen die Anforderungen an die mediale und parteipolitische Neutralität im gleichen Maße angehoben werden (BVerfG U.v. 27.2.2018, 2 BvE 1/16 »Wanka«).

XIII. Ausblick

223 Nationales Multimediarecht ist angesichts der Internationalität des Internets ein von vorneherein begrenztes Instrumentarium. Eine Verbesserung der rein nationalen Regelungen stellen zwischenstaatliche Vereinbarungen dar. Innerhalb der EU ist die Rechtsentwicklung hinsichtlich einheitlicher Standards weit gediehen. Letztlich können jedoch nur weltumspannende Systeme lückenlosen Schutz bieten. Sie sind derzeit aufgrund der politischen Differenzen innerhalb der Staatengemeinschaft nicht zu erwarten. Desungeachtet gibt es Ansätze in dieser Richtung, die zukünftig ausgebaut werden müssen.

224 Unter dem Stichwort »**Cyberwar**« werden mögliche Gefahren diskutiert, die sich aus Angriffen im Internet ergeben. Hierbei geht es vor allem um Angriffe, die in Rechner und Systeme mit dem Ziel eindringen, die Informationen des Gegners zu zerstören, zu stehlen oder zu verfälschen. Geschützt werden müssen nicht nur militärische Rechner, sondern z.B. auch zentrale Verkehrs- und Infrastruktureinrichtungen wie Flughäfen oder Einrichtungen der Strom- und Wasserversorgung. Um dieser Bedrohung zu begegnen, koordiniert in Deutschland das Nationale Cyber-Abwehrzentrum in Bonn Gegenmaßnahmen unterschiedlicher Behörden gegen elektronische Angriffe auf Infrastruktureinrichtungen.

225 Die technische Entwicklung stellt den Staat mit seiner Schutzpflicht für seine Bürger vor ständig neue Herausforderungen. So sehr dies im Hinblick auf autoritäre Staaten zu begrüßen ist, wird indessen auch die Gefahrenabwehr wie die Strafverfolgung erschwert. Eine zunehmende Anonymisierung und Internationalisierung lässt staatliche Maßnahmen häufig ins Leere laufen. So erlaubt die Anonymisierung Transaktionen im Netz, die von staatlichen Stellen oftmals nicht mehr nachvollzogen werden können (»**Darknet**«). Hinzu kommt die Bezahlmöglichkeit mit Kryptowährungen (z.B. Bitcoin), die sich weitgehend nationaler Kontrolle entziehen.

226 Die Entwicklung der Technik im Multimediabereich ist nicht abgeschlossen. Künftige technische Möglichkeiten werden neuerliche Reaktionen des Gesetzgebers erforderlich machen. Die Wirksamkeit der einzelstaatlichen Normen endet an den Staatsgrenzen – nicht aber das Internet. Stichworte wie Persönlichkeitsrecht, Jugendschutz und Urheberrecht kennzeichnen die Herausforderungen, die zu bewältigen sind. Aus diesen Gründen gilt es, die Weiterentwicklung des Multimediarechts im Auge zu behalten.

Literatur

Lehrbücher / Nachschlagewerke

Andreas Leupold / Silke Glossner (Hrsg.): Münchener Anwaltshandbuch IT-Recht, 3. Aufl. 2013

Thomas Wülfing / Ulrich Dieckert (Hrsg.): Praxishandbuch Multimediarecht, 2013

Michael Schmidl: IT-Recht von A–Z: Von Accessprovider bis Zwischenspeicherung, 2. Aufl. 2014

Thomas Hoeren (Hrsg.): Big Data und Recht, 2014

Volker Haug: Grundwissen Internetrecht, 3. Aufl. 2016

Markus Köhler / Thomas Fetzer: Recht des Internet, 8. Aufl. 2016

Helmut Redeker: IT-Recht, 6. Aufl. 2017

Niko Härting: Internetrecht, 6. Aufl. 2017

Wolfgang Kilian / Benno Heussen: Computerrechts-Handbuch, herausgegeben von Jürgen Taeger / Jan Pohle, 33. Aufl. 2017, Stand: Mai 2018

Jochen Marly: Praxishandbuch Softwarerecht, 7. Aufl. 2018

Michael Intveen / Klaus Gennen / Michael Karger: Handbuch des Softwarerechts, 2018

Florian Albrecht: Informations- und Kommunikationsrecht. Lehrbuch für das gesamte IT-Recht, 2018

Thomas Hoeren / Ulrich Sieber / Bernd Holznagel (Hrsg): Handbuch Multimedia-Recht. Rechtsfragen des elektronischen Rechtsverkehrs, Stand: Februar 2019

Dieter Dörr u.a. (Hrsg.): Medienrecht. Recht der elektronischen Massenmedien, 3. Aufl. 2019 (angekündigt)

Till Jaeger / Axel Metzger: Open Source Software, 5. Aufl. 2019

Textsammlungen

Martin Geppert / Alexander Roßnagel: Telekommunikations- und Multimediarecht Telemediarecht (TeleMediaR), 11. Aufl. 2017

IT- und Computerrecht: CompR, 13. Aufl. 2018

Rolf Schwartmann / Andreas Jaspers: Internet- und Datenschutzrecht, 2018

Kommentare

Horst G. Abel: Praxiskommentare Telemediengesetz, Telekommunikationsgesetz und Telekommunikations-Überwachungsverordnung, 2. Aufl. 2011

Gerald Spindler / Peter Schmitz (Hrsg.): TMG, 2. Aufl. 2018

Dirk Heckmann: juris PraxisKommentar Internetrecht, 6. Aufl. 2019

Gerald Spindler / Fabian Schuster (Hrsg.): Recht der elektronischen Medien, Kommentar, 4. Aufl. 2019

Gerrit Manssen (Hrsg.): Telekommunikations- und Multimediarecht, LBl., Stand: 2019

Literatur zu einzelnen Themen

a) Telekommunikation

Kommentare

Martin Geppert u.a. (Hrsg.): Beck'scher TKG Kommentar, 4. Aufl. 2013

Franz Jürgen Säcker (Hrsg.): Telekommunikationsgesetz, 3. Aufl. 2013

Joachim Scherer / Kurt Graulich / Hans-Wolfgang Arndt: Berliner Kommentar zum Telekommunikationsgesetz, 2. Aufl. 2015

Philipp Lust: Telekommunikationsrecht im Überblick, 2. Aufl. 2015

Gerrit Manssen: Telekommunikations- und Multimediarecht, LBl., Stand: 2018

Klaus-Dieter Scheurle / Thomas Mayen: Telekommunikationsgesetz (TKG), Kommentar, 3. Aufl. 2018

Lehrbücher

Andreas Wien: Internetrecht. Eine praxisorientierte Einführung, 3. Aufl. 2012

Raimund Schütz: Kommunikationsrecht, 2. Aufl. 2012

Sven-Erik Heun (Hrsg.): Handbuch Telekommunikationsrecht, 3. Aufl. 2013 (Neuauflage angekündigt)

Jürgen Kühling/Tobias Schall/Michael Biendl: Telekommunikationsrecht, 2. Aufl. 2014

Nikolas Guggenberger: Netzneutralität, 2015

Lennart Ziebarth: Die Netzneutralität des Grundgesetzes, 2016

b) Internetvertragsrecht

Wolfgang Weitnauer (Hrsg.): IT-Recht, (Beck'sches Formularbuch), 4. Aufl. 2017

Rupert Vogel / Birgit Roth: E-Commerce-Vertrag, 2014

Silke Bittner u.a.: Das neue Verbrauchervertragsrecht, 2014

Georg von Zimmermann: Die Einwilligung im Internet, 2014

Thomas Hoeren / Viola Bensinger (Hrsg.): Haftung im Internet, 2014

Saleh Ramadan Ihwas: Strafverfolgung in Sozialen Netzwerken, 2014

Sven Hetmank: Internetrecht, 2016

c) Soziale Netzwerke

Gerrit Hornung / Ralf Müller-Terpitz: Rechtshandbuch Social Media, 2015 (Erscheint demnächst)

Michael Marc Maisch: Informationelle Selbstbestimmung in Netzwerken, 2015

Jens-Ullrich Pille: Meinungsmacht sozialer Netzwerke, 2016

Carsten Ulbricht: Praxishandbuch Social Media und Recht, 4. Aufl. 2017

Magdalena Mayer: Soziale Netzwerke im Internet im Lichte des Vertragsrechts, 2018

d) Cloud Computing

Fabian Niemann / Jörg-Alexander Paul: Rechtsfragen des Cloud Computing, 2014
Benno Barnitzke: Rechtliche Rahmenbedingungen des Cloud Computing, 2014
Marc Hilber (Hrsg.): Handbuch Cloud Computing, 2014
Bardia Kian: Cloud Computing, 2016
Thorsten Hennrich: Cloud Computing, 2016
Georg Borges / Jan Geert Meents: Cloud Computing, Rechtshandbuch, 2016
Peter Schneidereit: Haftung für Datenverlust im Cloud Computing, 2017

e) Weitere Spezialfragen

Christian Solmecke / Jürgen Taeger: Mobile Apps, 2013
Nikolas Guggenberger: Netzneutralität, 2015
Sven Krischker: Das Internetstrafrecht vor neuen Herausforderungen, 2015
Sven Hendrik Schulze: Cyber-›War‹ – Testfall der Staatenverantwortlichkeit, 2015
Wolfgang Lent: Besondere Impressumspflichten im Online-Journalismus, ZUM 2015, S. 134 ff.
Ramona Schmidt: Äußerungsrechtlicher Schutz gegenüber Bewertungsportalen im Internet, 2015
Felix W. Zimmermann: Der Schutz des publizistischen Systems vor Werbeplatzierungen, 2016
Ulrich Baumgartner / Konstantin Ewald: Apps und Recht, 2. Aufl. 2016
Gabriella Piras: Virtuelles Hausrecht?, 2016
Marco Gercke: Die Entwicklung des Internetstrafrechts, 2015/2016, ZUM 2016, S. 825 ff.
Gerald Spindler: Die neue Providerhaftung für WLANs, NJW 2016, S. 2449 ff.
Jakob Dalby: Grundlagen der Strafverfolgung im Internet und in der Cloud, 2016
Helmut Hoffmann: Die Entwicklung des Internetrechts bis Ende 2015, NJW 2016, S. 548 ff.
Andreas Sesing: Täterschaftliche Verantwortlichkeit von Anschlussinhabern, MMR 2016, S. 82 ff.
Hubertus Gersdorf: Staatliche Kommunikationstätigkeit, AfP 2016, S. 293 ff.
Sebastian Müller-Franken: Unzulässige Staatsmedien oder zulässige Informationstätigkeit?, AfP 2016, S. 301 ff.
Christian Eder: »Rote Karte« gegen »Spinner«? Bedeutung und Reichweite staatlicher Neutralitätspflichten in der politischen Auseinandersetzung, 2017
Johannes Osing: Die Netzneutralität im Binnenmarkt, 2017
Thomas Fetzer: Zulässigkeit von Zero-Rating-Angeboten und Traffic-Shaping-Maßnahmen, MMR 2017, S. 579 ff.
Frank Fechner: Fake-News und Hate Speech als Gefahr für die demokratische Willensbildung. Staatliche Gewährleistung kommunikativer Wahrheit?, in: Arndt Uhle (Hrsg.): Information und Einflussnahme, 2018, S. 158 ff.
Sarah Hohenstein: Die Vererblichkeit des digitalen Nachlasses, K&R 2018, S. 5 ff.
Christoph Freimuth: Die Gewährleistung der IT-Sicherheit Kritischer Infrastrukturen, 2018
Sebastian Bosch: Straftaten in virtuellen Welten, 2018
Anne Paschke: Digitale Gerichtsöffentlichkeit, 2018

Christian Hirzebruch: Öffentlichkeit und Neue Medien im gerichtlichen Verfahren, 2018

Sebastian Rogge: Die Zukunft der Netzneutralität im Internet, 2018

Marion Albers / Ioannis Katsivelas (Hrsg.): Recht & Netz, 2018

Frank R. Remmertz: Aktuelle Entwicklungen im Social Media-Recht, MMR 2018, S. 507 ff.

Kristina Ehle / Stephan Kreß: Kaufen ohne Grenzen – die neue Geoblocking-Verordnung der EU, CR 2018, S. 790 ff.

Jan Oster: Kommunikationsdeliktsrecht, 2019

Frank Fechner / Johannes Arnhold: Medienrecht 4.0, in: Walter Frenz (Hrsg.): Handbuch Industrie 4.0 (erscheint demnächst)

Kontrollfragen

Im Folgenden werden einzelne einfache Kontrollfragen gestellt, die es jedem Leser ermöglichen sollen, festzustellen, ob er die gelesenen Informationen verinnerlicht hat. Gerade die Formulierung einer eigenen Antwort bereitet erfahrungsgemäß vielen Studierenden Schwierigkeiten, weshalb hier eine Möglichkeit zum Üben gegeben wird. Empfohlen wird auch die gegenseitige mündliche Abfrage in Kleingruppen. Zum klausurmäßigen Aufbau medienrechtlicher Fälle siehe *Frank Fechner / Albrecht Rösler / Tankred Schipanski:* Fälle und Lösungen zum Medienrecht, 3. Aufl. 2012.

1. Welche Bedeutung hat das Medienrecht für die Demokratie?

Demokratie erfordert unabhängige Meinungsbildung der Bevölkerung, insbesondere im Hinblick auf politische Wahlen. Daher müssen Medien von staatlichem Einfluss unabhängig sein. Die zentrale Aufgabe des Medienrechts ist es daher, Meinungspluralität in den Medien zu gewährleisten. Zudem ist es die Aufgabe der Medien, Fehlentwicklungen in Politik und Gesellschaft aufzudecken (»Wachhundfunktion« → *1* Rdnr. 10).

2. In einer Zeitungskarikatur wird gut erkennbar der Bundesminister M dargestellt. Auf dem Bild ist zu erkennen, dass M einem Auftragsmörder Geldscheine hinreicht, der seine Schusswaffe bereits auf einen der politischen Hauptgegner des M richtet.

Welche Grundrechte sind in diesem Fall zur Abwägung zu bringen und wie würden Sie entscheiden?

Im dargestellten Fall sind verschiedene Grundrechte von drei unterschiedlichen Grundrechtsträgern maßgeblich in die Abwägung einzustellen. Der Herausgeber der Zeitung kann sich auf die Pressefreiheit i.S.d. Art. 5 Abs. 1 Satz 2 GG berufen. Der Zeichner der Karikatur kann darüber hinaus die Kunstfreiheit des Art. 5 Abs. 3 GG anführen. Bei Art. 5 Abs. 3 GG handelt es sich um ein »geschlossenes Grundrecht«, das daher weniger leicht vom Gesetzgeber eingeschränkt werden kann, als die Pressefreiheit gemäß Art. 5 Abs. 1 GG, die gem. Art. 5 Abs. 2 GG in den Vorschriften der allgemeinen Gesetze ihre Schranken findet. Auf der Seite des Bundesministers ist das allgemeine Persönlichkeitsrecht des Art. 2 Abs. 1 i.V.m.

Art. 1 Abs. 1 GG zu beachten. Der Bundesminister kann sich in diesem Fall auf die Grundrechte berufen, da er nicht nur als Bundesminister, sondern als Person in seinen Charaktereigenschaften angegriffen wurde.

Bei der Abwägung im Wege der praktischen Konkordanz ist Folgendes zu beachten: Es stehen sich zwei besonders hochwertige Grundrechte gegenüber. Die Kunstfreiheit des Art. 5 Abs. 3 GG hat einen besonders hohen Stellenwert, wie sich aus ihrer verfassungsrechtlichen Ausgestaltung als geschlossenes Grundrecht ergibt. Zusätzlich spricht die Pressefreiheit dafür, auch karikierende, selbst übertreibende Darstellungen zuzulassen. Hinzu kommt weiterhin, dass Politiker sich eine Einschränkung ihrer Grundrechte eher gefallen lassen müssen als Privatpersonen, die nie zuvor ins Licht der Öffentlichkeit getreten sind. Auf der anderen Seite kann der Bundesminister hier ein besonders hochwertiges Rechtsgut anführen. In einem Fall der vorliegenden Art ist er unmittelbar in seiner Menschenwürde betroffen. Unabhängig von der Frage, ob man die Menschenwürde direkt für betroffen hält oder lediglich den Menschenwürdegehalt des eigenen Persönlichkeitsrechts, in jedem Fall dürfte das genannte Grundrecht in Fällen der vorliegenden Art einschlägig sein. Die Aussage der Karikatur, M sei bereit, einen politischen Gegner notfalls auch durch einen Auftragsmörder beseitigen zu lassen, geht über die übliche Form auch lächerlich machender Kritik hinaus. Hier werden dem M niedrige, menschenverachtende Züge bzw. Verhaltensweisen unterstellt. Der Sachverhalt ist vergleichbar mit dem der »Strauß-Karikaturen« (BVerfGE 75 S. 369, 379 f.). In dem Fall der »Strauß-Karikaturen« stellte das BVerfG ausdrücklich fest, dass Eingriffe in die Menschenwürde nicht durch die Kunstfreiheit gerechtfertigt sein können. Soweit das allgemeine Persönlichkeitsrecht unmittelbarer Ausfluss der Menschenwürde ist, wirke diese Schranke absolut und ohne die Möglichkeit eines Güterausgleichs. Selbst wenn man dem BVerfG insoweit nicht folgt und eine Abwägung grundsätzlich auch dann für möglich hält, wenn die Menschenwürde beteiligt ist, spricht im vorliegenden Fall doch vieles dafür, eine Karikatur der vorliegenden Art nicht mehr für zulässig zu halten, sofern es sich nicht erkennbar um eine satirische Übertreibung handelt (→ 3 Rdnr. 124 ff.).

3. Angesichts der zunehmenden Brutalisierung in den Darstellungen von Filmen möchte der Bundestag die bestehenden Vorschriften für Filme verschärfen. Alle Filme, auch solche die ausschließlich vor Erwachsenen gezeigt werden, müssen vor der ersten Vorführung einer neu zu schaffenden »Filmsicherheitsstelle« vorgelegt und von dieser genehmigt werden. Was halten Sie von diesem Gesetzesvorhaben? Was ist bei dem derzeitigen FSK-Verfahren anders?

Durch das Gesetzesvorhaben könnte das Grundrecht der Filmfreiheit verletzt sein. Der Schutzbereich der Filmfreiheit ist auch dann berührt, wenn die Produktion des Films zwar schon abgeschlossen ist, jedoch die Vorführung Beschränkungen unterworfen wird, da die Herstellung eines Films nur im Hinblick auf die Vorführung sinnvoll ist. In dem Verbot, Filme ohne Genehmigung zu zeigen, liegt ein Eingriff in die Filmfreiheit. Dieser Eingriff könnte durch Art. 5 Abs. 2 GG verfassungsrechtlich gerechtfertigt sein, wenn es sich um ein »allgemeines Gesetz« handelt. Allerdings ist der Gesetzgeber gem. der Schranken-Schranken des Art. 5 Abs. 1 Satz 3 GG von vorne herein daran gehindert, solche Gesetze zu erlassen, die eine Zensur vorsehen. Nach allgemeiner Meinung bezieht sich dieses Verbot lediglich auf die »Vorzensur«. Durch das Gesetz soll allerdings genau eine solche Vorzensur eingeführt werden, da jedes Filmwerk vor der Veröffentlichung einer staatlichen Stelle zur Genehmigung vorgelegt werden müsste. Ein solches Gesetz wäre mithin verfassungswidrig. – Die bisher gebräuchlichen Verfahren stellen keine Vorzensur dar. Es handelt sich um eine freiwillige Selbstkontrolle von Seiten der Filmwirtschaft, die nur insoweit staatlich vorgegeben ist, als es um Filme geht, die auch vor Jugendlichen vorgeführt werden sollen. Filme, die nur vor Erwachsenen vorgeführt werden, bedürfen keiner Zulassung (→ *3* Rdnr. 107 ff., *11* Rdnr. 22 f.).

4. Welche Grundrechte sind den »Kommunikationsfreiheiten« zuzurechnen?

Meinungsfreiheit, Informationsfreiheit, Medienfreiheit (Presse-, Rundfunk- und Filmfreiheit; → *3* Rdnr. 3).

5. Können Grundrechte auch zwischen Bürgern wirken?

Grundrechte sind Abwehrrechte des Bürgers gegen den Staat. Eine unmittelbare Drittwirkung gibt es nicht, wohl aber eine mittelbare Drittwirkung über die Generalklauseln des Zivilrechts (→ *3* Rdnr. 22).

6. Filmstar F besucht eine Gala, um einen Filmpreis entgegenzunehmen. Aus diesem Anlass wird in der Redaktion der örtlichen Tageszeitung überlegt, welche Fotos von F abgedruckt werden dürfen, um einen Artikel über die Preisverleihung zu illustrieren:

a) ein Foto von F zusammen mit seinem fünfjährigen Sohn in der Eisdiele beim Eis essen

b) ein Foto von F in seinem Garten, das durch die dichte Hecke aufgenommen wurde

c) ein Foto der bisher der Öffentlichkeit unbekannten neuen Freundin des F an seinem Arm auf der Gala wenige Minuten vor der Preisverleihung

d) F bei der Preisverleihung, als ihm der Preis aus der Hand rutscht und zu Boden fällt

Beraten Sie die Redaktion bei der Bildauswahl, indem Sie die rechtliche Zulässigkeit des Abdrucks der Bilder einzeln prüfen.

a) Durch die Veröffentlichung des Fotos könnte das allgemeine Persönlichkeitsrecht des F (Art. 2 Abs. 1 i.V.m. Art. 1 Abs. 1 GG) verletzt sein und zwar in der Ausprägung des Rechts am eigenen Bild (§§ 22, 23 KUG). § 22 KUG verlangt grundsätzlich die Einwilligung des Abgebildeten, die hier nicht vorliegt. Eine

Ausnahme könnte sich aus § 23 Abs. 1 Nr. 1 KUG ergeben, wenn es sich um ein Ereignis von zeitgeschichtlicher Bedeutung handeln würde. Das Foto aus der Eisdiele dokumentiert allerdings kein Ereignis von zeitgeschichtlichem Interesse. F mit seinem Sohn beim Eis essen zu sehen, mag die Leser zwar interessieren, es handelt sich indessen um einen Vorgang aus dem Privatleben des F, das keine weitergehenden Aussagen enthält.

Hinzu kommt das Persönlichkeitsrecht des Kindes (Art. 2 Abs. 1 i.V.m. Art. 1 Abs. 1 GG). Zudem wäre der unbeschwerte familiäre Austausch zwischen Vater und Sohn, der unter dem Schutz des Art. 6 Abs. 1 GG steht, beeinträchtigt, wenn F damit rechnen müsste, dass Bilder, die ihn in Begleitung seines Sohnes zeigen, veröffentlicht würden. Die Veröffentlichung wäre mithin unzulässig, der Redaktion ist vom Abdruck dieses Fotos abzuraten.

b) Bei einer heimlichen Aufnahme durch die Hecke ist das Persönlichkeitsrecht des F in besonderer Weise betroffen, da es sich bei seinem Garten um einen Raum handelt, in dem er offensichtlich von einer Beobachtung durch Dritte geschützt sein möchte, mithin um den Kernbereich seiner privaten Lebensgestaltung. Der Redaktion ist der Abdruck des Bildes auch deshalb abzuraten, weil sich der Fotograf bereits durch die Aufnahme des Bildes gem. § 201a StGB strafbar gemacht haben könnte.

c) Zu prüfen ist hier das Persönlichkeitsrecht der Freundin. Der »Begleiterrechtsprechung« zufolge dürfen Bilder des Begleiters oder der Begleiterin eines Prominenten auch dann nicht veröffentlicht werden, wenn beide sich außerhalb der eigenen vier Wände im öffentlich zugänglichen Raum bewegen. Hiervon zu unterscheiden ist es, wenn sich beide gemeinsam und bewusst in das Licht der Öffentlichkeit begeben, wie das hier der Fall war, wenn beide zusammen eine im Interesse der Öffentlichkeit stehende Filmpreisverleihung besuchen.

d) Das Persönlichkeitsrecht des F ist bei diesem Foto betroffen, da der Abdruck des Bildes sein Missgeschick verbreitet. Indessen ist die Preisübergabe als solche ein Ereignis von zeitgeschichtlicher Bedeutung und es handelt sich allenfalls um eine leichte Persönlichkeitsverletzung. Zudem ist gerade die Frage, wie F mit dem Missgeschick umgeht, für die Allgemeinheit von Interesse (→ 4 Rdnr. 53 ff.).

7. In der Z-Zeitung ist am 15.9.2019 unter der Überschrift »Südseetraum als Eigentor« ein Bericht über den bekannten Fußballspieler Willi Wusel (W) erschienen. Dort wird ihm vorgeworfen, er habe in dem Spiel Deutschland gegen Vanuatu ein Eigentor geschossen, weil er von einem Bürger dieses Staates eine Reise in den Südseestaat geschenkt bekommen habe. Zum Beweis wird ein Foto von W an einem Strand unter Palmen abgedruckt, das ein anonymer Einsender zusammen mit dem Hinweis auf die Bestechung der Zeitung zugeleitet hat. W ist über den Bericht aufgebracht. Er habe vor dem Spiel tatsächlich einen Urlaub in der Südsee verbracht. Allerdings könne er anhand von Bankauszügen beweisen, dass er die Reise über einen Reiseveranstalter gebucht und auch aus eigenen Mitteln bezahlt habe. Zu dem Eigentor sei es gekommen, da er vom Laserpointer eines gegnerischen Fans abgelenkt worden sei.

a) W möchte seine Auffassung den Lesern der Z-Zeitung mitteilen. Welche rechtliche Möglichkeit kommt in Betracht? Sind die Anspruchsvoraussetzungen erfüllt und was muss G dabei beachten?

b) Wie könnte der Text einer solchen möglichen Erläuterung des Sachverhalts aus Sicht des G lauten?

c) Kann W gegebenenfalls einen Berichtigungsanspruch gegenüber Z geltend machen? Kann ein solcher Anspruch neben dem in b) dargestellten Anspruch bestehen? Unter welchen Umständen wäre dies ausgeschlossen?

d) Schließlich möchte W (obwohl er keinen materiellen Schaden nachweisen kann, da sein Fußballverein ihm Glauben schenkt) für die Berichterstattung »finanziell entschädigt« werden, da ein falscher Eindruck von ihm bei der Leserschaft entstanden sei und er sich dadurch in seiner Ehre verletzt fühle.

a) W könnte den Abdruck einer Gegendarstellung verlangen. Ein solcher Anspruch ist in § 10 PresseG (Musterpressegesetz) geregelt. Eine Tatsachenbehauptung liegt vor, denn W wird vorgeworfen, er habe ein Eigentor geschossen, weil er eine Südseereise geschenkt bekommen habe. W hat ein berechtigtes Interesse an der Gegendarstellung, denn der Vorwurf, aufgrund einer geldwerten Leistung ein Eigentor geschossen zu haben, stellt eine Beeinträchtigung des Persönlichkeitsrechts des W dar. Er ist in seiner Ehre als Fußballspieler betroffen. Damit der Anspruch auf Gegendarstellung erfolgreich ist, muss W die weiteren von § 10 PresseG vorgesehenen Voraussetzungen beachten, andernfalls muss die Redaktion seine Gegendarstellung nicht zum Abdruck bringen (»Alles-oder-Nichts-Prinzip«). Die Gegendarstellung des W muss dem Grundsatz der Waffengleichheit zufolge angemessen sein, d.h. der Umfang des beanstandeten Textes darf nicht überschritten werden. Die Gegendarstellung des G darf nur Tatsachen beinhalten und es darf kein strafbarer Inhalt vorliegen, insbesondere darf er den Redakteur der Zeitung nicht beleidigen. Die Gegendarstellung muss der Redaktion unverzüglich, d.h. spätestens 3 Monate nach der Veröffentlichung der Erstmitteilung zugehen. Sie muss schriftlich abgefasst und vom Betroffenen oder seinem Vertreter unterschrieben sein.

b) Die Gegendarstellung des W könnte folgendermaßen abgefasst sein:

Gegendarstellung

Zum Artikel: »Südseetraum als Eigentor« in der Z-Zeitung vom 15.9.2019.

In dem Artikel wird behauptet, ich hätte in dem Fußballspiel Deutschland gegen Vanuatu ein Eigentor geschossen, da ich eine Reise nach Vanuatu geschenkt bekommen hätte.

Diese Aussage ist falsch. Richtig ist, dass ich die Reise über einen Reiseveranstalter gebucht und mit eigenen Mitteln finanziert habe. Das Missgeschick mit dem Eigentor hat sich ereignet, da ich durch den Laserpointer eines gegnerischen Fans abgelenkt war.

[Ort, Datum] *Willi Wusel*

c) W könnte einen Anspruch auf Berichtigung gem. § 1004 Abs. 1 BGB i.V.m. §§ 823 ff. BGB geltend machen. Erforderlich ist zunächst eine unrichtige Tatsachenbehauptung in der Erstmitteilung. Beim Berichtigungsanspruch muss die Unrichtigkeit der Tatsachenbehauptung bewiesen werden. Dies ist nach Angaben des W im Sachverhalt der Fall. Weiterhin setzt der Berichtigungsanspruch eine fortwirkende Beeinträchtigung der Persönlichkeit des W voraus. Auch wenn es sich hier um eine einmalige Mitteilung in der Zeitung handelt, steht doch zu erwarten, dass W auch künftig mit dieser Behauptung in Zusammenhang gebracht wird. Schließlich ist die Berichtigung geeignetes Mittel zur Beseitigung der Persönlichkeitsbeeinträchtigung, insbesondere dient sie nicht lediglich dazu, einen Redakteur der Z-Zeitung zu diffamieren.

Der Berichtigungsanspruch kann neben dem Gegendarstellungsanspruch bestehen. Allerdings ist er ausgeschlossen, wenn die Redaktion an die Gegendarstellung bereits eine entsprechende Erklärung in Form eines Redaktionsschwanzes angehängt hat, des Inhalts, dass die Angaben des W in der Gegendarstellung zutreffend sind.

d) W könnte einen Anspruch auf Geldentschädigung gegen Z geltend machen (§ 823 Abs. 1 BGB i.V.m. Art. 2 Abs. 1, Art. 1 Abs. 1 GG, bzw. richterliches Gewohnheitsrecht). Voraussetzung des Geldentschädigungsanspruchs ist ein immaterieller Schaden. Dieser liegt hier im Ansehensverlust bei der Leserschaft. Um einen Anspruch auf Geldentschädigung bejahen zu können, wird überwiegend eine schwere Persönlichkeitsrechtsverletzung verlangt. In dem Vorwurf, ein Profifußballer habe ein Eigentor geschossen, da er einen geldwerten Vorteil erlangt habe, ist eine besonders schwerwiegende Persönlichkeitsrechtsverletzung zu sehen, da eine solche Verhaltensweise eines Fußballers den Sinn des Spiels konterkarieren würde und bei Zuschauern als besonders verwerflich gilt. Schließlich ist auch ein schuldhaftes Handeln des Verletzers hier anzunehmen, da sich die Veröffentlichung auf ein anonymes Schreiben stützt und offenbar keine weiteren Recherchen durchgeführt wurden, insbesondere dem W keine Gelegenheit zur Stellungnahme gegeben wurde, womit der journalistischen Sorgfaltspflicht nicht Genüge getan wurde. Ein Anspruch des W gegen Z auf Geldentschädigung besteht mithin (→ 4 Rdnr. 126 ff.).

8. Die Stadt Ilmenau möchte auf ihrer Homepage unter der Rubrik »Tourismus« das einzige Werk Goethes aufnehmen, das er einer Stadt gewidmet hat, sein Gedicht »Ilmenau«, so dass es von jedermann abgerufen werden kann. Der Bürgermeister von Ilmenau fragt Sie, an welche Verwertungsgesellschaft er die Tantiemen für diese Vervielfältigung des Gedichts von Goethe abführen müsse.

Das Urheberrecht erlischt 70 Jahre nach dem Tod des Urhebers (§ 64 UrhG). Nach diesem Zeitpunkt werden die Werke »gemeinfrei«. Damit können sie auch

beliebig und unentgeltlich vervielfältigt werden. Die Ausnahmen des Urheberge-
setzes greifen hier nicht. Einen Anspruch der Öffentlichkeit auf Tantiemen aus
der Nutzung von Werken der »Klassiker« wie dies zum Teil vorgeschlagen wird
(domaine public payant), gibt es im geltenden deutschen Recht nicht (➔ 5 Rdnr.
19 ff.).

9. R hat einen Roman geschrieben. Da er ihn nicht für gut gelungen hält,
gibt er ihn nur einigen Freunden zu lesen. Sein Bekannter B findet den
Roman so ausgezeichnet, dass er ihn dem Verlag V zum Abdruck anbietet.
Welches Recht des R würde Verlag V verletzen, wenn er den Roman
ohne Erlaubnis des R drucken und ausliefern würde?

Verletzt würde das Veröffentlichungsrecht, das einen Teil des Urheberpersönlichkeitsrecht darstellt und in § 12 Abs. 1 UrhG geschützt ist. Betroffen sind zudem
das Vervielfältigungsrecht (§ 15 Abs. 1 Nr. 1 i.V.m. § 16 Abs. 1 UrhG) und das
Verbreitungsrecht (§ 15 Abs. 1 Nr. 2 i.V.m. § 17 Abs. 1 UrhG) Rechtsfolge wäre
bei Vorsatz oder Fahrlässigkeit ein Anspruch auf Unterlassung oder auf Schadensersatz nach § 97 Abs. 1, 2 UrhG (➔ 5 Rdnr. 76).

10. Musiker M hat ein seltenes Solokonzert eines barocken Meisters im
Konzertsaal aufgeführt. Ohne sein Wissen hat die Musikfirma F einen
Mitschnitt des Konzerts angefertigt und will diesen veröffentlichen. Als M
von dem Vorhaben erfährt, wehrt er sich gegen die Veröffentlichung.
Firma F wendet demgegenüber ein, dem M stehe kein Urheberrecht zu,
da er selbst kein Werk im Sinne des Urheberrechts geschaffen habe. Das
Werk eines Künstlers aus der Barockzeit könne demgegenüber keinen
urheberrechtlichen Schutz mehr genießen.
Muss sich M mit dieser Antwort abfinden?

M hat zwar kein eigenständiges Werk i.S.d. § 2 Abs. 1 UrhG geschaffen. Das heißt
jedoch nicht, dass er keinen Schutz aus dem Urheberrechtsgesetz genießt. Ausübende Künstler sind im Dritten Abschnitt des Urheberrechtsgesetzes aufgeführt. M ist
ausübender Künstler gem. § 73 UrhG. Seine Darbietung darf daher gem. § 75
Abs. 1 UrhG nur mit seiner Einwilligung auf Bild- oder Tonträger aufgenommen
werden. Zudem hat er gem. § 75 Abs. 2 UrhG das ausschließliche Recht, den Bild-
oder Tonträger zu vervielfältigen oder zu verbreiten (➔ 5 Rdnr. 114 ff.).

11. Studentin S möchte ihre Homepage attraktiv gestalten und umrahmt
sie daher mit dem Gedicht des bekannten zeitgenössischen Autors A, das
sie aus einem Buch abgetippt hat. Dabei verändert sie einige Zeilen seines
Gedichts, damit diese besser auf ihre Person zutreffen. A stößt beim Sur-
fen auf die Seite der S und fragt sich, was er gegen S unternehmen kann.

A könnte gegen S einen Anspruch auf Unterlassung geltend machen. Ein Anspruch auf Unterlassung kann sich aus § 97 Abs. 1 UrhG ergeben. Anspruchsvoraussetzung dieser Norm ist es, dass S das Urheberrecht des A widerrechtlich verletzt hat. Eine Verletzung von § 13 UrhG (Anerkennung der Urheberschaft), würde nur vorliegen, wenn S den A nicht als Autor angegeben hätte. Strittig ist, ob durch die Digitalisierung des Gedichts das Vervielfältigungsrecht des A gem. § 16 Abs. 1 UrhG verletzt ist, wird hierfür doch grundsätzlich ein körperliches Vervielfältigungsstück für erforderlich gehalten. Allerdings kann auch die Übertragung eines Werks in maschinenlesbare Form, dessen Digitalisierung, eine Vervielfältigung im urheberrechtlichen Sinne darstellen, da das Werk durch S gespeichert wurde. Es ist insoweit jedoch von einer Vervielfältigung zum sonstigen eigenen Gebrauch gem. § 53 Abs. 2 Nr. 4 UrhG auszugehen. § 17 UrhG verlangt demgegenüber für die Verbreitung ein körperliches Werkstück, wovon bei der Übermittlung von Daten im Internet nicht gesprochen werden kann. Allerdings verletzt die Darstellung auf der Homepage der S in jedem Fall das Recht der öffentlichen Zugänglichmachung gem. §§ 15 Abs. 2 Nr. 2, 19a UrhG. Hierfür hätte es einer Einwilligung des Autors bedurft, die im vorliegenden Fall nicht erteilt wurde. Das Zitatrecht des § 51 Satz 1 Nr. 1 UrhG greift nicht, da es sich bei der Homepage der S nicht um ein »selbständiges wissenschaftliches Werk« handelt. Zudem hat der Urheber das Recht, eine Entstellung oder eine andere Beeinträchtigung seines Werks zu verbieten, die geeignet ist, seine berechtigten geistigen oder persönlichen Interessen am Werk zu gefährden (§ 14 UrhG). Die Anpassung des Gedichts an die eigene Person durch eine Änderung lediglich einiger Zeilen des Gedichts stellt keine »persönliche geistige Schöpfung des Bearbeiters« dar. Sie ist mithin eine Entstellung des Gedichts des A und nicht lediglich eine »Bearbeitung« i.S.v. § 3 UrhG. Das Urheberrecht des A ist (im Gegensatz zu Fall 8) noch nicht gem. § 64 UrhG erloschen, da es sich um einen »zeitgenössischen« Autor handelt. A hat mithin einen Anspruch auf Unterlassung gegen S gem. § 97 Abs. 1 UrhG. Da S das Werk des A vorsätzlich geändert und benutzt hat, liegen auch die Voraussetzungen eines Schadensersatzanspruchs gem. § 97 Abs. 2 UrhG vor (➜ 5 Rdnr. 123 ff.).

12. Was bedeutet die Garantie des »Instituts freie Presse«?

Das »Institut freie Presse« wird aus Art. 5 Abs. 1 Satz 2, 1. Var. GG abgeleitet und ergänzt die individualrechtliche Garantie der Pressefreiheit um eine Institutsgarantie. Das »Institut freie Presse« ergibt sich aus der Funktion der Presse bei der Meinungsbildung der Bevölkerung, insbesondere bei der politischen Meinungsbildung. Diese ist nur möglich, wenn innerhalb der Presse eine Pluralität der Angebote gewährleistet ist. Sollte sich, insbesondere durch Kartellbildung, die Vielfalt der Angebote verengen und dadurch die freie Meinungsbildung gefährdet werden, so trifft den Staat die Pflicht, gegen eine solche Monopolbildung einzuschreiten und ggf. die erforderlichen gesetzlichen Maßnahmen zu ergreifen, um die Meinungspluralität wieder zu gewährleisten (➜ 8 Rdnr. 69 f.).

13. Die Regierung des Bundeslandes L möchte gegen unlautere Methoden von Anlageberatern vorgehen. Sie plant daher ein Gesetz, durch das Anzeigen von Anlageberatern in Zeitungen und Zeitschriften generell verboten werden. Ist dies zulässig?

Von dem geplanten Gesetz könnte die Pressefreiheit des Art. 5 Abs. 1 Satz 2 GG betroffen sein. Allerdings bedarf näherer Ausführung, ob auch der Anzeigenteil einer Zeitung grundrechtlichen Schutz der Pressefreiheit genießt. Nach der zutreffenden Ansicht des BVerfG wird auch der Anzeigenteil von Druckerzeugnissen vom Schutzbereich der Pressefreiheit umfasst. Unerheblich ist, dass das Presseorgan mit den Anzeigen seine Meinung nicht vertreten will. Ausreichend ist, dass die Veröffentlichung von Anzeigen zu den typischen Aufgaben der Presse gehört. So ist auch die Nachrichtenwiedergabe, die ja keine Meinungsäußerung darstellt, über die Pressefreiheit geschützt (BVerfGE 21, S. 271, 278 ff.).

Der Schutz des Anzeigenteils durch die Pressefreiheit lässt sich auch aus der Notwendigkeit begründen, den Anzeigenteil als einer wirtschaftlichen Einnahmequelle der Presse dem Einfluss des Staates zu entziehen. Aus diesen Überlegungen ergibt sich der sogenannte Grundsatz der Unteilbarkeit der Pressefreiheit. Demnach ist der gesamte Inhalt der Druckschrift von der Pressefreiheit umfasst. Angesichts der besonderen Bedeutung der Pressefreiheit in der Demokratie und in Anbetracht der weniger schwerwiegenden entgegenstehenden Interessen der Allgemeinheit steht das geplante Gesetz nicht im Einklang mit der Verfassung (→ 8 Rdnr. 57 ff.).

14. Was bedeutet die presserechtliche »Impressumspflicht«? In welchem Gesetz und aus welchem Grund ist sie normiert?

Impressumspflicht bedeutet, dass in jedem Druckwerk Name oder Firma und Anschrift der Druckerei und des Verlegers genannt sind, beim Selbstverlag Name und Anschrift des Verfassers oder des Herausgebers sowie die Eigentumsverhältnisse des Verlags (Musterpressegesetz → T 19, § 7). Während die Impressumspflicht ursprünglich vor allem dazu diente, die Anonymität von Schriftwerken auszuschließen, um gegebenenfalls mit polizeilichen Mitteln gegen die Herausgeber vorgehen zu können, dient die Impressumspflicht heute in erster Linie dazu, den in ihrer Persönlichkeit Beeinträchtigten die Möglichkeit zu geben, ihre Rechte gegenüber der Presse wahrzunehmen. Desungeachtet ist aber auch heute noch die strafrechtliche Verfolgung, Beschlagnahme und Einziehung von Druckwerken mit strafbarem Inhalt möglich (→ 8 Rdnr. 119 f.).

15. Warum wird die Rundfunkfreiheit auch als »dienende Freiheit« bezeichnet und welche Folgerungen ergeben sich hieraus?

Die Rundfunkfreiheit ist keine individualrechtliche Garantie, wie die meisten anderen Freiheitsrechte des Grundgesetzes. Vielmehr dient sie in erster Linie dazu, die freie Meinungsbildung der Bevölkerung zu gewährleisten. Hieraus wird vor allem die Notwendigkeit gefolgert, dass der Staat die »Grundversorgung« der

Bevölkerung durch den Rundfunk garantiert. In der dualen Rundfunkordnung ist es Sache der öffentlichrechtlichen Rundfunkanstalten, die Grundversorgung sicherzustellen. Um den öffentlichrechtlichen Rundfunkanstalten die Erfüllung dieser Aufgabe zu ermöglichen, ist es vor allem erforderlich, dass der Staat dem Rundfunk die dazu notwendigen finanziellen Mittel zur Verfügung stellt (➜ 10 Rdnr. 42 ff.).

16. Was versteht man unter dem Begriff »Funktionsauftrag« des öffentlichrechtlichen Rundfunks? Welche Verpflichtungen ergeben sich hieraus und wer hat diese zu erfüllen?

Der Begriff des Funktionsauftrags ist vom BVerfG geprägt und ursprünglich als »Grundversorgung« bezeichnet worden. Das bedeutet, dass im Prinzip dafür Sorge getragen sein muss, dass für die Gesamtheit der Bevölkerung Programme geboten werden, die umfassend und in der vollen Breite des klassischen Rundfunkauftrags informieren und dass Meinungsvielfalt in der verfassungsrechtlichen Weise gesichert ist. Das muss von den öffentlichrechtlichen Rundfunkanstalten sichergestellt werden. Damit ihnen die Erfüllung dieser Aufgabe möglich ist, muss der Staat dafür Sorge tragen, dass die Rundfunkanstalten ihre Aufgaben auch wahrnehmen können, was nur der Fall ist, wenn ihr Bestand gesichert ist und sie über die ausreichenden finanziellen Mittel verfügen (»Bestands- und Entwicklungsgarantie des öffentlichrechtlichen Rundfunks« ➜ *10 Rdnr. 45, Klausurtipp:* ➜ T, Einleitung, XVIII).

17. Die Bundesregierung ist der Ansicht, die öffentlichrechtlichen Rundfunkanstalten seien zu teuer. Sie plant daher ein Bundesgesetz, demzufolge die Rundfunkanstalten zukünftig aus dem Staatshaushalt finanziert werden. Die Rundfunkanstalten und die Bundesländer halten das Gesetz aus kompetenzrechtlichen sowie aus rundfunkrechtlichen Gründen für verfassungswidrig. Ist diese Ansicht zutreffend?

Die Finanzierung des öffentlichrechtlichen Rundfunks gehört zu den staatlichen Aufgaben. Zuständig ist der Bund nur für die sendetechnische Seite, im Übrigen sind die Länder nach Art. 70 GG für den Rundfunkbereich zuständig. Der Bund wäre daher bereits aus kompetenziellen Gründen nicht berechtigt, ein Rundfunkfinanzierungsgesetz zu erlassen. Das Gesetz wäre aber auch aus inhaltlichen Gründen verfassungswidrig. Die Finanzierung des öffentlichrechtlichen Rundfunks muss staatsfern erfolgen. Das ergibt sich aus der Funktion der Rundfunkanstalten, die Bevölkerung mit unabhängigen Beiträgen zu versorgen, die eine plurale Meinungsbildung ermöglichen. Rundfunkanstalten sind daher staatsfern zu finanzieren. Wenn auch andere Finanzierungsarten zulässig sind (»Mischfinanzierung«), so muss die Finanzierung durch die Rundfunkteilnehmer (Rundfunkbeitrag) die Hauptfinanzierungsquelle des öffentlichrechtlichen Rundfunks bleiben (➜ *10 Rdnr. 87 ff.*).

18. Welche verfassungsrechtlichen Bedenken bestehen gegen die Normierung eines Rechts auf unentgeltliche Fernsehkurzberichterstattung?

Das BVerfG hat zwar das Recht auf Fernsehkurzberichterstattung für verfassungsmäßig erklärt. Nicht verfassungsgemäß ist es hingegen, wenn dieses Recht den Fernsehsendern unentgeltlich übertragen wird. Das BVerfG leitet dieses Ergebnis aus Art. 12 GG ab (BVerfGE 97, S. 228, 252 ff. → *10* Rdnr. 126 ff.).

19. R möchte im Internet einen rundfunkähnlichen Telemediendienst anbieten. Er ist sich nicht sicher, ob er dafür eine Zulassung benötigt.
Welchen Rat geben Sie ihm und welche Stelle wäre gegebenenfalls zuständig?

Da R nicht sicher ist, ob er einen dem Rundfunk zuzuordnenden Dienst betreibt und hierfür im Sachverhalt keine näheren Anhaltspunkte zu finden sind, ist dem R anzuraten, sich an die zuständige Landesmedienanstalt zu wenden. Auch elektronische Informations- und Kommunikationsdienste bedürfen einer Zulassung nach Landesrecht durch die Landesmedienanstalt, wenn und soweit sie dem Rundfunk zuzuordnen sind (§ 20 Abs. 2 Satz 1 RStV und die jeweilige Regelung in dem den privaten Rundfunk regelnden Landesgesetz; eine Ausnahme besteht gem. § 20b RStV, wenn Hörfunk ausschließlich im Internet verbreitet wird).

Bietet R seinen Dienst an, ohne zuvor einen Zulassungsantrag gestellt zu haben, läuft er Gefahr, von der Landesmedienanstalt aufgefordert zu werden, innerhalb von drei Monaten nach Bekanntgabe der Feststellung entweder einen Zulassungsantrag zu stellen oder den Mediendienst so anzubieten, dass er nicht dem Rundfunk zuzuordnen ist. Um sicher zu gehen, dass sie keiner Zulassung bedürfen, sind Anbieter von Mediendiensten berechtigt, bei der Landesmedienanstalt einen Antrag auf rundfunkrechtliche Unbedenklichkeit zu stellen (§ 20 Abs. 2 Satz 3 RStV). R ist somit anzuraten, bei der zuständigen Landesmedienanstalt eine Unbedenklichkeitsbescheinigung zu beantragen. Aufgrund dieser Unbedenklichkeitsbescheinigung kann ihm bei unveränderter Sachlage später nicht vorgeworfen werden, Rundfunk zu betreiben (→ *12* Rdnr. 51).

20. Erläutern Sie stichwortartig, wie die Verantwortlichkeit der Anbieter von Telemedien geregelt ist.

Die Haftungsregelung für Telemedien findet sich in §§ 7–10 TMG. Gem. § 7 Abs. 1 TMG sind Diensteanbieter in vollem Umfang nach den allgemeinen Gesetzen verantwortlich. Haftungsbeschränkungen gibt es hingegen für solche Anbieter, die keine eigenen Inhalte bereitstellen, sondern lediglich fremde Informationen vermitteln. In diesen Fällen besteht grundsätzlich keine Haftung. Allerdings gibt es bestimmte Ausnahmetatbestände von diesem Haftungsausschluss, wobei zwischen verschiedenen Formen des Zugänglichmachens fremder Inhalte unterschieden wird. Bei der Durchleitung gem. § 8 TMG ist eine Verantwortlichkeit dann gegeben, wenn die Übermittlung durch den Diensteanbieter veranlasst wurde oder der Adressat von ihm ausgewählt wurde oder Informationen von ihm ausgewählt oder verändert wurden. Bei der zeitlich begrenzten Zwischen-speicherung (Caching) gem. § 9 TMG besteht eine Verantwortlichkeit dann, wenn Informationen verändert wurden oder Technologiestandards nicht beachtet wurden. Zudem besteht eine Sperrverpflichtung dann, wenn der Diensteanbieter Kenntnis davon erhalten hat, dass die Informationen am ursprünglichen Aus-gangsort der Übertragung aus dem Netz entfernt wurden oder der Zugang zu ihnen gesperrt wurde oder ein Gericht oder eine Verwaltungsbehörde die Entfer-nung oder Sperrung angeordnet hat (§ 9 Nr. 5 TMG). Für die Speicherung von fremden Informationen (Hosting) gemäß § 10 TMG ist eine Verantwortlichkeit dann gegeben, wenn die Diensteanbieter Kenntnis von der rechtswidrigen Hand-lung oder der Information haben und ihnen im Falle von Schadensersatzansprü-chen auch keine Tatsachen oder Umstände bekannt sind, aus denen die rechts-widrige Handlung oder die Information offensichtlich wird. Weiterhin müssen auch diese Diensteanbieter unverzüglich tätig werden, um die rechtswidrigen Informationen zu entfernen oder den Zugang zu ihnen zu sperren, sobald sie Kenntnis erlangt haben (➔ 12 Rdnr. 23 ff.).

Stichwortverzeichnis

Die Zahlen verweisen auf die Kapitel (kursiv) und Randnummern. Fett-markierte Zahlen kennzeichnen Hauptfundstellen.